D1690860

Rolf Georg · Rainer Haus · Karsten Porezag

Eisenerzbergbau in Hessen

Historische Fotodokumente mit Erläuterungen
1870 – 1983

Titelbild: Die Belegschaft der Rot- und Brauneisensteingrube Raab in Wetzlar, 1898 (Erläuterung in Abb. 73).

Umschlagseite: Bergmann in einer Strecke der Grube Königszug bei Oberscheld, um 1958

Wetzlar, 1985

ISBN 3-925 619-00-3

Herausgegeben vom Förderverein Besucherbergwerk Fortuna e. V., Eselsberg 7, 6330 Wetzlar

© Copyright: Förderverein Besucherbergwerk Fortuna e. V., Wetzlar
Repro-Fotografien und Aufarbeitung: Förderverein Besucherbergwerk Fortuna e. V., Wetzlar; Repro-Arbeiten: Rolf Georg
Kartengrundlage: Topografische Karten mit Genehmigung des hess. Landesvermessungsamtes Wiesbaden (Vervielfältigungs-Nr. 85-1-217); darin vorgenommene zeichnerische Darstellungen der bergbaulichen Einrichtungen durch Förderverein Fortuna: Dipl.-Berging. Otto Grün und Dipl.-Berging. Werner Heuser.
Gesamtherstellung: Wetzlardruck GmbH, 6330 Wetzlar

Vorwort der Autoren

Schon vor mehr als 2000 Jahren wurde im Gebiet des heutigen Bundeslandes Hessen Eisenerz abgebaut und verschmolzen. Seither haben Gewinnung und Verarbeitung des Eisens den Verlauf der Geschichte in besonderem Maße beeinflußt. Die Möglichkeiten dieses Metalls entwickelten die Menschen wie bei kaum einem anderen Grundstoff unserer technischen Zivilisation sowohl zum Fortschritt als auch zum Schaden der Gesellschaft – denken wir beispielsweise an die Gerätschaften des Ackerbaus oder an immer wirkungsvollere Waffen für den Krieg.

Gerade in Hessen, und hier vor allem im Gebiet an Lahn und Dill, hat die wechselvolle Entwicklung von der keltischen Eisenkultur bis zur Industrialisierung im 19. Jahrhundert Land und Leute geprägt. In der Umgebung der Gruben entstanden Hüttenwerke und später die zahlreichen Betriebe der Metallverarbeitung, so daß insbesondere Mittelhessen zu einem Zentrum der Metallindustrie werden konnte und dadurch vielfältige Impulse zur Entwicklung anderer Wirtschaftszweige gegeben wurden. Die industrielle Revolution in der zweiten Hälfte des 19. Jahrhunderts mit ihrem scheinbar unbegrenzten Bedarf an Rohstoffen wäre ohne das Eisenerz nicht möglich gewesen.

Während die Grubenbetriebe an Lahn und Dill im Jahre 1919 rund 21 Prozent der Eisenerzförderung des Deutschen Reichs erbrachten, kam dieser Wirtschaftszweig Anfang der sechziger Jahre im Zuge einschneidender Strukturveränderungen sowie der fortschreitenden Internationalisierung des Handels fast völlig zum Erliegen.

Nachdem der letzte hessische Hochofen am 31. Oktober 1981 in Wetzlar erlosch und das letzte hessische Eisenerzbergwerk – die Grube Fortuna bei Oberbiel – am 4. März 1983 stillgelegt wurde, ist es jetzt Zeit für einen Rückblick. Dieses Buch will dabei versuchen, den hessischen Eisenerzbergbau in seiner gesamten Entwicklung, seiner einstigen Bedeutung und seinem späteren Niedergang zu dokumentieren. Hierbei sollen sowohl allgemeinverständliche als auch fachlich fundierte Informationen vermittelt werden – in jedem Falle aber soll die Aussagekraft des Bildes im Vordergrund stehen. Aus mehr als 2000 fotografischen Belegen haben wir einen repräsentativen Querschnitt zusammengestellt, wobei die bekanntesten hessischen Eisenerzgruben, die Gewinnungs- und Fördertechnik sowie Aufbereitung, Transport und Verhüttung dargestellt sind. Ein besonderer Abschnitt ist dem wirtschaftlichen und sozialen Umfeld sowie dem Lebenskreis des Bergmanns gewidmet. Zur leichteren Orientierung sind den regional zusammengehörenden Grubenbetrieben jeweils Karten vorangestellt, in welchen die ehemaligen Tagesanlagen, Hauptförderstollen sowie Seilbahnen, Grubenbahnen und Kleinbahnen eingezeichnet sind. Neben der Bilderläuterung enthalten die Texte auch eine kurzgefaßte Geschichte des einzelnen Bergwerks sowie eine Beschreibung seiner übertägigen und untertägigen Anlagen. Die Texte sind weitgehend in der bergmännischen Fachsprache geschrieben; bergbauliche Spezialbegriffe sind *kursiv* gedruckt und in einem Anhang erläutert. Ebenso sind zahlreiche frühere Währungen, Maße und Gewichte erklärt.

Die Arbeiten an dieser handbuchartigen Dokumentation nahmen zwei Jahre in Anspruch. Dabei erwiesen sich insbesondere die Unterlagen des Bergamtes in Weilburg und des Hauptstaatsarchivs Wiesbaden sowie verschiedener Firmen- und Privatarchive als wichtige Quellen; zudem wurde die vorhandene Literatur aus Bergbau- und Heimatgeschichte einbezogen.

Vielzahl und Qualität der in ganz Hessen und darüber hinaus zusammengetragenen Originalfotos machten uns die notwendige Beschränkung schwer. Andererseits gab es Bereiche, in denen das erforderliche Quellenmaterial nur dürftig vorhanden war; besonders dort wäre ein solches Werk ohne die spontane Unterstützung zahlreicher bergbaugeschichtlich interessierter Bürger nicht möglich gewesen. Ihnen gilt unser Dank ebenso wie allen ehemaligen Bergleuten »vom Leder« und »von der Feder«, welche uns geduldige und sachverständige Hilfe geleistet haben; diesen Personen und Institutionen ist ein kleiner Anhang gewidmet.

Bei den Texten zwingt uns der notwendige Kompromiß zwischen einem heimatgeschichtlichen Bildband und einem Handbuch zu zahlreichen gedrängten Darstellungen – auch ist das Thema zu umfangreich, um in dieser Form erschöpfend abgehandelt zu werden. Wir bitten daher die Leser, uns vorhandene Kenntnisse und Verbesserungsvorschläge für künftige Nachauflagen mitzuteilen. Auch die Unterstützung aus der Bevölkerung gewährleistet die Sicherung heute noch vorhandener Geschichtskenntnisse für die Zukunft.

Die Anschriften der Verfasser finden sich im Anhang. In den Texten kommen unterschiedliche Standpunkte und Sichtweisen der Verfasser zum Ausdruck. Die einzelnen Bilderläuterungen sind mit den Initialen des jeweiligen Autors gekennzeichnet.

Unsere Dokumentation soll die Lebensarbeit vieler Generationen von hessischen Eisenerzbergleuten würdigen und möchte dazu beitragen, der jüngeren Generation einen Zugang zur Lebens- und Arbeitswelt ihrer Vorfahren zu ermöglichen. Den Älteren soll es die Rückbesinnung erleichtern.

Wir widmen dieses Buch allen Freunden und denen, die durch tatkräftige Unterstützung zu Erhaltung der Grube FORTUNA als Besucherbergwerk beigetragen haben.

Glückauf!

Vorwort

Über Generationen gündete sich die Existenz der Bevölkerung im Lahn-Dill-Gebiet und in geringem Umfang in Nord- und Oberhessen sowie Teilen von Spessart und Odenwald nicht nur auf die bodenständige Landwirtschaft, sondern zugleich auf die Nutzung der Bodenschätze, insbesondere den Eisenerzbergbau. Jahrhundertelang hat der Bergbau das wirtschaftliche Geschehen bestimmt und diesen Regionen eine besondere Prägung gegeben, die uns heute noch auf Schritt und Tritt begegnet.

Die ausschlaggebende Rolle hat hierbei das Eisenerz gespielt; Erz und Wald als Rohstofflieferant für die Holzkohlenfeuer gehörten untrennbar zusammen, sie waren die Grundlage der heimischen Hüttenindustrie, bis die Steinkohle diese uralte Einheit zerriß.

Bereits im 5. vorchristlichen Jahrhundert sollen im Lahn-Dill-Gebiet Eisenerze gewonnen und Eisen geschmolzen worden sein. Aber erst Anfang des 15. Jahrhunderts trat infolge der Ausnutzung der Wasserkraft und Verbesserung der Verhüttungsmethoden ein besonderer Aufschwung der Eisenverhüttung und damit auch des Eisenerzbergbaus im Lahn-Dill-Gebiet und in Nord- und Oberhessen, Spessart und Odenwald ein. Seit dieser Zeit etwa wird der Stollenbau betrieben.

Neue Technologien brachten Fortschritte in der Fördertechnik und erleichterten den Bergleuten ihre schwere und gefährliche Arbeit. Wenn auch die industrielle Revolution des vorigen Jahrhunderts dem Eisenerzbergbau zum Aufschwung verhalf, so wurde diese Entwicklung infolge von Kriegen und Strukturveränderungen immer wieder unterbrochen. Das Wirtschaftsleben reagierte sensibel auf solche Veränderungen und wirkte sich in allen Branchen aus, wie anschaulich aus der jüngsten Zeit bekannt.

Auf der Entwicklungsgrundlage Eisenerzbergbau setzte eine Verbesserung der Infrastruktur im Lahn-Dill-Gebiet ein; so wurde in den 40er Jahren des 19. Jahrhunderts die Lahn kanalisiert und damit schiffbar gemacht. Der Eisenbahnbau fand seine Krönung mit der Fertigstellung der Lahntalbahn im Jahre 1863. Hieraus erstand aus der bisher regionalen Bedeutung des Bergbaus eine Entwicklung im Gesamtrahmen der deutschen Eisen- und Stahlindustrie.

Waren der Bergbau und das Hüttenwesen zwischen 1400 und 1875 die bedeutendste Erwerbsgrundlage für die Einwohner der Eisenerzreviere, so änderte sich dieses Bild seit dieser Zeit zugunsten anderer Erwerbszweige. Die alte Struktur des Heimatgebietes mit ihren Stollen, Fördertürmen und Hüttenschloten verlor an Bedeutung. Weitsichtige Unternehmer waren innovativ und gründeten auf der Grundlage neuer Technologien neue Unternehmen. Beispielhaft seien hier die optische Industrie, die metallverarbeitende Industrie und in jüngster Zeit die elektronische Industrie genannt. Nach dem Zeitalter der Dampfmaschine befinden wir uns auch heute wieder in einer Zeit der industriellen Revolution, die einen neuen tiefgreifenden Strukturwandel eingeleitet hat.

Eine Maßnahme, die negative Auswirkungen des Strukturwandels aktiv aufzufangen und neue Erwerbs- und Arbeitsmöglichkeiten zu erschließen, ist die Förderung des Fremdenverkehrs durch die hessische Landesregierung. Deshalb unterstütze ich die Initiative des Fördervereins, gemeinsam mit dem Lahn-Dill-Kreis die Grube FORTUNA in Solms-Oberbiel als Besucherbergwerk zu betreiben, um die Kenntnisse über Bergbautechnik und Kulturgeschichte des hessischen Eisenerzbergbaus zu vermitteln und zu pflegen sowie einen sozialgeschichtlichen Einblick in die Arbeit unter Tage und die Lebensweise der Bergleute zu geben. Dieses Buch breitet bildhaft den historischen Hintergrund dazu aus; ich wünsche mir, daß es recht viele interessierte Leser finden wird.

Dr. Ulrich Steger
Hessischer Minister
für
Wirtschaft und Technik

Zum Geleit

Die Gewinnung von Rohstoffen ist eine der wesentlichen Grundlagen für die Entwicklung von Handel und Gewerbe. Der Bereich des Landes Hessen bietet mit einer Vielzahl im Untergrund liegender mineralischer Bodenschätze noch heute vielen Betrieben Möglichkeiten der Mineralgewinnung. In einem jetzt zu Ende gehenden Zeitraum von mehr als 2000 Jahren gehörte zu den von Menschen genutzten Bodenschätzen sowohl im Lande an Lahn und Dill als auch in Oberhessen und im nordhessischen Bereich das Eisenerz. Spätestens zu Zeiten, als die Kelten in unserer Gegend siedelten, wurde Eisenstein gelesen und gegraben, um nach der Verarbeitung durch Schmelzen und Schmieden Gebrauchsgegenstände und Waffen daraus zu fertigen. Über den gesamten Zeitraum von der Erstnutzung durch keltische Siedler bis zur Stillegung der letzten Grube im Jahre 1983 ist im hiesigen Revier Eisenerz gewonnen und verarbeitet worden, wobei sowohl Roteisenstein als auch Flußeisenstein, Magnetit, Eisenspat und Brauneisenstein gefördert wurden.

Seit dem Mittelalter entwickelte sich im Raum zwischen der Lahn im Süden und der Sieg im Norden, im Taunus und Westerwald, in der Hörre und im Waldeckschen Upland ein lebhafter Bergbau auf Eisenerz mit zeitweise Hunderten von meist kleineren Betrieben. Aber das Bergmannsglück ist im hessischen Eisenerzbergbau nie von längerer Dauer gewesen. Die vorhandenen Lagerstätten ließen einen wirtschaftlichen Betrieb nur immer in zeitlich beschränkten Perioden günstigerer Konjunkturlage zu. Überleben konnten die Bergleute dann in den immer wieder vorkommenden schlechteren Zeiten nur dadurch, daß sie mit ihren Familien meist außerdem eine kleinere Landwirtschaft betrieben. Für den Eisenerzbergbau günstigere Zeiten waren zuletzt die Jahre von 1880 bis 1920, von 1936 bis 1944 und noch einmal von 1950 bis 1961. Die Erschließung großer und qualitativ hochwertiger Erzlagerstätten in Übersee ließ die Nachfrage nach den für den Wiederaufbau nach dem letzten Kriege noch so begehrten heimischen Eisenerzen rapide zurückgehen, und das Sterben der Eisenerzgruben begann. Aus den guten Zeiten im letzten Jahrhundert hessischen Eisenerzbergbaus stammt denn auch die Mehrzahl der in dem jetzt vorgelegten Bildband der großen Öffentlichkeit dankenswerterweise zugänglich gemachten Fotos.

Mögen die Bilder aus dem Eisenerzbergbau die Erinnerung an eine vergangene Zeit wachhalten und künftigen Generationen die Möglichkeit geben, sich auch dann noch über einen einmal für weite Teile unseres Landes wesentlichen Berufszweig zu informieren.

In diesem Sinne allen Lesern dieses Buches ein herzliches Glückauf!

Karl Dietrich Wolter
Bergdirektor

Inhaltsverzeichnis

DAS LAHNGEBIET
Seite

1. Das Biebertal und Umgebung
Orte: Königsberg, Fellingshausen, Rodheim-Bieber, Waldgirmes

Grube Königsberger Gemarkung	17
Grube Königsberg	22
Grube Friedberg	29
Grube Eleonore	30
Grube Abendstern	35
Mannesmann-Bergverwaltung Gießen	39
Grube Morgenstern	40
Die Biebertalbahn	43

2. Die Lindener Mark bei Gießen
Orte: Gießen, Großen-Linden, Klein-Linden, Leihgestern, Allendorf

Gießener Braunsteinbergwerke	50

3. Wetzlar und Umgebung
Orte: Breitenbach, Ehringshausen, Werdorf, Niedergirmes, Garbenheim, Wetzlar, Nauborn, Dalheim, Laufdorf, Oberndorf, Albshausen, Burgsolms, Oberbiel, Niederbiel, Berghausen

Grube Schöne Anfang	69
Grube Heinrichssegen	70
Grube Beate	78
Grube Philippswonne	79
Grube Raab	82
Grube Amanda	88
Grube Uranus	95
Grube Juno	96
Grube Ferdinand	102
Gruben Prinz Alexander und Martha	103
Grube Laubach	104
Grube Weidenstamm	112
Grube Fortuna	116
Grube Schlagkatz	150
Grube Richardszeche	153

4. Braunfels und Umgebung
Orte: Braunfels, Philippstein, Bermbach, Leun, Braunfels-Lahnbahnhof, Hirschhausen, Tiefenbach

Grube Ottilie	156
Grube Bohnenberg	159
Grube Eisenfeld	162
Grube Klöserweide	170
Grube Gloria	172
Grube Florentine	174
Grube Gutglück	178
Die Ernstbahn	180
Grube Maria	188
Grube Dickenloh	192
Grube Würgengel	195
Grube Anna	198
Die Lindenbachbahn	203
Die Zentralwerkstätte Tiefenbach	206

5. Das Ulmtal
Orte: Stockhausen, Allendorf/Ulm

Grube Prinz Bernhard	209
Grube Emma	210
Grube Victor	213

6. Weilburg und Umgebung
Orte: Obershausen, Waldhausen, Löhnberg, Weilburg, Ahausen, Odersbach, Essershausen

Grube Eppstein	215
Grube Waldhausen	217
Grube Buchwald	224
Grube Allerheiligen	226
Grube Diana	229
Krupp'sche Bergverwaltung	230
Der Adolf-Erbstollen	230
Grube Heide	232
Grube Erhaltung	233
Grube Fritz	235

7. Aumenau und Umgebung, Zollhaus und Oberlahnstein
Orte: Gräveneck, Aumenau, Münster/Oberlahnkr., Zollhaus, Oberlahnstein

Grube Georg-Joseph	240
Grube Magnet	246
Grube Neuer Eisensegen	248
Grube Falkenstein	251
Grube Theodor	252
Grube Strichen	254
Grube Lindenberg	259
Grube Zollhaus	264
Erzverladung Oberlahnstein	267

DAS DILLGEBIET

1. Das Scheldetal
Orte: Hirzenhain, Nanzenbach, Oberscheld, Eibach, Eisemroth, Offenbach/Dillkr.

Grube Amalie	270
Grube Neue Lust	272
Aufbereitung Herrnberg	275
Grube Friedrichszug	276
Grube Königszug	279
Grube Prinzkessel	310
Grube Ypsilanda	311
Grube Auguststollen	312
Grube Sahlgrund	321
Grube Falkenstein	322
Grube Rothland	328

2. Dillenburg und Umgebung
Orte: Dillenburg, Donsbach, Haiger, Langenaubach

Grube Laufenderstein	331
Grube Stangenwage	334
Grube Constanze	336

DER VOGELSBERG

1. Hungen und Umgebung
Orte: Hungen, Langd, Villingen

Grube Vereinigter Wilhelm	348
Grube Abendstern	353

2. Weickartshain und Umgebung
Orte: Weickartshain, Freienseen, Lardenbach, Ilsdorf, Stockhausen, Groß-Eichen, Klein-Eichen, Flensungen

Schürfschacht im Vogelsberg	359
Erzwäsche Weickartshain	360
Grube Weickartshain	360
Grube Maximus	362
Grube Hoffnung	363
Erzwäsche Hoffnung	365
Erzwäsche Luse	366
Grube Mücke	367

3. Mücke und Umgebung
Orte: Mücke, Merlau, Nieder-Ohmen, Lehnheim

Erzwäsche Mücke	369
Grube Ludwigssegen	370
Grube Eisen	371
Schlammteich Eisen	371
Erzverladung in Mücke	372

4. Bernsfeld und Umgebung
Orte: Atzenhain, Nieder-Ohmen, Büßfeld, Bleidenrod

Erzwäsche Atzenhain	374
Erzwäsche Hedwig	377
Grube Albert	379

5. Rüddingshausen und Umgebung
Orte: Rüddingshausen, Deckenbach

Grube Rüddingshausen III	384
Erzwäsche Bornwiese	384
Grube Bornwiese	385
Erzverladung Mücke	386

DIE WETTERAU

1. Friedberg und Umgebung
Orte: Friedberg, Rosbach

Grube Rosbach	387

DER SPESSART

1. Bieber und Umgebung
Orte: Bieber, Gelnhausen

Bieberer Gruben	388

DER ODENWALD

1. Bockenrod und Umgebung
Ort: Bockenrod — Gruben Silvan, Adolf und Gottfried 398

2. Waldmichelbach und Umgebung
Ort: Waldmichelbach — Grube Aussicht 399

DIE NIEDERHESSISCHE SENKE

1. Mardorf und Umgebung
Ort: Mardorf — Grube Mardorf 404

DAS WALDECKSCHE UPLAND

1. Adorf und Umgebung
Ort: Adorf
- Grube Martenberg 407
- Die Rhene-Diemeltalbahn Bredelar – Martenberg ... 408
- Grube Christiane 409
- Grubenbahn Bredelar – Martenberg 415

DIE HÜTTENWERKE IM LAHN-DILL-GEBIET

Orte: Burgsolms, Wetzlar, Oberscheld
- Georgshütte 415
- Sophienhütte 417
- Hochofenwerk Oberscheld 419

ZUR WIRTSCHAFTS- UND SOZIALGESCHICHTE

- Portrait eines Bergmannes 421
- Kuxscheine 423
- Gewerbeausstellung Gießen 425
- Arbeitsordnung, Strafverordnung 426
- Bergmännischer Abkehrschein 428
- Knappschaften 429
- Bergamt Weilburg 432
- Grubenwehr 433
- Wohnverhältnisse 435
- Heimkehrende Bergleute 438
- Bergbau und Landwirtschaft 439
- Frauenarbeit im Bergbau 439
- Wetzlarer Konsumverein 441
- Interessenvertretungen der Arbeitgeber und Arbeitnehmer 443
- Ausländische Arbeiter im Bergbau 445
- Befahrungen durch Schüler und Volkshochschüler 446
- Bergschulen 447
- Bergmannskapelle in Dillenburg 451
- Bergmännische Aufsichtspersonen 452
- Landwirtschafts- und Gewerbeausstellung Dillenburg 455
- Gaststätte am Nikolausstollen 456
- Bergmännische Paraden, Feste und Trauerfeiern 457
- Letzte Förderschicht im hessischen Eisenerzbergbau 467

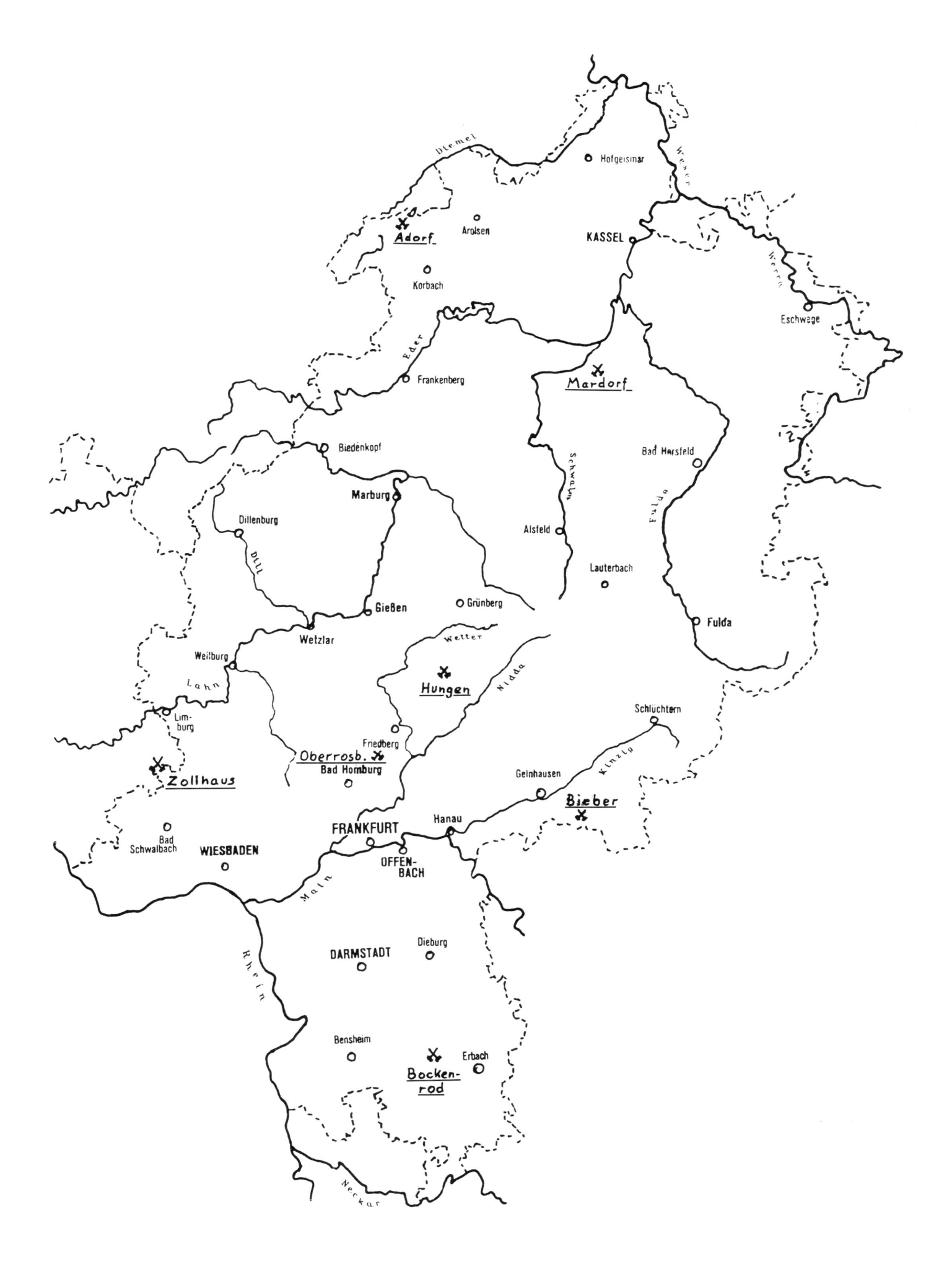

Karte I   **Hessenkarte**   Maßstab: 1 : 1 000 000

Karte II   Lahnrevier   Maßstab: 1 : 200 000

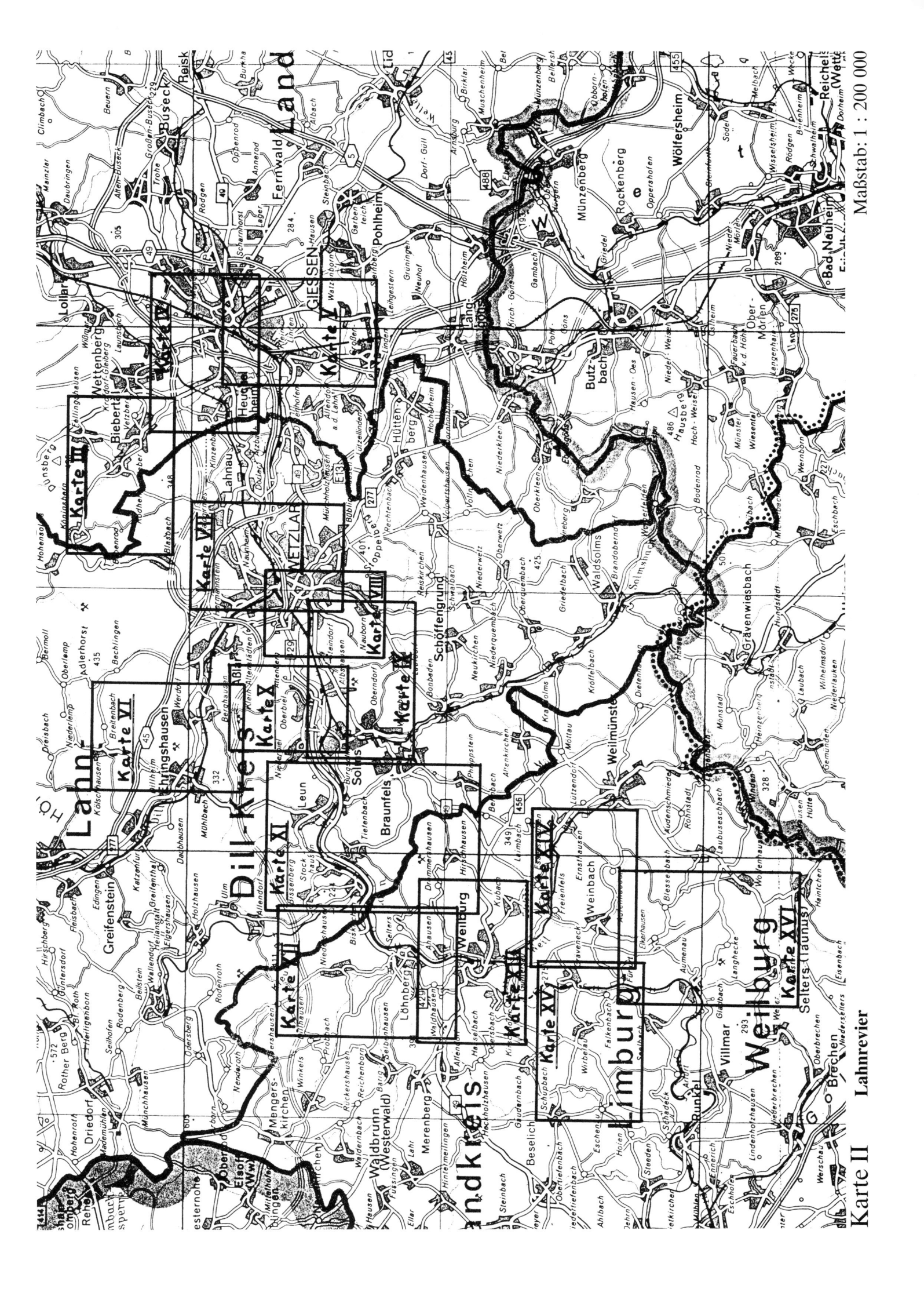

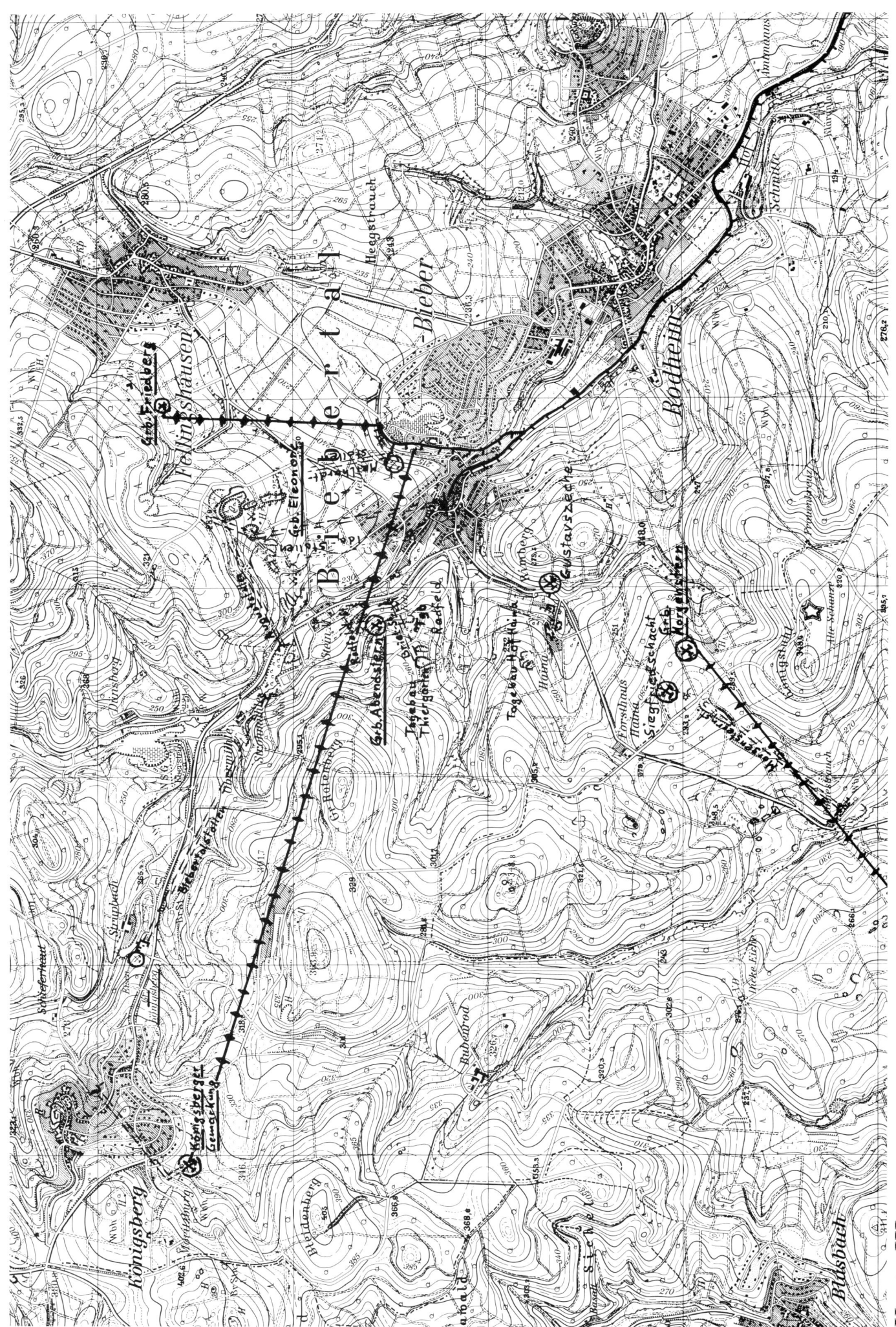

Karte III Gruben: **Königsberger Gemarkung, Königsberg, Abendstern, Eleonore, Friedberg, Morgenstern**

Maßstab 1 : 25 000

Abb. 1: **Grube Königsberger Gemarkung,** 1920

Das Foto stellt eine seltene Nahaufnahme eines Schachtes mit Handhaspel dar, der 1920 zur Untersuchung des südwestlichen Lagerteils der Grube Königsberger Gemarkung abgeteuft worden war. Ebenso wie in dem nordwestlich von Gießen gelegenen Biebertal dürfte auch in dem angrenzenden Raum Königsberg schon in der Epoche der keltischen Eisenkultur Erz abgebaut worden sein. Zahlreiche Fundstücke belegen, daß der Dünsberg zu dieser Zeit ein Zentrum der Metallverarbeitung war. Große Schlackenhalden im Bereich der *Roteisensteinlagerstätte* westlich von Königsberg, am Dünsberg und im Krofdorfer Forst veranlaßten Rudolph Ludwig bereits vor über 100 Jahren zu der Vermutung, daß *»hier schon die alten Deutschen unter dem Schutze der Festungsringwälle... ihre Eisendarstellung... umfangreich übten... Auf den Gruben bei Königsberg wurden mehrmals uralte langhalsige Beile von Eisen und gänzlich ohne Eisenanwendung construirte Haspel nebst Gestell aufgefunden, welche bei jenen alten Bergleuten in Anwendung gewesen sein mögen«* (Ludwig 1870, S. 73).

In der Frühzeit der Eisenerzverhüttung wurde der Erzbedarf wohl zunächst durch das Aufsammeln von Lesesteinen gedeckt, die entweder am Tage lagen oder bei der Bearbeitung der Äcker an die Oberfläche gelangten. Als sich mit steigender Eisenerzeugung auch der Erzbedarf erhöhte, ging man an erzreichen Stellen zum Tagebau und danach zum Tiefbau über. Der älteste urkundliche Hinweis auf den Königsberger Eisenerzbergbau findet sich in dem Salbuch über das Amt Königsberg von 1569, in dem der Flurname »Eisenkauthe« genannt wird. Nach Philipp Engel Klipstein wurden von 1664 an Königsberger Eisenerze in dem Hüttenwerk bei Biedenkopf (das 1771 erstmals als »Ludwigshütte« bezeichnet wird) verschmolzen. Das *Ausbringen* des Hochofens erhöhte sich nach dem Einsatz von Königsberger Erzen von 19 Prozent auf durchschnittlich 25 Prozent. In seiner Geschichte des Eisens schreibt Ludwig Beck hierzu: *»Das bedeutend höhere Ausbringen ist den reichen Erzen von Königsberg zuzuschreiben«* (Beck 1899, S. 1079). Nach der Stillegung der zwischen Königsberg und Bieber gelegenen Bieberer Hütte (1659 bis 1749) wurde das Erz ausschließlich nach Biedenkopf abgefahren.

Das erste überlieferte Grubenunglück im Königsberger Bergbau ereignete sich am 23. Dezember 1717. Der Pfarrchronik zufolge kam *»Hennemann Welcker ein Taglöhner und Arbeiter im Bergwerke... des Nachmittags ums Leben, da ihm der Kübel auf den Schlaff gefallen, welcher wegen der darin gesteckte Reiffe, die man darin herunter ließ, aus dem Hacken gefallen«*.

(R. H.)

Abb. 2: **Grube Königsberger Gemarkung,** 1920

Abb. 2 und 3: **Grube Königsberger Gemarkung, 1920**

Zu der Privatisierung der Ludwigshütte und den Auswirkungen auf den Bergbau bei Königsberg heißt es in der Pfarrchronik: »*Der Verkauf unserer Eisengrube seitens des Fiskus an Private im Jahre 1835 brachte den Ort, dessen Bewohner durch den Bergbau guten Verdienst gehabt und den Ackerbau vernachläßigt hatten noch mehr herab; viele Arbeiter wurden brodlos und der Lohn geringert.*«
Nach der Übernahme der Ludwigshütte durch die Hütten- und Bergbaugesellschaft Johann Jakob Jung in Steinbrükken im Jahre 1869 wurde der Vortrieb des um 1781 am Hesselbachgraben, südöstlich von Königsberg, angesetzten Wasserlösungsstollens durch Bergleute aus Piemont wiederaufgenommen und 1871 vollendet (Gesamtlänge 560 Meter). Die *Aus- und Vorrichtungsarbeiten* auf der Stollensohle und in den von dort abgeteuften *Gesenken* brachten unerwartet günstige *Aufschlüsse*. In seinem Jahresbericht 1873 an das Oberbergamt Bonn schreibt Wilhelm Riemann (siehe Abb. 448) hierzu: »*Es scheint demnach, daß diese alte berühmte Grube, welche man schon vor Jahren für erschöpft erklärt hatte, doch noch recht hübsche Erze liefern wird*« (Hauptstaatsarchiv Wiesbaden, Abteilung 426/8, Nr. 2).
Im Jahre 1885 wurde mit dem *Abteufen* des abgebildeten Maschinenschachtes begonnen, der mit einer Dampfmaschine zur Förderung und Wasserhaltung ausgerüstet war. Während bis zum Niveau der Stollensohle der Eisengehalt der Lagerstätte zugenommen hatte, zeigte sich auf der ersten Tiefbausohle, der 70 m-Sohle, ebenso wie in den bereits früher niedergebrachten *Gesenken*, eine gegenläufige Entwicklung. Hierbei handelte es sich um eine Erscheinung, die bei nahezu allen Eisenerzlagerstätten im Lahn-Dill-Gebiet zu beobachten war. Mit zunehmender Teufe nahmen die Eisen-, Kieselsäure-, Phosphor- und Wassergehalte des Erzes ab, demgegenüber erhöhte sich der Kalkanteil. Dieser Übergang in *Flußeisenstein* war nicht nur bei *Roteisensteinlagerstätten* vorhanden, sondern vielfach auch bei *Brauneisensteinvorkommen*.

1890 erreichte die Königsberger Eisenerzförderung mit 5435 Tonnen, bei einer Belegschaft von 37 Bergleuten, ihren bis dahin höchsten Stand. Im Jahre 1891 wurde der Maschinenschacht um 30 Meter weitergeteuft und die zweite Tiefbausohle gebildet. Mit zunehmender Abbauteufe verminderte sich der Eisengehalt so weit, daß der Betrieb bei den damals niedrigen Erzpreisen und den hohen Kosten für den Fuhrwerkstransport zum Bahnhof Wetzlar nicht mehr rentabel war. Daraufhin wurde das Bergwerk am 31. März 1893 stillgelegt, wobei jedoch die maschinelle Anlage mindestens bis 1912 in betriebsfähigem Zustand gehalten wurde. Von 1890 bis 1892 hatten die Königsberger Bergleute eine Verringerung ihres Jahresarbeitslohnes von 440 Mark auf 299 Mark hinnehmen müssen. Als der Schichtlohn 1892/93 auf unter eine Mark gesenkt werden sollte, erklärte der Sprecher der Bergleute einer mündlichen Überlieferung zufolge dem Obersteiger: »*Alterchen, Alterchen, jetzt ist aber Schluß.*«

Im Jahre 1917 verkaufte der Hessen-Nassauische Hüttenverein in Steinbrücken die Grube über den Düsseldorfer Getreidehändler Emil Flechtheim, der hier als »Strohmann« fungierte, an die Mannesmannröhren-Werke in Düsseldorf. Zuvor war am 10. August 1917 die bergrechtliche »Gewerkschaft Königsberger Gemarkung« gebildet worden, deren 100 *Kuxe* mit je 300 Mark bewertet wurden. Die Wiedereröffnung des Bergwerkes unter dem Grubennamen »Königsberger Gemarkung« erfolgte am 1. April 1918. Im Jahre 1919 vergrößerte man das Maschinenhaus durch einen Anbau (dunkler Dachteil) und installierte eine neue Dampfmaschine sowie einen Druckluftkompressor. 1920 hatte die Grube erstmals seit 27 Jahren wieder eine Erzförderung zu verzeichnen. Die gewonnenen 2437 Tonnen waren im wesentlichen bei der Aus- und Vorrichtung des Lagers angefallen. Am Ende der Verladebrücke ist das 1919 errichtete Zechenhaus zu sehen. Die auf allen Sohlen, einschließlich der neu gebildeten 130 m- und 160 m-Sohlen, in der ersten Hälfte der zwanziger Jahre durchgeführten Untersuchungsarbeiten führten dazu, daß 1924 die sicheren und wahrscheinlichen Vorräte mit insgesamt 260 000 Tonnen veranschlagt werden konnten.

(R. H.)

Abb. 3: **Grube Königsberger Gemarkung,** 1920

Abb. 4: **Grube Königsberger Gemarkung**, um 1928

Abb. 4: **Grube Königsberger Gemarkung,** um 1928

Zur Steigerung der Förderung und damit zur rentablen Gestaltung des Betriebes wurde das Bergwerk in den Jahren 1925/26 elektrifiziert, der hölzerne Förderturm durch eine Stahlkonstruktion ersetzt, eine neue Aufbereitungsanlage errichtet und eine 4200 Meter lange Drahtseilbahn zum Verladegleis der Biebertalbahn im Kehlbachtal bei Bieber gebaut. Die Aufnahme des »Steinthalschachtes« (benannt nach dem damaligen Vorsitzenden des Aufsichtsrates der Mannesmannröhren-Werke, Max Steinthal) zeigt (v. l. n. r.) die Beladestation der Seilbahn, den in Holzkonstruktion ausgeführten Erzbunker, die Aufbereitung, den 22 Kubikmeter fassenden Wasserbehälter für Kühlwasser, den Anbau an das ehemalige Maschinenhaus, der nunmehr als Zechenhaus diente, eine hölzerne Brücke zur Bergehalde, oberhalb des Fördergerüstes das Maschinenhaus, in dem sich eine neue Fördermaschine, ein Turbo-Kompressor mit einer Leistung von 12 Kubikmetern pro Minute und ein Transformatoren-Raum befanden. An der Ostseite des Maschinenhauses liegen zwei Druckluftbehälter. Zwischen dem Maschinenhaus und der Autogarage ist im Hintergrund das alte Betriebsführerwohnhaus der Grube zu sehen. Nach der Modernisierung des Betriebes und der Aufnahme der planmäßigen Erzgewinnung Mitte 1926 waren im Königsberger Eisenerzbergbau etwa 50 Bergleute und Handwerker sowie drei Steiger tätig. Die Weltwirtschaftskrise führte am 27. August 1931 zur Einstellung der Förderung und zur Entlassung der Arbeiterbelegschaft. Im Rahmen der nationalsozialistischen Selbstversorgungsbestrebungen wurden am 9. Juni 1933 49 Bergleute und Handwerker wieder eingestellt und der Abbau erneut aufgenommen. Hiermit verbunden war eine Senkung des Erzpreises und des Schichtlohnes. Während der Erlös je Tonne Erz 1929 noch 13,84 Mark betragen hatte, erreichte er 1933 lediglich 9,25 Mark; der Schichtlohn fiel in derselben Zeit von 5,72 Mark auf 4,35 Mark. (R. H.)

Abb. 5: **Grube Königsberger Gemarkung,** 1938

Im Steinthalschacht wurde das Erz bis in Höhe der Förderbrücke zwischen Förderturm und Aufbereitung gehoben, wodurch man ein natürliches Gefälle bis zum Abziehen in die Seilbahnloren erreichte. Bei dem auf diesem Bild erkennbaren Fachwerkgebäude in unmittelbarer Schachtnähe handelt es sich um die 1923 errichtete alte Aufbereitung, in der seit 1926 das Steiger- und Obersteigerbüro sowie das Magazin und die Schmiede untergebracht waren. Von 1934 an wurde das Königsberger Eisenerz auf der Sophienhütte in Wetzlar verschmolzen. Gute Neuaufschlüsse und günstige Gewinnungsbedingungen oberhalb der Stollensohle ermöglichten 1940 die mit 15299 Tonnen höchste Jahresförderung in der Geschichte des Bergwerkes, bei einer Belegschaft von 43 Mann. In den folgenden Jahren ging die Zahl der Belegschaftsangehörigen durch Einberufungen zum Kriegs- und Arbeitsdienst ständig zurück. Trotz des Aufschlusses einer hochhaltigen Lagerpartie auf der sogenannten 5 m-Sohle im Bereich des Tagebaulagers im Jahre 1942 zeichnete sich nunmehr die endgültige Erschöpfung des Vorkommens ab. Im April 1949 mußte die Erzgewinnung eingestellt werden, da die noch anstehenden geringen Erzmengen nicht mehr abbauwürdig waren. In der Zeit von 1920 bis 1949 sind im Königsberger Eisenerzbergbau 248652 Tonnen gefördert worden, wobei der durchschnittliche Eisengehalt zwischen 35,4 Prozent im Jahre 1938 und 46,3 Prozent im Jahre 1947 schwankte. (R. H.)

Abb. 6: **Grube Königsberg,** um 1953

Bereits seit 1934 hatte Mannesmann versucht, durch insgesamt 25 Tiefbohrungen in der Umgebung der Grube Königsberger Gemarkung eine vermutete Fortsetzung der Lagerstätte zu finden. Im Jahre 1948 entschloß man sich zu einer Erkundungsbohrung etwa 1,7 Kilometer östlich des Steinthalschachtes in der Nähe der früheren Oberförsterei Strupbach. Auch hier wurde die erste Bohrung nicht fündig, doch ließen geologische Anzeichen auf das Vorhandensein eines Eisenerzlagers schließen. Durch zahlreiche weitere Bohrungen konnte in einer *Teufe* von 150 bis 300 Meter eine Eisenerzlagerstätte mit 1,5 bis 10 Meter Mächtigkeit nachgewiesen werden. Der Inhalt der Lagerstätte wurde auf etwa eine Million Tonnen Erz mit einem durchschnittlichen Eisengehalt von 35 Prozent geschätzt.

Da zu Beginn der fünfziger Jahre aufgrund der unzureichenden Versorgung mit Auslandserz noch Bedarf an Inlandserz bestand, beschloß Mannesmann, diese Lagerstätte durch eine neue Schachtanlage aufzuschließen. Unter dem Grubennamen »Königsberg« begann am 8. Mai 1952 das Schachtabteufen. Obwohl es sich wegen der Gebirgsverhältnisse als notwendig erwies, den ganzen Schacht mit Beton auszukleiden und starke Wasserzuflüsse die Arbeit erschwerten, ging das Abteufen mit einer Gesamtleistung von acht bis neun Zentimetern pro Mann und Schicht zügig voran. Auf der Schachtsohle arbeiteten jeweils vier Bergleute in einer Schichtzeit von sechs Stunden. Das Foto zeigt eine Abteuf-Mannschaft nach der Ausfahrt. (R. H.)

Abb. 7: **Grube Königsberg,** um 1953

Abb. 7: **Grube Königsberg,** um 1953

Die von der Grube Königsberger Gemarkung übernommene Fördermaschine wird hier von Grubenschlosser Wilhelm Haus aus Bieber gefahren (siehe Abb. 439). Während des Schachtabteufens erfolgte die Verständigung mit den Bergleuten im Schacht über ein Sprachrohr. Bei einer *Teufe* von 160 Metern setzte man Mitte 1953 die erste Sohle an. Beim Vortrieb der Förderstrecke kam es am 17. Oktober 1953 zu einem Wassereinbruch (2,5 Kubikmeter pro Minute). Die drei vorhandenen Pumpen (Gesamtleistung 1,2 Kubikmeter pro Minute) konnten die zufließende Wassermenge nicht bewältigen, so daß der Schacht innerhalb kurzer Zeit »ersoff«. Die anschließende *Sümpfung* der Grube beanspruchte etwa drei Monate. Im ersten Halbjahr 1955 wurde der Schacht um 50 Meter weitergeteuft und mit dem *Auffahren* der 210 m-Sohle begonnen. Parallel dazu fand auf der 160 m-Sohle die *Aus- und Vorrichtung* des Lagers statt. Beim Vortrieb der Lagerstrecken fielen monatlich bereits 200 bis 300 Tonnen Erz an, dessen Durchschnittsanalyse im August 1955 38,45 Prozent Eisen, 17,51 Prozent Kalk und 10,06 Prozent Kieselsäure ergab. (R. H.)

Abb. 9: **Grube Königsberg,** 1955

Abb. 8: **Grube Königsberg,** 1955

Abb. 8 und 9: **Grube Königsberg,** 1955

Am 1. September 1955 begann die Montage des neuen Fördergerüstes. Damit verbunden war die Vollendung der Schachthalle, die aus der *Rasenhängebank* und der darüber liegenden Erzabzugsbühne bestand. Als erster Bauabschnitt der Tagesanlagen war Anfang 1954 die Werkstatt (im Vordergrund des oberen Fotos) sowie der Transformatoren- und Kompressorenraum fertiggestellt worden. Der den Bürotrakt mit Steigerwohnung, die *Waschkaue* und das Betriebsmagazin umfassende zweite Bauabschnitt wurde Ende 1954 fertiggestellt. Den Abschluß der Tagesanlagen bildete das 1955 errichtete Fördermaschinenhaus und die Schachthalle mit den hieran anschließenden Roherzbunkern. Die Grundkonzeption des noch heute (bis auf das demontierte Seilführungs- und Schachtgerüst) unverändert erhaltenen Bauwerkes war von der Bauabteilung des zum Mannesmann-Konzern gehörenden Steinkohlenbergwerkes Consolidation in Gelsenkirchen entwickelt worden, die Bauleitung lag in den Händen des in der Bergverwaltung Gießen tätigen Architekten Heinz Helbig. Lediglich das Seilscheibengerüst (ein Einstreben- oder Deutsches Bockgerüst) stellt sowohl von seiner formalen Ausgestaltung als auch der technischen Ausführung die Verbindung zur Bergbauarchitektur des Ruhrreviers her. Die Klinkerbauten sind in schlichter, schmuckloser Ausführung errichtet, die in optimaler Weise den funktionalen Anforderungen entsprach.

(R. H.)

Abb. 10: **Grube Königsberg,** 1957

Bis Anfang September 1955 stieg der Wasserzufluß auf 2,5 Kubikmeter pro Minute an. Um einem erneuten Wassereinbruch vorzubeugen, erhöhte man die Pumpenkapazität auf 8,7 Kubikmeter pro Minute. Beim Vortrieb der Lagerstrecke auf der 160 m-Sohle kam es in der Nacht vom 12. zum 13. September zu einem verstärkten Wasserandrang, der zu einem Gesamtzulauf von 4,5 Kubikmeter pro Minute führte. Nach der Wiederaufnahme des Streckenvortriebes am 16. September stieg der Wasserzufluß auf 12 Kubikmeter pro Minute an, so daß es zum erneuten Ersaufen des Bergwerkes kam.

Die nach der Sümpfung entstandene Aufnahme (im Bild Arbeitsdirektor Fritz Thunig) vermittelt einen Eindruck von der (inzwischen verminderten) Intensität des Wasserandranges. Zum Zeitpunkt des Ersaufens versickerten der Bieber- und Strupbach für mehrere Wochen, und der Trinkwasserbrunnen der Gemeinde Fellingshausen (in der Nähe der Obermühle) fiel trocken. Dadurch wurde die Durchlässigkeit des Massenkalkes von über Tage bis in die Grube offenbar.

Trotz der nunmehr aufgetretenen fast unüberwindbaren Schwierigkeiten, gab Mannesmann das Bergwerk nicht auf. Die damalige Einstellung des Unternehmens zu seinem inländischen Eisenerzbergbau wurde in der Mannesmann-Werkszeitung 1956 mit folgenden Worten beschrieben: *»Ein Grundstofflieferant mit uralter Tradition und volkswirtschaftlicher Bedeutung, der bereits zweimal innerhalb einer Generation einen maßgeblichen Beitrag zur Aufrechterhaltung der Roheisenerzeugung der deutschen Hütten geleistet hat, darf nicht in Zeiten steigenden Erzhungers stillgelegt werden. Der Bergbau ist nicht wie andere Industrien in der Lage, kurzfristig Lagerstätten aufzuschließen und wieder aufzugeben. Der Aufschluß dauert meistens viele Jahre und eine einmal aufgegebene Lagerstätte ist meistens endgültig verloren. Aus diesem Grunde führt Mannesmann auch heute noch seinen Erzbergbau trotz großer Schwierigkeiten weiter.«*

(R. H.)

Abb. 11: **Grube Königsberg,** 1957

Als erster Schritt zur *Sümpfung* der Grube Königsberg wurde am 1. April 1956 von der neuaufgefahrenen 64 m-Sohle (der Wasserspiegel lag 69 Meter unter der *Rasenhängebank*) und aus dem Biebertal unter Einsatz von gleisgebundenen Wurfschaufelladern mit der *Auffahrung* des »Biebertalstollen« begonnen, der als Wasserlösungsstollen dienen sollte. Am 1. Februar 1957 wurde dieses Projekt mit *markscheiderischer* Präzision zu Ende geführt, d. h. der 1450 Meter lange Stollen wurde an der vorausberechneten Stelle *durchschlägig*. Auf dem Foto sind v. l. n. r. zu sehen: Steiger Georg Schick aus Königsberg, Hauer Kuno Kegel aus Königsberg, Hauer Emil Rühl aus Großaltenstädten, Anschläger Adolf Geller aus Königsberg, Fahrhauer Otto Kranch aus Königsberg, Lehrhauer Walter Franke aus Frankenbach, Anschläger Otto Peter aus Königsberg und Hauer Oswald Geller aus Königsberg.

Zur Reinigung des Grubenwassers vor der Einleitung in den Bieberbach wurden zwei Klärteiche angelegt. Um eine weitere Versickerung im Strupbach- und Biebertal einzudämmen, wurden die Bäche in den durch Färbversuche ermittelten Versickerungsbereichen des klüftigen Kalkes in Betonschalen gelegt. Auch wurde ein neuer Tiefbrunnen für die Gemeinde Fellingshausen gebohrt, dessen Ansatzpunkt vom Hessischen Landesamt für Bodenforschung außerhalb des angenommenen Wassereinzugsgebietes der Grube festgelegt worden war. Als dieser Brunnen 1959 nahezu versiegte, wurde Fellingshausen mit Wasser von der 210 m-Sohle versorgt.

Abb. 11: **Grube Königsberg,** 1957

Abb. 12: **Grube Königsberg,** 1957

Abb. 13: **Grube Königsberg,** 1957

Abb. 12 und 13: **Grube Königsberg,** 1957

Die zweite *Sümpfung* der Grube Königsberg begann am 1. Mai 1957. Hierzu wurden vier eigens für den relativ engen Schacht von 3,30 Meter Durchmesser konstruierte Unterwasserpumpen mit einer Leistung von je sieben Kubikmeter pro Minute bei 150 Meter Förderhöhe eingesetzt. Die Pumpen wurden auf der Stollensohle in den Schacht eingehängt (linkes Foto). Schon im Juni war die Sümpfung der Grube bis zur 160 m-Sohle beendet. Zur Sicherung gegen erneute Wassereinbrüche wurde etwa 120 Meter vom Schacht entfernt eine gußeiserne Dammtür eingebaut, die für 25 Atmosphären Druck ausgelegt war.

Die Aufnahme entstand wasserseitig vor der Dammtür. Im Ernstfall (der nicht mehr eintrat) mußte lediglich das heraushebbare Schienenstück entfernt und die Dammtür geschlossen werden; über ein Druckventil konnte dann das Wasser langsam abgelassen werden. Im November 1957 war auch die 210 m-Sohle wieder zugänglich, die anschließend ebenfalls durch eine Dammtür gegen Wassereinbruch oder Ausfall der Stromzufuhr gesichert wurde. (R. H.)

Abb. 14 und 15: **Grube Königsberg,** 1960

Auf der 210 m-Sohle wurde 1958 das 3500 Kubikmeter Wasser fassende Streckensystem des Pumpensumpfes aufgefahren (bei einem Wasseranfall von bis zu sechs Kubikmeter pro Minute bestand somit eine Zulaufreserve von etwa 10 Stunden bei geleertem Sumpf) und die Pumpenkammer hergestellt. Die Wasserhaltung erfolgte durch sechs Hochdruck-Kreiselpumpen mit einer Gesamtleistung von 15 Kubikmetern pro Minute und zwei der zur Sümpfung eingesetzten Unterwasserpumpen. Seit 1959 wurde ausschließlich die Wasserhaltung der 210 m-Sohle betrieben, da die Wasserzuflüsse auf der 160 m-Sohle durch die fortgeschrittene *Aus- und Vorrichtung der Lagerstätte* auf die tiefste Sohle heruntergezogen worden waren.

Die beiden Aufnahmen der Pumpenkammer entstanden bei der Befahrung der Grube Königsberg durch den Vorstand der Mannesmann AG am 25. August 1960. Im November desselben Jahres wurde eine automatische Pumpensteuerung in Betrieb genommen, die während der arbeitsfreien Zeit von einem benachbarten Steigerwohnhaus aus überwacht werden konnte.

Nach der Einstellung der Wasserhaltung im Jahre 1963 stieg der Wasserspiegel im Schacht bis zur 64 m-Sohle an und hat seither durch den Wasserlösungsstollen einen natürlichen Ablauf in den Bieberbach. Durch den Wasserverband Mittelhessische Wasserwerke in Gießen wurden 1971/72 in dem Schacht zwei Trinkwassergewinnungsbrunnen installiert, die aus Filter- und Aufsatzrohren bestehen, in die zwei Unterwasserpumpen mit Steigleitungen eingebaut wurden. Den verbleibenden Hohlraum verfüllte man mit gewaschenem Kies.

(R. H.)

Abb. 16: **Grube Königsberg,** 1959

Abb. 17: **Grube Königsberg,** 1960

Abb. 16: **Grube Königsberg,** 1959

Um vor der Dammtür (wasserseitig) auf der 160 m-Sohle einen zweiten Ausgang zu schaffen (siehe Abb. 431) und die Wetterführung zu verbessern, wurde Anfang 1959 innerhalb von sechs Wochen zwischen dem Wasserlösungsstollen (64 m-Sohle) und der 160 m-Sohle eine Großlochbohrung mit einem Einfallswinkel von 70 Grad durchgeführt, wobei die reine Bohrzeit lediglich 159 Stunden betrug. Zunächst stellte man auf der 160 m-Sohle eine Bohrkammer her, in der die Bohrmaschine mit genau festgelegter Richtung installiert wurde. Parallel hierzu wurde auf der 64 m-Sohle ein Querschlag angesetzt, den eine 193 mm-Zielbohrung von der 160 m-Sohle aus anfahren sollte und fast auf den Zentimeter genau auch erreichte. Anschließend wurden ein 304-mm- und 410-mm-Rollenmeißel auf das Gestänge gesetzt und von der Bohrmaschine auf die 160 m-Sohle hinuntergezogen. In derselben Weise setzte man danach noch Rollenmeißel von 610, 813 und 1000 mm Durchmesser ein; dabei diente der jeweils kleinere Meißel als Führungsmeißel. Das Foto zeigt den dreiflügeligen Rollenmeißel mit 813 mm Durchmesser etwa fünf Meter unterhalb der 64 m-Sohle.

Während bis dahin Großlochbohrungen nur im Steinkohlenbergbau praktiziert worden waren, wurde mit dieser Bohrung bewiesen, daß sie auch im heimischen Erzbergbau sinnvoll und wirtschaftlich durchgeführt werden konnten. Neben der stark verminderten Unfallgefahr bei erheblichem Zeitgewinn kam im Falle der Grube Königsberg hinzu, daß das teilweise zerklüftete und wenig standfeste Gebirge nicht durch *Schießarbeit* zusätzlich belastet wurde. (R. H.)

Abb. 17: **Grube Königsberg,** 1960

Nach einer siebenjährigen Anlaufphase begann im Juni 1959 die planmäßige Erzgewinnung mit zunächst etwa 2000 Tonnen im Monat. Bis dahin hatte die Grube Königsberg Gesamtaufwendungen in Höhe von rund acht Millionen DM erfordert.

Die Roherzanalyse ergab 1959 im Jahresdurchschnitt 33 Prozent Eisen, 20,9 Prozent Kalk und 11,4 Prozent Kieselsäure. Mit steigender Förderung bzw. der Intensivierung des Maschineneinsatzes in der Erzgewinnung und der damit verbundenen erhöhten Verunreinigung des Fördergutes mit Nebengestein ging der Eisengehalt in den folgenden Jahren auf etwa 28 Prozent zurück. In den flach einfallenden Lagerstätten waren Seil- und Kettenschrapper eingesetzt, hier wurde *Kammerpfeilerbau* ohne *Versatz* praktiziert. In den steiler einfallenden Lagerpartien wurde das Erz im *Firstenstoßbau* gewonnen. Gummibereifte Wurfschaufellader luden das Haufwerk in das Kippgefäß und transportierten es bis zur *Sturzrolle*. Auf dem Foto demonstriert Hauer Josef Ertl aus Königsberg dem Vorstand der Mannesmann AG die Funktionsweise eines Wurfschaufelladers.

1962 wurde bei einer Belegschaft von 101 Mann mit 105 047 Tonnen die höchste Jahresförderung in der Geschichte des Königsberger Eisenerzbergbaus erzielt. Die Gesamtleistung pro Mann und Schicht war von 0,8 Tonnen im Jahre 1959 auf 3,24 Tonnen im Jahre 1962 gestiegen. (R. H.)

Abb. 18: **Grube Königsberg,** 1962

Das Erz wurde mit Lastkraftwagen zum 4,5 Kilometer entfernten Verladegleis der Biebertalbahn gefahren. Zum Zeitpunkt der Aufnahme (24. Februar 1962) war die Seilbahn-Entladestation der Grube Friedberg (siehe Abb. 36) bereits abgebrochen. Mit Schreiben vom 23. Mai 1962 unterrichtete die Mannesmann AG die Deutsche Eisenbahn-Gesellschaft m.b.H. als Betriebsführungsgesellschaft der Kleinbahn Gießen – Bieber über die beabsichtigte Stillegung der Grube Königsberg und damit zugleich über den Wegfall der Existenzgrundlage der Biebertalbahn: »*Die zunehmende Verschlechterung der Absatzmöglichkeiten für die inländischen Eisenerze hat uns gezwungen, die Grube Königsberg nicht weiter aus- und vorzurichten; so daß wir nur die bis Anfang 1962 vorbereiteten Erzmengen noch abbauen werden und der Betrieb somit nach unseren Vorausschätzungen Mitte 1963 zum Erliegen kommt*« *(Mannesmann-Archiv, M 75018)*.

Die Königsberger Bergleute waren in einer Belegschaftsversammlung am 4. April 1962 über den voraussichtlichen Stillegungstermin informiert worden. Am 30. April 1963 wurde auf Grube Königsberg die letzte Förderschicht verfahren. Die Gesamtförderung des Bergwerkes betrug 299 914 Tonnen Erz, das vom Hüttenwerk der Mannesmann AG in Duisburg-Huckingen als kalkhaltiges Zuschlagerz zusammen mit ausländischen Erzen von über 60 Prozent Eisengehalt eingesetzt worden war. Die sicheren Vorräte beliefen sich bei der Betriebseinstellung auf 215 000 Tonnen, die wahrscheinlichen Vorräte wurden mit 400 000 Tonnen und die möglichen Vorräte mit 500 000 Tonnen veranschlagt. Somit kann man von einer noch vorhandenen Eisenerzvorratsmenge von vermutlich über einer Million Tonnen ausgehen.

(R. H.)

Abb. 19: **Grube Friedberg,** 1938

Abb. 20: **Grube Friedberg,** um 1955

Abb. 19: **Grube Friedberg,** 1938

Das am Fuße des Dünsberges gelegene *Grubenfeld* »Friedberg« wurde am 18. März 1864 an Buderus *verliehen,* nachdem es im Jahr zuvor in Friedberg zu einem außergerichtlichen Vergleich zwischen Buderus und anderen Bergbau-Berechtigten in der Gemarkung Fellingshausen gekommen war. Bis zum Beginn des 20. Jahrhunderts wurde in diesem Grubenfeld nur unregelmäßig Erz abgebaut, da der *Brauneisenstein* trotz eines Metallgehaltes von annähernd 50 Prozent – bei einem Mangangehalt von sechs bis acht Prozent – nur schwer verkäuflich war. Die große Nachfrage nach manganhaltigen Erzen während des Ersten Weltkrieges führte zur Wiederinbetriebnahme der Grube Friedberg am 1. Juni 1916. Zwischen 1918 und 1920 wurde ein 90 Meter tiefer Maschinenschacht abgeteuft und anschließend eine 1 060 Meter lange Drahtseilbahn zum Verladegleis der Biebertalbahn im Kehlbachtal gebaut. Infolge von Absatzmangel mußte das Bergwerk Anfang 1924 stillgelegt werden. Vor dem Hintergrund des Vierjahresplanes von 1936 wurde der Betrieb am 3. Mai 1937 wieder eröffnet. Nach umfangreichen Instandsetzungsarbeiten über und unter Tage konnte die Erzgewinnung 1939 erneut aufgenommen werden. Das Foto zeigt den Betriebsführer der Grube Friedberg, Albert Seibert, und den damaligen Berginspektor und späteren Bergwerksdirektor Joachim Dietrich vor dem Förderturm und dem Zechenhaus. (R. H.)

Abb. 20: **Grube Friedberg,** um 1955

Trotz der »Bausperre« während des Krieges gelang es im Jahre 1942, neben den alten Tagesanlagen ein neues Zechenhaus zu bauen. Die architektonische Gestaltung dieses Sozialgebäudes (Architekt J. H. Pinand, Darmstadt) kann als beispielhaft für die im »Dritten Reich« baulich umgesetzte Ideologie der »Schönheit der Arbeit« gelten. Die Grundrißdisposition ist mit zahlreichen sogenannten Gefolgschaftshäusern und Heimen der Hitlerjugend vergleichbar. Auch die formalen Elemente der Baukörpergestaltung entsprechen diesen Bauten: das rustikal gehaltene natursteingemauerte Sockelgeschoß, die Ausführung in Ziegelbauweise, die Flachbogenfenster mit Klappläden, die ineinander übergehenden Walmdächer, die breite Fledermausgaupe sowie der Laubengang hinter den mit Flachbögen gekuppelten Ziegelpfeilern.

Im Falle des Zechenhauses der Grube Friedberg handelte es sich aber nicht ausschließlich um eine rein optische, fassadenhafte Beschönigung der Arbeitswelt. So war nicht nur wie bereits auf der Grube Laufender Stein (siehe Abb. 334) eine *Rot-Weiß-Kaue* mit Wasch- und Brauseraum vorhanden, sondern darüber hinaus eine Bestrahlungsanlage installiert, die bei Rheumatismus und Ischias eingesetzt und das Allgemeinbefinden der Bergleute verbessern sollte. Außerdem baute man 1943 an das Zechenhaus noch eine Sauna an. Die beiden zuletzt genannten Einrichtungen wurden von den Bergleuten jedoch nur wenig in Anspruch genommen.

(R. H.)

Abb. 21: **Grube Friedberg,** 1958

Die Aufnahme zeigt Hauer Max Söllner aus Fellingshausen bei der Erzgewinnung mit Preßlufthammer auf der 110 m-Sohle. 1940 war der Schacht der Grube Friedberg um 20 Meter weitergeteuft und die 110 m-Sohle aufgefahren worden. Bei einer Belegschaft von 81 Bergleuten erzielte man 1941 mit 32 784 Tonnen Erz die höchste Förderleistung in der Geschichte des Bergwerks. Im Frühjahr 1945 mußte der Betrieb jedoch abermals eingestellt werden, nachdem die Belegschaft seit Sommer 1944 teilweise in Wetzlar beim Bau von Luftschutz- und Verlagerungsstollen gearbeitet und auf der Sophienhütte Bombenschäden beseitigt hatte. Mit dem Wiederanblasen des Hochofens I im Mai 1946 kam auch die Grube Friedberg wieder in Förderung. 1956 wurde der Schacht um weitere 20 Meter auf 130 Meter *abgeteuft*. Als die Erzvorräte der 110 m-Sohle im Herbst 1958 zur Neige gingen, waren die *Aus- und Vorrichtungsarbeiten* auf der 130 m-Sohle soweit abgeschlossen, daß man dort mit dem Abbau beginnen konnte. (R. H.)

Abb. 22: **Grube Friedberg,** 1958

stein abgebaut, davon 416 332 Tonnen in dem Zeitraum von 1939 bis 1961. Etwa 85 000 Tonnen Erz blieben unter Tage. (R. H.)

Abb. 22: **Grube Friedberg,** 1958

Seit 1957 traten hauptsächlich im Schacht und in den Füllörtern größere Bergschäden auf. Zu dieser Zeit hatte sich die Erzgewinnung immer mehr in Schachtnähe verlagert, da die übrigen Lagerteile weitgehend abgebaut waren. Das Ausmaß der Bergschäden wird daran deutlich, daß 1960 im neuen Schachtabschnitt zwischen der 110 m- und 130 m-Sohle Schlitze in den Betonformstein-Ausbau gehackt werden mußten, um den Durchgang des westlichen Förderkorbes zu gewährleisten. Selbst die Fundamente und Gebäude über Tage ließen durch zunehmende Risse im Mauerwerk eine Intensivierung des ausgelösten Gebirgsdruckes erkennen. Im Jahre 1959 betrug der Anteil der Instandsetzungsschichten 17,7 Prozent aller verfahrenen Schichten, im Januar 1961 belief sich der entsprechende Wert auf 26 Prozent. Dennoch kam es zwischen 1957 und 1961 – ohne weitere Mechanisierung – zu einer Steigerung der Gesamtleistung pro Mann und Schicht von 1,53 auf 2,18 Tonnen Erz.

Die Stillegung der Grube Friedberg am 31. Januar 1961 war in erster Linie durch die Einstellung des Erzbezuges der August-Thyssen-Hütte in Duisburg-Hamborn bedingt, die von 1951 bis 1960 jeweils mehr als die Hälfte der Jahresförderung abgenommen und zur Herstellung von Stahl-Roheisen eingesetzt hatte. Die übrige Förderung war auf der Sophienhütte in Wetzlar zur Produktion von Mangan-Gießereiroheisen verwendet worden. Von den Bergleuten der Grube Friedberg wurden rund 500 000 Tonnen *Brauneisen-*

Abb. 23: **Grube Eleonore,** 1887

Die Grube Eleonore am Fuße des Dünsberges war das bekannteste und bedeutendste Bergwerk im Biebertal. Hier wurde u. a. das Mineral Eleonorit gefunden, das unter diesem Namen – obwohl es mit Beraunit identisch ist – international anerkannt und selbst im Oxford English Dictionary aufgeführt ist. Das *Grubenfeld* »Eleonore« wurde am 2. Mai 1856 an den in Gießen ausgebildeten Frankfurter Eisenhändler J. M. Bastert *verliehen* (die Namensgebung dürfte nach der ältesten Tochter von Bastert erfolgt sein, die mit Vornamen Eleonore Elisabethe hieß). Am 10. September 1864 ging das Bergwerk an die neugegründete Fellingshäuser Bergwerks-Gesellschaft mit Sitz in Frankfurt a. M. über, an deren Grundkapital in Höhe von 250 000 Gulden (427 500 Mark) Bastert mit 40 Prozent beteiligt war. Nach einer Mitteilung dieser Gesellschaft an die Bergbehörde aus dem Jahre 1865 waren die Abnehmer des hochmanganhaltigen *Brauneisensteins* Hüttenwerke im Saarland, in Luxemburg und in Ostfrankreich, die es zur Verbesserung der Roheisenqualität ihrem Minette-Erzmöller zusetzten.

Zur Ableitung des im Tagebau angeschnittenen Grundwassers begann man 1865 etwa 100 Meter oberhalb der Steinmühle an der Straße Bieber – Königsberg mit dem Vortrieb des August-Stollens, der 1869 bei einer Länge von etwa 700 Metern das Lager des an der östlichen Grubenfeldgrenze gelegenen Tagebaues erreichte. Die Belegschafts-Aufnahme am Mundloch dieses Stollens entstand im Jahre 1887.

(R. H.)

Abb. 23: **Grube Eleonore,** 1887

Abb. 24: **Grube Eleonore**, 1908

Abb. 25: **Grube Eleonore,** um 1910

Abb. 24: **Grube Eleonore,** 1908

Nachdem die Grube Eleonore mit Wirkung vom 1. Dezember 1872 für den Betrag von 250 000 Talern (750 000 Mark) – der durchschnittliche Schichtlohn betrug hier 1872/73 1,99 Mark – in den Besitz des saarländischen Hüttenunternehmens Gebr. Stumm übergegangen war, intensivierte man die Untersuchungsarbeiten und wies die Fortsetzung des *Lagers* nach Westen bis in das Biebertal nach. Der Metallgehalt des Erzes erreichte zu dieser Zeit über 50 Prozent, wobei die Eisen- und Mangangehalte etwa gleich hoch waren. Neben Brauneisenstein enthielt die Lagerstätte insbesondere im Bereich des seit 1882 erschlossenen nördlichen Lagerflügels Eisenrahm- und Eisenglanzpartien. Bei dem auf der Weltausstellung in Chicago 1892 gezeigten *»Roteisenstein von Grube Eleonore«* wird es sich um Eisenglanz mit dem Spitzenwert von 69 Prozent Eisen gehandelt haben, *»dessen Güte damals nach Geheimrat Riemann in Deutschland nicht zum zweitenmal vorkam«* (Einecke 1932, S. 718).

Zur weiteren Untersuchung des Ostlagers wurde 1888 im August-Stollen unter dem abgebauten Tagebau eine erfolgreiche Bohrung durchgeführt. Daraufhin begann man 1889 im Ortsbereich von Bieber mit den Vorarbeiten für den »Ida-Stollen« (benannt nach der Ehefrau des Konzernleiters Karl Ferdinand von Stumm-Halberg). Bei einer Länge von 1052 Metern und einer Teufe von 14 Metern unter dem August-Stollen wurde das Ostlager Ende 1895 erreicht. Das Foto zeigt die Belegschaft der Grube Eleonore am Mundloch des Ida-Stollens. (R. H.)

Abb. 25: **Grube Eleonore,** um 1910

Mit dem Übergang zum Tiefbau wurde 1907 auf dem Zechenplatz vor dem Ida-Stollen ein Elektrizitätswerk errichtet. Die Stromerzeugung erfolgte durch einen Gleichstromgenerator von 110 Volt Spannung und einen Drehstromgenerator von 2100 Volt, die von der abgebildeten Dampfmaschine (36 PS) angetrieben wurden.

Auf dem Foto sind (v. l .n. r.) zu sehen: Heinrich Bernhardt aus Bieber, Philipp Weber aus Fellingshausen, Ludwig Peter aus Königsberg und Ludwig Wagner aus Bieber. Auf der Stollensohle war 1907 im Bereich des Ostlagers ein zunächst 12 Meter tiefer *Blindschacht* abgeteuft worden. Mittels eines am Ostschacht installierten Transformators wurde der Strom von 2100 Volt auf 110 Volt umgewandelt, um in dieser Spannung Fördermaschine und Elektropumpen zu betreiben. Das Abteufen eines Tagesschachtes im Westlager im Jahre 1908 erforderte die Aufstellung einer zweiten Dampfmaschine (125 PS) und eines größeren Drehstromgenerators. (R. H.)

Abb. 26: **Grube Eleonore,** um 1910

Abb. 26 und 27: **Grube Eleonore**

Das starke Ansteigen der Erzförderung während des ersten Weltkrieges führte dazu, daß die bisher im Ida-Stollen eingesetzten Pferde 1916 durch Benzollokomotiven mit einer Leistung von 10 PS ersetzt wurden.
Die auf dem oberen Foto abgebildeten Personen sind (v. l. n. r.) Wilhelm Reeh, Karl Ulrich und Adam Weber.

An den Lokomotiven stehen Ludwig Schlierbach, Friedrich Weber, Georg Wagner und Wilhelm Dudenhöfer (mit Ausnahme des Rodheimers Ludwig Schlierbach alle aus Bieber).

Im Rahmen des sogenannten Hindenburg-Programmes zur Steigerung der Kriegsmaterial-Produktion erreichten Belegschaft und Förderung der Grube Eleonore im Jahre 1917 mit 325 Mann (darunter 57 kriegsgefangene Ukrainer) und 70 728 Tonnen Erz ihren höchsten Stand in der Geschichte des Bergwerkes. Bedingt durch die hohe Förderung während des Krieges (insgesamt über 250 000 Tonnen) war die Erzgewinnung rasch nach der *Teufe* hin fortgeschritten. In den zwanziger Jahren führte der rückläufige Erzabsatz, aber auch die sich abzeichnende Erschöpfung der Lagerstättenteile zu einer zunehmenden Verringerung von Belegschaft und Förderung.

1928 kam es auf der neuen 50 m-Sohle des Westschachtes mehrmals zu größeren Wassereinbrüchen. Aufgrund dessen gestaltete sich der Vortrieb der Förderstrecke außerordentlich schwierig und verursachte Kosten, die in keinem Verhältnis zu der hier noch anstehenden Erzmenge standen. Daraufhin wurde der Westschacht am 15. Oktober 1928 stillgelegt. Qualitativ und quantitativ unbefriedigende Aufschlüsse auf der 80 m-Sohle des Ostschachtes führten am 12. März 1929 schließlich zur völligen Einstellung der Erzgewinnung und zur Entlassung von 40 der zuletzt noch beschäftigten 46 Bergleute.

Von 1866 bis 1929 sind auf Grube Eleonore 1 576 795 Tonnen Erz gefördert worden. Die Gesamtförderung dürfte bei rund 1,7 Millionen Tonnen liegen. (R. H.)

Abb. 27: **Grube Eleonore,** um 1920

Abb. 28: **Grube Abendstern,** 1887

Die aus der Betriebszeit der Bieberer Hütte (1659 bis 1749) stammenden *Pingen* bei Hof Haina und der Obermühle bildeten 1843 den Ausgangspunkt für Schürfarbeiten, die zunächst der Gießener Hofgerichts-Advokat und Bergbauunternehmer Rosenberg, seit 1848 sein Kollege Briel, durchführten. Nach erfolgreichen Aufschlußarbeiten wurde Briel das *Grubenfeld* »Radfeld« am 25. März 1850 auf *Braunstein* bzw. *Manganerz* verliehen. Die Beschränkung auf *Braunstein* war durch das Recht der Ludwigshütte zum ausschließlichen Eisensteinbergbau in der Gemarkung Königsberg bedingt, das bei der Privatisierung des Hüttenwerkes 1835 in dem Kaufpreis enthalten war.

Der erste Tagebau wurde etwa 500 Meter südlich der Steinmühle angelegt. Bis zur Errichtung einer Braunsteinwäsche an dem zwischen dem Biebertal und Hof Haina gelegenen Grundbach im Jahre 1857 fand nur eine geringe Erzgewinnung statt. Aus dem Jahre 1868 ist überliefert, daß an der Erzwäsche acht Knaben und vier Mädchen arbeiteten. Der Abbau erfolgte zu dieser Zeit im Tagebau Radfeld, zu dem Riemann in seinem Jahresbericht 1888 an das Oberbergamt Bonn bemerkt, daß er »*in früherer Zeit große Mengen reichen Manganerzes geliefert hat*«, und darüber hinaus im *Grubenfeld* »Abendstern« bei Hof Haina, das Briel 1865 von dem Hainaer Landwirt Dudenhöfer erworben hatte.

Etwa 300 Meter westlich des Tagebaues Radfeld schloß man 1882 in dem am 4. Juni 1858 an Briel verliehenen *Grubenfeld* »Thiergarten« ein Lager mit hochmanganhaltigem *Brauneisenstein* auf. Die Belegschaftsaufnahme aus dem Jahre 1887 entstand im Tagebau Thiergarten. (R. H.)

Abb. 29: **Grube Abendstern,** 1887

Zur selben Zeit wurde auch der im Aufnahmejahr neu angelegte Erzlagerplatz etwa 100 Meter westlich der Reehmühle fotografiert. An der Verladebrücke sind links mulmige Erze und rechts Stückerze aufgeschüttet, die in dem neu aufgefahrenen »Steinmühler-Stollen« (etwa 250 Meter südlich der Steinmühle) abgebaut worden waren.

Die Betriebsführung erfolgte seit 1880 durch die »Gewerkschaft Abendstern«, deren Gründung das Ergebnis eines außergerichtlichen Vergleichs zwischen Briel und Gustav Jung, dem Repräsentanten des Familienunternehmens Jung, war. Nach einem 1864 entstandenen Rechtsstreit zwischen der Ludwigshütte und Briel, bei dem es um die Abgrenzung von *Braunstein* (Manganerz) und *Brauneisenstein* (Eisenerz) ging, einigte man sich 1878 (am 2. Januar des Jahres war der einzige Sohn von Briel bei einem Sprengstoffunfall ums Leben gekommen) auf einen Zusammenschluß der *Grubenfelder* Abendstern, Thiergarten und Radfeld in der Gemarkung Königsberg sowie des Feldes Rimberg in der Gemarkung Rodheim unter dem Grubennamen »Abendstern«. An der Gewerkschaft Abendstern waren Briel und die Familie Jung (in deren Besitz sich inzwischen die Ludwigshütte befand) mit je 50 *Kuxen* beteiligt.

Mit der Gründung der bergrechtlichen Gewerkschaft war das innerhalb des konsolidierten Grubenfeldes gelegene Feld Rimberg als alleiniges Eigentum an die Firma Jung übergegangen und hatte den Namen »Gustavszeche« erhalten.
(R. H.)

Abb. 30: **Grube Abendstern,** 1920

Unmittelbar hinter dem Erzlagerplatz begann man 1889 mit dem Vortrieb des »Briel-Stollen« und errichtete über dem Stollenmund ein Zechenhaus. Als der Stollen nach drei Jahren das Lager im Einzelfeld Thiergarten bei einer Länge von 356 Meter erreichte, stellte sich heraus, daß der Mangangehalt des Erzes lediglich 10 bis 12 Prozent betrug, während er im Tagebau bei 20 bis 28 Prozent lag. Die Erschöpfung der hochmanganhaltigen Lagerpartien führte am 1. März 1899 zur Stillegung der Grube Abendstern. Um dem »*dringenden Manganerzbedürfnis*« ihrer Stahlwerke nachzukommen, erwarben die Mannesmannröhren-Werke im Jahre 1917 alle *Kuxe* der Gewerkschaft Abendstern und förderten noch im selben Jahr im Bereich des Thiergarten-Lagers – mit einem Teil der Belegschaft der Grube Vereinigter Wilhelm bei Hungen – 1000 Tonnen *Brauneisenstein*. Nach der Aufwältigung des Briel-Stollens wurden seit Anfang 1918 auch in den Einzelfeldern Abendstern und Gustavszeche (das erst 1922 erworben wurde) Aufschlußarbeiten vorgenommen. Im selben Jahr baute man auf dem Zechenplatz am Briel-Stollen ein Maschinen- und Kompressorenhaus, in dem eine Dampfmaschine (70 PS) und ein Kompressor mit einer Leistung von sechs bis sieben Kubikmetern pro Minute aufgestellt wurden. Außerdem richtete man in diesem Gebäude die Grubenschmiede und das Betriebsmagazin ein. Im folgenden Jahr wurde auf dem Zechenplatz noch ein zum Kalkbrennen umgebauter Siegerländer Röstofen aufgestellt, der rechts im Bild zu sehen ist.

(R. H.)

Abb. 31: **Grube Abendstern,** 1938

Im Jahre 1938 waren auf Grube Abendstern 21 Bergleute beschäftigt, die 8106 Tonnen *Brauneisenstein* förderten. Der Metallgehalt des Erzes lag zu dieser Zeit bei 18 bis 22 Prozent Eisen und 9 bis 12 Prozent Mangan. Die Erzabfuhr zur Biebertalbahn erfolgte offensichtlich noch mit Fuhrwerken. Gegenüber dem Foto aus dem Jahre 1920 fehlen der eiserne Kamin der Dampfmaschine und der Siegerländer Röstofen. Beide Anlagen wurden 1921 bzw. 1922 wegen der Elektrifizierung des Betriebes und der Aufgabe des Kalkbrennens eingestellt. Nach der Stillegung der Versuchsschächte an der *Markscheide* der Grube Morgenstern (»Siegfriedschacht«) und im Einzelfeld Radfeld (»Nikolausschacht«) in den Jahren 1921 und 1925 kam das Bergwerk Mitte 1925 zum Erliegen. Im folgenden Jahr gelang es, einen Teil der im Einzelfeld Gustavszeche liegenden Haldenbestände als Farberz an Ziegeleien zu verkaufen. Die steigende Erznachfrage ermöglichte die Wiederaufnahme des Betriebes mit zunächst vier Bergleuten. Während der Weltwirtschaftskrise ruhte der Betrieb lediglich in der relativ kurzen Zeitspanne vom 15. Oktober 1931 bis zum 15. Mai 1932. Als die Erzvorräte über der Thiergarten-Stollensohle 1934 zur Neige gingen (die Erzgewinnung im Tagebau Thiergarten war schon 1928 eingestellt worden), begann man mit dem Aufwältigen des Briel-Stollens, der eine Abbauhöhe von 20 Metern bis zur Thiergarten-Stollensohle einbrachte. (R. H.)

Abb. 32: **Grube Abendstern,** 1970

Abb. 33: **Bergverwaltung Gießen,** um 1928

Mit dem Erwerb von Erzgruben und Grubenfeldern im Siegerland, im Lahn-Dill-Gebiet und in Oberhessen sowie auf dem Hunsrück durch die Mannesmannröhren-Werke seit 1916 ging der Aufbau einer entsprechenden Verwaltungsorganisation einher. Ende 1916 wurde in der Hauptverwaltung in Düsseldorf eine »Abteilung Erzbergbau« eingerichtet, die Mitte 1917 unter dem Namen »Abteilung Bergverwaltung« nach Betzdorf an der Sieg verlegt wurde. Noch 1917 erwarb Mannesmann in Gießen das Anwesen Bergstraße 5 (heute Hein-Heckroth-Straße 5) und richtete hier eine »Nebenstelle« für die Gruben im Lahn-Dill-Gebiet und in Oberhessen ein. Nach der Stillegung der konzerneigenen Bergwerke im Siegerland (bis auf die Grube Wilhelmine, die 1928 ebenfalls zum Erliegen kam) wurde Gießen 1926 Sitz der Bergverwaltung. Die Aufnahme des Verwaltungsgebäudes zeigt Chauffeur Adolf Bender aus Krofdorf-Gleiberg am Steuer eines NAG (Nationale Automobil-Gesellschaft, Berlin), Typ 10/40, dem Dienstfahrzeug von Bergwerksdirektor Otto Kippenberger (siehe Abb. 353), sowie dessen Söhne Ulrich und Otmar.

Der forcierte Ausbau des Erzbergbaus im Rahmen des Vierjahresplanes von 1936 führte zur Errichtung eines modernen Verwaltungsgebäudes in zwei angrenzenden Gärten, das unmittelbar vor Kriegsausbruch am 17. August 1939 bezogen wurde (Gutenbergstraße 6). Gegenüber 1926 war die Zahl der in der Bergverwaltung Gießen Beschäftigten von 5 auf 30 Personen gestiegen, die Zahl der Grubenbetriebe und Rohstoffwerke hatte sich in derselben Zeit von 5 auf 18 erhöht.

Im Zuge der Stillegung des Mannesmann-Erzbergbaus in Hessen wurden beide Gebäude (das Haus Bergstraße 5 war 1944 bei einem Luftangriff völlig zerstört und 1947/48 wiederaufgebaut worden) 1963 an die Justus Liebig-Universität verkauft. In nunmehr gemieteten Räumen befand sich in der Bergstraße 5 noch bis Mitte 1967 eine Abwicklungsstelle mit zuletzt 5 Angestellten. Die Mannesmann-Bergverwaltung in Gießen bestand somit genau 50 Jahre. (R. H.)

Abb. 32: **Grube Abendstern,** 1970

Von 1926 bis zur endgültigen Stillegung der Grube Abendstern am 28. Februar 1958 (die Aufnahme entstand vor dem Abbruch des Zechenhauses im Jahre 1970) wurde die Förderung ausschließlich an Ziegeleien mit unreinem Ziegelton und an Klinkerwerke zur Herstellung von blau-schwarzen Klinkern und Dachpfannen abgesetzt (letztere boten angeblich während des Zweiten Weltkrieges einen Schutz gegen Fliegerangriffe). Anfang 1945 mußte die Erzgewinnung erneut eingestellt werden, da der Haldenbestand auf über 7000 Tonnen angewachsen und der Erzlagerplatz vor dem Briel-Stollen erschöpft war. Als der Haldenbestand 1954 zu Ende ging, wurde der Briel-Stollen erneut aufgewältigt, und fünf Bergleute förderten im selben Jahr 1700 Tonnen Erz. Im September 1955 erhöhte sich die Belegschaft von 8 auf 27 Mann. Zur Vermeidung von Entlassungen nach dem Ersaufen der Grube Königsberg waren 19 Belegschaftsangehörige dieses Bergwerkes vorübergehend zur Grube Abendstern verlegt worden. Seit 1957 arbeitete der Betrieb mit Verlust, da man aufgrund von zahlreichen Beschwerden über kleine Kalkstücke im Erz oder Beimischung hellen Tones erhebliche Preisnachlässe einräumen mußte. Diese Entwicklung führte schließlich zur Stillegung wegen Unrentabilität. In der Endphase bestand die Belegschaft noch aus fünf Bergleuten, die auf Grube Königsberg weiterbeschäftigt wurden. Zwischen 1866 und 1958 förderten die Bergleute der Grube Abendstern rund 150000 Tonnen Erz. (R. H.)

Abb. 34: **Grube Morgenstern**, um 1913

Abb. 34: **Grube Morgenstern,** um 1913

In seinem mineralogischen Briefwechsel berichtet Klipstein von einem *»Flöz auf dem rothen Strauch«* (südöstlich des späteren Forsthauses Haina zwischen Bieber und Waldgirmes) und teilt u. a. mit: *»Nach der Lage der vielen alten Bingen zu urtheilen, streicht das Flöz von Morgen gegen Abend«* (Klipstein 1781, S. 20). Das Grubenfeld »Morgenstern« im Walddistrikt Rothestrauch wurde am 20. April 1828 an J. W. Buderus Söhne zu Friedrichshütte bei Laubach verliehen.

Bei Hans Tasche finden sich die folgenden Ausführungen: *»Die Roteisensteine der Umgebung von Giessen, Wetzlar und Braunfels werden zum Theil durch grossartigen Tagebau auf Strossen weggefördert, zum Theil aber auch durch regelmässigen unterirdischen Betrieb (z. B. auf der Zeche Philippswonne bei Garbenheim, Morgenstern bei Waldgirmes u. s. f.) gewonnen. Sie versorgen nicht allein die meisten inländischen Hütten, sondern auch die in der Rhein-, Saar- und Ruhr-Gegend, ja sie gehen sogar bis nach Baden und in den Elsass. Sie sind gewissermassen als das Element der mächtigen rheinischen Eisenindustrie zu betrachten«* (Tasche 1858, S. 14).

Im Hinblick auf den Bau der Sophienhütte in Wetzlar (1870 bis 1872) begann man 1869 im Schwalbenbachtal mit dem Vortrieb eines Förder- und Wasserlösungsstollens, der schon im folgenden Jahr bei einer Länge von 125 Metern eine erste Lagerpartie erreichte. Das Hauptlager wurde 1888 bei einer Stollenlänge von 1068 Meter angefahren. Der Eisengehalt des oberhalb der Stollensohle anstehenden *Roteisensteins* lag bei 52 bis 53 Prozent. Mit 103 Bergleuten und 19 932 Tonnen erreichten Belegschaft und Förderung 1890 ihren bis dahin höchsten Stand. Der Erzversand erfolgte mit Fuhrwerken zur Sophienhütte und zur Margarethenhütte in Gießen. Im Jahre 1892 begann das Abteufen eines Maschinenschachtes, der 1902 von einem auf der Stollensohle angesetzten Schrägschacht mit einem Neigungswinkel von etwa 30 Grad (entsprechend dem Einfallen des Lagers) abgelöst wurde. Aufgrund der 1906 erfolgten Besitzveränderung im Eisenerzbergbau an der Lahn (siehe Abb. 107) wurde die Grube Morgenstern durch die Einführung von druckluftbetriebenen Bohrmaschinen (1907), das Abteufen eines neuen Maschinenschachtes, die Errichtung einer neuen Tagesanlage, den Bau einer 7475 Meter langen Drahtseilbahn zur Sophienhütte (1909/10) und die Elektrifizierung des Betriebes (1911) zu einer modernen Schachtanlage ausgebaut.

Das um 1913 entstandene Belegschaftsfoto wurde am neuen Zechenplatz aufgenommen. Eine Belegschaft von 73 Mann erzielte 1917 mit 37 837 Tonnen die höchste Jahresförderung in der Geschichte des Bergwerkes. Den Selbstkosten in Höhe von 294 628 Mark stand ein Verkaufserlös von 534 227 Mark gegenüber. Dieses Ergebnis war nicht allein durch den Erzmangel während des Krieges bedingt; im Jahre 1913 überstiegen die Verkaufserlöse die betrieblichen Aufwendungen sogar um 108 Prozent. Die Gesamtleistung pro Mann und Schicht lag 1913 mit 1,51 Tonnen um 94 Prozent über dem Durchschnitt im Lahn-Dill-Gebiet und in Oberhessen.

Unbefriedigende Aufschlüsse auf der neuen 120 m-Sohle (Schachtteufe 180 Meter) führten dazu, daß Ende Februar 1924 die letzte Förderschicht verfahren wurde. Zwischen 1873 und 1924 sind im Grubenfeld Morgenstern 701 264 Tonnen Erz gefördert worden. (R. H.)

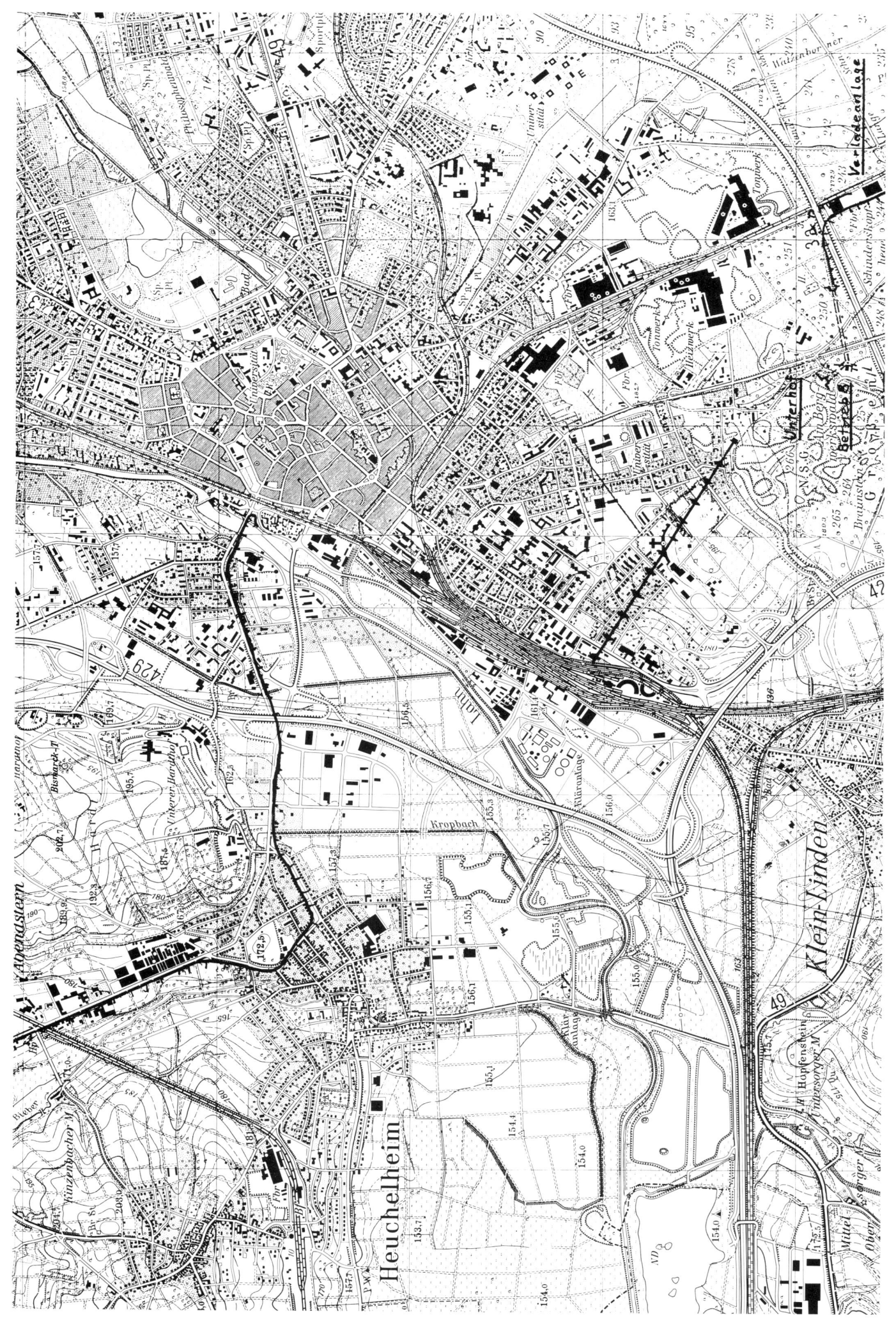

Karte IV   Biebertalbahn   Maßstab: 1 : 25 000

Abb. 35: **Biebertalbahn,** um 1903

Belegschaftsangehörige der Kleinbahn Gießen – Bieber vor den bei Krauss in München gebauten Lokomotiven »GIESSEN« und »ABENDSTERN« im Kleinbahnhof in Gießen. Diese Aufnahme ist vermutlich 1903 entstanden. In jenem Jahr waren an der Biebertalbahn 11 »Beamte« und 17 »ständige Arbeiter« beschäftigt.

Bis zur Eröffnung der Deutz-Gießener-Eisenbahn im Jahre 1862 und der Lahnbahn Anfang 1863 war die Förderung der Gruben im Biebertal auf der Main-Weser-Bahn (Inbetriebnahme bis Gießen im Jahre 1852) versandt worden. Das Königsberger Eisenerz wurde bis zur Einstellung der Holzkohlehochöfen der Ludwigshütte im Jahre 1886 mit Fuhrwerken nach Biedenkopf transportiert, anschließend bis zur ersten Stillegung des Bergwerkes 1893 zum Bahnhof Wetzlar. Für die Besitzer der Gruben im Biebertal eröffnete sich erstmals im Jahre 1869, als eine Bahnlinie Biedenkopf – Gladenbach – Damm – Bieber – Wetzlar oder Gießen gebaut werden sollte, die Aussicht auf einen Anschluß ihrer Werke an das Eisenbahnnetz. Nach weiteren fehlgeschlagenen Bahnprojekten kam es 1888 zu einer Teillösung des Transportproblems der Bergbauunternehmen im Biebertal, indem von der Gewerkschaft Abendstern am Schnittpunkt des Teilstückes Lollar – Wetzlar der Eisenbahn Berlin – Metz (im Volksmund »Kanonenbahn« genannt) mit der Straße Gießen – Rodheim eine Erzverladestelle vollendet wurde, der man den Namen »Abendstern« gab. Hierdurch verringerte sich der bisherige Fuhrwerkstransport zum Bahnhof Gießen auf nahezu die Hälfte des Weges. Im Auftrag der Allgemeinen Deutschen Kleinbahn-Gesellschaft in Berlin wurde schließlich in den Jahren 1897/98 die Biebertalbahn gebaut. Die Eröffnung des Personenverkehrs der Bahn erfolgte am 19. August 1898, der Erztransport wurde am 20. Oktober des Jahres aufgenommen.   (R. H.)

Abb. 36: **Biebertalbahn,** 1956

Ohne den Bergbau im Biebertal wäre die Kleinbahn Gießen–Bieber sicher niemals gebaut worden. Bereits zu Beginn des Bahnbetriebes verfügte der Meilhardt-Stollen im Kehlbachtal bei Bieber, der als Förderstollen für die Gruben Friedberg, Meilhardt und Elisabeth diente, über ein Anschlußgleis. An diesem Gleis wurden 1920 und 1925/26 auch die Seilbahn-Entladestationen der Gruben Friedberg und Königsberger Gemarkung errichtet. Wie auf dem Foto der Verladeanlage der Grube Friedberg deutlich wird, konnten jeweils zwei Wagen beladen werden.

Außer den Lokomotiven »GIESSEN« (Fabrik-Nr. 3770) und »ABENDSTERN« (Nr. 3771) verfügte die meterspurige Kleinbahn seit der Betriebseröffnung noch über die Lokomotive »RODHEIM« (Nr. 3772), die ebenfalls von Krauss gebaut worden war. Je drei vierachsige Personenwagen sind 1898 von Herbrand in Ehrenfeld bei Köln (Nr. 1 bis 3) und der Gasbahn-Gesellschaft in Dessau (Nr. 4 bis 6) geliefert worden. Die im folgenden Jahr in Dienst gestellten Personenwagen Nr. 7 und 8 wurden ebenfalls von der Gasbahn-Gesellschaft bezogen. In dem ersten erhaltenen Jahresbericht der Biebertalbahn (1911) wird neben den bereits genannten Lokomotiven auch eine Straßenbahn-Lokomotive aufgeführt, die von der Dampfstraßenbahn Eltville – Schlangenbad leihweise übernommen worden war. Zusätzlich zu den erwähnten Personenwagen werden zwei zweiachsige Post- und Gepäckwagen, zwei zweiachsige gedeckte Güterwagen und vier zweiachsige offene Güterwagen genannt. 54 Wagen dienten dem Erz- und Kalksteintransport.

Für den im Großherzogtum Hessen gelegenen Streckenteil war der Kleinbahn Gießen – Bieber am 19. März 1897 eine auf 50 Jahre befristete Konzession erteilt worden. Die am 2. Juni 1897 ausgestellte Konzession für den preußischen Teil der Strecke hatte eine Laufzeit von 60 Jahren. Beide Konzessionen wurden 1902 auf 99 Jahre verlängert. Für den 3,85 Kilometer langen Streckenteil in Preußen waren Höchstgeschwindigkeiten von 15 Stundenkilometern auf öffentlichen Wegen und 30 Stundenkilometern auf eigenem Bahnkörper festgelegt. Die Streckenlänge zwischen Gießen und Bieber betrug 8,68 Kilometer, hiervon befanden sich 6,13 Kilometer auf öffentlichem Grund und Boden und 2,55 Kilometer auf eigenem Bahnkörper. Die Gesamtlänge der Gleise wird 1898 mit 11,50 Kilometern und in dem obengenannten Jahresbericht mit 13,35 Kilometern angegeben. Der »Bahnanlagenaufwand« bzw. Herstellungswert wird im Jahre 1902 mit 738 356 Mark beziffert. (R. H.)

Abb. 37: **Biebertalbahn**, 1936

In dem Jahresbericht der Biebertalbahn für 1930 wird unter »Allgemeines« vermerkt: »*Der Not der Zeit erlag der Hauptverfrachter unserer Bahn, die Stummsche Eisenerzgrube. Es dürften der Bahn daher schwere Zeiten bevorstehen*« (Stadtarchiv Gießen, L 1458-7). Während 1930 noch ein bescheidener Überschuß von 543 Mark erwirtschaftet werden konnte, entstand bereits im folgenden Jahr ein Verlust in Höhe von 6242 Mark, der sich bis zum Jahre 1936 auf 14 312 Mark erhöhte. Aufgrund der weitgehenden Einstellung der Gleisunterhaltungsarbeiten kam es 1936/37 zu einer Serie von Entgleisungen.

Nach dem spektakulärsten Unfall der Biebertalbahn am 11. Dezember 1936 erschien in der »Oberhessischen Tageszeitung« vom 13. Dezember ein »Sonderbericht«, in dem als Hauptursache für die kurz vor dem Bahnhof Rodheim erfolgte Entgleisung die »*total verfaulten Schwellen an dieser Stelle*« genannt werden, »*die wie Zunder in den Fingern zerrieben werden können*«. Als weitere Unglücksursache wird die starke Beschleunigung des Erzzuges in diesem Streckenbereich infolge des Gewichtes der Eisensteine genannt. Abschließend fordert der Sonderberichterstatter »*rücksichtsloses Durchgreifen im Interesse der werktätigen Bevölkerung, die täglich diese Bahn benützen muß*«.

Als Grund für die Entgleisungen wird in einem Schreiben der Stadt Gießen an die Landesregierung in Darmstadt vom 22. Dezember 1936 neben der unzureichenden Gleisunterhaltung auf »*die Verwendung der seit einigen Jahren benutzten schweren Lokomotiven*« verwiesen. Hierbei handelte es sich um die 1920 von Henschel gelieferte Lokomotive 1 (Fabrik-Nr. 17 369), die 1923 in Dienst gestellte Lokomotive 2 = 60 (Nr. 19 979) und die 1927 bezogene Lokomotive 3 = 2 (Nr. 20 813), die ein Dienstgewicht von 27,5 Tonnen hatten, gegenüber 15,8 Tonnen Dienstgewicht der Krauss-Lokomotiven.

Mit 19 Mann hatte die Belegschaft der Biebertalbahn 1936 einen sehr niedrigen Stand erreicht. In dem erwähnten Schreiben heißt es hierzu, »*daß die wenigen Angestellten den gesamten Betrieb bewältigen mußten und täglich zum Teil 14 und 16 Stunden Dienst hatten*«.

Aufgrund der steigenden Tendenz der Betriebsverluste nahm die Bahngesellschaft 1938 Übernahmeverhandlungen mit den Buderus'schen Eisenwerken (die im Jahr zuvor die Grube Friedberg wieder eröffnet hatten) und der Stadt Gießen auf. Während Buderus nicht daran interessiert war, den Erztransport in eigener Regie durchzuführen, sah die Direktion der Stadtwerke hier die Gelegenheit zu einer Ausdehnung ihres Tätigkeitsbereiches. In einem Schreiben an den Oberbürgermeister vom 7. Juli 1938 werden hierzu u. a. folgende Überlegungen angestellt: »*. . . bei einer Eingemeindung von Heuchelheim müßten wir Wert darauf legen, den Verkehr in Groß-Gießen selbst durchzuführen . . . Es ist ein Fahrplan der Bieberthalbahn beigefügt. Dies ist der wunde Punkt der Bahn. Man muß fordern, daß Zugfolge zwischen Gießen und Heuchelheim wie zwischen Gießen und Wieseck* (eingemeindet mit Wirkung vom 1. April 1939, Straßenbahnverbindung seit 1932, d. Verf.) *viertelstündlich ist. Heuchelheim als Stadtteil gebührt schnelle Zugfolge, damit es wirtschaftlich mit Gießen zusammenwächst. Solcher Fahrplan kann nur die öffentliche Hand durchführen, da er Zuschuß erfordert. Dieser Forderung kann die Bieberthalbahn aus Gründen restlos mangelnder Rentabilität bei Kleinbahnbetrieb nicht nachkommen. Sie wird dann umsomehr geneigt sein, ihre Bahn abzustoßen . . . Wenn nicht anders, müßte der Antrag gestellt werden, daß Gießen in den Zugpausen einen Omnibuslinien-Verkehr betreiben darf, der dann die Bahn von selbst zum Erliegen bringt*« (Stadtarchiv Gießen, L 1458-7).   (R. H.)

Abb. 38: **Biebertalbahn**, um 1900

In einem von der Stadt Gießen bei der Bahn-Abteilung der AEG 1939 in Auftrag gegebenen Gutachten über die Biebertalbahn wird u. a. ausgeführt: *»Die Beförderung in den überalterten, schlecht gefederten Personenwagen in vorsintflutlicher Ausstattung mit ungepolsterten Sitzen, Brennölbeleuchtung, Ofenheizung im Winter, kleinen Fenstern usw. zu einem Fahrpreis von RM 0,60 für 8,7 km = rd. 7 Pf/km (rd. 20 % mehr als die II. Klasse Reichsbahn) entspricht nicht mehr den Anforderungen, die heute die schwer arbeitenden Bevölkerungsschichten bei Fahrten auf öffentlichen Verkehrsmitteln zu stellen berechtigt sind«* (Stadtarchiv Gießen, L 1458-7).

Die auf eine Stillegung der Bahn zielenden Verhandlungen wurden 1940 abgebrochen, da das Reichswirtschaftsministerium eine Aufrechterhaltung des Erztransportes von Bieber nach Abendstern angeordnet hatte. Hinzu kam, daß die Bahn seit 1940 wieder mit Gewinn arbeitete. Nach der Bombardierung von Gießen am 6. Dezember 1944 beförderte die Biebertalbahn – die bereits seit Anfang des 20. Jahrhunderts im Volksmund als »Bieberlies« bezeichnet wurde – die obdachlos gewordenen Gießener etwa zehn Tage lang zum »Nulltarif«. Bei dem Luftangriff am 6. Dezember war auch der Kleinbahnhof an der alten Lahnbrücke in Gießen zerstört worden. Werkstatt und Verwaltung der Bahn befanden sich seitdem in Bieber.

Bei der Aufnahme handelt es sich um die einzige bekannte Gesamtansicht des Kleinbahnhofes Gießen mit der Hammstraße und dem Stationsgebäude (Neustädter Torhaus) im Vordergrund, dem Güterschuppen und dem dahinterliegenden Lokomotivschuppen mit Werkstatt sowie dem Wagenschuppen an der Ausfahrt zur Rodheimer Straße. Für dieses Foto wurde mit an Sicherheit grenzender Wahrscheinlichkeit die symbolische Übergabe des Betriebes der Biebertalbahn durch den Bauunternehmer und Betriebspächter Johann Wilhelm August von Mulert an einen Repräsentanten der Allgemeinen Deutschen Kleinbahn-Gesellschaft um den 1. Januar 1900 dargestellt. (R. H.)

Abb. 39: **Biebertalbahn,** 1952

Am 1. Dezember 1946 ging die Biebertalbahn, die sich seit 1927 im Besitz der Vereinigten Kleinbahn-Aktiengesellschaft in Frankfurt a. M. befand, gemäß Artikel 41 der Hessischen Verfassung in Gemeineigentum über. In der Personenbeförderung hatte die Bahn 1947 mit 948 812 Menschen ihre größte Inanspruchnahme zu verzeichnen. Mit jeweils 41 Beschäftigten wurde 1948 und 1949 der höchste Mitarbeiterstand in der Geschichte dieser Kleinbahn erreicht. Seit 1948 bemühte sich die Stadt Gießen erneut um eine Eingemeindung von Heuchelheim und richtete im Juli 1949 die Omnibuslinie Gießen – Heuchelheim (ab Dezember 1949 O-Bus-Linie) ein. Daraufhin gingen die durchschnittlichen Fahrgastzahlen der Biebertalbahn pro Monat von etwa 66 000 auf etwa 52 000 Personen zurück. Ende 1949 wurde vom Staatsministerium für Arbeit, Wirtschaft und Landwirtschaft die Stillegung der seit der Währungsreform wieder mit Verlust arbeitenden Kleinbahn in Betracht gezogen. Aufgrund des Protestes der Rodheimer Bevölkerung und eines Appells des Wetzlarer Landrats August Monzen, der insbesondere auf die Bedeutung der Bahn für die Erzgruben hinwies, unterblieb die geplante Betriebseinstellung. Zur Erhaltung der Biebertalbahn bemühte sich der Landrat 1950/51 um die Bildung einer Verkehrsgemeinschaft zwischen der Kleinbahn Gießen – Bieber und den Stadtwerken Gießen. Die Stadtwerke lehnten diesen Vorschlag jedoch mit der Begründung ab, daß ein Zusammenschluß eines »*modernen O-Bus-Betriebes*« mit einer »*veralteten Kleinbahn*« nach ihrer Auffassung nicht zweckmäßig sei. Die Aufnahme zeigt einen Personenzug der Biebertalbahn im Stillegungsmonat April 1952 und die »Schmitte« bei Rodheim im Hintergrund. Mit der letzten Personenfahrt am Ostermontag ging eine Epoche zu Ende, die heute noch vielen Menschen in lebendiger Erinnerung ist.

Um die Biebertalbahn ranken sich unzählige Anekdoten. So entfernte eine Frau aus Gießen ein Schild aus dem Kleinbahnhof an der Lahn und befestigte es über dem Ehebett. Auf der Hinweistafel war zu lesen: »*Zum Einsteigen wird nicht abgerufen*«. Ein Mädchen aus Bieber äußerte gegenüber ihren Eltern den Wunsch, nach Gießen zur Schule zu gehen, woraufhin die Eltern ahnungsvoll fragten: »*Willst du nach Gießen zur Schule gehen oder nur jeden Tag mit der ›Bieberlies‹ fahren?*« Zugschaffner Andreas Haus berichtete oft und gern von seiner Begegnung mit dem Großherzog von Hessen und dessen Schwager, Zar Nikolaus II., als die Kleinbahn am Bahnhof Abendstern einst der herrschaftlichen Kutsche den Weg versperrte. Ein Bergmann aus Königsberg, der in den zwanziger Jahren auf den Gießener Braunsteinbergwerken arbeitete, schwärmte noch in seinen letzten Lebensjahren davon, wie schön es gewesen sei, wenn die Fahrgäste der »Bieberlies« abends Volkslieder gesungen hätten. In der »Wetzlarer Neue Zeitung« vom 28. März 1952 wird die Bahn erstmals als »*romantische Kleinbahn*« und »*gemütvolle Besonderheit im Wetzlarer Land*« bezeichnet. Zu dem Wesensgehalt der Kleinbahn-Romantik schreibt Helmuth Griebl: »*Gerade das, was manchmal zu Spott, Witz und Karikatur herausforderte, nämlich die Arbeit mit bescheidenen Mitteln und das Anpassen und Einfügen in die Märkte, Dörfer und Landschaften, den meist von der zwingenden Sparsamkeit herrührenden einfachen Begleitumständen, der betrieblichen Gemächlichkeit, aber auch dem meist herzlichen Nahverhältnis zu Bediensteten und Mitreisenden entstand jenes Ganze, das wir heute mit dem Begriff der ›romantischen Kleinbahn‹ umfassen . . .*« (Griebl 1979, S. 275). (R. H.)

Abb. 40: **Biebertalbahn,** 1963

Der letzte Erzzug zwischen Bieber und der Station Abendstern verkehrte am 30. April 1963, dem Stillegungstag der Grube Königsberg. Seit der Einstellung der Erzgewinnung auf Grube Friedberg Anfang 1961 entfielen etwa 95 Prozent des Frachtaufkommens der Biebertalbahn auf die Grube Königsberg. Im vorletzten Jahr ihres Bestehens erreichte die Bahn mit 111 127 Tonnen die mit Abstand höchste Güterbeförderung in ihrer 65jährigen Geschichte, bei einer Belegschaft von sieben Arbeitern und acht Angestellten. Mit einem Betriebsgewinn von 76 500 DM wurde zugleich der höchste Jahresüberschuß erzielt.

Während die Kleinbahn Gießen – Bieber zur Zeit ihres Bestehens für die Redakteure der Gießener Zeitungen stets ein Objekt des Spottes gewesen war, wurde auch hier nach der endgültigen Stillegung gesehen, daß »wieder ein Stück Romantik verschwunden« sei. An anderer Stelle heißt es in einem Artikel in der »Gießener Freie Presse« vom 2. Mai 1963: »*Wie treu hat doch das ›Bieberlieschen‹ in diesen langen Jahren fast eine ganze Generation zu jeder Jahreszeit – bei heißem Sonnenschein und bei klirrender Kälte, Eis und Schnee – die Arbeiter nach Heuchelheim, Gießen und dem Abendstern gebracht. Wieviel lachendes, übermütiges Schülervolk hat sich mittags in seine Wagen gesetzt und die Schaffner geärgert. Und wie oft ist die Lokomotive bei hohem Schnee schon morgens in aller Frühe ›Spur gefahren‹, um zur rechten Zeit, wenn der Arbeiter- und Schülerverkehr losging, ›durchzukommen‹. Wie mollig warm waren die Abteile, wenn im Winter alles fror und wie schaukelten die Lichter in den Abteilen, wenn bei Einbruch der Dunkelheit die Züge immer noch verkehrten.*«

Die Erhaltung der abgebildeten Dampflok 60 ist dem damaligen Elektroinstallateurlehrling Hans Rink und dem Maschinenschlosserlehrling Lothar Mickel aus Gießen zu verdanken, die im Winter 1963/64 den Plan entwickelten, eine Lokomotive der Biebertalbahn vor der Verschrottung zu retten und sie auf einem Gießener Kinderspielplatz aufzustellen. Nachdem die Dampflok 60 vom Land Hessen kostenlos zur Verfügung gestellt worden war, wurde sie in etwa 400 Arbeitsstunden von Rink und Mickel sowie Karl-Heinz Kolenberger mit Unterstützung des Maschinenmeisters Paul Scholz gereinigt, entrostet und neu gestrichen. Der Stadt Gießen erschienen jedoch schließlich die Kosten für Unterhaltung und Unfallversicherung zu hoch, so daß der vorgesehene Aufstellungsort in der Wieseckaue nicht mehr in Frage kam. Statt dessen stellte man die Lokomotive 1965 vor einem Hotel bei Krofdorf-Gleiberg auf. Am 29. November 1985 wurde die Dampflok 60 von dem Märkischen Museumseisenbahn-Verein Plettenberg ins Sauerland überführt, um sie wieder fahrtüchtig zu machen. Der Verein geht davon aus, daß die Lokomotive ab 1987/88 auf den Gleisen der ehemaligen Plettenberger Kleinbahn fahren wird.

(R. H.)

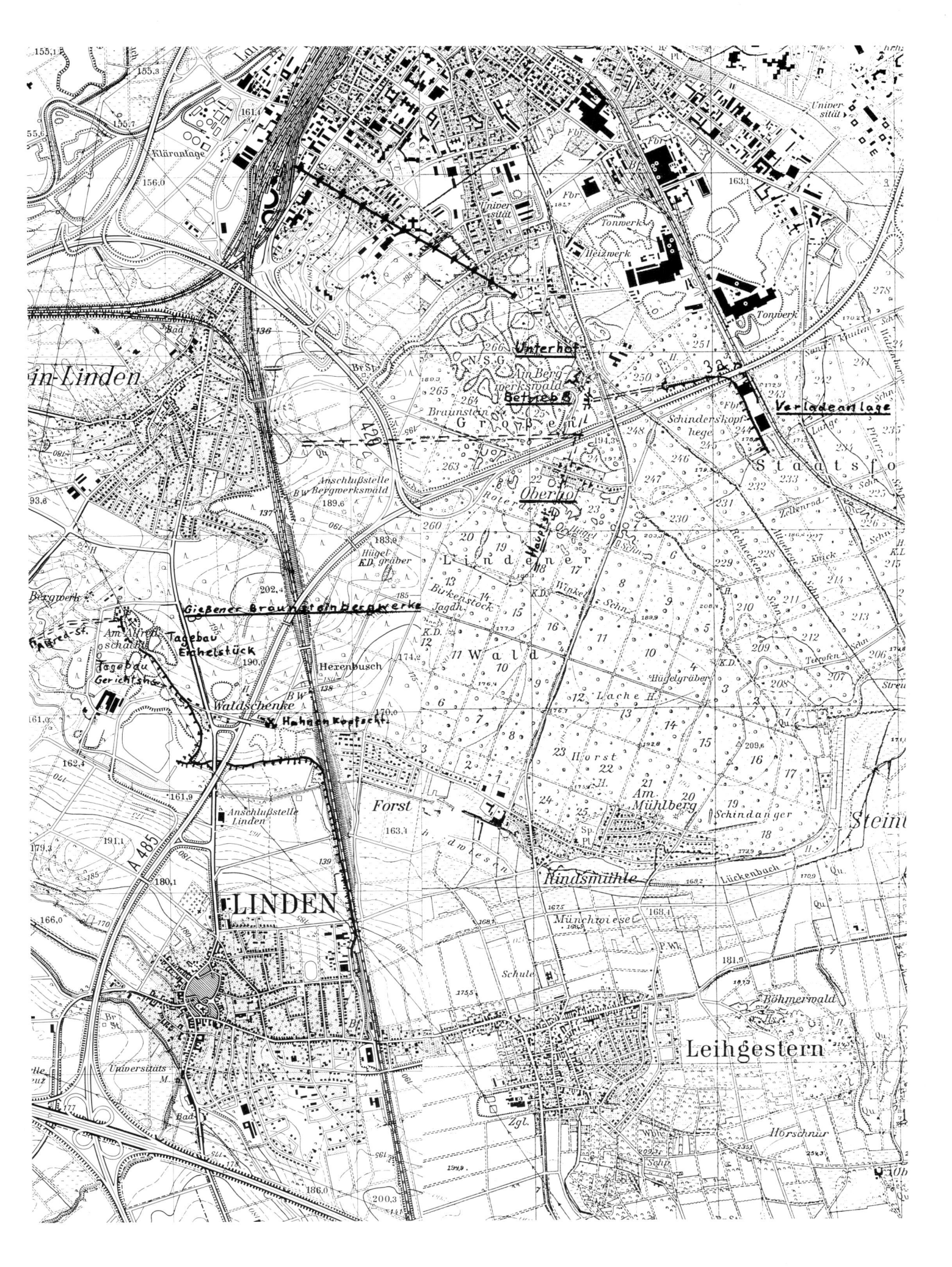

Karte V Gießener Braunsteinbergwerke   Maßstab: 1 : 25 000

Abb. 41: **Gießener Braunsteinbergwerke,** 1908

Nach einer mündlichen Überlieferung ist das mulmige, erdige Erz in der südlich von Gießen gelegenen Lindener Mark zuerst von Bauern gegraben und an Gießener Gärtner als Baumerde verkauft worden. Die Bemühungen des Großherzoglich-Hessischen Berginspektors August Storch in Dorheim bei Friedberg um eine bergmännische Gewinnung der Lagerstätte führten am 12. November 1841 zu einem Gesellschaftsvertrag zwischen ihm, dem Hofgerichtsadvokaten Wilhelm Briel und dessen Schwager Gottlieb Metzler, Mühlenbesitzer in Löhnberg bei Weilburg.
Unter Mißachtung des bestehenden Vertrages ließ sich Briel am 9. März 1843 das 11 726 000 Quadratmeter umfassende *Grubenfeld* (das sich über Teile der Gemarkungen Gießen, Schiffenberg, Großen-Linden, Klein-Linden, Leihgestern, Heuchelheim, Allendorf und Steinberg erstreckte) allein auf seinen Namen verleihen. Hiermit wurde der Grund für ein andauerndes Zerwürfnis zwischen den Gesellschaftern gelegt, das 1853 zum Verkauf der Anteile von Storch und Metzler an den aus England stammenden Bergwerksbesitzer und Erzhändler Ebenezer Waugh Fernie in Oranienstein bei Diez führte. Nach einer Serie von Prozessen zwischen Briel und Fernie sowie den ehemaligen Teilhabern trat 1863 auch Briel seinen Anteil an Fernie ab.
Die ausgedehnte Lagerstätte bestand hauptsächlich aus mulmigen, maganreichen *Brauneisensteinen* mit eingelagerten hochmanganhaltigen Stückerzen, dem *Braunstein* bzw. *Manganerz*. Der Erzkörper lag vorwiegend in den Mulden des dolomitisierten Massenkalkes. Im linken Teil des Bildes sind die Lagerungsverhältnisse gut zu erkennen. (R. H.)

Abb. 42: **Gießener Braunsteinbergwerke,** um 1925

Aus einem Kubikfuß Erzmasse im Gewicht von etwa 60 Pfund wurden in den vierziger und fünfziger Jahren des 19. Jahrhunderts rund 10 Pfund *Braunstein* gewonnen. Für 6850 Tonnen Fertigerz (1857) waren somit etwa 41 000 Tonnen Roherz gefördert worden. Die Erzaufbereitung erfolgte sowohl innerhalb des Bergwerksbetriebes als auch an der Lahn in der Nähe des Bahnhofes Gießen sowie etwa 250 Meter unterhalb der Lahnbrücke bei Heuchelheim in der Gemarkung Allendorf. Der Aufbereitungsprozeß beinhaltete zum einen die Zerkleinerung von größeren Erzbrocken, wobei das Erz mit Hämmern zerschlagen und in etwa 10 Handelsklassen mit Gehalten von 40 bis 90 Prozent Manganoxyd sortiert wurde. Zum anderen wurde das mulmige Erz in Holztrögen unter fließendem Wasser gewaschen, so daß die leichteren Bestandteile mit dem Wasser abflossen, während das stückige Erz aufgrund seines höheren spezifischen Gewichtes zurückblieb. An der Erzwäsche in der Nähe der Lahnbrücke waren um 1856 180 Männer, 140 Jungen sowie fast 50 Frauen und Mädchen beschäftigt. Der Waschbetrieb erstreckte sich über sieben Monate im Jahr. Bereits in den achtziger Jahren erkannte man, daß der bei der Erzaufbereitung entstandene Mangantonschlamm in getrocknetem Zustand in der Keramik- und Ziegelindustrie als Farberz einsetzbar war. Bei den Erzaufbereitungen an der Lahn gelangte ein Teil des Schlammes (nach einer Vorklärung in Absetzbecken) in den Fluß, während er bei der Aufbereitung innerhalb des Bergwerksbetriebes in ausgeerzte Tagebaue geleitet wurde. Neben der eigentlichen Erzgewinnung erfolgte seitdem auch eine Rückgewinnung des Mangantons. Das Foto entstand in den zwanziger Jahren in der Nähe des Unterhofs.   (R. H.)

Abb. 43: **Gießener Braunsteinbergwerke,** um 1897

Der zunächst an der Rehschneise in der Nähe des späteren Oberhofs zwischen Gießen und Leihgestern gewonnene *Braunstein* wurde von C. Ettling, einem Assistenten Liebigs, analysiert und die Untersuchungsergebnisse noch 1842 in den »Annalen der Chemie und Pharmacie« veröffentlicht. In einem Vorwort hierzu schreibt Liebig: »*In dem hiesigen Universitäts-Laboratorium wird seit der Aufschliessung des in der Nähe von Gießen vorkommenden Braunsteinlagers kein anderer Braunstein mehr verbraucht, da er in seiner Qualität dem besten Ilmenauer gleichgesetzt werden kann und vor diesem noch den Vorzug einer leichteren und vollkommeren Lösung in Salzsäure besitzt.*«

Die leichte Löslichkeit in Salzsäure war von entscheidender Bedeutung, da Chlor durch die Erhitzung von Salzsäure mit Manganoxyd gewonnen wurde. Chlor diente hauptsächlich zur Gewinnung von Chlorkalk, der als Bleichmittel für Baumwollartikel unentbehrlich war. Der Abnehmerkreis des Gießener Braunsteinbergwerkes erstreckte sich daher schon bald auf die Zentren der europäischen Textilindustrie in England, Frankreich, Preußen, Sachsen und Böhmen. Nach der Erfindung des Bessemer-Verfahrens gewann manganhaltiges Erz auch Bedeutung für die Stahlerzeugung. In Deutschland wurde das erste Bessemer-Stahlwerk 1862 in der Krupp'schen Gußstahlfabrik in Essen errichtet. Seitdem wurde auch der mulmige *Brauneisenstein* verwertet, wobei der *Braunstein* in zunehmendem Maße zur Anreicherung des Mangangehaltes der Brauneisensteine diente.

Nach der Einführung des Thomas-Verfahrens 1879 stieg der Bedarf an Brauneisensteinen erneut stark an (siehe Abb. 396). Im selben Jahr wurde eine 1400 Meter lange Drahtseilbahn zum Bahnhof Gießen gebaut, deren Beladestation sich oberhalb des Betriebes 8 befand. In diesem Tagebau – bei dem es sich um die zu der damaligen Zeit tiefste Stelle des Bergwerkes handelte – lief seitdem die Förderung zusammen. Vor dem Erzzug stehen der Bergwerksdirektor Samuel Pascoe (links) und der Bergverwalter Peter William Wilson. (R. H.)

Abb. 44: **Gießener Braunsteinbergwerke,** um 1897

Bis zur Übernahme der Betriebsführung durch Fernie bzw. dessen aus Schottland stammenden Bergwerksdirektor Peter Wilson um 1860 erfolgte die Förderung zur Erzhalde mit Handschiebekarren, danach wurden in zunehmendem Maße Pferde eingesetzt, deren Höchstzahl bei etwa 100 lag. Unter der technischen Leitung von Peter William Wilson (rechts am Stollenportal stehend) wurde 1894 Gleisförderung mit Kippwagen eingerichtet und dazu zwei Schrägaufzüge zur Beladestation der Seilbahn installiert. Hiermit verbunden war die Anlage des »Haupt Stollen« in Betrieb 8, mit dem in den folgenden Jahren die meisten Tagebaue, die man jeweils als »Betriebe« bezeichnete, unterfahren wurden.

Ebenso wie auf dem vorherigen Bild ist auch hier die erste Motorgrubenlokomotive der Welt zu sehen, die am 30. Oktober 1896 bei der Gasmotoren-Fabrik Deutz in Köln-Deutz bestellt und am 31. März 1897 ausgeliefert worden war. Die Lok-Bezeichnung lautet »4 E3 RZ6-CI« (4 = Viertakt, E3 = Motorbauart, RZ = Radantrieb mittels Zahnrad, 6 = 6 PS, CI = Construction I). Als Antrieb diente ein liegender Einzylinder-Benzinmotor mit einer Leistung von sechs PS bei 300 Umdrehungen pro Minute. Die Kraftübertragung erfolgte durch Zahnräder mit Ketten auf beide Achsen. Die Fahrgeschwindigkeit lag zwischen 3 und 7,2 Kilometer pro Stunde. Bei voller Geschwindigkeit betrug die Zugkraft ca. 160 kg, somit konnten bei einem Zugwiderstand von 8 kg je Tonne Zuggewicht auf horizontaler Ebene etwa 20 Tonnen gezogen werden. Die heute ohne Verkleidung im Werksmuseum der Klöckner-Humboldt-Deutz AG in Köln stehende Lokomotive hatte ein Dienstgewicht von 2,4 Tonnen und eine Spurweite von 500 Millimeter, sie kostete 6500 Mark.

Aus dem Jahre 1896 ist überliefert, daß die Förderung hauptsächlich durch zwei Seilbahnen (250 und 400 Meter lang) bewerkstelligt wurde, die aus umlaufenden Seilen bestanden, welche unter den Förderwagen geführt und von einer Dampfmaschine angetrieben wurden. Zu dieser Zeit war geplant, daß die Förderung aus abgelegenen Betrieben, die von der Seilbahn nicht direkt erreicht wurden, durch die Grubenlokomotive erfolgen sollte. Die Betriebskosten in Höhe von 6,5 Pfennig je Tonne Nutzkilometer bei Lokomotivbetrieb, gegenüber 10 bis 25 Pfennig bei Pferdebetrieb und 8 bis 9 Pfennig bei Seilförderung dürften der Grund gewesen sein, daß am 16. Oktober 1898 eine zweite Lokomotive der selben Bauart in Dienst gestellt wurde. (R. H.)

Abb. 45: **Gießener Braunsteinbergwerke,** 1908

Im Jahre 1897 wurde mit 121 087 Tonnen Brauneisenstein die höchste Förderung während des 19. Jahrhunderts erreicht. Diese Leistung wurde von rund 600 Bergleuten in fünf Tagebauen erbracht, in denen etwa 60 Pferde das Erz zu den Sturzschächten über der Stollensohle förderten; den Selbstkosten von 3,71 Mark stand ein Erlös von 11,51 Mark je Tonne Erz gegenüber.

Der zu dieser Zeit bevorstehende Übergang zur untertägigen Erzgewinnung und die hiermit verbundenen Investitionen veranlaßten Charles Witherington Bruce Fernie, der seit dem Tode seines Vaters Besitzer des Bergwerkes war, den gesamten Grubenbesitz am 1. Januar 1898 in die neugebildete »Gewerkschaft Gießener Braunsteinbergwerke, vormals Fernie zu Gießen« einzubringen, deren 1000 Anteile fortan zu den »schweren Werten« auf dem Kuxenmarkt gehörten und mit bis zu 5100 Mark je Kux (1905) gehandelt wurden. Zur Finanzierung der Modernisierung des Betriebes gab die Gewerkschaft 1899 eine mit vier Prozent verzinsliche Hypotheken-Anleihe im Gesamtbetrag von 3,5 Millionen Mark aus, die aus 3500 Teilschuldverschreibungen zu je 1000 Mark bestand – im selben Jahr betrug der durchschnittliche Schichtlohn eines Bergmannes im Lahn-Dill-Gebiet 2,52 Mark.

Die Elektrifizierung des Werkes erfolgte 1904. Zu dem abgebildeten Elektrizitätswerk heißt es in einem 1905 in der Zeitschrift »Der Erz-Bergbau« erschienenen Bericht über eine Befahrung durch die Mitglieder des »Bergmännischen Vereins Gießen«: »*Hier wird die elektrische Energie für die gesamte Anlage erzeugt und dirigiert. Eine 200 PS und eine neue, nach vollendetem Ausbau 540 PS leistende Dampfmaschine arbeiten auf eine gemeinsame Transmission, von der aus je eine Dynamomaschine von 55, 170 und 540 PS Kraftbedarf betrieben werden. Sämtliche Dynamos erzeugen Gleichstrom und zwar die erstere solchen von 220 Volt für Lichtzwecke und die beiden letzteren solchen von 500 Volt Spannung für Kraftzwecke. Je eine Akkumulatorenbatterie nebst Ladedynamo für Licht und Kraft, sowie die Schaltanlage vervollständigen diese moderne, solid ausgeführte Zentrale.*«
(R. H.)

Abb. 46: **Gießener Braunsteinbergwerke,** um 1920

Vor der Errichtung der »*elektrischen Centrale*« verfügte das Bergwerk über vier »*selbständige maschinelle Betriebspunkte*«. Hierbei handelte es sich um zwei Dampfmaschinen für die Wasserhaltung und je eine Lokomobile für die Seilbahn und die sogenannten Aufzugsbahnen zu dem Ersatzstapelplatz, die einen Höhenunterschied von bis zu 32 Meter überwanden. Dort wurde das Erz in die Seilbahnkörbe geschaufelt. Da sich in diesem Bereich wegen der wechselnden Breite der Erzhalde kein Zugseil befand, mußten auf diesem (seitlich verschiebbaren) Seilbahnstück die Körbe mit Pferden zu der Stelle gezogen werden, wo sie an das Seil angeschlagen werden konnten (siehe Abb. 138). Am Bahnhof Gießen wurde der Inhalt über ein Verladegerüst entweder unmittelbar in Güterwagen gekippt oder auf einen Stapelplatz gestürzt.

Die Vorratshaltung am Bahnhof war durch Schwankungen im Erzabruf bedingt. In der 12- bis 14stündigen Schicht beförderte die Seilbahn nicht soviel Erz, wie zeitweise von den Hüttenwerken verlangt wurde, während eine zweite Schicht im allgemeinen nicht ausgelastet war. Deshalb legte man einen Vorrat an, der bei größeren Lieferungen mit Karren in die Eisenbahnwagen verladen wurde.

Im einschichtigen Betrieb waren für die Bedienung der Aufzugsbahnen und das Verladen in die Seilbahn mindestens 30 Mann erforderlich, wobei noch zwei Heizer für die Dampfmaschinen hinzukamen. Den täglichen Lohnaufwand für die im Erzversand tätigen Personen bezeichnet Bergassessor a. D. Ludwig Raab (siehe Abb. 73) in einem Gutachten aus dem Jahre 1903 mit rund 100 Mark (bei 12stündiger Schicht) bzw. 30 000 Mark im Jahr. Die mit der geplanten Modernisierung des Betriebes verbundene Kostensenkung schätzt Raab auf rund 40 000 Mark im Jahr. Hierbei berücksichtigt er auch die »*kostspielige Pferdeförderung*« aus Tagebauen, die keine Schienenverbindung zu den Aufzugsbahnen hatten, und geht davon aus, daß diese Erze später »*mit den elektrischen Lokomotiven gefördert werden*«. Seit 1904 waren zunächst zwei Fahrdraht-Lokomotiven von AEG im Einsatz. In dem Geschäftsbericht 1905 heißt es hierzu: »*Der elektrische Lokomotivbetrieb hat sich für die Förderung gut bewährt.*« Bis 1914 erhöhte sich die Zahl der Fahrdraht-Lokomotiven auf acht. Auf der vor dem Lokschuppen unmittelbar am Friedrich-Wilhelm-Schacht entstandenen Aufnahme (siehe Abb. 51) sind neben anderen die Elektriker Theodor Seipp (ganz rechts) und Karl Bender (2. v. r.) zu sehen.

(R. H.)

Abb. 47: **Gießener Braunsteinbergwerke,** 1908

Als Ersatz für die Seilbahn wurde 1905 eine Misch- und Verladeanlage an der Bahnlinie Gießen – Gelnhausen in Betrieb genommen, zu der ein vom Hauptstollen abzweigender Verbindungsstollen aufgefahren worden war. Je nach Erzqualität wurde das Fördergut in bestimmte Silos gestürzt, die durch Förderbänder mit einem gemeinsamen Quertransportband verbunden waren. Auf diese Weise konnte das Versanderz während des Fördervorganges gemischt werden. Um einen ununterbrochenen Betrieb des Hauptförderbandes zu erreichen, war über der Gleiswaage ein Vorratstrichter angebracht (ganz rechts im Bild), der während des Rangierens vom Wiegehäuschen aus geschlossen wurde.

Mit dem Ziel, das mulmige Erz zu trocknen und in eine für den Hochofenprozeß bessere feste Form zu bringen, war in Verbindung mit dem Verladewerk eine Agglomerieranlage errichtet worden, die zunächst mit einem, seit 1907 mit zwei Drehrohröfen ausgestattet war. Trotz einer Anreicherung des Fertigerzes auf einen Mangangehalt von 30 bis 40 Prozent arbeitete diese Anlage bei Umwandlungskosten von fünf bis sechs Mark je Tonne und einem mengenmäßigen Verlust von rund einem Drittel des eingesetzten Roherzes unwirtschaftlich. 1907 wurden 27 531 Tonnen Agglomerate hergestellt. Dies führte dazu, daß mit 22,96 Prozent Mangan und 23,83 Prozent Eisen die beste Jahresdurchschnittsanalyse in der Zeit der Verwertung der gesamten Förderung erzielt wurde. Zur Finanzierung dieser Neuanlagen war 1905 eine mit 4,5 Prozent verzinsliche Anleihe über eine Million Mark aufgenommen worden. (R. H.)

Abb. 48: **Gießener Braunsteinbergwerke,** 1908

Die Elektrifizierung der Gießener Braunsteinbergwerke erfolgte unter der Leitung des Bergwerksdirektors Ernst Esch (links im Bild). Den Farbigen (der achte von rechts) hatte Esch von einer Afrika-Expedition als Diener mitgebracht. Das am Oberhof stehende Gebäude der Hufschmiede und Wagner mußte während des Ersten Weltkrieges dem Erzabbau weichen.

Heute noch vorhanden sind dort u. a. die Villa des technischen Direktors (siehe Abb. 436 und 437), das Bürogebäude und sogenannte Beamtenhäuser. Ebenso wie der Oberhof geht auch der Unterhof auf den Bergwerksbetrieb zurück. Hier befand sich u. a. das Schlafhaus für auswärtige Arbeiter (heute Unterhof Nr. 37), in dem bereits 1903 etwa 70 Bergleute untergebracht waren, die für Reinigung, Bettwäsche, Heizung und Licht monatlich zwei Mark entrichten mußten.

Aufgrund einer Stiftung des Grubenvorstandsmitgliedes Eschbaum aus Bonn wurde 1910 ein Knappschaftslazarett (Unterhof Nr. 33) eingerichtet, das als Poliklinik bis Ende der zwanziger Jahre bestand. Spätestens seit 1845 unterhielt das Gießener Bergwerk eine eigene Knappschaftskasse, die 1924 mit der Gießener Knappschaft in Weilburg (siehe Abb. 430) vereinigt wurde. Für das Jahr 1912 beziffert Carl Köbrich die Mitgliederzahl mit 700, hinzu kamen 25 Invaliden sowie 67 Witwen und Waisen. Als Aufwand für die Heilungskosten nennt Köbrich 11 077 Mark. Die Höhe des gezahlten Krankengeldes betrug 5824 Mark. Bei einem Betrag von 3717 Mark für Invalidenpensionen bedeutete dies eine durchschnittliche Monatsrente von 12,39 Mark. Das Witwen- und Waisengeld betrug 2687 Mark. Den Gesamtausgaben von 24 650 Mark stand ein Vermögen der Knappschaftskasse in Höhe von 149 026 Mark gegenüber.

(R. H.)

Abb. 49: **Gießener Braunsteinbergwerke,** 1908

Abb. 50: **Gießener Braunsteinbergwerke,** 1908

Belegschaft und Förderung erreichten 1907 mit 813 Mann und 196 880 Tonnen ihren höchsten Stand seit Bestehen der Gießener Braunsteinbergwerke. Von der 813 Personen umfassenden Arbeiterbelegschaft (die Zahl der »Beamten« wird im Jahre 1904 mit 17 angegeben) waren 553 Mann mit Abraum- und Erzgewinnungsarbeiten beschäftigt, die anderen 260 waren als Pferdeführer, Maschinisten und Handwerker in der Förderung, der Misch- und Verladeanlage, der Agglomerieranstalt und den Werkstätten tätig. Die Gesamtleistung pro Mann und Schicht belief sich für Erz und Abraum auf 2,9 Tonnen, die unmittelbar in den Abraum- und Gewinnungsbetrieben Beschäftigten erbrachten eine Leistung von 4,6 Tonnen. Auf die Erzförderung bezogen, lag die Gesamtleistung pro Mann und Schicht bei 0,88 Tonnen. Von der Gesamtförderung entfielen 43,7 Prozent auf die Erzgewinnung unter Tage, die (ebenso wie über Tage) mit Hacke und Schaufel erfolgte. Obwohl im Bereich der Tagebaue 452 304 Tonnen Abraum bewegt werden mußten, waren hier die Selbstkosten um 2,5 Prozent niedriger als bei der Erzgewinnung unter Tage. Der durchschnittliche Hauerlohn lag 1907 bei 3,97 Mark pro Schicht, wobei die Frage offen bleiben muß, ob es sich um den Brutto- oder Nettolohn handelt.

Abb. 49: **Gießener Braunsteinbergwerke,** 1908

Auf dem Foto, das außer den im Vordergrund stehenden Steigern Pohl und Becker (von links) sowie Schäfer und Gerlach (von rechts) fast ausschließlich Bergleute aus Leidenhofen im damaligen Kreis Marburg zeigt, tritt ein interessanter Gegensatz zwischen der modernen elektrischen Fahrdrahtlokomotive im Stollenmundloch und den z. T. noch benutzten traditionellen *Froschlampen* zutage. Nach den Worten des Leiters des Bergamtes Darmstadt war das Erzvorkommen in der Lindener Mark »weltbekannt wegen seiner Ausdehnung« (Köbrich 1914, S. 97 f.). Seit der Modernisierung des Betriebes hatte das Bergwerk eine Förderkapazität von 200 000 Tonnen Erz im Jahr. Die Bedeutung des Unternehmens wird noch heute an der überdimensionierten Villa an der Einfahrt zum Unterhof deutlich, in der die Standortverwaltung der Bundeswehr untergebracht ist. Dieses Gebäude wurde 1914/15 als »Gesellschaftshaus« errichtet. Während der Ruhrbesetzung (1923) hielt sich hier das Direktorium der Fried. Krupp AG auf. Im Jahre 1928 wird das Haus von Köbrich als »*Beamtenkasino des Gießener Braunsteinbergwerks*« bezeichnet, als »Bergschenke« ging es 1957 in den Besitz des Bundes über. Ebenfalls heute noch vorhanden ist die gußeiserne Tafel mit der Aufschrift »*Gott segne den Bergbau*«, die sich seit Ende der fünfziger Jahre über dem Mundloch des Förderstollens der Grube Fortuna befindet (siehe Abb. 140).

(R. H.)

Aus dem Jahre 1909 ist überliefert, daß die Sozialversicherungsbeiträge im Erzbergbau des Großherzogtums Hessen 9,9 Pfennig pro Schicht betrugen. Hinzu kamen die Kosten für Geleucht (Rüböl oder Mischungen für die *Froschlampen* wurden mit durchschnittlich 10 Pfennig pro Schicht berechnet), Sprengstoff und *Gezähe*, die aber nicht von allen Werken vom Bruttolohn abgezogen wurden.
Der Konjunkturrückgang in der Montanindustrie führte auf den Gießener Braunsteinbergwerken 1908 zu Lohnkürzungen. Daraufhin kam es im April des Jahres zu einem dreitägigen Streik von 180 *Hauern* und *Schleppern*, von denen 150 am vierten Tag die Arbeit zu den Bedingungen des Unternehmens wieder aufnahmen. Insgesamt wurden im Laufe des Jahres mehr als 200 Belegschaftsangehörige entlassen. Trotz eines Erzabsatzes von nur 104 000 Tonnen wurden 1908 noch 150 000 Mark an *Ausbeute* verteilt (150 Mark pro *Kux*, bei einem Kurs von 3100 Mark Ende des Jahres) und dem fünfköpfigen Grubenvorstand ein Gewinnanteil von 20 000 Mark gewährt. Gegenüber dem Vorjahr war damit die *Ausbeute* halbiert worden, während bei dem Gewinnanteil des Vorstandes keine Kürzung vorgenommen wurde.

(R. H.)

Abb. 51: **Gießener Braunsteinbergwerke,** um 1925

Während des Ersten Weltkrieges war die deutsche Eisen- und Stahlindustrie, bis auf einen Teil der Schwedenerze, der über Ostseehäfen eingeführt werden konnte, von ausländischen Erzlieferungen abgeschnitten. Besondere Bedeutung erlangte hierbei die Versorgung mit dem für die Stahlerzeugung unentbehrlichen Zuschlagsstoff Mangan. In diesem Zusammenhang ist der Ankauf von 977 *Kuxen* der Gewerkschaft Gießener Braunsteinbergwerke für 4,9 Millionen Mark durch Krupp im Jahre 1916 zu sehen. Zur Steigerung der Förderung wurde 1917 in dem bis dahin noch nicht gebauten Südwestfeld (Die Trennungslinie zwischen dem Nordfeld und dem Südwestfeld bildete die Bahnstrecke Frankfurt – Gießen) die Erzgewinnung aufgenommen (Tagebaue »Eichelstück« und »Gerichtshaus«, Schachtanlagen »Eichelstück« und »Hahnenkopf«). Bei einer Belegschaft von 1236 deutschen Bergleuten und 115 Kriegsgefangenen wurde 1917 mit 248 843 Tonnen die höchste Förderung in der Geschichte des Bergwerkes erzielt. In den Jahren 1919 und 1920 betrug die Förderung lediglich noch 107 318 bzw. 103 613 Tonnen. Nach einem im April 1921 begonnenen Lohnstreik wurde im Juli des Jahres die Arbeiterbelegschaft entlassen. Erst Ende 1922 lief der Betrieb wieder langsam an.

Das Luftbild des Betriebes 8 (zwischen Oberhof und Unterhof) vermittelt einen Blick auf das Zentrum des Nordfeldes mit den Gail'schen Tonwerken im Hintergrund. Links im Bild ist das Fördergerüst des um die Jahrhundertwende abgeteuften Friedrich-Wilhelm-Schachtes zu erkennen, der zunächst zur Wasserhaltung diente; 1915 wurde der Schacht von 17 auf 43 Meter abgeteuft und mit dem Auffahren der Förderstrecke begonnen. Das Elektrizitätswerk in der Mitte der Tagesanlagen kam mit dem Anschluß an das Gießener Stromnetz 1917 außer Betrieb. Oberhalb des Elektrizitätswerkes ist die 1912 errichtete Erzwäsche zu sehen, in der ein Siebel-Freygang-Apparat installiert war (siehe Abb. 365 und 366). Diese Anlage zur Aufbereitung von mit Ton vermischtem Erz wurde mit der zu Beginn des Ersten Weltkrieges einsetzenden Mengenkonjunktur stillgelegt.
Nicht sichtbar ist das Mundloch des Hauptstollens im rechten Teil des Tagebaues.

(R. H.)

Abb. 52 und 53: **Gießener Braunsteinbergwerke,** 1938

Der sich 1926/27 verschärfende Konkurrenzdruck infolge steigender Manganerzimporte aus der Ukraine führte 1927 zu einer Mechanisierung im Bereich der Tagebaue Gerichtshaus und Eichelstück durch den Einsatz eines elektrischen Schaufelbaggers im Abraumbetrieb und von Druckluftspaten in der Erzgewinnung. Gegenüber der Hackarbeit von Hand konnte die Abbauleistung mit den Druckluftspaten um etwa 300 Prozent gesteigert werden.

Aufgrund zunehmender Absatzschwierigkeiten wuchsen die Haldenbestände im Laufe des Jahres 1929 auf rund 40 000 Tonnen, und der Betriebsverlust stieg auf über eine halbe Million Mark an. Daraufhin wurden zum Ende des dritten Quartals 400 Mann der 600 Personen betragenden Arbeiterbelegschaft und zwei Drittel der Angestellten entlassen. Mit

Abb. 52: **Gießener Braunsteinbergwerke,** 1938

Wirkung vom 1. Januar 1929 war die Gewerkschaft Gießener Braunsteinbergwerke, vormals Fernie zu Gießen, der Bergverwaltung in Weilburg unterstellt worden. Zudem erfolgte eine Anpassung an das Krupp'sche Geschäftsjahr (1. Oktober bis 30. September). 1929/30 wurde die monatliche Förderung von bisher über 7000 Tonnen auf 4000 Tonnen reduziert und die Erzgewinnung ab 1. April 1930 auf den »Alfredschacht« im Südwestfeld konzentriert. In einer vom Reichswirtschaftsministerium herbeigeführten Vereinbarung verpflichteten sich die rheinisch-westfälischen Hüttenwerke am 5. Mai 1933 u. a., in Zukunft jährlich 50 000 Tonnen »Fernie-Erz« abzunehmen. Die Rüstungskonjunktur der folgenden Jahre führte dazu, daß im Geschäftsjahr 1934/35 der Erzversand 112 537 Tonnen erreichte. Nach der Räumung der Haldenbestände wurde im April 1935 in den »Feldwiesen« südlich des Alfredschachtes ein neuer Tagebau begonnen, der bereits im folgenden Monat in Förderung kam. Die beiden Aufnahmen entstanden 1938 im Tagebau Feldwiesen. Der auf dem oberen Foto abgebildete Eimerkettenbagger war hier seit 1937 eingesetzt (im Hintergrund sind die beiden Schornsteine des Kalkwerkes Großen-Linden zu sehen). (R. H.)

Abb. 53: **Gießener Braunsteinbergwerke,** 1938

Abb. 54: **Gießener Braunsteinbergwerke**, 1936

Auf dem Foto sind Befahrungsgäste aus Japan abgebildet, die mit Obersteiger Karl Schäfer und Steiger Karl Zimmerschied (2. und 3. von links) am Fördergerüst des Alfredschachtes stehen. In einem Befahrungsbericht des Bezirksvereins Deutscher Chemiker aus dem Jahre 1897 heißt es: »*Das Gießener Braunsteinbergwerk ist in seiner Art eines der bedeutendsten der Welt...*«. Peter Arnold Charles Wilson (geboren 1896) schreibt in diesem Zusammenhang in der von ihm in den Jahren 1942 bis 1944 aufgezeichneten Geschichte seiner Familie: »*Es wird aus meiner Generation wohl kaum einen zünftigen Bergmann, Hüttenmann, Mineralogen oder Geologen in Deutschland geben, dem nicht ›die Lindener Mark‹ als bedeutendes und wichtiges Vorkommen von Manganerzen vertraut war. Die kommende Generation wird – nach der Erschöpfung der Lagerstätte – sie vielleicht noch dem Namen nach aus Mineraliensammlungen, älteren Lehrbüchern und ähnlichen Zufallsquellen kennen lernen – die übernächste sie vergessen haben... Darin liegt eine Tragik – die Tragik des Bergmannes: dass alle unsere Werke so vergänglich sind! Denn mit der Erschöpfung einer Lagerstätte wird ein Bergwerk nutzlos und auflässig – seine Anlagen werden ausgebeutet, ausgeschlachtet, verfallen – und werden vergessen.*«

Wilsons Erkenntnis findet in Gießen ihre Bestätigung: In den Museen der Universitätsstadt fehlt jeder Hinweis auf die einst über die Grenzen Deutschlands hinaus bekannten Gießener Braunsteinbergwerke. (R. H.)

Abb. 55: **Gießener Braunsteinbergwerke**, 1934

Abb. 55 und 56: **Gießener Braunsteinbergwerke**

Obwohl auf einer Tafel (siehe rechtes Foto des Alfredschachtes) zu lesen ist: »*Dieser Betrieb steht geschlossen in der Deutschen Arbeitsfront*«, kam es hier zu Beginn des Zweiten Weltkrieges zu einem im Bergbau des »Dritten Reiches« einmaligen Vorgang, der in einem Bericht des Reichswirtschaftsministeriums mit folgenden Worten beschrieben wird: »*Auf dem unterirdischen Betrieb des Giessener Braunsteinbergwerks, das in täglich drei 8stündigen Schichten arbeitet, wurden vom 1. April 1939 ab monatlich drei halbe Ueberschichten verfahren. Nach Kriegsbeginn wurden statt dieser Ueberschichten in je zwei Monaten drei*

Abb. 56: Gießener Braunsteinbergwerke, 1937

geschlossene 8stündige Sonntagsschichten eingelegt. Die Weigerung eines Teils der Belegschaft, diese Schichten zu verfahren, machte polizeiliches Eingreifen erforderlich« (Bundesarchiv Koblenz, R 7, Nr. 104).
Der Widerstand gegen die Sonntagsschichten war in einer von etwa 20 Bergleuten unterschriebenen Resolution mit der Sinnlosigkeit des Krieges und der Überbeanspruchung der Bergleute begründet worden. (Bemerkenswert ist in diesem Zusammenhang die Tilgung von Buchstaben auf dem Schild, so daß bereits zwei Jahre vor Kriegsbeginn die Aussage zu *»Dieser Betrieb steht geschlossen in der ... front«* verändert war.) Schon während des Ersten Weltkrieges wurde auf den Gießener Braunsteinbergwerken nahezu jeden zweiten Sonntag mit voller Belegschaft gefördert; in den letzten Jahren des Zweiten Weltkrieges hatten die Bergleute nur noch jeden dritten Sonntag arbeitsfrei.
Mit dem Abteufen des Alfredschachtes war 1918 begonnen worden. Nach 1920 wurde der inzwischen 67 Meter tiefe Schacht aufgegeben, 1927 *gesümpft* und im August 1929 als Förderschacht in Betrieb genommen. Im Jahre 1934 wurde das hölzerne Fördergerüst durch die Stahlkonstruktion des 1929 stillgelegten Friedrich-Wilhelm-Schachtes ersetzt und für das im November 1933 abgebrannte Zechenhaus ein neues Gebäude in Holzfachwerk errichtet, das aus einem Obersteigerbüro, einem Lohnbüro, einem Steigerbüro sowie einem Aufenthalts- und Umkleideraum mit Waschbekken für die Bergleute bestand.
Vor dem Zechenhaus ist auf dem linken Foto eine Wellblechbaracke zu sehen, in der eine kleine Werkstatt (die eigentliche Werkstatt befand sich etwa 300 Meter südöstlich am Lokschuppen), das Karbidlager und die Lampenstube untergebracht waren. Im vorderen Teil des Bildes sind noch Restbestände der Erzhalde aus der Zeit der Weltwirtschaftskrise erkennbar. Mit dem Schrägaufzug zum Alfredschacht wurde bei Materialtransporten der Höhenunterschied zwischen dem Niveau der Grubenbahn und der Rasenhängebank überbrückt. Im rechten Teil des Fotos ist der Verladestollen und die Außenwand des Erzbunkers zu sehen, über dem sich der Fahrradschuppen befand. 1935/36 wurde das Zechenhaus für eine Belegschaft von 400 Mann erweitert und ein Raum mit zwei nebeneinanderliegenden Kleideraufzügen für jeden Bergmann und eine Waschkaue mit Duschen eingerichtet. Mit insgesamt 374 Beschäftigten wurde diese Belegschaftszahl 1936/37 auch annähernd erreicht.
Aufgrund der steigenden Rüstungskonjunktur kam es in den folgenden Jahren jedoch zu einer starken Abwanderung der Belegschaft in die Industriebetriebe von Wetzlar und Lollar, die höhere Löhne zahlten. Bis zur Einstellung der Erzgewinnung im Frühjahr 1945 belief sich die Förderung aus dem Alfredschacht auf 830 000 Tonnen.
Im Jahre 1952 wurde der Schacht erneut gesümpft und auf der 67 m-Sohle mit dem Vortrieb einer Untersuchungsstrecke in südöstlicher Richtung zum Aufschluß der Eichelstück-Mulde begonnen. Diese Strecke erreichte bis 1956 eine Gesamtlänge von 850 Metern. Bei der Untersuchung des Lagers stellten sich im Sommer desselben Jahres starke Wasserzuflüsse ein, die im Bereich der Schachtanlage zu einer Gesamtzuflußmenge von 9,85 Kubikmeter pro Minute führten. Nachdem sich die Wasserzuflüsse nicht wesentlich verringerten, wurde der Alfredschacht im Juli 1957 endgültig stillgelegt.

(R. H.)

Abb. 57: **Gießener Braunsteinbergwerke,** um 1952

Der Belegschaftsrückgang von 309 auf 278 Mann im Geschäftsjahr 1937/38 hatte zur Folge, daß im Tagebau Feldwiesen erstmals ein Bagger in der Erzgewinnung eingesetzt wurde. Mit Beginn des Zweiten Weltkrieges am 1. September 1939 verringerte sich die Belegschaft auf 195 Beschäftigte. Aufgrund dessen wurde die Mitte 1935 im Nordfeld erneut aufgenommene Erzförderung (bis auf die Mangantongewinnung) wieder eingestellt.

Aufgrund des starken Manganmangels in der Stahlindustrie machte das Reichswirtschaftsministerium den Gießener Braunsteinbergwerken Anfang 1942 zur Auflage, die zwischen 6000 und 7000 Tonnen liegende Monatsförderung auf mindestens 12 000 Tonnen zu erhöhen. Diese »Kriegsaufgabe« wurde im Juni 1942 erstmals erfüllt. Bereits Anfang 1941 war im Tagebau Feldwiesen ein weiterer Löffelbagger zum Einsatz gekommen. Im Geschäftsjahr 1941/42 wurden leihweise zwei Bagger beschafft und im März 1944 ein elektrisch angetriebener Bagger gekauft. Die Belegschaft, bestehend aus 138 heimischen Bergleuten sowie 197 Kriegsgefangenen und Zwangsarbeitern aus Frankreich und der Sowjetunion, erzielte im Geschäftsjahr 1943/44 mit 149 933 Tonnen die höchste Förderleistung während des Zweiten Weltkrieges. Durch die Mechanisierung der Erzgewinnung im Tagebau (auf den 76 200 Tonnen entfielen) war der durchschnittliche Metallgehalt des Versanderzes auf 13,75 Prozent Mangan und 19 Prozent Eisen zurückgegangen, gegenüber 18,07 Prozent Mangan und 21,23 Prozent Eisen 1938/39.

Einen letzten Höhepunkt erreichte die Förderung, die ausschließlich aus dem Tagebau Feldwiesen erfolgte, während des »Korea-Booms« mit 94 744 Tonnen im Kalenderjahr 1952. Im Geschäftsjahr 1951/52 waren auf den Gießener Braunsteinbergwerken 64 Bergleute und 4 Angestellte tätig. 1953/54 wurden im Tagebau die Stollen A und B nach Norden und Nordosten aufgefahren. Die Erzgewinnung unter Tage, die zuletzt auf der F-Stollensohle umging, wurde am 30. April 1963 eingestellt.

Vier Jahre später waren die aufgeschlossenen Vorräte im Tagebau Feldwiesen erschöpft, in dessen Bereich rund 1,3 Millionen Tonnen Erz abgebaut worden waren. Am 30. April 1967 ging die 125jährige Bergbaugeschichte der Lindener Mark zu Ende. In diesem Zeitraum wurden hier insgesamt über 7,8 Millionen Tonnen Erz gefördert. (R.H.)

Abb. 58: **Gießener Braunsteinbergwerke,** um 1952

Von 1967 bis 1976 wurden etwa 125 000 Tonnen aufgehaldete Erze zu Mangantonschlämmen verarbeitet. Die bevorstehende Erschöpfung des Mangantons in den Tagebauen am Unterhof (siehe Abb. 42) hatte schon im Geschäftsjahr 1951/52 zur Aufstellung einer Bavaria-Schwerterwäsche (siehe Abb. 356) am Tagebau Feldwiesen geführt. Seitdem wurden hier durch naß-mechanische Aufbereitung des sogenannten Wascherzes (das zu geringhaltig war, um als Hüttenerz Verwendung finden zu können) die festen Bestandteile entfernt und die Schlämme in Absetzbecken geleitet. Diesen Becken gegenüber sind Podeste zu erkennen, auf denen die Schlämme zur weiteren Trocknung aufgeschüttet wurden. Mit der Inbetriebnahme einer Filterpresse im Juli 1967 wurde die Trocknungszeit (nach einer Vorentwässerung) von bisher sieben bis neun Monaten auf nunmehr etwa eine Stunde abgekürzt. Auf diese Weise konnte man allen Bestellungen der annähernd 100 Abnehmer in der Bundesrepublik, der Deutschen Demokratischen Republik, Holland, Belgien, Frankreich, Schweiz, Italien, Österreich, Dänemark und Schweden jederzeit nachkommen.
Die Mangantonschlämme waren als »Feine Mangantonschlämme« und als »Feinmanganerze« lieferbar. Die erste Sorte enthielt 7 bis 8 Prozent Mangan und 15 bis 19 Prozent Eisen, die zweite Sorte 11 bis 12 Prozent Mangan und 14 bis 15 Prozent Eisen. Mit einem Farberzzuschlag von 4 bis 25 Prozent konnten Klinker, Wand- und Fußbodenplatten, feinkeramische Erzeugnisse und Dachziegel in einer Variationsbreite von Hellbraun bis Schwarz eingefärbt werden.

(R. H.)

Abb. 59: **Gießener Braunsteinbergwerke,** um 1930

Zur Bewältigung der steigenden Förderung an Erz und Abraummaterial im Tagebaubetrieb waren 1943 drei Dampflokomotiven von der Feldbahn- und Lokomotivfabrik Budich in Breslau bezogen worden (Fabrik-Nr. 940, 1012, 1013). Eine Lokomotive leistete 55 PS und die beiden anderen je 70 PS. Insgesamt kosteten die drei Lokomotiven 48 000 Mark. Mit der zunehmenden Intensivierung des Förder- und Versandbetriebes kamen 1944 sieben weitere Budich-Loks zum Einsatz (Fabrik-Nr. 1016, 1017, 1019, 1030, 1059, 1060, 1061). Auf dem Foto ist eine Neumeyer-Lokomotive zu sehen (im Hintergrund steht eine Jung-Lokomotive, vermutlich die alte Type »Holda«). Die abgebildeten Personen sind (v. l. n. r.): Otto Luh aus Lützellinden, Ferdinand Degen aus Großen-Linden, Friedrich Bechthold aus Gießen, Richard Klaum aus Großen-Linden und Albert Jung aus Großen-Linden.

Seit 1917 diente die bis dahin ausschließlich zur Kalkabfuhr benutzte 600-mm-spurige Feldbahn zum Bahnhof Großen-Linden auch als Grubenbahn für die neu in Betrieb genommenen Tagebaue und Schachtanlagen im Südwestfeld der Gießener Braunsteinbergwerke. Mit dem Ankauf des innerhalb des Grubenfeldes gelegenen Kalkwerkes der Firma Haas im Jahre 1918 kam auch die Schmalspurbahn in den Besitz der Gewerkschaft Gießener Braunsteinbergwerke, vormals Fernie zu Gießen. Trotzdem wurde die auf der 43 m-Sohle des Friedrich-Wilhelm-Schachtes im Jahre 1916 begonnene Richtstrecke zunächst fortgesetzt, mit der eine Verbindung zwischen dem Südwestfeld und der Misch- und Verladeanlage an der Bahnlinie Gießen – Gelnhausen hergestellt werden sollte. 1927 erfolgte die Wiederaufnahme des Streckenvortriebes, 1928 wurde vom Alfredschacht aus mit einem *Gegenort* begonnen. Die Stillegung des Friedrich-Wilhelm-Schachtes im Jahre 1929 führte – bei einer Gesamtlänge von 1200 Metern – zur Einstellung des Projektes »Strecken-Durchschlag«.

(R. H.)

Abb. 60:
Gießener Braunsteinbergwerke, 1976

Auf dem Foto ist die erste Diesellokomotive der Gießener Braunsteinbergwerke, die 1940 von Deutz (Fabrik- Nr. 39 663) geliefert worden war, auf der 1,6 Kilometer langen Strecke zwischen den Tagesanlagen am Tagebau Feldwiesen und der Verladestelle am Bahnhof Großen-Linden zu sehen.
Diese Lokomotive war im Januar 1956 an der Kreuzung der Grubenbahn mit der Bundesstraße 3 in der Nähe der »Waldschenke« in einen Unfall mit einem Lastkraftwagen und einem aufgefahrenen zweiten Erzzug verwickelt. Drei Monate später ereignete sich an dem etwa 300 Meter südlich gelegenen zweiten Bahnübergang ein ähnlicher Unfall, bei dem eine Budich-Lok aus den Schienen gehoben und umgeworfen wurde. Bei beiden Unfällen erlitten die Lokführer Verletzungen. Daraufhin verlangte das Straßenbauamt eine Untertunnelung der Bundesstraße 3, die im Geschäftsjahr 1957/58 fertiggestellt wurde. Nach der Übernahme von drei Ruhrthaler Diesellokomotiven (Fabrik-Nr. 2731, 3107, 3291) von den stillgelegten Gruben Laubach und Eisenfeld 1962/63 wurden die acht noch vorhandenen Dampflokomotiven verschrottet. Einschließlich der 1956 bezogenen Ruhrthaler Diesellok Nr. 3433 (baugleich mit den im selben Jahr in Dienst gestellten Diesellokomotiven der Ernstbahn, siehe Abb. 177 und 178) waren seitdem fünf Diesellokomotiven vorhanden.
Nach der Beendigung der Erzgewinnung am 30. April 1967 waren noch 15 Bergleute und ein Steiger beschäftigt. Der Absatz erhöhte sich von 12 733 Tonnen im Jahre 1968 auf 16 681 Tonnen 1973 und ging danach stetig bis 2835 Tonnen im Jahre 1976 zurück (Der Absatz von Hüttenerz war bereits 1965 zum Erliegen gekommen). Nachdem die Wascherz-Halde aufgebraucht war, erfolgte am 25. Oktober 1976 die Einstellung des Versandes. Zu diesem Zeitpunkt bestand die Belegschaft noch aus drei Bergleuten und einem Steiger. Als Ersatzbetrieb wurde der Tagebau Schottenbach, südlich von Weilburg, wieder eröffnet, der aber keine Mangantonschlämme, sondern mulmigen *Brauneisenstein* liefert.
Ende 1976 erwarb die Stadt Großen-Linden für 550 000 DM eine 529 500 Quadratmeter große Teilfläche des Bergwerksgeländes, die danach zu einem Naherholungsgebiet ausgebaut wurde.

(R. H.)

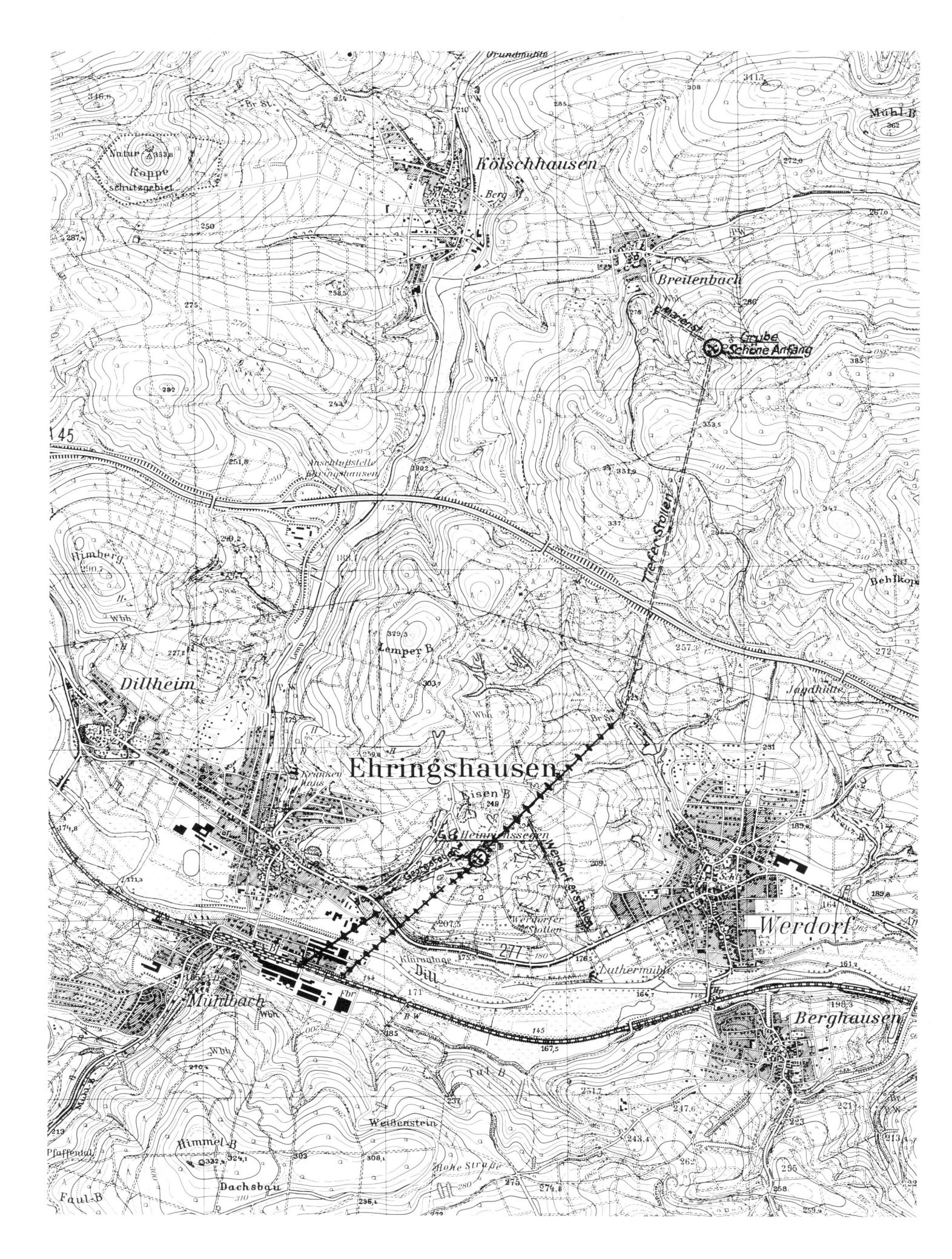

Karte VI   Gruben: **Heinrichssegen, Schöne Anfang**   Maßstab: 1 : 25 000

Abb. 61: Grube Schöne Anfang, um 1914

Das etwa 500 m südöstlich von Breitenbach (siehe Karte VI) gelegene *Grubenfeld* wurde dem Fürsten Ferdinand zu Solms-Braunfels am 11. Oktober 1850 auf Eisenstein *verliehen* und ging am 1. Dezember 1906 über auf die Firma F. Krupp in Essen.
Wie auf den meisten hiesigen Gruben, so gab es auch hier bereits weit vor 1840 Tagebau am *Ausbiß* des *Erzlagers*; später erfolgte die Gewinnung des besonders hochwertigen Eisensteines (mit bis zu 55 % Eisengehalt!) – hier auch des besonders seltenen *Magneteisensteines* – in drei Kleinstollen südlich oberhalb des Ortes Breitenbach; es handelte sich hier um den »Oberen Stollen«, den »Mittleren Stollen« und den im Jahre 1904 *aufgefahrenen* »Marien-Stollen«, welcher direkt am heutigen Grillplatz der Gemeinde ansetzte. Die drei Stollen führen das Lager jeweils in südöstlicher Richtung an, waren am Berg übereinander angelegt und untereinander verbunden durch *Erzrollen*. Der untere »Marien-Stollen« wurde im Jahre 1908 mit einer Länge von 440 m fertiggestellt; die gesamten Tagesanlagen der Grube (Zechenhaus, Schmiede, Dynamitlager usw.) befanden sich jedoch am »Oberen Stollen«, neben dessen Mundloch auch dieses schöne Foto aufgenommen wurde. Die Erze wurden zu der Zeit mit Pferdefuhrwerken zum Bahnhof Ehringshausen gefahren; von 1911 bis 1917 fuhr man dann den »Tiefen Werdorfer Stollen« auf bis zur Grube Schöne Anfang; seitdem erfolgte die Förderung auf diesem Wege. Hier im Bild sehen wir – neben vielen einheimischen Bergleuten – am Tisch sitzen: links den Betriebsführer, Obersteiger Schleifer aus Werdorf (ab 1920 Betriebsführer auf Grube Fortuna bei Oberbiel); rechts daneben Steiger Heinrich Adam aus Breitenbach, welcher die Leitung der Grube Schöne Anfang am 5. September 1914 übernahm, als Schleifer ins Feld mußte.
Die Grube Schöne Anfang wurde danach bis zum Jahre 1934 mehrfach stillgelegt und geriet wegen des hohen *Kieselsäuregehaltes* ihrer Erze nach einer neuen »Preistabelle« für Lahnerze im Jahre 1940 in Absatzschwierigkeiten; vom 1. Oktober 1941 an wurde sie daher weitergeführt als Betriebsabteilung der Grube Heinrichsegen bei Ehringshausen. Der Abbau auf Grube Schöne Anfang wurde am 30. Juni 1943 endgültig eingestellt. (K. P.)

Abb. 62: **Grube Schöne Anfang**, 1920

Abb. 62: **Grube Schöne Anfang**, 1920

Auf diesem Bild sehen wir die Situation am Mundloch des »Tiefen Werdorfer Stollen«, welcher am 2. Januar 1911 hier – etwa 1 km nordwestlich von Werdorf – *angesetzt* wurde; er erreichte das *Erzlager* der Grube Schöne Anfang im Jahre 1917 nach 2147 Metern. Fortan wurden die bei Breitenbach geförderten Eisenerze vom »Marien-Stollen« durch eine 50 Meter tiefe *Rolle* auf den »Werdorfer Stollen« gestürzt und durch diesen mit Pferdebahnen nach Werdorf transportiert; ab 1913 übernahm dann eine Benzollokomotive diesen Dienst. Im Jahre 1916 wurde hier am Mundloch eine 2140 Meter lange Erzseilbahn angelegt, welche über die Grube Heinrichssegen zum Bahnhof Ehringshausen führte (rechts außen im Bild). Links im Bild sehen wir Betriebsgebäude der Grube, in der Bildmitte das Mundloch des »Tiefen Werdorfer Stollen« sowie rechts die Erzaufbereitung mit der darunterliegenden Seilbahnverladung. An der Erzaufbereitung steht hier die Benzollokomotive mit einigen Förderwagen.

Der Umstand, daß die hier gezeigte – fast 2200 Meter vom eigentlichen Erzlager entfernte – Erzaufbereitung untertage angefahren werden mußte, bewirkte zahlreiche Schwierigkeiten mit der *Bewetterung* der Grubenbaue; so berichten die Bergamtlichen Akten mehrfach von Unglücken, bei denen verschiedene Bergleute mit CO-Vergiftungen der Lokomotiv-Abgase fast zu Tode kamen – in einem Falle auch durch fehlende Bewetterung nach dem *Schießen*, bei welcher Gelegenheit Preßluft in die Grubenbaue geführt werden mußte (siehe Abb. 433). (K. P.)

Abb. 63: **Grube Heinrichssegen**, 1887

Diese Grube bei Ehringshausen war schon lange vor 1849 in Betrieb gewesen – zuletzt unterhalten durch die Firma J. W. Buderus-Söhne, Aßlarerhütte. Danach wurde das Bergwerk am 3. Mai 1849 dem Fürsten zu Solms-Braunfels *verliehen* auf Roteisenstein und ging – wie alle anderen fürstlichen Erzgruben auch – mit dem 1. Dezember 1906 über an die Firma Friedrich Krupp in Essen. Im Jahre 1882 wurde direkt rechts neben der Landesstraße am Ortseingang von Ehringshausen (aus Richtung Werdorf) der »Georg-Stolln« zur Erreichung des westlichen Erzlagers begonnen; das Stollenmundloch ist noch heute dort im Original erhalten.

Unser Bild zeigt hier die Szene, wie sie sich zu der Zeit links unterhalb der Landesstraße – im Dilltale – darstell-

Abb. 63: **Grube Heinrichssegen, 1887**

te. Im Hintergrund oben (auf der Ebene der Landesstraße) sehen wir Förderleute mit den Kipploren, welche aus dem »Georg-Stolln« zutage gefahren waren. Das Erz wurde dann in die dahinter – unter dem flachen Holzdach – gelegene *Scheideanlage* gestürzt, von wo das zuvor sortierte Material in die Körbe der Erzseilbahn abgezogen wurden. Links außen auf dem Foto sind zwei dieser Erzkörbe sichtbar; sie liefen über Holzmasten zur Verladestelle in Ehringshausen. Diese alte – »fürstliche« – Seilbahn war allerdings bei der Übernahme durch Krupp im Jahre 1906 vollständig verfallen. Die Anlage wurde dann wieder ausgebessert und später durch eine Stahlkonstruktion ersetzt; diese wurde dann im Jahre 1916 verlängert zur benachbarten Grube Schöne Anfang (siehe Abb. 64).

Ebenso wie die fürstliche Eisensteingrube Juno bei Nauborn (siehe Abb. 83–87) machte auch Heinrichssegen zwei Jahre nach diesem Foto von sich reden: Am 2. Juli 1889 legte die damals 100 Mann zählende Belegschaft der Grube die Arbeit nieder, um eine Anhebung der Arbeitslöhne an die revierüblichen *Gedingesätze* zu erkämpfen – ebenso wie die Einführung einer gültigen Arbeitsordnung; daraufhin wurden die Löhne erhöht. (K. P.)

Abb. 64: **Grube Heinrichssegen,** 1920

Dies waren die Tagesanlagen der Krupp'schen Eisensteingrube – von Südosten her gesehen aus Richtung Werdorf. Das aus zwei *Zügen* – dem »Herrenacker-Mittleren« und »Firschbachlager« – bestehende Rot-, Braun- und Spateisensteinvorkommen wurde zuerst durch Tagebaue auf den *Lagerausbissen* und einige kleinere *Haspelschächte* mit 5 bis 20 Meter *Teufe* untersucht. Später erfolgte der *Aufschluß* durch den »Oberen Firschbach-Stolln« (von Südosten), bzw. den »Unteren Firschbach-Stolln« (von Südwesten) sowie etwa ab 1875 durch den beim gleichnamigen Nachbarort von Südosten her *angesetzten* »Werdorfer Stolln«; letzterer erreichte im Jahre 1905 eine Länge von 676 Metern. Im Jahre 1905 wurde der erste – »fürstliche« – Maschinenschacht *abgeteuft* bis auf 20 Meter unter die Sohle des »Werdorfer Stolln« (Gesamttiefe 78 m). Im Jahre 1912 wurde dann durch Krupp der hier im Bild gezeigte neue Maschinenschacht im Zentrum der Lagervorkommen eingerichtet; dieser wurde erst im Jahre 1940 elektrifiziert, und erreichte bis zum Jahre 1956 eine *Teufe* von 185 m – mit den 25 m-, 50 m- (Sohle »Georgsstolln«), 105 m-, 130 m-, 155 m- und 185 m-Sohlen.

Hier im Bild sehen wir rechts das Kessel- und Kompressorenhaus mit Schornstein (das Fördermaschinenhaus liegt dahinter verdeckt), in der Bildmitte den Schacht und links darunter das Obersteigerbüro; das flache Holzdach gehört zum *Erz-Sturzplatz* (siehe Abb. 65). Ganz links außen sieht man die Erz-Seilbahn, die von Grube Schöne Anfang (siehe Abb. 61) kam, und zur Bahnverladestelle Ehringshausen führte.

Zechenanlagen dieser Art bestimmten damals überwiegend das Bild der Eisenerzgruben an der Lahn. Insbesondere wegen der seinerzeit relativ häufigen Einrichtung oder Aufgabe kleinerer und kleinster Grubenbetriebe verwendeten die Eigner zumeist Steinfachwerkbauten; diese konnten im Bedarfsfalle leicht abgebrochen, zerlegt und an anderer Stelle wieder verwendet werden. Ganz typisch war insbesondere bei Krupp der Umstand, daß selbst bei etwas größeren Betrieben wie hier im Bild – oder z. B. bei Grube Ottilie in Abb. 145 ff. – die einzelnen Gebäudeteile bereits standardisiert waren bis hin zu den (immer gleich aussehenden) großen Fenstern. Auch die stählernen Fördergerüste konnte man damals in nahezu unveränderter Bauweise auf vielen Lahngruben sehen.

Der hohe Schornstein auf unserem Bild mutet zwar gegenüber der eigentlichen Zechenanlage ein wenig zu groß geraten an. Hiermit wurde jedoch keinesfalls eine besondere optische Darstellungsform verfolgt; vielmehr wurde für Dampf-Fördermaschinen ab einer bestimmten Größe ganz einfach eine enorme Sogwirkung am Kessel benötigt, welche allein durch einen derart hohen Kamin gewährleistet war. Und – da ein Blechschornstein in dieser Größe absolut instabil wäre – so baute man relativ starke und dauerhafte Steinschornsteine (der hier gezeigte wurde z. B. erst in den siebziger Jahren abgerissen – Jahre nachdem die Tagesanlagen der Gruben schon verschwunden waren). (K. P.)

Abb. 65: **Grube Heinrichssegen,** 1913

Die Belegschaftsmitglieder haben sich hier aufgestellt vor dem überdachten *Erz-Sturzplatz* am neuen Maschinenschacht (siehe auch Abb. 64); hier wurden bis dahin die im Tagebau gewonnenen Erze vornehmlich durch die *Pochjungen* zerkleinert und dann nach *Roteisenstein, Brauneisenstein, Flußeisenstein* und unhaltigen *Bergen* sortiert. Vorn in der Mitte des Bildes sehen wir hier von links den Steiger Heinrich Messerschmidt aus Ehringshausen, Betriebsführer Konrad Althof aus Ehringshausen (dieser ist auch auf dem siebzehn Jahre später fotografierten Bild Nr. 460, rechts im Vordergrund neben dem Obersteiger Schleifer aus Werdorf, zu sehen – hier mit dem typischen Preußischen *Schachthut* mit Adler-Emblem und schwarzweißem Federbusch) – und Steiger Jakob Stützel aus Dillheim. Auch auf diesem Bild sieht man die verschiedensten Berufszweige, welche sich im Bergbau bekanntlich ein Stelldichein gaben. Unter und über Tage benötigte man schließlich – neben den eigentlichen Bergleuten – Maschinisten, Zimmerleute, Maurer, Schlosser und viele mehr. So erkennt man hier ganz vorn im Bild zwei der Pochjungen mit ihren kleinen, an biegsamen Weidenästen befestigten Hämmern zur Trennung der Erzbrocken von unhaltigem Gestein, rechts vorn einen Zimmermann mit einer Säge, und z. B. in der 3. Reihe von oben, als zweiten von rechts einen Pferdeführer mit seiner Peitsche. Interessant ist auch der Umstand, daß zu der Zeit zahlreiche Bergleute auf allen hiesigen Erzgruben anstatt der sonst üblichen Schirmmützen oder Hüte die Dienstkappen des preußischen Militärs trugen (hier z. B. im linken oberen Bereich der Belegschaft). (K. P).

Abb. 66: **Grube Heinrichssegen,** um 1940

Diese von Nordwesten her – aus Richtung Ehringshausen – aufgenommene Szene zeigt uns recht anschaulich die damalige Anordnung der verschiedenen Tagesgebäude des Bergwerkes; so sehen wir hier von links nach rechts die Sägehalle mit dem Holzplatz, die Schreinerei mit der Schmiede, das Kesselhaus mit dahinter liegendem Trafogebäude, das Schachtgerüst sowie ganz rechts im Bild das Steigerbüro mit Aufenthaltsraum und *Waschkaue.*

In der Bildmitte auf dem Fahrrad sehen wir den Bergmann Oskar Zutt, welcher nach beendeter Frühschicht heimwärts radelt. Vor ihm geht der Hauer Karl Kimpel, welcher mit seiner Karbidlampe zur Mittagsschicht *anfährt.*

Die Datierung dieses Bildes um das Jahr 1940 ist zuverlässig, da sich auf der Grube noch die alte *Dampf-Fördermaschine* mit dem hohen Schornstein befindet; diese wurde 1940 ersetzt durch eine elektrische Fördermaschine, welche wiederum ab 1950 auf der heute ebenfalls stillgelegten Eisensteingrube Waldhausen bei Weilburg ihren Dienst tat (siehe Abb. 212 – 220).

Die Belegschaft von Grube Heinrichssegen betrug im Jahre 1942 insgesamt 164 Mann, unter welchen sich damals 31 Kriegsgefangene befanden. Daß hier sowohl der heimfahrende Bergmann Zutt als auch der zur Schicht *anfahrende* Bergmann Kimpel in ein und dieselbe Richtung gehen, hatte folgenden Grund: um das eigentliche Zechengelände herum waren verschiedene Tagebaue angelegt, in welchen man die zutage *ausbeißenden* Erzlager nach der *Teufe* hin abbaute; so gab es einen Tagebau im Westen der Grube – in Richtung Ehringshausen – und mehrere kleine solche Anlagen in südlicher Richtung nach Werdorf. Kimpel begibt sich hier zum westlichen Tagebau, unterhalb dessen am Hang mehrere kleine Stollen angesetzt waren; diese – etwa einer 25 m-Sohle zum Maschinenschacht entsprechenden –

Strecken *unterfuhren* den Tagebau und dienten dazu, die vom Tagebau durch *Rollen* von unten abgezogenen Erze in Schachtrichtung zu fördern. Das Erz wurde hierbei zu einer weiteren Rolle gefahren an der das Material hinabgekippt wurde auf die (mit dem Schacht schließlich verbundene) 50 m-Sohle der Grube (gleichzeitig »Georg-Stolln-Sohle«). Dort erfolgte der Abtransport mit Pferden zum Schacht, anschließend die Hebung zu Tage, und die Verarbeitung auf dem Zechengelände.

Derartige Abbaue von über Tage her waren jedoch von vornherein kurzlebig; das Erzlager *fiel* relativ steil *ein,* und die *Berge*förderung überstieg alsbald die Erzgewinnung. So wurde der westliche Tagebau bereits um 1944 aufgegeben, während der südöstlich nach Werdorf hin angelegte Tagebau noch bis ca. 1950 betrieben wurde. (K. P.)

Abb. 67: **Grube Heinrichssegen,** Weihnachten 1954

Die Bergleute arbeiten nicht nur schwer – nein, sie verstehen es auch, ihre Feste abzuhalten; dabei wird zuerst einmal das *Barbara-Fest* (am 4. Dezember eines jeden Jahres) gefeiert zu Ehren der Schutzpatronin des Bergmannes (allerdings auch der Feuerwehrleute und der Artilleristen!). Die allgegenwärtigen Gefahren des Bergmannberufes – besonders aber auch die große Verantwortung eines jeden Bergmannes für sich und seine Kameraden – bewirkten schon zu Frühzeiten ein ganz besonderes Maß an Verbundenheit und Kameradschaft untereinander; »einer für alle und alle für einen« war hier schon immer die Losung! Diese herausragende Bedeutung der zwischenmenschlichen Beziehungen konnte kaum deutlicher zutage treten als bei den alljährlichen Weihnachtsfeiern am Arbeitsplatz in der Grube.

Nachdem die notwendige Förderleistung entweder bereits am Vortag bzw. am Morgen des Heiligen Abends zusätzlich erarbeitet worden war, kamen alle Bergleute einer Schicht während der Kaffeepause zu einer Weihnachtsfeier zusammen. Dieses kleine Fest wurde in einem besonders für das *Buttern* der Bergleute hergerichteten *Querschlag* – der Kaffeeküche – gehalten, indem sich alle um einen vor dem *Stoß* aufgestellten Weihnachtsbaum gruppierten und dabei Weihnachtslieder und oft auch Bergmannsweisen sangen. Und – wenn die Feier am Schichtende zu Mittag stattfand – dabei ging auch schon mal das »Grubenwasser« (Schnaps) die Runde, obwohl die bergamtlichen Bestimmungen dies an sich unter Tage verboten; die Arbeit war getan, und niemand konnte dabei zu Schaden kommen.

Hier im Bild sehen wir die Bergleute der Frühschicht bei ihrer Weihnachtsfeier auf der 185 m-Sohle von Grube Heinrichssegen im Jahre 1954.

(K. P.)

Abb. 68: **Grube Heinrichssegen**, 31. 12. 1961

Nachdem der Betrieb allein in den Jahren 1906 bis 1956 insgesamt 1 066 987 Tonnen Eisenerz gefördert hatte – dabei in den Jahren 1941/43 unter Angliederung der ehemaligen Grube Schöne Anfang bei Breitenbach als Nebenbetrieb, kam auch hier das Ende im Zuge des allgemeinen Grubensterbens im Lahn-Dill-Gebiet zum Anfang der sechziger Jahre wegen des Aufkommens billiger Auslandserze.

Dieses Bild zeigt uns, wie das traditionelle Wahrzeichen des Bergbaus – gekreuzte »*Schlägel und Eisen*« – zum Zeichen der Grubenschließung auf den Kopf gestellt am Zechenhause befestigt wird (eine gleichartige Deutung finden wir noch heute auf besseren Landkarten, bei welchen ehemalige Grubenbetriebe mit demselben kopfstehenden Symbol dargestellt sind). Zusätzlich wurde auf den meisten geschlossenen Bergwerken noch eine schwarze Fahne gehißt (siehe z. B. Abb. 242).

Hier auf dem Bild sehen wir von rechts nach links die *Anschläger* Horst Kimmel und Erich Georg sowie den Bergmann Alois Seifert – alle aus Ehringshausen. Im Gegensatz zu den meisten anderen zu Beginn der sechziger Jahre im Lahnrevier stillgelegten Eisenerzgruben war das *Erzlager* der Grube Heinrichssegen zu diesem Zeitpunkt allerdings nahezu abgebaut.

(K. P.)

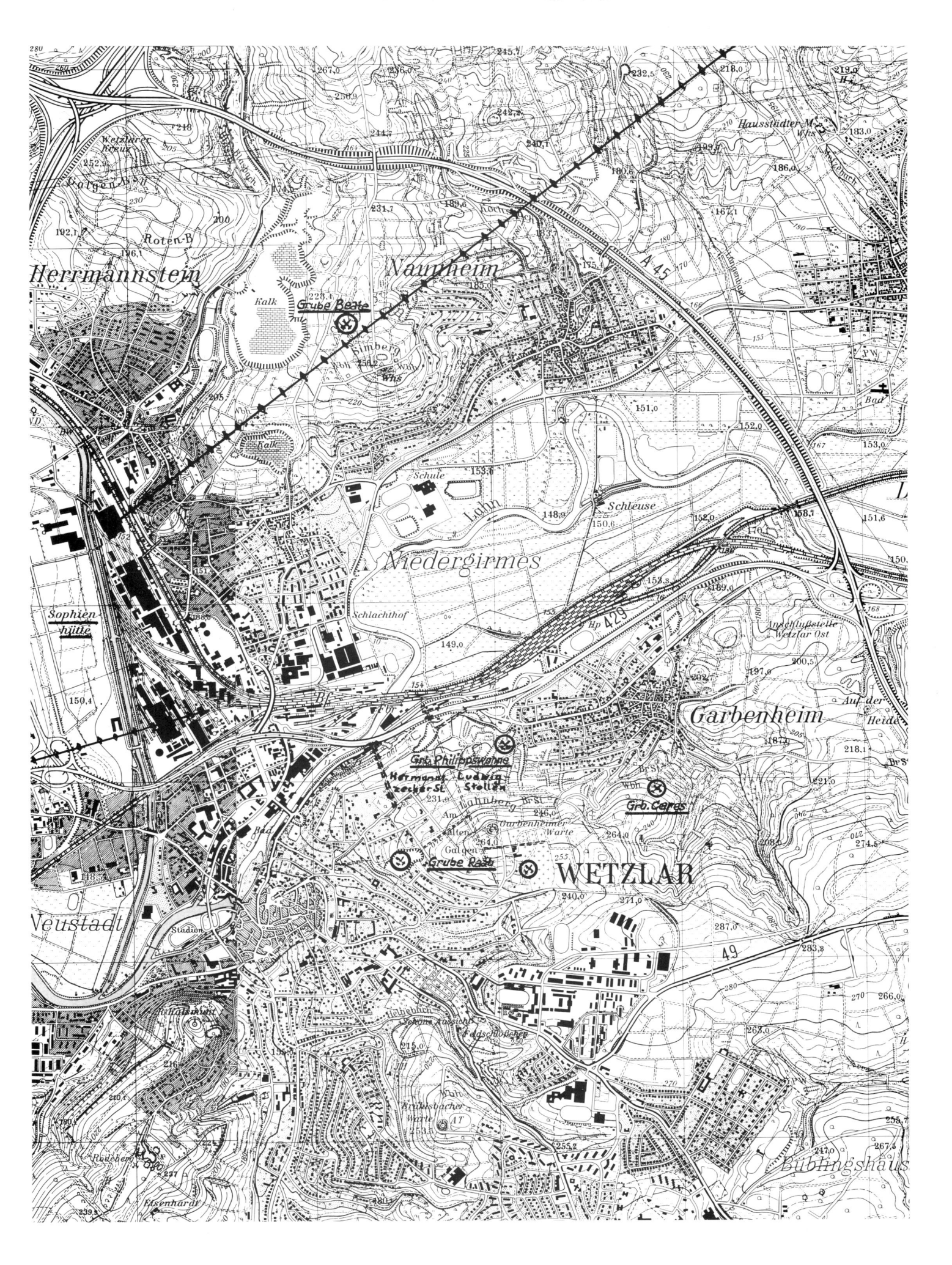

Karte VII   Gruben: **Raab, Philippswonne, Ceres, Beate**   Maßstab: 1 : 25 000

Abb. 69: **Grube Beate,** 1887

Die Belegschaft dieser fürstlichen Grube hat sich hier zu einem Erinnerungsfoto aufgestellt am Zechenhaus auf dem Simberg in Niedergirmes bei Wetzlar. Das Bergwerk *baute* auf einem reichen Brauneisensteinvorkommen, welches – wie auch auf den meisten anderen Lahngruben – bereits in der Frühzeit am *Ausgehenden* des *Lagers* mit *Strecken,* Stolln und kleinen *Haspelschächten* (siehe Abb. 1 und 164) gewonnen worden war.

Die erste amtliche *Verleihung* des *Grubenfeldes* »Beate« auf Eisenerze erfolgte jedoch erst am 14. August 1850 an den Fürsten zu Solms-Braunfels; dieser veräußerte das Bergwerk am 1. Dezember 1906 – zusammen mit allen anderen fürstlichen Erzgruben – an die Firma Friedrich Krupp in Essen. Zu diesem Zeitpunkt galt das Vorkommen an sich bereits als ausgebeutet, und Krupp nahm den Bergbau hier auch nicht wieder auf.

Die Grube Beate lag rechts der Straße von Hermannstein/Wetzlar nach Blasbach, im Distrikt »Simberg« – zwischen den *Feldern* »Braune Liesel«, »Malapertus« und »Wilhelms-Schurf«, wobei das *Feld* »Beate« nur etwa 300 Meter breit war und das Brauneisensteinlager nur ca. 2 bis 6 Meter *Mächtigkeit* hatte.

Wirklicher Tiefbau wurde auf Grube Beate nur in den Jahren 1875 bis 1896 betrieben – und zwar über zwei

Abb. 70: **Grube Philippswonne**, um 1920

Wir sehen hier die Tagesanlage der Buderus'schen Eisenerzgrube am Ortseingang von Garbenheim bei Wetzlar. Neben der Grube Raab war dies das zweitgrößte Bergwerk am sog. »Eisenberg«, benannt nach dem aus Burbach-Wahlbach im Siegerland stammenden Grubensteiger Philipp Lautz; einer seiner Söhne – Johann Wilhelm Lautz – fand als Pferdejunge auf der oberhalb von Philippswonne gelegenen Grube Ceres den Bergmannstod (siehe Abb. 465).
Diese Aufnahme zeigt die Situation von Westen her (aus Richtung Wetzlar) am Ortseingang von Garbenheim – etwa gegenüber der Abfahrt von der B 49, leicht auf der Anhöhe. Auf dem Bild zu sehen sind rechts vorn das Zechenhaus sowie das dahinter angelegte Maschinenhaus mit aufgesetztem hölzernen Fördergerüst; dieser Schacht ging nieder auf die 35 m-, 50 m-, 75 m-, 100 m- und 125 m-Sohlen. Links vorn befindet sich die *Erz-Scheidehalle* mit Verladeeinrichtung, deren Anlage wenige Meter über der (links außerhalb des Bildes) vorbeilaufenden Landstraße von Wetzlar nach Garbenheim gebaut war. Am oberen linken Bildrand erkennt man das Fichtenwäldchen auf dem Lahnberge sowie rechts oben ein Erz-Sturzgerüst; der unterhalb von dessen Fundamenten erkennbare Zaun befand sich an dem Wege, welcher noch heute vom Ortseingang Garbenheim aus auf den Lahnberg führt – an der Stelle befinden sich auch noch Reste des starken Gerüst-Widerlagers. Direkt links neben dem Maschinenhaus in der Bildmitte sieht man den Fuß der Treppe, an welcher die Belegschaftsaufnahme in Abb. 71 gemacht wurde.

Dampfmaschinenschächte (davon ein *Fahr- und Wetterschacht*), von denen der tiefste 65 m erreichte. Das Zechengelände ist noch heute erhalten im Waldgebiet des Simberges, direkt oberhalb des Buderusschen Kalksteinbruches in Hermannstein bei Wetzlar.
Unser Foto ist einer der wenigen zeitgenössischen Belege, auf welchen die bergmännischen *Öl-Froschlampen* in der ganz eigentümlichen hessischen Form zu sehen sind; diese halboffenen eisernen Grubenlampen konnten sowohl mit Rüböl als auch mit tierischen Fetten – z. B. »Unschlitt« (Rindertalg o. ä.) – gebrannt werden, und trugen am Bügel ein hübsches messingbelegtes Schild mit drei Kreuzen. Die besonders in früheren Zeiten außerordentlich gläubigen Bergleute hatten hierdurch auch während der schweren Arbeit eine ständige Beziehung zu ihrem Herrgott (Drei Kreuze = Heilige Dreifaltigkeit = Vater, Sohn und Heiliger Geist)! (K. P.)

Die Grube Philippswonne war das drittälteste Bergwerk des Revieres Wetzlar (erste Erwähnung im Jahre 1344 als »Bergkwerk am Isinberg«); die ältesten Bergwerke waren – möglicherweise – die Grube Juno bei Nauborn (780 n. Chr.) – siehe Abb. 83 bis 87 – sowie das »Bergwerk hinterm Calsmunt« (Grube Eisenhardt – im Jahre 1316). Nach bereits in der Frühzeit dort umgegangener Eisensteingräberei wurde das Feld im Jahre 1835 auf Eisen *verliehen* an J. W. Buderus Söhne. Auch die Grube Philippswonne nahm mit dem Bau der Deutz-Gießener Eisenbahn (1862/63) einen gewaltigen Aufschwung, wodurch noch im späten 19. Jahrhundert bis zu 100 Bergleute hier Arbeit und Brot fanden. Wenige Jahre nach dieser Aufnahme schloß die Grube allerdings ihre Tore. Von den hier gezeigten Anlagen sind heute noch Reste vorhanden. (K. P.)

Abb. 71: **Grube Philippswonne,** 1912

Die 80 Belegschaftsmitglieder auf diesem Erinnerungsfoto stehen hier im Bereich des (links außerhalb des Bildes ansetzenden) »Alten Stolln« an der Treppe zum Fördergerüst am oberen Waldweg, welche ebenfalls in Abb. 70 hinter dem Maschinenhaus in der Bildmitte erkennbar ist.
Die seit 1835 von der Firma J. W. Buderus Söhne betriebene Grube baute in den oberflächennahen Bereichen ein hochwertiges Eisenerz ab. In den durch mehrere Schächte *aufgeschlossenen* tieferen Lagerteilen allerdings nahm der Eisengehalt schnell ab von 60 % (!) bis auf 35 % *(Flußeisenstein),* wobei der *Kieselsäuregehalt* stark zunahm – der Betrieb wurde zunehmend unrentabler. Die Grube Philippswonne war schon im seit etwa 1870 unter Tage verbunden mit der südlich von Grube Raab gelegenen, 1839 ebenfalls an Buderus verliehenen Grube Hermanns-Zeche über die sogenannte »Hermannszecher Strecke«. Aus dem ca. 400 m langen Reststollen der Hermannszeche bezieht heute die Brauerei Gebr. Euler in der Garbenheimer Straße ihr Wasser.
Nachdem das Bergwerk – zusammen mit der Buderus'schen Grube Morgenstern bei Waldgirmes – bereits 1911 elektrifiziert worden war, mußte die Grube dennoch bereits 1925 ihre Pforten nach einem spektakulären Betriebsunfall schließen, wie er ganz ähnlich schon zehn Jahre vorher auf der – ebenfalls zu Buderus gehörenden – Grube Amanda bei Nauborn (siehe Abb. 77 – 82) vorgekommen war; dort hatte ein Schachteinsturz zur Einstellung des Schachtbetriebes geführt:
Als auf Philippswonne die beiden Bergleute Peter Find aus Nauborn und Heinrich Knorz aus Garbenheim nach Streckenreparaturen auf der 35 m-Sohle einen beladenen Förderwagen auf den *Förderkorb* schoben, kippte dieser bei beginnender Fahrt in den darunterliegenden Schacht; dabei wurden die Einbauten bis zur 75 m-Sohle so stark beschädigt, daß der Schacht nach wenigen Stunden *zu Bruch* ging. Da alle Versorgungsleitungen unterbrochen waren, ersoff die Grube. Das Bergwerk wurde – da die geringen Erzreserven eine Reparatur nicht rechtfertigten – am 31. Dezember 1925 endgültig stillgelegt.

(K. P.)

Abb. 72: **Grube Philippswonne,** um 1917

Die Aufnahme zeigt französische Kriegsgefangene, welche im 1. Weltkriege auf dieser Buderus'schen Roteisensteingrube Hilfsdienste leisten mußten. Es handelte sich hierbei im einzelnen um folgende Personen (stehend von links nach rechts): den deutschen Wachhabenden Gaminger, die Franzosen Verdun, Thibault und Larde (offenbar ein Offizier), sowie den deutschen Soldaten Mandler; sitzend die Franzosen Thiboux, Gourbière, Lève, Brunet und Quetel.
Nachdem gleich bei Kriegsbeginn etwa 40 % der hiesigen Bergleute einberufen waren, mußte die Eisensteingewinnung trotzdem noch über das frühere Friedensmaß hinaus gesteigert werden; damit einher gingen weitere kriegswichtige Maßnahmen, wie Rationierung des Futterhafers und der Heuversorgung für die Grubenpferde (der Hauptanteil war für den Militärbedarf beschlagnahmt), der Sprengmittelbewirtschaftung aller Grubenbetriebe, Zuteilung des *Lampenkarbids,* der Berufskleidung für Bergleute, Seife, Kaffee, Tabak usw. Diese Jahre waren nicht nur für die fremden Kriegsgefangenen eine schwere Zeit in Deutschland!
Die Firma Buderus hatte auf allen ihren Lahngruben im Jahre 1917 insgesamt 560 Kriegsgefangene verschiedenster Nationalitäten beschäftigt. Recht ähnliche Verhältnisse herrschten damals auf den meisten Gruben an Lahn und Dill, wo die fremden Kriegsgefangenen als Ersatz für tausende von einberufenen heimischen Bergleuten eingesetzt waren – die Kriegsgefangenen selbst jedenfalls scheinen zumindest auf unserem Bild nicht unglücklich darüber, daß sie der Kriegsmaschinerie entronnen waren; obwohl gerade der erste Weltkrieg an den Fronten mit unglaublicher Grausamkeit auf allen Seiten geführt wurde, gab es doch bei den Kämpfenden immer noch eine bestimmte Art von Ritterlichkeit und Fairneß, welche sich fortsetzte bis in die Gefangenenlager der Heimatländer. Reine Haß- und Greueltaten – wie man diese im zweiten Weltkrieg oft erleben mußte – gab es nach dem verlorenen ersten Weltkrieg durch die plötzlich freigelassenen ehemaligen Kriegsgefangenen kaum; hinzu kam besonders auch die Tatsache, daß die Gefangenen des ersten Weltkrieges mehr als gleichwertiger, aber geschlagener Gegner angesehen wurden denn als der ideologisch von vornherein als abscheulich und lebensunwert abgestempelte minderwertige Mensch! (K. P.)

Abb. 73: **Grube Raab**, 1898

Abb. 73: **Grube Raab,** 1898

Die an der Straße von Wetzlar nach Garbenheim gelegene Grubenanlage war die größte der dort im »Eisenberg« arbeitenden Tiefbauanlagen (unterhalb des sog. »Lahnberges«). Das Bergwerk wurde im Jahre 1838 *gemeinsam verliehen* an den Gastwirt Johann Christian Ludwig Raab, den Bierbrauer Almenröder und den Steuerkontrolleur Feldhaus – alle aus Wetzlar (Almenröder und Feldhaus schieden 1854 mit Gründung der *»Gewerkschaft* Raab« aus), und förderte bis zum 30. Oktober 1928.

Der früheste Betrieb fand hier statt in einem Tagebau auf dem Lahnberg; um die Mitte des 19. Jahrhunderts wurde dann ca. 100 m südwestlich des heutigen Bismarckturmes ein *Göpelschacht* auf 100 Meter *Teufe* gebaut, in dessen Bereich sehr edler Roteisenstein angetroffen wurde. Zu der Zeit wurden die *zusitzenden Wässer* ein Problem; ebenso gestaltete sich die Abfuhr der Erze recht schwierig. Aus diesen Gründen entschloß sich die *Gewerkschaft* Raab, vom nordwestlich gelegenen Lahntal her – durch die Grubenfelder »Julius« und »Philippswonne« – einen Stolln anzusetzen; dieser »Ludwigs-Stolln« (das Mundloch sehen wir hier im Bild) wurde von 1860 bis 1866 *aufgefahren,* kostete 110 000 Taler und schloß das Erzlager auf bis zum Niveau der Lahn. Gleichzeitig erfolgte jetzt der Anschluß an die in der Nähe des Mundloches vorbeiführende, 1862 gebaute »Deutz – Giessener Eisenbahn«. Mit dem Stolln wurde der Lahnberg in südöstlicher Richtung auf etwa 1 km *unterfahren* (dabei etwa in 90 m Entfernung westlich vorbei am Bismarck-Turm) bis zum alten Hauptabbaugebiet im Bereich des heutigen »Neuen Friedhofes«, wo der Stolln mit dem Göpelschacht *durchschlägig* war. Etwa 50 Meter weiter wurde dann ein *Blindschacht* mit *Preßluft-Förderhaspel* eingerichtet, welcher das *Erzlager* fortan bis auf die 200 m-Sohle erschloß; da der »Ludwig-Stolln« dort in 100 Meter Teufe verlief, war der gesamte Betrieb 300 Meter tief!

Der alte Göpelschacht auf dem Lahnberg wurde fortan nur noch von den Bergleuten zur Einfahrt bei der Arbeit benutzt und später ganz aufgegeben.

In diesem Bereich gab es eine Unzahl verschiedenster Strecken in alle Himmelsrichtungen, in welchen das begehrte Eisensanderz abgebaut wurde (ein Teil des Roteisensteinlagers war so stark zersetzt, daß es nur mehr aus einer sandartigen Masse bestand und nahezu mühelos gewonnen werden konnte!). Etwa 80 Meter vor dem Bismarckturm zweigte das ca. 520 Meter lange »Kalkbrucher *Flügelort*« ab in südwestliche Richtung, welches in der Wetzlarer Gemarkung »Vogelsang« *durchschlägig* war mit dem dort angelegten Raab'schen Kalkbruch. Der hier abgebaute Kalkstein wurde ebenfalls durch den »Ludwig-Stolln« abgefördert – jedoch auf dem Zechengelände über ein zweites, etwa 50 Meter östlich des Hauptstolln ansetzendes Mundloch in Garbenheimer Richtung direkt zum dortigen Raab'schen Kalkwerk weitergefahren. In einem unbenutzten *Querschlag* des Kalkbrucher Flügelortes wurden bereits im 19. Jahrhundert für den Grubenbesitzer Champignons gezüchtet!

Im vorigen Jahrhundert beschäftigte die Grube Raab bis zu 200 Bergleute. Erstmals im Jahre 1923 mußten – wegen Absatzmangels und laufender Geldentwertung – Löhne gestundet und Teile der Belegschaft entlassen werden. Im folgenden Jahr ersoffen dann die 200 m-Sohle und 170 m-Sohlen; im Jahre 1925 arbeiteten nur noch wenige Bergleute auf der 50 m-Sohle bis zur Schließung im Oktober 1928.

Das abgebildete Stollenmundloch ist noch heute auf dem Gelände in der Kurve rechts der Straße nach Garbenheim erhalten – allerdings ohne die schönen Zinnen und (wegen der seit 1971 am Steilhang darüber hinwegführenden Bundesstraße 49 mit einem 40 Meter starken Stahlbeton-»Pfropfen« verschlossenen Stollen) nicht mehr zugänglich. Im Volksmund heißt das Gelände der »Taubenstein«. (K. P.)

Abb. 74: **Grube Raab,** am 7. Oktober 1919

Auch hier hat sich die Belegschaft wieder vor dem Portal des »Ludwigs-Stolln« aufgestellt; deutlich erkennbar sind die – inzwischen auch in weitaus geringerer Anzahl vertretenen – Bergleute jetzt nach dem Kriege erheblich einfacher gekleidet als im Jahre 1898 (siehe Abb. 73), und sie tragen nun anstatt der früher gebräuchlichen *Froschlampen* die später so berühmt gewordenen *Karbidlampen*. Die »Karbid- oder Acetylenlampen« sind teilweise versehen mit überlangen Spitzhaken für eine Verwendung in der Streckenförderung (die Förderleute – auch *Schlepper* genannt – hängten sich die Lampe bei der Arbeit über die Schulter oder an den *Grubenhund*, um die Hände frei zu haben).

Rechts neben dem Stollenmundloch war inzwischen ein größeres Gebäude errichtet, in welchem sich die *Waschkaue* und Frühstücksräume befanden, sowie im 1. Stock die Wohnung des Obersteigers der Grube. Das Stollenportal selbst ist nun auch der hübschen Zinnen beraubt.

Zu dieser Zeit war die frühere Pferdeförderung bereits ersetzt durch den Transport mit Benzol-Lokomotiven; dennoch ist gerade die Pferdeförderung auf der Grube Raab wert, etwas näher erläutert zu werden. Die auf dem Titelbild des Buches – auch in Abb. 75 – gezeigte geräumige Situation des Förderstolln war nur teilweise zutreffend; der an sich niedrige und enge Stolln erlaubte die Personenbefahrung nur, nachdem verschiedene Ausweichstellen eingerichtet waren. Die Grubenpferde – eines hieß »Emil« – verrichteten ihre schwere Arbeit im engen Stolln mit einer seltenen Vorrichtung: Das Pferd lief in einem extra gefertigten Holzrahmen, wobei es einen Förderwagen vor sich her stieß (auf welchem der Pferdeknecht saß) und sechs bis acht Wagen zog. Dabei hielt das Tier den Kopf so tief, daß es nirgends anstieß – trug aber zur Vorsicht bei der großen Geschwindigkeit (der Stolln fiel zur Tagesanlage leicht ab) auch noch eine Lederkappe über dem Kopf!

Die Pferde waren klug, treu und vorsichtig – aber auch eigensinnig! Als zum Beispiel damals der Pferdejunge Peter Bender aus Nauborn eines morgens nicht zur Schicht erschien, stand sein Pferd »Max« nach kurzer Zeit mitten im Stolln – und war durch nichts auf der Welt in Bewegung zu bringen; und – da eine einfache Familie damals noch kein Telefon hatte – der Steiger Müller mußte nach Nauborn, um Bender zu holen. Dieser versenkte nur die Hand in seiner Hosentasche – und das Pferd trabte hurtig davon!

Später hat Bender einmal die Lösung dieses Rätsels preisgegeben: »Er habe das Pferd irgendwann einmal mit dem Hufnagel (den er in der Hosentasche trug) leicht ins Hinterteil gepiekt; seitdem genügte allein die Andeutung des Griffes in die Tasche, um das kluge Tier in Bewegung zu bringen...«

Hier im Bild sehen wir in der zweiten Reihe von vorn, 5. von rechts Steiger Ernst Maxeiner (siehe auch das Foto des königlichen Bergschülers in Abb. 452), 6. von rechts den Obersteiger Bamberger und 7. von rechts (mit hellem Bart, hinter dem Schildträger) den Steiger Müller (siehe auch Abb. 75). Alle diese Betriebsbeamten wohnten damals in Gebäuden direkt auf der Grube, welche zum großen Teil noch heute erhalten sind.

(K. P.)

Abb. 75: **Grube Raab,** 1910

Diese interessante Aufnahme vor dem »Ludwigs-Stolln« zeigt stehend rechts den Obersteiger Christoph Jüttner (auf dem Titelfoto dieses Buches rechts vorn neben dem Förderwagen der dritte Mann, mit dunklem Hut), in der Mitte den Betriebsführer, Obersteiger Christian Wirth aus Wetzlar (in Abb. 73 direkt links vorn neben dem Förderwagen), sowie links den Steiger Müller (links neben Obersteiger Wirth in Abb. 73). Bemerkenswerterweise trägt auf diesem Foto nur der Obersteiger Jüttner den damals in Wetzlar verwendeten preußischen *Bergkittel* (rechts im Bild, mit zylindrischem Schachthut und schwarzem *Federbusch*). Sowohl Wirth als auch Müller tragen die hessische Bergmannstracht, welche im Jahre 1858 per Verordnung gebildet worden war als eine Zusammenstellung aus dem Siegerländer Bergkittel und dem – an sich bis heute nur aus der damaligen Österreichischen Monarchie (Österreich, Ungarn und Tschechoslowakei) bekannten – typischen »Tschako«; diese hinten abgeschrägte bergmännische Kopfbedeckung war aus Tuch gefertigt und trug vorn einen *Federstutz* mit metallener Kokarde. Diese Tracht ist aber auch in den angrenzenden Bergrevieren Wetzlar und Weilburg zu der Zeit manchmal in Gebrauch gewesen – wurde jedoch in der Weimarer Republik allgemein abgelöst durch den preußischen Bergkittel. Die beiden verkleideten Kinder im Bildvordergrund (rechts der Sohn Anton des Obersteigers Jüttner) verkörpern eine weitere Besonderheit auf der Grube Raab – die dort angeblich umgegangenen Berggeister, welche auf der Grube selbst »die kleinen Leut« oder auch »die Unterirdischen« genannt wurden; alte Bergleute konnten zahlreiche Geschichten erzählen, wonach die »Unterirdischen« entweder Narreteien trieben oder aber – meist armen – Bergleuten besonderes Fundglück bescherten (nach: Berghauptmann Albert Boehm – geboren in Wetzlar: »Das Jahr bei den Unterirdischen«; diese hervorragende Beschreibung bergmännischen Lebens im Wetzlarer Revier behandelt die Gruben Raab in Wetzlar, Amanda bei Nauborn, Weidenstamm bei Oberndorf und Würgengel bei Braunfels).
Der Glaube an die Berggeister hat sich auf Grube Raab bis weit in unser Jahrhundert hinein gehalten; als später die Nachfahren von Raab'schen Bergleuten im damals neuangelegten Wohngebiet im Bereich »Vogelsang« bauen wollten, hieß es sogleich »man solle bloß den Berggeistern die Ruhe lassen – die hätten es gar nicht gerne, wenn sie da gestört würden«!

(K. P.)

Abb. 76: **Kalkwerk Raab,** um 1955

Dieses Bild zeigt uns eine Gesamtansicht des gegen Ende des 19. Jahrhunderts durch die »*Gewerkschaft* Raab zu Wetzlar« errichteten Kalkwerkes bei Garbenheim. Das Werk ging nach Aufgabe des Raab'schen Unternehmens über an die Firma Kempf & Hilf aus Limburg bzw. noch später an die Firma Lüning in Albshausen (diese betrieb gleichzeitig auch noch ein recht ähnliches Werk am Albshausener Bahnhof – mit einem Kalkbruch in Burgsolms). Die *Gewerkschaft* Raab hatte im Jahre 1884 zuerst an dieser Stelle ein Hochofenwerk für Erze ihrer benachbarten Eisensteingruben errichten wollen; dieses kam jedoch wegen der im näheren Stadtgebiet schon vorhandenen anderen Anlagen nicht zur Ausführung – statt dessen bot sich dann die hier gezeigte Version zur Verarbeitung der – ebenfalls im Bereich der Eisenerzgrube anstehenden – Kalkvorräte an. Dabei bestand eine Transportverbindung zwischen dem »Ludwigs-Stolln« und dem Kalkwerk mit 2 Dieselloks (Deutz) und einer Akkulok (Rheinstahl); diese arbeitete auch noch lange nach Einstellung des Eisensteinbergbaues auf der Grube Raab. Die hier gezeigte Anlage wurde zu Beginn der sechziger Jahre aufgegeben und anschließend abgerissen. Dort befindet sich heute der Garbenheimer Sportplatz.

Auf unserem von Westen her aufgenommenen Foto sieht man links den *Ringofen* (mit dem hohen Schornstein), direkt dahinter den *Schachtofen* als dunklen Turm, im rechten Hintergrund die weiße Kalkmühle sowie ganz rechts außen den Lokomotivschuppen und die hohe *Bergehalde*. Links im Bildvordergrund steht der gerade vom Raab'schen Kalkbruch am Vogelsang in Wetzlar eingetroffene Zug mit den alten Förderwagen der Grube Raab. Ganz vorne erkennen wir den Lokomotivführer Georg Veith aus Wetzlar, welcher nach der Herfahrt des Zuges zu seiner Mittagspause geht. Die gewonnenen Kalksteine wurden im vorderen Ringofen durch Erhitzen entsäuert; das geschah, indem größere Steine von speziell ausgebildeten Setzern über dem Feuer angeordnet wurden. Danach wurde dieser »gebrannte Kalk« verwendet als Bleichkalk in der Lederindustrie, beim Bau, als Düngemittel, für die Herstellung von Cellulose und als Zuschlagstoff in den Wetzlarer Hochöfen. Wegen der fehlenden Bautätigkeit wurde der Kalkofen im Winterhalbjahr ausgeblasen. Der in der Bildmitte erkennbare Schachtofen wurde erst in jüngerer Zeit aufgestellt; hier konnten die kleineren, früher kaum verwendbaren Kalksteine mit einer automatischen Einrichtung ebenfalls gebrannt und anschließend gemahlen werden. Während der Ringofen mit Steinkohle befeuert wurde, brannte der Schachtofen mit Steinkohlen-Koks.

(K. P.)

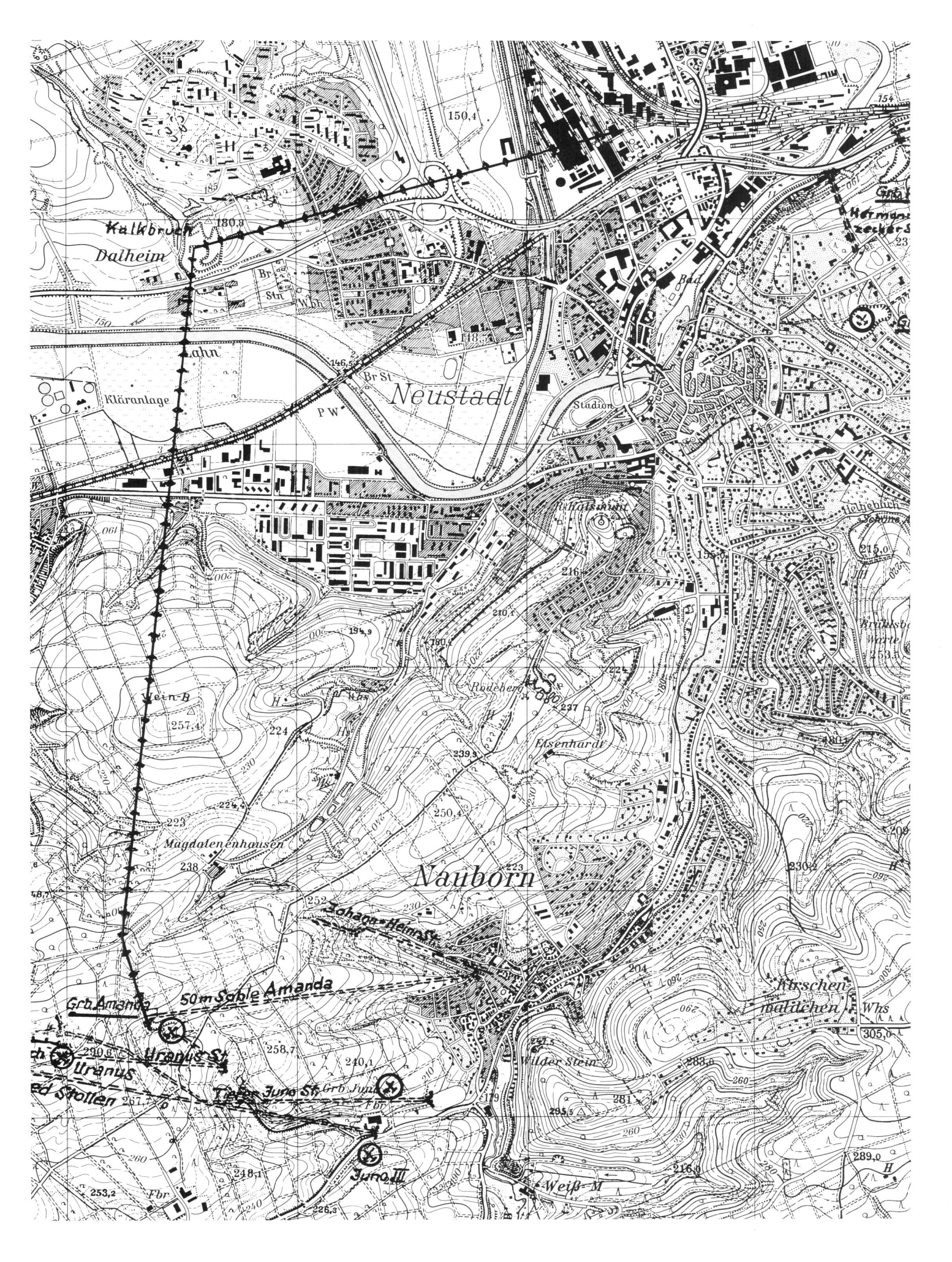

Karte VIII   Gruben: **Amanda, Kalkbruch Dalheim, Jean**   Maßstab: 1 : 20 000

Abb. 77: Buderus'sche **Grube Amanda,** um 1905

Hier im Bild sehen wir die Tagesanlagen des etwa 1 km westlich von Nauborn auf der Anhöhe oberhalb der Grube Juno (siehe Abb. 83 – 87) gelegenen Bergwerks – von Westen aus mit Blick auf den »Stoppelberg« bei Wetzlar (im Hintergrund rechts).

Die Grube Amanda wurde am 21. Oktober 1858 *verliehen* an Karl Kinzenbach zu Wetzlar – als Vertreter der »Bergwerksgesellschaft zu Wetzlar«, und ging im Jahre 1885 über auf die Firma Buderus in Wetzlar. Das Bergwerk *baute* auf einem guten aber außerordentlich harten Roteisenstein, der besonders häufiges *Schießen* erforderte.

Im Jahre 1864 war das Erzlager durch vier *Haspelschächte* von je 7 bis 9 *Lachter Teufe aufgeschlossen* (1 Lachter = 2,09 m); 1870 wurde der »Amanda-Stolln« in nordwestlicher Richtung *aufgefahren*. Die Grube Amanda sollte später das bedeutendste Eisenstein-Bergwerk der Firma Buderus werden – mit 218 Bergleuten im Jahre 1891 zugleich auch die größte Grube im Wetzlarer Revier!

Der in der Bildmitte gezeigte Maschinenschacht (dessen Seilscheibe ist hier verborgen in dem kleinen Turm, und die Dampfmaschine befand sich links unterhalb des dampfenden Schornsteines) reichte bis auf die 50 m-Sohle; da diese gemessen war ab der Sohle des »Juno-Stolln« – dieser aber hier in 90 m Teufe ansetzte – war der Schacht insgesamt 140 Meter tief. Der »Amanda-Stolln« selbst war mit dem Schacht nur über ein *Gesenk* auf den »Juno-Stolln« verbunden. Rechts im Bildhintergrund sehen wir das Zechenhaus mit Obersteigerwohnung, Waschkaue usw.

Im Bildvordergrund erkennt man hier die Erzaufbereitung, von welcher aus das Material direkt in die Seilbahn umgeladen wurde; ab Mai des Jahres 1897 wurde nämlich das geförderte Erz mit einer 5200 m langen Seilbahn (deren Seil im Vordergrund quer durch unser Bild läuft) in nördlicher Richtung über den Kalksteinbruch an der »Dalheimer Kapelle« (siehe Abb. 81) zur Sophienhütte transportiert. Ab 1886 wurden von Amanda aus die im Westen *markscheidenden* fürstlichen Grubenfelder »Eck«, »Wespe« und »Herzog« angepachtet und mit abgebaut.

Der Schachtbetrieb auf Grube Amanda wurde am 18. März 1915 nach einem spektakulären Betriebsunfall geschlossen, wie dieser in fast gleicher Art und Weise genau zehn Jahre später zur endgültigen Schließung der Buderus'schen Grube Philippswonne bei Wetzlar (siehe Abb. 70 –72) führte (!); in der fälschlichen Annahme, der Förderkorb stehe an der *Hängebank,* wurde ein *Grubenhund* in den Schacht gestürzt. Dabei wurden die Schachteinbauten derart stark beschädigt, daß eine Reparatur nicht mehr lohnte – die *aufgelassenen* Sohlen ersoffen. Teile der Belegschaft wurden danach verlegt auf die Buderus'sche Grube Philippswonne bei Garbenheim (siehe Abb. 70 – 72). Das Maschinenhaus der Grube Amanda wurde im Jahre 1934 demontiert und fand weitere Verwendung in einem Krankenhaus. Reste der Betriebsanlagen – besonders auch der Aufbereitung – sind noch heute dort erhalten geblieben; das Gelände befindet sich jetzt aber in einem militärischen Übungsgebiet.

(K. P.)

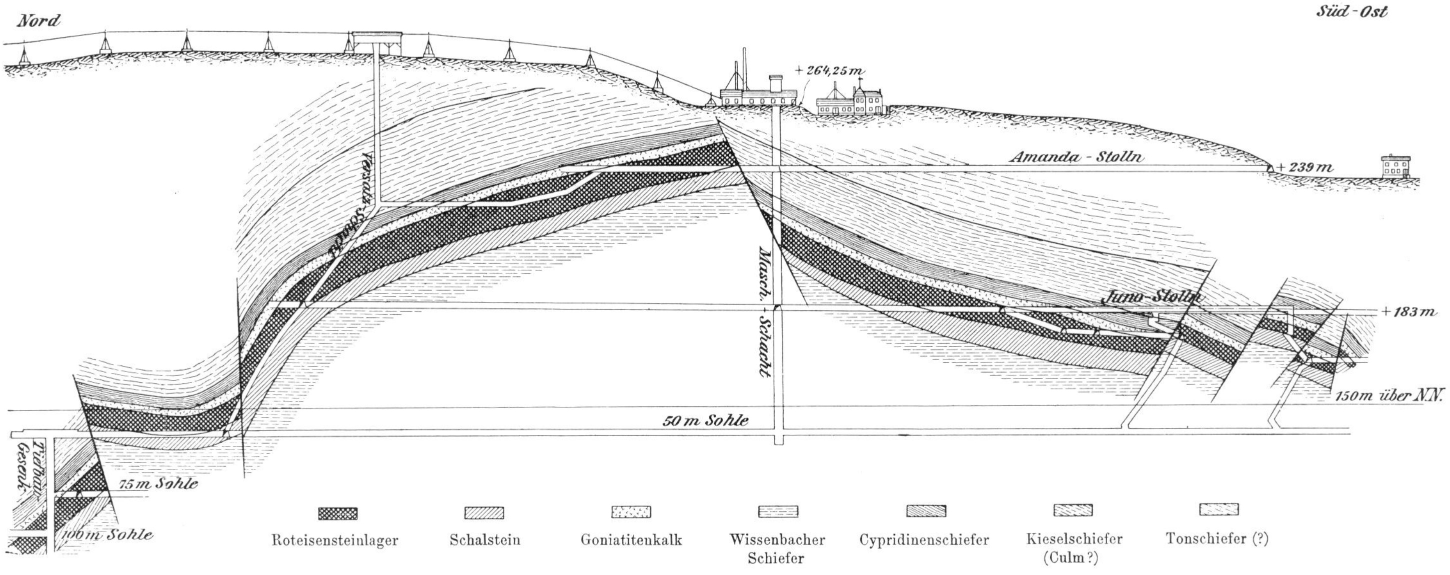

Querprofil der Grube Amanda bei Nauborn, Bergrevier Wetzlar.
Maßstab 1 : 2500.

Abb. 78: **Buderus'sche Grube Amanda,** um 1904

Dieser *Seigerriss* des Bergwerkes (Maßstab 1 : 2500) zeigt uns – vom nahezu gleichen Standpunkt aus auf die Anlagen gesehen wie in Abb. 77 – nicht nur besonders anschaulich die schwierigen geologischen Lagerverhältnisse (wie diese im ganzen Lahnbergbau vorherrschten – das Erzlager war häufig *verschoben, gefaltet, überkippt* und *verdrückt),* sondern auch die untertägigen Anlagen der Grube.
Wir sehen in der Bildmitte wieder das Maschinenhaus über dem Schacht, mit dem rechts daneben angeordneten Zechenhaus. Der Schacht erreichte im Jahre 1885 die 50 m-Sohle welche hier in 140 Meter *Teufe* ansetzte. Diese 50 m-Sohle war nach Osten hin aufgefahren bis in den Bereich der (ebenfalls zu Buderus gehörenden) Grube Johann-Heinrich, und war unter dem alten Ortskern der Gemeinde Nauborn durchschlägig mit dem »Johann-Heinrich-Stolln«; durch das heute noch im Dorfe Nauborn erhaltene Mundloch dieses Stolln erfolgte nicht nur die Wasserlösung der beiden Gruben, sondern zahlreiche Nauborner Bergleute fuhren auch auf diesem Wege zur Schicht. Heute bezieht die Gemeinde Nauborn von dort ihr Wasser – welches sie sonst auf weiten Umwegen von anderer Stelle herleiten müßte.
Im Jahre 1897 wurde links unten im Bild gezeigte 75 m-Sohle *aufgefahren* und 1904 weiter *abgeteuft* auf die 100 m-Sohle.
Der »Juno-Stolln« stand mit dem Maschinenschacht in 90 m *Teufe* über einen nördlichen *Querschlag* in Verbindung, während der im Jahre 1870 beim Mundloch des »Uranus-Stolln« über 380 m Länge aufgefahrene »Amanda-Stolln« mit dem Schacht interessanterweise gar nicht in Verbindung stand – er war lediglich mit dem »Juno-Stolln« über ein *Gesenk* verbunden.
Links oben im Bild deutlich erkennbar ist die Erz-Seilbahn der Grube Amanda, welche das geförderte Material in nördlicher Richtung – über den Kalksteinbruch »Dalheimer Kapelle« – zur Sophienhütte transportierte; dabei wurden gleichzeitig Kalksteine von Dalheim aus als Zuschlagstoffe bei der Verhüttung nach Wetzlar befördert. In der Gegenrichtung transportierte die Anlage Hochofenschlacken zur Grube, welche an einer Seilbahn-Winkelstation – »Sandbock« genannt – durch einen zweiten Schacht (links im Bild) als *Versatz* Verwendung fanden – damals kannte man noch keine effektivere Verwendung derartiger Schlacken. Die Seilbahn wurde nach Stillegung der Grube im Jahre 1915 zwischen Bergwerk und Kalkbruch abgerissen; zwischen der Sophienhütte und dem Kalksteinbruch bestand diese noch bis Ende der fünfziger Jahre. (K. P.)

Bergmann Hahn
Maschinist Dietrich
" Pohl geb. 26.7.1847
Obersteiger Gaul

bei Mobilmachung 1870

Abb. 79: **Grube Amanda,** 1870

Bei diesem Bild handelt es sich um einen der ältesten fotografischen Belege aus dem Raume Wetzlar überhaupt! Das am Dampfmaschinenhaus des Bergwerkes (siehe Mitte links in Abb. 77) aufgenommene Foto zeigt von links: den Bergmann Heinrich Hahn aus Nauborn, die Maschinisten Dietrich und Pohl aus Nauborn, sowie den Obersteiger – und Prediger – Konrad Gaul. Dieser an sich als recht streng bekannte Obersteiger kümmerte sich jedoch nachweislich auch sehr um seine Bergleute; so wurde ihm selbst am 6. September 1888 der rechte Arm zerquetscht, als er nach einem Streckeneinsturz im »Amanda-Stolln« (siehe Abb. 78) bei dem Versuche, die verschütteten Bergleute Wilhelm Craß aus Laufdorf, Wilhelm Theiß aus Nauborn und F. Ludwig Becker aus Reiskirchen zu retten, selbst für etwa 15 Stunden verschüttet worden war! Den drei Bergleuten konnte dennoch nicht mehr geholfen werden. Fortan trug Gaul den behinderten Arm immer leicht angewickelt am Körper.

Trotzdem kam gerade auch die Grube Amanda später wegen Differenzen mit der Betriebsleitung in die Schlagzeilen. Auf diesem Bergwerk mußte wegen des ungewöhnlich harten Eisensteines sehr viel *geschossen* werden; die daher hier häufig anfallenden Sprengschwaden bewirkten nun die Eigentümlichkeit, daß über 200 Mann Belegschaft die Pause während der Schicht über Tage verbrachten zur Kaffeepause – obwohl *Aus- und Anfahrt* über die 140 m hohen *Fahrten* im Maschinenschacht zusammen mindestens 30 Minuten dauerten!

Als diese Ausfahrt zur Pause am 1. November 1897 abgeschafft werden sollte, kam es es auf der Grube zu einem Streik. Nachdem dann jedoch die Grubenleitung am dritten Streiktage *vor Ort* einen besonderen Frühstücksraum einrichtete, wurde der Streik beendet. Noch später erfolgte ein weiterer, erheblich folgenreicherer Arbeitskampf auf diesem Bergwerk (siehe Abb. 82). (K. P.)

Abb. 80: **Grube Amanda,** um 1906

Die Belegschaft der Buderus'schen Eisenerzgrube bei Nauborn hatte sich hier aufgestellt an der östlichen Seite der Tagesanlagen vor der Schachthalle (siehe auch Abb. 77 – dort hinter dem Gebäude, zwischen dem großen Schornstein und dem verkleideten Förderturm); die Bergleute stehen hier vor der Schachthalle (im Hintergrund) sowie zwischen der *Waschkaue* (links im Bild) und dem gemauerten Schornstein (rechts im Bild).

Neben vielen in den umliegenden Dörfern beheimateten Bergleuten sehen wir hier ganz außen den Bergverwalter Radow von Buderus, links daneben sitzen den Obersteiger und Betriebsführer Adolf Gaul aus Nauborn (den Sohn des in Abb. 79 gezeigten Obersteigers Konrad Gaul), daneben links den ebenfalls in Abb. 79 (als zweiten von rechts) erkennbaren Maschinisten Pohl aus Nauborn, vorn als 2. Jungen von rechts den Sohn des ebenfalls schon 1870 gezeigten Bergmannes Hahn sowie sitzend als 2. von links außen den von Oberbergrat Boehm in seinem hervorragenden Buche »Das Jahr bei den Unterirdischen« näher beschriebenen *Kameradschaftsführer* Heiland.

Ebenfalls gut erkennbar sind die etwa seit der Jahrhundertwende im Erzbergbau verwendeten *Karbidlampen* – hier in einem Modell der Firma Friemann & Wolf aus Zwickau in Sachsen, konstruiert als sog. »Drehkeilverschluß-Lampe« nach dem Patent des Maschinenmeisters Bloch von der Blei- und Silbererzgrube Holzappel an der unteren Lahn bei Bad Ems. Die Firma Buderus hatte ihre Lahngruben im Jahre 1906 mit derartigen Grubenlampen ausgerüstet, wodurch das alte – schwach leuchtende und besonders störanfällige – Öllicht der Bergleute endlich ersetzt wurde durch ein vergleichsweise strahlend helles Arbeitslicht! (K. P.)

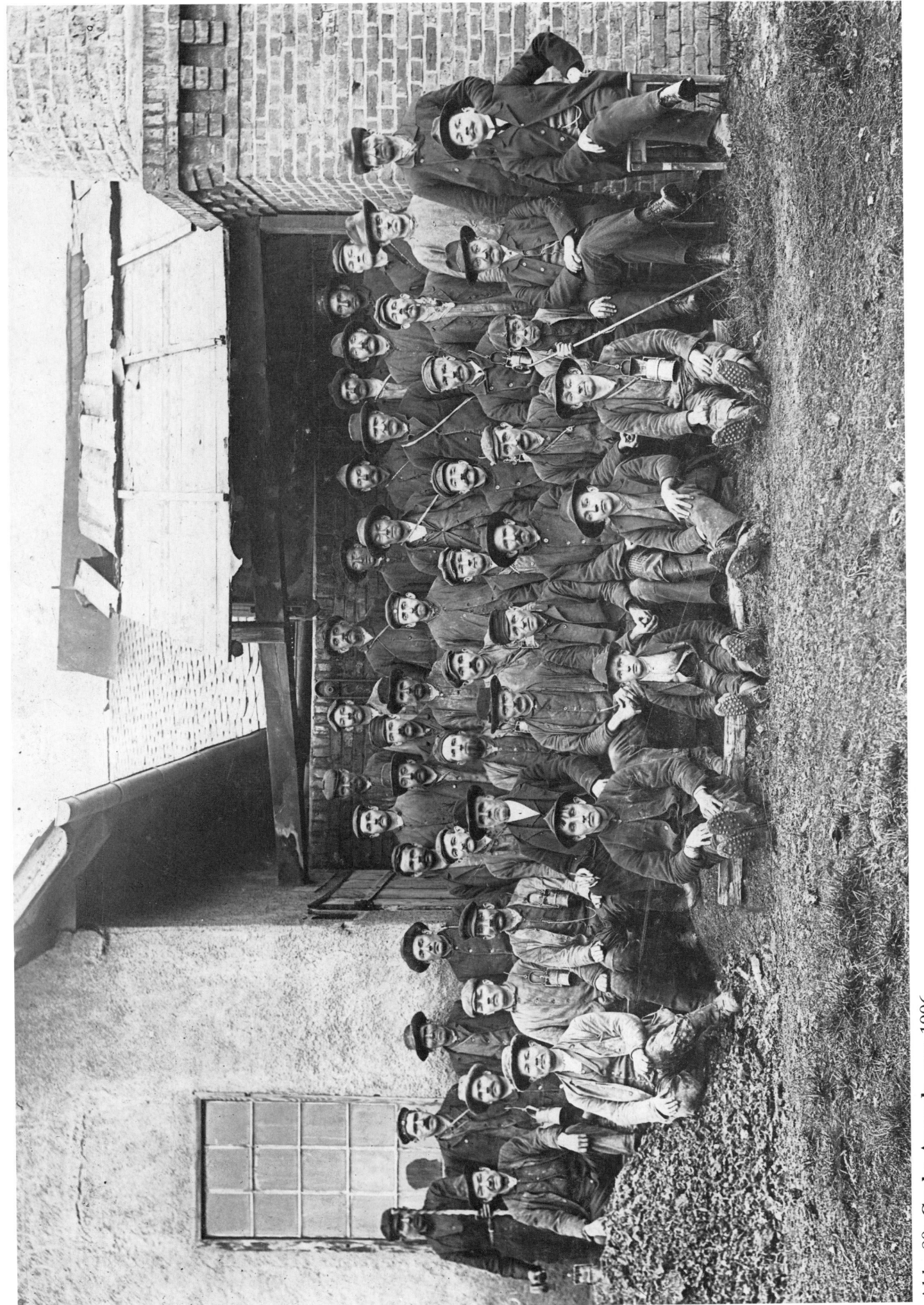

Abb. 80: **Grube Amanda**, um 1906

Abb. 81: Kalksteinbruch »Dalheimer Kapelle«, 1914

Die Belegschaft des Buderus'schen Kalksteinbruches hat sich hier zu einem Erinnerungsfoto auf außerordentlich historischem Boden eingefunden; ursprünglich befand sich hier nämlich kein Steinbruch, sondern einer der größten Grubenbetriebe des Wetzlarer Revieres – und eine alte Wallfahrtskirche, sowie verschiedene urzeitliche Höhlen im Kalkstein.

Das zugehörige *Grubenfeld* wurde am 31. August 1858 durch Carl Bordian zu Wetzlar mit dem Namen »Carolus« *gemutet* – dann jedoch am 13. Februar des folgenden Jahres dem »Destillateur Jean Gossi aus Grossenlinden« amtlich auf Eisenstein und Mangan *verliehen*: dieser taufte das erworbene Grubenfeld mit seinem eigenen Vornamen – als »Feld Jean«. Etwa zur gleichen Zeit wurde nordwestlich *markscheidend* ein weiteres Grubenfeld mit dem Namen »Carolus« gemutet, welches anschließend als »Feld Carolus II« ebenfalls auf Manganerze amtlich verliehen wurde. Direkt nördlich markscheidend lag das – ebenfalls auf Mangan verliehene – Feld »Neu Tiefenbach«, in dessen Bereich sich heute der Wetzlarer Stadtteil Dalheim befindet.

Der florierende Markt für sauerstoffreiche Manganerze zur chemischen Darstellung von Chlorpräparaten (z. B. zum Bleichen von Baumwolle) bescherte auch den hiesigen Bergwerkseigentümern in der zweiten Hälfte des 19. Jahrhunderts ein gutes Geschäft; so avancierte die Grube Jean in kurzer Zeit zu einem der Bergwerke mit den höchsten Förderzahlen im Wetzlarer Revier – im Jahre 1873 mit etwa 211 000 Zentnern Braunstein (die Grube Amanda belegte in diesem Jahr die Spitzenposition im gesamten Revier mit 277 000 Zentnern Eisenstein) immerhin an fünfter Stelle aller hiesigen Erzgruben! Die Gewinnung auf Grube Jean erfolgte dabei in zahlreichen kleinen Stollen, Strecken und *Haspelschächten* – zuletzt am Beginn unseres Jahrhunderts bis auf etwa 30 m Teufe. Nachdem hier beim Erzabbau offensichtlich die in der Nachbarschaft liegende Wasserentnahmestelle der Stadt Wetzlar fast versiegte, mußte die Erzgewinnung nach mehreren Prozessen mit der Stadt eingestellt werden; Buderus legte später am südlichen Ende des Grubenfeldes den im Bild gezeigten Kalksteinbruch an – und zwar im Bereich der ehemaligen Wallfahrtskirche des heiligen Marcus, der »Dalheimer Kapelle«. Dabei wurde der Abbau zuerst um die Reste der alten Kapelle herum betrieben, bis das Kirchlein um 1904 doch schließlich abgerissen wurde. Der hier gewonnene Kalkstein wurde in der Buderus'schen Sophienhütte als Zuschlagstoff beim Hochofenprozeß verwendet.

Der Abtransport des Kalksteines zum Hüttenwerk (siehe Abb. 415) erfolgte mit der aus Süden – von der Buderus'schen Grube Amanda – kommenden Seilbahn, welche auch die Eisenerze von Amanda beförderte; auf dem Rückweg wurden Hochofenschlacken zur Grube gefahren (siehe Abb. 77 und 78).

Nach der Ausbeutung des Kalklagers wurde der Steinbruch mit Schlacken und anderem Abraum der Sophienhütte aufgefüllt zu einer hohen Halde; diese befindet sich (inzwischen mit Bäumen bewachsen) noch heute direkt an der Bundesstraße 49, ca. 300 Meter hinter dem westlichen Ortsausgang von Wetzlar (siehe Karte VIII). (K. P.)

> # An die Belegschaft der Grube Amanda.
>
> Am 30. September haben 76 von 200 Arbeitern der Grube Amanda bei unserer Bergverwaltung eine allgemeine 50prozentige Lohnerhöhung gefordert. Die Bergverwaltung hat durch Anschlag erklärt, daß sie wegen der Art und Höhe der Forderung nicht darauf eingehen könne. Sie hat die Belegschaft mit ihren Wünschen an den Arbeiterausschuß verwiesen. Unterm 11. Oktober haben darauf 2 Mitglieder des Arbeiter-Ausschusses, Wenzel und Neul, dem Obersteiger Gaul neue Forderungen vorgelegt und zwar Erhöhung des Tonnen-Gedinges um fünfzig Pfennig und Festsetzung eines Mindestlohnes von M 3,20 für die Schicht.
>
> Nachdem unterm 13. Oktober der Bergwerksdirektor mit den beiden Antragstellern eingehend verhandelt hat, beantragten diese die Beratung der Angelegenheit in dem Arbeiterausschuß, welcher gestern nachmittag zusammengetreten ist.
>
> Der Durchschnittslohn der Bergarbeiter der Grube Amanda für die ersten 9 Monate d. J. ist gegenüber dem Durchschnittslohn des Jahres 1905 um 10,4% gestiegen.
>
> Der Bergwerksdirektor hat nun bei den Verhandlungen bestimmt erklärt, daß er bereit sei, weitere Lohnerhöhungen nach und nach eintreten zu lassen, obgleich die Buderus'schen Eisenwerke von der Steigerung der Erzpreise bisher Vorteile nicht gehabt haben, weil die Roheisen-Preise nicht entsprechend erhöht werden konnten. Trotzdem ist leider eine Verständigung nicht erzielt worden, da die Arbeiter-Vertreter an ihren Forderungen festgehalten haben.
>
> Die gestrige Mittagsschicht und die heutige Morgenschicht mit Ausnahme einiger über Tage beschäftigten Leute sind nicht angefahren. **Damit sind die betreffenden Arbeiter vertragsbrüchig geworden.**
>
> Wir fordern hiermit die ausständigen Arbeiter der Grube Amanda auf, bis spätestens zum
>
> ## Dienstag, den 23. Oktober
>
> die Arbeit wieder vorschriftsmäßig aufzunehmen. Alle Arbeiter, welche bis zu diesem Tage die Arbeit nicht aufgenommen haben, sind aus unseren Diensten entlassen.
>
> Wetzlar, den 19. Oktober 1906.
>
> ### Der Vorstand
> der Buderus'schen Eisenwerke.

Abb. 82: **Grube Amanda,** 19. Oktober 1906

Ein Appell des Vorstandes der Buderus'schen Eisenwerke in Wetzlar an die streikenden Bergleute auf der Buderus'schen Roteisensteingrube Amanda bei Nauborn. Der Bergarbeiterstreik hatte auf die Grube Amanda übergegriffen, nachdem bereits am 19. Januar 1906 auf den damals noch fürstlich Solms-Braunfelsschen Eisensteingruben Uranus und Juno bei Nauborn aus den gleichen Gründen die Arbeit niedergelegt worden war: Sowohl die Buderus'schen Zechen als auch die fürstlichen Gruben zahlten *Gedingelöhne* von durchschnittlich etwa 1,80 Mark, während der Durchschnittslohn desselben Jahres im Wetzlarer Revier immerhin 2,45 Mark betrug – beispielsweise verdiente der Bergrat damals 3300 Mark im Jahr, während sich die Pension des Bergmannes Lenz aus Oberndorf auf 144 Mark im Jahr belief (Aus »Mitteilungen des Geschichtsvereines Wetzlar«, Heft 28, 1981: »Aus der Geschichte der Arbeiterbewegung in Stadt und Kreis Wetzlar«). Im gleichen Zeitraum verdiente zum Beispiel ein Kohlenkumpel auf der Zeche Hannover im Ruhrgebiet 3,94 Mark pro Schicht!

Dem Wetzlarer Bergmanne wurden jedoch zusätzlich noch Abzüge gemacht für sein *Geleucht, Gezähe* usw., so daß oft nicht mehr als 1,45 Mark übrigblieben. Ein Kilogramm Weizenmehl z. B. kostete damals 50 Pfennig. Darüber hinaus hat es offensichtlich auch auf dieser Grube zu der Zeit noch keine der schon üblichen Arbeitsordnungen gegeben! Die streikenden Bergleute forderten nun einerseits zwar die – sicher gerechtfertigte – Anhebung ihrer Gedingesätze auf das revierübliche Niveau; die genannte Forderung nach einer 50 %igen Lohnerhöhung jedoch war für das Wetzlarer Revier von vornherein nicht realisierbar.

Es wurde ein Streikbüro in Nauborn errichtet; da jedoch einerseits der größte Teil der Bergleute nicht organisiert war – die organisierten Männer aber das versprochene *Streikgeld* nur schleppend erhielten und die Buderus'sche Verwaltung weitere Verhandlungen kategorische ablehnte, fuhr der größte Teil der Ausständischen nach und nach wieder auf der Grube an. Der Gewerkschaftsvertreter aus dem Ruhrgebiet hatte das Wetzlarer Revier bereits Tage zuvor verlassen ... Die Löhne jedoch wurden nicht erhöht, und zahlreiche Bergleute wurden nicht wieder angestellt! (K. P.)

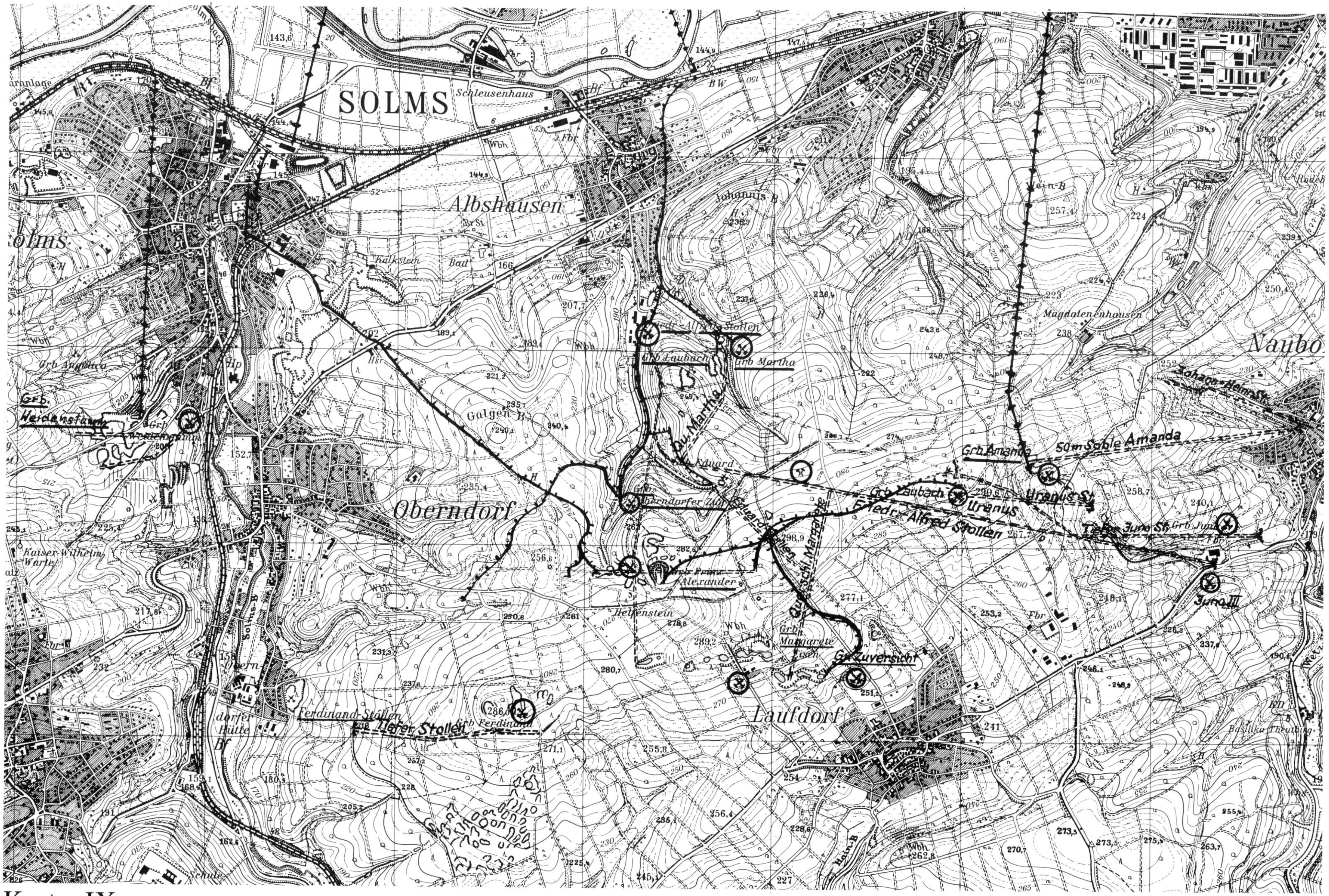

Karte IX Gruben: **Johann-Heinrich, Juno, Amanda, Uranus, Laubach, Oberndorfer Zug, Eduard, Martha, b. Albshausen, Zuversicht, Prinz Alexander, Margarethe, Weidenstamm, Ferdinand**

Maßstab: 1 : 25 000

Abb. 83: Gruben Uranus und Juno, 1887

Abb. 83: **Gruben Uranus und Juno,** 1887

So boten sich damals die Belegschaftsmitglieder der beiden fürstlichen Eisensteingruben, als sie sich zu dem Erinnerungsfoto unterhalb der Verladeeinrichtung vor der »Doppel-Stollnanlage Uranus und Amanda« aufgestellt hatten (siehe Karte IX).

Das fürstliche Haus Solms-Braunfels war seit der Mitte des 19. Jahrhunderts Eigentümer der Gruben Ferdinand (östlich von Oberndorf), Martha (südöstlich von Albshausen) und Juno bei Nauborn; zusätzlich gehörte dem Fürsten seit dem 13. 1. 1857 das *Grubenfeld* »Uranus«, welches selbst jedoch nur ein kleines Einzelfeld an der östlichen Grenze des Feldes »Ferdinand« war. Die Grube Uranus wurde dann am 23. Juli 1859 und zuletzt am 16. Dezember 1864 durch eine Unzahl von Feldern – u. a. auch das Feld »Margarethe«, auf welchem etwa 90 Jahre später der Maschinenschacht des Betriebes Laubach errichtet wurde (siehe Abb. 97 bis 99) – in östlicher Richtung soweit *konsolidiert,* daß ein direkter Anschluß an die Grube Juno bei Nauborn gelang; somit hatte das Fürstliche Haus praktisch den gesamten Erzzug von Nauborn bis nach Oberndorf in seiner Hand (Geheimer Bergrath Riemann im Jahre 1878: »Die Grube Uranus, im besten Theile des Garbenheim-Braunfelser Zuges liegend, ist wahrscheinlich auch die reichste desselben!«).

Das Bergwerk *markscheidete* im Nordosten mit der Grube Amanda (siehe Abb. 77 – 82), und machte dabei lediglich einen südlichen Bogen um die seit 1872 zu Krupp gehörende Grube Laubach (siehe Abb. 91 – 93). Die östlichen *Grubenfelder* wurden ab 1867 vom 742 m langen »Uranus-Stolln« aus abgebaut, welcher im Westen am *Göpelschacht* der Grube Uranus endete – später auch über den 750 m langen »Adelheid-*Querschlag*« vom »Tiefen Juno-Stolln« aus (über dem Grubenfeld »Adelheid« befindet sich heute das Industriegebiet Laufdorf). Die Uranus-Erze wurden also sowohl über den »Juno-Stolln« nach Nauborn hin abgefördert als auch über den »Uranus-Stolln« nach Westen zur Pferdebahn nach Burgsolms.

Der westliche Grubenteil wurde zuerst von Westen her durch den »Alexander-Stolln« der fürstlichen Grube Prinz Alexander mit abgebaut; die am Stollenmundloch auf dem Bergwerk Prinz Alexander zutage geförderten Erze wurden ab 1876 mit der dort ansetzenden, 3,8 km langen Pferdebahn zur Georgshütte in Burgsolms transportiert. Die im östlichen Abbaufeld bei Nauborn gewonnenen Erze wurden ab 1867 durch den »Uranus-Stolln« zum Göpelschacht der Grube Uranus gefahren, dort zutage gehoben und dann mit der ca. 2 km langen Pferdebahn in südwestlicher Richtung entweder zum *Sturzschacht* des »Eduard-Stolln« (dann erfolgte die Abfuhr mit Pferdebahnen weiter nach Albshausen) oder aber ca. 400 m weiter zum Sturzschacht des »Prinz-Alexander-Stolln« bzw. zu einer großen *Sturzhalde* auf der Grube Prinz Alexander (etwa 30 Meter oberhalb des Mundloches vom »Alexander-Stolln«) transportiert. Von hier ab ging es dann weiter mit der Pferdebahn zur Georgshütte (siehe Abb. 414).

Ab 1886 wurden die nordöstlichen Uranus-Felder »Eck«, »Wespe« und Herzog« verpachtet an die Buderus'schen Eisenwerke in Wetzlar, welche dann über die nördliche angrenzende Grube Amanda noch beträchtlichen Erzabbau betrieb.

Nach dem Verkauf der fürstlichen Erzbergwerke am 1. Dezember 1906 an die Firma Friedrich Krupp wurde die Grube Uranus – ebenso wie auch Juno – weitergeführt als Betriebsabteilung der neugebildeten »Konsolidierten Grube Laubach« (siehe Abb. 91 – 93).

Auf der Grube Juno herrschte jedoch bald keine solche Eintracht mehr. Am 2. Juli 1889 traten 60 Bergleute mit der Forderung nach Angleichung ihrer Löhne an das revierübliche Niveau in den Streik; dieser (auch auf der Grube Heinrichssegen bei Ehringshausen durchgeführte) Ausstand wurde jedoch schon nach drei Tagen beendet mit der Zusage der fürstlichen Grubenverwaltung, insgesamt gleiche *Gedingesätze* zu zahlen.

Ebenfalls mit der Forderung nach höheren Löhnen fand am 9. Januar 1906 eine weiterer Streik – diesmal auf beiden Gruben Juno und Uranus – statt; dieser Aufstand wurde allerdings am 20. Februar wieder abgebrochen, nachdem die unnachgiebige Haltung der Fürstlich Solmsschen Bergverwaltung keine Aussicht auf Erfolg erkennen ließ – und die eigens zuvor aus Bochum angereisten Gewerkschaftler die Gegend bereits wieder verlassen hatten (!). (K. P.)

Abb. 84: **Grube Juno,** 1920

Wir sehen hier die Tagesanlagen der Krupp'schen Roteisensteingrube Juno (»Juno II«) von Südwesten aus in Richtung auf Nauborn (mit dem »Stoppelberg« im Hintergrund rechts). Das im Tal des »Rothenbach« (der »rote Bach« = rote bzw. eisenfarbene Förderwässer der Schachtpumpen!) an der Landstraße von Nauborn nach Laufdorf angelegte Bergwerk wurde am 3. Mai 1849 *verliehen* an den Fürsten zu Solms-Braunfels, welcher es am 1. Dezember 1906 zusammen mit allen seinen anderen Erzgruben verkaufte an die Firma F. Krupp in Essen. Nachdem hier bereits in der Frühzeit Eisenerz im Tagebau bzw. in Kleinschächten gewonnen worden war (Die Grube Juno befand sich möglicherweise auf der ältesten bekannten Erzlagerstätte des Wetzlarer Reviers, erwähnt bereits für das Jahr 780 im »Lorscher Codex« unter der Bezeichnung »Wannendorfer Mark«), wurde das Erzlager ab 1864 durch den »Tiefen Juno-Stolln« in nördlicher Richtung *aufgefahren;* dieser noch heute am Nauborner Sportplatz ansetzende Stolln wurde später als Betrieb »Juno I« bezeichnet.

Noch im 19. Jahrhundert wurde weiter nördlich (auf dem ehemaligen Gelände einer metallverarbeitenden Firma) ein erster Maschinenschacht *abgeteuft* – der sog. »Fürstliche Schacht«, welcher 28 m tief war und den Betriebspunkt »Juno II« begründete. Im Jahre 1907 wurde der neue Maschinenschacht – links im Bildhintergrund mit dem hohen Förderturm – auf 50 m *Teufe* angelegt; hierdurch wurde das »Juno-Lager« *aufgeschlossen* in nördlicher, östlicher und südlicher Richtung (unter der Land-

Abb. 84: Grube Juno, 1920

straße hindurch); der Betriebsteil auf der anderen Straßenseite erhielt später die Bezeichnung »Juno III« (siehe Karte IX). Im Jahre 1910 wurde die Grube Juno *konsolidiert* zur Grube Laubach, als deren Betriebsabteilung sie noch bis 1925 weitergeführt wurde.
Im Jahre 1909 war der von Albshausen her aufgefahrene »Friedrich-Alfred-Stollen« mit der Grube Juno *durchschlägig*. Das hölzerne Fördergerüst links in der Vordergrund stand über dem »Friedrich-Alfred-Stollen« und hieß »Kohlenschacht« (der Maschinenschacht links außen hatte damals noch keine Verbindung zum »Alfred-Stollen«; die für dessen Dampfmaschine benötigten Kohlen jedoch kamen vom Bahnhof Albshausen durch den »Alfred-Stollen« hierher, welcher auf Juno etwa 15 m unter der Tagesoberfläche ansetzte – das Mundloch befand sich etwa unterhalb der Zaunecke rechts im Vordergrund; so mußten die kohlenbeladenen Förderwagen gehoben werden. Von der *Hängebank* aus führte dann eine Schiene in das unter dem Schornstein befindliche Maschinenhaus). Das Gebäude links im Vordergrund beherbergte den Luft-Kompressor, das kleinste Haus in der Mitte war Magazin, und vorn rechts stand das Steigerhaus.
Der auf der Grube Juno freigewordene Erzbrecher wurde ab 1923 weiterverwendet auf der Kruppschen Grube Eppstein bei Obershausen, das große stählerne Fördergerüst (hinten links) kam nach 1925 zur Krupp'schen Grube Rothenberg bei Oberneisen (Lahn), ab 1930 zur Grube Neuer Eisensegen bei Aumenau (siehe Abb. 245 bis 247), und zuletzt im Jahre 1941 zum »Schacht Margarethe« der Grube Laubach (siehe Abb. 97 – 99). Das alte Maschinenhaus links unterhalb des Schornsteines wurde im Sommer 1945 durch Brandstiftung vollständig vernichtet.

Die noch verbliebenen Gebäude boten in der Folgezeit vielen Flüchtlingsfamilien Unterkunft. Die beiden Gebäude links vorn (neben dem hölzernen Fördergerüst und in der Mitte hinten sind noch heute auf dem Gelände – allerdings verputzt – erhalten.
(K. P.)

Abb. 85: **Grube Juno,** um 1920

Dieses Foto wurde aufgenommen vor der Unterführung durch die Landesstraße von Nauborn nach Laufdorf – gesehen vom Hauptgelände »Juno II« (ehemals Fa. Ulm) in Richtung auf den hinter der Straße in etwa 15 m Entfernung *angesetzten,* ehemals fürstlichen Stolln auf der Südseite des *Lagers* (»Juno III«). Dieses um 1890 *aufgefahrene* Stollensystem schloß seinerzeit ein Erzlager mit hervorragendem Eisengehalt auf (50 bis 60 % Fe), wurde jedoch schon im 19. Jahrhundert wieder *aufgelassen* (Grubenfeld »Heimelmaus«). Nach der Übernahme des Bergwerkes durch die Firma Krupp in Essen im Jahre 1906 wurde in dem noch vorhandenen Reststück des »Fürstlichen Stolln« das Dynamit-Magazin der Grube Juno eingerichtet; dieses wurde vom »Alfred-Stollen« her – also aus Richtung des Betrachters – mit der Pferdebahn versorgt. Dabei hielt das Pferd hier vor der Brücke, während der Lagerist das Material mit einem kleinen Rungenwagen hier abholte. Das eigentliche Magazin befand sich im weiter hinten liegenden Stolln, in ca. 50 m Entfernung vom Mundloch auf der rechten Seite in einem kurzen *Querschlag.*

Hier im Bild sehen wir – von links nach rechts – den Hauer Wilhelm Crass aus Laufdorf (in der etwas besseren Kleidung – Crass verwaltete das Dynamit-Magazin und gab bei Schichtbeginn zuerst das Material an die Bergleute aus, ehe er sich selbst für die Untertagearbeit umzog), sowie die Hauer Johannes Klumb aus Bonbaden, Wilhelm Martin (dieser hält hier schon die empfangene Zündschnur zusammen mit der Karbidlampe in der Hand) und Peter Hartmann aus Bonbaden (Hartmann sehen wir auch wieder in Abb. 89 der Grube Laubach, in der zweiten Reihe von vorn – 5. von links). Die Zündschnüre wurden nicht hier im Dynamitlager ausgegeben, sondern separat im Steigerbüro auf der anderen Straßenseite – dabei getrennt nach »normalen Schnüren« und »Wasserdichtem Material« (gummiert) Schnüre für eine Verwendung an besonders nassen Arbeitspunkten – z. B. beim *Abteufen).*

Reste des Stollenmundloches am Dynamitlager sind noch heute in der Linkskurve der Landesstraße von Nauborn nach Laufdorf – gegenüber des Hauptgeländes »Juno II« – in einem kleinen Wäldchen zu finden. (K. P.)

Abb. 86: **Grube Juno,** 1928

Die hier am Straßenkreuz zum »Siebenmühlental« aus nordwestlicher Richtung – mit Blick auf den Stoppelberg im Hintergrund – beim mittäglichen Heimweg von der Frühschicht fotografierten Nauborner Bergleute arbeiteten noch bis zum Jahre 1930 im Erzabbau am »Lager III« der Grube Juno, nachdem dieses Bergwerk allerdings bereits seit 1910 nur mehr als eine Betriebsabteilung der damals gegründeten »Konsolidierten Grube Laubach« geführt wurde und der Schachtbetrieb hier auf Juno im Jahre 1925 endgültig eingestellt worden war (siehe Abb. 87). Eine weitere (diesmal letzte) Abbauperiode erfolgte hier durch die »Vierjahresplan-Maßnahmen« der damaligen Reichsregierung, welche das südlich der Landesstraße gelegene »Lager III« in den Jahren 1935 – 1941 erneut durch den unter der Straße hindurchführenden Schrägschacht vom Areal am Mundloch des »Alfred-Stollen« aus in Arbeit nehmen ließ.

Zwar konnte der im Jahre 1909 aufgefahrene, 3400 m lange »Friedrich-Alfred-Stollen« zu der Zeit immer noch von Nauborn bis Albshausen befahren werden; die hier im Bild gezeigten Nauborner Bergleute (als einziger von ihnen lebt heute noch der damalige Hauer Fritz Bender aus Nauborn, im Bild rechts außen) waren jedoch nur auf dem »Juno-Lager III« tätig. Im Jahre 1949 wurden die Schienen der Grubenbahn und alle anderen Einrichtungen im Stollen bis zum Grubenfeld »Laetitia« ausgebaut; der Stollenbereich zwischen Nauborn und diesem Betriebspunkt ist danach alsbald *verbrochen*.

Erhalten hingegen ist auch heute noch der stollenartige Zugang zur *Hängebank* unterhalb des – damals – neuen Förderturmes vom Maschinenschacht auf dem Betriebsgelände »Juno II« (siehe Abb. 84).

Der Arbeitsweg des Bergmannes war nicht immer so kurz wie in unserem Beispiel; oft mußten die Bergleute lange Anmarschzeiten in Kauf nehmen – entweder nach Betriebsschließungen oder aber mit der Aussicht auf einen höheren Lohn. So ist z. B. aus den Akten der fürstlich Solms-Braunfelsschen Rentkammer ersichtlich, daß auf Grube Fortuna bei Oberbiel noch im 19. Jahrhundert Bergleute aus Philippstein bei Braunfels arbeiteten – der Weg zur Grube hat zu der Zeit mit Sicherheit mehrere Stunden gedauert!

Dem Bergmanne wird auch nachgesagt, daß er fast die Hälfte seines Arbeitslebens »in der Nacht« verbrachte – der Grund hierfür erklärt sich folgendermaßen: Im Winterhalbjahr *fuhr* der Bergmann morgens um 6 Uhr auf der Grube *an* (es war also dunkel), dann folgte die Arbeit unter Tage (es war ebenfalls dunkel) – und bei Schichtende gegen 16 Uhr war es schon wieder dunkel! Auch aus diesem Umstand erklärt sich das besondere Verhältnis der Bergleute zum Licht bzw. zu ihrer Grubenlampe.

(K. P.)

Abb. 87: **Grube Juno,** 1925

Dies war das Ende des Schachtbetriebes auf der alten Roteisensteingrube in Nauborn. Nachdem das Bergwerk über 76 Jahre hinweg vorzüglichen Eisenstein geliefert hatte, mußte der Tiefbau im *Lager* »Juno II« nun wegen der schlechten wirtschaftlichen Gesamtlage in den zwanziger Jahren eingestellt werden (das Ruhrgebiet als Hauptabnehmer des hiesigen Eisenerzes war durch die Franzosen besetzt und mußte damals französisches Erz verarbeiten), nachdem das Bergwerk schon seit 1910 nur mehr als Betriebsabteilung der »Konsolidierten Grube Laubach« geführt worden war.

Der Betrieb »Juno III«, welcher sich südlich der Landstraße nach Laufdorf – also direkt gegenüber des Geländes »Juno II« auf der anderen Straßenseite – befand, wurde anschließend noch bis 1930 über ein *Gesenk* vom »Friedrich-Alfred-Stollen« her abgebaut; nach 1935 fand hier dann wieder Abbau durch einen Schrägstollen unter der Straße hindurch statt (im Zuge der Vierjahresplan-Maßnahmen, welche damals jede nur mögliche inländische Erzförderung rechtfertigten). Dieses Erzlager von besonderer Güte befand sich etwa unter dem Standpunkt des Fotografen in unserem Bild. Auch dieser Abbau wurde allerdings schon nach wenigen Jahren – wegen zu hohem Kieselsäuregehalt des Eisenerzes – wieder aufgegeben.

Auf unserem Bild sehen wir nun den Abtransport des Flammrohr-Kessels der alten Dampfmaschine von Grube Juno, welcher dann in einer Heilanstalt bei Mönchengladbach eine neue Verwendung bekam; dabei fällt unser Blick von Südosten her auf das Gelände »Juno II« im Hintergrund – etwa gesehen von der Wiese gegenüber des heutigen Sportplatzes. Interessant ist der Umstand, daß zum Transport des Kessels sowohl Pferde als auch Traktoren verwendet wurden – wobei letztere auf der abschüssigen Strecke wohl nur Bremsdienste leisteten. (K. P.)

Abb. 88: **Die »Rote Straße«** in Wetzlar, um 1890

Unser Blick fällt hier vom »Deutschherrenberg« hinweg über den ehemals Raab'schen Steinbruch im Vordergrund auf die »Hausertor-Brücke« (gelegen am links außerhalb des Bildes stehenden »Hausertore« – damals auch »Ziegelpforte« genannt).

Die wichtigsten Eisenerzgruben in und um Wetzlar lagen auf der linken Lahnseite; sowohl die Eisensteinwäschen an der »Starken Weide« (Grube Raab), nördlich des Bahnhofes (Grube Werther) und im »Unterbodenfelde« (Gruben Jean und Carolus II) als auch die beiden Eisenbahnlinien (ab 1862 bzw. 1863) und die Buderus'sche Sophienhütte (links hinten im Bild, ab 1872) lagen jedoch am anderen Lahnufer. Man war also gezwungen, sowohl die Erze der nördlichen Gruben (Philippswonne, Raab usw. an der Garbenheimer Straße) als auch die der südlichen Gruben (Juno, Amanda usw. bei Nauborn) über die berühmte »Rote Straße« direkt durch die Wetzlarer Altstadt zu befördern! Dabei mußten die Fuhrwerke aus beiden Richtungen starke Steigungen bewältigen (welche gegenseitige Vorspanndienste erforderten), um über den Eisenmarkt, die Lahnstraße, die Alte Lahnbrücke, Langgasse und Sophienstraße zur Hütte zu gelangen – ganz abgesehen von der gewaltigen Verschmutzung der Stadt mit rotem Erzstaub (»Rote Straße«!) ein erheblicher Kostenfaktor für die Grubenbesitzer, da es nur die eine Brücke gab.

Am 6. 8. 1872 gründeten daher die Gebrüder Buderus, der *Gewerke* Josef Raab, die Bergwerksgesellschaft I.A. Waldschmidt aus Wetzlar sowie ein Hüttenbesitzer Schulz aus Dortmund eine »Brückengesellschaft« mit dem Ziel, die hier im Bild links vorn gezeigte Brücke bis zum 1. Juni 1873 fertigzustellen und privat zu betreiben. Die mit einem Kostenaufwand von 33 500 Talern (100 500 Mark) errichtete Brücke wurde dann ab 1873 von dieser Gesellschaft unterhalten und bildete für die nördlichen Gruben eine enorme Verkürzung der Erzabfuhr zur Hütte auf der anderen Lahnseite. Gleichzeitig mußten alle gewerblichen Fuhrwerke – ausgenommen »die Kaiserliche Post und alle Militärfuhren« – einen Brückenzoll entrichten! Die »Brückengesellschaft« bestand bis zum Jahre 1918, als das Eigentum überging auf die Stadt Wetzlar. Auf diesem vom Hauserberg in nordwestlicher Richtung aufgenommenen Foto sehen wir links vorn die »Hausertor-Brücke«, an deren Beginn vorn rechts hier noch das Zollhäuschen steht. Die baumbestandene Allee in der Bildmitte ist die Wetzlarer Bahnhofstraße. Die südlich bei Nauborn gelegenen Gruben hingegen hatten weiterhin mit dem Fracht- und Kostenproblem zu kämpfen und mußten ihre Erze immer noch durch die Wetzlarer Altstadt fahren – mit Frachtkosten von 1,73 Mark pro Tonne Erz (für 6,3 km Fahrt mit 1,50 Mark Fuhrlohn, 15 Pfennig für Be- und Entladen und 8 Pfennig für das Wiegen), was immerhin dem Schichtlohn eines *Hauers* entsprach!

Als die Gemeinde Nauborn im Jahre 1875 wegen der Transportschäden an Straßen und Gebäuden bzw. der allgemeinen Lärm- und Schmutzbelästigung sogar im Ortskern eine Zollschranke errichtete mit der Verpflichtung, pro Tonne Erz eine Abgabe von 25 Pfennig (!) zu zahlen, reiften bei Buderus die Pläne zur Errichtung der ersten Seilbahn im Wetzlarer Bergrevier. Diese Erz-Seilbahn wurde schließlich im Jahre 1897 gebaut und verband die Grube Amanda über 5,2 km Entfernung mit der Sophienhütte; hierdurch wurden die Frachtkosten reduziert auf 60 Pfennig pro Tonne Erz; die Wetzlarer Altstadt wurde jedoch endgültig erst ab September 1909 vom roten Erzstaub befreit (danach Erzabfuhr durch den »Friedrich-Alfred-Stollen« nach Albshausen).

(K. P.)

Abb. 89: **Grube Ferdinand, 1887**

Das etwa 1,5 km östlich der »Oberndorfer Hütte« auf der Anhöhe gelegene Bergwerk wurde nach dem Fürsten zu Solms-Braunfels selbst benannt, nachdem ihm dieses am 3. Mai 1849 auf Eisenstein *verliehen* worden war. Am 1. Dezember 1906 ging die Grube – zusammen mit allen anderen fürstlichen Erzbergwerken – über auf die Firma Krupp in Essen. In der Frühzeit *baute* das Bergwerk auf einem flach gelagerten Roteisenstein-Vorkommen – zuerst im Tagbau, später durch kleine *Haspelschächte* und schließlich über den östlich vom Rande des Solmsbachtales (direkt am Berg hinter der »Oberndorfer Hütte«) *aufgefahrenen* »Ferdinand-Stolln«. Das Eisenerz war damals bestimmt zur Verarbeitung in der »Oberndorfer Hütte« (heute: »Drahtwerke Oberndorfer Hütte«). Der »Ferdinand-Stolln« hatte in ost-westlicher Richtung eine Länge von 950 m und besaß einen nördlichen *Querschlag* von 260 m Länge. Dieser westliche *Lagerteil* wurde im Jahre 1909 wegen Erschöpfung des dortigen Erzvorkommens aufgegeben.

Ab 1910 wurde das *Feld* der Grube »Ferdinand« – wie alle anderen Krupp'schen Betriebe zwischen Nauborn, Laufdorf und Albshausen – der *konsolidierten* Grube »Laubach« zugeschlagen (siehe Abb. 91); nach der Aufgabe des westlichen Feldesteiles mit dem »Ferdinand-Stolln« wurde nun weiter Eisenerz abgebaut über den südlichen *Querschlag* des »Friedrich-Alfred-Stolln« – ebenso, wie im östlich angrenzenden Feld »Uranus«. Die Belegschaft auf unserem Bild hat sich hier postiert am Mundloch des »Ferdinand-Stolln« am Solmsbachtale, wo auch die Erzversendung vorgenommen wurde. Deutlich erkennbar ist links im Bild die einfache Erzwaage, an welcher die hölzernen Förderkarren aufgehängt und gewogen wurden. Derartig einfache Gerätschaften bestimmten damals noch das Bild auf den meisten fürstlichen Erzbergwerken; dies änderte sich alsbald erst nach der Übernahme durch die Firma Krupp, welche die Gruben alsbald nach strengen ökonomischen Maßstäben unter hohem Kapitaleinsatz modernisierte.

Mehrere Bergleute rauchen hier die hübschen Stielpfeifen und tragen die in unserem Bergrevier üblichen *Froschlampen*. Die Kinder im Vordergrund gehören offensichtlich hier zur Familie des Betriebsführers (Bildmitte). Dennoch arbeiteten damals viele 14- bis 16jährige Jungen im Bergbau – allerdings (wie auch die wenigen Frauen) nur über Tage. (K. P.)

Abb. 90: Gruben Prinz Alexander und Martha, 1887

Die beiden fürstlichen Gruben *bauten* – neben dem Tiefbau – auch im Tagebau auf Roteisenstein bzw. einen mulmigen Brauneisenstein (mit höherem Magangehalt). Ebenso gingen die beiden Betriebe am 1. Dezember 1906 über auf die Firma F. Krupp zu Essen und wurden bis zum Jahre 1962 weitergeführt in der Grube Laubach. Die in direkter Nachbarschaft der Gemeinde Albshausen liegende Grube **Martha** war dem Fürsten zu Solms-Braunfels am 5. April 1853 *verliehen* worden auf Eisenstein. Ab 1858 erfolgte hier mit Unterbrechungen der Abbau des stark *kieselhaltigen* Erzes in Kleinstollen und *Haspelschächten* bis zur vorläufigen Einstellung im März 1894. Im Jahre 1907 führte Krupp Untersuchungsarbeiten aus, welche jedoch ohne Resultat blieben. Ab dem Jahre 1935 erfolgte dann – im Rahmen der damaligen *Vierjahresplan-Maßnahmen* – über eine 650 m lange nördliche *Richtstrecke* vom »Friedrich-Alfred-Stollen« der Grube Laubach aus ein Abbau bis zum Ende des zweitem Weltkrieges.

Die weiter südlich liegende Grube **Prinz Alexander** war dem Fürsten am 18. September 1851 verliehen worden; auch hier erfolgte ein intensiver Bergbau erst ab etwa 1858 – nach der *Konsolidierung* mit 6 anderen *Grubenfeldern*. Die geförderten Erze wurden – ebenso, wie die Eisensteine der benachbarten Grube Uranus – ab 1876 mit einer 3,8 km langen Pferde-Förderbahn zur Georgshütte in Burgsolms transportiert (siehe Karte IX). Die Grube Prinz Alexander wurde ab 1910 – wie auch »Martha« – der »konsolidierten Grube Laubach« zugeführt; von diesem Zeitpunkt an wurde dann das Erzlager durch den aus nördlicher Richtung *aufgefahrenen Querschlag* des »Friedrich-Alfred-Stollen« erreicht und abgebaut. Der geförderte Rot- und Flußeisenstein wurde dann mit der Gruben-Förderbahn über Albshausen abgefahren zur Verladestelle an der Reichsbahn bis zur Einstellung des Gesamtbetriebes der Grube Laubach am 28. Februar 1962.

(K. P.)

Abb. 91: **Grube Laubach,** 1913

Abb. 91: **Grube Laubach,** 1913

Die Belegschaft der Kruppschen Eisenerzgrube hat sich hier aufgestellt zwischen dem Zechenhaus (links im Bild) und der Erz-Verladeanlage (rechts im Bild), sowie vor dem Lokomotivschuppen im Hintergrund, auf dem Gelände der Tagesanlagen vor dem »Friedrich-Alfred-Stollen« bei Albshausen (siehe Karte IX). Im Zechenhaus befand sich – neben dem Steigerbüro – auch die *Waschkaue* der Bergleute.

Zu dieser Zeit handelte es sich bereits um den aus zahlreichen kleineren Einzelgruben und -feldern *konsolidierten* Großbetrieb »Laubach«. Die erste *Verleihung* des eigentlichen, im Verhältnis ja kleinen *Grubenfeldes* »Laubach« erfolgte am 19. Mai 1852 auf Eisenstein an Gottfried Klumb aus Laufdorf; dieser veräußerte den Besitz am 9. März 1860 an den »Deutsch-Holländischen Aktienverein zu Duisburg«, welcher wiederum am 1. Juli 1872 weiterverkaufte an die Firma Friedr. Krupp in Essen.

Die Grube *baute* auf einem unregelmäßigen und wellenförmigen *Roteisensteinlager* von bis zu 2 m Mächtigkeit in Tagebau-, *Schacht*- und Streckenbetrieb. Die gewonnenen Erze wurden – zusammen mit den im Göpelschacht der benachbarten Grube Uranus gehobenen Eisensteinen – nach Westen zur Verladestelle an der fürstlichen Grube Prinz Alexander gefahren und von dort weiter zur Staatsbahn bei Burgsolms für den Versand ins Ruhrgebiet. Die Grube Laubach war im 19. Jahrhundert mehrfach stillgelegt worden; ihre große Bedeutung erlangte sie schließlich ab dem Jahre 1903, als durch Krupp der 3400 m lange »Friedrich-Alfred-Stollen« von Albshausen aus in südlicher Richtung (nach den Gruben Prinz Alexander, Uranus und Ferdinand) bzw. in östlicher Richtung (über die Gruben Laetitia, Laubach und das Westfeld der Grube Uranus) bis zur Grube Juno bei Nauborn *aufgefahren* wurde. Fortan wurden die Erze dieser Betriebe über den im Jahre 1909 fertiggestellten Stollen abgefahren. Im Jahre 1910 führte dann Krupp die bekannte *Konsolidation* seiner 1906 vom Fürsten erworbenen Gruben zwischen Albshausen, Laufdorf und Nauborn durch; die bisher selbständigen Grubenbetriebe Juno bei Nauborn, Laubach und Uranus bei Laufdorf sowie Prinz Alexander und Oberndorfer Zug bei Albshausen wurden offiziell eingestellt; fortan stellten alle nur mehr Betriebsteile der neuen – konsolidierten – Grube Laubach dar. Warum die neue Großgrube den Namen »Laubach« bekam, ist schnell erklärt; das Feld »Laubach« war seit 1872 der einzige Kruppsche Besitz zwischen Nauborn und Oberndorf – dabei verhältnismäßig klein und allseitig umgeben von fürstlichem Besitz. Durch den Kauf aller fürstlichen Gruben und die Namensgebung »Laubach« wurde sozusagen die plötzliche ökonomische Überlegenheit dokumentiert. Aber auch die Grube Laubach mußte am 28. Februar des Jahres 1962 – beim großen Grubensterben an der Lahn – stillgelegt werden wegen Absatzmangels. Die schöne Gruppenaufnahme entstand am Wege von der Grube Metzeburg nach Albshausen an der Grubenbahn zur Verladestelle an der Staatsbahn nördlich von Albshausen; die abgebildeten Gebäude stehen teilweise noch heute auf diesem Gelände, welches nun durch eine Baufirma genutzt wird.

(K. P.)

Abb. 92: **Grube Laubach**, 1908

Abb. 92: **Grube Laubach,** 1908

Dieses von Westen her aufgenommene Foto der Albshausener Tagesanlagen am Mundloch des »Friedrich-Alfred-Stollen« zeigt uns in der hinteren Bildmitte (halb verdeckt durch die Aufbereitung) das Zechenhaus, links außen die *Waschkaue* und vorn in der Bildmitte die Erz-Aufbereitung mit dem langgestreckten, teilweise hinter der Erzhalde verdeckten Flachdach. Links im Bildvordergrund sehen wir die Erz-Förderbahn mit der Benzinlok (etwa von der Stelle aus wurde 1913 das Gruppenfoto in Abb. 91 aufgenommen), sowie hinten rechts am Waldrand das Mundloch des »Friedrich-Alfred-Stollen«; dieser von 1903 bis 1909 *aufgefahrene* Förderstolln fuhr über eine Länge von 3400 m von hier aus sowohl in südlicher Richtung die späteren Kruppschen Grubenfelder »Prinz Alexander«, »Oberndorfer Zug« und »Uranus« an als auch nach Osten die Felder »Martha«, »Laetitia«, »Laubach«, »Juno« und den Ostflügel der ehemaligen Grube Uranus.

Alle auf diesen Gruben abgebauten Eisenerze wurden ab dem Jahre 1907 mit einer 12-PS-Benzinlokomotive (hier links im Bild, mit der unter Tage üblichen Spurweite 600 mm) an der Gemeinde Albshausen vorbei zur Erzverladestelle der Gruben Fortuna und Laubach an der Lahntalbahn abgefahren; diese Grubenbahn fuhr noch bis zur Stillegung der »Konsolidierten Grube Laubach« wegen Absatzmangels am 28. Februar 1962.

Die Gleisanlagen auf unserem Bild befanden sich in drei verschiedenen Bereichen; das aus dem »Friedrich-Alfred-Stolln« kommende Gleis teilte sich in mehrere Strecken – ganz am Waldrand die hier links über die Brücke führende Strecke zur (hier außerhalb des Bildes liegenden) Berghalde, wo der gesamte beim Auffahren des »Alfred-Stollen« anfallende Abraum aufgeschüttet wurde; heute befindet sich dort ein Hotel. Ein Abzweig hiervon führte auf derselben Ebene zur Schmiede und zum Lokschuppen. Das zweite Hauptgleis führte in der Mitte schräg nach unten zur Trasse der Förderbahn (unterhalb der Aufbereitung – siehe Abb. 96), und das dritte Gleis lag in Richtung auf die Erzverladeanlage – hier rechts auf der großen Halde erkennbar mit den Förderwagen. (K. P.)

Abb. 93: **Grube Laubach,** um 1955

Man sieht hier die Situation vor dem Mundloch des »Friedrich-Alfred-Stollen«, welches selbst sich allerdings direkt rechts hinten außerhalb des Bildes befindet. Wie schon bei Abb. 92 näher erläutert, teilte sich das aus dem Stollen kommende Hauptgleis hier in drei verschiedene Bereiche auf; die hier mit den Förderwagen befahrbare Strecke lief über eine Waage (rechts hinten mit dem Wiegehäuschen) und dann am Waldrand entlang, über eine Brücke zur *Bergehalde* – ein kleiner Abzweig davon ging zur Schmiede bzw. zum Lokschuppen. Das mittlere Gleis – mit dem Fahrgestell im Bildvordergrund – lief schräg nach unten auf die Trasse der Förderbahn zur Eisenbahn-Verladestelle Albshausen (siehe Abb. 96), und das rechts vorne erkennbare Gleis führte zur Sortier- und Aufbereitungsanlage. Etwa seit 1930 wurden alle gewonnen Erze der Grube Laubach über diese Anlagen abgefördert; insbesondere nach dem *Abteufen* des »Schachtes Margarethe« bei Laufdorf (siehe Abb. 97 – 99) und der Wiederaufnahme des Abbaus in einigen anderen *Grubenfeldern* – z. B. »Laetitia« – nach dem 2. Weltkriege liefen Tausende von Tonnen Erz hier entlang.

Unser Bild zeigt die Bergleute vor der Einfahrt in den Stolln. Da die Entfernung zum seinerzeit hauptsächlich betriebenen Abbau am »Schacht Margarethe« fast 2 Kilometer betrug, mußten die Männer gefahren werden; dies geschah mit relativ einfachen Mittel, indem hierzu speziell angefertigte Holzbänke in die leeren Förderwagen eingesetzt wurden – jeweils zwei Bergleute pro Förderwagen fuhren so zur Schicht.

Auf dem Gleis in der Bildmitte steht vorn einer der Holz-Förderwagen; derartige »Lafettenwagen« wurden allein verwendet zum Transport des Ausbauholzes auf der Grube; es handelte sich dabei um Fahrgestelle von Förderwagen, auf welche verschiedene Halterungen aufgesteckt werden konnten – zum Transport der normalen, langen *Ausbaustempel* steckte man Rungen auf die Wagen, und bei Beförderung der kürzeren Hölzer (etwa *Kappen* für den *Türstock*) setzte man kompaktere, geländerartige Halterungen auf das Fahrgestell. (K. P.)

107

Abb. 94: Grube Laubach, um 1955

Das Bild zeigt die typische räumliche Situation der jüngeren Abbaue im Bereich des *Grubenfeldes* »Margarethe«. Die beiden vor Ort – in einem der südlichen *Querschläge* des Westfeldes der 100 m-Sohle – aufgenommenen Bergleute mußten dabei auf engstem Raum das Eisenerz abbauen. Dabei war der ohrenbetäubende Lärm des *Abbauhammers* nicht einmal das Schlimmste – da an diesen Stellen die *Bewetterung* fast immer fehlte, zogen der beim Abbau verursachte Gesteinsstaub und besonders auch die giftigen Schwaden nach dem *Schießen* meist erst nach Stunden ab! Ein wahrlich nicht einfaches Los für den Bergmann ...
Auf unserem Foto sehen wir links den Hauer Alfred Leskau aus Kraftsolms; dieser mag für uns heute den typischen, vielseitig begabten und tätigen Lahnbergmann repräsentieren: tagsüber Bergmann, abends Kleinlandwirt – und zusätzlich noch Friseur. Rechts im Bild sitzt hier der *Lehrhauer* Siegfried Grün aus Drommershausen bei Weilburg. Deutlich erkennbar ist der hölzerne *Streckenausbau* im »Deutschen Türstock«, welcher gerade auf der Grube Laubach – wegen den *gebrächen Gebirges* – ganz besonders gepflegt und häufig ersetzt werden mußte; im Vordergrund rechts liegt bereits ein geborstener *Kiefernstempel*. Rechts am *Stoß* hängt eines der typischen »Stehauf-Männchen«; es handelte sich hierbei um äußerst praktisch – mit dicken Böden aus Blei – gebaute Ölkannen, mit welchen hier die Abbauhämmer geschmiert wurden: Durch den extrem schweren, runden Kannenboden standen diese Behälter immer aufrecht – egal, wie sie fielen oder geworfen wurden.

(K. P.)

Abb. 94: **Grube Laubach,** um 1955

Abb. 95: **Grube Laubach,** um 1938

Abb. 96: **Grube Laubach,** um 1938

Abb. 96: **Grube Laubach,** um 1938

Dieses Foto wurde praktisch rechts unterhalb der Sortieranlage in Abb. 95 gemacht; dabei sehen wir hier die untere Ebene der Verladeeinrichtungen vor dem »Friedrich-Alfred-Stolln«, auf welcher die Förderbahn das Eisenerz zur Staatsbahn bei Albshausen brachte. Zu diesem Zwecke fuhr der Zug rückwärts unter die *Schurren* der Sortieranlage (links oben), und der Bergmann im Vordergrund öffnete die Schieber; anschließend wurden die Wagen am Wiegehäuschen (im Hintergrund rechts) auf ihr Gewicht geprüft – diesen Vorgang erkennt man auch gut in Abb. 92 links außen.

Der beladene Erzzug fuhr dann an der Gemeinde Albshausen vorbei zur gemeinsamen Erzverladestelle der Gruben Laubach und Fortuna (bei Oberbiel – siehe Abb. 105 bis 140) an der Lahntalbahn Gießen – Koblenz (siehe Abb. 102 u. 103). Auf die hier geschilderte Art und Weise wurden allein in den Jahren 1909 bis 1962 mehr als 1,2 Millionen Tonnen Eisenerz verladen und zur Verhüttung abgefahren.

(K. P.)

Abb. 95: **Grube Laubach,** um 1938

Wir sehen hier das Erzverlesen auf der Krupp'schen Eisensteingrube bei Albshausen; an dieser Tagesanlage vor dem Mundloch des »Friedrich-Alfred-Stolln« wurden die Eisensteine getrennt vom *tauben Gestein,* indem sie über zwei Ebenen – von der Erzhalde (links über der Aufbereitung) über *Schurren* (rechts unten) – damals noch in der Größe unsortiert – in die unterhalb der Aufbereitung vorbeigezogenen Erzwagen gefüllt wurden. Deutlich ist hier im Bild zu sehen, daß die Verlesearbeit entweder von Bergjungen oder von älteren Bergleuten verrichtet wurde – in der Regel fing ja z. B. der Jungbergmann früherer Zeiten als Lesejunge auf der Grube an, um erst später in die eigentliche bergmännischen Arbeiten eingewiesen zu werden; ebenso wurden ältere Bergleute, denen die Untertage-Arbeit zu schwer geworden war, hier weiterbeschäftigt.

(K. P.)

Abb. 97: Schacht Margarethe der Grube Laubach, 1955

Wir sehen hier die Tagesanlagen des Schachtes Margarethe von Nordosten aus. Das Grubenfeld »Margarethe« wurde am 29. Dezember 1850 *verliehen* an den Schultheiß Petry aus Niederwetz und einen Herrn Gaul aus Laufdorf. Diese Verleihung auf Eisenstein wurde im Jahre 1875 erweitert auf Brauneisenstein (manganhaltig). Im Jahre 1852 erwarb der Fürst zu Solms-Braunfels das Feld, welcher es am 23. Juli 1859 seiner benachbarten Eisensteingrube Uranus (siehe Abb. 83) zuschlug. Wirklicher Bergbau erfolgte im *Grubenfeld* »Margarethe« jedoch erst ab 1875; die Gewinnung geschah dabei zuerst über einen *Haspelschacht,* und ab 1886 durch einen *Querschlag* untertage zum nördlich vorbeilaufenden »Prinz-Alexander-Stolln«. Dieser exakt ostwestlich über eine Länge von ca. 750 Metern aufgefahrene Förderstolln verband auf Grube Prinz Alexander die verschiedensten untertägigen Abbaupunkte – vom eigentlichen Grubenfeld »Prinz Alexander« bis weit hinein in das Grubenfeld »Klipstein« im Osten, wo auch direkt neben dem Wege nach Albshausen die Pferde-Förderbahn von Grube Uranus am »Sturzschacht Prinz Alexander« zumindest in diesem Bereich endete. Im selben Gebiet setzte unter Tage nach Süden hin der erwähnte Querschlag zur Grube Margarethe hin an; diese Strecke durchfuhr die Felder »Gesellschaft« und »Dreifuss« und wies etwa auf halber Länge je einen Fahr- und Materialschlacht auf.

Der auf Grube Margarethe im vorigen Jahrhundert gewonnene Brauneisenstein wurde – da ein Schachtbetrieb größeren Stils dort nicht stattfand – über etwa 1,5 km Entfernung unter Tage zum Mundloch des »Prinz-Alexander-Stolln« transportiert, von wo aus dann die weitere Abfuhr mit der Pferdebahn zur fürstlichen Georgshütte in Burgsolms erfolgte. Der Erzabbau auf Grube Margarethe wurde schließlich im Jahre 1898 einstweilig aufgegeben, nachdem die untertägige Aus- und Vorrichtungsarbeiten immer kostspieliger und ohne Aussicht auf lohnende Erträge wurden – das gleiche Schicksal ereilte damals auch den Hauptbetrieb »Prinz Alexander«, welcher schon zwei Jahre später wegen außerordentlich stark zusitzender Grubenwässer vorerst aufgegeben wurde.

Alle diese Grubenbetriebe – Prinz Alexander, Margarethe, Uranus, Oberndorfer Zug usw.– wurden schließlich im Jahre 1906 durch den Fürsten zu Solms-Braunfels verkauft an die Firma Friedrich Krupp in Essen; diese konsolidierte den gesamten Betrieb bekanntlich im Jahre 1910 zur »Grube Laubach«. Beim Auffahren des 2. östlichen *Querschlags* vom »Friedrich-Alfred-Stollen« wurde im Jahre 1911 bei 1108 Metern Länge im Feld »Margarethe« ein gutes Braunsteinlager *angefahren*. Ein Abbau im größeren Stil erfolgte jedoch nicht.

Die hier im Bild gezeigte Anlage wurde erst während des 2. Weltkrieges neu errichtet. (K. P.)

Abb. 98: **Schacht Margarethe der Grube Laubach,** 1955

Nachdem das *Grubenfeld* »Margarethe« zuletzt beim *Auffahren* des 2. östlichen *Querschlages* vom »Friedrich-Alfred-Stollen« im Jahre 1911 *angefahren* und abgebaut worden war, hatte in der Folgezeit hier keine weitere Erzgewinnung stattgefunden. Die hier aus nordwestlicher Richtung gezeigte Anlage entstand erst zum Ende der dreißiger Jahre, nachdem das zur »konsolidierten Grube Laubach« gehörende Grubenfeld im Zuge der *Vierjahresplan-Maßnahmen* des »Dritten Reiches« – wie z. B. auch die Gruben Florentine (siehe Abb. 167), Gutglück (Abb. 170) und Weidenstamm (Abb. 101) – im Jahre 1937 erneut auf deren Abbauwürdigkeit hin untersucht worden war; dabei fand man ein Brauneisensteinlager von etwa 800 000 Tonnen Erzvorrat, welches sich über eine Länge von 1,7 km erstreckte – jedoch in sehr *gebrächem* Tonschiefer lag. Später stellte sich zudem heraus, daß der Bergbau hier unter starkem *Gebirgsdruck* leiden sollte; hieraus erklärt sich auch der Umstand, daß auf Grube Laubach anstatt des sonst üblicherweise verwendeten Streckenausbaus in Gußbeton die Verwendung von Betonformsteinen erfolgte; dies geschah aus dem besonderen Grunde, da der frische Gußbeton auf »Schacht Margarethe« bei den erwähnten extrem starken Gebirgsbewegungen nur in Ausnahmefällen die erforderliche Ruhe und Zeit zum Abbinden hatte! Zudem konnten die Formsteine gelegentlich beim Abbruch alter Strecken wieder einer neuen Verwendung zugeführt werden (ein Betonausbau war nach dem Abriß ja verloren). Auf Grube Laubach wurde deshalb extra ein Bergmann als Former beschäftigt, welcher die Steine auf der Grube selbst in einer Presse fertigte – in drei verschiedenen Mustern, für die *Sohle,* das *Aufgehende* und die *Firste.*

Der im Bild gezeigte Maschinenschacht wurde in den Jahren 1941 – 42 *abgeteuft* bis auf 93 m (Sohle des »Friedrich-Alfred-Stollen«). Um 1955 erfolgte die Erweiterung auf 25 m unter die Stollensohle. Gleichzeitig wurden das Maschinenhaus (rechts hinten im Bild) und eine Schachthalle errichtet. Der Förderturm kam von der im Jahre 1925 stillgelegten Grube Juno bei Nauborn (siehe Abb. 84), nachdem er von 1925 bis 1930 auf der Grube Rothenberg bei Oberneisen/Lahn und von 1931 bis 1939 auf Grube Neuer Eisensegen bei Aumenau verwendet worden war. Die kleine Schachthalle hier im Bild war im Jahre 1950 als Ersatz für die ursprünglich größere Halle errichtet worden, welche durch Bergschäden zerstört worden war. Das Erzlager im Bereich des »Schachtes Margarethe« wurde von hier aus sowohl in östlicher Richtung als auch nach Westen hin durch *Richtstrecken* aufgefahren; hier wurde dann jeweils alle 30 Meter ein *Querschlag* auf das Lager zu gefahren (im Westen 10, und im Osten 6 Querschläge).

Bis auf das Fördergerüst mit der Schachthalle sind die Gebäude noch heute dort nahezu unverändert erhalten geblieben; das Zechengelände ist in Privatbesitz. (K. P.)

Abb. 99: Tagebau am **Schacht Margarethe der Grube Laubach,** um 1960

Nachdem die Untersuchungsarbeiten im Bereich des »Schachtes Margarethe« ein umfangreiches Brauneisensteinlager bis etwa 10 Meter unter der Tagesoberfläche erkennen ließen, wurde im Jahre 1956 direkt südöstlich der Schachtanlage ein zusätzlicher Tagebau angelegt; dabei befand sich diese Anlage leicht östlich am südlichen Ende des *Querschlages* vom »Friedrich-Alfred-Stollen«.
Nachdem die Deckschicht aus Tonschiefer abgetragen worden war, legte man eine etwa 80 m tiefe *Sturzrolle* auf den »Alfred-Stollen« an; fortan wurde das gewonnene Erz auf diesem Wege durch den Stollen abgefördert. Bis zur Stillegung der Grube Laubach im Jahre 1962 war der Tagebau etwa 50 Meter tief geworden – die Sturzrolle dann noch ca. 30 Meter tief.
Unser Bild zeigt einen Blick aus südöstlicher Richtung – von Laufdorf her – auf den Tagebau mit der Schachtanlage im Hintergrund links. Rechts unten im Bild erkennen wir die Gleisanlagen, über welche das Erz bis zur Sturzrolle (ganz vorn rechts im Bild, jedoch unten nicht mehr erkennbar) gefahren wurde. Dieser Tagebau ist heute bis zum Rand mit Wasser gefüllt. (K. P.)

Abb. 100: **Grube Weidenstamm,** 1887

Das Belegschaftsfoto der Krupp'schen Manganerzgrube wurde damals aufgenommen im Tagebau auf der Hochebene, westlich oberhalb der Gemeinde Oberndorf bei Braunfels.
Dieses – neben den Gruben Fernie und Eleonore bei Gießen – wichtigste Braunsteinbergwerk des Lahn-Dill-Revieres wurde der Firma »Winter, Zipf & Compagnie zu Frankfurt am Main« am 12. Februar 1859 auf Manganerze *verliehen* und ging am 2. September 1871 über auf die Firma Krupp.

Bereits in der Frühzeit wurde hier *Braunstein* mit mehr als 10 % Mangangehalt (!) gegraben; da der mulmige *Brauneisenstein* (mit geringem Mangangehalt) zu der Zeit noch nicht verhüttet werden konnte, wurde allein das feste Manganerz herausgelesen bzw. der geringhaltige Brauneisenstein wurde in Schlämmteiche gewaschen. Damals wurde das hochprozentige Manganerz verwendet zur chemischen Darstellung von Chlorkalk (dieser wiederum diente in Europa als Bleichmittel für Baumwollwaren). Die höherhaltigen, festen Manganerze wurden bereits zu der Zeit verhüttet. Erst mit der Einführung des *Bessemer-Verfahrens* bei der Stahlherstellung im Jahre 1862 (bei welchem Sauerstoff durch die Schmelzbirne geblasen wird) fand auch der mulmige, geringhaltige Brauneisenstein eine industrielle Verwendung. Das mehrere Meter *mächtige* Erzlager wurde im Tagebau, mit *Haspelschächten* und einigen aus dem Mainbachtale angesetzten Förderstolln abgebaut (z. B. dem »Sommer-Stolln«) – und zwar ohne Unterbrechung bis zum Jahre 1925. Das Erz wurde damals mit Pferdefuhrwerken zur Erzwäsche »in der School« an die Lahn gefahren und kam per Lastkahn zur Verladestelle in Oberlahnstein. Damals arbeiteten viele ortsfremde Bergleute auf Grube Weidenstamm – so auch einige aus Niederbiel auf der anderen Lahnseite. Für vier dieser Bergleute wurde der alltägliche Anmarschweg zur Grube in den Januartagen des Jahres 1881 zum Verhängnis: Beim Übersetzen der Lahn kenterte ihr Boot, und alle vier ertranken in den eisigen Fluten! Daraufhin wurde an dieser Stelle (direkt unterhalb der heutigen Straßenbrücke über die B 49) nicht nur ein Mahnmal errichtet, sondern endlich auch ein Steg über den Fluß.
Um 1885 wurde eine Seilbahn zum Bahnhof Burgsolms gebaut, wo Teile des Weidenstamm-Erzes mit denen der Grube Fortuna *gemöllert* und in der Georgshütte verschmolzen wurden. Die Seilbahn war ebenfalls bis 1925 in Betrieb. In den Jahren 1936 bis 1947 war die Grube noch ein letztes Mal in Abbau. (K. P.)

Abb. 100: **Grube Weidenstamm, 1887**

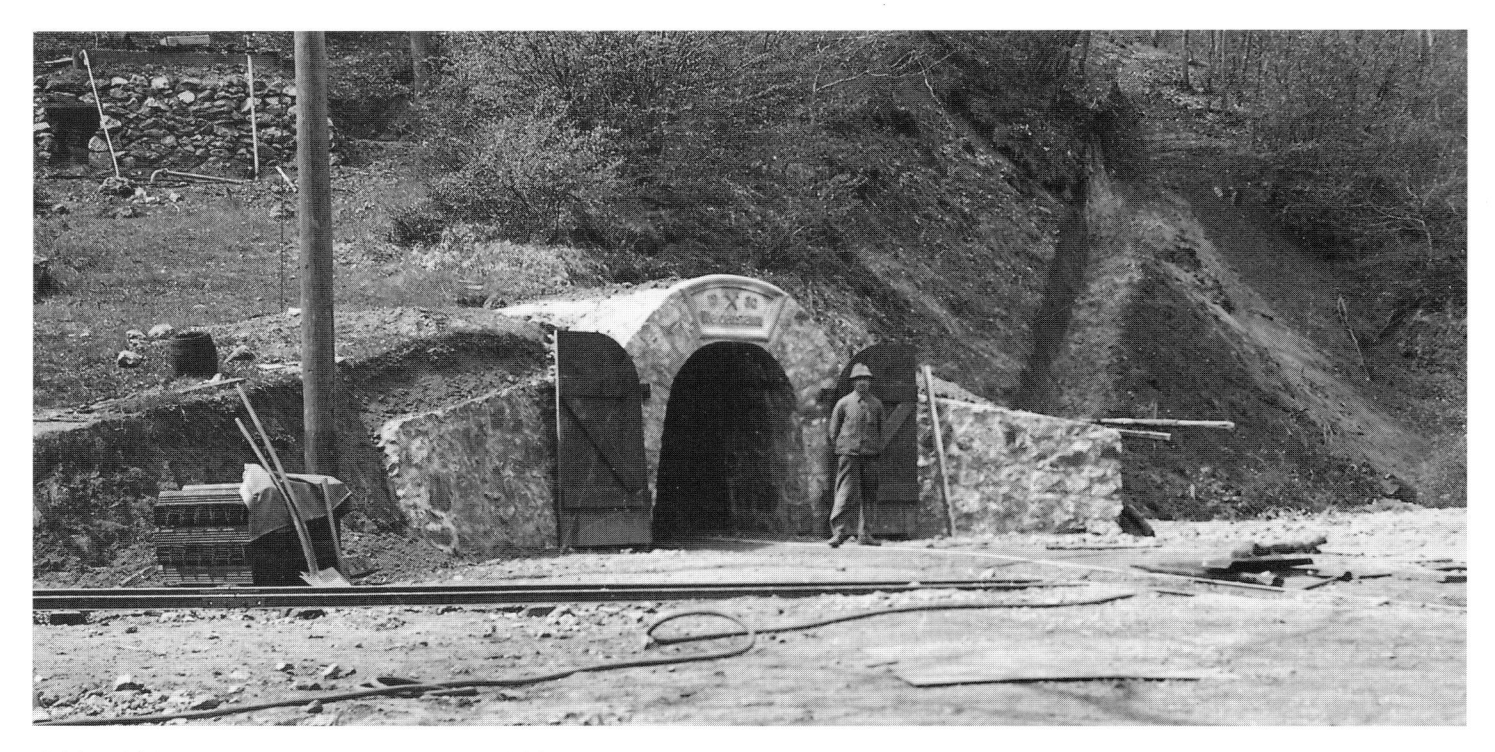

Abb. 101: **Grube Weidenstamm,** 1938

Wir sehen hier die Situation vor dem Mundloch des »Tiefen- oder Conrad-Stollen« der Manganerzgrube bei Oberndorf – gesehen vom Ort her aus südöstlicher Richtung. Diese Grube wurde 1936 – ebenso wie auch diverse andere Gruben in der Umgegend – im Rahmen der Vierjahresplan-Maßnahmen wieder in Betrieb genommen, indem direkt an der Bahnhaltestelle Oberndorf der hier gezeigte neue Stollen *aufgefahren* wurde; dabei unterstand Weidenstamm gemeinsam mit dem damals am Braunfelser Lahnbahnhof wieder neu eröffneten Betrieb der Grube Gutglück (siehe Abb. 170) ein und demselben Betriebsführer – die Grubenfelder »Weidenstamm« und »Gutglück« *markscheideten* nicht nur miteinander, sondern gehörten auch beide zu Krupp.

Die Grube Weidenstamm war auch nach dem Zweiten Weltkrieg – mit allerdings nur mäßigem Erfolg – noch weiter tätig; im März des Jahres 1947 ereignete sich dann ein folgenschwerer Betriebsunfall, nach welchem die Grube endgültig *aufgelassen* werden mußte: Infolge der Schneeschmelze hatte sich auf der Ebene über der Bergwerksanlage ein größerer See gebildet, dessen Wässer eines Nachts in die darunterliegenden Grubenbaue durchbrachen. Der Einbruch war derart stark, daß die Wässer aus dem hier gezeigten Stollenmundloch herausschossen – dabei das verschlossene Tor sprengten, das Solmsbachtal überschwemmten, die vorbeiführende Bahnlinie unterspülten und eine gegenüberliegende Gärtnerei kurzzeitig geräumt werden mußte! Obwohl zu der Zeit nachweislich noch mehr als 7000 Tonnen hochwertiges Erz vorhanden waren, zwangen die entstandenen Schäden zur Stillegung des Bergwerks. Die Grube hat in ihrer gesamten Betriebszeit rund 634 000 Tonnen Manganerz gefördert.

Das hier im Bild gezeigte Portal des »Tiefen Stollen« ist noch heute praktisch unverändert auf dem Gelände neben dem Betriebshof der Stadt Solms – fast direkt westlich gegenüber der »Taunushalle« – erhalten geblieben. (K. P.)

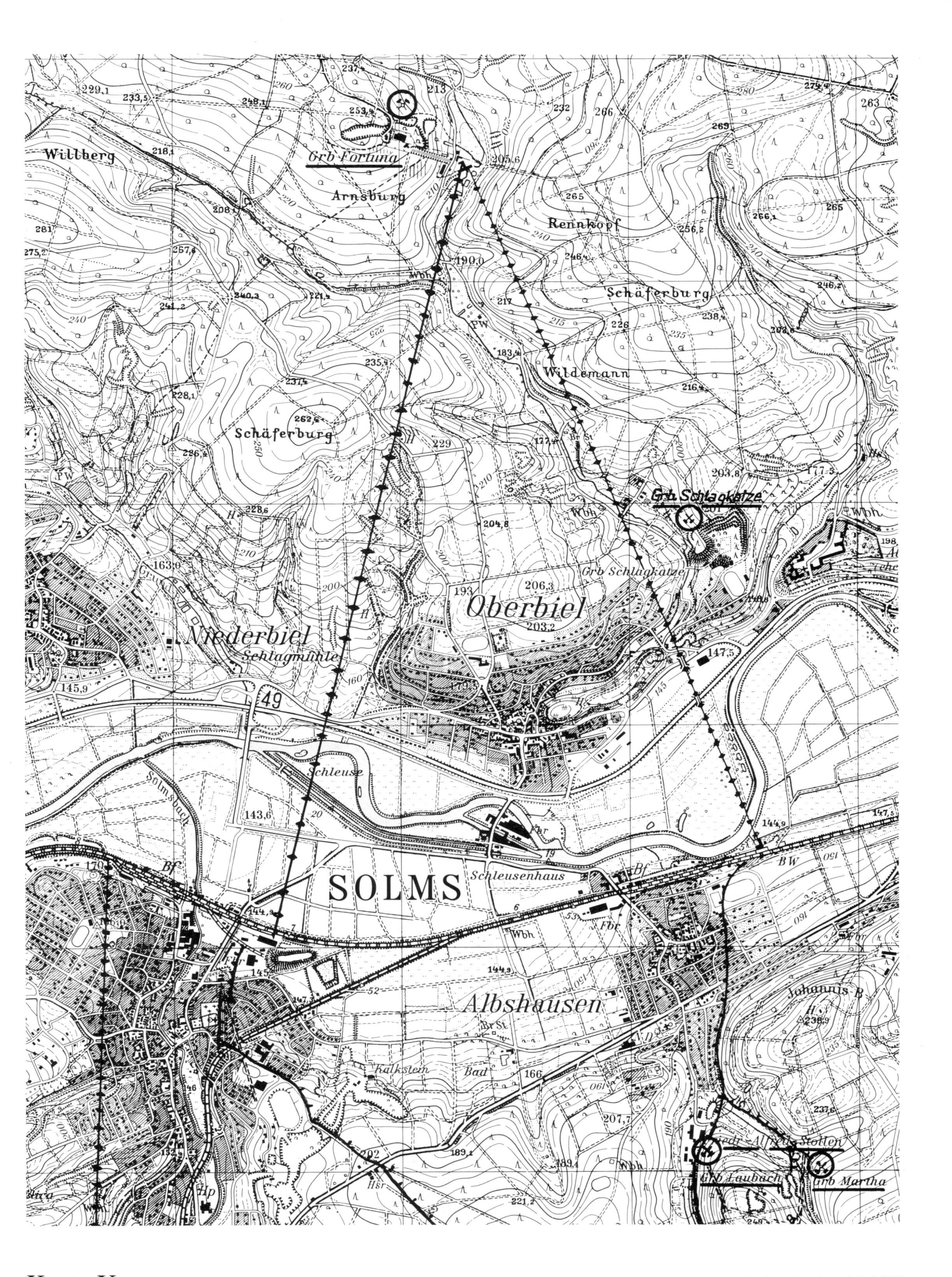

Karte X   Gruben: **Fortuna, Schlagkatz**   Maßstab: 1 : 20 000

Abb. 102: **Grube Fortuna**, um 1907

Abb. 102: Grube Fortuna, um 1907

»›Vorteilhaft‹ und ›billig‹ das Erz zu gewinnen und an den Rhein zu bringen, wird eine Hauptaufgabe sein.« Mit diesen Worten beginnt der Abschnitt *»»Allgemeine Gesichtspunkte für den künftigen Betrieb«* in einer Denkschrift der Krupp'schen Bergverwaltung in Weilburg von Ende März 1906 über den beabsichtigten Erwerb des Fürstlich Solms-Braunfels'schen Grubenbesitzes im Kreis Wetzlar. An anderer Stelle heißt es, daß *»in billiger Gestaltung der Zwischenfracht zu der Staatsbahn wahrscheinlich das vorzüglichste Mittel zur Erreichung niedriger Selbstkosten liegen wird«*. In diesem Zusammenhang wird empfohlen, *»Fuhrwerksfracht tunlichst zu vermeiden«* und statt dessen das Erz mit Seilbahnen und Benzinlokomotiven an die Bahnstationen zu befördern, wobei sich die Kosten pro Tonne und Kilometer von bis zu einer Mark bei »Achsabfuhr«, auf 7 Pfennig bei Seilbahnbetrieb und 3 Pfennig bei Benzinlokomotiven vermindern würden (ohne Verzinsung des Anlagekapitals). In dem Abschnitt »Schlußbemerkung« wird deutlich, daß die fürstlichen Gruben für Krupp neben der Verstärkung der inländischen Eisenerzbasis auch eine hervorragende Kapitalanlage darstellten: *»Heute wird ein 50prozentiger Roteisenstein mit M. 14,00 die Tonne frei Versandstationen der Lahnbahn bezahlt, so daß M. 6,00 an der Einheit zu verdienen sein würden.«*

Aus dem oben zitierten Gutachten gehen bereits die Gründe für die Anlage der Verladestation bei Albshausen hervor, die errichtet wurde, obwohl schon seit 1880 eine 3642 Meter lange Seilbahnverbindung zwischen der Grube Fortuna und der Georgshütte bei Burgsolms bestand. Der Antrieb dieser Seilbahn erfolgte mit Dampf des Hochofenwerkes, und der Kohlenbedarf wurde der Grube von dem Hüttenwerk aus zugeführt. Wenngleich die Einheit zwischen Grube und Hütte in bezug auf das Besitzverhältnis schon seit dem Übergang der Georgshütte aus fürstlichem Eigentum an Buderus im Jahre 1883 nicht mehr vorhanden war, hatte dies nichts an dem betrieblichen Zusammenhang geändert. Bereits vor dem Ankauf des fürstlichen Grubenbesitzes wird in dem erwähnten Gutachten die Forderung aufgestellt, von dem bisherigen Seilbahnbetrieb *»unter allen Umständen abzusehen«* und darauf hinzuarbeiten, daß *»die Selbständigkeit gewahrt«* werde (Der Erwerb des Fürstlich Solms-Braunfels'schen Grubenbesitzes im Kreise Wetzlar, Archiv der Barbara Rohstoffbetriebe GmbH). Nachdem die Erzgruben am 1. November 1906 an Krupp übergegangen waren, wurde noch im 1. Halbjahr 1907 mit dem Bau einer Drahtseilbahn Fortuna – Albshausen begonnen, wobei die hier im Bau befindliche Entladestation zugleich zur Verladung der Erze aus dem Friedrich-Alfred-Stollen (siehe Abb. 92) dienen sollte.

(R. H.)

Abb. 103: **Grube Fortuna,** um 1920

Abb. 103 und 104: Grube Fortuna

Die 3280 Meter lange Drahtseilbahn zwischen der Grube Fortuna und dem Bahnhof Albshausen wurde am 14. Februar 1908 in Betrieb genommen. Einschließlich der Verladestation betrugen die Baukosten 222 000 Mark. Die Kapazität der Seilbahn lag bei 60 Tonnen in der Stunde. Als Antrieb diente ein Elektromotor mit einer Leistung von 18 PS. Für das per Bahn angelieferte Grubenholz und die Betriebskohlen war ein Aufzug vorhanden, der diese Materialien auf die Ebene der Erz-Förderbahn aus dem Friedrich-Alfred-Stollen oder die darüberliegende Endladestation der Seilbahn hob (auf der 157 Meter langen Brücke der Grubenbahn steht am Bildrand rechts ein mit Holz beladener Förderwagen). Sowohl in der Be- als auch in der Entladestation mußten die hier Beschäftigten beim Füllen und Kippen der Seilbahnkörbe (siehe Abb. 138) mit einem Inhalt von etwa einer halben Tonne Erz Schwerarbeit leisten. Im Winterhalbjahr erschwerten die Witterungsbedingungen die Arbeit noch zusätzlich.

Die abgebildete Verladestation fiel am 18. April 1956 einem Brand zum Opfer, der durch einen Ölofen ausgelöst worden war. Durch einen Großeinsatz der Feuerwehren aus Albshausen, Wetzlar, Oberbiel und Burgsolms konnte zumindest der linke Teil der Verladeanlage gerettet und somit der Erzversand mit der Grubenbahn aufrechterhalten werden. Unter der Hitzeeinwirkung kam es zum Schmelzen der Legierung an den Vergußstellen der Drahtseilbahn (siehe Abb. 139) und damit zu einem Seilriß, der zum Absturz von 25 Körben auf einer Strecke von 2500 Metern führte.

(R. H.)

Abb. 105: **Grube Fortuna,** 1887

Das nach der römischen Glücksgöttin benannte *Grubenfeld* »Fortuna« wurde dem Fürsten zu Solms-Braunfels am 3. Mai 1849 verliehen. Fundstücke aus dem Jahre 1881 belegen, daß es sich um eine jahrtausendealte Erzgewinnungsstätte handelt. In dem etwa 500 Meter südwestlich des heutigen Stollenmundloches gelegenen *Grubenfeld* »Felicitas« fand man drei bis vier Meter unter der Erdoberfläche im Roteisensteinlager u. a. römische Fibeln (Gewandklammern) aus Bronze.

Von 1846 an wurden die Erzlager im Bereich des späteren *Grubenfeldes* Fortuna von J. W. Buderus Söhne ausgebeutet, wobei diese Lagerstätten Bestandteil der Erzversorgung der Aßlarer Hütte waren, die das fürstliche Haus in Braunfels von 1846 bis 1861 zusammen mit der Oberndorfer Hütte an Buderus verpachtet hatte. Da Gruben in den Waldungen des Klosters Altenberg schon nach dem Dreißigjährigen Krieg der Rohstoffversorgung der Aßlarer Hütte dienten, wird man wohl davon ausgehen können, daß hierzu auch die Fortuna-Lagerstätten gehörten. 1856 wurde von Buderus ein Erzabfuhrweg zum Bahnhof Ehringshausen angelegt und im folgenden Jahr eine Erzwäsche unterhalb des Klosters Altenberg errichtet. Die Erzgewinnung erfolgte während der Verpachtung an Buderus im Tagebau und Stollenbetrieb.

1880 wurde die Seilbahn zur Georgshütte in Betrieb genommen und zwei Jahre später »zur Erleichterung der Förderung« 80 Meter südlich des Mundloches des bisherigen Stollens ein neuer Stollen angesetzt, der schon bei einer Länge von 32 Metern das *Brauneisensteinlager* im Bereich des östlichen Grubenfeldes erreichte, das nach der *Teufe* in *Roteisenstein* überging. Zu dem Erz der Grube Fortuna schreibt Riemann in seinem Jahresbericht 1883 an das Oberbergamt Bonn: »*Obwohl der geförderte Eisenstein recht quarzreich ist, wird er doch von den heimischen Hütten zur Darstellung von siliciumreichen Gießerei-Roheisen mit Vorliebe verwendet*« (Hauptstaatsarchiv Wiesbaden, Abteilung 426/8, Nr. 3).

1887 waren auf Grube Fortuna 155 Bergleute beschäftigt, die mit 28101 Tonnen die höchste Jahresförderung des Bergwerkes während des 19. Jahrhunderts erbrachten. Die Belegschaftsaufnahme entstand an der Beladestation der Seilbahn, deren Körbe – von einem Zugseil bewegt – auf Rundeisenstäben liefen.

(R. H.)

Abb. 104: **Grube Fortuna,** um 1939

Abb. 105: **Grube Fortuna**, 1887

Abb. 106: **Grube Fortuna**, um 1959

Abb. 106: **Grube Fortuna,** um 1959
Anhand des Luftbildes kann man die Entwicklung der Grube Fortuna seit 1882 nachvollziehen. An der mit ① gekennzeichneten Stelle befand sich das Mundloch des im selben Jahr aufgefahrenen neuen Stollens. Gegenüber ist das aus dieser Betriebsperiode stammende Zechenhaus ② zu sehen, das später als Steigerwohnhaus und seit 1971 als Labor diente.

Den Übergang zum Schachtbetrieb zu Beginn des 20. Jahrhunderts dokumentiert die auf der Anhöhe 1907/08 errichtete Maschinenhalle ③. Anstelle des 1904 begonnenen Maschinenschachtes Nr. 1 ④, in dem 1905 bei einer *Teufe* von 40 Metern unter der Stollensohle die erste Tiefbausohle angesetzt worden war, hatte Krupp ab März 1907 einen im Vorjahr etwa 56 Meter westlich des Maschinenschachtes auf eine *Teufe* von 22,5 Meter niedergebrachten Versuchsschacht auf 4,70 × 3,30 Meter erweitern und bis zum Niveau der oben genannten Sohle abteufen lassen. Der Maschinenschacht Nr. 2 ⑤ befand sich rechts neben der Maschinenhalle. Mit der Einrichtung der neuen Schachtanlage war das Auffahren eines größeren Förderstollens ⑥ seit 1908 verbunden. 1907/08 war der Schacht weitergeteuft und bei 101 Meter Schachtteufe die 65 m-Sohle angesetzt worden. Aus der rund 30 Meter östlich des Schachtes auf der 65 m-Sohle hergestellten Pumpenkammer wurde 1909/10 der sogenannte Rohrschacht mit einem Querschnitt von 1,20 × 1,80 Meter bis nach über Tage hochgebrochen und die Dampfleitung für die Pumpen, das Rohr für die Druckluft und die Steigleitung für die Grubenwässer installiert. Die Aufbauten des Rohrschachtes ⑦ sind rechts neben dem vorderen Teil der Maschinenhalle erkennbar.

Unterhalb des Gebäudekomplexes im Bildvordergrund ist die Beladestation ⑧ der 1907/08 errichteten Drahtseilbahn Fortuna-Albshausen zu sehen. Die Beladestation der Seilbahn Fortuna-Georgshütte befand sich etwa im Bereich des rechten Teils des zweigeschossigen Gebäudes ⑨.
Ganz links am Bildrand ist die 1939 von der Stadt Wetzlar angelegte und 1941 erweiterte Trinkwasser-Filteranlage ⑩ zu sehen. Bereits im Jahre 1893 hatte die Stadt im Distrikt »Rinkerswiese« in der Nähe der Grube Fortuna eine Quellfassung angelegt, die nach den Worten von Riemann in seinem Jahresbericht 1899 an das Oberbergamt Bonn »*unzweifelhaft ihr Wasser aus dem Eisensteinlager der Grube Fortuna bezieht*«. Der im selben Jahr gefaßte Plan, die Grubenwässer nach vorheriger Klärung der städtischen »*Wasserleitungs-Sammelstube*« zuzuführen, wurde jedoch im folgenden Jahr wieder aufgegeben, da man dies zu der damaligen Zeit als technisch nicht durchführbar ansah. Obwohl die Tagesanlagen auf der Anhöhe mit dem Einsturz und der anschließenden Verfüllung des Maschinenschachtes im Jahre 1943 im Grunde funktionslos geworden waren, führte erst der Nachweis des sogenannten Nordlagers durch die 1943 aufgenommenen und 1947 fortgesetzten Tiefbohrungen sowie die bergmännische Aus- und Vorrichtung dieses Lagers seit 1949/50 zu einer Schwerpunktverlagerung im Bereich der Tagesanlagen. Als erster Schritt wurde anstelle der 1910 erbauten Scheide- und Zerkleinerungshalle eine mechanische Erzaufbereitung errichtet ⑪, die aus Steinbrecher sowie Lese- und Transportband mit Sortieranlage bestand. In diesem Neubau wurde auch ein Lokomotivraum eingerichtet und vorübergehend die Schmiede untergebracht.

Im Geschäftsjahr 1951/52 errichtete man an der Auffahrt zu dem oberen Zechenplatz eine Trafostation ⑫ und begann mit dem Bau eines neuen Zechenhauses ⑬, das am 4. Januar 1954 bezogen wurde. Im Erdgeschoß des Gebäudes waren (v. l. n. r.) untergebracht: die Schmiede, die Jugendkaue, das Verbandszimmer, die *Rot-Weiß-Kaue* mit Waschbecken und Duschen, das Steigerbüro mit Duschen, das Lohnbüro, das Betriebsführerbüro mit Betriebsführer- und Gästebad, der Kartenraum und das Konferenzzimmer. Seit 1971 war das Konferenzzimmer in das Sekretariat und das Zimmer des Leiters der Betriebsgruppe Lahn-Dill-Gebiet der Barbara Rohstoffbetriebe GmbH aufgeteilt, ab 1980 befand sich hier das Betriebsführerbüro. Im rechten Teil des Dachgeschosses waren zwei Steigerwohnungen vorhanden, wobei eine Wohnung seit 1971 als Büroräume für die kaufmännischen Angestellten der Betriebsgruppe Lahn-Dill-Gebiet diente.

Die 1915 neben dem Steigerwohnhaus ② errichtete Sägehalle ⑭ wurde in den Geschäftsjahren 1953/54 und 1954/55 erneuert und um einen Querbau für die Unterbringung einer Anlage zur Holzschutz-Tränkung mit anschließender Trockenhalle erweitert.

In den Geschäftsjahren 1953/54 bis 1955/56 wurden zur Verbesserung der Erzqualität die zweigeschossige Sink- und Schwimmanlage ⑮ gebaut und zur Klärung der anfallenden Schlammwassermengen ein Rundbecken ⑯ und drei Nachklärbecken ⑰ angelegt. Diese Aufbereitungsanlage kam jedoch über das Erprobungsstadium nicht hinaus, da beim Betrieb das ganze Gebäude infolge nicht ausreichender Fundamentierung vibrierte und Risse in den Grundmauern auftraten.

Im Geschäftsjahr 1955/56 begann man mit dem Bau einer Bunkeranlage ⑱ für die Roherzaufgabe, die parallel zur Aufbereitung errichtet und mit dieser durch einen Querbau verbunden wurde. Seit 1957 bestand die Aufbereitung aus den Brechern I und II mit zwei anschließenden Bandanlagen, auf denen unhaltiges Gestein per Hand ausgelesen wurde, je zwei Vor- und Nachbrechern und drei Sieben für die Trennung in drei Kornklassen.

Parallel mit der Errichtung eines neuen Fördermaschinen- und Kompressorengebäudes ⑲ in unmittelbarer Nähe der alten Maschinenhalle wurde im Geschäftsjahr 1956/57 ein Seilführungsschacht ⑳ von der Tagesoberfläche bis zur Stollensohle abgeteuft. Damit verbunden hat man die auf der Stollensohle stehende Fördermaschine des 1943 bei einer Stollenlänge von 150 Metern begonnenen sogenannten Hauptblindschachtes durch eine moderne Fördermaschine über Tage ersetzt, die am 21. Mai 1958 in Betrieb genommen wurde.

Als letzte Ausbaustufe wurden im Geschäftsjahr 1980/81 die Trafostation ⑫ um einen Anbau erweitert und in der früheren Seilbahnbeladestation ⑧ eine Bandanlage zur Direktbeladung von Lastkraftwagen aus den Fertigerzbunkern der Aufbereitung installiert.
(R. H.)

Abb. 107: **Grube Fortuna, 1913**

Abb. 107: **Grube Fortuna,** 1913

Zwischen den beiden Belegschaftsaufnahmen aus den Jahren 1887 und 1913 liegt die Übernahme des Betriebes durch Krupp am 1. November 1906 und der hiermit verbundene Ausbau des Bergwerkes zu einer »*großzügigen Grubenanlage*«. Dem Verkauf der Bergwerke und Grubenfelder des Fürsten zu Solms-Braunfels im Kreis Wetzlar waren heftige Auseinandersetzungen zwischen Buderus, Krupp und Thyssen vorausgegangen. Mit dem Höchstgebot von sechs Millionen Mark – der durchschnittliche Schichtlohn auf Grube Fortuna lag in jenem Jahr bei 2,93 Mark – erhielt Krupp am 30. Juni 1906 den Zuschlag. Einer mündlichen Überlieferung zufolge soll mit der Veräußerung an Krupp auch einem Wunsch des Kaisers entsprochen worden sein.

In dem 2. Band des Werkes »*Vom Ursprung und Werden der Buderus'schen Eisenwerke Wetzlar*« heißt es hierzu: »*Was die Firma Krupp zum Erwerb der fürstlichen Gruben bestimmte, war offenbar der durch die damaligen Verhältnisse gehegte Wunsch, sich eine möglichst große inländische Erzgrundlage zu verschaffen, um im Falle eines Versagens der Auslandsquellen auf diese Bestände mit Zuverlässigkeit zurückgreifen zu können. Eine derartige Lieferstockung war gerade eingetreten, denn der Ausfall der südrussischen Erze infolge des russisch-japanischen Krieges hatte eine fühlbare Erzknappheit hervorgerufen. Man geht wohl nicht fehl in der Annahme, daß bei dem Erwerb auch nationale Belange insofern mitspielten, als man die heimischen Erze für den Notfall der Kriegsmaterialherstellung vorbehalten wollte, was ja in der Tat im Weltkriege große Bedeutung gewonnen hat.*« Alle beteiligten Fachleute stimmten im Jahre 1906 darin überein, daß es sich bei der Grube Fortuna um das bedeutendste Bergwerk des fürstlichen Grubenbesitzes handelte. Bei einer überschlägigen Berechnung des Erzvorrates durch das Direktoriumsmitglied Bergrat Frielinghaus und den Leiter der Krupp'schen Bergverwaltung in Weilburg, Bergwerksdirektor Foerster, wurden die damals bekannten drei Lagerteile der Grube Fortuna mit einer Million Tonnen veranschlagt und der Gesamtvorrat aller neun in Betrieb befindlichen fürstlichen Gruben mit rund 3,5 Millionen Tonnen beziffert. In einem Gutachten des damaligen Leiters des Bergamtes Weilburg, Bergrat Polster, wurde der Wert der Grube Fortuna mit 1,37 Millionen Mark von allen fürstlichen Gruben ebenfalls am höchsten angesetzt. Schließlich hatte die Rentkammer den Prinzen Friedrich zu Solms-Braunfels nach einem Schreiben der Krupp'schen Bergverwaltung in Weilburg an die Hauptverwaltung in Essen vom 31. März 1906 veranlaßt, »*sich selbst im Tiefbau der Grube Fortuna von den schönen Aufschlüssen zu überzeugen*«, um ihn auch durch eigene Anschauung vor Ort von dem geplanten Verkauf abzubringen.

In den »Krupp'schen Mitteilungen« vom Februar 1912 wird in einem Artikel über die Grube Fortuna u. a. ausgeführt: »*Entsprechend ihrem inneren Wert sind an einer bisher von Wald bedeckten Fläche neuzeitliche Tagesanlagen geschaffen worden, die für eine Förderung von bis zu 100 000 t jährlich eingerichtet sind.*« Im Geschäftsjahr 1912/13 wurde die 100 m-Sohle gebildet, womit die zunächst vorgesehene Endteufe erreicht war. Aus diesem Anlaß ist vermutlich auch die Belegschaftsaufnahme entstanden. 1912/13 betrug die Arbeiterbelegschaft 187 Mann, hinzu kamen drei Steiger und zwei Aufseher. (R. H.)

Abb. 108: **Grube Fortuna**, um 1920

Abb. 108: **Grube Fortuna,** um 1920

Die abgebildeten Tagesanlagen der Grube Fortuna wurden in den Jahren 1907 bis 1909 errichtet. Das Foto zeigt (v. l. n. r.) das Gebäude mit der Reserve-Dampfmaschine, die Werkstatt mit Blendgiebel, im Vordergrund das Pförtnerhaus, das Maschinenhaus (dessen Blendgiebel das größere Gegenstück zu dem vis-à-vis stehenden bildete) und den Malakoffturm mit Rundbogenfries und bekrönendem Zinnenkranz, den Förderturm, das Zechenhaus, den Kamin des lediglich durch die Wasserdampfwolke kenntlichen Kesselhauses und das Obersteigerwohnhaus (siehe Abb. 435). Der Kamin hat einen dem Gesamtcharakter der Bauten entsprechenden Kopf, ist auf Fernwirkung angelegt und in dieser Bauweise ungewöhnlich. Das Maschinenhaus war in vier größere Räume eingeteilt, in denen sich die Dampffördermaschine, der ebenfalls dampfbetriebene Zwillingskompressor mit einer Leistung von 45 Kubikmeter pro Minute und die Transformatoren befanden, die den von der Buderus'schen Hochspannungsleitung durch das Lahntal kommenden Strom (seit 1913) zunächst im wesentlichen nur für die beiden Pumpen auf der 100 m-Sohle umwandelten. Der aus dem heute noch vorhandenen Maschinengebäude ragende Malakoffturm diente als Wasservorratsbehälter für die Dampfmaschinen und nicht als Stützenkonstruktion der Seilumlenkscheiben. Das zuletzt errichtete Zechenhaus, bei dem versucht wurde, Teile der architektonischen Gestaltung der bereits vorhandenen Bauten wiederaufzunehmen, bestand aus drei Büroräumen und einem sogenannten Mannschaftssaal mit Waschraum.

Wenngleich die aus massivem Bruch- und Ziegelsteinmauerwerk errichteten Gebäude in der Krupp'schen Werkszeitung 1912 als »neuzeitliche Tagesanlagen« bezeichnet werden, wird bei einer Betrachtung der historisch-gesellschaftlichen Substanz dieses Bauwerkes deutlich, daß es sich um eine historisierende Bauweise handelt, zu der Joachim Petsch in seinem Aufsatz »*Deutsche Fabrikarchitektur im 19. Jahrhundert*« ausführt: »*Indem man Schornsteinen oder Fördertürmen das Aussehen von Burgtürmen (Palas, Malakoffturm) verleiht und den mittelalterlichen Formenapparat wie Zinnenkränze, Rundbogenfriese, Blendarkaturen, Eckbetonungen und -türme, Giebel und kleine Rundbogenfenster anwendet, versucht man die Machtsymbolik der feudalen mittelalterlichen Burg auf die Fabrikanlage zu übertragen*« (siehe Abb. 73 und 414). Die Bemühungen um eine »Refeudalisierung« waren bei dem damaligen Familienunternehmen Krupp besonders ausgeprägt – so war beispielsweise geplant, als Höhepunkt der dreitägigen Feier zum hundertsten Geburtstag von Alfred Krupp am 26. April 1912 ein mittelalterliches Ritterturnier zu veranstalten, das erst nach einer Schlagwetterexplosion in einer Ruhrzeche, die 120 Bergleuten das Leben kostete, in letzter Minute abgesagt wurde.

Die Architektur der Tagesanlagen der Grube Fortuna versinnbildlicht den Versuch, dem sogenannten Vierten Stand, wie damals die Arbeiterschaft genannt wurde, seinen untersten Platz in der Gesellschaftspyramide des Kaiserreiches zuzuweisen und ihn zu integrieren. Mit der Einführung von Schutzzöllen für Getreide sowie Eisen und Stahl im Jahre 1879 wurde der bisherige Interessengegensatz zwischen dem Feudaladel und der industriell dominierenden Schwerindustrie aufgehoben. Hiermit verbunden kam es zu einer verstärkten Übernahme feudaler Wertmaßstäbe, deren Anerkennung gegenüber der Arbeiterschaft durchgesetzt werden sollte, im wesentlichen bedeutete dies die Respektierung der autoritären Gesellschaft des Kaiserreiches mit ihrer hierarchischen Gliederung. Vor diesem Hintergrund ist die architektonische Dekoration der Industriebauten keineswegs als bloße Schmuckform anzusehen, sondern ist auch Ausdruck des politischen Gestaltungswillens der Bauherren. Die abgebildete »Beeindruckungsarchitektur« repräsentiert Macht und Stärke und damit zugleich die Festlegung der gesellschaftlichen und betrieblichen Hierarchie. Besonders deutlich kommt die architektonische Umsetzung der oben dargestellten Geisteshaltung der Bauherren in dem Malakoffturm der Grube Fortuna zum Ausdruck. So wäre für die Funktion eines Wasserbehälters eine derart aufwendige Bauweise, die nur im Hinblick auf die Gesamtwirkung der Tagesanlagen zu sehen ist, keineswegs notwendig gewesen.

(R. H.)

Abb. 109: **Grube Fortuna,** um 1930

In Erinnerung an seine »*bergmännische Epoche*« schreibt Goethe: »*Die Gebirge sind stumme Meister und machen schweigsame Schüler.*« Die von einem Bergwerk ausgehende Faszination wird von alters her damit erklärt, daß die Stollen und Schächte »*keine Fenster haben*«, wie eine überlieferte Redensart besagt. Für den Bergfremden stellt sich der Bergbau als eine unbekannte, geheimnisvolle Welt dar, die Abenteuerlust und Forscherdrang weckt. Im Grunde handelt es sich hier um eine Möglichkeit zur Befriedigung des jedem Menschen innewohnenden Bedürfnisses nach Abenteuer, Dramatik und Spannung. Aus dem Mittelalter ist bekannt, daß Befahrungsgäste einen Obolus an die *Bruderlade* der Knappschaft entrichteten. Seit dem Aufkommen der Amateurfotografie besteht der Dank für eine Grubenfahrt oft aus einem Erinnerungsfoto. So auch bei diesem Bild, das aus dem Nachlaß von Obersteiger Wilhelm Schleifer (2. von links) stammt, der hier mit seiner Frau (4. von links), dem Aufseher Wilhelm Karl Rußmann aus Berghausen (5. von links), dem Pumpenwärter Wilhelm Gaul aus Oberbiel (8. von links) sowie holländischen und deutschen Befahrungsgästen abgebildet ist.

Von einer Befahrung der Grube Fortuna durch Bertha Krupp nebst Mann und Gefolge existiert zwar kein Foto, jedoch eine Beschreibung von Bergverwalter Ludwig Fey aus dem Jahre 1949: »*Zur Freistellung der Geldmittel und zum Gelingen der großzügigen Grubenanlage mag nicht unwesentlich der hohe Besuch, den die Grube im Frühjahr 1907 empfangen durfte, beigetragen haben. Kurz nach ihrer Verehelichung mit dem Legationsrat von Bohlen und Halbach besuchte die Erbin des Krupp-Unternehmens, Bertha Krupp, mit ihrem Gemahl und Gefolge einige der wichtigsten Eisenerzgruben des Lahngebietes und schenkte hierbei der Grube Fortuna ihre besondere Aufmerksamkeit. Mit dem Besuch war eine Befahrung der Grube verbunden. An der Grube, im schönen Buchenwald, waren Zelte aufgeschlagen, in denen gefrühstückt wurde. Für das leibliche Wohl war durch das Schloßhotel in Braunfels, woselbst auch die Herrschaften wohnten, gesorgt. Die aus dieser Zeit noch tätigen oder ausgeschiedenen Bergleute sprechen heute noch mit Stolz von dieser dem so oft stiefmütterlich behandelten Lahnerzbergbau von so hoher Stelle geschenkten Aufmerksamkeit*« (Grube »Fortuna« bei Oberbiel 1849 – 1945, Archiv der Barbara Rohstoffbetriebe GmbH). (R. H.)

Abb. 110: **Grube Fortuna,** um 1951

Abb. 110 und 111: **Grube Fortuna**

Mit dem Abteufen des neuen Maschinenschachtes war das Auffahren eines neuen Stollens verbunden, der etwa 150 Meter südwestlich des Mundloches des alten Stollens angesetzt wurde. Der in seinem vorderen Teil zweigleisig ausgebaute Stollen erreichte den Schacht im Geschäftsjahr 1908/09 bei einer Länge von 263 Metern und diente seitdem als Förderstollen. Zur Erschließung der weiter westlich gelegenen *Grubenfelder* wurde der »Neue Stollen« bis 1914 auf eine Gesamtlänge von 1654 Metern vorgetrieben. Auf dem um 1951 entstandenen Foto des Stollenmundloches sind (v. l. n. r.) zu sehen: Walter Opitz, Wilhelm Keiner und Steiger Walter Hartmann (alle aus Berghausen). Die Förderung auf der Stollensohle erfolgte zunächst mit Benzollokomotiven, seit etwa 1947 mit Diesellokomotiven (auf dem Foto ist eine Deutz-Lok abgebildet). In dem kleinen Gebäude vor dem Stollenmundloch war ein Haspel aufgestellt, mit dem bei Materialtransporten der Höhenunterschied zwischen der Seilbahn und der Stollensohle überbrückt wurde.

Auf dem etwa 30 Jahre früher in entgegengesetzter Richtung aufgenommenen Bild ist ein hölzernes Schachtgerüst mit Haspelhäuschen zu sehen, das zu dieser Zeit noch als Materialaufzug diente. Die 80 Meter lange Erzaufbereitung im rechten Teil des Fotos war 1910 oberhalb der Beladestation der neuen Seilbahn Fortuna – Albshausen errichtet worden. Etwa 25 Meter nordöstlich dieser Beladestelle (ungefähr in Fortsetzung des hölzernen Schachtgerüstes) befand sich die Beladestelle der Seilbahn Fortuna – Georgshütte, die 1920 demontiert wurde, nachdem der Erzabsatz an die Georgshütte 1919 zum Erliegen gekommen war. Im linken Teil des Bildes ist die Sägehalle erkennbar. Das in großen Mengen vorhandene Grubenholz wurde zum Ausbau der in nicht standfestem Gebirge stehenden oberen Sohlen benötigt.

(R. H.)

Abb. 111: **Grube Fortuna,** um 1920

Abb. 112: **Grube Fortuna,** 1929

Die Belegschaft der Grube Fortuna bestand traditionell fast gleichermaßen aus Bewohnern der Bergmannsdörfer Berghausen, Niederbiel und Oberbiel. Bis zu den Grubenstillegungen Anfang der sechziger Jahre kamen nur relativ wenige Belegschaftsangehörige aus anderen Ortschaften, wie beispielsweise aus Hirschhausen. Es war keine Seltenheit, daß Bergleute und Handwerker in der zweiten und dritten Generation auf der Grube Fortuna arbeiteten.

Neben äußeren Bedingungen wie der für eine Nebenerwerbslandwirtschaft günstigen Schichtzeit kam sicher hinzu, daß viele dieser Männer eine tiefe innere Beziehung zum Bergbau hatten. Über den bergmännischen Menschen gibt es viele Beschreibungen und Erklärungen, aber nur wenige ganzheitliche Darstellungen. Eine umfassende Sicht, ein wissendes Verstehen, eröffnet bezeichnenderweise ein bergmännischer Mensch selber, wobei es im Grunde gleichgültig ist, ob die folgende Erkenntnis tatsächlich so von Obersteiger Christian Wirth auf Grube Raab (siehe Abb. 75) um 1895 ausgesprochen oder ihm von dem damaligen Bergbaubeflissenen und späteren Berghauptmann Albert Boehm in den Mund gelegt wurde. Nach einer Begegnung mit einem älteren Bergmann beschreibt der Obersteiger seine Lebensweisheit über den bergmännischen Menschen mit den Worten: »*Ich kann mir nur denke, es gibt Mensche, die so an die*

Natur gebunde sind, daß sie schließlich ganz mit ihr verwachse und mit ihr eins werde. So der alte Bauer mit seinem Acker, der graubärtige Förster mit seinem Wald und seinem Wild und so auch dieser Alte mit seinem Berg. Seine Seele lebt und webt ganz mit den Felsen in der Teufe; seine Augen sind die Augen der Teufe, und er sieht mehr mit ihnen als wir anderen. Er hat auch schon damit angefangen, sich aus Haselnußsträuchern Wünschelruten zurecht zu schneiden und hat in aller Heimlichkeit mit ihnen experimentiert. Alle seine Sinne sind auf die Verhältnisse der Teufe zugeschärft und ebenso alle seine Gedanken, sein Empfinden und seine Träume. Alles in ihm kreist in geheimnisvoller Weise um seinen Berg...« (Boehm 1951, S. 37). In einem 1984 mit dem ehemaligen Fortuna-Bergmann Walter Hofmann aus Niederbiel (siehe Abb. 125) geführten Interview findet sich in diesem Zusammenhang der Ausspruch: »*Es liegt mir im Blut, vom Vater und vom Großvater*«.

Auf dem Foto aus dem Jahre 1929, das vermutlich aus Anlaß des Beginns des Abteufens eines Blindschachtes auf der 150 m-Sohle im August aufgenommen wurde, ist die Belegschaft von 143 Bergleuten, Handwerkern und Steigern abgebildet, die im selben Jahr eine Förderleistung von 51 795 Tonnen erbrachten. Das geförderte Erz wurde nahezu ausschließlich auf der Sophienhütte in Wetzlar verschmolzen.

(R. H.)

Abb. 112: **Grube Fortuna**, 1929

querschnitt von 4,70 × 3,30 Meter (auf jedem Förderkorb konnten zwei Wagen nebeneinander aufgefahren werden) gestalteten sich die Umbauarbeiten äußerst schwierig. Bereits Jahre vor dem Einsturz des in seinem oberen Teil in stark zersetztem Schalstein stehenden Schachtes am 21. Juni 1943 war eine ständige Verstärkung des hölzernen Schachtausbaus erfolgt. Um den Förderbetrieb nicht zu stören, hatte man diese Arbeiten jeweils nachts durchgeführt. Nach dem Auftreten von größeren Schäden im Holzausbau ordnete die Bergverwaltung Weilburg am 21. Juni 1943 umfangreiche Instandsetzungsarbeiten zwischen der Stollensohle und der Rasenhängebank an, die mit Beginn der Mittagsschicht aufgenommen wurden. Kurz nach 18 Uhr begann der Einsturz des Schachtes, der sich über einen Zeitraum von etwa einer Dreiviertelstunde erstreckte. Wenige Minuten zuvor hatte die Umbaumannschaft eine Pause eingelegt und das Zechenhaus aufgesucht. (R. H.)

Abb. 113: **Grube Fortuna,** um 1937

Die Instandhaltung des hölzernen Grubenausbaus war der Tätigkeitsbereich der Zimmerhauer, bei denen es sich um ältere Bergleute mit besonderem Geschick in der Holzbearbeitung handelte. Auf dem Foto ist rechts der Zimmerhauer Heinrich Martin aus Werdorf zu sehen, der hier mit dem ebenfalls aus Werdorf stammenden *Schlepper* und *Hauer* Karl Meuser einen sogenannten deutschen Türstock begutachtet.

Das besondere Merkmal des deutschen Türstocks besteht darin, daß Stempel und Kappe verblattet und nicht verzapft sind, hierdurch kann *Firsten-* und Seitendruck aufgenommen werden. Im Bildhintergrund ist ein leichter Bruch im Streckenausbau erkennbar. In solchen Fällen wurde vor und hinter den Bruch je ein Hilfsbau aus Fichtenholz gesetzt und dann der Türstock mit länger haltbarem Eichenholz erneuert. Holz und Trockensteinmauerung (rechts unten) waren die ursprünglichen Ausbaustoffe im Bergbau. Die Vorteile des Grubenholzes gegenüber anderen Ausbaustoffen wie Schienen und Betonformsteinen bestehen in den verhältnismäßig niedrigen Holzpreisen, seinem geringen spezifischen Gewicht, seinen Bearbeitungsmöglichkeiten und nicht zuletzt seiner Warnfähigkeit bei Gebirgsbewegungen durch mehr oder weniger lautes Knistern. Ein Nachteil des Holzausbaus besteht darin, daß hier Grubenbrände entstehen können wie beispielsweise auf der Grube Fortuna am 22. November 1929 in einem Überhauen zwischen der 125 m- und der 100 m-Sohle (siehe Abb. 433). Feuchtigkeit wirkt sich ebenfalls nachteilig aus, da nasses Holz eine geringere Festigkeit besitzt, nicht warnt und schneller fault (eine Erhöhung des Feuchtigkeitsgehaltes um ein Prozent vermindert die Druck- und Biegefestigkeit um vier bis fünf Prozent).

Das für die Zimmerhauer der Grube Fortuna problematischste Arbeitsfeld bildete der Holzausbau des 1907 begonnenen Maschinenschachtes. Durch den großen Schacht-

Abb. 114: **Grube Fortuna,** um 1951

Nach dem Schachteinsturz, der zu einer Verfüllung von der 150 m- bis zur 65 m-Sohle und zum Abrutschen des Fördergerüstes in den entstandenen Trichter geführt hatte, unterbreitete die Krupp'sche Bergverwaltung in Weilburg den Buderus'schen Eisenwerken den Vorschlag, die Grube Fortuna gegen die Grube Friedberg am Fuße des Dünsberges (siehe Abb. 19 bis 22) zu tauschen. Seit dem Geschäftsjahr 1924/25 hatte Buderus wieder Fortuna-Erz bezogen. Von 1926/27 bis 1943/44 wurde jeweils mehr als die Hälfte der Jahresförderung an die äußerst frachtgünstig gelegene Sophienhütte in Wetzlar versandt und dort zur Herstellung von Gießerei-Roheisen eingesetzt (dieser Geschäftsverbindung war es auch zu verdanken, daß sich die Grube Fortuna während der Weltwirtschaftskrise lediglich von März bis Oktober 1932 außer Betrieb befand). Der Brauneisenstein der Grube Friedberg war zur Produktion von Stahl-Rohei-

Abb. 114: **Grube Fortuna,** um 1951

sen geeignet und deshalb für Krupp während des Krieges von Interesse. Trotzdem zog die Krupp'sche Bergverwaltung ihr Tauschangebot nach einigen Monaten wieder zurück. Der Grund für diesen Sinneswandel könnte darin gelegen haben, daß es inzwischen durch eine Tiefbohrung gelungen war, die etwa 45 Meter abgesunkene Fortsetzung von
Lager II im Norden des Grubenfeldes Fortuna zu finden, wobei der Eisengehalt des erbohrten Roteisensteins mit 51,60 Prozent wesentlich höher war als der Durchschnittsgehalt der Förderung, der 1942/43 bei 34,43 Prozent lag.
Die sicheren Erzvorräte der Grube Fortuna in Höhe von 250 000 Tonnen und der zu erwartende Aufschluß weiterer Lagerteile führten dazu, daß gegen Ende des Geschäftsjahres mit den Vorbereitungen für eine Wiederaufnahme der Förderung und dem Abteufen eines *Blindschachtes* begonnen wurde. Eine auf 50 Mann verminderte Belegschaft (einschließlich 14 Kriegsgefangener waren bis dahin 133 Personen auf der Grube beschäftigt gewesen) begann im dritten Quartal 1943 auf der Stollensohle mit dem Ausbrechen eines Raumes für die Aufstellung der abgebildeten Fördermaschine, die hier von Georg Krämer aus Werdorf gefahren wird. Durch die Kriegsverhältnisse bedingt, hatte man sich entschlossen, bei einer Stollenlänge von 150 Metern einen *Blindschacht* bis zur 150 m-Sohle abzuteufen. Hiermit verbunden war das Auffahren einer 96 Meter langen Umfahrungsstrecke im Bereich des Schachtansatzpunktes, um die Erzförderung auf und über der Stollensohle

wieder aufnehmen zu können. Der Anlage eines zweiten *Blindschachtes,* des sogenannten Hauptblindschachtes, hatte man aus verschiedenen Gründen den Vorzug gegeben: Die Maschinenanlage der Grube Fritz bei Essershausen stand hierfür zur Verfügung, während ein geeigneter Förderturm im Kriegsjahr 1943 nicht zu beschaffen war. Hinzu kam, daß die Abteufarbeiten nicht durch Luftangriffe gestört werden konnten. Außerdem hatten sich *Blindschächte* bei kleinerem Betriebsumfang (wie er im Falle der Grube Fortuna nur noch zu erwarten war) als vorteilhaft erwiesen. Im Mai 1947 erreichte der in Betonausbau ausgeführte Hauptblindschacht die 150 m-Sohle. Bis zur 100 m-Sohle wurde der Schacht durch Unterfahrung der Schachtscheibe von den bestehenden Sohlen, durch das Hochbrechen von Überhauen und das anschließende Nachreißen auf den vollen Schachtquerschnitt abgeteuft, wobei das anfallende Bergematerial auf der jeweiligen Sohle abgezogen werden konnte. In dem Bereich zwischen der 100 m- und der 150 m-Sohle wurden die Schachtberge bis zur Stollensohle gehoben.

Nach dem Einsturz des Tagesschachtes hatte sich das Vorhandensein des sogenannten Rohrschachtes als äußerst günstig herausgestellt, da hier alle Leitungen bis auf das elektrische Hauptkabel untergebracht waren. Durch diesen Schacht wurde nunmehr ein Stromkabel bis zur Pumpenkammer der 150 m-Sohle geführt. So konnte die Grube bis zu dieser Sohle wasserfrei gehalten werden.   (R. H.)

Abb. 115: Grube Fortuna, um 1951

Das Foto zeigt einfahrende Bergleute auf der Stollensohle, v. l. n. r. sind zu sehen: Gerhard Demmer aus Hirschhausen, Ernst Bläsel aus Hirschhausen, Wilhelm Gaul aus Oberbiel, Erwin Bläsel aus Hirschhausen, Franz Zepnik aus Oberbiel. Auf der linken Seite des Förderkorbes stehen: Wilhelm Lotz, Franz Weber und Karl Bernhardt (alle aus Berghausen). Die rechte Reihe der Einfahrenden beginnt mit Steiger Karl Weber aus Wetzlar-Niedergirmes, Paul Veil, Karl Adelmann, Heinrich Schneider, Wilhelm Göbel (alle aus Oberbiel) und Franz Sass aus Drommershausen. Zu dieser Zeit fand zwar vor der Einfahrt kein gemeinsames Gebet mehr statt, dennoch war es bis zuletzt üblich, daß die Bergleute morgens im Zechenhaus einige Minuten in innerer Einkehr verbrachten, bevor um 5.50 Uhr die Seilfahrt begann. Seit Anfang der fünfziger Jahre hatte jeder Bergmann der Grube Fortuna eine numerierte Marke, die ihm vor dem Verlassen des Zechenhauses von dem Betriebsführer oder dessen Stellvertreter ausgehändigt wurde. Hiermit verbunden war eine kurze Besprechung über die von dem jeweiligen Bergmann zu verrichtende Arbeit. Am Schacht gaben die Bergleute dem *Anschläger* ihre Marken. Mitte der siebziger Jahre wurde dieser Vorgang vereinfacht, indem die Bergleute ihre Marken selber an die hier befestigte Markentafel hängten. Nach der Ausfahrt wurden die Marken wieder abgenommen und in der Tür zum Steigerbüro in einen hierfür vorhandenen Kasten eingeworfen. Für den Fall, daß sich nach dem Ende der Seilfahrt an der Tafel am Schacht noch Marken befanden, bestand sofort Klarheit darüber, wer noch nicht ausgefahren war. (R. H.)

Abb. 116: **Grube Fortuna,** um 1951

Auf der Grube Fortuna wurde seit 1876 mit Dynamit gesprengt, dessen Wirkungsgrad etwa achtmal höher ist als der des vorher benutzten Schwarzpulvers. Infolgedessen konnte seitdem auch der Teil des Brauneisensteins abgebaut werden, der sich wegen seines hohen Quarz- bzw. Kieselsäuregehaltes mit Schwarzpulver kaum gewinnen ließ. Bis Anfang der sechziger Jahre dieses Jahrhunderts waren die Sprengstoffkosten im *Gedinge* enthalten, um auf diese Weise einen sparsamen Verbrauch zu erreichen.

In seinem Buch »*Das Jahr bei den Unterirdischen*« beschreibt Albert Boehm die Prozedur der Sprengstoffausgabe auf Grube Amanda bei Nauborn um 1895: »*In der Obersteigerstube ... defilierte eine endlose Reihe von Bergleuten, die alle nacheinander den bekannten monotonen Sang anstimmten, den ich schon von Grube Raab her kannte: Zwie Ring Schnur, zwo Büchse Hütcher (Zündhütchen) und 5 Pfund Dynamit! – Zwie Ring Schnur, zwie Büchse Hütcher und 5 Pfund Dynamit! ... Unablässig wurden von den Steigern die Bons ausgeschrieben, mit denen die Männer dann eiligst zum Sprengstoffmagazin marschierten. Bloß wenn einer mal eine ungewöhnlich hohe Bedarfsziffer nannte, zog der alte Gaul (siehe Abb. 79) die Augenbrauen hoch und stellte einige aufklärende Fragen.*«

Vor dem Sprengstoffmagazin auf der 150 m-Sohle der Grube Fortuna sind v. l. n. r. zu sehen: Erwin Bläsel aus Hirschhausen, Ernst Demmer aus Hirschhausen, Franz Zepnik aus Oberbiel, Steiger Karl Weber aus Wetzlar-Niedergirmes und Karl Bernhardt aus Berghausen. Der Steiger notiert die Nummern der Sprengstoffpakete, bei denen es sich jedoch nicht um das hochbrisante Dynamit, sondern um den sicherer zu handhabenden Sprengstoff Ammon-Gelit handelte. In den Sprengstoffkästen der Bergleute durften höchstens zwei Pakete bzw. fünf Kilogramm transportiert werden. Ebenso wie in dem Magazin wurden auch in den Kästen Sprengpatronen und Sprengkapseln (Zündhütchen) gesondert aufbewahrt. Der normale Schichtbedarf an Sprengstoff lag zu dieser Zeit auf Grube Fortuna bei rund 50 Kilogramm, während des Schachtabteufens wurde etwa die doppelte Menge benötigt. In dem 1948/49 hergestellten Sprengstoffmagazin durften 3000 Kilogramm Sprengstoff und 10 000 Sprengkapseln gelagert werden.

(R. H.)

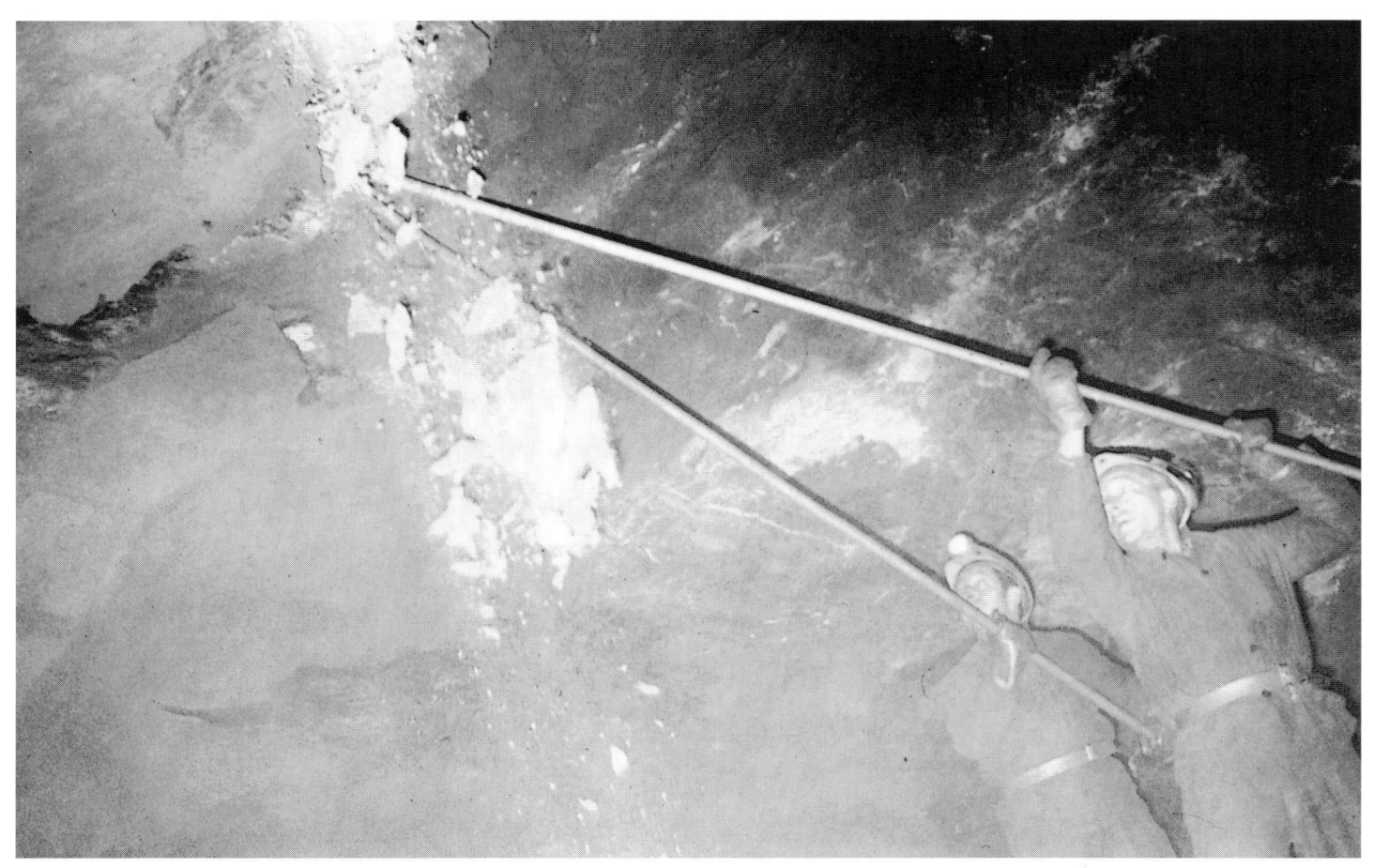

Abb. 117: **Grube Fortuna,** um 1975

Das sorgfältige Beräumen der *Firste* war stets die wichtigste und erste Aufgabe nach dem *Schießen,* da das Gebirge hierdurch in seinem Gefüge verändert worden war. Diese Tätigkeit beschränkte sich nicht nur auf sichtbare Schwachstellen, sondern schloß ein Abklopfen des gesamten Abbaubereiches mit der Beräumstange ein, wobei die jeweilige Resonanz dem erfahrenen Bergmann auch das Vorhandensein von nicht sichtbaren Gebirgsspalten anzeigte. Beim Beräumen der *Firste* sind hier die Hauer Richard Zipp aus Odersbach (links) und Heinz Legner aus Falkenbach zu sehen.

Die in der Aus- und Vorrichtung sowie in der Erzgewinnung tätigen Bergleute waren dem größten Unfallrisiko ausgesetzt, da sich in diesen Arbeitsbereichen die Verhältnisse ständig veränderten. Aufmerksamkeit, bergmännisches Können und Berufserfahrung waren die notwendigen Voraussetzungen, um Unfallgefahren zu erkennen und ihnen zu begegnen. Einer wirksamen Unfallverhütung stand jedoch nicht selten das *Gedinge* der *Hauer* entgegen, das zum Improvisieren verleitete; Gewohnheit und Gleichgültigkeit bildeten weitere Risikofaktoren. Auch der durch einen Mangel an Bergleuten bedingte häufige Wechsel von *Abbau* zu *Abbau* führte dazu, daß die notwendige Zeit zur Eingewöhnung in die Eigenarten des jeweiligen Abbauverhaltens nicht vorhanden war und es so zu an sich vermeidbaren Unfällen kam. Die in der Streckenförderung tätigen *Schlepper* und Lokführer waren ebenfalls einem hohen Unfallrisiko ausgesetzt; die meisten Unfälle ereigneten sich hier beim Abkippen in die Sturzrollen und beim Zapfen aus den Rollen. Gebirgsdruck und die damit verbundene Veränderung der Gleise führte ebenfalls zu Unfällen.

Auf der betrieblichen Ebene trugen die jeweiligen Ortsältesten und die Aufsichtspersonen besondere Verantwortung in bezug auf die Verminderung des Unfallrisikos. Darüber hinaus war die Bergbehörde für die Überwachung der Sicherheitsvorschriften zuständig. (R. H.)

Abb. 118: **Grube Fortuna,** um 1920

Von alters her begannen die *Hauer* nach dem Beräumen der *Firste* mit der Bohrarbeit, und die *Schlepper* luden das losgesprengte Erz in Förderwagen oder Schubkarren. Diese traditionelle Form der Arbeitsteilung wird auf dem abgebildeten Foto deutlich. Die Aufnahme entstand im sogenannten Glaskopf-Abbau auf der 65 m-Sohle. Der Hauer Konrad Hartmann aus Niederbiel arbeitet hier mit einem Bohrhammer von Krupp. In dem hochkieselsäurehaltigen Lager kam es zu einer starken Abnutzung der Schneiden der Bohrstangen. Einem Zeitungsartikel aus dem Jahre 1935 zufolge war auf der Grube Fortuna die einzige Maschine zum Schärfen der Bohrer im Bereich der Krupp'schen Bergverwaltung Weilburg vorhanden.

Zu den Erzsorten der Grube Fortuna schreibt Bergverwalter Fey im Jahre 1949, daß diese »*vom besten nassauischen Roteisenstein bis zum matten hochkalkhaltigen Flußeisenstein, vom glasköpfigen Brauneisenstein mit geringem Mangan- und Phosphorgehalt zum verschiedenartig gefärbten Spateisenstein mit teilweise magnetischen Einschlüssen, vorhanden*« waren. An anderer Stelle führt Fey aus: »*Die überaus günstigen Aufschlüsse der Grube brachten die Voraussetzung für die Tatsache, daß Grube ›Fortuna‹ durch 3 Jahrzehnte hindurch als die beste und ergiebigste Eisenerzgrube der Krupp'schen Bergverwaltung in Weilburg gelten konnte.*«

Die wirtschaftliche Spitzenposition der Grube Fortuna, die lediglich 1932/33 mit Verlust gearbeitet hatte (für die Inflationszeit liegen keine Zahlen vor), war jedoch seit Mitte der zwanziger Jahre durch eine selektive Erzgewinnung bedingt, d. h. es wurde vorwiegend hochprozentiger *Roteisenstein* abgebaut. Um während der Weltwirtschaftskrise überhaupt noch Absatz zu finden, wurden im Juni 1931 schließlich sämtliche *Flußeisenstein-Abbaue* eingestellt und 50 Bergleute entlassen. Zu den Bedingungsfaktoren der selektiven Erzgewinnung bemerkt Fey: »*Bei besserem Haushalten mit den guten Roteisensteinbeständen, hätte sich das*

Abb. 118: **Grube Fortuna,** um 1920

zu starke Absinken der Gehalte ab 1935 vermeiden lassen. Es wurde hier, durch die dem Lahnerzbergbau immer anhaftende wirtschaftliche Not dazu gezwungen, der alte Fehler, das beste Erz, ohne Rücksicht auf die spätere Zukunft, zuerst zu gewinnen, wiederholt« (Grube »Fortuna« bei Oberbiel 1849 – 1945, Archiv der Barbara Rohstoffbetriebe GmbH). Mit 31,13 Prozent Eisen erreichte der Durchschnittsgehalt des Versanderzes im Geschäftsjahr 1937/38 seinen tiefsten Stand in der Geschichte der Grube Fortuna, deswegen arbeitete das Bergwerk erstmals seit der Weltwirtschaftskrise wieder mit Verlust. Infolge guter *Aufschlüsse* konnte der durchschnittliche Erzgehalt der Förderung bis zum Geschäftsjahr 1941/42 auf 37,26 Prozent erhöht und ein annähernd ausgeglichenes Betriebsergebnis erzielt werden.

(R. H.)

Abb. 119: **Grube Fortuna,** um 1951

Gegenüber der vorhergehenden Abbildung wird hier der technische Fortschritt in Form der mit Druckluft betriebenen Bohrsäule deutlich, wodurch die Bohrarbeit in hohem Maße erleichtert wurde. Auf dem Foto ist der Vorgang des sogenannten Anbohrens dargestellt. Um ein Abrutschen der Bohrstange zu vermeiden, wird sie von dem Hauer Josef Wolaschka aus Hirschhausen mit beiden Händen festgehalten. Den Flottmann-Bohrhammer AT 18 bedient der Hauer Otto Kasan aus Hirschhausen. Einen noch größeren Fortschritt als die Bohrhammerstütze bedeutete der Übergang zum Naßbohren, wobei Wasser durch die Bohrstange in das Sprenglochtiefste geführt und auf diese Weise die stark gesundheitsgefährdende Staubentwicklung (siehe Abb. 282) wesentlich vermindert wird. Das Foto entstand auf der 150 m-Sohle.

Im Jahre 1948 war auf der 150 m-Sohle eine Untersuchungsstrecke nach dem im Nordfeld der Grube erbohrten Eisenerzvorkommen angesetzt worden, das im Geschäftsjahr 1949/50 erreicht und seitdem zum Abbau aus- und vorgerichtet wurde. Ebenfalls 1949/50 begann man mit dem Sümpfen des 1943 im Bereich der 235 m- und 200 m-Sohle und später ganz ersoffenen *Blindschachtes* auf der 150 m-Sohle. Im Mai 1952 wurde das Nordlager auf der 200 m-Sohle »*bauwürdig und in guter Mächtigkeit*« angefahren. 1951/52 lag der durchschnittliche Eisengehalt der Förderung bei 43,85 Prozent gegenüber 36,37 Prozent 1947/48. (R. H.)

Abb. 119: **Grube Fortuna,** um 1951

Abb. 120: **Grube Fortuna,** um 1951

Das Foto zeigt die Hauer Franz Sass aus Drommershausen (links) und Heinrich Henrich aus Berghausen bei der Ladearbeit in einem Abbau auf der 65 m-Sohle. Größere Erzbrocken wurden mit einem Vorschlaghammer zerkleinert, im Extremfall mußte erneut gebohrt und geschossen werden. Das kleinstückige Haufwerk wurde auf Grube Fortuna traditionell mit der Schaufel in den Schnabel-Drehkipper oder die Schubkarre geladen; mit Kratze und Fülltrog wurde nur dort gearbeitet, wo die Bewegungsfreiheit zu gering war.

Mit dem Einsturz des Tagesschachtes am 21. Juni 1943 kam die Erzgewinnung zunächst völlig zum Erliegen. Bei einem durchschnittlichen Eisengehalt der Förderung von 34,43 Prozent im Geschäftsjahr 1942/43 war das Erz der Grube Fortuna trotz des Krieges offensichtlich nicht sehr gefragt. Zum Zeitpunkt des Schachteinsturzes nahm lediglich die Sophienhütte in Wetzlar Erz in der Größenordnung von 2000 bis 2500 Tonnen im Monat ab. Bei einer »Kriegsaufgabe« von 4500 Tonnen monatlich lagen Mitte 1943 14 000 Tonnen Flußeisenstein auf Halde. In den Geschäftsjahren 1943/44 und 1944/45 wurden auf der Stollen- und der 40 m-Sohle insgesamt 9372 Tonnen Rot- und Flußeisenstein abgebaut (im Kalenderjahr 1945 lediglich noch 705 Tonnen).

Nachdem der neue Hauptblindschacht bis zur 150 m-Sohle abgeteuft worden war, wurde die Erzgewinnung im Geschäftsjahr 1947/48 wieder aufgenommen. Der Abbau beschränkte sich zunächst auf Restpfeiler im Bereich der Lager I, II und III. Seit 1949/50 wurden zusätzlich *»namhafte Erzmengen«* im Nordlager auf der 150 m-Sohle gewonnen.

(R. H.)

Abb. 121 und 122: **Grube Fortuna,** um 1951
Vor dem Übergang zur mechanisierten Erzgewinnung bestanden die Überhauen zwischen der Fördersohle und der Lagerstrecke meist aus einem Sturz- und Fahrtrum, wobei eine Schalung aus Stempel und Bohlen die Unterteilung bildete. Das Fahrtrum diente zugleich zur *Bewetterung* der Abbaue.

Auf dem rechten Foto schüttet der Schlepper Otto Schneider aus Tiefenbach den Inhalt des Schnabel-Drehkippers in den Sturztrum, während der Hauer Walter Hofmann aus Niederbiel gerade den Fahrtrum verlassen hat. Diese Aufnahme entstand oberhalb der 150 m-Sohle. Das untere Foto wurde auf der Fördersohle (150 m-Sohle) aufgenommen. Hier ist die Doppelfunktion des Überhauens noch deutlicher zu sehen. Dargestellt ist das Abziehen des Erzes aus einer typischen Lahntaler Rollschnauze mit doppeltem Bretterverschluß (die oberen Bretter in Höhe der Stempel hatten die Funktion, die Dosierung zu regeln, und durch Anheben der unteren wurde der Förderwagen gefüllt). Gleichzeitig ist ein Bergmann beim Betreten der hölzernen Fahrten des Fahrtrums zu sehen. (R. H.)

Abb. 121: **Grube Fortuna,** um 1951

Abb. 122: **Grube Fortuna,** um 1951

Abb. 123: **Grube Fortuna,** um 1975

Bis zum Einsatz von mit Dieselmotoren ausgerüsteten Fahrzeugen in der Erzgewinnung ab 1971 bestand auf Grube Fortuna eine natürliche Wetterführung. Danach wurde am Fuße des in einer Entfernung von rund 1,5 Kilometer westlich des Hauptblindschachtes 1959/60 hergestellten Wetterbohrloches ein Lüfter zur Verbesserung der Wetterführung installiert. Dieses Gerät erlangte seine volle Bedeutung insbesondere in den Übergangstagen vom Herbst zum Winter und vom Winter zum Frühjahr, wenn der durch das Temperaturgefälle zwischen der Außen- und der Grubenluft bedingte Wetterzug bei gleichhoher Temperatur unterbrochen war.

Vor dem Einsatz eines Rohres im unteren Teil des Wetterbohrloches wurde die Grube auf diesem Wege einziehend bewettert. Um die mit den ausziehenden Wettern im Hauptblindschacht und Förderstollen verbundene Nebelbildung aufzuheben, wurde der Wetterstrom mit dem Lüfter und dem in das Wetterbohrloch eingebauten Rohr umgekehrt (durch den hohen Wasseranfall in dem Wetterbohrloch war es vorher zwangsläufig zu einem einziehenden Wetterstrom gekommen). Bedingt durch die hohe Feuchtigkeit in dem Wetterbohrloch entstand durch den ausziehenden Wetterstrom die deutlich sichtbare Nebelsäule.

Mit der zunehmenden Zahl der Dieselfahrzeuge in der Grube reichte das 650-Millimeter-Wetterbohrloch nicht mehr aus. Daraufhin wurde ebenfalls auf der 100 m-Sohle 1979/80 ein Wetterüberhauen mit einem Querschnitt von 2,16 Quadratmeter angesetzt, das im Sommer 1980 mit der Tagesoberfläche durchschlägig wurde. Dieses Wetterüberhauen erhielt einen größeren, vom Zechenhaus aus ferngesteuerten Lüfter, so daß man sowohl die Wetterrichtung als auch die Wettermenge regeln und maximal 1200 Kubikmeter Luft pro Minute nach über Tage blasen konnte.

Parallel mit der Herstellung des Wetterüberhauens wurden die drei oberen Sohlen der Grube durch Wettertüren gegen den einziehenden Schacht abgeschottet. Dies hatte zur Folge, daß der gesamte Wetterstrom von der 250 m-Sohle aus verteilt über alle Abbaue zum ausblasenden Wetterüberhauen ziehen mußte.

(R. H.)

Abb. 124: **Grube Fortuna,** um 1975

Beim Streckenvortrieb im Bereich des Nordlagers wurden ab 1952 Lademaschinen des Typs LM 30 von Atlas Copco eingesetzt. Diese schienengebundenen Schaufellader warfen das Fördergut über Kopf in den dahinter stehenden Förderwagen. Die Aufnahme zeigt *Hauer* Werner Diehl aus Ehringshausen Mitte der siebziger Jahre beim Streckenvortrieb auf der 150 m-Sohle.

Etwa seit 1960 wurden die schienengebundenen Wurfschaufellader nicht mehr ausschließlich im Streckenvortrieb, sondern teilweise auch in der Erzgewinnung eingesetzt. Im wesentlichen erfolgte hier jedoch die Mechanisierung der Ladearbeit durch Schrapper (siehe Abb. 291). In seinem Jahresbericht 1960/61 führt der damalige Betriebsführer Heinrich Stamm in diesem Zusammenhang aus: »*Die rückläufige Entwicklung des Belegschaftsstandes, und die immer mehr wirksam werdenden Erzeinfuhren des Auslandes, sowie die steigenden Lohnkostenanteile müssen zu immer mehr steigenden Leistungen führen.*« Tatsächlich erhöhte sich die Gesamtleistung pro Mann und Schicht von 2,26 Tonnen im Geschäftsjahr 1959/60 auf 3,89 Tonnen Erz im Geschäftsjahr 1961/62. Im gleichen Zeitraum stieg die Förderung von 69 995 Tonnen auf 71 300 Tonnen, während sich die Belegschaft von 123 auf 85 Mann vermindert hatte.

Als weitere Rationalisierungsmaßnahme wurde im Geschäftsjahr 1960/61 der Nebenblindschacht auf der 150 m-Sohle stillgelegt, der seit 1955 eine *Teufe* von 100 Metern hatte. Bereits 1953/54 war die Schachtscheibe des Hauptblindschachtes auf der 200 m-Sohle unterfahren und der Schacht bis zur 150 m-Sohle hochgebrochen worden. In den Geschäftsjahren 1956/57 und 1957/58 wurde der Hauptblindschacht bis zur 250 m-Sohle abgeteuft.

Bis auf die Montage der neuen Kompressorenanlage, die aus vier Kompressoren mit einer Gesamtleistung von rund 97 Kubikmetern pro Minute bestand, war die Modernisierung der Grube Fortuna im Jahre 1958 abgeschlossen. Im selben Jahr sanken erstmals die Weltmarktpreise für Eisenerz. Der anhaltende Preisverfall führte dazu, daß im Oktober 1961 Krupp, Hoesch und die Klöckner-Werke als Anteilseigner der Harz-Lahn Erzbergbau AG erklärten, daß sie ihre Bezüge von Harz-Lahn-Erzen ab Januar 1962 um 20 Prozent reduzieren und Ende 1962 ganz einstellen würden. Daraufhin kam auch die Grube Fortuna am 31. Dezember 1962 zum Erliegen.

(R. H.)

Abb. 125: **Grube Fortuna,** um 1975

Der weitere Betrieb der Grube Fortuna war durch ein Zusammentreffen von verschiedenen Umständen bedingt: Von entscheidender Bedeutung war der Mut des Vorstandes der Bergbaugesellschaft, den Stillegungsbeschluß des Aufsichtsrates nicht konsequent zu vollziehen. Anläßlich der Förderung der viermillionsten Tonne Eisenerz am 1. August 1975 erinnerte der Leiter der Betriebsgruppe Lahn-Dill-Gebiet der Barbara Rohstoffbetriebe GmbH, Hans Prüßner, daran, daß das Bergwerk vor 12 Jahren mit einem *»wagemutigen Husarenstück unterderhand«* weitergeführt worden sei. Mit einer Restbelegschaft von etwa 20 Mann wurden zwar die Schrapper ausgebaut, nicht aber die Gleise und Rohrleitungen. Gleichzeitig wurden in einzelnen Lagerpartien Untersuchungsarbeiten zur Gewinnung von *Temperroherz* aufgenommen, wobei die Landesregierung über das Oberbergamt Wiesbaden trotz des Stillegungsbeschlusses eine Subventionierung dieser Arbeiten zusagte. Das bei den Untersuchungsarbeiten anfallende Hüttenerz ging zum Teil auf Halde, zum Teil wurde es an die Kleinabnehmer der Grube geliefert. Das gewonnene *Temperroherz* wurde zur Tempererzaufbereitung der Grube Waldhausen versandt. Die Weiterführung des Betriebes wurde schließlich auch durch die Wasserabnahme seitens der Stadt Wetzlar erleichtert. Durch die Verhandlungen über einen weiteren Wasserbezug verzögerte sich der Ausbau der Pumpen, so daß die Grube vor dem Ersaufen bewahrt blieb.

Im zweiten Halbjahr 1963 gingen einzelne Hüttenwerke im Ruhrgebiet dazu über, wieder mehr Roteisensteine mit hohem Eisen- und Kieselsäuregehalt den eisenreichen aber schlackenarmen Auslandserzen als Schlackenträger zuzusetzen, um somit im Hochofen die Schlacke besser nach oben zu bringen. Daraufhin erfolgte im Oktober 1963 die Wiederaufnahme der regelmäßigen Erzgewinnung. Die Stillegung der beiden letzten Eisenerzgruben im Siegerland am 31. März 1965 führte zu einer verstärkten Nachfrage durch die Hochofenwerke dieses Reviers. Der Bedarf an Fortuna-Erz Mitte der sechziger Jahre wird auch daran deutlich, daß zu dieser Zeit die Differenz zwischen den Selbstkosten und den Verkaufserlösen ihren höchsten Stand seit dem Ersten Weltkrieg erreichte.

Seit dem Geschäftsjahr 1963/64 wurden auf Grube Fortuna gummibereifte Wurfschaufellader des Typs T2G von Atlas Copco in der Erzgewinnung eingesetzt. Hierdurch stieg die Abbauleistung um etwa drei Tonnen auf über 10 Tonnen je Hauerschicht. Von 1963/64 bis 1969/70 stieg die Förderung von 50 580 Tonnen auf 101 708 Tonnen Erz, während sich die Zahl der Belegschaftsangehörigen lediglich von 52 auf 86 Personen erhöhte. Das Foto zeigt den Hauer Walter Hofmann aus Niederbiel bei der Bedienung eines T2G im Abbau 4 auf der 200 m-Sohle. (R. H.)

Abb. 126: **Grube Fortuna,** 1974

Nach dem Übergang der Harz-Lahn Erzbergbau GmbH in Weilburg an die Barbara Erzbergbau GmbH in Düsseldorf mit Wirkung vom 1. Oktober 1970 begann auf Grube Fortuna im folgenden Jahr eine bis 1981 anhaltende Modernisierungsphase. Mitte 1971 wurde der erste Schaufellader mit Dieselmotorantrieb eingesetzt. Durch seine kompakte Bauweise war der Eimco 911-LHD mit 38 PS bereits für Grubenräume ab vier Quadratmeter Querschnitt geeignet.
Mit der Einführung der LHD-Technik (L = Load/Laden, H = Haul/Transportieren, D = Dump/Kippen) sollte die Abbauleistung und damit die Gesamtleistung pro Mann und Schicht erhöht und gleichzeitig der Einsatz von mit Preßluft getriebenen Lademaschinen wegen der hohen Energiekosten reduziert werden. Bei der Gesamtleistung pro Mann und Schicht war in den Geschäftsjahren 1970/71 und 1971/72 trotz des Einsatzes des Diselladers in der Erzgewinnung eine Stagnation bei 5,3 Tonnen zu verzeichnen. Die Erklärung hierfür ist darin zu sehen, daß erst Fahrwege für den Schaufellader hergestellt werden mußten, hinzu kam eine verstärkte Aus- und Vorrichtung der Lagerstätte seit der Übernahme durch die Barbara Rohstoffbetriebe GmbH, die als Betriebsführungsgesellschaft für die Werke der Barbara Erzbergbau GmbH und der Harz-Lahn Erzbergbau GmbH mit Wirkung vom 1. April 1971 gegründet worden war.
In den Geschäftsjahren 1968/69 und 1969/70 wurde mit 103 472 Tonnen bzw. 101 708 Tonnen erstmals in der Geschichte der Grube Fortuna die 100 000-Tonnen-Grenze überschritten. Als Folge der zurückgehenden Produktion von Gießerei-Roheisen ging der Absatz von Fortuna-Erz seit Juli 1971 von bisher rund 8500 Tonnen im Monat auf etwa 6000 Tonnen zurück. Die Förderung sank von 92 769 Tonnen 1970/71 auf 71 540 Tonnen 1971/72, parallel hierzu wurde die Zahl der Belegschaftsangehörigen von 87 auf 63 Personen vermindert.
Die 1974 entstandene Aufnahme zeigt Hauer Alfred Bangert aus Ernsthausen bei der Ladearbeit mit einem Eimco 911-LHD im Abbau 5 auf der 250 m-Sohle. (R. H.)

Abb. 127: **Grube Fortuna,** 1974

Abb. 127 und 128: **Grube Fortuna,** 1974
Seit Januar 1973 befand sich der abgebildete Bohrwagen Tamrock Minimatic MR 500 im Abbau 5 auf der 250 m-Sohle im Einsatz. Bei einer Breite von 1,55 Metern und einer Höhe von 1,78 Metern handelte es sich auch hier um ein kleines Modell, das nach Angaben der Herstellerfirma jedoch »die gleiche Vortriebsleistung wie größere Modelle« erreichte.
Der maximale Luftverbrauch dieses Bohrwagens bei 7 bar betrug 18 Kubikmeter pro Minute. Da die Kompressorenstation über Tage hierfür keinen ausreichend hohen Druck lieferte, wurde in Abbaunähe eine Atlas Copco Kompressoren-Anlage des Typs ER 5 mit einer Leistung von 25 Kubikmeter pro Minute bei 7 bar installiert. Eine Einspeisung in das Druckluftnetz der Grube war bei Bedarf möglich. Auf beiden Fotos sind Hochöfner der Stahlwerke Südwestfalen in Geisweid zu sehen, die sich hier auf einer Grubenfahrt mit dem Leiter der Betriebsgruppe Lahn-Dill-Gebiet der Barbara Rohstoffbetriebe GmbH, Hans Prüßner (mit Karbidlampe), befinden. Das Hochofenwerk in Geisweid war 1974 mit einem Erzbezug von bis zu 5000 Tonnen pro Monat der größte Abnehmer der Grube Fortuna. (R. H.)

Abb. 128: **Grube Fortuna,** 1974

Abb. 129: **Grube Fortuna, um 1981**

Mit der Konjunkturbelebung in der Eisen- und Stahlindustrie im Laufe des Jahres 1973 erhöhten sich auch die Abrufe von Fortuna-Erz. Der steigende Erzabsatz führte dazu, daß das Bergwerk ab 1. April 1974 zweischichtig betrieben wurde und seit diesem Zeitpunkt eine aus 28 Bergleuten und 2 Steigern bestehende Arbeitsgruppe der Sachtleben GmbH auf Grube Fortuna tätig war. Die Bergleute der Sachtleben GmbH kamen von der am 31. Januar 1984 stillgelegten Metallerzgrube in Ramsbeck im Sauerland. Zu ihrer Ausrüstung gehörten ein Eimco 911-LHD und ein Eimco 912-LHD. Als Arbeitsbereich erhielten sie die Abbaue 13 und 15 auf der 100 m-Sohle.

Bereits seit dem Geschäftsjahr 1972/73 war auf Grube Fortuna ein zweiter Eimco 911-LHD im Einsatz. 1973/74 kam noch ein Eimco 912-LHD hinzu. Somit waren 1974 insgesamt fünf Radlader in der Grube. Die Aufnahme zeigt einen Eimco 912-LHD im Abbau 6 auf der 150 m-Sohle, der von Kurt Töpper aus Kraftsolms gefahren wird, rechts im Bild sind neben dem Bohrarm des Atlas Copco Bohrwagens Oskar Klimaschewski aus Katzenfurt und Reinhard Hofmann (rechts) aus Altenkirchen zu sehen.

Der Eimco 912-LHD war für Grubenräume ab sechs Quadratmeter Querschnitt geeignet. Gegenüber dem 911-LHD konnte mit diesem Radlader eine mehr als dreimal so hohe Leistung erbracht werden. Neben dem größeren Fassungsvermögen der Schaufel (1,72 Kubikmeter gegenüber 0,76 Kubikmeter) und dem stärkeren Motor (78 PS gegenüber 38 PS) war dies durch die größeren Räder und somit günstigerem Fahrverhalten bedingt. Außerdem wurde durch die seitliche Sitzanordnung das Rückwärtsfahren wesentlich erleichtert. Als Abbauverfahren wurde je nach Einfallen des Lagers schwebender oder fallender *Örterbau* mit Stehenlassen von Erzfesten angewandt, wobei die Abbaustrecken auf etwa sechs Meter Breite aufgefahren und die Erzpfeiler mit einer Grundfläche von etwa neun Quadratmetern bemessen wurden (siehe Abb. 447).

Bei einer Gesamtbelegschaft von 99 Mann wurde im Januar 1975 mit 13 850 Tonnen die höchste Monatsförderung in der Geschichte der Grube Fortuna erbracht, zugleich wurde im Geschäftsjahr 1974/75 mit 130 663 Tonnen auch die höchste Jahresförderung erzielt; die Gesamtleistung pro Mann und Schicht betrug 7,4 Tonnen. – Die höchste Monatsförderung im hessischen Eisenerzbergbau hatten im August 1918 die Gießener Braunsteinbergwerke mit 23 700 Tonnen, bei einer Belegschaft von 1470 Mann. (R. H.)

Abb. 130: **Grube Fortuna,** 1982

Das Ende der Hochkonjunktur in der Eisen- und Stahlindustrie hatte für die Grube Fortuna zur Folge, daß ab März 1975 ein Teil der Förderung keinen Absatz mehr fand und aufgehaldet werden mußte. Die Bergleute der Sachtleben GmbH verließen die Grube am 30. Juni 1975. Mit der Einstellung des Erzbezuges durch die August-Thyssen-Hütte und die Stahlwerke Südwestfalen im Jahre 1978 kam es zu einer Verschärfung der Absatzprobleme und zu einem weiteren Anwachsen der Haldenbestände, die Mitte 1979 rund 120 000 Tonnen erreichten (einschließlich etwa 20 000 Tonnen *Temperroherz,* die bei der Aufbereitung in Waldhausen gelagert waren).

Im Juli 1979 wurden vom Bundesministerium für Forschung und Technologie Mittel für ein dreijähriges Forschungsprogramm auf Grube Fortuna bewilligt, dessen Kosten zu zwei Dritteln vom Bund und zu einem Drittel von den Barbara Rohstoffbetrieben getragen wurden. Das Forschungsvorhaben hatte zum Ziel, alternative Bohrverfahren zum Druckluftbohren zu erproben.

Zur Durchführung des Forschungsprojektes war seit April 1980 im Abbau 6 auf der 150 m-Sohle ein vollhydraulischer einarmiger Bohrwagen des Typs Promec TH 490 von Atlas Copco im Einsatz. Der Antrieb der Bohrhydraulik erfolgte durch den Dieselmotor des Gerätes, der mit einem Katalysator, einem Mischbehälter und einem Abgaswäscher ausgestattet war. Im Hinblick auf die Verwendung dieses Bohrwagens war zuvor die Wetterführung verbessert und umgestellt worden (siehe Abb. 123).

Das Forschungsprojekt endete im Dezember 1982 aufgrund der bevorstehenden Stillegung der Grube Fortuna. In dem wegen seiner Härte schwer bohrbaren Gestein gelang es, Bohrgeschwindigkeiten von bis zu zwei Metern pro Minute zu erreichen, was eine Leistungssteigerung um etwa 300 Prozent gegenüber dem Einsatz von Druckluftbohrhämmern bedeutete. Für den Dauerbetrieb ermittelte man einen Bohrmeterpreis von etwa 5 DM und somit eine Kosteneinsparung von 40 Prozent im Vergleich zu dem druckluftbetriebenen Bohrwagen.

Auf dem Foto ist das Gerät mit stationären und flexiblen Hochdruckleitungen für einen Bohrversuch mit Hochdruckwasser ausgerüstet, der sich zwar als grundsätzlich durchführbar erwies, unter den gegebenen Bedingungen aber einen zu hohen Energieaufwand erforderte. (R. H.)

Abb. 131 und 132: **Grube Fortuna**

Das obere Foto zeigt Hauer Heinz Legner aus Falkenbach beim Laden eines Sprengloches mit einer aus Ammon-Gelit bestehenden Schlagpatrone, die einen elektrischen Zünder enthält. Der Ladestock diente zum Einschieben der Patrone in das Sprenglochtiefste. Anschließend wurde der verbleibende Hohlraum mit gekörntem Andex-Sprengstoff aufgefüllt, hierzu waren Druckkessel-Einblasgeräte vorhanden. Seit Februar 1981 befand sich im Bereich der 150 m- und 100 m-Sohle ein Sprengfahrzeug im Einsatz, das mit einer schwenk- und ausziehbaren Hubbühne ausgestattet war. Dieses Gerät wird hier von Maschinensteiger Herbert Konrad aus Hirzenhain gefahren.

Nach der Einführung des Naßbohrens konnte es vorkommen, daß Sprengkapseln und Zündschnüre in nassen Sprenglöchern feucht wurden und dadurch nicht zündeten. Auf nichtgezündete Schüsse mußte sehr geachtet werden, da die Gefahr bestand, daß sie später angebohrt und dann zur Explosion kommen konnten. Mit der Einführung des elektrischen Schießens auf der Grube Fortuna ab 1960 war dieses Problem gelöst.

Im Jahre 1967 wurde auf Grube Fortuna erstmals mit gekörntem Andex-Sprengstoff gearbeitet, der ein schnelles Laden der Sprenglöcher ermöglichte und wesentlich kostengünstiger war als andere Sprengstoffe. Im Februar 1974 wurde eine zentrale Fernzündanlage für die gesamte Grube in Betrieb genommen, wobei alle Sprengschüsse am Ende der letzten Schicht – nach dem Ausfahren aller Bergleute – von der Stollensohle aus mit einer elektrischen Zündmaschine abgetan wurden. (R. H.)

Abb. 131: **Grube Fortuna,** 1977

Abb. 132: **Grube Fortuna,** 1981

Abb. 133 und 134: **Grube Fortuna,** 1977

Seit 1977/78 waren lediglich noch drei Großabbaue in Betrieb. Hierbei handelte es sich um einen Abbau auf der 100 m-Sohle (der aus den früheren Abbauen 13 und 15 entstanden war), den Abbau 6 im Bereich der 150 m-Sohle und den Abbau 5 auf der 250 m-Sohle.
Der von Hauer Walter Hofmann aus Niederbiel gesteuerte Eimco 911-LHD kippt eine Schaufel Erz in eine Sturzrolle auf der 100 m-Sohle. Auf der nächsttieferen Sohle (150 m-Sohle) wurde das Erz dann durch eine Rollschnauze mit mechanischem Verschluß in die Förderwagen abgezogen. Auf dem unteren Foto ist Hermann Erbe aus Freienfels bei dieser Tätigkeit zu sehen. Die Fahrer der Schaufellader mußten darauf achten, daß nicht allzu dicke Erzbrocken in die Rolle gekippt wurden, da dies bei den verhältnismäßig engen Rollschnauzen zu erheblichen Störungen beim Füllen der Förderwagen führen konnte. (R. H.)

Abb. 134: **Grube Fortuna,** 1977

Abb. 135: **Grube Fortuna,** 1977

Auf allen drei Fördersohlen (150 m-, 200 m- und 250 m-Sohle) wurden die gefüllten Förderwagen in Zügen von 15 bis 20 Wagen mit Akkuloks zum Schacht gefahren. Der Hauer und Lokführer Albert Winter aus Selters ist hier auf der 150 m-Sohle mit einem Erzzug zum Schacht unterwegs. Die Loks waren mit 6,5 kW-Motoren ausgerüstet. Die Kapazität einer Batterie reichte für eine Schicht, so daß die Batterien in den Ladestationen unter Tage jeweils über Nacht wieder aufgeladen werden mußten. An der *Firste* sind (v. l. n. r.) das Schutzrohr für das Elektrokabel, die Druckluftleitung, die Bohrwasserleitung und das Stromkabel der Fernzündanlage zu sehen. (R. H.)

Abb. 136: **Grube Fortuna,** um 1980

Der hier sichtbare Gegensatz zwischen Licht und Dunkel ist charakteristisch für das Bergmannsleben überhaupt. Die Polarität zwischen der Welt unter Tage, dem Ausgeschlossensein vom Sonnenlicht, und der Helligkeit über Tage prägt das Erleben und Empfinden jedes Bergmannes. Durch die Arbeit unter Tage ist er mit der Erde besonders stark verbunden. Seine Arbeitswelt nimmt er mit größerer Intensität wahr als die Angehörigen anderer Berufe. Der Schein der Lampe begrenzt den sichtbaren Raum, so daß der Bergmann den nicht sichtbaren Bereich mit all seinen Sinnen erfühlen und erfassen muß. Die Abgeschiedenheit seines Arbeitsplatzes verstärkt die Beziehung zu allem, was ihn umgibt.

Die Gemeinschaft der unter Tage Tätigen ist in hohem Maße aufeinander angewiesen, gleichsam schicksalhaft miteinander verbunden. Die gemeinsame Erfahrungswelt spiegelt sich in bergmännischen Bräuchen und Traditionen. Dazu gehört der auch auf der Grube Fortuna gepflegte Brauch, an Weihnachten einen mit Lichtern geschmückten Christbaum unter Tage aufzustellen. Hier kommt die Sehnsucht nach dem »Licht der Welt« im umfassenden Sinne zum Ausdruck.

Nach getaner Arbeit tritt der Bergmann aus dem Dunkel in den hellen Tag. Er erlebt bewußter als andere Licht, Luft und Sonne und die Lebensformen der Natur über Tage. Der täglich wechselnde Kontrast zwischen dem Dunkel und der Helligkeit, das tägliche Heraustreten aus den Bedingungen unter Tage – im Gegensatz zu denen über Tage –, läßt ihn die Natur sinnlicher erfahren und erleben. Des Bergmanns Naturverbundenheit ist sowohl die Verbundenheit mit der Erde als auch die Sehnsucht nach Licht und Sonne. (R. H.)

Abb. 137: **Grube Fortuna,** 1975

Die Belegschaft des Bergwerkes hatte in den Jahren 1974 und 1975 zweimal Grund zum Feiern: Am 7. September 1974 wurde das 125jährige Bestehen der Grube Fortuna im Rahmen eines Bergmannsfestes gefeiert und am 1. August 1975 die viermillionste Tonne Eisenerz gefördert.

Als Einstieg zu seiner Festrede im Jahre 1974 griff Bergwerksdirektor Jürgen Hennies auf ein Bild der römischen Mythologie zurück: Nur wer im rechten Augenblick zugegriffen habe, wenn Glücksgöttin Fortuna mit ihrem Füllhorn auf einer Kugel vorbeigerollt sei, habe etwas von ihrem Segen erhalten. Daß es stets Männer gegeben habe, die im rechten Moment auf der (Grube) Fortuna das Glück beim Schopf gepackt hätten, sei der Grund dafür, daß man nun dieses Bergmannsfest begehen könne. Als das Grubenfeld Fortuna am 3. Mai 1849 an den Fürsten zu Solms-Braunfels verliehen worden sei, habe noch niemand geahnt, daß es sich um eine der mengen- und analysenmäßig besten Lagerstätten im Lahn-Dill-Revier handelte. Durch ständige Untersuchungsarbeiten seien immer neue Lagerpartien erschlossen worden. Abschließend wies Hennies darauf hin, daß die Fördermenge von 3400 Tonnen im Jahre 1874 auf 110 000 Tonnen im Geschäftsjahr 1973/74 gestiegen sei und sich die Leistung pro Mann und Schicht in diesem Zeitraum von 0,5 auf 6,5 Tonnen erhöht habe.

Nach dem Schachteinsturz am 21. Juni 1943 wurde der Erzvorrat der Grube Fortuna mit 250 000 Tonnen beziffert. Aufgrund der im selben Jahr aufgenommenen und bis 1960/61 fortgesetzten Tiefbohrungen sowie der bergmännischen Aus- und Vorrichtung der einzelnen Lagerstättenteile veranschlagte der Geologe Horst Quade die Eisenerzvorräte der Grube Fortuna (innerhalb von 16 zusammengelegten *Grubenfeldern*) mit einer Million Tonnen sicherer, drei Millionen Tonnen wahrscheinlicher und zwei Millionen Tonnen möglicher Vorräte. Von 1969 bis zur Einstellung der Erzgewinnung am 4. März 1983 wurden 1,25 Millionen Tonnen gefördert. Die sicheren Vorräte zum Zeitpunkt der Stillegung werden von dem letzten Betriebsführer der Grube Fortuna, Helmut Stahl, mit rund einer Million Tonnen beziffert. Die im Jahre 1972 von dem früheren Bergwerksdirektor Ernst Albrecht Scheibe aufgestellte Vermutung, daß die größte Eisenerzlagerstätte des Lahngebietes im Bereich der Grube Fortuna vorhanden sei, dürfte zutreffend sein. Die Mechanisierung in der Erzgewinnung kommt auch darin zum Ausdruck, daß man für die Förderung der ersten Million Tonnen 65 Jahre benötigte, während die vierte Million Tonnen in nur elf Jahren abgebaut wurde. Insgesamt förderten die Bergleute der Grube Fortuna etwa 4,6 Millionen Tonnen Eisenerz. (R. H.)

Abb. 138: **Grube Fortuna,** 1979

Bei der Drahtseilbahn Fortuna-Albshausen handelte es sich um eine Zweiseilbahn, die aus je einem festliegenden Tragseil auf der Voll- und Leerseite und einem endlos umlaufenden Zugseil bestand, an dem die Seilbahnkörbe mit einer selbsttätig wirkenden Klemmvorrichtung befestigt waren. In der Beladestation unterhalb der Aufbereitung kuppelten sich die auf der Leerseite ankommenden Seilbahnkörbe selbsttätig vom Zugseil ab und wurden anschließend von Hand zum Bunkeraustrag geschoben.

Das Foto zeigt den Bergmann Reinhard Hofmann aus Altenkirchen beim Füllen eines Seilbahnkorbes. Bei dieser Tätigkeit mußte das Fördergefäß mit den Oberschenkeln so weit angedrückt werden, daß es sich etwa in der Mitte unter dem Bunkeraustrag befand, damit der Korb gleichmäßig beladen wurde. Auf dem Bild ist auch die Konstruktion der

Abb. 138: **Grube Fortuna,** 1979

Abb. 139: **Grube Fortuna,** um 1975

Für den Betrachter bot die Drahtseilbahn über das Lahntal ein malerisches Bild. Für die Handwerker und Bergleute der Grube Fortuna war die Arbeit auf den hier bis zu 32 Meter hohen Seilbahnmasten dagegen alles andere als beschaulich, insbesondere im Winter bei Schnee und Eis. Die Wartungs- und Reparaturarbeiten waren sowohl anstrengend als auch gefährlich.

Besonders arbeitsaufwendig war die jeweils in Teilstücken erfolgende Erneuerung der Tragseile, die einen Durchmesser bis zu 38 Millimeter hatten. Zunächst mußten die Tragseil-Spanngewichte entlastet und das alte Seil von den Stützen abgelegt und getrennt werden. Nachdem das neue Seilstück ausgezogen und die Länge genau eingemessen war, wurde das Seilende durch Spreizen der einzelnen Drähte, eine gründliche Reinigung und das Verzinnen für das Vergießen in der Verbindungsmuffe vorbereitet. Die Vergußmasse wurde im Feldschmiedefeuer und später mit dem Azetylenbrenner erhitzt.

Nach Fertigstellung der Muffenverbindung auf beiden Seiten des Seiles wurde dies mit einer Handwinde (an der bis zu vier Mann drehen mußten) und in den letzten anderthalb Jahrzehnten mit der Seilwinde eines Unimogs zusammengezogen, so daß die Verbindung zu dem nicht erneuerten Teilstück, das in den beiden Arbeitsbereichen ebenfalls von den Masten genommen war, hergestellt werden konnte. Das hier sichtbare Auflegen des Tragseiles wurde mit Montagebock, Seilwaage und Handwinde, seit Mitte der sechziger Jahre mit fest installierten Galgen, Seilwaage und Unimog-Seilwinde durchgeführt.

(R. H.)

Seilbahnkörbe gut zu erkennen, die aus einem Zweiradlaufwerk, dem Gehänge mit der Klemmvorrichtung und dem Kasten bzw. Korb bestand. Die vollen Körbe wurden anschließend auf der ebenfalls sichtbaren Schiene bis zur Waage geschoben und nach dem Verwiegen in bestimmten Abständen auf die Strecke geschickt.

In der Entladestation in Albshausen liefen die Seilbahnkörbe nach dem selbsttätigen Lösen der Klemmverbindung im Schienengefälle fast zu den Erzbunkern. Nach dem Lösen der Haltevorrichtung des Korbes wurde der Inhalt per Hand abgekippt, danach bis zum Seilanschlag an der Leerseite geschoben, wo im Einlauf der Klemmapparat mit dem Zugseil erneut selbsttätig verbunden wurde. Anfang der sechziger Jahre installierte man eine Transportbahn, wodurch das Schieben der Seilbahnkörbe in der Entladestation entfiel. In der Beladestation arbeiteten vier bis fünf und in der Entladestation drei Mann.

Im Geschäftsjahr 1908/09 lagen die Kosten für den Seilbahntransport pro Tonne bei 63 Pfennig. 1979/80 betrugen die Transportkosten auf der 3280 Meter langen Drahtseilbahn etwa 5 DM; zur selben Zeit kostete der Erztransport von der Grube Fortuna zur Sophienhütte in Wetzlar mit Lastkraftwagen etwa 3 DM pro Tonne. Im März 1980 wurde die Seilbahn stillgelegt. Seitdem diente der Lahnbahnhof Braunfels als Versandstation für Fortuna-Erz. Mit der Inbetriebnahme einer Bandanlage zur Direktbeladung von Lastkraftwagen aus den Fertigerzbunkern der Aufbereitung erreichte die Grube Fortuna im August 1981 ihre letzte Ausbaustufe.

(R. H.)

Abb. 139: **Grube Fortuna,** um 1975

Abb. 140: **Grube Fortuna,** um 1980

Am 4. März 1983 verließ der letzte Erzzug das idyllisch gelegene Stollenportal (siehe Abb. 470). An diesem Tage erlosch der jahrtausendealte Eisenerzbergbau im heimischen Raum. Zu diesem Zeitpunkt lagen rund 130 000 Tonnen Fortuna-Erz und damit weit mehr als eine Jahresförderung auf Halde.

Die Stillegung der Grube Fortuna war eine Folge der weltweiten Rezession und der damit verbundenen Krise in der Eisen- und Stahlindustrie. Seit dem Ende der letzten Hochkonjunktur auf dem Stahlsektor Anfang 1975 wuchsen auf Grube Fortuna die Erzhalden. Bereits am Schluß des Geschäftsjahres 1974/75 betrug der Haldenbestand rund 39 000 Tonnen Stück- und Feinerz.

Lediglich der Feinerzabsatz erfuhr ab August 1979 noch einmal eine ausgesprochene Hochkonjunktur. In jenem Monat waren in der Umgebung eines Zementwerkes in Lengerich nördlich von Münster Rückstände des giftigen Schwermetalls Thallium festgestellt worden, das durch den Einsatz von Schwefelkiesabbränden bei der Zementherstellung freigesetzt worden war. Die Thallium-Verseuchung bei Pflanzen, Tieren und Menschen erregte bundesweites Aufsehen. Um Produktionsverboten zuvorzukommen, entstand sofort eine sehr große Nachfrage nach Fortuna-Erz durch die Zementindustrie, so daß selbst an Samstagen pausenlos Lastzüge beladen werden mußten. Seit Mitte 1980 gingen die Erzabrufe der Zementwerke, die 1979 zu einem Anstieg des monatlichen Versandes von 7000 auf 14 000 Tonnen geführt hatten, wieder stark zurück.

Mit der Stillegung der Hochöfen in Geisweid am 24. September 1978 und in Wetzlar am 31. Oktober 1981 verlor der Betrieb langjährige und regelmäßige Bezieher von Stückerz. Die sporadische Erzabnahme durch Hüttenwerke in Bremen, Nordrhein-Westfalen und Bayern bedeutete keine Existenzbasis. Nachdem der Versand von Feinerz im November 1982 zum Erliegen gekommen war, hatte die Grube Fortuna in den folgenden Monaten überhaupt keinen Absatz mehr. Daraufhin beschloß der Beirat der Barbara Rohstoffbetriebe GmbH am 25. Februar 1983 die Einstellung der Erzgewinnung mit Wirkung vom 4. März.

Am 16. Mai 1983 wurde in Wetzlar der Förderverein Besucherbergwerk Fortuna gegründet. Mit der Übernahme der Anlage durch den Lahn-Dill-Kreis am 1. April 1985 begann ein neuer Abschnitt in der Geschichte der Grube Fortuna. Das abgebildete Stollenportal wird zum Wahrzeichen des Montandenkmals und Besucherbergwerkes Fortuna werden. (R. H.)

Abb. 141: **Grube Schlagkatz,** 1887

Auf dem Foto des *Brauneisenstein*-Tagebaus Schlagkatz oberhalb von Oberbiel an der Straße zur Grube Fortuna wird deutlich, daß der heimische Erzbergbau bis zu dem Bau von Drahtseilbahnen und Grubenbahnen nicht allein für die Bergleute, sondern im Grunde für das ganze Dorf Arbeits- und Verdienstmöglichkeiten bot, wobei allerdings auch die Kinder bereits mithelfen mußten. Am 21. März 1852 wurde das *Grubenfeld* »Schlagkatz« an den Bergmann Johannes Demand aus Altenkirchen, den Drechslermeister Carl Winter aus Braunfels und den Steiger Johannes Kremp aus Philippstein auf Eisen- und *Braunstein* verliehen. Innerhalb des Lagers wurden zunächst lediglich die hochprozentigen *Braunsteinpartien* abgebaut, wobei die Förderung durch kleine Schächte erfolgte. Seit 1862/63 gehörte das Bergwerk

Abb. 141: Grube Schlagkatz, 1887

zu zwei Dritteln Buderus, das restliche Drittel wurde 1871 von Krupp erworben. Als Folge der Mehrheitsbeteiligung von Buderus war der Betrieb intensiviert und im westlichen Teil des *Grubenfeldes* ein Tagebau angelegt worden. Bis zur Stillegung der Grube Schlagkatz wegen Erschöpfung der Lagerstätte am 1. März 1921 förderten hier bis zu 100 Bergleute (1875) seit 1862 752 000 Tonnen Erz. (R. H.)

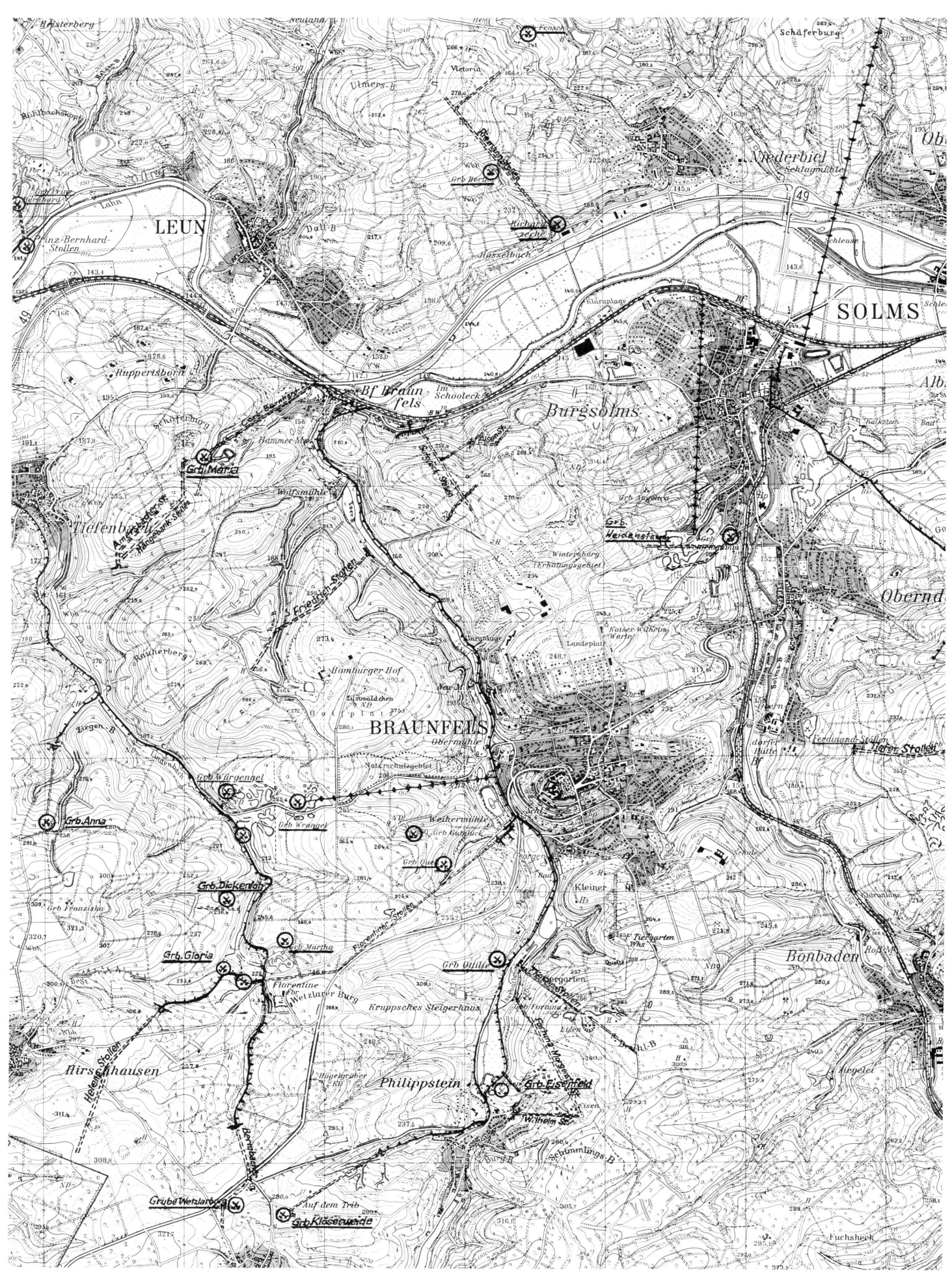

Karte XI   Gruben: **Richardszeche, Prinz Bernhard, Gutglück, Maria, Ottilie, Eisenfeld, Klöserweide, Quäck, Florentine, Wetzlarburg, Wrangel, Dickenloh, Martha, b. Philippstein, Gloria, Anna, Würgengel, Helene**   Maßstab: 1 : 35 000

Abb. 142: **Grube Richardszeche,** um 1940

Unser Bild zeigt die Situation am Mundloch des »Riemann-Stolln«. Dieses direkt oberhalb der Bundesstraße 49 am Industriegebiet von Niederbiel angelegte Bergwerk wurde dem Lehrer Balzer aus Niederbiel am 23. Februar 1856 auf Eisenstein *verliehen.* Der im Volksmund auch »Puricellische Grube« genannte Betrieb (der Name war abgeleitet von einem späteren Eigentümer, den Gebrüdern Puricelli aus Rheinböllen) ging danach am 20. Juni 1880 über an die »Gutehoffnungshütte zu Oberhausen«; diese veräußerte dann im Jahre 1906 an die Firma Buderus in Wetzlar. Dieser letzte Besitzwechsel vollzog sich später noch einmal!
Das Bergwerk *baute* auf einem *Geröll-Lager;* dieses geschah bis zum Jahre 1899 im Tagebau und danach mit einem 55 m tiefen *Haspelschacht.* Das geförderte Erz wurde mit Pferdefuhrwerken zur Bahnstation Albshausen gebracht, um mit der Bahn ins Ruhrgebiet zu gelangen.
Im Jahre 1903 wurde die Grube von Buderus wegen Absatzmangels stillgelegt. Am 15. Mai 1907 wurde dann zur *Löschung* der verschiedenen angeschlossenen *Grubenfelder* am Berghang über der Landesstraße ein Stolln im Schalstein *angesetzt;* dieser war bereits zum Ende des 19. Jahrhunderts vom »Geheimen Bergrath Riemann« vorgeschlagen worden, kam jedoch seinerzeit wegen Finanzierungsschwierigkeiten der Besitzer nicht zustande. Nun erhielt der neue Stolln den Namen »Riemann-Stolln«; er wurde bis zum Jahre 1913 auf eine Gesamtlänge von 1750 m *aufgefahren* und diente bis zur Stillegung der Grube im Oktober 1960 der Erzförderung des Betriebes.
Nachdem das Bergwerk in den zwanziger Jahren mehrfach stillgelegt bzw. der Betrieb reduziert worden war, erwarb die »Gutehoffnungshütte zu Oberhausen« die Anlage am 31. Dezember 1937 wieder zurück. Im Mai 1939 wurden dann 96 Bergleute der stillgelegten Eisenerzgrube Diana in Weilburg (siehe Abb. 225, ebenfalls der »GHH« gehörig) zur Richardszeche verlegt. Nach dem 2. Weltkrieg schied die »GHH« dann auf Grund des Artikels 41 der neuen Hessischen Verfassung (u. a. alle Bergwerksbetriebe gingen in »Gemeineigentum« über!) vom 1. November 1946 vom Besitz aus. Es wurde der Firma Buderus in Wetzlar die Treuhänderschaft dieser Grube übertragen.
Ab 1952 ging das Eigentum dann über an die neugegründete »Hessische Berg- und Hüttenwerke AG« in Wetzlar (kurz: »Berghütte«). Das Bergwerk wurde im Oktober 1960 – wie viele andere Lahngruben ebenfalls – wegen der andauernden Absatzschwierigkeiten stillgelegt. (K. P.)

Abb. 143: **Grube Richardszeche,** 1953

Ein Blick auf den Führerstand der elektrischen Trommel-Fördermaschine am *Blindschacht* auf der Sohle des »Riemann-Stolln«.

Nachdem zum Ende des Jahres 1928 der größte Teil des *Erzlagers* oberhalb des Stolln abgebaut war, entschloß man sich zum Bau eines Blindschachtes auf 30 m *Teufe* unter Stollnsohle; damit erreichte der damalige Eigentümer – die Firma Buderus in Wetzlar – eine *Lösung* des Erzlagers unterhalb des Stolln. Nach der Übernahme des Bergwerkes durch die »Gutehoffnungshütte« in Oberhausen (»GHH«) am 31. Dezember 1937 ließ diese den Blindschacht bis zum Jahre 1941 *weiterteufen* auf 150 Meter. Die Abförderung des Eisenerzes durch den »Riemann-Stolln« erfolgte von nun an mit zwei 15 – 17 PS starken Dieselloks (monatlich etwa 3000 Tonnen).

Deutlich ist auf diesem Bild die Konzentration des Fördermaschinisten zu sehen, von dessen minutiöser Arbeitsweise immer das Leben vieler Bergleute abhing! Dennoch ereignete sich auch auf Grube Richardsszeche bei der *Schachtfahrung* ein schreckliches Unglück, als am 12. Mai 1928 bei der Einfahrt der *Fahrhauer* Konrad Mutz und die *Hauer* Heinrich Rink und Wilhelm Schneider – alle aus Niederbiel – aus ungeklärten Gründen in den Schacht stürzten. Mutz war sofort tot, Rink erlitt einen Schädelbruch, und nur Schneider wurde leicht verletzt, da er auf eine nahe Förderstrecke geschleudert wurde. (K. P.)

Abb. 144: **Grube Richardszeche,** 1953

Hier sieht man Bergmann Heinrich Schmidt aus Leun bei einer Revision des Kabelschachtes auf der Buderus'schen Eisenerzgrube. Da sich die elektrischen Anlagen der Grube in relativ großer Entfernung vom Mundloch des »Riemann-Stolln« am *Blindschacht* unter Tage befanden – zudem die Grube selbst recht weit unterhalb der Gemeinde Niederbiel an der Landstraße lag, erreichte man einen Stromanschluß auf dem kürzesten Wege über einen senkrecht über dem Stolln *aufgefahrenen* Kabelschacht, (ein sog. *Überhauen* welcher bereits 20 Meter über der Stollnsohle im Niederbieler Wald zutage trat; insgesamt hatte der Kabelschacht eine *Teufe* von 124 Metern.

Hier im Bild sehen wir den Bergmann von unten her auf der hölzernen *Fahrte*. Bei derartigen *Befahrungen* – der Kabelschacht mußte ja nur gelegentlich auf seine Sicherheit überprüft werden – entdeckte er eine große Anzahl von Siebenschläfern (mausähnliche kleine Nagetiere, welche 6 bis 7 Monate Winterschlaf halten – daher auch der treffende Name!), welche in den Hohlräumen der *Schachtzimmerung* offensichtlich ein angenehmes (und trotz Entdeckung ungestörtes) Leben führten. Ansonsten aber waren Mäuse oder Ratten im Untertagebetrieb alles andere als beliebt – fraßen diese doch mit Vorliebe innerhalb kürzester Zeit jedes Frühstücksbrot auf! Die Bergleute pflegten daher oft ihren Proviant mit einem Draht an die *Kappe* eines hölzernen *Türstocks* zu hängen; dies war weit und breit die einzige Stelle, welche von den – mit dem Pferdeheu in die Grube gekommenen – findigen und gefräßigen Nagern nicht erreicht werden konnte.

(K. P.)

Abb. 145: **Grube Ottilie,** 1887

Die Belegschaft der fürstlichen Roteisensteingrube hatte sich hier aufgestellt vor dem Mundloch des »Tiefen- oder Ottilien-Stolln« im Tal des Iserbaches bei Braunfels. Auf dem etwa in halber Entfernung zwischen Braunfels und Philippstein gelegenen *Eisensteinlager* wurde schon in der Frühzeit geschürft. Die erste *Verleihung* erfolgte jedoch erst

Abb. 146: **Grube Ottilie,** 1938

am 3. Mai 1849 auf Eisenstein an den Fürsten zu Solms-Braunfels, welcher die Grube offensichtlich nach dem Vornamen seiner Ehefrau taufte. Am 1. Dezember 1906 verkaufte dieser das Bergwerk – zusammen mit allen anderen fürstlichen Erzbergwerken – an die Firma F. Krupp in Essen. Nach diversen Abbauschwankungen – auch Betriebsunterbrechungen – schloß die Grube am 31. Dezember 1962 zusammen mit diversen anderen Lahngruben wegen Absatzmangels die Tore.

Im Jahre 1862 wurde der hier im Bild gezeigte »Tiefe Stolln« vom Iserbachtal aus begonnen (»Iserbach« = Eisenbach), welcher im Jahre 1903 auf einer Gesamtlänge von 470 m, 1915 auf 620 m Länge und im Jahre 1934 schließlich zur Endlänge von 1085 m *aufgefahren* wurde. Ebenfalls im Jahre 1862 wurde das Erzlager von der Gegenseite her – also vom östlichen Solmsbachtal in der Nähe der Gemeinde Bonbaden – durch einen Stolln *aufgeschlossen*, welcher später auf eine Länge von insgesamt 840 Metern erweitert wurde.

Bereits vor der Jahrhundertwende wurde das Erzlager durch einen Tiefbauschacht *(Blindschacht)* bis auf 35 m unter der Stollensohle aufgeschlossen; dieser Betrieb mußte jedoch im Jahre 1903 wegen mangelhafter maschineller Einrichtungen aufgegeben werden und *ersoff* im selben Jahre. In den Jahren 1910 bis 1915 wurden durch Krupp Untersuchungsarbeiten durchgeführt, in deren Verlauf der »Tiefe Stolln« bis auf 620 m Länge erweitert wurde. 1918/19 fand wieder Betrieb statt, und der Stolln kam auf 1000 m Länge. 1923 mußte der Betrieb – wie auch auf vielen anderen hiesigen Gruben – wegen der schlechten Absatzlage erneut *aufgelassen* werden. Das hier im Bild gezeigte Mundloch des »Tiefen- oder Ottilien-Stolln« ist noch heute auf dem Gelände in dieser Grundform – ohne die Zinnen – erhalten geblieben. (K. P.)

Diese aus südlicher Richtung – von Philippstein her – auf das fürstliche Schloß im Bildhintergrund zu fotografierte Aufnahme zeigt uns diejenigen Tagesanlagen der Eisensteingrube, welche sich im Iserbachtale befanden; dabei sehen wir rechts außen das Zechenhaus, etwa in der Bildmitte das Transformatorenhaus (mit dem spitzen Dach), sowie die langgestreckte Erz-Scheidehalle im linken Bildteil (siehe auch Abb. 148). Das Mundloch des »Tiefen Ottilien-Stolln« lag hier rechts außerhalb des Bildes, verborgen hinter dem Zechenhaus – d. h., der eigentliche Grubenbetrieb befand sich im Berg rechts dieser Anlage.

Gerade auch auf diesem Bild ist deutlich erkennbar, daß man schon in der ersten Hälfte unseres Jahrhunderts die Gruben nach gewissen Normen ausstattete; die hübschen Fachwerkhäuser (links und Bildmitte hinten) begegnen uns in nahezu derselben Konstruktion auch auf den anderen Krupp'schen Gruben – z. B. Heinrichssegen (Abb. 64), Magnet (Abb. 243), Fritz (Abb. 230), Laubach (Abb. 91) usw.

Diese Gebäude wurden nach Grubenschließungen recht häufig auch zerlegt – und auf anderen Gruben wieder aufgestellt (z. B. von Grube Klöserweide in Philippstein nach Grube Neuer Eisensegen bei Aumenau, usw.). Aber auch in einer anderen Hinsicht glichen sich die Gruben Ottilie und Neuer Eisensegen: Ebenso wie bei Aumenau, befand sich auch hier bei Braunfels der Holzplatz des Bergwerkes nicht an der eigentlichen Tagesanlage im Tal! Auch bei Grube Ottilie wurde das notwendige Ausbauholz direkt aus dem Walde – in diesem Falle durch den ca. 400 m östlich des Stollnmundloches (dabei etwa 60 Meter höher am Hang) gelegenen »Oberstolln« über einen *Blindschacht* mit *Haspelförderung* – auf die Stollensohle befördert. (K. P.)

Abb. 147: Grube Ottilie, 1938

Ausfahrt aus dem »Tiefen Stolln« der Krupp'schen Eisenerzgrube bei Braunfels. Auf der »Deutz-Lok« sehen wir hier Willi Brumm aus Philippstein, welcher die *Förderwagen* durch das damals noch im ursprünglichen Stil erhaltene Stollenportal ausfährt. Nachdem die Grube im Jahre 1923 stillgelegt worden war, wurde der Betrieb erst 1934 wieder aufgenommen – dabei der »Tiefe Stolln« auf seine endgültige Länge von 1085 m *aufgefahren*. Ab dem 31. Mai 1943 wurde die Grube Ottilie aus wirtschaftlichen Gründen zusammengelegt mit der benachbarten Grube Eisenfeld und fortan als eine Betriebseinheit geführt; die wirkliche Zusammenführung erfolgte jedoch erst im Jahre 1959, als auch räumlich eine Verbindung auf der 180 m-Sohle von Ottilie (180 m unter der Stollensohle) mit der 190 m-Sohle von Eisenfeld aufgefahren wurde. Im selben Jahr war auch der neue *Blindschacht* fertiggestellt worden, wodurch die alte *Fördermaschine* der Grube Heide ersetzt wurde.
Gemäß den Wünschen der verarbeitenden Hüttenwerke nach feinklassiertem Erz wurde zu der Zeit auf Grube Ottilie die damals modernste Aufbereitungs- und Verladeanlage des gesamten Lahnrevieres mit Millionenaufwand errichtet. Alle diese Investitionsanstrengungen gingen jedoch nahezu ins Leere – auch die Grube Ottilie mußte den Betrieb nach 113 Jahren nachgewiesener Tätigkeit beim großen Sterben der Lahngruben im Jahre 1962 einstellen!

(K. P.)

Abb. 147: **Grube Ottilie,** 1938

Abb. 148: **Grube Ottilie,** 1938

Abb. 149: **Grube Bohnenberg,** um 1915

Dieses direkt links am nördlichen Ortseingang von Philippstein gelegene Bergwerk wurde der Firma »Ludwig Erb & Consorten zu Philippstein« am 17. Juni 1847 auf Eisenstein *verliehen;* 1911 übernahm die »Gewerkschaft Bohnenberg zu Philippstein« den Betrieb, welche die Grube ab dem Jahre 1925 zeitweilig stillegte. Nachdem die Buderus'schen Eisenwerke zu Wetzlar 1927 kurzzeitig Erz gewonnen hatten, ging das Eigentum 1936 über auf die »*Gewerkschaft Königsberger Gemarkung*«, welche den Mannesmann-Werken in Düsseldorf (Abt. Bergverwaltung Gießen) gehörte – zu einem Zeitpunkt, da der Maschinenschacht *ersoffen* war. Nach dem erneuten *Sümpfen* und weiteren *Abteufen* des Schachtes *erschloß* Mannesmann ein gutes Brauneisensteinlager, welches jedoch nach der *Teufe* überging in das Krupp'sche Grubenfeld »Eisenfeld«; wegen dieses »Grenzlagers« wurde die Grube im März 1939 schließlich verkauft an die »Sielaberg« (Sieg-Lahn-Bergbau-GmbH). Von da ab wurde die ehemalige Grube Bohnenberg bis zur Schließung der Grube Eisenfeld im Jahre 1962 weitergeführt als »Bohnenbergschacht der Grube Eisenfeld«.

Auf dem im Jahre 1847 verliehenen Grubenfeld wurde eine Erzgewinnung erst ab etwa 1870 betrieben – und zwar in einem kleinen Tagebau mit Stollenbetrieb; dieser Abbau kam aber alsbald wieder zum Erliegen. Nachdem in den Jahren 1907 – 1911 Untersuchungsarbeiten vorgenommen worden waren, wurde 1913 der im Bild gezeigten Maschinenschacht begonnen; dieser wurde 1918 abgeteuft bis auf die 60 m-Sohle. Im Jahre 1925 wurde die Grube wegen stark *zusitzender* Wässer des Iserbaches praktisch eingestellt, und später verkauft. Das Bergwerk galt im Jahre 1939 bei der Übernahme durch die »Sielaberg« bzw. Überführung in den Betrieb der Grube Eisenfeld bis auf eine geringe Erzmenge im *Pfeiler* der Ernstbahn als nahezu *ausgebeutet;* weiterer Betrieb erfolgte dann nur durch Übernahme der gesamten Förderanlagen für die »*konsolidierte* Grube Eisenfeld« (siehe Abb. 157). Unser in südlicher Richtung aufgenommenes Bild zeigt einige Bergleute vor dem Dampfmaschinenhaus bzw. an der *Hängebank* des Maschinenschachtes. (K. P.)

Abb. 148: **Grube Ottilie,** 1938

Diese – vom Iserbachtal aus westlicher Richtung her aufgenommene – Fotografie zeigt uns die Situation an der Erz-Scheidehalle der Roteisensteingrube bei Braunfels-Philippstein im Jahre ihrer Errichtung. Derartige Verlese- und Verladeeinrichtungen gab es zu der Zeit auf verschiedenen Lahngruben (siehe Abb. 65 und 96); dabei beherbergte die auf der mittleren von drei Ebenen der Verladestelle erbaute Holzüberdachung den Erzumschlag von der Gruben-Förderbahn (obere Ebene, im Bildhintergrund) zur Ernstbahn (untere Ebene, hier mit einem Waggon im Bildvordergrund).

Die gesamte Anlage war etwa 50 Meter vor dem Mundloch des »Tiefen Stolln« der Grube Ottilie (siehe Abb. 145 und 146) an der »Station Ottilie« der Ernstbahn gebaut worden (siehe auch Abb. 172); ein recht ähnliches Holzgerüst steht auf diesem Gelände hoch heute. Das Areal befindet sich seit mehreren Jahren in Privatbesitz. (K. P.)

Abb. 150: **Grube Bohnenberg,** um 1915

Abb. 151: **Grube Bohnenberg,** Juli 1927

Diese lustige Gesellschaft befindet sich hier auf der (südlichsten) Station »Philippstein« der Ernstbahn, welche sich direkt unterhalb der Tagesanlagen von Grube Bohnenberg – also leicht rechts außerhalb der Abb. 149 – befand. Zur Zeit unserer Aufnahme lag der Bergwerksbetrieb dort still; der Betrieb wurde jedoch nach der Übernahme durch die »*Gewerkschaft Königsberger Gemarkung*« in Gießen (gehörig den Mannesmannröhren-Werken in Düsseldorf) im Jahre 1936 bzw. beim Übergang an die »Sielaberg« im Jahre 1939 wieder *aufgewältigt* und bis 1962 weitergeführt als »Bohnenberg-Schacht der Grube Eisenfeld«.

Dieses Bild zeigt offensichtlich eine Art »Geschlossener Gesellschaft«, welche sich vor dem Beginn der Vergnügungsfahrt auf dem offenen Sommerwagen der Ernstbahn fotografieren ließ; derartige – allseits offene – Sommerwagen wurden generell nur in den warmen Monaten eingesetzt, und konnten maximal 50 Personen befördern. Vor den Wagen war (hier im Hintergrund, kaum erkennbar) die Lokomotive vom Fabrikat »Jung« (Fa. Jung in Jungenthal/Sieg) gekoppelt; sowohl diese Lok als auch alle Personenwagen wurden mit Einstellung der Personenbeförderung auf der Ernstbahn am 30. Juni 1930 ausgemustert. Der weitere Frachtbetrieb erfolgte mit anderen Dampflokomotiven. Auf unserem Bild sehen wir hier links außen den Schaffner Eichhorn aus Braunfels, und auf dem Puffer des Personenwagens macht der Schaffner Adolf Hardt aus Philippstein seine Späße (Hardt wurde nach Einstellung der Personenbeförderung im Jahre 1930 Steiger auf Grube Eisenfeld! Sein Sohn – Hermann Hardt – begegnet uns wieder bei der Arbeit am »Reifenstein-Stollen« im Jahre 1939, in Abb. 155). Ganz rechts auf dem Personenwagen steht Frau Hardt, mit dem kleinen Sohn Hermann auf dem Arm. Die Dame in der Bildmitte stützt sich auf die Kurbel der damals üblichen unabhängigen Bremse eines jeden Bahnwagens.

(K. P.)

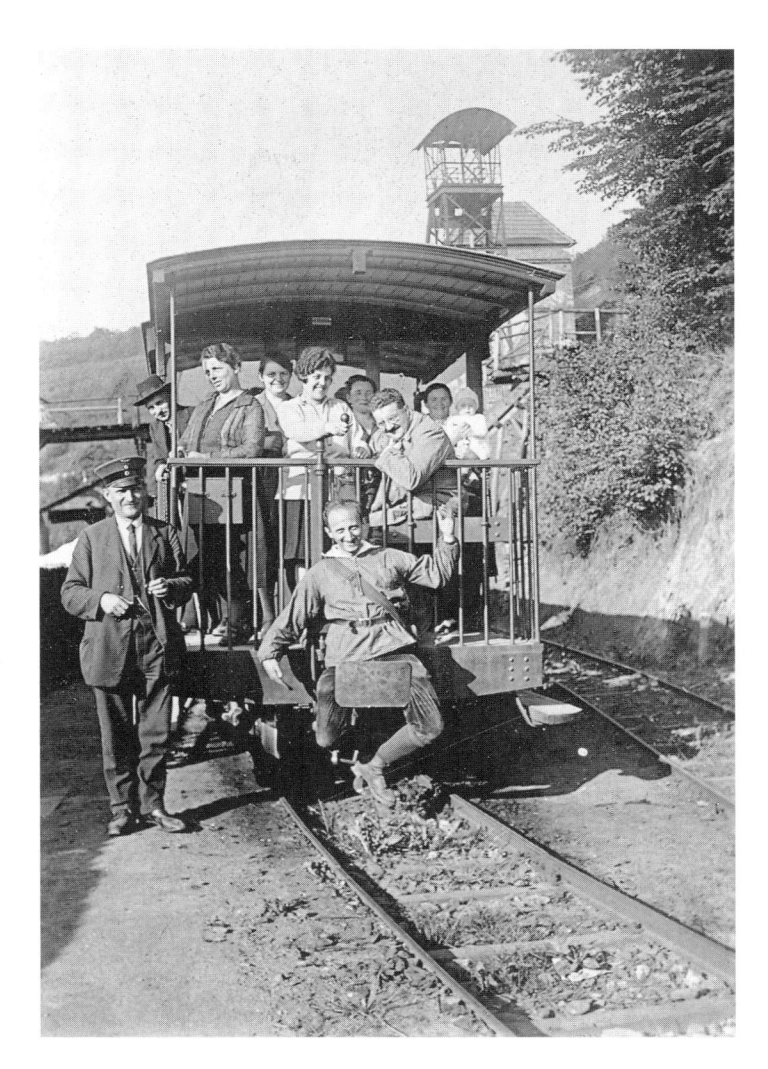

Abb. 150: **Grube Bohnenberg,** um 1915

Wir sehen hier die damaligen Tagesanlagen der Grube, fotografiert in südöstlicher Richtung auf den Brühlberg zu; das Mundloch des »Reifenstein-Stollen« befand sich ab 1936 ca. 200 m weiter hinten im – hier links hinten aus dem Bild laufenden – Iserbachtal, direkt am Hang oberhalb der Ernstbahn (siehe Abb. 155 und 156), im Grubenfeld »Reifenstein«. Oben im Bild erkennt man hier das stählerne Fördergerüst des Dampfmaschinenschachtes, mit dem daneben gebauten Transformator und dem Maschinenhaus; diese beiden Gebäude wurden später durch andere Bauten ersetzt.

Das hier geförderte Eisenerz wurde an der *Hängebank* des Schachtes (oben auf der Trockensteinmauer) *abgezogen* und auf die rechts im Bild erkennbare Erzhalde *gestürzt*; von dort erfolgte die Verladung dann per Hand in die Waggons der Ernstbahn, welche hier im Bildvordergrund stehen. Die spätere (natürlich ungleich effektivere) Erzverladung über *Schurren* neben der hohen Stützmauer (siehe Abb. 159) war hier noch nicht vorgesehen – die Bergleute rechts vorn mußten das auf Halde gekippte Material erst wieder mühsam mit der Schaufel verladen; besser wäre es gewesen, das Erz nicht erst nach unten zu kippen, sondern gleich von oben in die Eisenbahn (siehe Abb. 159). In den Jahren 1911 – 1925 sind auf derartig einfache Art und Weise jedoch immerhin 26 574 Tonnen Eisenerz verladen worden! Die Brücke links im Bild überquerte die Ernstbahn-Trasse sowie den Holzplatz der Grube in ost-westlicher Richtung und führte auf die im Iserbachtal angelegte *Bergehalde;* diese Halde wurde nach der Stillegung im Jahre 1962 abgetragen. Dort befindet sich heute der Festplatz von Philippstein. 1939 ging diese Anlage über auf die benachbarte Grube Eisenfeld und wurde fortan weitergeführt als »Bohnenbergschacht der Grube Eisenfeld«.

(K. P.)

Abb. 152: Grube Eisenfeld, 1887

Die Belegschaft der Krupp'schen Eisensteingrube hat sich hier aufgestellt bei der Tagesanlage am Mundloch des »Fortuna-Morgenstern-Stolln« (auch »Alt-Eisenfeld« genannt), welcher etwa 250 m südlich der Grube Ottilie (siehe Abb. 145–148), am östlichen Rand des Iserbachtales in direkter Nähe der Ernstbahn-Trasse angelegt war (siehe Karte XI). Das im Norden bzw. Nordosten der Gemeinde Philippstein liegende Bergwerk *baute* auf einer der merkwürdigsten dabei aber auch reichsten – Lagerstätten des Lahn-Dill-Revieres; hier gewann man nicht nur den sonst üblichen Roteisenstein, sondern auch den begehrten Eisenrahm – mit Eisengehalten bis zu 69 Prozent! Wie auf vielen anderen Lahngruben auch, erfolgte hier bereits im 18. Jahrhundert wirklicher Bergbau; die erste amtliche *Verleihung* des Grubenfeldes »Eisenfeld« erfolgte jedoch erst am 11. September 1838 an Wilhelm Kröber aus Michelstadt im Odenwald (einen der besitzreichsten Kruppvorgänger im Lahn-Dill-Revier). Das Erz wurde damals zur Verhüttung in den Odenwald transportiert! Kröber veräußerte das Bergwerk im Jahre 1847 an die »Metallurgische Gesellschaft zu Aachen«, welche dann im Jahre 1864 weiterverkaufte an die Firma F. Krupp in Essen.

Das später so ausgedehnte Bergwerk Eisenfeld entstand durch verschiedene *Konsolidationen* in den Jahren 1840 bis 1871 aus insgesamt 13 Einzelfeldern, welche das gesamte Iserbachtal zwischen der Grube Ottilie (siehe Abb. 145 ff.) und der Gemeinde Philippstein umfaßten – mit der einzigen

Ausnahme des *Grubenfeldes* »Bohnenberg«, direkt nördlich am Orte Philippstein (siehe Abb. 149–151)! Dabei ging der Betrieb zuerst in zwei verschiedenen Bereichen um: Der östlich oberhalb von Philippstein im Gebiet des »Eisenkäuter Feldes« liegende große Tagebau (siehe Abb. 154) wurde zur Gemeinde hin abgebaut, d. h., die dort gewonnenen Erze wurden durch den 1836 bis 1853 nach Westen hin *aufgefahrenen*, ca. 500 m langen »Wilhelm-Stolln« mit der Pferdebahn zum Iserbachtal befördert bzw. später zur Verladestelle der Grube Klöserweide an der Endstation der Ernstbahn (siehe Abb. 162 und 163). Die weiter nördlich im Iserbachtal gelegenen Grubenfelder waren jedoch wegen der räumlichen Ausdehnung erheblich schwerer abzubauen; aus diesem Grunde wurde nach Übernahme der direkt südlich an Grube Ottilie *markscheidenden* Grubenfelder »Fortuna« (Buderus) und »Morgenstern« von hier aus im Jahre 1882 der »Fortuna-Morgenstern-Stolln« in südlicher Richtung bis auf 1010 m Länge aufgefahren zur *Lösung* des gesamten Bergwerksbesitzes bis an die Grube Bohnenberg (siehe Abb. 149 – 151).

Unser von Nordwesten her aufgenommenes Foto zeigt die Anlage vor dem Mundloch des »Fortuna-Morgenstern-Stolln«, welche über ein ca. 50 m langes Stichgleis an die Ernstbahn angeschlossen war. Im Bildhintergrund sehen wir das in Fachwerk gehaltene Zechenhaus sowie ganz rechts vorn einen Teil der Erz-Verladeanlage. Das Stollenmundloch befand sich rechts hinten am Waldrand – auf der Ebene zwischen dem Zechenhaus und der Aufbereitung, wo sich auch der Förderwagen und das Grubenpferd befinden. Auf derselben Höhe führte links hinter den Bergleuten ein Gleis zur Schmiede bzw. zum *Kompressorhaus* (außerhalb des Bildes). (K. P.)

Abb. 153: **Grube Eisenfeld,** 1914

Diese Belegschaftsaufnahme von Grube Eisenfeld bei Philippstein ist etwa von derselben Stelle aus gemacht worden, wie in Abb. 152 – allerdings hatten sich die Tagesanlagen gegenüber dem Jahre 1887 hier doch einigermaßen verändert; auch bei diesem Foto befand sich das Mundloch des »Fortuna-Morgenstern-Stolln« der Grube Eisenfeld ca. 50 Meter rechts hinten außerhalb des Bildes (siehe Karte XI). Während sich auf der rechten Bildseite die Pferdebahntrasse zur Erzverladeanlage an der Ernstbahn befindet, sehen wir links oben – auf der Trasse zur Schmiede und zum Kompressorhaus – das Grubenpferd »Liese«, welches nach glaubwürdigen Berichten alter Bergleute nicht nur schwer arbeitete, sondern es konnte offensichtlich auch zählen! Sobald nämlich »die Lies« mehr Grubenhunde ziehen sollte, als ihr übliches Pensum ausmachten, verweigerte sie – unter lebhaftem Kopfschütteln – beharrlich den Dienst. Die schwere und gefährliche Arbeit dieses treuen Begleiters der Bergleute wurde allerdings wenige Monate nach unserer Aufnahme – ab Herbst 1914 – endlich übernommen durch eine Benzol-Lokomotive. Jetzt sorgte auch eine Petroleumlaterne für helles Licht auf der Verladeanlage (rechts im Bild).

Neben vielen Philippsteiner, Bermbacher und Altenkirchener Bergleuten sehen wir hier ganz im Vordergrund zwei der Jungen, welche ihren Vätern tagsüber das Mittagessen oder den Kaffee in warmen Blechkannen auf die Grube brachten; zwar arbeiteten zu der Zeit auch Jugendliche dieser Altersgruppe oft auf den Erzgruben – deren Beschäftigung war aber schon damals beschränkt auf den Übertage-Bereich (z. B. in der Erzscheidung). Interessant auf unserem Bild ist auch die Tatsache, daß sich noch im Jahre 1914 einer der Bergleute (sitzend, 4. von links) bis dahin nicht von seiner – inzwischen längst von den ungleich helleren und besser zu bedienenden *Karbidlampen* ersetzten – *Öl-Froschlampe* hatte trennen wollen! (K. P.)

Abb. 154: **Grube Eisenfeld, 1887**

Abb. 154: **Grube Eisenfeld**, 1887

Wir sehen hier den großen Tagebau auf der Anhöhe nordöstlich der Gemeinde Philippstein, welcher seit Beginn des 19. Jahrhunderts bis etwa 1882 der Hauptbetrieb von Grube Eisenfeld war. Dabei wurde das gewonnene Erz zuerst mit Pferdefuhrwerken zur Lahn bei Braunfels gefahren; ab 1836 erfolgte der Abtransport durch den über ca. 500 Meter nach Westen (zur Gemeinde Philippstein hin) *aufgefahrenen* »Wilhelmstolln«, dessen Mundloch sich im nordöstlich von Philippstein gelegenen »Eisenkäuter Feld« befand. Nur wenige Meter südwestlich davon gab es später – leicht oberhalb am Berghang gelegen – den »Richardstolln«, welcher jedoch keine große Bedeutung erlangte.

Auf unserem mit Blick nach Westen hin aufgenommenen Foto ist hier in der unteren Bildmitte deutlich der Ansatz des »Wilhelmstolln« erkennbar, welcher hier in einer *Teufe* von ca. 60 Metern ansetzte. Dieser in den Jahren 1836 bis 1854 aufgefahrene Förderstolln brachte eine direkte Verbindung zum Ort Philippstein, wo die Erze – zusammen mit denen der Grube Klöserweide – verladen wurden auf Pferdefuhrwerke bzw. später in die Ernstbahn. Der »Wilhelmstolln« hatte laufend mit hohen Wasserzuflüssen zu kämpfen, welche während der alljährlichen Schneeschmelze regelmäßig übergingen in Wasserdurchbrüche und -überflutungen; diese Umstände veranlaßten den damaligen Grubeneigner Wilhelm Kröber aus Michelstadt im Odenwald zu dem Ausspruch: »Dieses Bauwerk kostet mich noch meinen letzten Rock!«

Etwas links der Mitte sehen wir hier im Bild einen *Maschinenhaspel*, welcher die auf den oberen Tagebau-Ebenen gewonnenen Eisenerze niederbrachte auf die Stollnsohle. Dieser Tagebau wurde im Jahre 1897 zugunsten der tiefergehenden Erzpartien aufgegeben; die verstürzten Grubenbaue wurden ab 1936 durch den von Westen her *angesetzten* »Reifenstein-Stollen« (siehe Abb. 155) wieder *angefahren* und das hier noch verbliebene Erz bis zum Kriegsende wieder abgebaut.

(K. P.)

Abb. 155: **Grube Eisenfeld**, 1939

Nachdem die Grube Eisenfeld zuerst im frühen 19. Jahrhundert (bzw. ab 1882 überwiegend durch den westlich im Iserbachtal gelegenen »Fortuna-Morgenstern-Stolln«) betrieben worden war, mußte das Bergwerk im Jahre 1926 wegen Absatzmangels vorübergehend eingestellt werden. Als die Nachbargrube Ottilie im Jahre 1934 wieder *aufgewältigt* wurde, dachte man auch an einen erneuten Abbau der »*Konsolidierten* Grube Eisenfeld« vom benachbarten Betrieb aus; die höchst ungünstigen Gebirgsverhältnisse bzw. die große Entfernung zu den noch *bauwürdigen* Stellen im *Grubenfeld* »Eisenfeld« verhinderten allerdings die Ausführung dieses Planes. Anstatt dessen wurde im westlichen Teil der Grube Eisenfeld – im Feld »Reifenstein«, etwa 150 Meter nördlich der Grube Bohnenberg (siehe Karte XI) und direkt oberhalb der Ernstbahn-Trasse – im Jahre 1936 der »Reifenstein-Stolln« in östlicher Richtung *angesetzt*; dieser im Rahmen der damaligen Vierjahresplan-Maßnahmen wieder aufgenommene Betrieb fuhr das Gebiet der alten »Franz-Zeche« im Osten an, welche nach dem alten Tagebau (siehe Abb. 154) aus dem 19. Jahrhundert benannt war; dort wurden die früher unter dem starken Gebirgsdruck zusammengedrückten *Abbaue* wieder abgebaut, in denen das gute Erz mit 40 – 50 % Eisengehalt zwischen den verbrochenen Holzausbauten lag. Zusätzlich wurden mehrere bedeutende Erzpartien unterhalb der Stollensohle entdeckt, welche man über ein ca. 60 m langes, flaches *Gesenk* mit einem kleinen *Maschinenhaspel* abbaute. Gleichzeitig konnte dabei die 60 m-Sohle der benachbarten Grube Bohnenberg (damals noch zu Mannesmann gehörig) *gesümpft* werden. In den Jahren 1940 – 42 wurde vom »Reifenstein-Stolln« aus ein ca. 120 m langer *Querschlag* nach Westen zur Tagesanlage des inzwischen mit übernommenen »Bohnenberg-Schachtes« aufgefahren, über welchen von dort *Berge* zum *Versatz* im Stolln sowie Ausbauholz herangebracht wurden. Die im Stolln geförderten Eisenerze wurden am Mundloch über ein *Sturzgerüst* direkt in die Ernstbahn-Waggons gekippt. Der Stollenbetrieb wurde bei Kriegsende eingestellt.

Auf unserem Bild vor dem Stollenmundloch sehen wir hier den Philippsteiner Hermann Hardt, welcher – wie viele andere Bürger damals auch – auf dieser Grube dienstverpflichtet worden war. Bei diesem von Nordwesten her aufgenommenen Foto befand sich die Trasse der Ernstbahn in der rechten unteren Ecke – direkt außerhalb des Bildes. Schön erkennbar sind hier ebenfalls die links am Geländer aufgehängten *Karbidlampen* der Bergleute.

(K. P.)

Abb. 156: **Grube Eisenfeld,** 1937.

Diese stimmungsvolle Sommerszene zeigt uns – jetzt aus größerer Entfernung, von der im Westen verlaufenden Landesstraße Braunfels – Philippstein aus – einmal mehr die Situation am Mundloch des »Reifenstein-Stolln« der Grube Eisenfeld (siehe auch Abb. 155). Rechts im Bildhintergrund sehen wir das Stollenmundloch, welches direkt oberhalb der dort vorbeilaufenden Ernstbahn-Trasse mit einem Erz-Sturzgerüst angelegt war; dieses Sturzgerüst befand sich leicht links des Mundloches – hier gerade verdeckt durch den Heuwagen im Vordergrund.

Die Ernstbahn beförderte zu der Zeit die Erze der – damals noch zu Mannesmann gehörigen, hier etwa 200 m rechts außerhalb des Bildes gelegenen – Grube Bohnenberg; an der hier gezeigten Stelle übernahm sie das Material vom »Reifenstein-Stollen« der Grube Eisenfeld, welche – zusammen mit denen vom »Fortuna-Morgenstern-Stolln« – weiter nördlich zur Staatsbahn an der Lahn gebracht wurden. Links außen im Bild sieht man hier noch das hintere Ende des Ernstbahn-Güterzuges.

Unser Bild zeigt aber auch noch eine nicht minder wichtige Tatsache – nämlich das Dasein des einfachen Bergmannes als »Feierabend-Landwirt«. Wie auch an anderen Stellen im Buche verschiedentlich dargestellt, konnten die Lahnbergleute bei allgemein üblicher geringer Entlohnung letztendlich nur mit dem Nebenerwerb des Kleinlandwirtes existieren. Ein jeder Bergmann ging abends nach der Schicht noch aufs Feld.

Mit recht ähnlichen Ochsengespannen erfolgte noch weit bis in unser Jahrhundert hinein sogar der Erztransport von vielen Lahngruben; auf unserem Bild sehen wir verschiedene Mitglieder der Philippsteiner Familien Brumm, Söhngen, Bender und Götz. (K. P.)

Abb. 157: **Grube Eisenfeld,** 1958.

Nachdem das am 11. September 1838 verliehene *Grubenfeld* »Eisenfeld« – im Nordosten von Philippstein gelegen – am 16. Dezember 1840 und 17. November 1890 durch *Konsolidation* zu einem Grubenbetrieb mit insgesamt 15 Einzelfeldern vergrößert worden war, beherrschte dieser praktisch den gesamten nordöstlichen Bereich um die Gemeinde Philippstein; lediglich am nördlichen Eingang zum Iserbachtal lag eine Grube direkt an der Ernstbahn-Trasse, welche – allseits umgeben von Krupp'schen Grubenfeldern – der »*Gewerkschaft Bohnenberg*« gehörte: die Eisenerzgrube Bohnenberg (siehe Abb. 149 – 151). Offensichtlich wegen stark *zusitzender* Wässer des Iserbaches wurde der Betrieb im Jahre 1936 an die Mannesmannröhren-Werke verkauft, nachdem bereits die Buderus'schen Eisenwerke in Wetzlar während des Jahres 1927 dort kurzzeitig gefördert hatten. Im Jahre 1939 wurde dann die Grube Bohnenberg endgültig übernommen durch die »Sielaberg« (Sieg-Lahn-Bergbau-GmbH) als Rechtsnachfolgerin beim Krupp'schen Grubenbesitz an der Lahn. Die vorhandenen Tagesgebäude wurden umgebaut und ergänzt (zu den vorhandenen 42 m- und 60 m-Sohlen kamen jetzt die 72 m-, 102 m- und 190 m-Sohlen), und der Hauptbetrieb von Grube Eisenfeld wurde vom »Fortuna-Morgenstern-Stolln« (auch »Alt-Eisenfeld« genannt) hierher verlegt; fortan diente dieser nun neu getaufte »Bohnenberg-Schacht der Grube Eisenfeld« der Gesamtförderung des Betriebes. Im Jahre 1959 erfolgte auf der 190 m-Sohle der *Durchschlag* mit der 180 m-Sohle von Grube Ottilie, welche bereits seit dem 31. Mai 1943 als Betriebsabteilung von Eisenfeld geführt wurde.

Der Bergwerksbetrieb wurde auf Grube Eisenfeld im Jahre 1962 schließlich wegen Absatzmangels eingestellt. Das hier im Bild gezeigte Gelände direkt links am nördlichen Ortseingang der Gemeinde Philippstein befindet sich heute in Privatbesitz.
(K. P.)

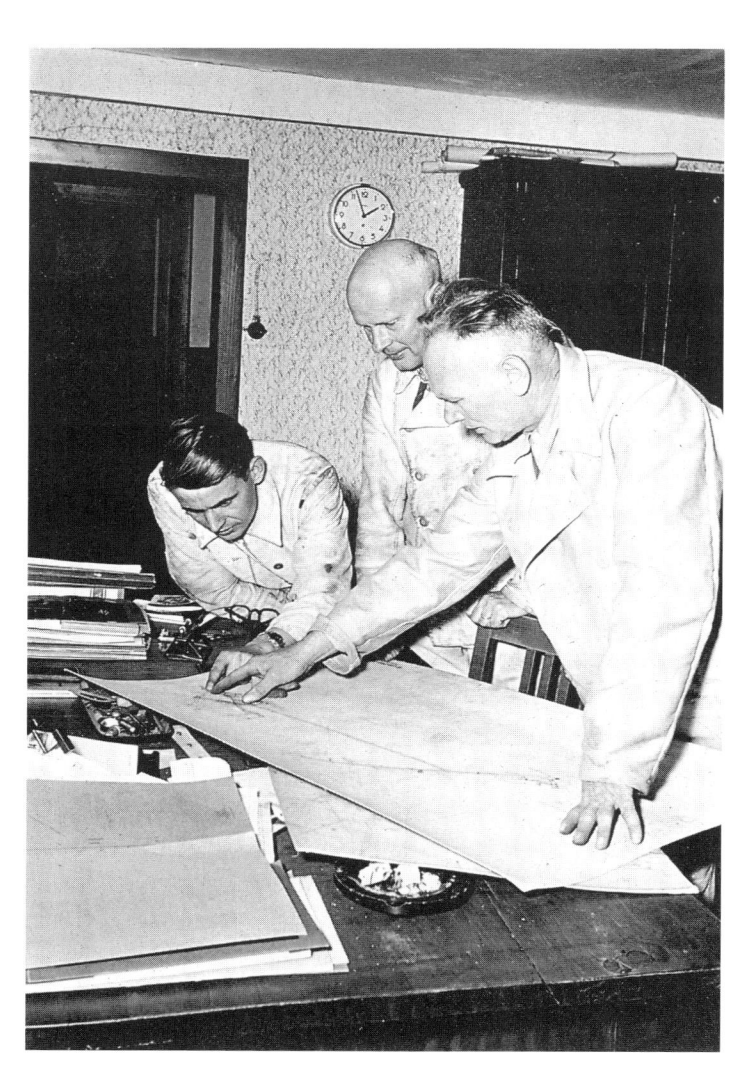

Abb. 158: **Grube Eisenfeld,** 1956.

Wir sehen hier drei der Betriebsbeamten, welche im Kartenraum des Bergwerkes (dieser befand sich in einem der Gebäude auf Abb. 157) die *Aus- und Vorrichtungsarbeiten* auf der Grube besprechen; alle drei haben sich dabei über einen der betreffenden *Grubenrisse* gebeugt. Es handelt sich dabei – von links gesehen – um den Steiger Arhelger, den Obersteiger Hasenstrauch (dieser hatte zuvor gearbeitet auf den Gruben Florentine, siehe Abb. 165 – 168, Würgengel, siehe Abb. 188 – 191, und Ottilie, siehe Abb. 145 – 148) sowie den Betriebsführer, Obersteiger Jakob Pfaff (dieser arbeitete in den Jahren zuvor auf den Gruben Prinz Bernhard bei Leun, siehe Abb. 205 + 206, Fortuna bei Oberbiel, siehe Abb. 102 – 137, und Anna bei Braunfels, siehe Abb. 192 – 197).

Diese Grubenbeamten waren – neben der Leitung von Eisenfeld natürlich – auch betraut mit der Betriebsführung der benachbarten Roteisensteingrube Ottilie (siehe Abb. 145 – 148), welche ab dem 31. Mai 1943 als Nebenbetrieb von Eisenfeld aus geführt wurde; der räumliche Zusammenschluß beider Gruben war im Jahre 1959 auf der 190 m-Sohle erfolgt mit der 180 m-Sohle von Ottilie. (K. P.)

Abb. 159: **Grube Eisenfeld,** um 1956

Nachdem die Erzverladung in die Ernstbahn zu Zeiten des alten Betriebes der Grube Bohnenberg per Hand über eine neben der Tagesanlage aufgeschüttete Erzhalde erfolgte (siehe Abb. 150), wurde dieses sehr aufwendige Verfahren im Jahre 1939 – beim Übergang auf die Grube Eisenfeld – eingestellt; anstatt der alten Erzhalde wurde nun eine Aufbereitungs- und Verladeanlage mit fest eingebauten *Erzschurren* gebaut; die Verladung des Eisensteines erfolgte fortan direkt von der oberen Ebene des »Bohnenberg-Schachtes« der Grube Eisenfeld.

Unser hier von der Gemeinde Philippstein aus aufgenommenes Foto zeigt die Erzverladung in die Ernstbahn. Wir sehen dabei eine der beiden jüngeren Dieselloks vom Typ »D 75 Ö/V« der Ruhrtaler Maschinenfabrik, welche den Betrieb der Ernstbahn von 1956 an bis zur Stillegung bestritten (siehe auch Abb. 177). Die hier gezeigten Tagesanlagen der Grube befinden sich jetzt in Privatbesitz und sind (mit einigen Veränderungen und nun ohne Förderturm) noch heute am Ortseingang von Philippstein erhalten. (K. P.)

168

Abb. 160: **Das Krupp'sche Steigerhaus** in Philippstein, um 1937

Dieses – hier in nordöstlicher Richtung auf die Eisenerzgrube Bohnenberg hin fotografierte – imposante Gebäude steht noch heute praktisch unverändert am nördlichen Ortseingang der Gemeinde Philippstein, nachdem es in den letzten Jahren sehr schön renoviert wurde (siehe auch Abb. 163). Während sich früher hier eine Papiermühle befunden hatte, bekam das Haus mit dem Einsetzen einer regen Bergbautätigkeit um die Mitte des 19. Jahrhunderts eine weitere Bedeutung – sowohl für die Krupp'sche Grubenverwaltung als auch für die dort arbeitenden Bergleute: Im Jahre 1866 wurde die Krupp'sche Bergverwaltung (ab 1890 in Weilburg ansässig – siehe Abb. 226) von Braunfels verlegt in dieses Philippsteiner Haus – im selben Jahr allerdings auch wieder zurück nach Braunfels; ab 1915 beherbergte es die Verwaltung der im selben Jahr durch Krupp angekauften Grube Klöserweide in Philippstein (siehe Abb. 161). Zudem diente das Gebäude von Anfang an sowohl den Betriebsbeamten als auch Bergleuten der Krupp'schen Gruben in Philippstein als Wohnhaus.

Im Bild links hinter dem Steigerhaus sehen wir hier Teile der Tagesanlagen der Grube Bohnenberg (ab 1939 weitergeführt als »Schacht Bohnenberg der Grube Eisenfeld«); der charakteristische Förderturm dieses Bergwerkes stand hier hinter dem Gebäude. (K. P.)

Abb. 161: **Grube Klöserweide,** 1919

Hier im Bild sehen wir die Belegschaft dieser Krupp'schen Brauneisensteingrube bei Philippstein; man hatte sich aufgestellt vor dem Zechenhaus, welches sich etwa 1 km südöstlich von Philippstein – auf der Anhöhe nordwestlich von Bermbach – beim Maschinenschacht der Grube befand. Das in einem Tal westlich vom Friedhof der Gemeinde Philippstein gelegene Bergwerk wurde der Witwe des Steigers Friedrich Weimar zu Ernsthausen am 6. November 1861 auf Eisen- und Manganerze *verliehen;* der am 8. August 1864 weiter *konsolidierte* Betrieb ging noch im selben Jahre über auf die »*Gewerkschaft* Clöserweide zu Philippstein«, welche wiederum am 11. September 1915 verkaufte an die Firma F. Krupp in Essen.

Die Grube *baute* schon vor 1865 in einem ausgedehnten Schacht- und Streckenbetrieb auf Brauneisenstein; später wurde ein Tagebau angegliedert. Im Jahre 1871 waren hier 150 Bergleute beschäftigt, welche monatlich 2000 Tonnen (!) Erz förderten. Gegen Ende der 1870er Jahre wurde von Philippstein aus ein erster Stolln in 50 m *Teufe* angefahren. In der Folgezeit bestanden auf der Anhöhe zwischen Philippstein und Bermbach zwei Maschinenschächte, von denen einer bis 1903 in Betrieb war. Im Jahre 1917 fuhr die Firma Krupp den 18 m unter dem alten Stolln – jetzt direkt westlich des Friedhofes – angesetzten »Tiefen Stolln« auf, welcher zuletzt 894 m lang war.

Die hier geförderten Erze wurden ab 1878 über eine 1050 m lange Pferde-Förderbahn durch den Ort Philippstein zur »Verladeanlage Klöserweide« (siehe Abb. 162 + 163) an der Ernstbahn gefahren. Während das Bergwerk seit 1917 qualitativ immer minderwertigeres Erz förderte, mußte der Betrieb im Jahre 1925 bei der schlechten Wirtschaftslage zu dieser Zeit endgültig eingestellt werden, nachdem man dort allein in den Jahren 1865 bis 1921 insgesamt 541 707 Tonnen recht guten Braunsteins (mit zeitweilig 18% Mangangehalt!) gewonnen hatte.

Das hier im Bild gezeigte Zechenhaus aus Steinfachwerk wurde im Jahre 1929 umgesetzt auf die Krupp'sche Eisenerzgrube Neuer Eisensegen bei Aumenau (siehe Abb. 245).

(K. P.)

Abb. 162: **Grube Klöserweide,** um 1900

Wir sehen hier die Gemeinde Philippstein bei Braunfels, wie sich diese dem Betrachter um die Jahrhundertwende mit Blick vom Brühlberg – also von Nordosten her – darbot. Die auf der im Tal rechts hinter der Kirche gelegenen Grube Klöserweide (siehe Abb. 161) geförderten Eisenerze wurden ab 1878 mit einer Pferdebahn – ab 1917 mit Lokomotivbetrieb – durch den Ort zur gemeinsam mit der Grube Eisenfeld betriebenen Erzverladeanlage befördert. Die Pferdebahn lief am Friedhof vorbei und kam hinter der Gastwirtschaft (rechts im Bild) hervor, überquerte die Straße und erreichte dann die im Bildvordergrund angelegte Verladeanlage am südlichen Endpunkt der Ernstbahn. Neben dieser Einrichtung erkennen wir hier ganz deutlich das Gleis der Pferdebahn der Grube Klöserweide, auf welchem noch einer der *Förderwagen* steht.

Das ebenfalls hier mündende Gleis des – weiter links außerhalb des Bildes angesetzten – »Wilhelmstolln« kam im linken Bildvordergrund (allerdings hier verdeckt durch die schönen Bäume) auch hier an. Nahezu direkt links außerhalb des Bildes befand sich (auf halber Höhe am Berghang) das Mundloch des von 1907 bis 1910 betriebenen »Richard-Stollen«; dieser wurde im Jahre 1934 neu projektiert und sollte die weiter südlich gelegenen Grubenfelder »Audenschmiede«, »Cyriax«, »Herminenberg« und »Altenkirchenerwald« anfahren. Vermutlich wegen der Wirren des 2. Weltkrieges wurde dieses Vorhaben jedoch nie zu Ende geführt.

(K. P.)

Abb. 162: **Grube Klöserweide**, um 1900

Abb. 163: **Grube Klöserweide,** um 1900

Dieses vom Burgberg in Philippstein – über das Dorf hinweg – aufgenommene Panoramafoto zeigt uns sehr deutlich die Situation um die Bergbaubereiche im Norden und Westen des Ortes zu Beginn unseres Jahrhunderts.

Die von der Grube Klöserweide (links außerhalb des Bildes gelegen) kommende Pferdebahn verlief entlang des links vorn erkennbaren Weges unterhalb der Bäume auf die etwa in der Bildmitte liegende Gastwirtschaft zu, überquerte dort die Straße und erreichte nach etwa 100 Metern die (auch in Abb. 162 gezeigte) Erzsortier- und Verladeanlage (rechts im Bild); dort wurden die Eisensteine umgeladen auf die Ernstbahn. Die Gleise des hier rechts außerhalb des Bildes angelegten »Wilhelmstollen« lagen entlang des Weges am rechten äußeren Bildrand; die dort gewonnenen Eisenerze wurden ebenfalls an dieser Anlage verladen.

Bei dem großen Gebäude in der Bildmitte handelt es sich um die ehemalige »Alte Papiermühle« von Philippstein, welche in der Mitte des 19. Jahrhunderts durch die Firma Fried. Krupp aufgekauft wurde; dort befand sich für kurze Zeit die Krupp'sche *Bergverwaltung,* und später wohnten dort Betriebsbeamte der hiesigen Krupp'schen Eisensteingruben (siehe auch Abb. 160). Im Bildhintergrund – an der Straße nach Braunfels – erkennen wir ein weiteres Krupp'sches Anwesen – das »Krupp'sche Steigerhaus«, in welchem die jeweiligen *Bergverwalter* (siehe auch Abb. 445) wohnten. Am Horizont sieht man das fürstliche Schloß in Braunfels – hier etwa von Süden aus fotografiert. (K. P.)

Abb. 164: **Grube Gloria** bei Philippstein, 1888

Dies war die Belegschaft der Buderus'schen Eisensteingrube bei Philippstein bzw. Hirschhausen in den 90er Jahren des vorigen Jahrhunderts. Das etwa nördlich der Gemeinde Bermbach – an der *Markscheide* zur Grube Wetzlarerburg – gelegene Bergwerk wurde der Firma J. W. Buderus Söhne zu Audenschmiede am 23. September 1838 auf Brauneisenstein *verliehen;* diese verkauften den Betrieb am 1. Januar 1870 an das verwandte Unternehmen »Buderus zu Main-Weser-Hütte« in Lollar bei Gießen. Die Grube Gloria *markscheidete* im Osten mit dem *Feld* »Florentine« (siehe Abb. 165 – 168). Nach der Betriebseinstellung wurde das Feld »Gloria« mit der benachbarten Grube Florentine *konsolidiert;* über diesen Betrieb erfolgte dann um 1940 – im Rahmen der Vierjahresplan-Maßnahmen der damaligen Reichsregierung zur Erschließung jeder nur möglichen einheimischen Rohstoffquelle – ein erneuter Abbau auch im Feld »Gloria«. Dieser allein durch die Kriegsmaßnahmen wieder aufgenommene Bergbau lief noch bis zum 30. November 1949 mit geringem Erfolg.

Unser Bild ist ein besonders seltener Beleg des vergangenen Eisensteinbergbaues an der Lahn; dabei in der Bildmitte der Betriebsführer im *Bergkittel* und ein *Schachthauer* im Ölzeug, sowie rechts außen Bergwerksdirektor Ernst Müller von Buderus (mit Hut, daneben dessen Chauffeur mit dem »Landauer«) – sehen wir hier im Hintergrund (Mitte und links) drei *Schachtkauen* mit ihren *Bergehalden*, sowie rechts das Zechenhaus. Derartige Schachtkauen gab es damals nur auf Gruben ohne Maschinenbetrieb, d. h., die Erzförderung erfolgte hier allein über *Haspelschächte*; die Förderleute mußten das Erz also noch mit Muskelkraft heben (siehe auch Abb. 1). Die Grube Gloria baute auf insgesamt sieben – untertage durch Strecken verbundenen – Schächten bis in 35 m *Teufe*; das hier geförderte Eisenerz wurde ab 1886 über eine 2,5 km lange Pferde-Förderbahn zur »Station Würgengel« der Lindenbachbahn transportiert. Der Abbau wurde zum Ende des Jahres 1896 wegen fehlender Investitionstätigkeit eingestellt. (K. P.)

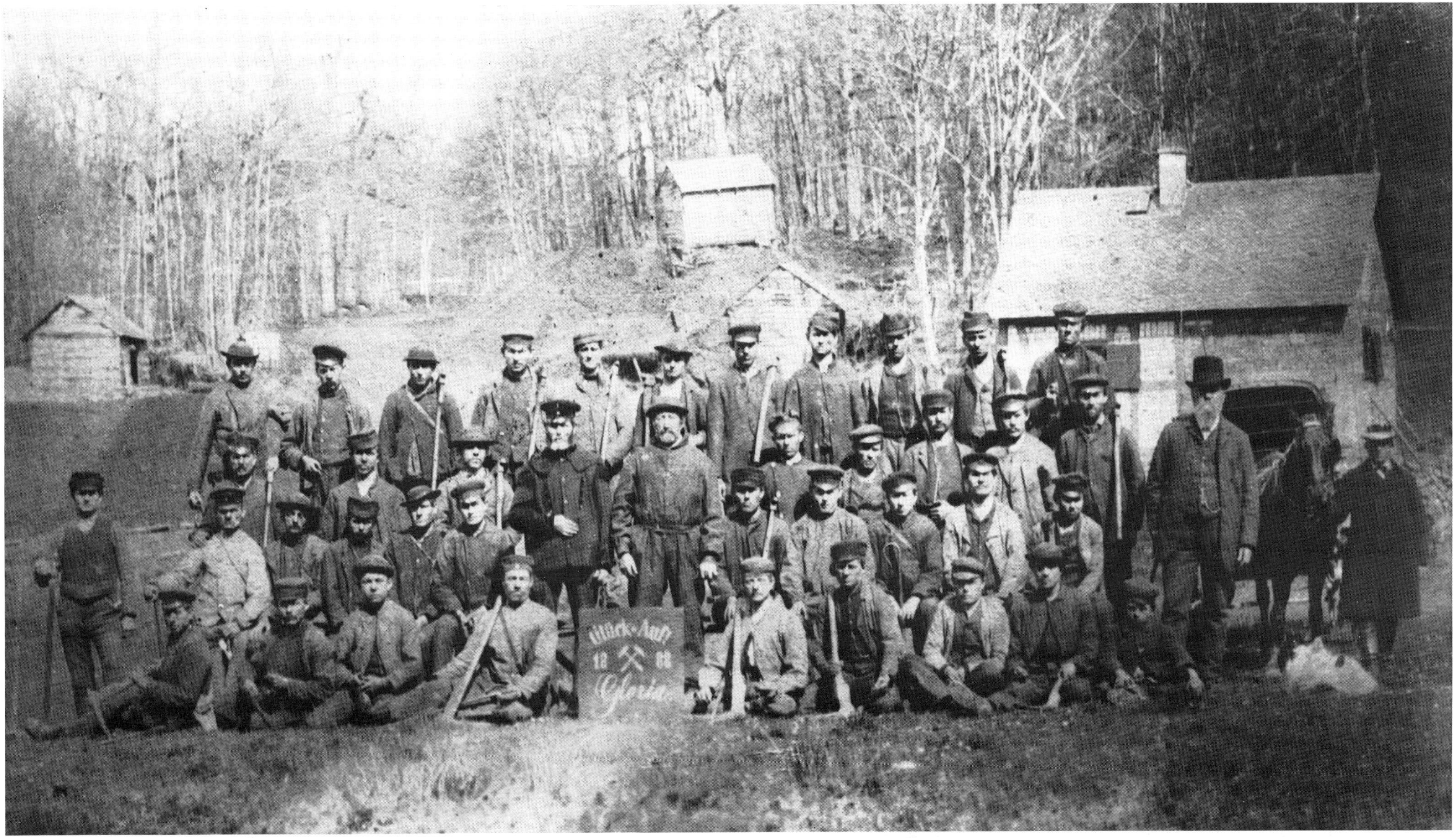

Abb. 164: **Grube Gloria** bei Philippstein, 1888

Abb. 165: **Grube Florentine,** um 1905

Wir sehen hier Bergleute vor dem »Florentinerstolln« mit Blick auf das fürstliche Schloß in Braunfels.

Das südwestlich der Eisenerzgrube Martha und östlich der damaligen Grube Gloria (siehe Abb. 164) eingerichtete Bergwerk Florentine lag etwa 300 Meter nordwestlich der heutigen Landesstraße von Braunfels nach Weilburg. Das *Grubenfeld* wurde den Herren Philipp Götz, Johann Philipp Rosenkranz und Philipp Pfeiffer – allesamt aus Philippstein (wie sollte es bei den Namen auch anders sein . . .) – am 18. Oktober 1858 auf Eisenerz *verliehen;* diese verkauften ihren Besitz später an die »Deutsch-Luxemburgische Bergwerks- und Hütten-AG«; der letzte Eigentümer war die »Barbara Rohstoffbetriebe GmbH« in Wülfrath (einer der letzten großen Feldeseigentümer in Deutschland, u. a. auch der Eisenerzgrube Fortuna bei Oberbiel).

Um die Jahrhundertwende wurde auf dem Grubenfeld »Florentine« ein Maschinenschacht auf 100 Meter *abgeteuft,* welcher sich auf dem heutigen Areal der »Behinderten-Werkstatt Florentine« befand; die dort arbeitenden Philippsteiner und Bermbacher Bergleute fuhren hier gewöhnlich ein. In den Jahren 1905 bis 1919 wurde aus dem Osten – vom fürstlichen Grubenfeld »Schloß« aus (am heutigen Braunfelser Campingplatz) durch die Grubenfelder »Gutglück« und »Quäck« – der »Florentinerstolln« mit einer Gesamtlänge von 1940 m bis zum Feld »Florentine« *aufgefahren.* Dieser Stolln verfügte nicht nur über 5 *Lichtlöcher,* sondern er geriet später auch ansonsten zu einer durchaus seltenen Erscheinung: Der »Florentinerstolln« dürfte weit und breit das einzige Bauwerk dieser Art gewesen sein, welcher über zwei (!) Mundlöcher verfügte – eines an der Ernstbahn im Osten, sowie ein zweites (heute noch erhaltenes) direkt westlich unterhalb des Maschinenschachtes im angrenzenden Lindenbachtal (im Jahre 1940 auf der 30 m-Sohle angelegt). Das auf Grube Florentine gewonnene Eisenerz wurde jedoch damals nur nach Osten zur Ernstbahn hin abgefördert, und zwar mit einer 10-PS-Benzinlok. Unser Bild zeigt die Situation vor dem östlichen Mundloch des »Florentinerstolln« mit Blick auf die Erzverladestelle an der Ernstbahn (links, leicht außerhalb des Bildes) und das fürstliche Schloß im Hintergrund. Im Bildvordergrund liegt das Gleis der Stollenbahn von Grube Florentine – der Fotograf stand hier exakt mit dem Rücken zum Portal des »Florentinerstolln«.

Vorn links im Bild steht der Obersteiger Christian Weber aus Altenkirchen bei Braunfels (dieser hatte zuerst auf Grube Ottilie gearbeitet, dann auf der benachbarten Grube Martha und – nach der Florentine – auf den Gruben Silbersegen und Amalie bei Cleeberg), rechts außen der Betriebsführer und Obersteiger Kadenbach aus Braunfels, 2. von rechts der Steiger Heinrich August Gath aus Altenkirchen bei Braunfels, in der Mitte ein Besucher-Ehepaar sowie hinten einige Florentine-Bergleute.

(K. P.)

Abb. 166: **Grube Florentine,** um 1915

Dieses Bild wurde exakt aus der Gegenrichtung zu Abb. 165 aufgenommen – nämlich von einem der Türme des fürstlichen Schlosses in Braunfels nach Westen hin zum Iserbachtal. Deutlich erkennbar sind die Tagesanlagen der Erzverladestelle vor dem Mundloch des »Florentiner-Stolln«, welcher sich im Schatten der Bäume – direkt rechts hinter dem Zechenhaus – befand (siehe Pfeil); in diesem Fachwerk-Zechenhaus wohnten damals etwa 40 kriegsgefangene Ukrainer, welche auf Grube Florentine arbeiten mußten. In der Bildmitte sieht man deutlich das leicht nach Norden gekrümmte Gleis der Grubenbahn, welches auch in Abb. 165 zu sehen ist; dieses führte zum stählernen Verladegerüst (rechts im Bild). Dort befand sich das von der Haupttrasse im Iserbachtal hergeführte, etwa 200 Meter lange Stichgleis der Ernstbahn; einige der Ernstbahnwaggons, welche hier über *Schurren* mit Eisenerz der Gruben Florentine und Quäck beladen wurden, sind rechts vorn im Bild gut erkennbar. Links sieht man die große *Bergehalde,* in der Mitte den Holzplatz und ganz rechts außen die hier mit enormer Steigung westlich nach Weilburg führende Landesstraße – den »Weiherstieg« (die heute unterhalb der Gesamtanlage vorbeiführende Landesstraße gab es damals noch nicht). Die Ernstbahn selbst lief hier unter den vorderen Bäumen praktisch quer zum Bild (außerhalb der Aufnahme).

Auf der gesamten hier gezeigten Anlage befindet sich heute der Braunfelser Campingplatz. Der Stolln ist verfüllt und nicht mehr sichtbar. (K. P.)

Abb. 167: **Grube Florentine,** 1940

So bot sich die Ansicht der Tagesanlagen der Eisenerzgrube Florentine bei Philippstein im Bereich des eigentlichen – weiter westlich gelegenen – Grubenfeldes »Florentine«, nachdem diese während des 2. Weltkrieges im Rahmen der Vierjahresplan-Maßnahmen wieder *aufgewältigt* worden war.

Im Jahre 1894 waren auf dem *Grubenfeld* »Florentine« zwei *Haspelschächte* auf 26 m *Teufe* eingerichtet – ganz ähnlich denen in Abb. 164 bei Grube Gloria. 1903 schließlich war das *Erzlager* durch 13 (!) Kleinschächte und einen ca. 100 m tiefen Maschinenschacht erschlossen, wobei die Gewinnung in Strecken, *Überhauen* und *Gesenken* erfolgte; das gewonnene Eisenerz wurde in östlicher Richtung durch den – praktisch als 90 m-Sohle hier ansetzenden – »Florentinerstolln« zur Ernstbahn bei Braunfels abgefördert (siehe Abb. 165). Nachdem von diesem Stolln aus noch 1923 ein *Querschlag* zum »Schacht 23« der benachbarten Grube Martha getrieben worden war, mußten die 40 noch verbliebenen Bergleute dennoch schon im Sommer desselben Jahres *Feierschichten* wegen Absatzmangels einlegen. Das Bergwerk wurde dann am 8. November 1923 stillgelegt.

Die hier aus nordöstlicher Richtung fotografierte Tagesanlage der Grube Florentine wurde im Jahre 1940 – im Rahmen der allgemeinen Rohstoffversorgungsmaßnahmen des Deutschen Reiches – erneut aufgebaut. Das geförderte Eisenerz wurde – da der »Florentinerstolln« in den vergangenen 15 Jahren verbrochen war – über das ca. 50 Meter hinter dieser Anlage, im etwa 30 Meter tiefer gelegenen Lindenbachtal um 1940 neu angesetzte zweite (westliche) Mundloch des »Florentinerstolln« abgefahren zur Lindenbach-Bahn im Norden. (K. P.)

Abb. 168: **Grube Florentine,** 1940

Wir sehen hier das Fördergerüst des neuen Maschinenschachtes der »Vierjahresplan-Grube« Florentine – jetzt etwa aus der Gegenrichtung (von Südwesten her aufgenommen), wie in Abb. 167 gesehen; dieser Maschinenschacht wurde etwa 50 Meter südlich des alten, im Jahre 1923 stillgelegten Förderschachtes angelegt. Auch dieser frühere Betriebspunkt befindet sich heute innerhalb der baulichen Anlagen der »Werkstatt Florentine« auf dem ehemaligen Grubengelände.

Das an sich bereits am 8. November 1923 stillgelegte Eisenerzbergwerk wurde im Rahmen der Autarkiebestrebungen der damaligen Reichsregierung wieder *aufgewältigt;* dabei wurde der hier gezeigte Maschinenschacht neu *abgeteuft,* nachdem das alte *Grubenfeld* »Gloria« zusammen mit verschiedenen anderen Feldern der Grube Florentine zugeschlagen worden war.

Der mit recht einfachen Mitteln errichtete Maschinenschacht förderte monatlich etwa 700 Tonnen Eisenstein; dieses wurde – da der »Florentinerstolln« in den vergangenen 15 Jahren der Stillegung verbrochen war – über das ca. 30 Meter tiefer liegende, im direkt westlich angrenzenden Lindenbachtal jetzt neu angesetzte, westliche Mundloch des »Florentinerstolln« (gleichzeitig etwa die 30 m-Sohle des Maschinenschachtes) abgefördert zur »Verladestelle Dickenloh« der Lindenbachbahn (siehe Abb. 184), und von dort zum Staatsbahnhof Stockhausen an der Lahn. Die Grube wurde nach dem Kriege noch mit verschiedenen Untersuchungsarbeiten weiterbetrieben bis zum 30. November 1949. Heute ist auf dem Gelände die »Werkstatt Florentine« der »Lebenshilfe Wetzlar-Weilburg« für Behinderte mit modernen Gebäuden angesiedelt. (K. P.)

Abb. 169: Grube Gutglück (Betriebspunkt »Wrangel«), 1887

Man sieht hier die Belegschaft der Fürstlich Solms-Braunfels'schen Rot- und Brauneisensteingrube, aufgenommen am Betriebspunkt »Wrangel« – etwa 1,5 km westlich von Braunfels. Bei dem Bergwerk Gutglück handelte es sich um einen der größten *Feldesbesitze* im gesamten Bergrevier Wetzlar – reichend vom Betriebspunkt »Quäck« (siehe Karte XI) im Südwesten von Braunfels bis zum Lahntal an der Staatsbahnstation Braunfels.

Die Grube wurde dem Fürsten zu Braunfels am 17. April 1853 *verliehen* auf Eisen, Mangan und Alaun- bzw. Vitriolerze; der Betrieb erfolgte in den ersten Jahren vornehmlich auf *Grubenfeldern* direkt westlich von Braunfels. Am 14. Januar 1859 wurde die Grube auf das spätere Ausmaß erweitert bis an die Lahn durch *Konsolidierung* von insgesamt 36 Grubenfeldern. Am 1. November 1906 ging das Bergwerk – zusammen mit allen anderen fürstlichen Gruben – über in das Eigentum der Firma F. Krupp in Essen.

Der hier im Bild gezeigte Betriebspunkt »Wrangel« (offensichtlich vom Fürsten bei der Verleihung nach dem damaligen preußischen Feldmarschall dieses Namens benannt) war seit etwa 1862 auf Brauneisenstein in *Abbau* durch kleine Schächte. Die dort geförderten Erze wurden mit der im Vordergrund vorbeilaufenden Seilbahn über eine Länge von 1000 Metern an die Ernstbahn-Verladestelle (nahezu direkt unterhalb der Braunfelser Brauerei – das Gebäude steht dort noch heute) gebracht; interessant ist hier die Konstruktion der Seilbahn, welche nicht auf einem Drahtseil lief, sondern auf einem endlosen Stabeisen. Dieser Betrieb wurde im Jahre 1908 eingestellt, da eine weitere *Ausbeutung* durch die westlich angrenzende Krupp'sche Eisenerzgrube Würgengel vorgesehen war (die Erzabfuhr erfolgte dann über die Lindenbachbahn zum Reichsbahnhof Stockhausen).

Das weiter südlich gelegene *Grubenfeld »Quäck«* baute ebenfalls seit den sechziger Jahren des 19. Jahrhunderts auf Brauneisenstein und wurde ab 1902 in südlicher Richtung durch den 965 Meter langen »Friedrich-Stolln« *aufgeschlossen;* das Feld »Quäck« wurde ab 1905 pachtweise durch die »Union-AG für Bergbau« in Dortmund und später – bis zum Jahre 1924 – durch die »Deutsch-Luxemburgische Bergwerks- und Hütten-AG« in Dortmund abgebaut. Der hier geförderte manganhaltige Eisenstein wurde ab 1878 mit einer Pferdebahn – ab 1905 unter Tage durch einen Querschlag des »Florentiner-Stolln« – zur »Station Florentine« der Ernstbahn transportiert (siehe Abb. 166). Der dritte Betriebspunkt – *»Gutglück«* – wurde ebenfalls im Jahre 1909 stillgelegt wegen offensichtlicher Erschöpfung der *Lagerstätte;* zwar wurde durch Krupp noch im Jahre 1906 ein untertägiger Abbau vom Feld der benachbarten Grube Anna geplant – ein nennenswerter Bergbau auf Grube Gutglück fand jedoch später nur noch in den nördlichen Feldesteilen in Richtung auf den Reichsbahnhof an der Lahn statt (siehe Abb. 170).

(K. P.)

Abb. 170: **Grube Gutglück,** 1936

Bergleute vor dem Portal des »Gutglück-Stolln«, welcher im Jahre 1936 leicht oberhalb der Landstraße Leun – Burgsolms direkt an der Güterverladestelle der Reichsbahn angesetzt wurde auf die östlich verlaufenden *Felder* »Gutglück« und »Josef« – unterhalb der Braunfelser Gemarkung »Wintersburg«, wo heute eine Feriensiedlung entstanden ist (siehe Karte XI). Nachdem der Betrieb in den Jahren 1925 – 1935 stillgelegen hatte, erreichte dieser Stollen im Jahre 1939 eine Gesamtlänge von 707 Metern – ohne jedoch auf eine *wirklich ertragreiche Erzlagerstätte* zu treffen. Diese Grubenanlage gehörte zu den sogenannten »Vierjahresplan-Gruben«, welche in den dreißiger Jahren im Zuge der Autarkiebestrebungen des Deutschen Reiches eingerichtet wurden. Nachdem in diesen Jahren hier nur ein geringfügiger Erzabbau stattgefunden hatte, erlangte die Grube in den folgenden Jahren eine andere Bedeutung; die Grubenbaue wurden weiter *ausgeschossen* bis auf ca. 10 m Höhe, wonach praktisch untertägige Fabrikhallen entstanden; zuerst sollte hier eine heimische Firma luftschutzsicher untergebracht werden – schließlich wurde dann aber 1944 eine Frankfurter Werkzeugmaschinen-Fabrik hierher verlegt, welche in den ca. 50 m vom Stollenmundloch entfernten untertägigen Hallen Steuergeräte für Torpedos fertigte. Der Gesamtbetrieb auf Grube Gutglück wurde am 30. Juni 1943 endgültig eingestellt.

Unser (leider unscharfes) Bild aus dem Jahre 1940 zeigt – von links gesehen – die Bergleute Hermann Dietz aus Braunfels, den Lokführer Karl Pfeiffer aus Leun, Adolf Lorenz aus Stockhausen und Fritz Klotz aus Bissenberg. Dietz und Lorenz wurden im Jahre 1943 abkommandiert zur »Organisation Todt«, welche im 2. Weltkrieg – neben Bunkeranlagen – an der französischen Atlantikküste zwischen Calais und Boulogne die geheime »Fernkampfwaffe V 3« in riesigen untertägigen Anlagen baute. Es handelte sich dabei um das größte je bekannte Glattrohrgeschütz, welches in zwei verschiedenen Stellungen 14 km südwestlich Calais – einbetoniert in die Kalkstein-Höhe 156 – zu je fünf Kammern mit fünf Rohren (also jeweils 25 Geschützrohren) als eine Art riesige Werferbatterie zum Beschuß von London geplant war.

Dabei hatte jedes der 50 Rohre eine Länge von 130 Metern (!!) und schoß mit sogenannten »Pfeil-Geschossen« von zwei Metern Länge (mit Stabilisierungsflügeln, ohne Drall); durch die Konstruktion als sog. »Mehrfachkammer-Geschütz« – alle 4,6 Meter wurden beim Schuß zusätzliche Pulverkammern am Rohr gezündet (also insgesamt 29 Zündungen pro Schuß!!) – erreichten die besagten Geschosse die damals größte je erreichte »V 0« (Geschoß-Anfangsgeschwindigkeit) von 1800 m/sec.! Die Planung sah vor, die Stadt London hiermit über 200 km Entfernung zu beschießen; dabei hätte jedes Rohr alle 12 Sekunden einen Schuß abgefeuert, was einem Bombardement von 600 Geschossen pro Stunde entsprochen hätte.

Die gigantischen Geschützbatterien wurden in die Kalkfelsen einbetoniert, nachdem vier Eisenbahnanschlüsse in 30 m *Teufe* (jeweils ein ganzer Reichsbahnzug fand darin Platz) und von hier aus jeweils *Blindschächte* auf 100 m Teufe angelegt worden waren; von der tiefsten Sohle wurden dann 45°-*Überhauen* nach zu Tage aufgefahren, in welche später die Geschützbatterien eingebaut wurden. Das Projekt wurde jedoch von französischen Arbeitern an die Engländer verraten, welche die Anlage am 18. September 1943 mit Aufklärern entdeckten; daraufhin wurden beide Stellungen laufend von der 9. US-Luftflotte bombardiert. Nachdem eine der beiden Anlagen zwischenzeitlich beschädigt worden war, wurde die noch verbliebene Geschützbatterie am 6. Juli 1944 von Amerikanern mit 12-Tonnen-Bomben (!!) – den sog. »Talley-Erdbeben-Bomben« – belegt und großenteils zerstört. Nach der Landung der Invasionstruppen in der Normandie wurde die Anlage gesprengt – und kam so (Gott sei Dank!) nie wirklich zum Einsatz.

Die beteiligten Bergleute – dabei zahlreiche aus den Orten um Braunfels – ahnten absolut nichts von der später geplanten Verwendung dieser Anlage (Dietz dachte noch bei einer Befragung im Jahre 1985 an »normale Bunkeranlagen«!)

(K. P.)

Abb. 171: **Ernstbahn,** 1877

Blick auf Schloß Braunfels und den Ortsteil Sankt Georgen aus Richtung Philippstein im Jahre 1877. Unmittelbarer Anlaß für diese Aufnahme dürfte die Neuanlage einer Kastanienallee am Abhange des Schloßberges gewesen sein. Als ältester fotografischer Beleg der Ernstbahn ist das Bild allerdings heute weitaus interessanter. Man erkennt im Vordergrund die soeben fertiggestellte Gleisanlage am Rande der Gemeindestraße Braunfels – Philippstein, dahinter, unterhalb des Friedhofes, sieht man einen fahrenden Erzzug mit zehn Wagen, gezogen von der ersten Lokomotive.

Am 4. September 1875 schlossen Fürst Ernst zu Solms-Braunfels – ihm zu Ehren erhielt die Bahn 1877 ihren Namen – und die Firma Hermann Schreiber aus Wissen/Sieg einen Vertrag ab, der den Bau einer Schleppbahn mit Dampflokomotivbetrieb zwischen der Bahnstation Braunfels (Lahnbahnhof) und der an der Gemarkungsgrenze von Braunfels nach Philippstein gelegenen Grube Ottilie (siehe Abb. 145) festlegte. Die Kosten für die 110 031 Mark teure Bahn hatten die Gesellschafter – im April 1876 trat Bergverwalter Marx aus Siegen im Auftrag der Firma Dietrich & Co., Niederbronn/Elsaß, als dritter Teilhaber dem Vertrag bei – zu je einem Drittel aufzubringen. Der Betrag konnte bis 1884 aus dem Betriebsgewinn zurückgezahlt werden. Anschlußbahnen und Verladestellen sind auf Rechnung der anliegenden Grubenbesitzer errichtet worden. 1875 wurde mit den Gleisbauarbeiten begonnen, 1876 war die Bahn bis zur Grube Ottilie und im Juni 1877 bis Philippstein fertiggestellt. Ihr alleiniger Zweck bestand in der kostengünstigen Abfuhr von Eisenerzen zum Lahnbahnhof. Zur Vorgeschichte dieser ersten dampfbetriebenen Erzabfuhrbahn im Lahngebiet gehört die Absicht eines 1872 in Wetzlar gebildeten Eisenbahnkomitees, im gesamten Lahngebiet ein Netz von Schmalspurbahnen zu bauen; wohl wegen fehlender Finanzmittel gab man das Projekt auf und bemühte sich zunächst einmal um die Beteiligung auswärtiger Kapitalgeber. 1873 bekundete ein in Limburg ansässiges Komitee seine Bereitschaft, zwischen Gießen und Koblenz beiderseits der Lahn sieben Sekundärbahnen zu bauen. Eine dieser Bahnen zeigte bereits die Trasse der Ernstbahn, allerdings verlängert bis in das Weiltal. Die 1873 einsetzende Wirtschaftskrise (»Gründerkrise«) und die angesichts der Geländeverhältnisse teilweise abenteuerliche Streckenführung gaben dem Projekt aber keine Chance.

(R. G.)

Abb. 171: **Ernstbahn,** 1877

Abb. 172: **Ernstbahn,** um 1939

Nach ihrer Fertigstellung hatte die Ernstbahn eine Gesamtlänge von 6,8 km, wobei ein Höhenunterschied von 105 m zu überwinden war (größte Steigung 1:40). Es ist nicht bekannt, warum man die völlig unübliche Spurweite von 800 mm wählte. Die Gleise lagen bis unterhalb der Stadt Braunfels direkt neben der Straße und von dort bis zum Endpunkt auf einem eigenen Gleiskörper. Betriebswerk war die im Bild gezeigte »Station Ottilie« in unmittelbarer Nähe der gleichnamigen Grube. Die Station verfügte über Lokschuppen, eine Werkstatt mit Magazin sowie ein Betriebsführerwohnhaus, außerdem über zahlreiche Abstell- und Rangiergleise, auf denen die 53, später 64 Wagen Platz fanden. Hier wurden Wagen und Lokomotiven gewartet und seit den 20er Jahren auch größere Reparaturen wie die Erneuerung von Kesselrohren oder das Austauschen von Achsen durch Betriebsschlosser ausgeführt.

Als Lokomotiven dienten zwei etwa 50 PS starke Krauss-Loks mit zwei Achsen (Nr. 1, Bn 2t Krauss 1876/639 und Nr. 2, Bn 2t Krauss 1879/767). Die Maschinen hatten ein Leergewicht von 9,6 und ein Dienstgewicht von 11,4 Tonnen. Sie konnten 400 kg Kohlen und einen Kubikmeter Wasser fassen. Die Höchstgeschwindigkeit lag bei etwa 25 km/h.

Gewissenhafte Wartung und Pflege lassen kaum vermuten, daß die abgebildete Lokomotive schon länger als 60 Jahre im Einsatz war; der Kessel wurde nach gründlicher Säuberung mit Wachs eingerieben und erhielt dadurch seine glänzende Oberfläche. Da sie bis zur Umstellung auf Dieselbetrieb im Jahre 1956 im Einsatz waren, gehören die Krauss-Lokomotiven zu den langlebigsten Dampflokomotiven Deutschlands. 1893 wurde eigens für den Personenverkehr eine ähnliche, in den Abmessungen nochmals kleinere Lokomotive von der Firma Jung aus Kirchen/Sieg angeschafft (Nr. 3, Bn 2t Jung 1893/171), die nach Einstellung der Personenbeförderung 1930 verschrottet wurde; lediglich der Kessel wurde demontiert und diente später im Hunsrück als Antrieb für einen Dampfhaspel. Die vierte Dampflok war ein Gelegenheitskauf vor 1914 und trug als einzige einen Namen (»BRAUNFELS« – Nr. 4, Bn 2t Orenstein & Koppel 1908/2822, 60 PS). Unsere Aufnahme, um 1939 entstanden, zeigt einen Leerzug vor der Station; Lokomotive Nr. 2 wird gerade mit Wasser versorgt. Vor dem Zug steht der langjährige Betriebsführer der Ernstbahn, Heinrich Müller (mit Krawatte). (R. G.)

Abb. 173: **Ernstbahn,** um 1939

Eine Krauss-Lokomotive mit vier Erzwagen auf dem alten, hölzernen Sturzgerüst am Lahnbahnhof, etwa im Jahre 1939. Dieser Platz diente bereits vor dem Bau der Ernstbahn als Versandstelle für das von Fuhrwerken angelieferte Erz. Riemann erwähnt 1877 in seinem Jahresbericht an das Oberbergamt in Bonn, daß die Entladung der Waggons noch erhebliche Schwierigkeiten bereite: Die Ladebrücke sei zu kurz, und die Kapazität der einzigen Lokomotive reiche für den anfallenden Transport- und Rangierbedarf nicht aus. In den folgenden Jahren löste man dieses Problem durch Anschaffung einer zweiten Lokomotive und Vergrößerung des Sturzgerüstes – Maßnahmen, die wegen der allmählichen Erhöhung des Frachtaufkommens ohnehin notwendig waren. Außer den Gruben Ottilie (fürstl. Bergverwaltung Braunfels) und Klöserweide (Gewerkschaft Klöserweide) wurden im Laufe der Zeit die zur fürstlichen Grube Gutglück gehörenden Betriebspunkte Wrangel (km 3,38 – Seilbahn) sowie Quäck (km 3,8), die Buderusgrube Fortuna bei Philippstein (km 6,13) und 1880 Grube Eisenfeld (siehe Abb. 152) angeschlossen (für alle Anschlüsse vgl. Karte XI). Auch die Granitwerke »Steinerne Renne« zu Hasserode a. H. haben in jener Zeit Marmorblöcke in Philippstein verladen.

Vor allem die engen Kurvenradien mancher Zubringergleise ließen die Anlieferung von leeren Waggons zu einem Kunststück werden. So mußte die Lokomotive die Wagen in das Anschlußgleis Florentinerstollen/Quäck »abschleudern«, das heißt, nach Überfahren der Weiche durch die Lok war diese blitzschnell abzukoppeln, während ein zweiter Mann gleichzeitig die Weiche umlegte, so daß die Wagen selbsttätig zur Verladestelle rollen konnten. Ein Hineinziehen oder -schieben mit der Lokomotive hätte bewirkt, daß sich Puffer verkantet und Wagen aus dem Gleis geworfen hätten – die Ernstbahn hatte nur einen Puffer an Loks und Wagen. Bei den Gebäuden handelt es sich um das Wiegehäuschen und, dahinter, einen Material- und Geräteschuppen, ganz im Vordergrund die Rangier- und Umstellgleise.

(R. G.)

Abb. 174: **Ernstbahn,** 1953

Nach dem Zweiten Weltkrieg wurde das hölzerne Bockgerüst durch eine überdachte Stahlkonstruktion ersetzt. Die Aufnahme vom Mai 1953 zeigt Lok Nr. 4 »BRAUNFELS« beim Aufschieben von vier Wagen. Ein Erzzug umfaßte maximal 36 Waggons, darunter mehrere Bremswagen. Die Höchstgeschwindigkeit für den Gütertransport war auf 15 km/h begrenzt. Betrachtet man die Entwicklung der Frachtmengen im Verlauf der Jahrzehnte, so sind sie gewissermaßen ein Spiegelbild der jeweiligen wirtschaftlichen Situation der Eisenerzgruben. 1884 wurden 80 475 t, 1904 nur 39 220 t, 1912 wieder 67 512 t, 1928 hingegen nur 5100 t Erz befördert. Zu Beginn der dreißiger Jahre ruhte der Betrieb, wurde dann mit Bedarfszügen wieder aufgenommen und erreichte 1938 41 322 t. Nach 1950 lag das Frachtaufkommen bis zur Schließung der letzten Gruben bei etwa 45 000 t im Jahr. Die Transportkosten pro Tonne beliefen sich anfangs auf 1,20 Mark, wurden aber 1884 – vermutlich wegen der Eröffnung der Lindenbachbahn (siehe Abb. 198) – auf 0,85 Mark gesenkt. Von den Benutzern wurde die Bahnfracht monatlich aufgrund der Listen des gemeinsam eingestellten Verwiegers am Lahnbahnhof erhoben. Daß der Erzverkehr im Unterschied zum zeitweise betriebenen Personenverkehr fast immer Gewinne erbrachte, mögen die Zahlen für das Jahr 1907 verdeutlichen: Einnahmen in Höhe von 39 307 RM standen Ausgaben von 17 973 RM gegenüber.
(R. G.)

Abb. 175: **Ernstbahn,** 1926

Bereits 1888 hatte die Stadt Braunfels, durch ihre Höhenlage vom nächsten Staatsbahnhof 4 km entfernt, um die Einrichtung eines öffentlichen Personenverkehrs auf der Ernstbahn gebeten. Sechs Jahre später, am 16. Juni 1894, fuhr der erste Zug zwischen Lahnbahnhof und der Haltestelle Braunfels-Stift (am heutigen Sportplatz). Von April bis September verkehrten täglich sieben Züge, ab 1900 galt der Fahrplan ganzjährig, und seit dem 1. Mai 1913 fuhren die Züge auch bis Philippstein. Als Wagen dienten zunächst fünf Eigenbauten, 1907 lieferte das Gußstahlwerk Fried. Krupp noch einen vierachsigen Sommerwagen und einen Packwagen. 1906 hatte die Firma Krupp mit dem gesamten Grubenbesitz des Fürsten zu Solms-Braunfels ebenfalls dessen Ernstbahn-Anteile erworben. Nach einer Urkunde vom 15. März 1906 verpflichtete sie sich damit auch, die Personenbeförderung wie bisher aufrechtzuerhalten, solange Eisenerz transportiert wird. Ferner hatte sie dem fürstlichen Haus jährlich zehn nicht namentlich ausgestellte Abonnements kostenfrei zur Verfügung zu stellen. Unsere Aufnahme aus dem Jahre 1926 zeigt einen Personenzug am Lahnbahnhof. Es ist wohl das einzige guterhaltene Foto der Lokomotive Nr. 3, die bekanntlich 1930 verschrottet worden ist. Im Führerstand sehen wir Lokomotivführer Eichhorn (Braunfels), neben dem Kessel steht Lokomotivheizer Heinrich Schneider (Tiefenbach). Bei der Personengruppe am offenen Sommerwagen handelt es sich um in Braunfels weilende Kurgäste aus Leipzig.
(R. G.)

Abb. 176: **Ernstbahn,** 1930

Während der Verkaufsverhandlungen zwischen dem fürstlichen Haus und der Firma Krupp wandte sich der damalige Bürgermeister Weber mit der Bitte an die fürstliche Verwaltung, die zukünftige Betreiberin vertraglich auf einige Verbesserungen im Personenverkehr zu verpflichten; an erster Stelle stand der Wunsch, daß zukünftig auch Gepäckstücke von Reisenden befördert werden mögen, ansonsten zögen viele weiterhin die Postkutsche vor oder es komme gar zur Eröffnung eines bereits angekündigten Automobilverkehrs zwischen dem Bahnhof und der Stadt Braunfels. Dem Wunsch nach Gepäckbeförderung ist wohl mit dem Kauf des Packwagens entsprochen worden. Die Befürchtungen des Bürgermeisters waren sehr realistisch, denn obwohl sich die Zahl der beförderten Personen bis auf 52290 im Jahre 1928 erhöhte, brachte dieser eigenständig geführte und abgerechnete Betriebszweig der Bahn seit 1908 keine Überschüsse mehr. Die Wirtschaftskrise seit 1929 und der nicht zu behebende Nachteil, daß die Stationen Braunfels-Obermühle und Braunfels-Stift weit unterhalb der Stadt lagen, haben am 15. Juni 1930 zur Einstellung des Personenverkehrs geführt. Nunmehr verkehrten Postbusse auf der Strecke.

Es muß von besonderem Reiz gewesen sein, das idyllische Iserbachtal, auch Mühlengrund genannt, aus dem nur 25 km/h fahrenden Personenzug zu erleben. Reisegruppen und Betriebsbelegschaften nutzten die Ernstbahn für Ausflüge, gelegentlich bestellten sie eine Sonderfahrt. Überwiegend wurden die Züge aber von Berufstätigen, Schülern und Gästen der Stadt Braunfels in Anspruch genommen.
Das Bild zeigt die letzte Fahrt eines Personenzuges am 15. Juni 1930 an der Station Obermühle (vor der Brauerei Wahl). Die Lok »BRAUNFELS« wird gefahren von Heinrich Eichhorn, angehängt sind die Wagen Nr. 3 und 4.

(R. G.)

Abb. 177: **Ernstbahn,** 1956

In den fünfziger Jahren investierte die Harz-Lahn Erzbergbau AG, Weilburg – Rechtsnachfolgerin der seit 1924 bestehenden Sieg-Lahn Bergbau GmbH, Gießen, welche ihrerseits nach dem Ersten Weltkrieg aus der Firma Krupp hervorgegangen war – einige Millionen DM, um die beiden noch in Betrieb stehenden Gruben Ottilie und Eisenfeld zu modernisieren. Kernstück dieser Maßnahmen war die neue Tagesanlage Ottilie mit Trockenaufbereitungsanlage und großem Verladebunker. Einbezogen in diese Bemühungen zur Erhaltung der Konkurrenzfähigkeit wurde ebenfalls die Ernstbahn: Sie erhielt auf der ganzen Strecke Stahlschwellen und ein stärkeres Schienenprofil. Schließlich kam 1956 das Ende für den traditionsreichen, aber nicht mehr zeitgemäßen Dampflokomotivbetrieb. Zwei von der Firma Ruhrthaler erworbene Diesellokomotiven (DL 1, B Ruhrthaler 1956/3402 und DL 2, B Ruhrthaler 1956/3403) mit 80 PS Leistung dienten fortan als Zugmaschinen, die drei verbliebenen Dampfloks sind 1957/58 (Nr. 1 und 2) sowie 1958 (Nr. 4) verschrottet worden. Auch das bisherige Betriebswerk, die »Station Ottilie«, wurde niedergelegt. Lokschuppen und Werkstatt waren nunmehr in das Hauptgebäude der Tagesanlage Ottilie integriert. Zunächst hatten beide Bergwerke noch eigene Verladeanlagen, aber die Wünsche der Abnehmer nach feiner gemahlenem, *klassiertem Erz* machte generell dessen Aufbereitung nötig. So gelangte seit etwa 1959 auch das Fördergut der Grube Eisenfeld über die 192 m-Sohle zur Aufbereitung Ottilie und von dort in Waggons der Ernstbahn.

Das Foto zeigt die Übergabe der Diesellokomotiven auf den Rangiergleisen unterhalb des Betriebsgeländes Ottilie (heutiger Fischweiher). Wir sehen von rechts nach links: Lokführer Fritz Heinz, Betriebsschlosser Heinrich Schneider, Lokführer Hermann Schmidt, in der DL 1 einen Ingenieur der Firma Ruhrthaler, die Namen der folgenden Heizer sind nicht bekannt, sowie auf Lok Nr. 1 Willi Heuser. (R. G.)

Abb. 178: **Ernstbahn**, 1962

Kurz nach Schließung der letzten Eisenerzgruben im Iserbachtal am 31. Dezember 1962 kam auch der Betrieb der Ernstbahn nach 87 Jahren zum Erliegen. Anfang 1963 gingen die letzten Züge zum Lahnbahnhof, danach wurde der gesamte Wagenpark verschrottet: Er umfaßte auch damals noch Exemplare aus der Anfangszeit mit hölzernem Aufbau, ähnlich aussehende Wagen in Stahlausführung und moderne Selbstentlader mit schräggestellten Seitenklappen (alle 3 Typen sind auf dem Bild zu sehen). Von den kaum abgenutzten Diesellokomotiven übernahm der firmeneigene Kalksteinbruch Fachingen DL 1, die zweite diente auf Grube Fernie als »Ersatzteillager«.

Daß es in all den Jahren zu keinem tödlichen Unfall gekommen ist, spricht für die Gewissenhaftigkeit und Sachkenntnis des Betriebspersonals. Nur einmal, am 28. August 1936, ereignete sich ein größerer Unfall, als ein vom Lahnbahnhof kommender Zug mit einem entgegenkommenden Postomnibus kollidierte (am Übergang zwischen Hammermühle und Wolfsmühle); Personen kamen nicht zu Schaden. Kleinere Unfälle und Betriebsstörungen kamen gelegentlich vor. Schuld daran trugen vor allem die vergleichsweise schwach dimensionierten Schienen und die Beschaffenheit von Schwellen und Unterbau.

Menschliches Versagen hätte Ende der zwanziger Jahre beinahe zu einem schweren Unfall geführt, als eine der Krauss-Loks mit den aus Richtung Philippstein kommenden Personenwagen zusammenstieß. Zu dem Vorfall war es gekommen, nachdem der Heizer die für den ersten planmäßigen Personenzug vorgesehene Maschine zu spät unter Feuer gesetzt hatte. In der Annahme, der Kesseldruck wäre bis dahin nicht ausreichend, verständigte man einige Belegschaftsangehörige in Philippstein, die dort am Vorabend abgestellten Personenwagen anzuschieben und ohne Zugmaschine bis zur Station Ottilie rollen zu lassen.

Als die Lok dann schneller als erwartet den nötigen Kesseldruck erreichte, ging sie doch noch auf die Strecke, um die Wagen abzuholen. In Höhe der Grube Eisenfeld rollten ihr diese aber bereits entgegen; trotz Vollbremsung war ein Zusammenstoß nicht zu verhindern. Die auf dem Wagen stehenden Bremser waren abgesprungen, während der Lokfahrer immerhin noch vom Führerstand geschleudert wurde, ohne sich ernsthaft zu verletzen. Das Foto zeigt einen Leerzug im Jahre 1962, der soeben die B 49 in Höhe des heutigen Campingplatzes von Braunfels passiert hat. Die Lokomotive DL 2 trug, wie bereits Dampflok Nr. 4, den Namen »BRAUNFELS«. (R. G.)

Abb. 179: **Grube Maria,** 1918

Blick aus südlicher Richtung auf die Tagesanlagen der Grube Maria bei Leun oberhalb des Lahnbahnhofes im Jahre 1918. Die Grube wurde am 9. September 1848 *verliehen* an das saarländische Montanunternehmen Gebr. Stumm in Neunkirchen. Sie *baute* auf einem *Lagerzug,* der die Lahn bei der alten Leuner Brücke schneidet, in nordöstlicher Richtung etwa 5 km zu verfolgen ist und hinter dem Garbenheim-Braunfelser Lagerzug nach Riemann der bedeutendste des Reviers war. Zunächst wurden zwei kleine *Mulden* am *Ausgehenden* im Tagebau erschlossen, wobei sich der ältere im Bereich der »Arnsburg«, der jüngere am südlichen Abhang der »Schäferburg« befand. Beide Tagebaue enthielten *Roteisenstein* von etwa 50 Prozent bei einer Mächtigkeit zwischen 4 und 15 Metern. Neben dem Tagebaubetrieb wurde das mit 45 Grad einfallende Lager durch zahlreiche Stollen und Schächte abgebaut. Der Absatz der Erze erfolgte überwiegend an die Hochöfen von Stumm in Neunkirchen, was sich bis zur Fertigstellung der Lahntalbahn 1863 schwierig gestaltete. Nach einem Bericht aus dem Jahre 1858 wurde das Erz per Fuhrwerk – man unterhielt eigens für diesen Zweck 40 Pferde – zunächst nach Gießen transportiert und gelangte von dort mit der Main-Weser-Bahn zum Bestimmungsort. Auf Grube Maria waren vor allem Bergleute aus Leun und Tiefenbach beschäftigt, die übrigen kamen aus Stockhausen, Bissenberg und dem unteren Ulmtal. Vor und nach der Jahrhundertwende kam es immer wieder zu tödlichen Unfällen. So berichtete der »Wetzlarer Anzeiger« am 27. Mai 1890 von einem schweren Unglücksfall, dem die Bergleute Heinrich Schnorr und Bender aus Leun sowie Wilhelm Hebel aus Tiefenbach zum Opfer fielen. Diese hatten »... *in kurzen Entfernungen von einander drei Sprengschüsse gelegt und warteten die Entladung derselben in angemessener Entfernung ab. Da eine längere Zeit verging, ohne daß die Explosion erfolgte, machte sich Schnorr, ein schon bejahrter Mann, auf den Weg, um nachzusehen und eine neue Ladung anzubringen. Während er hiermit beschäftigt war, ging der Schuß los und traf den Unglücklichen mit voller Gewalt, ihm die Brust auf das Furchtbarste zerfleischend. ... Bender, welcher das Unglück wohl ahnen mochte, eilte trotz der Gefahr sogleich herzu... Ihn ereilte dasselbe Schicksal, indem während seines Hinzutretens der von ihm gelegte Schuß sich entlud und ihn tödlich verwundete. Obwohl der Dritte, Wilhelm Hebel, das Unglück seiner Mitarbeiter vor Augen sah, zögerte der muthige Mann keinen Augenblick, Hilfe zu bringen. Auch er sollte ein Opfer seines Wagemuthes werden...*«. Neben solchen Schießunfällen waren vor allem herabfallende Lasten (Gesteinsbrocken) gefährlich. Im Jahre 1900 kam der Bergmann Heinrich Söhn aus Leun bei einem solchen Unfall ums Leben. Die Aufnahme zeigt (von links nach rechts) Kessel- und Maschinenhaus, Schmiede mit Magazin (von der Halde etwas verdeckt) und den Maschinenschacht mit angeschlossener Aufbereitung (siehe Abb. 181). Hinter dem Schacht erkennt man das Zechenhaus und rechts daneben einen Lokomotivschuppen.

(R. G.)

Abb. 180: **Grube Maria,** 1915

Eine Benzinlokomotive der Firma Deutz, Baujahr 1910, vor dem Stollenmundloch des »Carl-Bernhard-Stollen« (begonnen 1869) – etwa im Jahre 1915. Durch diesen sogenannten »Tiefen Stollen« wurde das Lager in den Partien aufgeschlossen, welche durch Tagebau und dort *aufgefahrene Strecken* nicht zu erreichen waren. Darüber hinaus diente er zur Abförderung des Erzes und zur Ableitung der Grubenwasser in die Lahn. Der knapp über dem Lahnspiegel, direkt hinter den Gleisanlagen der Lahnbahn ansetzende Stollen erreichte bis zum Jahre 1897 eine Gesamtlänge von 1300 Metern. 1880 löste die Pferdeförderung den bisherigen *Schlepperbetrieb* ab, seit Mai 1910 zog eine 12 PS starke Lokomotive von 600 mm Spurweite die vollen Kippwagen zur Verladestelle am Lahnbahnhof. Die bergpolizeiliche Anordnung vom 4. Mai 1910 legte strenge Sicherheitsbestimmungen für den Lokomotivbetrieb fest: Er durfte nur während bestimmter Stunden erfolgen, die der Belegschaft mitzuteilen waren, keinem Arbeiter war es erlaubt, sich während des Betriebes im Stollen aufzuhalten oder gar mitzufahren (wie die gestellte Aufnahme leicht vermuten läßt), und vor jeder Inbetriebsetzung hatte der Lokfahrer die Maschine einer »genauen äußeren Revision« zu unterziehen (siehe Abb. 433). Daß die Schutzmaßnahmen noch unzureichend waren, kann aus der »Dienstanweisung für den Lokomotivführer« gefolgert werden, welche in Punkt 15 vorschrieb: »*Sollte an der Lokomotive ein Brand entstehen, so ist derselbe unter Benutzung der stets mitzuführenden Tücher möglichst bald zu ersticken.*« (R. G.)

Abb. 181: **Grube Maria**, um 1913

Abb. 181: **Grube Maria,** um 1913

Mit einer Fördermenge von 415 673 t im Zeitraum von 1849 bis 1877 rangierte die Grube Maria damals an zweiter Stelle aller Eisenerzgruben im Bergrevier Wetzlar. Unter den Stummschen Lahngruben war sie nach Grube Eleonore (siehe Abb. 23) die bedeutendste. Auch nach Übernahme durch die Eisenwerke Lollar AG im Jahre 1897 – damals verkauften die Gebr. Stumm ihre 24 Grubenfelder im Lahnrevier für 150 000 Mark an diese Firma – und 1905 durch Buderus behielt sie eine wichtige Stellung. Vor allem deshalb, weil die Bergverwaltung der Buderus'schen Eisenwerke in jenen Jahren bemüht war, durch die Modernisierung eigener Gruben eine Fördersteigerung zu erreichen und damit die Lieferausfälle auszugleichen, die durch den Verkauf der Fürstlich-Braunfels'schen Gruben an Krupp im Jahre 1906 entstanden waren. So entschloß man sich, geeignet erscheinende Gruben, unter ihnen auch Maria, umgehend zu erneuern. Diesen Planungen folgend, wurde hier 1906 das Preßluftbohren eingeführt und zwischen 1911 und 1913 die bestehende Schachtanlage überholt und um eine mechanische Aufbereitung ergänzt. Das im Tiefbau gewonnene Erz wurde nun von einer elektrischen Fördermaschine bis zu einer 4 m über der *Hängebank* angebrachten Abzugsbühne gehoben, anschließend in einem Steinbrecher zerkleinert (siehe auch Abb. 275) und auf Lesebändern von Hand sortiert. Am Ende des Bandes fiel es in eine in Basalt gemauerte *Rolle* und gelangte so 36 m tiefer in das *Füllort* des »Carl-Bernhard-Stollens«. Bei Absatzmangel bestand die Möglichkeit, das Erz auf einem Platz unterhalb der Stützmauer am Zechenplatz (siehe Abb. 179) zu lagern und bei Bedarf ebenfalls durch ein *Rolloch* zum Versand zu bringen. Im Jahre 1912 erreichte die Grube mit 32 899 t Rot- und Flußeisenstein ihre höchste Förderung, die Belegschaftsstärke betrug 132 Mann. Unser Bild zeigt die Belegschaft um 1913 vor dem 13 m hohen stählernen Fördergerüst.
(R. G.)

Abb. 182: **Grube Maria,** 1918

Nachdem der Betrieb wegen der Mobilmachung seit dem 5. August 1914 ganz geruht hatte, wurde die Förderung 12 Tage später mit verringerter Belegschaft wiederaufgenommen. Als Ersatz für einberufene Bergleute stellte die Betriebsführung auch sogenannte Arbeitsfreiwillige aus der verbündeten Türkei ein. Ungefähr 16 Türken, alle zwischen 14 und 18 Jahre alt, übernahmen die verschiedensten Arbeiten, so auch das Fahren der Benzinlokomotive im Bereich des 1909 *aufgefahrenen »Hängebankstollens«*, der bei einer Gesamtlänge von 696 m (1918/19) über *Förder- und Fahrrollen* mit dem Tagebau »Schäferburg« verbunden war. Ab 1916 wurden zusätzlich 30 Kriegsgefangene, vorwiegend Franzosen, in einem Schlafhaus einquartiert und als Arbeiter eingesetzt. In diesem Zusammenhang sei darauf hingewiesen, daß in den Jahrzehnten vor dem Ersten Weltkrieg zahlreiche einheimische Bergleute das ungewisse Schicksal einer Auswanderung dem über lange Zeit schlecht entlohnten Bergmannsberuf zu Hause vorzogen. Materielle Not und Kriege führten bereits vor und nach der Jahrhundertwende zu Wanderungsbewegungen über die Staatsgrenzen hinweg (siehe auch Abb. 400, 443 und 445). Die Aufnahme aus dem Jahre 1918 zeigt die Türken Hassan und Ismael auf einer Deutz-Benzinlokomotive ähnlich der im Carl-Bernhard-Stollen eingesetzten; mit 3,25 m Länge, 1,75 m Höhe und einer Breite von 1,02 m sowie 4,8 t Gesamtgewicht war sie aber insgesamt größer und schwerer als jene. (R. G.)

Abb. 183: **Grube Maria,** 1918

Abb. 183: **Grube Maria,** 1918

Die türkischen Arbeitsfreiwilligen Ismael und Rassim im Einsatz als *Schlepper,* vermutlich am Eingang des »Ammersbacher Stollen« im Jahre 1918. Nach Kriegsende litt der Grubenbetrieb nicht nur unter den schlechten wirtschaftlichen Verhältnissen, auch die *Aufschluß-* und Gewinnungsarbeiten gestalteten sich mit zunehmender *Teufe* immer schwieriger und kostspieliger und waren im Ergebnis enttäuschend. Absatzmangel führte im Dezember 1918 zur Einführung einer wöchentlichen Feierschicht, ihr folgten wegen überfüllter Lagerplätze Mitte März 1921 eine zweite und am 5. April 1921 die dritte Feierschicht. In diesem Jahr kam der Tiefbau auf der 50 m- und der 75 m-Sohle ganz zur Einstellung, nachdem man einen Restabbau beendet und das Material ausgebaut hatte. 1923 versetzte man den Förderturm auf die Grube Rosbach bei Friedberg (siehe Abb. 399), und die 60 PS starke Fördermaschine gelangte auf die Grube Falkenstein bei Aumenau (siehe Abb. 248). Am 29. November 1924 wurde der Betrieb nochmals aufgenommen und bei kleiner Belegschaft mit Unterbrechungen bis Ende 1926 fortgeführt. Im Abschlußbericht vom 27. Oktober 1926 heißt es, daß die Grube wegen vollständigem Abbau der Erze zum Jahresende zur Einstellung komme und den 18 verbliebenen Bergleuten fristgerecht gekündigt werde. Der Absatz der Erze erfolgte nach 1900 an die Hüttenwerke in Hirzenhain und Lollar, später an die Georgshütte in Burgsolms (siehe Abb. 414) und die Sophienhütte Wetzlar (siehe Abb. 415). Oberhalb des Lahnbahnhofs auf dem Anwesen »Dorotheenhof« sind Reste der Tagesanlagen noch erhalten, und im angrenzenden Wald erinnern zahlreiche Pingen und Trichter an den einst bedeutenden Betrieb der Grube Maria. (R. G.)

Abb. 184: **Grube Dickenloh,** 1920

Der 1917 *aufgefahrene* »Dickenlohstollen« und die Grubenbahntrasse der *Brauneisensteingrube* Dickenloh im oberen Lindenbachtal. Die Grube grenzte unmittelbar westlich an das *Grubenfeld* »Würgengel« und *baute* auf demselben Massenkalkzug. Die erste *Verleihung* erfolgte am 8. Mai 1846 an ein Konsortium, bestehend aus Kammerrat Stephan (Braunfels), Friedrich Mangold und Caspar Döll. Nennenswerter Betrieb scheint in den beiden ersten Jahrzehnten nach der Verleihung kaum geführt worden zu sein, war doch das Erz von vergleichsweise minderer Qualität und sein bergmännischer Abbau damals schwierig. Soweit man das in *Nestern,* manchmal auch in größeren *Mulden* abgelagerte Erz nicht im Tagebau gewinnen konnte, legte man Stollen, Strecken und Schächte in den *hangenden Gebirgsschichten* an, um den festen Kalk zu meiden.

Dies hatte den Nachteil, daß die *Baue* nur kurze Zeit gangbar waren oder durch kostspieliges Umarbeiten aufrechterhalten werden mußten, eine Situation, welche die Privatleute unter den Grubeneignern finanziell bald überforderte. So ging denn auch das Feld »Dickenloh« zusammen mit anderen in der Umgebung am 2. September 1871 an die Firma Fried. Krupp in Essen über. Diese leitete, da in den 1880er Jahren für manganhaltigen Brauneisenstein gute Absatzmöglichkeiten gegeben waren, Maßnahmen zur Fördersteigerung ein. 1886 erhielt die Grube durch eine 715 m lange Pferdebahn Anschluß an die Versandstation Würgengel (s. Abb. 200). Planungen, die Betriebe Würgengel und Dickenloh zu verbinden, wurden vom Oberbergamt in Bonn nicht genehmigt, weil beide Gruben durch die ehemalige preußisch-nassauische Landesgrenze, identisch mit der späteren Kreisgrenze, voneinander getrennt waren und verschiedenen Grundbuchämtern angehörten. In den wirtschaftlich schwierigen 1890er Jahren war es nicht mehr möglich, wie bisher die magere Dickenlohförderung dem Würgengelerz beizumischen, und so kam der Betrieb 1894 zum Erliegen. (R. G.)

Abb. 184: **Grube Dickenloh,** 1920

Abb. 185: **Grube Dickenloh,** um 1942

Bergleute der Grube Dickenloh hinter dem *Theodoliten* des Vermessungstechnikers Kurt Hofmann (2. v. l.). Ebenso wie andere Brauneisensteingruben mit relativ geringem Erzgehalt (unter 30 Prozent) erlebte auch dieser Betrieb nach 1900 noch zwei kurze Betriebsphasen, jedesmal begründet in der erhöhten Rohstoffnachfrage während bzw. vor den Weltkriegen. Von April 1917 bis November 1920 wurde der »Dickenlohstollen« (siehe Abb. 184) in Handbohrarbeit insgesamt 236 m überwiegend im Kalk vorgetrieben, ohne die bereits in den 1880er Jahren durch Suchschächte nachgewiesenen *Mulden* mit einem Erzvorrat von über 300 000 t zu erreichen; bei den Untersuchungsarbeiten im Stollen konnten lediglich 1240 t Erz abgebaut werden. In den Nachkriegsjahren führte die Verschlechterung auf dem Erzmarkt zur Betriebseinstellung. Nach 1934 plante Krupp, im südlichen Lindenbachtal eine neue Bergwerksanlage als Ersatz für die vor der Erschöpfung stehende Brauneisensteingrube Fritz bei Essershausen (siehe Abb. 230) zu errichten. Das 1936 begonnene Stollenprojekt sollte vor allem die höherwertigen stückigen Erze des Südteiles erschließen – erwähnt seien die Gruben Helene, Weißholz, Hirschpark und Wetzlarburg –, doch sah man auf Drängen der Regierung ebenfalls den Abbau der schlechteren Erze im Bereich der Gruben Dickenloh und Lindelbach vor. Geplant war eine zentrale Tagesanlage mit Zechenhaus, Kompressoranlage und 60 m tiefem Einfahrschacht südlich der Straße Bermbach – Hirschhausen. *Wasserlösung* und Abförderung der Erze sollten durch den aufgewältigten und verlängerten »Dickenloh-Stollen« erfolgen. (R. G.)

Abb. 185: **Grube Dickenloh,** um 1942

Abb. 186: **Grube Dickenloh,** um 1940

Im Zusammenhang mit dem vorgenannten *Aufschlußprojekt* wurde Grube Dickenloh am 9. September 1936 wieder in Betrieb genommen und im alten Stollen bei 10 m Länge ein nach Süden gerichtetes *Flügelort aufgefahren*. Eine 1250 m lange Druckluftleitung von Grube Würgengel gestattete maschinelles Bohren, dennoch gingen die Vortriebsarbeiten in der Stollenanlage nicht wie geplant voran. Wegen Strommangel mußte der Vortrieb 1944 bei einer Gesamtlänge von 1500 m ganz eingestellt werden. Nachdem Grube Würgengel im März 1945 zum Ersaufen kam, beschränkte man sich 1946 auf einige kleinere Schürfarbeiten und Versuchsschächte und baute schließlich wegen des eingetretenen Materialmangels Schienen und andere Einrichtungsgegenstände aus. Auf dem Bild erkennen wir den Eingang eines in der letzten Betriebsperiode von über Tage angelegten *Gesenks*.
(R. G.)

Abb. 187: **Grube Dickenloh,** um 1940

Ein Bergmann zieht mit Hilfe eines Drucklufthaspels einen Wagen aus einem *Gesenk*, identisch mit Abb. 186. Durch ein solches *Gesenk* konnte der linsenförmig und nicht allzu tief unter der Oberfläche abgelagerte Brauneisenstein oft kostengünstiger und schneller erreicht werden als durch einen am nächstgelegenen Hang angesetzten Stollen. Die begrenzten Ausmaße der meisten *Nester* ließen auch einen Tagebau nicht sinnvoll erscheinen. Insgesamt sah das 1936 begonnene Aufschlußprojekt allerdings vor, mit einem Netz von *Richtstrecken* und *Querschlägen* die bedeutendsten Vorkommen auch an ihrer tiefsten Stelle zu unterfahren. Nach Fertigstellung war eine Jahresförderung von 100 000 t vorgesehen.
(R. G.)

Abb. 186: **Grube Dickenloh,** um 1940

Abb. 187: **Grube Dickenloh,** um 1940

Abb. 188: **Grube Würgengel**, 1935

Mitten im Wald zwischen Braunfels und Tiefenbach entstanden seit November 1934 die neuen Tagesanlagen der Grube Würgengel. Das Foto zeigt die Arbeiten zur Herrichtung des Zechengeländes, das Ausheben der Fundamente für die Betriebsgebäude und links, durch ein Holzdach geschützt, den Schacht während des *Abteufens*. Vor dem Schacht steht Elektromeister Wilhelm Finsterseifer aus Tiefenbach. Diese *Brauneisenstein-* und *Braunsteingrube* baute auf dem zwischen Tiefenbach, Hirschhausen und Bermbach gelegenen oberdevonischen Massenkalkzug und wurde am 5. April 1853 an den in Oranienstein bei Diez wohnenden Engländer Ebenezer Willibald Fernie *verliehen* (siehe Abb. 41). In Fässern verpackt schickte Fernie das damals begehrte Manganerz auf Schiffen lahnabwärts und von dort weiter nach England. Im Jahre 1860 erwarb Prokurator Winter aus Limburg den Betrieb. Umfangreiche Tagebaue und zahlreiche Kleinschächte in den Walddistrikten »Somborn« und »Birkenstrauch« der Gemarkung Braunfels gestatteten beachtliche Produktionssteigerungen, indessen wurde der Abtransport der Erze immer mehr zum Hauptproblem. Winter ließ deshalb 1861 die heute noch bestehende Straße durch das Lindenbachtal nach Tiefenbach bauen, wo sich am Ortseingang auch eine Erzwäsche befand. Über eine hölzerne Brücke konnte der Weitertransport mit Ochsen- und Pferdegespannen erfolgen, von Bedeutung war aber auch bis zur Eröffnung der Eisenbahnlinie Gießen – Koblenz im Jahre 1863 die Abfuhr der Erze mit Lastkähnen; die zu diesem Zweck angelegten kleinen Hafenbecken sind bei Niedrigwasser noch heute zu erkennen. (R. G.)

Abb. 189: **Grube Würgengel,** 1920

Die alte Verladestelle der Grube Würgengel an der Gemeindestraße zwischen Tiefenbach und Braunfels. Über das Sturzgerüst rechts wurden die Waggons der 1884 erbauten Lindenbachbahn beladen, die das Erz zum Staatsbahnhof Stockhausen beförderten. Gründliche Untersuchungen des *Feldes* »Würgengel« und der weiter südlich angrenzenden *Grubenfelder* hatten die Firma Fried. Krupp – sie erwarb die Grube im Jahre 1871 von Prokurator Winter – zum Bau der Erzbahn bewogen. Ein Vorläufer der Bahn verdient besondere Erwähnung, handelte es sich doch um die erste Anlage dieser Art in Deutschland: eine 350 m lange Drahtseilbahn zwischen der Tiefenbacher »Wäsche« und dem Bahnhof Stockhausen. Angetrieben von einer 2 PS starken Dampfmaschine, konnte sie in 10 Betriebsstunden maximal 120 t Erz transportieren; im Abstand von 61,6 m wurden die 3 bis 4 Ctr. fassenden Förderkästen an das Zugseil gehängt und bewegten sich dann mit einer Geschwindigkeit von 1,33 m/Sek. Richtung Bahnverladestelle. Insgesamt litt diese von vielen Interessenten besuchte und bestaunte Anlage aber noch unter zahlreichen technischen Mängeln. Erst der Bau der erwähnten Lindenbachbahn gestaltete den Erztransport zuverlässig und kostengünstig, wodurch eine weitere Fördersteigerung der Gruben ermöglicht wurde. Diese Entwicklung ging zu Lasten der zahlreichen Landwirte, die an dem Transportgeschäft bisher einen bescheidenen Verdienst hatten (siehe auch Abb. 88). (R. G.)

Abb. 190: **Grube Würgengel,** um 1936

Ansicht des 1936 von Schlossern der Zentralwerkstatt Tiefenbach errichteten Fördergerüstes. An der *Rasenhängebank* schieben zwei Bergleute einen leeren Förderwagen auf, während ein dritter das Sprachrohr benutzt (siehe Abb. 326). 1937/38 wurde das Gerüst noch mit einer Schachthalle umgeben. Sowohl in der ersten Betriebsphase (bis 1908) als auch in der zweiten (1917 bis 1924) erfolgte der Abbau je nach Qualität des Erzes und Witterungsbedingungen in zwei Tagebauen, dem sogenannten Nördlichen Tagebau und dem Tagebau Birkenstrauch, sowie durch verschiedene Stollen und Schächte. Für das Jahr 1892/93 werden insgesamt 14 Betriebsabteilungen angegeben, darunter der »Peter-Stolln«, der »Friedrich-Stolln«, der »Bonifacius-Stolln« und der »Winter-Stolln«. Der Metallgehalt des Erzes lag damals bei durchschnittlich 46 Prozent, davon etwa 41 Prozent Eisen und 5 Prozent Mangan. 1888/89 erreichte das Bergwerk mit 24 758 t bei einer Belegschaftsstärke von 135 Mann seine höchste Förderung. Andauernde

Absatzschwierigkeiten zwangen 1924 zur Einstellung des Betriebes. Der Entschluß, 1934 eine völlig neue Schachtanlage mit Betriebsgebäuden zu bauen, orientierte sich auch weniger an zu erwartenden günstigen Abbauverhältnissen als an dem Ziel, alle nur gewinnbaren nationalen Rohstoffe zu erschließen. Nachdem ein Versuchsschacht bei 38 m *Teufe* wieder aufgegeben werden mußte, erfüllte der zweite Schacht scheinbar die Erwartungen; er hatte 1936 eine *Teufe* von 65 m. Doch die starken Wasserzuflüsse von 4,2 cbm/Min. und die Beschwerden der Stadt Braunfels wegen Abnahme ihrer Trinkwasserbrunnen ließen keine andere Wahl, als den unteren Schachtbereich aufzugeben. Nach dem *Auffahren* der neuen 54 m-Sohle bewegten sich die Wasserzuflüsse bei 2,0 bis 2,3 cbm/Min. Ein von der Landstraße Braunfels – Tiefenbach angesetzter Wasserlösungsstollen – das Mundloch ist heute noch erhalten – wurde nach 56 m in einer *Teufe* von 30 m mit dem Schacht durchschlägig. (R. G.)

Abb. 191: **Grube Würgengel,** um 1938

Blick auf die Zentrifugalpumpen, die auf der 54 m-Sohle in einer sieben Meter vom Schacht entfernten Pumpenkammer installiert waren. Zwar erzielte Grube Würgengel in der letzten Betriebsphase (1936 – 1945) eine Fördermenge von 191 130 t, jedoch erforderte der enorm hohe *Gebirgsdruck* immer wieder die Aufgabe von wichtigen *Strecken*. Hierdurch nahmen die *aufgeschlossenen Vorräte* mit jedem Jahr ab, und ein Ende des Betriebes war absehbar. Die einzige Möglichkeit, dieses Problem zu lösen, wäre ein Ausbau zur *Teufe* hin gewesen, indessen schied dieser Weg wegen der bereits bestehenden Trinkwasserstreitigkeiten mit der Stadt Braunfels aus. Diese Auseinandersetzung war mit der Erstellung eines 13 m tiefen Wasserschächtchens am Westrand des Iserbachtales keineswegs zu Ende. Nach einem Ortstermin am 16. März 1939 in Gegenwart von Berghauptmann Heyer vom Oberbergamt Bonn sowie einem Regierungsvertreter entschied die Behörde gegen den Protest der Grubeneignerin, daß diese ein weiteres Bohrloch von 30 m Tiefe und 50 cm Durchmesser anzulegen habe; mit einem Zufluß von 400 l in der Minute erfüllte dieses Bohrloch 1940 die Erwartungen. Als weiteres Problem traten gegen Ende des Zweiten Weltkrieges Versandstörungen auf, eine Folge der alliierten Luftangriffe auf Verkehrs- und Transporteinrichtungen. Die Förderung mußte auf Halde gelegt werden, und der größte Teil der Belegschaft wurde zum Bau von Luftschutzstollen in der näheren Umgebung abkommandiert. Als im März 1945 die Stromversorgung für mehrere Tage ausfiel, kam die gesamte untertägige Anlage zum Ersaufen. Vor dem Hintergrund der geschilderten Probleme war unter den veränderten politischen und wirtschaftlichen Bedingungen der Nachkriegszeit an eine Wiederaufnahme des Betriebes nicht mehr zu denken. Ausschließlich zum Zwecke der Bergung des noch neuwertigen Materials wurde die Grube 1946 noch einmal *gesümpft* und dann endgültig stillgelegt.

Insgesamt wurden zwischen 1871 und 1945 604 808 t Erz gefördert. Alle Gebäude sind mittlerweile abgerissen. Das Fördergerüst steht seit 1950 auf der ebenfalls stillgelegten Grube Waldhausen bei Weilburg (siehe Abb. 214). (R. G.)

Abb. 192: **Grube Anna,** 1887

Die Dampflokomotive (Lok Nr. 2 »Würgengel« der Lindenbachbahn) als Symbol des technischen Fortschritts bildet den Mittelpunkt dieser Belegschaftsaufnahme der Grube Anna bei Hirschhausen aus dem Jahre 1887. Unterhalb des Dorfes Tiefenbach mündet zwischen Wetzlar und Weilburg das Lindenbachtal in die Lahnau. Durch dieses Tal wurden nach 1850 die *Rot- und Brauneisensteinvorkommen* dieser Gegend erschlossen. Besonders zwei Betriebe haben dem Bergbau hier bis in die Zeit nach dem Zweiten Weltkrieg ihr Gepräge gegeben: die Gruben Würgengel und Anna. Zahlreiche *Pingenzüge* im Gebiet der Grube Anna lassen darauf schließen, daß hier bereits sehr früh Eisenerz geschürft wurde, die erste reguläre *Verleihung* erfolgte 1836/37 durch Vergabe der Einzelfelder »Elise« und »Anna« an den Hüttenbesitzer Wilhelm Kroeber aus Michelstadt im Odenwald. Ein Tagebau im Distrikt »Steinberg« lieferte damals hochwertiges Erz von durchschnittlich 60 Prozent Eisengehalt, das nach Durchlaufen einer Erzwäsche mit Ochsen- und Pferdegespannen bis zur Michelstädter Hütte transportiert wurde – ein für uns heute kaum vorstellbarer Aufwand zur Erschmelzung von Roheisen. Als weitere Besitzer traten 1850 die Metallurgische Gesellschaft Bonn und 1856 die Firma P. J. Püngler zu Aachen auf. Am 1. Juli 1864 erwarb die Firma Fried. Krupp durch Anpachtung und Ankauf angrenzender Felder das *konsolidierte* Feld »Anna«, das bis zum Jahre 1888 eine Größe von 922 000 m² erreichte. Die Aufnahme zeigt oben am Bildrand die Pferdeförderbahn, die das Erz aus dem Stollen brachte, darunter einen Teil der Aufbereitung mit Scheidehalle, in welcher das Erz zerkleinert, ausgelesen und anschließend in die Waggons der 1884 erbauten Lindenbachbahn (siehe Abb. 198) gestürzt wurde. Überreste der in Trockenmauerung ausgeführten Bahneinfahrt sind an der Landstraße Tiefenbach – Braunfels noch zu erkennen. (R. G.)

Abb. 193: **Grube Anna,** 1902

Die Belegschaft der Grube Anna unterhalb des Zechenplatzes an der heute noch sichtbaren Abraumhalde. Nach der Jahrhundertwende begann die Blütezeit des Bergbaus im Lindenbachtal, die Grube Anna war mit durchschnittlich 140 Beschäftigten und einem Eisengehalt von über 50 Prozent eine der besten und ertragreichsten Lahngruben. Bereits 1867 hatte Krupp, nachdem zahlreiche Untersuchungsschächte die Güte des Lagers nachgewiesen hatten, einen »oberen Stollen« in westlicher Richtung aufgefahren und damit den Abbau in diesem Lagerteil eingeleitet. 1883 setzte man in einem für einen Bahnanschluß günstigen Seitental des Lindenbachtales 64 m tiefer einen »unteren Stollen« an (siehe Abb. 196), der im Jahre 1886 bei einer Länge von 827 m das Lager im südwestlichen Teil erreichte. Mit einem *Gesenk* begann in diesem Stollen 1901 der Tiefbau. Die Pump- und Förderarbeit erledigte ein *Dampfhaspel*, wobei als Rauchabzug ein 110 m langer Kaminschacht nach über Tage geschossen werden mußte. Bereits ein Jahr später *teufte* man östlich von diesem *Gesenk* einen Maschinenschacht bis zur 75 m-Sohle ab, weil der hochwertige *Westflügel* nahezu abgebaut war. Auch hier diente eine untertägig eingesetzte Dampfmaschine zur Förderung, und man wird sich fragen, wieso diese sperrigen und schweren Aggregate mitsamt ihrer unvermeidlichen Rauch- und Hitzeentwicklung nicht an der Tagesoberfläche verblieben sind. Der Grund ergibt sich aus der Tatsache, daß mit jeder Verlängerung der Dampfleitungsrohre der Kondensationsverlust zunahm und damit der Wirkungsgrad abfiel – mithin die Gewinnungskosten anstiegen.

(R. G.)

Abb. 193: **Grube Anna**, 1902

Abb. 194: **Grube Anna,** 1920

Blick aus östlicher Richtung auf die Tagesanlagen der Grube Anna. Die für eine Bergwerksanlage des Lahngebiets außergewöhnliche architektonische Gestaltung der Maschinengebäude verweist auf die herausragende Stellung der Grube in der Zeit vor dem Ersten Weltkrieg. Typisch für den Gründerzeitstil der Jahrhundertwende sind die pseudoromanischen Rundbogenfenster, die gekuppelten Fenster mit dem Blendbogen und das Drillingsfenster in der Giebel-

Abb. 195: **Grube Anna,** 1908

Dieses Erinnerungsfoto entstand im Dezember 1908 bei der Montage des Dynamos in der betriebseigenen Stromerzeugungsanlage. Das Kleinkraftwerk wurde von einer 350 PS starken Dampfmaschine angetrieben und lieferte nach seiner Inbetriebnahme am 13. März 1909 eine Spannung von 3000 Volt. Neben der Deckung des eigenen Bedarfs übernahm es die Stromversorgung der Grube Heide bei Ahausen (siehe Abb. 228), der Seilbahn von Grube Eppstein (siehe Abb. 209) sowie der gerade neu erbauten Unteroffiziersschule in Weilburg.

Daß diese Form der Stromerzeugung im Grunde unrentabel war, wird deutlich, wenn man einmal den Weg der verfeuerten Kohle nachvollzieht: im Ruhrgebiet gefördert, von der Staatsbahn zum Bahnhof Stockhausen gebracht, dort in Waggons der Lindenbachbahn (siehe Abb. 198) umgeladen und transportiert bis zur Station Anna; von hier aus mit der Grubenbahn zum Kesselhaus – und nahezu jeder Materialumschlag erfolgte mit Handarbeit. Der Wechselstrom, den das vom Hochofenwerk Sophienhütte in Wetzlar (siehe Abb. 415) betriebene Kraftwerk wenige Jahre später per Überlandleitung lieferte, war billiger und führte zur Stillegung der noch jungen (mit gekachelten Böden und Läufern versehenen), aber schon überflüssig gewordenen Anlage. Aus der Gruppe sind bekannt der damalige Betriebsführer der Grube, Obersteiger Heinrich Demmer (ganz links) und die Bergleute Heinrich und Wilhelm Heller aus Tiefenbach (3. und 5. v. l.).

(R. G.)

seite. Weil der fortschreitende Tiefbau die Verwendung elektrischen Stromes für Pump-, Förder- und Bohreinrichtungen aus Kostengründen nahelegte, Überlandleitungen aber noch nicht verlegt waren, entschloß sich die Bergverwaltung 1908, hinter dem links sichtbaren Kesselhaus eine Generatorenhalle zur Stromerzeugung zu errichten. Vor der Halle sieht man den 35 m hohen Kamin, rechts hinten das Kompressorenhaus, welches später noch als *Waschkaue* und Wohnhaus diente. Im Bildvordergrund das erste Automobil der Krupp'schen Bergverwaltung Weilburg – ein »Adler«, Baujahr 1907 – mit Bergwerksdirektor Gustav Einecke und seinem Fahrer. Rechts im Vordergrund das 1900 errichtete Zechenhaus. Die Gebäude wurden nach der endgültigen Stillegung der Grube am 30. Juni 1949 in Etappen abgerissen, zuletzt die beiden großen Hallen im Jahre 1983; sie hatten der Firma Buderus vorübergehend als Unterkunft für eine Hochofenmodellanlage gedient, die ein Verfahren ohne Abstich entwickeln und testen sollte. Heute erinnern nur noch die stehengebliebenen großen Stützmauern an die ehemaligen Tagesanlagen der Grube Anna.

(R. G.)

Abb. 196: **Grube Anna,** um 1948

Ein Bergmann unterschreibt den *Gedingeabschluß vor Ort* im Beisein von Betriebsführer Jakob Pfaff aus Tiefenbach. Gerade die stark wechselnden Lagerverhältnisse machten es notwendig, den Maßstab für die Lohnberechnung je nach den Gegebenheiten beim Abbau oder Streckenvortrieb neu zu ermitteln. Die hierdurch bedingten Verdienstschwankungen waren weniger wichtig als die absolut gesehen niedrigen Hauerlöhne in der Zeit vor und nach der Jahrhundertwende. Lag der Schichtlohn 1890 bei etwa 2 Mark, so stieg er bis 1914 nur auf etwa 3 Mark – ein Umstand, der viele Bergleute veranlaßte, von der Möglichkeit Gebrauch zu machen, eine halbe Überschicht zu verfahren, also 12 Stunden zu arbeiten. (R. G.)

Abb. 197: **Grube Anna,** um 1940

Das Stollenmundloch des »Unteren Stollens« mit Schmiede (links) und Zechenhaus. Bis zum Jahre 1905 zogen Pferde die beladenen Förderwagen aus dem Stollen zur Aufbereitung bzw. Abraumhalde (siehe Abb. 192), seitdem übernahm eine Benzinlokomotive diese Tätigkeit (Deutz, Nr. 191/Typ V Gr, 8 PS, 6 km/h – kam nach einem Explosionsunfall, bei dem Lokfahrer Heinrich Weber aus Tiefenbach Brandverletzungen erlitt, zur Überholung und wurde dann im Adolf-Erbstollen – siehe Abb. 228 – eingesetzt). Wie die übrigen Grubenbetriebe des Lahntales hat auch die Grube Anna neben Phasen guter Konjunktur Zeiten der Krise erlebt; so wurde 1914, 1925 und 1943 der Betrieb für jeweils mehrere Jahre eingestellt. Waren es 1925 Absatzschwierigkeiten für das heimische Erz und 1943 die weitgehende Erschöpfung der guten Lagerteile, so ist die Betriebseinstellung von 1914 eine Folge betrieblicher Fehlentscheidungen gewesen. Als man ein Jahr vorher den neuen Maschinenschacht in Betrieb nahm, waren kaum *Ansatzpunkte* für die Erzgewinnung vorhanden, und so mußten 54 von 139 Beschäftigten entlassen werden. Das *Streckennetz* der 75 m-

Abb. 196: **Grube Anna,** um 1948

Sohle des alten Schachtes (siehe Abb. 193) war wegen des jetzt falschen Gefälles zum alten *Grubensumpf* nicht mehr nutzbar. Somit waren lediglich die weniger gefragten *Flußeisensteinpartien* zugänglich, der Abbau wurde unrentabel, und 1914 kam die gesamte Tiefbauanlage zum Ersaufen. Dieser Fall mag den hohen Stellenwert verdeutlichen, den eine vorausschauende *Aus- und Vorrichtung* der Lagerstätten für den langfristigen Bestand der Lahngruben hatte. Ein letzter Versuch zur Weiterführung des Betriebes wurde 1947 eingeleitet, aber bereits zwei Jahre später – am 30. Juni 1949 – kam es zur endgültigen Stillegung des Bergwerks. Die Gesamtförderung der Grube lag bis dahin bei 923 195 t. Dieses Datum bildete nicht nur den Schlußpunkt des Eisenerzbergbaus in dem Dreieck Braunfels – Hirschhausen – Tiefenbach, sondern bedeutete auch das Ende für die Lindenbachbahn (siehe Abb. 198). (R. G.)

Abb. 197: **Grube Anna,** um 1940

Abb. 198: **Lindenbachbahn,** 1938

Anfang der 1880er Jahre entschloß sich die Firma Fried. Krupp zum Bau einer Erztransportbahn durch das Lindenbachtal. Geplante Fördersteigerungen bzw. *Neuaufschlüsse* der dort gelegenen *Braun- und Roteisensteingruben*, relativ hohe Kosten für den bisherigen Transport mit Fuhrwerken und ein seit Jahren bewährter Bahnbetrieb im nahegelegenen Iserbachtal (Ernstbahn – siehe Abb. 171) begründeten die Entscheidung. Nach einjähriger Bauzeit konnte die meterspurige Bahn am 1. Dezember 1884 ihre erste Fahrt vom Staatsbahnhof Stockhausen bis zur Grube Würgengel antreten. Die insgesamt 4,4 km lange Strecke hatte ihre größte Steigung mit 1:25 unterhalb des Dorfes Tiefenbach und führte über zwei eiserne Brücken, einen Damm sowie zwei Durchlässe. Nach der polizeilichen Abnahme am 2. Dezember 1884 wurden die Verladeeinrichtungen bei den Gruben Anna (km 3) und Würgengel (km 4,4) sowie am Bahnhof Stockhausen fertiggestellt; letztere bestand aus einem sich an den Damm anschließenden hölzernen Sturzgerüst, dessen vorderer Teil aus Eisen errichtet war und von der Lokomotive befahren werden durfte. Der erste Erzzug mit 18 Wagen fuhr am 1. März 1885. Eine Rutsche in der Stahlbrücke, welche unterhalb der späteren Zentralwerkstatt (siehe Abb. 202) die Lahn überquerte, ermöglichte eine direkte Beladung der Lahnschiffe aus dem Waggons. 1886 wurde zum letzten Mal ein Teil des Würgengelerzes auf diese Weise zum Versand gebracht. Der Bahntransport war kostengünstiger und vor allem nicht den jahreszeitlich bedingten Schwankungen des Wasserspiegels der Lahn unterworfen.

Das Bahnpersonal bestand nahezu während der gesamten Betriebszeit aus einem Bahnaufseher, einem Lokomotivführer, einem Heizer und einer wechselnden Anzahl von Rottenarbeitern, die auch als Bremser im Einsatz waren. Die Aufnahme aus dem Jahre 1938 zeigt einen Leerzug in Anfahrt auf die Station Würgengel. (R. G.)

Abb. 198: **Lindenbachbahn,** 1938

Abb. 199: **Lindenbachbahn,** 1920

Die Belegschaft der Zentralwerkstätte und ein Teil des Bahnpersonals der Lindenbachbahn auf dem Betriebsgelände vor einer der beiden Krauss-Lokomotiven. Im Unterschied zu den übrigen Kleinbahnen des Lahngebiets unterhielt die Lindenbachbahn nie einen öffentlichen Personenverkehr, allerdings standen für angereiste Gruben- oder Bahnaufsichtsbeamte zwei Personenwagen bereit, die man im Bedarfsfall an einen Zug anhängte. Im Juli 1940 beantragte die Sieg-Lahn-Bergbau GmbH einen begrenzten Personenverkehr auf der Strecke, um den sehr beschwerlichen und langen Anmarschweg der von Grube Neuer Eisensegen (siehe Abb. 245) nach Grube Anna verlegten Bergleute aus dem Raum Aumenau zeitlich abzukürzen. Speziell für diesen Zweck hatte die Gesellschaft in Hamburg einen offenen Sommer-Straßenbahnwagen von 6,5 m Länge und 2 m Breite gekauft und umgerüstet. Laut Fahrplan vom 1. November 1940 brachte ein Zug die etwa 30 Personen morgens um 5.20 Uhr von der Lahnbrücke in 20 Minuten bis zur Wegkreuzung bei Grube Anna, später auch bis zur Station Würgengel. Nach dem Ende des Krieges wurde dieser »Ausnahmepersonenverkehr« wieder eingestellt. Auf dem Führerstand der Lokomotive sehen wir Lokführer Emmerich aus Biskirchen (links) und Heizer Itz aus Tiefenbach (rechts). Ganz links am Tor zum Lokschuppen steht Elektromeister Wilhelm Finsterseifer, welcher 1908 im Auftrag der AEG nach Tiefenbach gekommen war, um die Errichtung der Kraftanlage auf Grube Anna (siehe Abb. 195) zu beaufsichtigen; rechts neben der Gruppe steht der damalige Leiter der Zentralwerkstatt, Werkmeister Stede aus Leun (R. G.)

Abb. 199: **Lindenbachbahn**, 1920

Abb. 200: **Lindenbachbahn,** 1939

Die neue Bahnverladeanlage der Grube Würgengel Ende der 30er Jahre. Von der hölzernen Brücke wurde das Erz in die vorne zu sehenden Waggons der Lindenbachbahn gestürzt. Bereits 1886 sorgten 2 Pferdebahnen von 600 mm Spurweite dafür, daß auch die übrigen Gruben der Umgebung, seien es nun Kruppsche wie Dickenloh oder andere wie Franziska, Martha (Dortmunder Union), Gloria, Hedwig und Rothecke (Buderus) ihr Erz per Kleinbahn abfahren konnten. Nach 1916 war auch Grube Helene durch Benzollokomotivbetrieb an die Station Würgengel angeschlossen, Ende der dreißiger Jahre sogar Grube Florentine (siehe Abb. 165), deren Erze vorher mit der Ernstbahn transportiert worden waren. Der Anteil betriebsfremder Erze am Frachtaufkommen der Lindenbachbahn betrug in manchen Jahren bis zu einem Drittel der Gesamtfrachtmenge, was den Bahnbetrieb insgesamt in die Gewinnzone brachte. Eine 1886 geplante Seilbahn von Station Würgengel zur Grube Eisenfeld bei Philippstein kam nicht zur Ausführung, weil man sich mit den Gesellschaftern der Ernstbahn auf einen günstigen, 25 Jahre geltenden Frachttarif einigte. In ihrem ersten Betriebsjahr transportierte die Bahn 17 825 t Eisenerz zur Staatsbahn, ihre höchste Auslastung erreichte sie 1905/06 mit 53 575 Tonnen. Nach dem Ersten Weltkrieg sank das Frachtaufkommen stetig, bis schließlich 1926 der Betrieb ganz zum Erliegen kam. Als 1934 der Bergbau wieder aufgenommen und die Arbeiten für das aufwendig geplante Stollenprojekt »Dickenloh – Helene – Weißholz« (siehe Abb. 185) begonnen hatten, verlängerte man 1939 die Bahntrasse um 350 m bis in unmittelbare Nähe der Grube Dickenloh. Die bisherige Verladestation Würgengel (siehe Abb. 189) wurde durch die auf dem Bild zu sehende neue Anlage ersetzt, da sie direkt auf einem für *bauwürdig* befundenen Brauneisensteinvorkommen stand.

(R. G.)

Abb. 201: **Lindenbachbahn,** 1884

Erklärender Begleittext zur ersten von zwei für die Lindenbachbahn gelieferten Krauss-Lokomotiven. Die Loks mit den Nummern 1549 und 1550 versahen mehr als 65 Jahre ohne größere Betriebsstörungen ihren Dienst. Stationiert waren sie auf dem Gelände der späteren Krupp'schen Zentralwerkstatt (siehe Abb. 202) am Ortseingang von Tiefenbach. Eine 1941 erworbene gebrauchte Borsig-Lokomotive (Nr. 8720, Baujahr 1913, 2 Achsen) mit 150 PS Leistung erfüllte nicht die Erwartungen; offensichtlich konnte sie ihre Kraft auf den Steigungsabschnitten nicht optimal umsetzen. Nach dem Ende des Zweiten Weltkrieges vermochte auch die letzte Betriebsphase von Grube Anna (siehe Abb. 196) – die Erzförderung betrug lediglich 6500 t – das Ende der Lindenbachbahn nur hinauszuzögern. Als die Haldenbestände der Gruben Würgengel und Anna abgefahren waren, wurde der Zugverkehr etwa 1950 eingestellt. Alle Lokomotiven sind auf dem Betriebsgelände in den 50er Jahren verschrottet worden, über die größtenteils erhaltene Bahntrasse führt heute ein Wanderweg.

(R. G.)

Abb. 202: **Zentralwerkstätte Tiefenbach**, 1906

Abb. 203: **Zentralwerkstätte Tiefenbach,** um 1925

Beschäftigte der Zentralwerkstatt bei der Überholung einer Pumpe. Die Belegschaft wuchs von 1906 bis 1922 von 22 auf 49 Personen – das Bahnpersonal eingeschlossen. Nicht nur in dieser Verdoppelung der Anzahl der Beschäftigten, sondern auch in der Verschiebung zwischen den vertretenen Berufen drückt sich die Mechanisierung der Grubenanlagen in jenen Jahren aus. 1906 waren neben einem Wagner noch 6 Schmiede in Arbeit, 1922 bildeten 18 Schlosser die Hauptgruppe, ergänzt durch 2 Schmiede, 2 Dreher und einen Schreiner. Zu deren Aufgaben gehörten nun die Wartung und Reparatur von Pumpen, Grubenlokomotiven, Dampf- und Dieselbaggern, Kompressoren, Seilbahnen, Brücken, Sturzgerüsten, Gebäuden usw. Da manche Gruben zeitweise im Zweischicht-Betrieb arbeiteten, Wartungsarbeiten oft außerhalb der Schicht erledigt werden mußten und die Pumpen ohnehin ständig betriebsbereit sein mußten, gab es für die meisten Beschäftigten keinen geregelten Feierabend; die jederzeitige Einsatzbereitschaft war lange Zeit Bestandteil des Arbeitsvertrages. (R. G.)

Abb. 202: **Zentralwerkstätte Tiefenbach,** 1906

Eine besondere Rolle für die Krupp'schen Lahngruben sowie die angeschlossenen Grubenbahnen spielte nach der Jahrhundertwende die am Ortseingang von Tiefenbach errichtete Zentralwerkstatt. Die Vorgeschichte dieser Einrichtung reicht bis ins frühe 19. Jahrhundert zurück, befand sich hier doch eine Erzwäsche, deren Bezeichnung als »Wäsch« sich später auch auf die Werkstatt übertrug. In unmittelbarer Nähe, am Ausgang des Lindenbachtales, erfolgte der Umschlag des Erzes von Fuhrwerken auf Lastkähne oder der Weitertransport zur Verladung in die Bahn an der Station Stockhausen. Es war also naheliegend, an dieser Stelle im Jahre 1885 Lokomotivschuppen und Magazin der neuerbauten Lindenbachbahn zu errichten, zumal hier das 1861 von Prokurator Winter aus Limburg erbaute Beamtenwohnhaus mit Pferdeställen und Stellmacherwerkstätte im Erdgeschoß vorhanden war. Bis zur Jahrhundertwende ließen die Bergwerke fast alle vorkommenden Arbeiten von Hand ausführen, und so genügte es, auf der Grube als Handwerker neben dem Zimmermann einen Schmied zu beschäftigen. Dieser hatte in erster Linie das *Gezähe* der Bergleute in Ordnung zu halten, wartete aber auch – falls vorhanden – die zur *Wasserhaltung* eingesetzten Pumpen und Dampfkessel. Es entsprach ganz diesen Gepflogenheiten, wenn die Lindenbachbahn 1886 neben dem eigentlichen Bahnpersonal lediglich einen Wagner und einen Schmied einstellte. Erst die nach 1900 beginnende allgemeine Technisierung der Gruben und der 1906 erworbene Grubenbesitz der Fürstlich-Braunfels'schen Bergverwaltung machten Schulung und Beschäftigung von spezialisierten Handwerkern unumgänglich. Mit diesem Jahr (1906) begann der eigentliche, über die Erfordernisse des Bahnbetriebs hinausweisende Aufbau der Zentralwerkstatt. – Die Aufnahme aus dem Jahre 1906 zeigt im Vordergrund das erwähnte Wintersche Haus, dahinter (von links nach rechts) Werkstatt, Lokomotivschuppen und Lagerhallen des sowohl personell wie betrieblich stets eng verbundenen Komplexes von Lindenbachbahn und Zentralwerkstatt. (R. G.)

Abb. 204: **Zentralwerkstätte Tiefenbach,** um 1960

1938 wurde die Zentralwerkstatt durch einen Anbau wesentlich vergrößert. Nunmehr konnten auch eine eigene Elektroabteilung und ein Hauptmagazin eingerichtet werden. Mit einem Personalbestand von etwa 50 Mann, darunter 8 Lehrlinge, wurde die Werkstatt den an sie gestellten Anforderungen gerecht. Die im Laufe des Zweiten Weltkrieges auftretende Material- und Ersatzteilknappheit mobilisierte zwar technischen Erfindergeist und Improvisationsvermögen, beanspruchte die Handwerker andererseits aber bis an die Grenze der Erschöpfung; aus Werkstattbüchern jener Jahre ergeben sich manchmal Arbeitszeiten von 16 Stunden und länger, oft unter widrigen Bedingungen *vor Ort*. Wenn auch der Bergbau im Lindenbachtal selbst 1949 zum Erliegen kam, so brachten die 50er Jahre doch noch einmal eine Blütezeit für diesen Betrieb, dessen Einsatzbereich sich im Nordosten von den Gießener Braunsteinberg-

(Abb. 205: **Grube Prinz Bernhard,** 1939)

Die Tagesanlagen der *Roteisensteingrube* Prinz Bernhard bei Stockhausen/Lahn. Das Foto zeigt die Anlagen der zweiten Betriebsphase, welche 1937 im Rahmen des Vierjahresplanprogramms begonnen und bereits um die Jahreswende 1940/41 wieder aufgegeben wurde. In den Holzbaracken, die auf einer alten Abraumhalde zwischen Landstraße und Lahn standen, waren eine Werkstatt, ein fahrbarer Dieselkompressor und ein kleines Zechenhaus untergebracht. Zwischen den Baracken erkennt man im Hintergrund das Stollenmundloch des »Tiefen Stollen«. Das im Restabbau gewonnene Erz – 1940 betrug die Förderung 13 782 t – wurde von Lastwagen zur Bahnstation Stockhausen gefahren. Weitaus bedeutender war die am 3. Mai 1849 an den Fürsten zu Solms-Braunfels verliehene Grube in ihrer bis 1896 währenden ersten Betriebszeit. Der Fundpunkt des stellenweise sehr guten Lagers war in den Distrikten »Lorberg« und »Helgebach« der Gemarkung Stockhausen.

Der alte Zechenplatz lag in dem Winkel, der gebildet wird von der Gemeindestraße Leun – Stockhausen und dem Weg nach Hof Heisterberg; zunächst stand dort lediglich ein geräumiges Zechenhaus. 1864 errichtete man am Rande des Platzes eine Eisensteinwäsche, die aus nebeneinander angeordneten hölzernen Waschtrögen von mehreren Metern Länge bestand; zur Lahn hin schloß sich ein Sumpffang an, wohl eine Art Klärbecken. Das nötige Wasser lieferte die Grube durch einen Stollen. Über 30 Jahre lang hatte die Firma Dietrich und Comp. aus Niederbronn im Elsaß das Bergwerk in Pacht. Bis zum Ablauf des Vertrages im Jahre 1886 erfolgte die Erzgewinnung sowohl in einem Tagebau – etwa im Gebiet des heutigen Steinbruchs – als auch unter Tage, zunächst durch den »Albertstollen«, welcher 1868 20 m über Lahnniveau angesetzt worden war. (R. G.)

werken bis zur Grube Lindenberg bei Münster im Südwesten erstreckte. Mit der Stillegung der Grube Lindenberg im Jahre 1970 kam auch die schon vorhersehbare Auflösung der Zentralwerkstatt Tiefenbach. Nach Beendigung der Abschlußarbeiten im Sommer 1971 übernahm eine Firma für Bohrgeräte und -zubehör das Gelände und einen Teil der Betriebsanlagen, die sie um einen Neubau erweiterte. – Unsere Luftaufnahme aus dem Jahre 1959 zeigt den gegenüber 1906 wesentlich vergrößerten Betriebskomplex; die Gleise der Lindenbachbahn sind bereits demontiert. (R. G.)

Abb. 206:

Grube Prinz Bernhard, um 1940

»Verbotene Fahrt« – diesen Titel gab ein ehemaliger Betriebsführer dem Bild, aufgenommen vermutlich im »Tiefen Stollen« der Grube Prinz Bernhard. Grundsätzlich war das Mitfahren auf Wagen unter Tage verboten, es sei denn, die Personenbeförderung war ausdrücklich genehmigt und entsprechende Sicherheitsvorkehrungen getroffen.

Nachdem die durch den »Albertstollen« zu erreichenden Lagerteile abgebaut waren, entschied sich die Firma Dietrich 1871 zur Errichtung eines Maschinenschachtes, der 1877 30 m *Teufe* erreicht hatte. In der Folgezeit konnte das Lager auf beiden Tiefbausohlen nach Westen und Osten etwa 200 m nachgewiesen und durch *Strecken aufgeschlossen* werden. Die bis 1886 im Tiefbau wie im parallel geführten Tagebau geförderten Erze wurden sämtlich mit Fuhrwerken zur Bahnstation Stockhausen gebracht und von dort zu dem Hüttenwerk nach Niederbronn transportiert. Da über den tiefsten Sohlen, auch über dem Lahnniveau, noch beträchtliche Erzvorräte anstanden, entschied sich die fürstliche Bergverwaltung Braunfels nach 1886 für eine Weiterführung des Betriebes. Direkt an der Gemeindestraße Leun – Stockhausen ließ sie ab 1888 den »Tiefen Stollen« auffahren, dessen Vortrieb 1889 wegen des festen Diabasgebirges äußerst mühsam und schwierig war, so daß die Arbeit in Tag- und Nachtschichten erfolgte. 1891 erreichte man das Lager bei einer Stollenlänge von 346 m, indessen hinderten schlechte *Wetter* und aus dem »Alten Mann« zufließende Wasser zunächst an der Weiterarbeit. In den nächsten Jahren ging der Abbau sowohl auf der Stollensohle – sie lag 26 m über der tiefsten Sohle des alten Maschinenschachtes – als auch auf den oberen Sohlen um. Abnehmer des Erzes waren nunmehr die Buderus'schen Eisenwerke. 1896 kam der Betrieb wegen Erschöpfung der hochwertigen Lagerpartien zur Einstellung.

(R. G.)

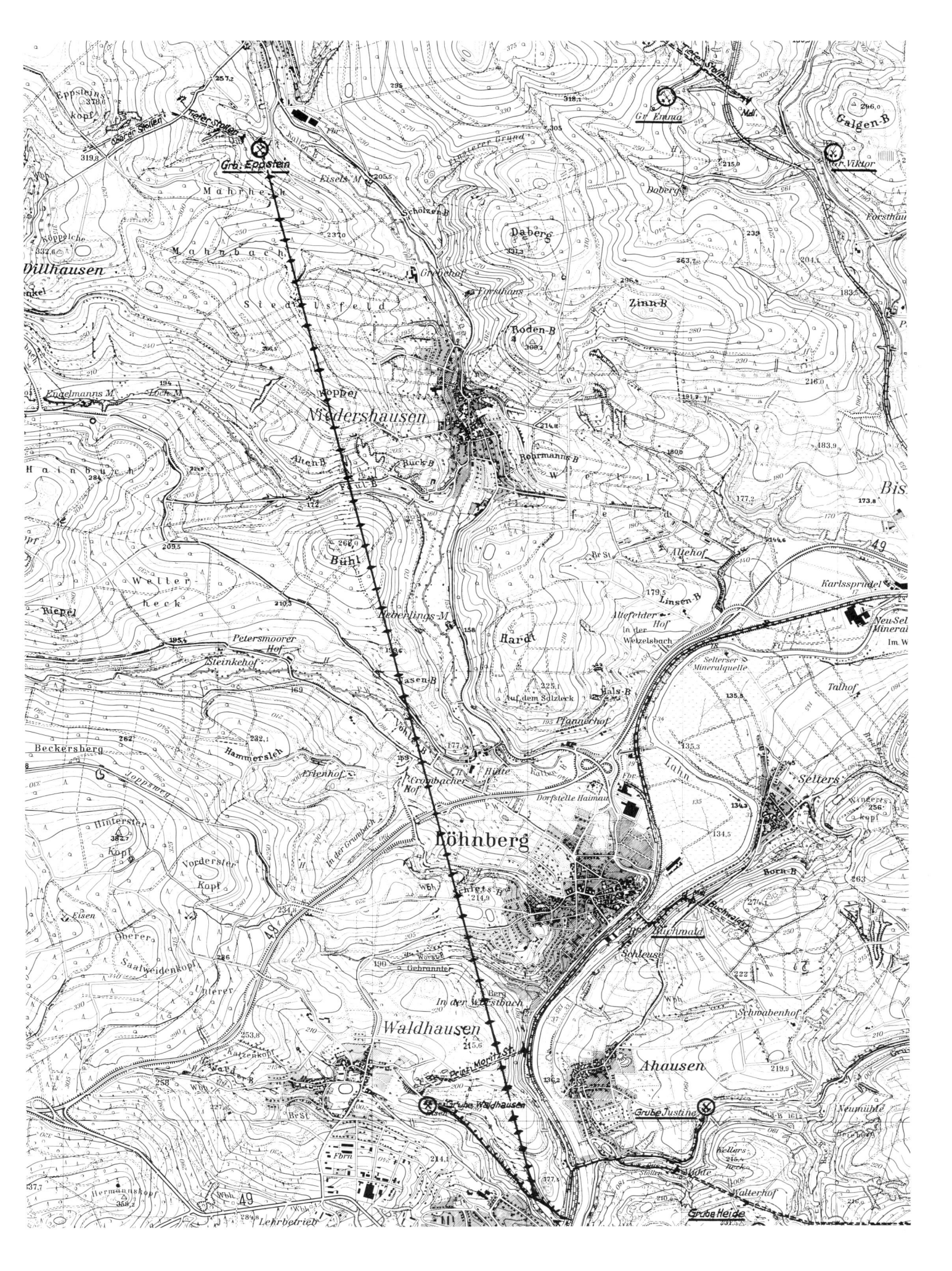

Karte XII   Gruben: **Eppstein, Emma, Victor, Buchwald, Waldhausen**   Maßstab: 1 : 30 000

Abb. 207: **Grube Emma,** 1912

Diese etwa 1,5 km südwestlich der Gemeinde Allendorf im Ulmtal gelegene Grube wurde zuerst im Jahre 1844 auf Eisenstein *verliehen* an den Fürsten zu Solms-Braunfels, ging später über an die Firma Gebr. Stumm zu Neunkirchen/Saar und wurde am 1. Juli 1897 angekauft von der Firma Gebr. Buderus in Wetzlar. Gleichzeitig wurde für die Leitung der umliegenden Buderus-Gruben (Maria bei Leun, Falter bei Bonbaden, Bertha bei Niederbiel usw.) in Leun eine Bergverwaltung errichtet.

Die Grube Emma lag – zusammen mit der fast direkt gegenüber angelegten Grube Victor (heute befindet sich an der Stelle die Gastwirtschaft »Zum Grubchen«) – in der

Nachbarschaft mehrerer Tongruben (z. B. »Wohlfeil«). Im Jahre 1906 – nach dem Ankauf der fürstlichen Braunfelschen Erzgruben (auch »Victor«) – plante die Firma Friedr. Krupp den Bau einer Erz-Seilbahn von der Grube Eppstein bei Obershausen (siehe Abb. 209 – 211) über Grube Emma bzw. Grube Victor zum Staatsbahnhof Stockhausen; dieses Projekt wurde jedoch nie realisiert.

Das etwa 3 bis 5 Meter *mächtige* Eisenerzlager der Grube Emma wurde im Jahre 1906 mit 9 Bergleuten und im Jahre 1911 bereits mit 42 Mann abgebaut; dennoch wurde der Betrieb kurz nach der hier gezeigten Aufnahme am 1. September 1913 vorübergehend eingestellt. Im Kriegsjahr 1916 allerdings wurde die Grube wieder betriebsfertig hergerichtet; gleichzeitig baute man eine etwa 5 km lange Schmalspurbahn bis zur Reichsbahn bei Stockhausen, über welche die auf der Grube lagernden etwa 21 000 Tonnen Eisenstein mittels Dampflok (!) in Muldenkippwagen abgefördert wurden. Nach Beendigung dieser Transporte wurde die Schmalspurbahn noch im selben Jahre wieder abgebrochen. Eine derartige – kostenmäßig unter normalen ökonomischen Aspekten unmöglich vertretbare – Maßnahme war natürlich nur denkbar in Kriegszeiten, als die Rohstoffversorgung des Kaiserreiches aus eigenen Mitteln absolute Priorität hatte.

In den Jahren 1925 – 26 wurden auf Grube Emma wieder *Aufschlußarbeiten* vorgenommen, welche jedoch schon am 31. Oktober 1926 in der wirtschaftlichen Krisenzeit trotz zweifellos noch vorhandener guter Erzvorräte aufgegeben wurden.

Auf unserem Belegschaftsbild vorn links – mit seinem *Steigerhäckel* – erkennen wir den damaligen Betriebsführer, Obersteiger Kohlhauer aus Bissenberg. Die Bergleute tragen alle die hier im Bergbau seit etwa 1905 nahezu ausnahmslos verwendeten *Karbidlampen* – hier überwiegend in Modellen der Firma F. Hermann Hesse in Nürnberg. Das Stollenmundloch und die Trockenmauer sind noch heute erhalten im unteren Bereich des »Märchenparks Ulm«.

(K. P.)

Abb. 208: **Wegebau bei Grube Victor**, um 1920

Abb. 208: Wegebau bei **Grube Victor,** um 1920

Der Erztransport von den einheimischen Gruben zu den Bahn- oder Schiffsverladestellen bot noch im 20. Jahrhundert einer Vielzahl von kleinen Landwirten jahrein und jahraus das willkommene Zubrot, indem sie sich mit ihren Pferde- oder Ochsenfuhrwerken als Transporteure verdingten. Diese Erwerbsquelle versiegte jedoch an vielen Orten, als sich die Grubeneigner zum Bau von Erz-Seilbahnen entschlossen – insbesondere natürlich in den Jahren des schlechten Erzabsatzes (bedingt durch Konjunkturschwächen oder im 19. Jahrhundert bei Niedrigwasser der Lahn usw.).

Damit die tonnenschweren Erzfuhrwerke gefahrlose Passagen erhielten, waren entsprechende Wege erforderlich; es galt daher meistens, die alten (nach längerem Erztransport oft kaum mehr benutzbaren) Fahrwege entweder nachhaltig auszubessern – oder diese aber durch neue Trassen zu ersetzen. Zu der Zeit wurden zahlreiche neue Straßen gebaut!

Unser Bild zeigt hier die beteiligten Straßenarbeiter und Fuhrleute nach dem Bau eines neuen Fahrweges, welcher vom Mundloch des »Victor-Stolln« zur Gemeinde Bissenberg – und von dort dann zur Reichsbahnstation Stockhausen – führte. Der Straßenbau erfolgte dergestalt, daß die »Steineklopper« die aus dem nahegelegenen Bruch bei Allendorf im Ulmtale gewonnenen Basaltsäulen an Ort und Stelle zu quadratischen Stücken verarbeiteten. Diese wurden dann als Kopfsteinpflaster eingesetzt und zum Schluß mit Sand bestreut; alsdann fuhr die rechts im Bild erkennbare Dampfwalze den Weg bestmöglich glatt und eben, damit die oft einachsigen Erzkarren gut fahren konnten. Neben den vielen Arbeitern, welche sich hier beim Straßenbau oft als Tagelöhner verdingt hatten, sehen wir hier links im Bild – mit der Peitsche – den Landwirt Karl Tröller aus Biskirchen.

(K. P.)

Abb. 209: **Grube Eppstein,** 1920

Abb. 209: **Grube Eppstein,** 1920
So boten sich damals die Tagesanlagen der Krupp'schen Roteisensteingrube bei Obershausen, aus südlicher Richtung gesehen. Die erste *Belehnung* des Bergwerkes erfolgte dem »Herzoglich Nassauischen Domänen-Fiskus« am 23. Oktober 1822, welcher das Grubenfeld »Eppstein« am 3. Januar 1848 *konsolidierte* mit dem benachbarten Feld »Pfeiffersfund«. Am 1. April 1897 wurde die Grube aufgekauft durch die Firma F. Krupp in Essen.

Die Grube baute auf einem recht *mächtigen* Erzlager mit guten Eisengehalten (50–55%), was schon zum Ende des 19. Jahrhunderts in verschiedenen Haspelschächten und einem »Oberen Stolln« von etwa 410 m Länge erfolgte. Im November 1904 wurde dann vom Wiesental – nördlich der Straße Obershausen – Dillhausen und 42 m unter dem »Oberen Stolln« – her der »Neue Tiefe Stolln« angesetzt, welcher bis zum Jahre 1912 eine Gesamtlänge von 1190 m erreichte.

Auch auf diesem Foto ist wieder deutlich die Erzaufbereitung in mehreren Etagen zu erkennen: Links oben am Waldrand auf der Ebene des »Tiefen Stolln« – das Mundloch ist links außerhalb des Bildes – sehen wir die Erz-Förderwagen an der *Dampf-Brecheranlage,* welche im Jahre 1912 von Grube Juno bei Nauborn (siehe Abb. 84) hierher umgesetzt wurde. Die Erze wurden dann von unten abgezogen (Bildmitte) und in die Loren der rechts unten erkennbaren Erzseilbahn umgeladen; diese mit der Seilbahn von Grube Fortuna bei Oberbiel baugleiche Anlage war im Jahre 1910 errichtet worden und transportierte die Erze über 7155 Meter Entfernung bis zur Kruppschen Grube Waldhausen, von wo aus die dortige Grubenbahn den restlichen Weg bis zum Bahnhof Weilburg übernahm (siehe Abb. 217).

Rechts oben auf der Halde steht das alte – kleine – Kompressorhaus, in welchem sich die 1907 von Grube Anna bei Braunfels hierhergebrachte Dampf-Kompressormaschine befand; diese wurde im Jahre 1910 ersetzt durch das oben in der Bildmitte erkennbare neue Kompressorhaus (mit Schmiede), dessen Anlage 1938 elektrifiziert wurde. Rechts unten im Bild sieht man den Holzplatz der Grube, welche im Jahre 1941 stillgelegt wurde. (K. P.)

Abb. 210: **Grube Eppstein,** um 1935
Diese schöne Aufnahme wurde vom Obersteigerhaus aus in westlicher Richtung gemacht und zeigt uns die Tagesanlagen diesmal aus einer anderen Richtung. Dabei sehen wir hinten in der Bildmitte die Aufbereitung mit einem davor stehenden Grubenzug (das Stollenmundloch befand sich rechts am Waldrand) und im Vordergrund den Fachwerkbau des Kompressorhauses; solcherart Fachwerkgebäude standen damals auf den meisten der Krupp'schen Lahngruben (siehe Abb. 84, 91, 146 usw.) und wurden oft nach Betriebsstillegungen zerlegt und auf anderen Gruben wieder aufgebaut.

Der das harmonische Bild an sich störende hohe Blechschornstein war in der Größe jedoch erforderlich; die an der Dampfmaschine benötigte Sogwirkung für die Abgase konnte nur über einen darartig schmalen und hohen Kamin erreicht werden. Solche rein funktionalen Bauten waren natürlich statisch instabil und wurden daher mit Seilzügen in verschiedenen Höhen und nach mehreren Seiten gesichert. Aber auch solche Sicherheitsvorkehrungen genügten gelegentlich nicht; der hier im Bild gezeigte Schornstein jedenfalls wurde nur kurze Zeit nach dieser Aufnahme durch einen Sturm gefällt! (K. P.)

Abb. 211: **Grube Eppstein,** um 1935
Auf diesem Erinnerungsfoto am Mundloch des »Tiefen Stolln« der Krupp'schen Roteisensteingrube bei Obershausen sehen wir – von links nach rechts angegeben – den Steiger Heinrich Schuster aus Obershausen, Johanna Naumann (die Tochter des Betriebsführers Strauß) und deren Mann Albert Naumann aus Obershausen, eine Besucherin namens Clara Geier aus Frankfurt, den Betriebsführer Wilhelm Strauß (mit Bart und Zigarre) sowie Fritz Geier aus Frankfurt am Main. Die Familien Strauß und Naumann wohnten zu der Zeit im Obersteigerwohnhaus direkt auf der Grube.
Ein im Jahre 1912 von der Grube Franz hierhergebrachtes und vor diesem Stollenmundloch wiederaufgebautes Fachwerkhaus war zum Zeitpunkt dieser Aufnahme bereits wieder abgebrochen worden. Hinter dem runden Tor rechts im Bild befand sich das Treibstoffmagazin der Grube. Während die Bergleute selbst immer durch den »Oberen Stolln« – 42 m über diesem Mundloch angesetzt – in die Grube einfuhren, erfolgte die Erzförderung mit Diesellocks durch den hier gezeigten »Tiefen Stolln« zur Aufbereitung an der Brecheranlage (siehe Abb. 209). In den frühen Jahren des 19. Jahrhunderts wurden die Eisenerze der Grube Eppstein auf der Löhnberger Eisenhütte verarbeitet; später erfolgte der Transport per Seilbahn und Lokomotive zum Weilburger Bahnhof.
Im Jahre 1915 wurde bei 808 m Stollenlänge ein *Blindschacht* bis zur 50m-Sohle *abgeteuft*. Dieser Tiefbauschacht wurde jedoch 1938 wieder aufgegeben, nachdem unter der 50m-Sohle keine bauwürdigen Lager mehr entdeckt worden waren. Nach der Übernahme durch die Firma Krupp am 1. April 1897 wurden bis zur Stillegung des Betriebes im Jahre 1941 insgesamt 514 000 t Roteisenerz hier gefördert. Seit 1942 dient der Stollen zur Wassergewinnung der Gemeinde Niedershausen. (K. P.)

Abb. 212: **Grube Waldhausen, 1920**

Diese Panorama-Ansicht aus südwestlicher Richtung über das im Vordergrund liegende Walderbachtal hinweg zeigt uns die Gesamtsituation zu Zeiten des großen Tagebaus. Das alte Distrikt »Eisenberg« südöstlich der Gemeinde Waldhausen gelegene Bergwerk wurde der »Nassauischen General-Domänen-Direction« am 27. Februar 1822 auf Eisenstein *verliehen* und ging am 1. April durch Kauf über vom Preußischen Bergfiskus an die Firma F. Krupp in Essen. 1845 erfolgte die Verleihung auf Mangan- und 1861 auf Kupfererze.

Die Grube *baute* – neben dem großen Tagebau – in zahlreichen Kleinstollen (deren längster mit 500 m angegeben wurde) auf mehreren parallel übereinander gelagerten, stark kieselsäurehaltigen Roteisensteinvorkommen; die hier gewonnenen Eisensteine wurden auf der »Domänialen Löhnberger Eisenhütte« verarbeitet.

In den Jahren 1839 – 1873 wurde der »Prinz-Moritz-Erbstolln« aufgefahren, welcher vom östlich gelegenen Lahntal her aufgefahren, welcher jedoch wegen seines zu tief angesetzten Mundloches am Lahnufer (unterhalb der Bahntrasse) nur für die Schiffsverladung geeignet war. Im Jahre 1907 wurde durch Krupp der »Neue Tiefe Stollen« vom Walderbachtal aus aufgefahren, welcher etwa 18 m über dem »Moritz-Erbstolln« lag und bis zum Jahre 1917 eine Gesamtlänge von 460 Metern erreichte. Das Mundloch dieses »Tiefen Stollen« sehen wir hier etwa in der Bildmitte, links neben dem Häuschen (siehe Pfeil). Die links hinten im Tagebau geförderten Erze wurden durch Rollen auf den »Tiefen Stolln« gestürzt; rechts vorn im Bild erkennen wir die Erz-Scheidehalle. (K. P.)

Abb. 213: **Grube Waldhausen**, 1920

Wir haben hier die Situation im Erztagebau (siehe auch links in Abb. 212), wie sich diese dem Betrachter damals aus nordwestlicher Richtung bot. Das hier gezeigte Gelände befindet sich noch heute – inzwischen überwachsen – links am Weg zur Grube Waldhausen.

Deutlich erkennen wir die zahlreichen Abbaustollen, welche das Erzlager in verschiedenen Ebenen *anfuhren*; die Strecken waren dabei untereinander durch *Rollen* derart verbunden, daß die weiter oben gewonnenen Erze bis hinunter auf den »Tiefen Stollen« gestürzt werden konnten; von dort erfolgte dann der Transport ins Walderbachtal zur Erzscheidehalle (siehe rechts in Abb. 212) – zuerst mit Pferdebahnen und ab 1910 mit Benzolloks (600-mm-Spur) bis zur Verladerampe am Bahnhof Weilburg.

Hier im Bild rechts oben ist sehr schön erkennbar der hölzerne Streckenausbau im *Deutschen Türstock*, welcher überwiegend im Lahnbergbau Anwendung fand (siehe auch Abb. 215).

Ganz ähnliche »Tagebau-Situationen« boten sich damals auf vielen Lahngruben, wobei jedoch der Tagebau auf Roteisenstein mit wenigen Ausnahmen (siehe z. B. »Auguststollen« in Abb. 320) in den 80er Jahren des 19. Jahrhunderts zu Ende gingen; die Brauneisensteingruben an der Lahn hingegen arbeiteten bis in unsere Zeit im Tagebau (siehe z. B. in Abb. 41 ff). Links oben im Bild erkennt man deutlich das (an sich verbotene – jedoch allseits praktizierte) *Unterschrämen* der *Stöße*, bei welchem es oft zu schweren Unfällen kam.

(K. P.)

Abb. 214: **Grube Waldhausen,** 1958

Dies ist annähernd die gleiche Perspektive wie in Abb. 212 (links oben sieht man etwas den Tagebau). Hier im Bild gut erkennbar sind die gesamten neuen Tagesanlagen der Grube aus westlicher Richtung. Links außen setzt auf der Ebene der Tagesanlage der »Tiefe Stollen« an (siehe Pfeil). Etwa in der Bildmitte sieht man den im April 1951 von der stillgelegten Grube Würgengel bei Braunfels (siehe Abb. 188 bis 191) hierher versetzten eisernen Förderturm, welcher die Erze von den 23m-, 50m- und 75m-Sohlen zutage brachte. Die elektrische Fördermaschine war in dem hellen Gebäude links dahinter untergebracht und kam von der ebenfalls inzwischen geschlossenen Eisensteingrube Heinrichssegen bei Ehringshausen (siehe Abb. 63 bis 68). Rechts des Förderturmes sehen wir die Aufbereitungsanlage für das *Tempererz* (besonders sauerstoffreiches Eisenerz als Zusatz beim Erschmelzen von geschmeidigem Gußeisen – dem sog. »Temperguß«) sowie ganz rechts außen drei Schlammteiche zur Gewinnung von rotem Färbemittel aus den Abwässern der Aufbereitung.

Nachdem die Grube Waldhausen wegen des hohen *Kieselsäuregehaltes* seiner Eisenerze schon in den zwanziger und dreißiger Jahren stillgelegen hatte, mußte der Untertagebetrieb wegen Erschöpfung der Lagerstätte an für Tempererz geeignetem Roherz am 15. Dezember 1966 endgültig aufgegeben werden. Fortan wurden hier nur noch Eisenerze der Grube Fortuna bei Oberbiel (siehe Abb. 107 – 137) aufbereitet, bis zur Stillegung auch von Fortuna am 4. März 1983. Das Tempererz wurde mit der Grubenbahn durch das Walderbachtal (nach rechts, zum Bahnhof Weilburg) abgefördert.

(K. P.)

Abb. 215: **Grube Waldhausen,** um 1939

Abb. 215: **Grube Waldhausen,** um 1939

Die im Scheine ihrer *Karbidlampen* im Abbau arbeitenden Bergleute befinden sich hier etwa 15 – 20 Meter unterhalb des »Tiefen Stollen«; die Abförderung der hier gewonnenen Erze erfolgte über ein *Gesenk* auf den Zechenplatz und dann über die Scheidehalle ins Walderbachtal.

Auch hier ist der »Deutsche Türstock« sehr gut erkennbar, welcher auf den Erzgruben des Lahn-Dill-Gebietes wegen der zumeist sehr schwierigen Gebirgsverhältnisse vorwiegend angewendet wurde (siehe auch Abb. 94 u. 216). Dabei erfolgte der *Ausbau* in den Förderstrecken in Eichenholz, während im *Abbau* Kiefer oder Fichte zur Anwendung kam – dieses Holz ist flexibler als Eiche und zeigt insbesondere die Beschädigung durch Gebirgsdruck mit vernehmbarem Knacken an (was in den neuen Streckenteilen am Abbau sehr wichtig ist). Eichenholz hingegen hält einem größeren Drucke stand – birst dann jedoch plötzlich und ohne vorherige Ankündigung.

Der hier rechts im Bild erkennbare *Verzug* (Verschalung zwischen den Holzstempeln) erfolgte im Abbau mit halbierten Fichte-Pfählen, in den Förderstrecken wiederum mit »gerissenen« Eiche-Pfählen (von Hand auseinandergedrückte Pfähle, welchen die natürliche Faserung erhalten blieb – die Struktur des Holzes wird ja beim Spalten mit der Säge zerstört).

(K. P.)

Abb. 216: **Grube Waldhausen,** um 1939

Wir sehen hier das Aufsetzen der *Kappe* beim »Deutschen Türstock«, am Abbau etwa 20 Meter unter dem »Tiefen Stollen« dieser Roteisensteingrube. Gut erkennbar ist hier die Grundkonstruktion des »Deutschen Türstockes« (siehe auch den Stollen im Tagebau der Grube in Abb. 213), wonach die seitlichen Stützbalken leicht »auf Sturz« gestellt wurden – d. h. nach innen geneigt befestigt waren; dabei wurden sowohl die Standhölzer als auch die Kappe miteinander verzahnt (siehe links oben im Bild). Dieser spezielle Holzausbau wird im Bergbau verwendet auf Gruben, welche mit starken Gebirgskräften von allen Seiten zu kämpfen haben – die geneigte Anordnung der Balken bietet den größten Widerstand gegen seitliche *Verdrückungen*. Eine andere Ausbauform ist der »Polnische Türstock«. Hierbei werden die Hölzer exakt rechtwinklig zueinander aufgestellt – dabei die Kappe in das rund ausgearbeitete Standholz gelegt; diese Ausbauform wird verwendet in Grubenbetrieben mit vornehmlich von oben ansetzenden Gebirgskräften (z. B. im Tonbergbau). Schön erkennbar ist hier, daß der Holzausbau mit dem fortschreitenden Erzabbau bzw. Stollenvortrieb laufend einherging; der *Hauer* hatte also nicht nur das Erz hereinzugewinnen, sondern auch noch für die Sicherung der *Strecke* selbst zu sorgen.

(K. P.)

Abb. 216: **Grube Waldhausen,** um 1939

Abb. 217: **Grube Waldhausen,** 1974
Diese in den Jahren 1910/11 zwischen der Grube und dem Bahnhof Weilburg im Walderbachtal errichtete Erz-Grubenbahn sorgte für den Abtransport des Eisenerzes von der Grube bis zur Demontage der Gleisanlagen im Jahre 1980; von da ab wurde das Erz mit LKWs abgefahren. In den Jahren 1910 – 1941 beförderte diese Bahn auch die Eisenerze der Krupp'schen Grube Eppstein bei Obershausen, welche über eine 7155 m lange Seilbahn zur Grube Waldhausen transportiert wurden (siehe Abb. 209).

Die Grubenbahn verlief in südöstlicher Richtung durch das Tal über eine Entfernung von 1150 m Länge – dabei mit einem Tunnel an den Lahnfelsen bei Weilburg – zur hölzernen Verladerampe am Bahnhof (siehe Abb. 218) auf einer ca. 30 Meter abfallenden Strecke; diese Geländeanordnung war für den beladenen Grubenzug natürlich ideal – brauchte die »Ruhrtaler-Diesellok Typ KML 7« doch überwiegend kaum besondere Kraftanstrengungen auf der leicht abfallenden Trasse.

Hier im Bild dagegen sehen wir den zurückfahrenden Leerzug, welcher (den Bestimmungen zufolge hatte die Lokomotive immer auf der Talseite zu fahren!) bergauf zur Grube Waldhausen gefahren wird. Auf dem Puffer der »Ruhrtaler-Lok« (2874/50) steht hier – neben dem durch ihn verdeckten Lokführer – der Bergmann Helmut Schmidt aus Gaudernbach. (K. P.)

Abb. 217: **Grube Waldhausen,** 1974

221

Abb. 218: **Grube Waldhausen,** um 1935
Diese mit Blick nach Norden – von Weilburg aus – aufgenommene Fotografie der Erzverladeanlage am Weilburger Bahnhof zeigt deutlich die Situation, wie sich diese etwa noch bei der Stillegung im Jahre 1980 darbot. Erkennbar ist insbesondere der Ansatz der Grubenbahn am Steilfelsen links im Bild, durch welchen die Trasse in einem Tunnel zum Walderbachtal in Richtung auf die Grube Waldhausen führte. Die Erzloren wurden über die hier gezeigte Rampe direkt an die Eisenbahnwaggons gefahren und in diese entleert. In der Bildmitte sehen wir hier im Hintergrund noch Teile der Erzverladeanlage der Buderus'schen Grube Allerheiligen in Weilburg (siehe Abb. 224). (K. P.)

Abb. 219: **Grube Waldhausen,** 1936
Die Belegschaft der Krupp'schen Roteisensteingrube bei Weilburg auf einem Erinnerungsfoto anläßlich der Maifeiern im Jahre 1936. Dieses Bild zeigt uns einmal mehr die im damaligen Reichsgebiet eingeführte Organisation aller Berufsgruppen in nahezu militanter Form schon zu Beginn der dreißiger Jahre: Die hübschen *Trachten* der Bergleute waren seit der Verordnung des »Reichsministers für Wirtschaft und Arbeit« vom 5. März 1934 keine solchen mehr – von da ab galt nämlich eine einheitliche *Uniform-Verordnung* für die Bergleute! (K. P.)

Abb. 219: **Grube Waldhausen,** 1936

Abb. 220: **Grube Waldhausen,** um 1952
Ein Erinnerungsfoto am Mundloch des »Tiefen Stollen«. Zusammen mit der Besuchergruppe – vermutlich Bergschüler – sehen wir hier als 3. von rechts den damaligen Betriebsführer Teutsch aus Löhnberg. Neben den damals üblichen *Karbid-Handlampen* tragen einige der Bergleute einen *Häkkel*. Während die Grubenbeamten den vorgeschriebenen Lederhelm aufhaben, sind die Besucher interessanterweise hier mit amerikanischen Stahlhelmen in die Grube eingefahren – es war eben die Nachkriegszeit, und da bot sich eine solche Improvisation natürlich an. (K. P.)

Abb. 221: **Grube Buchwald,** im September 1935

Das Bergwerk wurde der Herzoglich Nassauischen *Domäne* am 2. September 1829 mit dem Namen »Buchholz« auf Eisenstein *verliehen,* ging später über auf den Preußischen *Bergfiskus* und wurde am 1. April 1897 angekauft durch die Firma F. Krupp in Essen. Bei dem sehr alten Abbau des Roteisensteinvorkommens – in der Gemarkung Ahausen – handelte es sich zuerst um Tagebaue mit Kleinstollen, später mit *Haspelschächten* und einem 50 m tiefen Maschinenschacht. Im Jahre 1906 wurde durch Krupp (dies war das Jahr der zahlreichen Krupp'schen Neuinvestitionen im Lahnbergbau) vom Lahntal aus ein 600 m langer Stollen vorgetrieben, welcher das etwa 2 m mächtige Erzlager im Jahre 1909 erreichte; das Stollenmundloch befand sich ca. 150 m rechts außerhalb unseres Bildes am rechten Lahnufer. Unterhalb der Stollensohle setzte das Erzlager noch ca. 60 m in die *Teufe* fort.

Die Erze wurden ab 1927 fast ausnahmslos in einer *Tempererz*-Aufbereitung verarbeitet, welche sich hier im Bild fast direkt im Rücken des Betrachters befand. Die Grube kam schließlich im Jahre 1948 zur Einstellung, nachdem sich das anstehende Erz für eine Tempererzgewinnung nicht mehr eignete; bis dahin waren hier seit 1906 etwa 373 000 t guter Roteisenstein (Fe-Gehalt 43 bis 45 %) gefördert worden. Die Bergleute der Grube Buchwald wurden danach auf der benachbarten Grube Waldhausen weiterbeschäftigt. Auf unserem Bild fällt der Blick von der Erzverladestelle (südöstlich der Lahn) über die Lahn hinweg auf die Gemeinde Löhnberg; dabei erkennt man links die Kirche und rechts die Burgruine.

Links vorn im Bild sehen wir den Elektromeister Finsterseifer und rechts den Elektriker Ochs – beide von der Krupp'schen Zentralwerkstatt in Tiefenbach (siehe Abb. 202 bis 204). (K. P.)

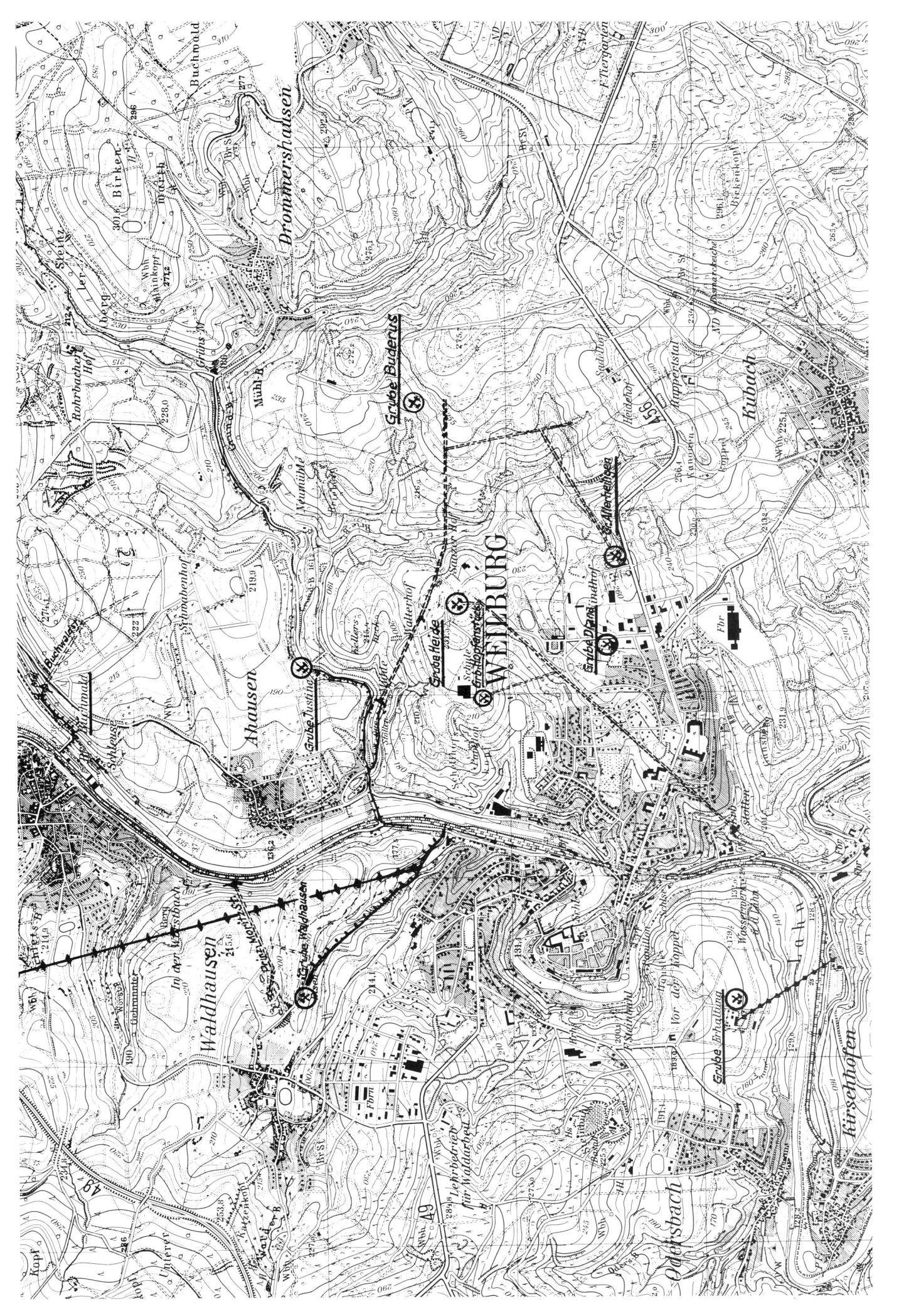

Karte XIII Gruben: Allerheiligen, Buderus, Justine, Heide, Diana, Thor, Erhaltung, Carlssegen, Hopfenstück

Maßstab: 1 : 25 000

Abb. 222: **Grube Allerheiligen,** 1950

Das hier von Südwesten gezeigte Buderus'sche Bergwerk lag am östlichen Ortsausgang von Weilburg in Richtung Braunfels auf der linken Straßenseite, wo ein großer Teil der Gebäude noch heute steht (siehe Karte XIII). Die Grube wurde am 23. Juli 1862 *verliehen* auf Roteisenstein an den »Nieverner Bergwerksverein zu Nievernerhütte«, ging später über an die Frank'schen Eisenwerke bei Dillenburg, und schließlich 1927 an die Buderus'schen Eisenwerke in Wetzlar.

Bereits vor der *Verleihung* war hier Bergbau betrieben worden auf dem besonders steil anstehenden, zur *Teufe* hin stark verkalkenden Roteisensteinlager bzw. auf stückigen Flußeisenstein mit allerdings nur ca. 25 Prozent Eisengehalt (z. B. im später *konsolidierten* Feld »Keilswingert«). Obwohl die Grube exakt im Bereich des »Adolf-Erbstolln« lag, welcher fast alle Weilburger Bergwerke *löste* (siehe Abb. 227), erfolgte die Erzförderung auf Allerheiligen dennoch über 2,1 km Entfernung durch den 1903 begonnenen »Otto-Stolln« (Mundloch ca. 300 m östlich der Lahnbrücke bei Ahausen) an die Reichsbahn bei Weilburg (siehe Abb. 224). Der Grund lag darin, daß Allerheiligen ein Buderus-Betrieb war – während die meisten anderen Betriebe hier zu Krupp gehörten; außerdem *löste* der »Otto-Stolln« bereits zum Anfang unseres Jahrhunderts die benachbarte Buderus-Grube »Buderus«.

Am hier abgebildeten Maschinenschacht war der »Otto-Stolln« gleichzeitig 110m-Sohle. Die letzte Schicht wurde hier am 10. September 1960 verfahren, als auch diese Grube wegen des allgemein einsetzenden Absatzmangels deutscher Eisenerze die Tore schließen mußte. (K. P.)

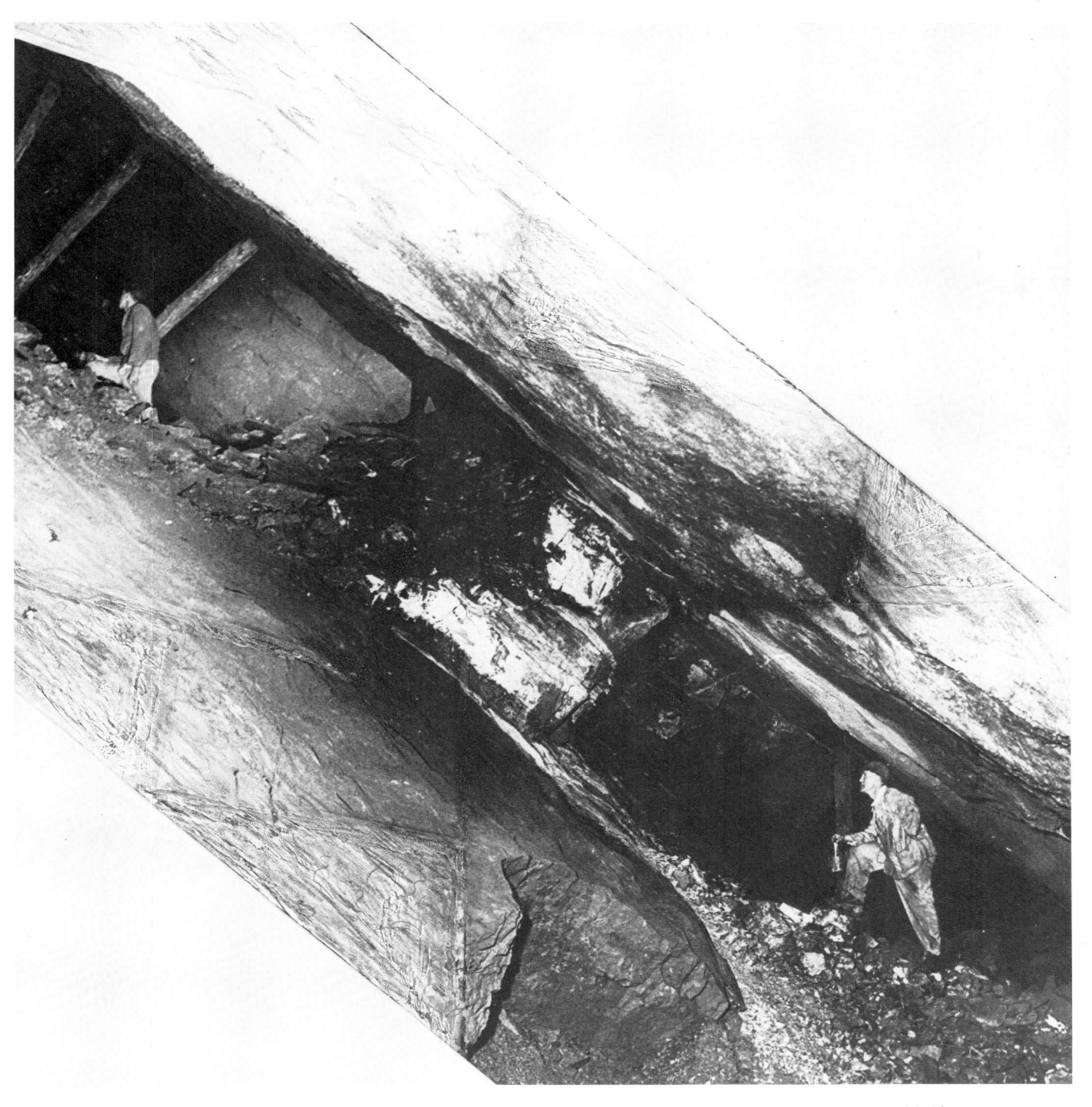

Abb. 223: **Grube Allerheiligen,** 1950

Die Bergleute stehen hier in einem steilen *Flußeisensteinlager* dieser Buderus'schen Grube in Weilburg. Dieses für das Lahnrevier an sich atypische Bild zeigt uns deutlich das *ausgeerzte* Lager, welches hier ohne *Versatz* und unter Erhaltung von *Erzpfeilern* abgebaut worden war; die *Karbidlampe* in der Hand des Steigers rechts unten im Bild hängt lotgerecht und belegt damit das *Einfallen* des Erzlagers von fast 45 Grad!

Ein solches Abbauverfahren setzte immer ein besonders standfestes *Deckgebirge* voraus bzw. konnte bei sehr *mächtigen* Erzlagern angewendet werden; allein aus diesen Gründen wurde es im Lahnrevier nur sehr selten ausgeführt (z. B. noch bis vor wenigen Jahren auf der Grube Fortuna bei Oberbiel (siehe Abb. 447); hierbei entstanden beeindruckend hohe Hohlräume im Gebirge, welche z. B. in den letzten Jahrzehnten den Einsatz von Großmaschinen gestatteten. (K. P.)

Abb. 224: **Grube Allerheiligen,** um 1950
Ein Blick auf die Verladeanlage für die Erze der Buderus-'schen Roteisensteingrube mit der Holzbrücke über die Lahn zum Bahnhof Weilburg. Die Erzförderung der Grube erfolgte durch den »Otto-Stolln« und anschließend über die Lahnbrücke an den Staatsbahnhof. Wegen der im 2. Weltkrieg zerstörten Betonbrücke wurden die Erze bei wiederaufgenommenem Betrieb zuerst mit einem Seilzug über die Lahn transportiert; im Jahre 1948 wurde die zerstörte Brücke wiederaufgebaut.
Hier im Bild zu sehen ist die Holzbrücke über die Bundesbahngleise, über welche die Verladung (mittels Diesel-Loks) erfolgte. Diese Verladeanlage befand sich in nur geringer Entfernung nördlich der recht ähnlichen Einrichtung von Grube Waldhausen (siehe Abb. 218). Schön erkennbar ist hier der im Lahngebiet an sich häufige Umstand, daß sich Straße, Eisenbahn und Fluß – sowie hier zusätzlich die Verladeanlage mit Grubenbahnen – ein recht enges Tal zu teilen hatten. Dabei boten sich allerdings die starken Höhenunterschiede von den umliegenden Felsen zur Flußniederung geradezu als prädestiniert für derartige Verladeeinrichtungen an (die Staatsbahntrasse war dadurch natürlich ohne großen Aufwand überbrückbar). Die Erzverladestelle der Grube Waldhausen befand sich hier etwa 100 m rechts außerhalb des Bildes. (K. P.)

Abb. 225: **Grube Diana,** um 1930

Diese Grube wurde am 17. 6. 1875 *verliehen* an die »*Gewerkschaft* Diana« und ging später über in das Eigentum der »Gutehoffnungshütte« in Oberhausen (»GHH«). Das Bergwerk war begründet auf einem *Konsolidationsfeld,* welches die ehemaligen Grubenfelder »Sieggraben«, »Friedrich II«, »Ludwigszeche«, »Windsack« und »Kranich« übernommen hatte.

Die im heutigen Stadtgebiet von Weilburg liegende Grube (nördlich der Frankfurter Straße, leicht nordwestlich der Grube Allerheiligen – dabei etwas oberhalb des Bergamtes) baute auf einem bis zu 7 m *mächtigen* Erzlager. Die Erzförderung erfolgte – zusammen mit den ebenfalls hierdurch *gelösten* Gruben Carlssegen, Hopfenstück und Heide (siehe Karte XIII) – über den am 13. Juni 1838 begonnenen »Adolf-Erbstolln«, welcher die Grube Diana im November 1869 bei einer Länge von 1145 Metern erreichte. Das Eisenerz wurde an der Gunters-Au (im Südwesten von Weilburg) auf die Staatsbahn verladen und in das Ruhrgebiet transportiert.

Noch im Jahre 1935 wurden auf Grube Diana monatlich 1000 Tonnen Roteisenstein mit einem durchschnittlichen Fe-Gehalt von 52 Prozent gefördert. Bald darauf jedoch waren die Erzvorräte dieses Feldes abgebaut, und die Grube mußte im Mai des Jahres 1939 bereits aufgegeben werden. Zu dieser Zeit bestand die Belegschaft aus 5 Beamten und 91 Bergleuten, welche auf die (ebenfalls in dem Jahre der »GHH« gehörigen) Eisenerzgrube Richardszeche bei Niederbiel (siehe Abb. 142 bis 144) verlegt wurden.

Auf diesem Bild sehen wir eines der im frühen Lahnbergbau gelegentlich verwendeten hölzernen Schacht-Fördergerüste, neben welchem hier ein Bergmann offensichtlich *Berge* abfuhr. Der LKW im Bildhintergrund dürfte das Ausbauholz transportiert haben, während der metallene Behälter im Vordergrund als Vorrats- und Ausgleichsbehälter für die im Untertagebetrieb regelmäßig beim *Bohren* benötigte Druckluft diente.

(K. P.)

Abb. 226: **Die Krupp'sche Bergverwaltung**
Weilburg, 1934

Die Belegschaft der Weilburger Bergverwaltung von Krupp hat sich hier vor dem Dienstgebäude für ein Erinnerungsfoto anläßlich der Maifeierlichkeiten im Jahre 1934 aufgestellt. Wir sehen hier – neben diversen Verwaltungsangestellten – links vorn den damaligen Leiter, *Bergwerksdirektor Bergassessor* »a. D.« Dr. Gustav Einecke (in dem damals wieder vorgeschriebenen *Preußischen Bergfrack* mit *Schachthut*), als dritten von rechts den Leiter der kaufmännischen Abteilung Karl Kurz, und als fünften von links den Leiter der *Grubenwehr,* Carl Wehrum.

Der Krupp'schen Bergverwaltung unterstanden alle hiesigen Grubenbetriebe – sogar auch Eisenerzgruben in Lothringen (siehe Abb. 443 + 444); dabei wurden die verschiedenen Gruben selbst normalerweise von Obersteigern geführt, welche wiederum – unter mehreren anderen Betrieben – im Lahn-Dill-Gebiet von Bergverwaltern geleitet wurden (siehe z. B. Bergverwalter Schlappig in Abb. 473); diese wiederum unterstanden dann dem Bergwerksdirektor – dem Leiter der betreffenden Bergverwaltung (siehe auch Bergwerksdirektor Dr. Witte in Abb. 474).

Die Krupp'sche Bergverwaltung an der Lahn wurde im Jahre 1864 gegründet. Im darauffolgenden Jahre 1865 erfolgte die Verlegung nach Braunfels, und 1866 sogar nach Philippstein (siehe Abb. 160) – jedoch schon im selben Jahr wieder zurück nach Braunfels. 1890 schließlich erfolgte die Verlegung nach Weilburg, wo in den Jahren 1907/08 – zusammen mit der Übernahme zahlreicher Erzgruben des Fürsten zu Solms-Braunfels – das hier im Bild gezeigte Verwaltungsgebäude errichtet wurde. Fortan residierte die Bergverwaltung in Weilburg. Im Jahre 1971 wurde diese Institution nach mehr als einhundert Jahren Tätigkeit für den Lahnbergbau aufgegeben. (K. P.)

Abb. 227: **Erbprinz-Adolf-Erbstolln**
der Grube Heide, 1920

So stellte sich dem Betrachter der Grube Heide damals die Situation am Mundloch des »Adolf-*Erbstolln*« in Weilburg, gesehen vom sog. »Zeppelinfelsen« aus Südosten in Richtung auf den »Gänsberg«, dar. Dieser Stolln diente zur *Lösung* bzw. später Erzförderung der Gruben Diana, Carlssegen, Hopfenstück und Heide. Das Bauwerk wurde am 13. Juni 1838 angefangen, erreichte im November 1869 die *Lager* der Gruben Carlssegen und Diana und wurde später bis zu den Gruben Hopfenstück und Heide bei Ahausen über einen *Querschlag* bis auf 1972 m Länge angelegt; dabei hatte der Stolln von der Grube Heide bis zum Mundloch ein Gefälle von ca. 6 m. Die Anlage wurde im Jahre 1872 angekauft durch die Firma Friedrich Krupp in Essen.

Das Eisenerz-Bergwerk **Heide** lag ca. 2 km nordöstlich von Weilburg im Staatsforst – etwa auf halbem Wege nach Hirschhausen (siehe Karte XIII); es wurde dem Preussischen *Bergfiskus* am 19. Februar 1829 auf Eisen *verliehen* und ging am 1. April 1897 über an die Firma Krupp in Essen. Der früheste Betrieb erfolgte in kleinen Schächten und Stollen. Im Jahre 1910 wurde aus den ehemaligen *Grubenfeldern* »Philippszeche«, »Albert«, »Hopfenstück«, »Heide«, »Gertrude«, »Wilhelm-Windhof«, »Palatinus«, »Quill«, »Gießlersheck« und »Wilhelm-Zugang« die »*konsolidierte* Grube Heide« begründet. Im Jahre 1911 wurde ein *Maschinenschacht abgeteuft*, welcher schließlich in 91 m *Teufe* durch eine 99 m lange Strecke in südlicher Richtung mit dem »Adolf-Erbstolln« Verbindung bekam. Später wurden in 116 m *Teufe* die 25m-Sohle (gerechnet ab dem 91 m tiefen »Adolf-Erbstolln«) und die 50m-Sohle in 141 m *Teufe* angelegt (also 50 Meter unter dem »Adolf-Erbstolln«). Die notwendige Elektrizität für die Fördermaschine wurde von der etwa 3 km nordöstlich gelegenen Grube Anna über eine Freileitung geliefert (siehe Abb. 194).

Hier im Bild zu sehen sind links der Bereich vor dem Mundloch des »Erbprinz-Adolf-Erbstolln« (siehe Pfeil) mit einem Generatorhaus und verschiedenen Gebäuden, in welchen u. a. 1917 eine »Sprengluft-Anlage« (zur Herstellung von flüssigem Sauerstoff für ein spezielles Sprengverfahren) etabliert wurde. Rechts oben im Bild sieht man einen *Benzin-Förderhaspel*, mit welchem die aus dem Stolln gefahrenen *Berge* auf die lange Halde gezogen wurden. (K. P.)

Abb. 227: Erbprinz-Adolf-Erbstolln der Grube Heide, 1920

Abb. 228: **Grube Heide,** im April 1910

Wir sehen hier einige Belegschaftsmitglieder der Kruppschen Eisenerzgrube bei Weilburg, zusammen mit Gästen nach der Ausfahrt aus dem »Erbprinz-Adolf-*Erbstolln*«. Die im Bild gezeigte 8-PS-Benzinlokomotive der Firma »Deutz« (Fabriknummer 191!) war im Jahre 1907 von der Krupp'schen Grube Anna bei Braunfels (siehe Abb. 197) hierhergebracht worden und förderte seitdem die Erze der dem Stolln angeschlossenen Grubenbetriebe.

Die Aufnahme wurde gemacht, nachdem am 10. April 1910 das Zeppelin-Luftschiff »Z II« auf dem (später danach getauften) »Zeppelinfelsen« – etwa 100 m links oben außerhalb des Bildes – gestrandet war; der Luftschiffkapitän Hauptmann von Jena ist hier vorn rechts im Bild zu sehen (mit Hut und *Karbidlampe*). Vorn rechts außen steht der Betriebsführer der Grube Heide, Obersteiger Ochs (mit *Froschlampe*). Auf der Lokomotive sitzt Wilhelm Börner aus Odersbach.

Die Grube Heide, deren Belegschaft im Jahre 1910 aus 1 Obersteiger, 1 Steiger, 1 Aufseher und 61 Bergleuten bestand, schloß am 31. Oktober des Jahres 1930 den Betrieb wegen Absatzmangels. Die hier verwendete Dampf-Fördermaschine wurde danach im Jahre 1934 zur Grube Ottilie bei Braunfels (siehe Abb. 145 bis 148) verlegt und arbeitete dort noch bis 1959 am *Blindschacht* im »Tiefen Ottilien-Stolln«.

(K. P.)

Abb. 229: **Grube Erhaltung,** 1920

Die hier von Südosten aus fotografierte Grube wurde am 19. Dezember 1836 *verliehen* auf Eisenstein an die »Herzoglich Nassauische Domäne« zu Weilburg. Das spätere *Grubenfeld* wurde am 3. Februar 1851 *konsolidiert* aus den Feldern »Wingertsberg«, »Lay«, »Heldgraben«, »Erhaltung« und »Odersbach«. Am 27. November 1872 wurde die *Verleihung* erweitert auf die Gewinnung von Manganerzen, und am 1. April 1897 ging das Eigentum über an die Firma Krupp in Essen. Bis zur Jahrhundertwende wurde das Erz durch einen kurzen Stolln gewonnen. Ab 1901 wurde im Feld »Lahnstein« ein 800 m langes Rot- und Flußeisensteinlager erschlossen, welches in nordöstlicher Richtung bis an den sog. »Hausley-Felsen« an der Lahn (direkt gegenüber des heutigen Parkdecks in Weilburg) führte. Im Jahre 1912 wurde der rechts im Bild erkennbare Maschinenschacht bis auf 100 m *abgeteuft;* etwa zur gleichen Zeit wurde die 350 m lange Seilbahn errichtet (vorn in der Bildmitte), welche das Eisenerz in südöstlicher Richtung zur Verladestelle »Gunters-Au« bei Weilburg an die Eisenbahn brachte. Die im großen Lahnbogen südlich von Weilburg gelegene Grube hatte – neben einem nach der *Teufe* zu stark verkalkenden *Erzlager* – infolge der ungünstigen Lage zur Lahn mit sehr starken Wasserzuflüssen zu kämpfen, welche zeitweise bis zu 5 Kubikmeter pro Minute betrugen!

Nachdem der Betrieb in der Weltwirtschaftskrise von 1930 – 1934 stillgelegen hatte, wurde er später noch bis zum Jahre 1951 fortgeführt; in diesem Jahr schließlich ergaben Tiefbohrungen, daß das Erzlager praktisch ausgebeutet war. Die Grube hat allein in den Jahren 1901 bis 1950 insgesamt 647 000 t Rot- und Flußeisenstein gefördert. (K. P.)

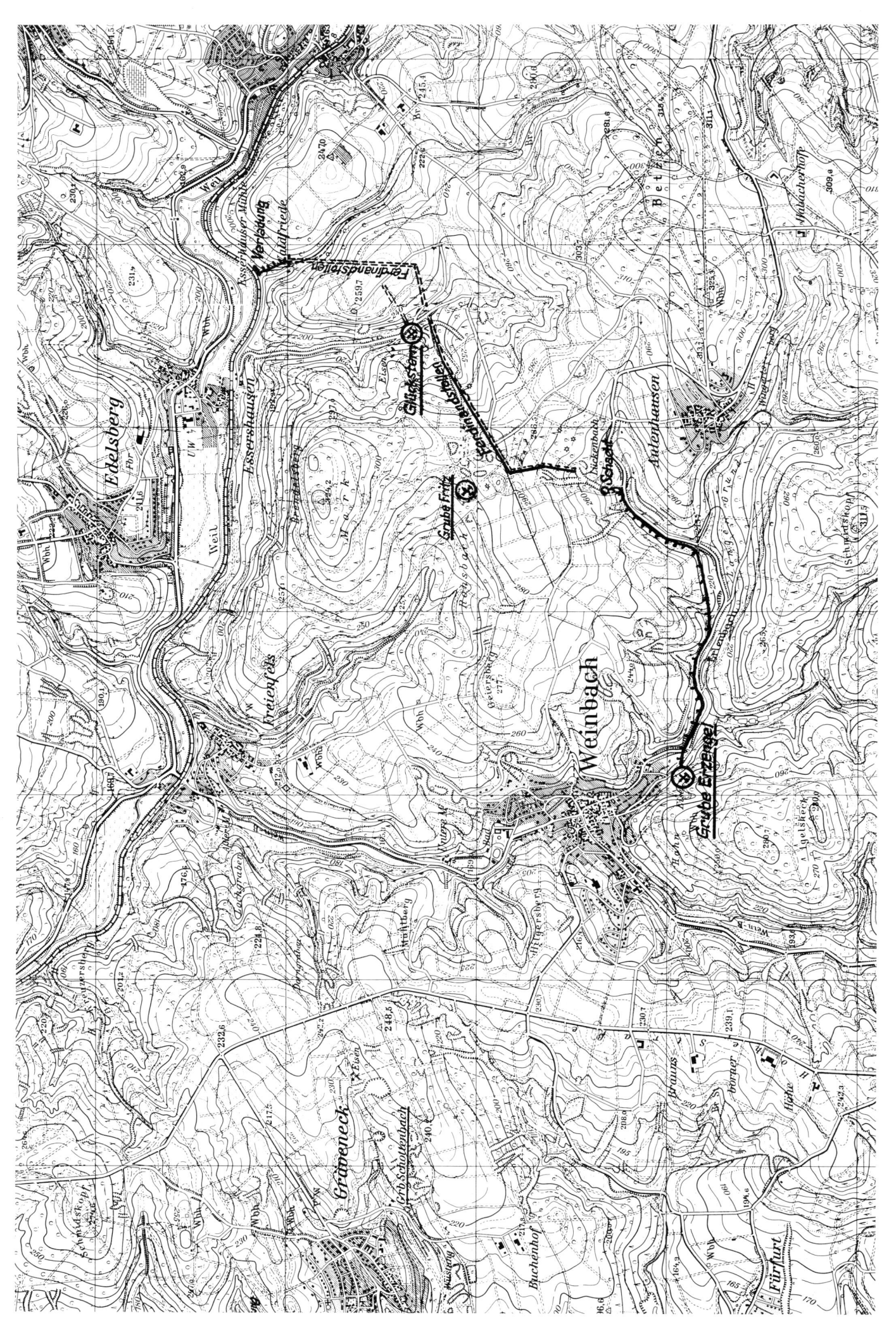

Karte XIV Gruben: **Fritz, Glückstern, Erzengel, Schottenbach**

Maßstab: 1 : 25 000

Abb. 230: **Grube Fritz**, 1920

Abb. 230: **Grube Fritz,** 1920

Dies war die Situation auf der Krupp'schen Eisen- und Manganerzgrube mit der Erzaufbereitung am »Ferdinandstolln«, etwa 200 m südlich der Reichsbahnanlage bei der Gemeinde Essershausen – nach Süden gesehen. Links im Bild erkennen wir das Mannschaftsgebäude mit Steigerbüro, in der Bildmitte das kleine Wiegehäuschen (mit einem Erzzug daneben) und rechts die Werkstatt mit der Schmiede, hinter welcher sich hier auch das Mundloch des »Ferdinand-Stolln« in etwa 50 Meter Entfernung verbarg; die Gleise rechts vorn im Bild führten zum Holzplatz direkt an der Reichsbahnstation. Die Grube wurde am 4. März 1850 auf Eisenerz *verliehen* an »Philipp Friedrich Albishausen & Consorten« zu Aulenhausen (eine südlich des Grubenfeldes gelegene Gemeinde); diese veräußerten das Bergwerk alsbald an den »Deutsch-Holländischen Aktienverein« zu Duisburg, welcher schließlich am 1. Juli 1872 weiterverkaufte an die Firma F. Krupp in Essen. Die spätere Eisen- und Manganerzgrube Fritz entstand durch *Konsolidationen* am 5. August 1891 und 11. Mai 1901 aus insgesamt 18 Grubenfeldern. Ein nennenswerter Bergbaubetrieb entwickelte sich ab dem Jahre 1891 vom damaligen *Einzelfeld* »Fritz« aus in Tagebauen und kleinen Schächten, wobei die Erze (durchschnittlich 43 % Eisengehalt mit ca. 4 Prozent Mangan) mit Pferdefuhrwerken zur Bahnstation Essershausen gebracht wurden.

Das im Nordosten von Aulenhausen gelegene Bergwerk lag verkehrsmäßig ungünstig; ein Aufschwung trat erst ein, als von der im Norden – unterhalb Essershausen – gelegenen Eisenerzgrube Glückstern (zuletzt am 29. Februar 1896 konsolidiert aus den Feldern »Lückenbach« und »Geyersberg«) der Firma Gebr. Lossen zu Concordiahütte bei Bendorf/Rh. zur tieferen Lösung des Erzvorkommens der »Ferdinandstolln« angefahren wurde. Schließlich wurde die Grube Glückstern im Jahre 1901 durch Krupp mit übernommen, wonach auch der gesamte Stollenbetrieb in dessen Eigentum überging – fortan nur mehr als Grube Fritz. Die Grube hatte seit dem Jahre 1899 einen Bahnanschluß zur Station Essershausen.

Das Bergwerk förderte seit 1890 bis zu seiner Einstellung im Jahre 1949 insgesamt 1,651 Millionen Tonnen Eisenerz. Deutlich erkennbar ist hier im Bildvordergrund, daß die Erze an der Halde von unten her abgezogen und in die Förderwagen geschaufelt wurden. Dieses *Unterschrämen* der Erzstöße war zwar für den Bergmann selbst am einfachsten (und für den Grubeneigner am effektivsten!) – sobald ja im unteren Teil der Erzwand ein Hohlraum entstand, stürzte die gesamte Wand nach; ein Abbau in dieser Form (siehe auch Abb. 262) war jedoch extrem gefährlich und führte häufig zu schweren Unfällen mit meist tödlichem Ausgang! (K. P.)

Abb. 231: **Grube Fritz,** um 1925

Abb. 231: **Grube Fritz,** um 1925

Diese Ansicht der Erzaufbereitung zeigt uns sehr deutlich die Veränderungen, welche sich hier innerhalb weniger Jahre vollzogen hatten; die jetzt mehr aus östlicher Richtung fotografierte Anlage war inzwischen entscheidend vervollkommnet worden.

Wie in Abb. 230 gezeigt wird, hatte man in der früheren Betriebszeit die geförderten Erze relativ einfach in Form einer großen Halde vor den Betriebsgebäuden aufgeschüttet, um sie später nach Bedarf von der eigentlichen Talsohle her durch Unterschrämen abzuziehen. Zwar war ein derartiges Gewinnungsverfahren schon im 19. Jahrhundert verboten worden (Geheimer Bergrath W. Riemann im »Jahresbericht des Bergrevieres Wetzlar für 1862«: »*Der am 22. Februar 1862 im Tagebau der Grube Johann Heinrich bei Nauborn erfolgte Tod des Bergmannes Conrad Vogt aus Niederwetz war eine Folge des Unterschrämens. Bereits im vorigen Jahre ist auf diesen Übelstand aufmerksam gemacht worden, Abhülfe indes bis heute nicht eingetreten!*« und: »*Auf Grube Engelsburg in Wetzlar mußte in dem nach Norden hin aufgeführten Tagebau erneut das Unterschrämen der Abraumstöße untersagt werden!*«; dennoch wurde es praktiziert.

Nachdem in den Jahren zuvor beim plötzlichen Nachrutschen dieser etwa 5 Meter hohen Erzwand zwei der Bergleute ihr Leben lassen mußten, entschloß sich die Grubenverwaltung zum sicheren Ausbau dieses Erzverladeplatzes; gleichzeitig erreichte man damit auch eine wirtschaftlichere Arbeitsweise, indem das schon mehrfach an anderer Stelle erläuterte Sortierverfahren in mehreren Ebenen ermöglicht wurde.

Wir sehen im Hintergrund die Erzbahn mit der Benzollokomotive, welche nun – ebenfalls erheblich sicherer – über den Wänden in Bruchsteinmauerung fährt. Im Vordergrund erkennen wir den *Haldensturz*, an dessen Fußpunkt die Erze verlesen und von *Bergen* getrennt wurden. Der Anschluß zur Bahnlinie bei Essershausen befand sich auf dieser untersten Ebene. (K. P.)

Abb. 232: **Grube Fritz,** 1925

Der Personalzug der Krupp'schen Eisen- und Manganerzgrube bei der Ausfahrt aus dem niedrigen »Ferdinandstolln«.

Dieser Förderstolln wurde im Februar 1884 von der hier gezeigten Stelle (damals noch als Grube »Glückstern« der Firma Gebr. Lossen) in südlicher Richtung *aufgefahren* und hatte im Jahre 1896 bereits eine Länge von 650 m. Nachdem der »Ferdinandstolln« im Jahre 1897 mit einer Kompressoranlage ausgerüstet war, wurde er weiter südlich zur *Unterfahrung* der Felder »Strütchen«, »Aushälter« und »Fritz« sowie der Buderus'schen *Felder* »Mark«, »Adolphine« und »Winters« verlängert. Im Jahre 1902 hatte der Stolln eine Länge von 1850 m und im Jahre 1910 die Endlänge von 2600 m.

In den Jahren 1913/14 wurde von der Stollensohle ein *Blindschacht abgeteuft*, welcher mit einer Dampf-Fördermaschine bis auf die 85m-Sohle arbeitete. In den Jahren 1908–12 wurden die Erze der Krupp'schen Roteisensteingrube Erzengel bei Weinbach mit einer 1800 m langen Feldbahn bis zur »Lückenbach« (direkt nördlich von Aulenhausen) gebracht und dort durch einen Schacht auf den »Ferdinandstolln« *abgestürzt;* von hier wurden sie mit der Lokomotive zur Verladeanlage »Fritz« befördert. (K. P.)

Abb. 233: **Grube Fritz,** um 1935

Wir sehen hier die maschinelle *Bohrarbeit* im Untertagebetrieb mit einem druckluftbetriebenen *Abbauhammer*. Dieses Bild zeigt uns dabei in einmaliger Weise die unsäglich schwere Körperarbeit der Bergleute früherer Zeiten; war der Bergmann noch bis zum Ende des 19. Jahrhunderts weitestgehend abhängig von seiner eigenen Geschicklichkeit bzw. der Güte des zu bearbeitenden Gesteines für die von Hand gebohrten Sprenglöcher, so brachte der »Segen« des maschinell angetriebenen Bohrhammers zwar eine ungleich höhere Effektivität mit sich – zugleich aber auch die absolute Abhängigkeit des Bergmannes von der Maschine! Die Gesteinsstaublunge (Silikose) des Erzbergmannes wurde erst nach Einführung der maschinellen Bohrung bekannt.

Auf unserem Bild hält der Hauer den *Abbauhammer* ohne jede Stütze frei in der Hand (das versuche man einmal mit einem Preßlufthammer!), wobei er sich – zur Abschwächung der Hammerstöße – seine Kleiderweste mit einem Polster versehen hat; oft wird er den Bohrhammer fest vor dem Bauche gehalten haben. Typisch für diese Zeit ist der vorn im Gerät eingesetzte Schlangenbohrer, welcher bei der *Trockenbohrung* allgemein Verwendung gefunden hatte (die Wellen am Bohrgestänge sorgten dafür, daß das Bohrklein aus dem eigentlichen Bohrloch entfernt wurde – was später beim *Wasserbohren* durch einen genügend starken Wasserstrahl geschah).

(K. P.)

Abb. 234: Grube Fritz, um 1935

Szene im »Ferdinandstolln«, wie sich dieser bei der Abförderung des Eisensteines von den untertage sehr weit abgelegenen Abbauen darstellte. Der ursprünglich in engem Profil angesetzte Stollen mußte bei Beginn der Lokomotivförderung im Jahre 1907 auf seine Gesamtlänge von 2,6 km durch *Nachschießen* der *Stöße* zuerst beträchtlich erweitert werden. Trotz dieser an sich relativ einfachen Situation handelte es sich beim Einsatz einer Benzinlok auf Grube Fritz – nach der Grube Fernie bei Gießen (1896) – um die zweite Grubenlokomotive im Lahngebiet überhaupt; der Grund mag sicher auch darin liegen, daß die Pferdeförderung auf dem enorm langen Stolln zu erheblichen Schwierigkeiten geführt haben mochte – noch bei der Lokomotivfahrt dauerte die Überwindung der 2600 m langen Untertagestrecke 20 Minuten!

Hier im Bild sehen wir links einen Bergmann, welcher den Lokomotivführer beim Zurücksetzen und Ankuppeln der Deutz-Lokomotive an die gefüllten Erzförderwagen einweist bzw. diesem ein Haltzeichen gibt.

(K. P.)

Abb. 233: **Grube Fritz,** um 1935

Abb. 234: **Grube Fritz,** um 1935

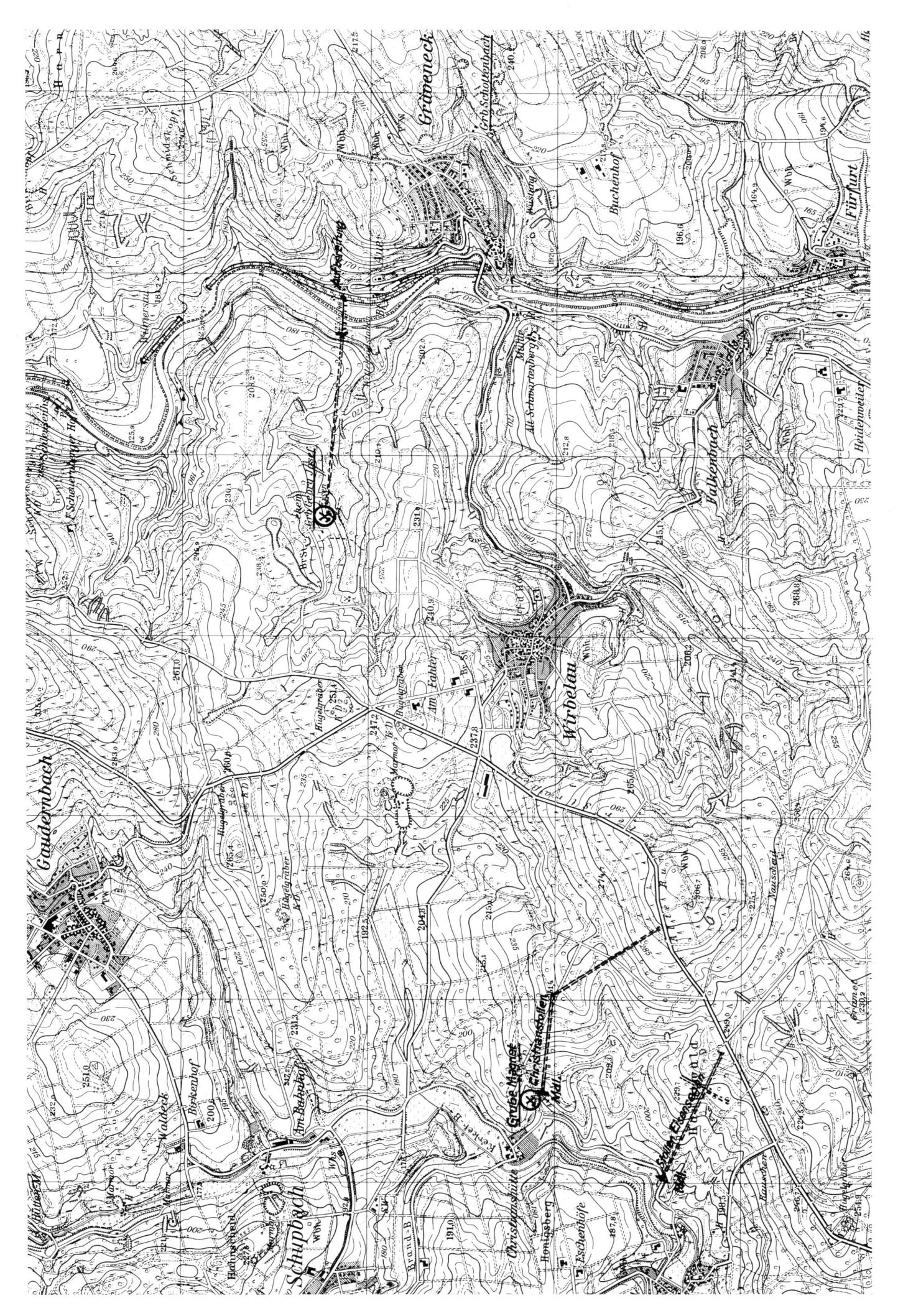

Karte XV Gruben: **Eisensegen, Magnet, Georg-Josef** Maßstab: 1 : 25 000

Abb. 235: **Grube Georg-Joseph**, 1935

Abb. 235: **Grube Georg-Joseph,** 1935
Die Belegschaft der Buderus'schen Roteisensteingrube hat sich hier aufgestellt am Förderturm des »Groebler-Schachtes«. Auf dem etwa 2 km nordwestlich der Gemeinde Gräveneck (siehe Karte XV) gelegenen Gelände wurde nachweislich schon im Jahre 1807 nach Eisenstein gegraben. In der Folgezeit entstanden dann dort zwei Erzgruben – nämlich »Georg« (bereits 1812 *verliehen* an Buderus) und »Joseph« (verliehen 1828); am 28. Juli 1829 wurden dann beide Betriebe übernommen durch die »*Gewerkschaft* Georg«, welche die Grube dann unter dem neuen Namen »Georg-Joseph« fortführte. Nach mehreren Betriebsunterbrechungen übernahm die Firma Buderus die Grube vermutlich im Jahre 1867. Nachdem die Erzförderung zuvor durch verschiedene Stolln (z. B. »Georgstolln«) und einen 60 m tiefen Schacht erfolgt war, wurde am 26. Januar 1899 der »Wittekind-Stolln« – benannt nach dem damaligen Aufsichtsratsvorsitzenden Anton Gustav Wittekind – 940,5 m von der Grube entfernt direkt an der Lahn bei Gräveneck *angesetzt;* dieser Stolln erreichte das *Grubenfeld* im Jahre 1904 und schloß die Erzlager der Felder »Georg-Joseph« und »Pforzheim« auf.

Im Jahre 1912 wurde dann der neue Tiefbauschacht angefangen, welcher – im Jahre 1920 fertiggestellt – nach dem damaligen Generaldirektor von Buderus, Bergrat Alfred Groebler, auf den Namen »Groebler-Schacht« getauft wurde. In der Folgezeit wurde der Schacht *abgeteuft* auf 170 m unter die Sohle des »Wittekind-Stolln«; er bewältigte die gesamte Erzförderung zur Stollnsohle bis zur Stillegung des Bergwerkes im Jahre 1966. Im Jahre 1912 gehörte »Georg-Joseph« mit seiner neuen elektrischen Fördermaschine zu den ersten elektrifizierten Grubenbetrieben des gesamten Lahnbergbaus! (K. P.)

Abb. 236: **Grube Georg-Joseph,** im Winter 1957
Auch im Schneegestöber behielt der »Groebler-Schacht« immer noch sein ganz charakteristisches Aussehen – für den Laien tut es hier natürlich auch wieder die typische Gußplakette mit Jahreszahl und Namen am stählernen *Fördergerüst*. Verglichen mit der Aufnahme von 1935 hat sich zudem an dieser Stelle bis auf die Schachthalle praktisch nichts verändert. Die Belegschaft der Grube Georg-Joseph zählte in diesem Jahr 188 Bergleute. Der hier geförderte *Flußeisenstein* (durchschnittlich 29,4 Prozent Eisengehalt, mit 22,1 Prozent Kalk und 12,3 Prozent Quarz) wurde vorwiegend in den Buderus'schen Hochofenwerken Oberscheld und der Sophienhütte in Wetzlar verarbeitet – wegen des relativ hohen Phosphorgehaltes kam es aber nur zur Erzeugung von Gießereiroheisen in Frage.

Vorn links im Bild geht Obersteiger Ernst Hartmann, welcher die Grube Georg-Joseph bis zur Stillegung am 1. Mai 1966 als Betriebsleiter führte. (K. P.)

Abb. 237: **Grube Georg-Joseph,** 1964

Unser Blick fällt hier von der 220 m-Sohle der Grube – da hier gerechnet wurde von der Ebene des »Wittekind-Stolln«, welcher selbst ca. 80 Meter unter Tage am »Groebler-Schacht« ansetzte, befand sich also die 220 m-Sohle tatsächlich etwa 300 Meter unter Tage – in das *Gesenk* zur 270 m-Sohle. Da das Erzlager in dieser *Teufe* relativ weit entfernt lag vom Maschinenschacht, lohnte sich ein weiteres Abteufen des Schachtes nicht mehr; es wurde vielmehr eine schräge Ebene (»Gesenk«) in Richtung auf das Lager zu *aufgefahren,* über welche die ab 1964 auf der untersten Sohle gewonnenen Erze mit *Haspelförderung* auf die 220 m-Sohle und zum Schacht gebracht wurden. Gleichzeitig ging der Abbau noch um auf der 220 m-Sohle bis zur endgültigen Stillegung im Jahre 1966.

Hier im Bild sehen wir einen Bergmann am Eingang zum Gesenk stehen. Gut erkennbar sind rechts oben an der *Firste* die große *Lutte,* welche zur *Bewetterung* auf der 50 Meter tiefer gelegenen Sohle diente, die verschiedenen elektrischen Leitungen und die quer durchs Bild laufende Preßluftleitung. Die Gleise für den Transport der erzgefüllten Förderwagen sind ebenfalls hier erkennbar nach unten gebogen. Zahlreiche in den Berg getriebene Bohrstangen dienten zu der Zeit offensichtlich als Haltepunkte für die verschiedensten Zwecke – insbesondere natürlich für die Fixierung von Leitungen. (K. P.)

Abb. 238: **Grube Georg-Joseph,** 1964

Wie auch auf den anderen zu diesem Zeitpunkt noch verbliebenen Lahnerzgruben, so setzte die Mechanisierung auch auf Grube Georg-Joseph das letzte Zeichen für eine Verlängerung der Lebensdauer bei sinkenden Preisen für Inlandserze.

Wir sehen hier den Streckenvortrieb am *Gesenk,* welches von der 220m-Sohle über 50 Meter *seigere Teufe* bis auf die 270m-Sohle angelegt wurde. In Betrieb ist dabei ein *Überkopflader* der Firma EIMCO, welcher sich mit eigener Motorkraft über die an der hinteren Achse (im Vordergrund) befestigte Seiltrommel jeweils rückwärts hochzog zum betreffenden Förderwagen. Der Lader selbst ist hier offensichtlich an der Rückseite bewußt verkürzt worden, um eine möglichst große Annäherung des Gerätes an den Förderwagen zu erreichen – die Wurfschaufel erreichte bei der starken Neigung der Strecke ansonsten kaum das Ladegefäß des Wagens.

Die Förderwagen selbst wurden von der darüber liegenden 220m-Sohle aus mit einem *Elektrohaspel* hochgezogen bzw. abgelassen. Trotz dieser großen Anstrengungen, eine Lagerpartie selbst noch ca. 350 m unter Tage abzubauen (gerechnet wurde hier immer ab dem selbst etwa 80 Meter unter Tage liegenden »Wittekind-Stolln«), ging der Betrieb auch auf der Grube Georg-Joseph am 1. Mai 1966 zu Ende.

(K. P.)

Abb. 239: **Grube Georg-Joseph,** 1966

Abb. 239: **Grube Georg-Joseph,** 1966
Ein Pferdeführer mit seinem treuen Arbeitskameraden – hier vor dem Fördergerüst des »Groebler-Schachtes«, kurz bevor das Bergwerk stillgelegt wurde. Die Tatsache, daß auf Grube Georg-Joseph die Streckenförderung bis hinunter auf die 220 m-Sohle (ausgenommen die Abförderung durch den »Wittekind-Stolln«) noch bis zum Jahre 1966 allein durch Pferde vorgenommen wurde, dürfte weit über die Grenzen unseres Lahnrevieres hinaus einmalig sein! Der Grund hierfür lag darin, daß die zentralisierte Lage der Betriebspunkte – alle *Abbaue* lagen relativ nahe zum Maschinenschacht – den Einsatz von Lokomotiven aus ökonomischen Gründen nicht zuließ.

Die vierbeinigen Helfer und treuen Freunde des Bergmannes leisteten dabei absolute Schwerstarbeit, denn sie zogen üblicherweise zehn bis zwölf vollbeladene Förderwagen (was einem Gewicht von 15 bis 16 Tonnen entsprach!). Darüber hinaus waren die Tiere natürlich im Untertagebetrieb denselben Gefahren ausgesetzt wie die Bergleute auch; so passierte zu Beginn der sechziger Jahre auf dieser Grube ein schwerer Unfall, bei welchem das betroffene Pferd beinahe zu Tode gekommen wäre – und das kam so: Es ist bekannt, daß die klugen Pferde in der Grube nach relativ kurzer Zeit in vielen Dingen ganz selbständig arbeiteten; so wußte zum Beispiel dieses Tier recht genau, wann der Schichtwechsel eintrat (und dann also die »Feierabendfahrt« auf dem *Korb* zutage erfolgen mußte); dann senkte es den Kopf und stieg ohne fremde Hilfe in den niedrigen Korb ein. Dieses Mal jedoch hatte sich das Tier in der zeitlichen Abfolge verschätzt und ging auf den Schacht, bevor der Förderkorb tatsächlich angekommen war! Das arme Pferd stürzte in den Schacht – kam jedoch glücklicherweise im *Sumpf* halbwegs glimpflich zu liegen. Sofort wurde der Förderkorb bis hierher heruntergefahren und das Pferd an mehreren Seilen darunter gehangen; oben wieder angekommen, schob man einige Holzbohlen unter das Tier, welches – nachdem es endlich den festen Boden unter den Hufen verspürte – den Berichten der Bergleute zufolge nun »laut erleichtert stöhnte und schnaubte«. Dennoch – die wirklich schweren Zeiten waren für die Pferde schon lange vorbei; der Veterinär jedenfalls vermerkte bei jeder Untersuchung der Tiere erneut, »die müssen mal kräftig abspecken«.

(K. P.)

Abb. 240: **Grube Georg-Joseph,** im August 1962
Die Lahnbrücke am »Wittekind-Stolln« aus westlicher Richtung gesehen, im August des Jahres 1962. Nachdem die im Jahre 1882 zwischen der Grube und dem gegenüber auf der anderen Lahnseite gelegenen Bahnhof Gräveneck errichtete Erz-Seilbahn nicht mehr den Erfordernissen entsprach, wurde diese Lahnbrücke im Jahre 1904 gebaut; damit war nun eine direkte Verbindung geschaffen für die Lokomotivförderung aus dem »Wittekind-Stolln« zur Erzverladestelle Gräveneck. Gleichzeitig wurde natürlich auch die Anfahrt der auf der linken Lahnseite wohnenden Bergleute erheblich verkürzt. Bis zum Jahre 1909 erfolgte die Erzförderung durch den »Wittekind-Stolln« mit Pferdebahnen, ab Januar 1910 mit einer 12-PS-Benzinlok und später – wie hier zu sehen – mit Dieselloks. Die Brücke wurde im Jahre 1967 abgebrochen.

(K. P.)

Abb. 240: **Grube Georg-Joseph,** im August 1962

Abb. 241: **Grube Georg-Joseph,** um 1950

Ansicht der Erz-Aufbereitung am Bahnhof Gräveneck südlich Weilburg. Die Erzförderung auf der Grube selbst erfolgte auf den einzelnen Sohlen bis zur Schließung der Grube im Jahre 1966 mit Pferden. Das Material wurde durch den »Wittekind-Stolln« mit Diesellokomotiven zur hier gezeigten Aufbereitung gefahren. Um auch weiterhin konkurrenzfähig zu bleiben, baute man in den Jahren 1921/1922 hier am Bahnhof Gräveneck eine Trockenaufbereitung mit Brechanlage und *Klaubetisch,* deren architektonische Gestaltung 1941 von Professor Pinand aus Darmstadt überarbeitet wurde (siehe auch Gebäude der Grube Königszug bei Oberscheid in Abb. 297). In diesem noch heute erhaltenen Gebäude befinden sich seit einigen Jahren Verwaltung und Versorgungseinrichtungen des Campingplatzes Gräveneck. (K. P.)

Abb. 241: **Grube Georg-Joseph,** um 1950

Abb. 242: **Grube Georg-Joseph,** am 1. Mai 1966

So endete diese Buderus'sche Eisenerzgrube am 1. Mai 1966. Nachdem das Bergwerk mehr als eineinhalb Jahrhunderte lang etwa 30prozentigen Roteisenstein geliefert hatte – zuletzt aus einer *Teufe* von 298 Metern (das sind etwa 200 Meter unter dem Lahnspiegel), kam das Ende auch dieses Betriebes für die letzten 89 Bergleute beim großen Grubensterben an der Lahn in den sechziger Jahren, als das Auslandserz den Konkurrenzkampf um die deutschen Hütten gewann.

Hier auf dem Bild sehen wir eine von der Belegschaft vor dem »Groebler-Schacht« angebrachte leblose Puppe zum Zeichen des Todes dieser Grube. Danach wurde der Förderturm abgerissen und der Schacht nach Einbringung einer Pumpenanlage verfüllt. Jetzt dient er der Versorgung des »Wasserverbandes Georg-Joseph«, welchem – außer verschiedenen anderen Gemeinden – die Stadt Runkel angehört. Verschiedene Tagesanlagen im Wirbelauer Wald sind im Rahmen dieser Versorgungsanlage noch heute erhalten. (K. P.)

Abb. 242: **Grube Georg-Joseph,** am 1. Mai 1966

Abb. 243: **Grube Magnet,** 1920

Die Tagesanlagen der Krupp'schen Eisensteingrube, wie sich diese im Jahre 1920 am Mundloch des »Christianstollen« – ca. 100 Meter östlich der Station »Christians-Hütte« an der Kerkerbachbahn – darboten. Die Grube wurde erstmals am 4. September 1867 *verliehen* auf Eisenstein an die »Handelsgesellschaft H. W. Remy & Compagnie« zu Rasselstein bei Neuwied. Der Bergwerksname resultierte aus der Tatsache, daß man an diesem Fundpunkt den relativ seltenen Magnet-Eisenstein (auch Magnetit = Eisenstein mit im Gegensatz zum normalen Erz magnetischen Eigenschaften wegen besonderer »Kristallgitter« des Erzes) fand; es handelte sich dabei »*um Stücke, die das eigene Pulver und eiserne Nägel mit Leichtigkeit anziehen und festhalten und ausgezeichnet stark polarisch-magnetisch sind*«
(aus: F. Wenckenbach: »Beschreibung des Bergreviers Weilburg«, Bonn, 1879).

Das eigentliche *Grubenfeld* befand sich nicht an der hier gezeigten Stelle, sondern etwa 1,5 km südöstlich vom Stollenmundloch – dabei etwa 2 km östlich der Gemeinde Eschenau und 1 km östlich der Eisenerzgrube Eisensegen (siehe Karte XV). Dort wurde im Jahre 1869 ein Schacht von rund 30 m *Teufe* niedergebracht, von wo aus die Erze mit Pferdefuhrwerken zum Bahnhof Runkel (Lahn) befördert wurden. Die Grube ging am 29. September 1874 über an die »Rasselsteiner Eisenwerks-*Gewerkschaft*«, welche den Betrieb um 1900 – insbesondere wegen der zu hohen Transportkosten – stillegte. Im Jahre 1901 übernahm die Fa. F. Krupp den Betrieb, welche in den Jahren 1904 bis 1915 den »Christianstollen« mit 1569 Metern Länge in nordwestlicher Richtung *auffahren* ließ bis an die Kerkerbachbahn.

Unser Bild zeigt die Anlagen am Stollenmundloch mit dem Lokomotivschuppen (direkt links neben dem Mundloch) und dem Benzol-Häuschen (rechts im Bild); die beiden hübschen Fachwerkhäuser auf der linken Seite wurden im Jahre 1916 vom Erzverladeplatz Ehringshausen hierhergestellt – und brannten ein Jahr nach dieser Aufnahme (1921) ab! Die danach neu errichteten Gebäude wurden nach Stillegung der Grube Magnet (1931) im Jahre 1934 am Mundloch des »Tiefen Stollen« der Grube Waldhausen wieder aufgebaut (siehe Abb. 212 ff.). (K. P.)

Abb. 244: **Grube Magnet,** 1920

Die Erzverladestelle der Roteisensteingrube an der Kerkerbachbahn, gesehen von Südwesten aus. Diese etwa 100 Meter vom Mundloch des »Christianstollen« entfernte Anlage bestand – wie die meisten derartigen Bauten auf anderen Gruben (siehe z. B. Grube Ottilie, Grube Laubach usw.) – aus mehreren Ebenen: rechts oben die Ebene der Stollensohle, über welche die Förderwagen angefahren wurden; in der Mitte die Sortieranlage, wo die Erze von taubem Gestein getrennt wurden – und links die *Schurre,* über welche das Material in die Eisenbahnwaggons der Kerkerbachbahn gekippt wurde.

Dieser Gleisanschluß wurde im Jahre 1916 angelegt – zuerst für den Transport mit Pferdebahnen von der Grube aus und ab 1920 mit Lokomotiv-Förderung; die Erzverladung erfolgte über diese Anlage bis zur Schließung der Grube Magnet am 2. August 1931. Das Bergwerk beschäftigte zuletzt noch 14 Mann.

Die Kerkerbachbahn (Spurweite 1000 mm – nach 1961 1435 mm) wurde – wie die überwiegende Mehrheit der anderen Kleinbahnen im Lahn-Gebiet auch – ursprünglich weniger zur Erschließung des genannten Kerkerbachtales gebaut, sondern zur Dienstbarkeit für verschiedene Bergbau-Unternehmungen. Der am 1. Mai 1886 eröffnete Betrieb lief auf verschiedenen Streckenbereichen mit Unterbrechungen bis zum Jahre 1973. Die in den Bau der Kleinbahn gesetzten Erwartungen erfüllten sich jedoch später nicht, obwohl der erste Eigentümer – die »Kerkerbachbahn-AG« – sich alsbald mit einer holländischen Gesellschaft liierte (an der Bahnstrecke lagen nicht nur Brauneisenstein-, Kalk-, Phosphorit- und Kohlengruben, sondern insbesondere auch Säulenbasaltbrüche, deren Materialien in z. T. riesigen Mengen zum Bau des holländischen Zuidersee-Dammes Verwendung gefunden haben). Da die entsprechenden Frachttarife jedoch relativ hoch waren, ist auch dieser Betrieb nie zu besonderer Größe erwachsen.

Die bedeutendste Erzverladestelle war insgesamt die hier im Bild gezeigte Anlage, in deren Bereich sich – neben den Stollen- und Aufbereitungsanlagen – Magazin, Werkstatt, Kasino, Kaffeegarten und Gaststätten befanden. Im benachbarten Ort Christianshütte befanden sich bis zum Jahre 1906 auch die Betriebsleitung und Werkstattanlagen der Kerkerbach-Bahn.

(K. P.)

Abb. 245: **Grube Neuer Eisensegen,** 1938

Abb. 245: **Grube Neuer Eisensegen,** 1938
Dieses etwa 1 km nördlich von Aumenau gelegene Bergwerk wurde am 26. August 1835 an Johann Georg Scheu aus Aumenau auf Eisenstein *verliehen* und ging später über auf die »Dillinger Hütte AG« zu Dillingen (Saar); am 25. Mai 1899 wurde die Anlage von der Firma F. Krupp in Essen erworben.
Der früheste Grubenbetrieb war noch weiter nördlich angesiedelt im Distrikt »Westerburger Heck«. Das Bergwerk *baute* auf einem sehr edlen Roteisensteinlager, welches mit Nordost-Südwest-*Streichen* bei 1 – 4 m *Mächtigkeit* vorkam. Im Jahre 1847 wurden vom westlich gelegenen Lahntal her zwei Stolln *aufgefahren* – der »Neufunder Stolln«, welcher das Erzlager in 32 m Teufe *anfuhr,* und der »Tiefe Stolln« an der Lahn, welcher bis zum Erzlager eine Länge von 460 m erreichte und dieses bei 80 m *Teufe aufschloß*. Die erste Grubenanlage wurde in den Jahren 1905/06 durch ein 30°-*Gesenk* erweitert, mußte jedoch wegen unzureichender maschineller Einrichtungen und allgemein besonders ungünstiger Betriebsverhältnisse (u. a. außerordentlich hohem Gebirgsdruck) im Jahre 1907 aufgegeben werden.
Die hier im Bild gezeigte neue Anlage wurde in den Jahren 1929/30 gut 800 m südwestlich an der alten Bahnverladestelle »Schafstall« (siehe Karte XVI) mit einem Tiefbauschacht neu errichtet; dabei wurden die Steinfachwerkhäuser (Zechen-, Schmiede- und Fördermaschinenhaus) von den stillgelegten Gruben Klöserweide (siehe Abb. 161) und Würgengel (siehe Abb. 188 ff.) hierher versetzt, während der eiserne Förderturm ursprünglich auf Grube Juno bei Nauborn gestanden hatte (siehe Abb. 84), danach auf Grube Rothenberg bei Oberneisen aufgestellt war – und ab 1941 schließlich am »Schacht Margarethe« der Grube Laubach (bei Laufdorf) Dienst tat (siehe Abb. 97 u. 98). Das Erzlager der Grube Neuer Eisensegen wurde in einer Teufe von 53 m mit einer *Sohle* aufgefahren und bis zum 30. Juli 1940 abgebaut. Dann allerdings wurde der Betrieb wegen enormer Wasserzuflüsse und starkem Gebirgsdruck endgültig *aufgelassen*. (K. P.)

Abb. 246: **Grube Neuer Eisensegen,** 1935
Der Holzplatz der Krupp'schen Eisenerzgrube. Wie auf dem Bild der Gesamtanlage in Abb. 245 zu sehen ist, gab es dort eine solche Einrichtung – mit einem höheren Schornstein – nicht mehr; vielmehr befand sich der Holzplatz auf dem oberen Gelände der bereits im Jahre 1907 *aufgelassenen* ersten Grubenanlage (auf diesem Areal arbeitete in den dreißiger Jahren ein Kalkwerk).
Die Grube Neuer Eisensegen hatte einen erheblichen Bedarf an derartigen Eichenbalken, da der Betrieb bei hohem Gebirgsdruck praktisch dauernd wieder neu *ausgebaut* werden mußte. Noch größere Schwierigkeiten allerdings bereiteten die wohl stärksten Wasserzuflüsse, welche im gesamten Lahnrevier bekannt geworden sind – nämlich 8 Kubikmeter pro Minute! Ähnlich den Verhältnissen auf der Eisenerzgrube Erhaltung bei Odersbach (siehe Abb. 229) lag auch »Neuer Eisensegen« recht ungünstig in direkter Nähe der Lahn; so versuchte man z. B., den genauen Weg der Wasserzuflüsse durch Farbzusätze in der Lahn zu lokalisieren – jedoch ebenfalls erfolglos.
Nach Schließung des Bergwerkes wegen dieser Grubenwässer im Jahre 1940 wurden insgesamt 40 der hiesigen Bergleute zwangsverpflichtet auf die Eisenerzgrube Anna bei Braunfels bzw. Tiefenbach, wohin sie fortan jeden Morgen mit Reichsbahn und der Lindenbachbahn fahren mußten!
(K. P.)

Abb. 247: **Grube Neuer Eisensegen,** um 1938
Die Erzverladerampe der Eisensteingrube bei Aumenau.
Das Roherz wurde hier durch *Schurren* vom Zechenplatz in
die darunter vorgefahrene Erzbahn *abgezogen.* Von dort
erfolgte dann der Transport mit der abgebildeten »Demag«-
Diesellok an die Reichsbahnstrecke bei Aumenau bzw. von
dort zur Krupp'schen Erzverladestelle Oberlahnstein und
mit Rheinkähnen zur Hütte Rheinhausen bei Duisburg.
Derartige Verladerampen hat es auf vielen hiesigen Gruben
gegeben.

Die hier gezeigte Anlage befand sich etwa fünfzig Meter
neben dem Fördergerüst (siehe links in Abb. 245), exakt auf
der Höhe der *Rasenhängebank;* dabei ist diese Aufnahme
auch aus dem gleichen Blickwinkel aufgenommen wie die
Gesamtanlage in Abb. 245.

Auch hier wird deutlich, daß sowohl das Erzverlesen als
auch der Erzabzug in die Grubenbahn zum Endversand
überwiegend durch Jungbergleute und ältere, im Untertagebetrieb nicht mehr tätige Bergleute vorgenommen wurde
(siehe auch die Erzverladung auf Grube Laubach in Abb. 95
und 96). Die Erz-Lesehalle war dabei naturgemäß auf der
Ebene des Fördergerüstes angebracht (oben im Bild), von
welcher dann das in unhaltige *Berge* und ausgelesenes
Eisenerz getrennte Material ohne Mühen nach unten auf die
Förderwagen abgezogen werden konnte.   (K. P.)

Abb. 248: **Grube Falkenstein bei Aumenau,** 1898
Der Bau des Maschinenschachtes auf der Buderus'schen
Eisensteingrube Falkenstein bei Aumenau. Das etwa 1 km
nordwestlich von Aumenau – im Lahnbogen – gelegene
Bergwerk wurde der Firma Johann Wilhelm Buderus Söhne
zu Audenschmiede (bei Weilmünster) im Jahre 1851 auf
Eisenstein *verliehen* und ging mit Wirkung vom 1. Januar
1870 durch Erbteilung über auf Friedrich Buderus in Audenschmiede; dieser verkaufte die Grube – nach längerer
Stillegung – im Jahre 1879 an die Firma »Gebrüder Buderus
zu Main-Weser-Hütte bei Lollar« (heutiger Kreis Gießen).
Gebr. Buderus begannen schon im darauffolgenden Jahre
1880 mit neuen Untersuchungsarbeiten, welche jedoch mit
schlechten Ergebnissen wieder eingestellt werden mußten.
Ab 1887 wurde das Bergwerk mit insgesamt 11 *Haspelschächten* auf bis zu 35 m *Teufe* wieder in Betrieb genommen. Im Jahre 1898 folgte dann der hier im Bild gezeigte
Bau des Maschinenschachtes auf 43 m Teufe; danach erfolgte Erzabbau bis zum Jahre 1900. Nach dieser wechselvollen
Geschichte lag die Grube bis zum Jahre 1913 still.
Am 1. April 1913 endlich wurde der Betrieb wieder aufgenommen, indem der Maschinenschacht bis 80 Meter Teufe
ausgebaut wurde – dabei wurden die stark *ansitzenden*
Grundwässer über eine *Sumpfstrecke* bewältigt. Im Jahre
1926 wurde hier die elektrische Fördermaschine der Grube
Maria bei Leun eingebaut, nachdem auf »Maria« der Tiefbau eingestellt worden war. Die Grube war anschließend
jedoch nur noch bis zum Oktober 1926 in Betrieb, als man
den Abbau wegen zu starker Wasserzuflüsse – deren erhöhte Kosten in der damaligen Rezessionsphase ökonomisch
nicht mehr zu bewältigen waren – endgültig einstellen
mußte.

Dieses besonders seltene Foto zeigt uns deutlich die verschiedenen Generationen der Schachtförderung im Erzbergbau: Ganz rechts im Bild erkennen wir zwei der frühen
Haspelschächte (mit etwa brunnenartigem Aussehen),
durch welche das Erz mit Muskelkraft zutage gefördert
wurde; ebendiese Arbeit sehen wir deutlich an der Grundfläche des Fördergerüstes in der Bildmitte – ein Bergmann
läßt das Fördergefäß an einem Haspel wieder in den
Schacht, während ein anderer Bergmann das Material mit
der im hiesigen Bergbau typischen Handkarre abfährt.
Links im Bild sehen wir das neu erbaute Dampfmaschinenhaus für die Fördermaschine.   (K. P.)

Abb. 249: **Grube Theodor,** am 14. Juni 1929

Dieses südlich der Straße Aumenau – Laubuseschbach – in der Gemarkung »Rote Küppel« – gelegene Bergwerk wurde der »Handelsgesellschaft May, Hilf & Co. zu Limburg« am 30. Dezember 1871 auf Eisenstein *verliehen* und ging durch Kauf im Jahre 1912 über auf die Firma Gebr. Buderus in Wetzlar.

Bereits in der Frühzeit hatte hier ein Abbau des Brauneisenerzes der *Oxydationszone* (»Braunes Lager«) im Tagebau, mit *Gesenken* und insgesamt acht *Haspelschächten* mit bis zu 12 *Lachtern Teufe* (ca. 25 m) stattgefunden; ein wirklicher Bergbaubetrieb hatte jedoch erst ab 1873 eingesetzt. Die Grube *baute* auf einem flachen und linsenförmigen *Erzlager* mit einer wechselnden Anzahl übereinanderliegender Lagerzungen auf Magneteisenstein und Flußeisenstein, wobei die Mächtigkeit des Lagers einem starken Wechsel unterlag (zwischen 50 cm und 2 m). Darüber hinaus fielen auf Grube Theodor noch verschiedene andere Erze an – so z. B. in einer Kluft im westlichen Lagerteil ein starker Blei-Kupfererzgang, *aufgesetzt* mit Quarz, Fahlerz, Malachit und Azurit (die beiden letztgenannten als Oxydationsminerialien des Kupfers) und Brauneisenstein; zahlreiche Klüfte im Schalstein waren ausgefüllt mit Calcit und Pyrit. Das eigentliche Roteisenerz vom Typus »Lahn-Dill« – wie dieses auf den anderen Lahngruben vorkam – gab es auf Grube Theodor nicht. Die hier im Bild gezeigte Anlage war etwa 200 m oberhalb des alten Tagebaues angelegt. (K. P.)

Abb. 250: **Grube Theodor,** am 14. Juni 1929

Wir sehen hier den stählernen Förderturm des Maschinenschachtes auf Grube Theodor, wie dieser in recht ähnlicher Form damals im Lahnbergbau oft anzutreffen war; das Maschinenhaus befand sich hier rechts außerhalb des Bildes – die Aufnahme wurde also aus der Gegenrichtung gemacht, wie in Abb. 249.

Dieser Maschinenschacht wurde im Sommer des Jahres 1927 auf 52 m *Teufe* niedergebracht und erschloß das *Erzlager* über die 20m-, 30m-, 40m- und 50m-Sohlen; dabei fuhr man z. B. die 50-m-Strecke von einem zuvor in südlicher Richtung vorgetriebenen *Hauptquerschlag* aus nach Osten und Westen hin auf – traf jedoch am *Ausgehenden* des Lagers keine neuen Erzpartien an. Auf der 40 m-Sohle erfolgte der Abbau durch diverse *Überhauen* und Querschläge im hier etwa 2 m mächtigen Erzlager. Innerhalb der Lagerzunge erfolgte jedoch auch hier alsbald ein Wechsel des Erzcharakters, wonach Pyrit mehr und mehr an die Stelle des Magneteisensteines trat und schließlich allein übrigblieb – diese »Pyritbank« bildete praktisch die Lagerfortsetzung. Auf der 20m-Sohle bestand das Lager nur aus Pyriterz und war nicht *bauwürdig*.

Verschiedene kleine Magneteisensteinlager gingen bei zunehmender Teufe allmählich über in Roteisenstein, dessen Kalkgehalt jedoch insgesamt nur den minderwertigeren *Flußeisenstein* erwarten ließen.   (K. P.)

Abb. 250: **Grube Theodor,** am 14. Juni 1929

Abb. 251: **Grube Theodor,** 1928

An der *Rasenhängebank* – also direkt am Fuße des stählernen Fördergerüstes – steht hier der damalige Betriebsführer des Bergwerkes, Obersteiger Friedrich Heiland aus Aumenau. In der linken Hand hält er seine *Karbidlampe*, wobei es sich hier um das besonders im Lahnbergbau damals oft verwendete Modell der Konstruktion des »Maschinenmeisters Bloch« aus Holzappel bei Bad Ems – gefertigt von Friemann & Wolf in Zwickau/Sachsen – handelte; rechts in der Hand trägt der Obersteiger ein kurzes *Häckchen*. Im Hintergrund links erkennt man deutlich die Gleise der Grubenbahn, über welche die gefüllten Förderwagen vom Schacht *abgezogen* wurden. Das nach rechts zurückgeschobene Sicherheitsgitter wurde vor der *Schachtbefahrung* zuerst wieder nach links geschlossen. Obwohl es sich bei der Grube Theodor an sich um einen recht kleinen Betrieb gehandelt hatte, arbeiteten z. B. im Jahre 1927 hier immerhin etwa 30 Bergleute; diese wurden nach der endgültigen Schließung des Abbaubetriebes im Jahre 1930 weiterbeschäftigt auf der Buderus'schen Grube Georg-Joseph bei Gräveneck (siehe Abb. 235 ff.).   (K. P.)

Abb. 251: **Grube Theodor,** 1928

Abb. 252: **Grube Theodor,** am 14. Juni 1929
Nachdem der Umfang des durch den 1927 *abgeteuften* Maschinenschacht *aufgeschlossenen Erzlagers* – ebenso wie die Güte des Erzes – auch nach *Auffahrung* diverser *Querschläge* und *Überhauen* nicht die erwartete Ausdehnung erkennen ließ (man schätzte die Erzreserven zu der Zeit auf ca. 22 000 t), wurden bereits ab 1928 umfangreiche Untersuchungsarbeiten im Gesamtbereich der zugehörigen *Grubenfelder* durchgeführt. Nachdem dabei nur in einem einzigen Falle – westlich der Schachtanlage – ein 80 cm *mächtiges,* vermutlich auch nicht sehr ausgedehntes Erzlager angetroffen wurde, entschloß sich die Bergwerksleitung im Sommer 1930 zur Einstellung des Grubenbetriebes; dennoch wurden weitere Untersuchungsbohrungen noch bis zum Jahre 1939 durchgeführt – die Vierjahresplan-Maßnahmen der damaligen Reichsregierung bewirkten auch hier, daß solche an sich ökonomisch nicht vertretbaren Aufwendungen gemacht wurden. Die nicht im Versuchsbohrbetrieb eingesetzten Bergleute arbeiteten ab 1930 weiter auf der Grube Georg-Joseph bei Gräveneck.

Hier im Bild sehen wir eines der hölzernen Bohrgerüste, welches sich über einer Versuchsbohrung im Wald auf dem Grubengelände Theodor befand. Die Bohrmaschine in der Bildmitte arbeitete mit Preßluft. (K. P.)

Abb. 253: **Grube Strichen,** 1920
Dies waren die Tagesanlagen der Krupp'schen Eisenerzgrube, etwa 2,5 km nördlich der Gemeinde Münster (südlich von Weilburg) – gesehen in nordwestlicher Richtung. Die Grube wurde dem Fürstlichen Haus zu Wied am 6. August 1840 *verliehen* auf Eisenstein und ging später über an die »Deutsch-Holländische Aktien-Vereinigung«; diese veräußerte den Betrieb am 1. Juli 1872 an die Firma Friedr. Krupp in Essen. Es waren zahlreiche *Fundpunkte* auf verschiedene Mineralien vorhanden, wobei der Fundpunkt des ersten Feldes im Distrikt »Auf dem Strichen« lag – das heute *konsolidierte* Feld liegt in den Gemarkungen Langhecke, Münster, Weyer, Oberbrechen, Niederselters und Eisenbach.
Im Jahre 1858 erfolgte der *Abbau* auf einem bis zu 5 m mächtigen Rot- und Magneteisensteinlager in kleinen Schächten. Im Laubustal wurde bis 1864 der sog. »Strichener Stolln« aufgefahren, und das Erz wurde mit Pferdefuhrwerken zum Bahnhof Aumenau abtransportiert. Die Firma Krupp entschloß sich im Jahre 1906, von Norden her – unter die Gemeinde Langhecke – einen tieferen Stolln im Feld »Himmelsgabe« *anzusetzen* – den »Münsterstolln« (auch »Kilometerstolln« genannt); dieser verlief etwa 46 Meter unter dem alten »Strichener Stolln«. Der »Münsterstolln« erreichte im Jahre 1911 eine Länge von 2228 Metern und wurde bis zum Jahre 1918 bis auf 2296 Meter verlängert. Im Jahre 1909 wurde eine etwa 1400 m lange Förderbahn zum Bahnhof Aumenau begonnen, welche im Jahre 1911 fertiggestellt wurde. 1933 wurde vom »Münsterstolln« aus die östliche *Richtstrecke* auf die *Felder* der Grube Lindenberg angefangen (die sogenannte »Strichen-Richtstrecke«), welche später am Tiefbauschacht der »Lindenberg« in 120 m *Teufe* ansetzte; fortan wurden die Erze von »Lindenberg« über den »Münsterstolln« abgefördert.

Hier im Bild sehen wir die Anlage »Strichen« an der Landesstraße von Aumenau nach Langhecke, im Bereich der »Langheckerhütte« – auch »Alt-Strichen« genannt. Im Bild links erkennen wir das Kesselhaus, in welchem sich der Luftkompressor mit Dampfkessel befand; der hohe Schornstein gehörte ebenfalls zu dieser Anlage. Auf dem Foto links oben sehen wir die Trasse der Förderbahn auf der Ebene des »Münster-Stolln«. Vorn links im Bild steht ein Hirte mit seinen Ziegen(!); dessen Hütehund steht (leicht verdeckt) in der Bildmitte hinter dem 4. Begrenzungsstein der Landstraße – eine wahrlich romantische Ansicht unseres Bergbaus! (K. P.)

Abb. 253: **Grube Strichen,** 1920

Abb. 254: **Gruben Strichen und Lindenberg,** 1955
Ein Erzzug am Mundloch des »Münster-Stolln« der
Krupp'schen Rot- und Magneteisensteingruben *Strichen*
und *Lindenberg*. Dieser in den Jahren 1906 bis 1911 *aufgefahrene* Förderstolln erreichte später eine Gesamtlänge von
2296 Metern und stellte zusammen mit der übertägigen Erzförderbahn eine direkte Verbindung her zwischen dem *Grubenfeld* »Strichen« und dem Bahnhof Aumenau. Ab 1933
wurde von der Stollensohle aus eine *Richtstrecke* nach Osten
vorgetrieben zum Grubenfeld »Lindenberg«, über welche
ab dem 1. April 1941 – dem offiziellen Eröffnungstag der
Grube Lindenberg – dann auch die Abförderung der dortigen Erze erfolgte bis zur Stillegung von Lindenberg im
Jahre 1970. Die Grube Strichen arbeitete bis zum Jahre
1963. Hier im Bild sehen wir die im Jahre 1953 angeschaffte
zweizylindrige 42-PS-Diesellok vom Typ »G 42 Z« der
Ruhrthaler Maschinenfabrik, welche zu diesem Zeitpunkt
dann auch die Erze der Grube Lindenberg mit zutage
förderte. In den Jahren 1955 und 1957 wurden dann Lokomotiven des Typs »G 60 Ö/V« dieser Firma mit einer Leistung von 60 PS hinzugekauft.
Die unzweifelhafte Romantik dieser Ansicht täuscht allerdings darüber hinweg, daß eine Lokomotivfahrt in diesem
etwa 2300 Meter langen »Kilometerstolln« alles andere war
als ein Vergnügen; die Bewetterung war zumeist mangelhaft, was sich insbesondere natürlich beim Betrieb der
Benzol- und (später) Dieselloks gefährlich bemerkbar
machte. Weniger Abgase, dafür aber recht ähnliche Schwierigkeiten mit dem fehlenden Sauerstoff hatten in der Vorzeit natürlich auch die armen Grubenpferde; niemand hat
die zu Tode erschöpften Tiere gezählt, welche in aufopfernder und treuer Diensterfüllung ihr Leben in zahllosen Erzbergwerken an Lahn und Dill gelassen haben! (K. P.)

Abb. 255: Gruben Strichen und Lindenberg, 1958

So bot sich dem Betrachter die Situation der Tagesanlagen vor dem »Münsterstolln« nach dem Bau der neuen Gebäude (recht ähnlich den 1957 auf der Grube Fortuna bei Oberbiel neu errichteten Anlagen) auf der oberen Ebene über der Anlage »Alt-Strichen« (siehe Abb. 253). Die weiteren Gleisanlagen mit der Förderbahn zum Bahnhof Aumenau sowie dem *Erzbunker* der Grube Lindenberg liegen hier im Rücken des Betrachters. Die Grube Strichen arbeitete bis zum Jahre 1963, während der Betrieb auf Grube Lindenberg immerhin noch bis 1970 andauerte – dann schloß auch »Lindenberg« als letzte Eisenerzgrube im Oberlahnkreis und drittletzte in Hessen (vor den Gruben Falkenstein bei Oberscheld im Jahre 1973 und der Grube Fortuna bei Oberbiel im März 1983) für immer die Tore. Die auf Grube Lindenberg geförderten Eisenerze wurden bis zur Stillegung 1970 durch den hier links hinten im Bild erkennbaren »Münsterstolln« zutage gefördert und zur Verladeanlage bei Aumenau gebracht.

(K. P.)

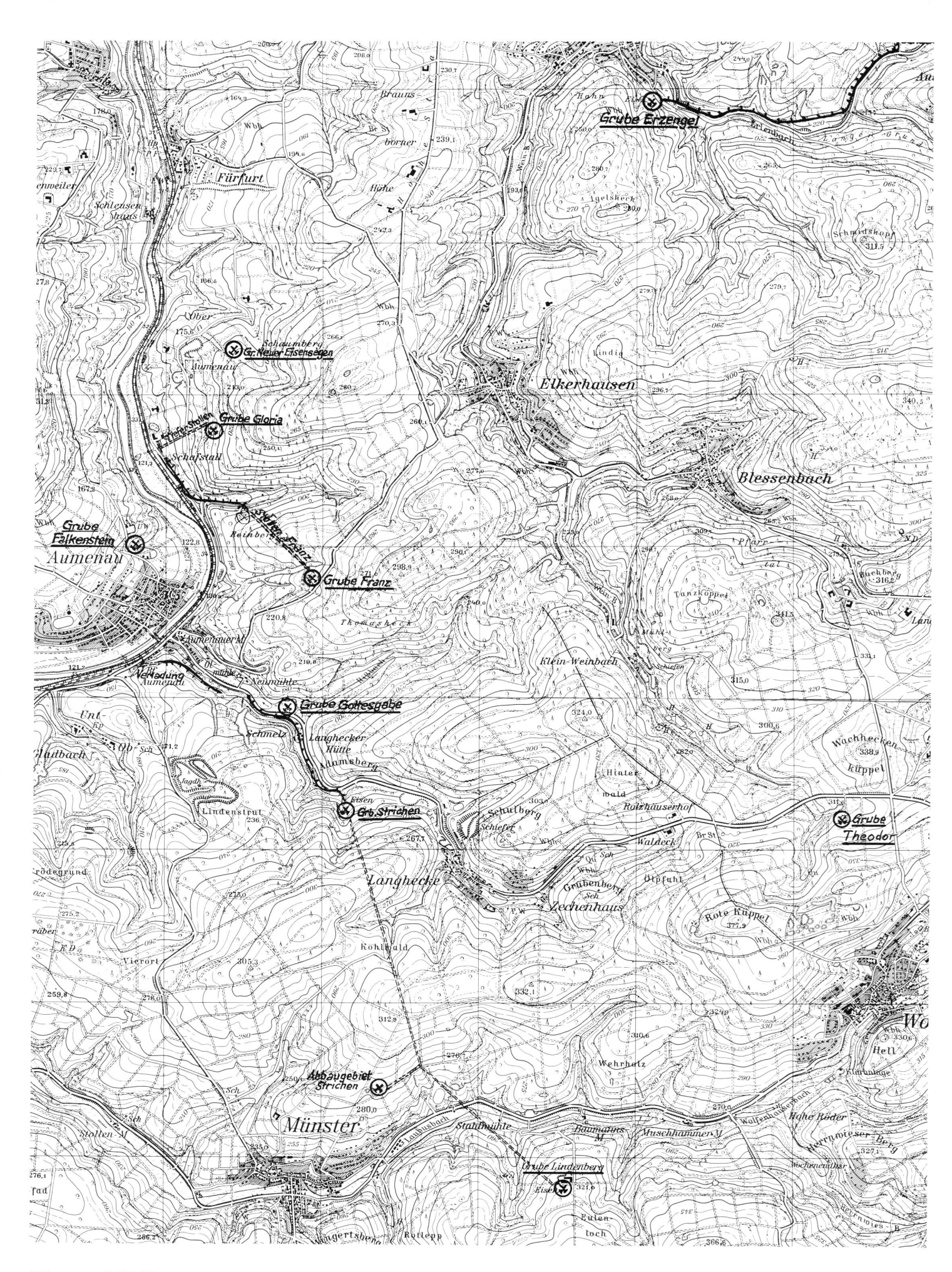

Karte XVI Gruben: **Lindenberg, Strichen, Gottesgabe, Falkenstein, b. Aumenau, Neuer Eisensegen, Theodor**

Maßstab 1 : 30 000

Abb. 256:
Grube Lindenberg, 1943

Die erste *Verleihung* des Grubenfeldes »Lindenberg« erfolgte am 14. Juli 1848 an den »Deutsch-Holländischen Actien-Verein«, welcher die Grube am 1. Juli 1872 an die Firma Fried. Krupp in Essen verkaufte. Nachdem am 16. Mai 1895 eine *Konsolidation* aus 13 Einzelfeldern stattgefunden hatte, war die Grube erstmals von 1896 bis 1901 durchgehend in Betrieb; in dem südlich der Landesstraße von Münster/Lahn nach Wolfenhausen – etwa 3 km südöstlich der Grube Strichen – am Hang des Laubusbach-Tales gelegenen Areal wurde damals im Feld »Hasselmühle« ein Stolln von insgesamt 310 m Länge *aufgefahren*, bei dessen Bau man nach 280 Metern einen 20 cm *mächtigen* Kupfererzgang *durchfuhr*, auf welchen auch *Mutung eingelegt* wurde; am Endpunkt des Stolln traf man auf ein bis zu 3 m mächtiges Magneteisensteinlager. Ungünstige Abfuhrverhältnisse zwangen jedoch alsbald wieder zur Einstellung des Betriebes. Im Jahre 1919 wurden von der benachbarten Grube Strichen aus einige Untersuchungsarbeiten vorgenommen, welche jedoch zu keinem nennenswerten Ergebnis führten. Wegen der noch vom Jahre 1901 her bekannten aussichtsreichen Lagerverhältnisse wurden 1936 im Rahmen der »Vierjahresplan-Maßnahmen« der damaligen Reichsregierung erdmagnetische Messungen und Tiefbohrungen mit Erfolg durchgeführt; dabei stieß man weiter im Süden auf eine von Osten nach Westen auf ca. 400 m *streichende*, nach Süden mit 10 bis 25° über etwa 150 m *einfallende* Magnet-, Rot- und Flußeisenstein-Lagerstätte von durchschnittlich 5 m Mächtigkeit. Erste Analysen ergaben durchschnittlich 45 Prozent Fe, 15 Prozent SiO_2 und 9 Prozent CaO – dabei erbohrte man Magneteisenstein mit 69,5 Prozent (!!) Eisengehalt – und der wahrscheinliche Erzvorrat wurde mit 1 400 000 Tonnen angenommen. Der *Aufschluß* dieses mächtigen Erzvorkommens erforderte den Bau einer 221 m tiefen Schachtanlage.

Hier im Bild sehen wir das anstelle des hölzernen *Abteufgerüstes* schon montierte, endgültige Fördergerüst der Grube Lindenberg. Links steht das im Rohbau fertiggestellte Fördermaschinengebäude, und im Vordergrund rechts sieht man den Druckkessel der Kompressoranlage; die hölzerne Schachthalle unterhalb des Förderturmes wurde nach dem Kriege ersetzt durch ein großes Gebäude mit Waschkaue usw.

(K. P.)

Abb. 257: **Grube Lindenberg,** um 1964

Nachdem alle Vorbedingungen erfüllt waren, wurde der Betrieb auf Grube Lindenberg am 1. April 1941 aufgenommen. Zuvor war von der Starkstromleitung im Münstertal her eine 1,5 km lange Zuleitung zur Grube angelegt worden, der erforderliche Anfahrtsweg wurde über 700 m planiert und befestigt, über den Laubusbach hatte man eine Betonbrücke angelegt, und das Material für den Schachtausbau gewann man aus einem Diabasbruch südlich des Zechenplatzes.

Bereits im Jahre 1933 hatte man von der Grube Strichen aus eine *Richtstrecke* zur Grube Lindenberg angesetzt, welche hier in 120 m *Teufe* stand; noch im Jahre 1941 erfolgte bei erst 57,5 m *Teufe* des Lindenberg-Schachtes der Durchschlag mit einem von der Strichen-Richtstrecke her hochgebrochenen *Überhauen*. Anschließend wurde der Schacht bis zur Richtstreckensohle (120 m-Sohle) *nachgerissen* und betoniert. Diese 120 m-Sohle der Grube Lindenberg war also gleichzeitig Hauptfördersohle, über welche später die Gesamtabfuhr der Eisenerze zum »Münsterstolln« (wegen seiner Länge auch »Kilometerstolln« genannt) bzw. zum Staatsbahnhof Aumenau erfolgte. Im selben Jahr wurde der Maschinenschacht – nach einer kurzfristigen Unterbrechung beim Anfahren einer stark wasserführenden Gebirgskluft – bis auf 160 m abgeteuft.

Inzwischen machte sich jedoch die kriegsbedingte Materialknappheit stark nachteilig bemerkbar; dennoch konnten die Aufschlußarbeiten der Grube bis zum Kriegsende fortgeführt werden. Am 26. März 1945 um 16 Uhr allerdings wurde die Stromversorgung der Grube durch Kriegseinwirkung zerstört, und der Betrieb kam am darauffolgenden Tag – beim Einmarsch der amerikanischen Truppen – zum Erliegen; die unter der Stollensohle liegenden Grubenräume ersoffen, und das Wasser stieg bis zum Juli auf 8 m unter der Stollensohle. Die inzwischen wieder angestellte kleine Belegschaft nahm Sümpfungsarbeiten auf, welche bis zum Oktober beendet wurden.

Das hier im Bild gezeigte neue Zechenhaus hinter dem Förderturm wurde am 29. Juli 1950 fertiggestellt und mit einer Einweihungsfeier in Betrieb genommen. Ein Jahr später folgte die Fertigstellung des Verwaltungsgebäudes. Neu eingeleitete Untersuchungen der Lagerstätte ergaben, daß die Erze bis zu 20 m mächtig anstanden und im *Streichen* über 1200 Meter lagen. Es begann ein schwungvoller Ausbau der Grube Lindenberg, und man sah hoffnungsfroh in die Zukunft.

(K. P.)

Abb. 258: **Grube Lindenberg,** um 1966

Nach dem aussichtsreichen Wiederbeginn versuchte man auf Grube Lindenberg schon in den 50er Jahren, den bis dahin üblichen Handbetrieb durch Mechanisierung Stück für Stück aufzugeben und so die Förderleistung nachhaltig zu steigern; so erfolgte z. B. im Streckenvortrieb der Einsatz gleisgebundener *Überkopf-Lader* vom Typ Atlas-Copco »LM 30«, welche das vorn geladene Erz über sich hinweg in einen dahinter gekoppelten Förderwagen kippten.
Unser Bild zeigt die zweite Generation der Ladefahrzeuge – hier den gleislosen *Rucksack-Lader* vom Typ Atlas-Copco »T2G«. Nachdem zu Anfang der 60er Jahre das Auslandserz den Kampf um die Abnahme bei den Ruhrhütten gewann, verschwand die Euphorie der frühen 50er Jahre im deutschen Eisenerzbergbau sehr schnell – an Lahn und Dill setzte wegen des plötzlichen Absatzmangels das große Grubensterben ein. Nur straffe Rationalisierung und Mechanisierung bei sinkenden Förderkosten boten noch einigen wenigen Grubenbetrieben die letzte Überlebenschance.
Der hier gezeigte bereifte, druckluftbetriebene Rucksacklader war eine der zahlreichen Rationalisierungs-Neuerungen auf Grube Lindenberg. Das an einen Druckluftschlauch angeschlossene Gerät arbeitete, indem die volle Schaufel in eine direkt an der Maschine befindliche Mulde entleert wurde (»Rucksack«); der mit mehreren Schaufelladungen gefüllte Lader wurde dann rückwärts bis an die *Rolle* gefahren, wo das Erz auf die Fördersohle abgekippt wurde. Der Rucksacklader war erheblich wendiger als seine Vorgänger, insbesondere gleisunabhängig – und damit ungleich effektiver. Mit derartigen Maschinen wurde schon in den Jahren 1964/65 eine Jahresförderung von 116 000 Tonnen erreicht, wobei die Leistung pro Mann und Schicht von 1,1 t im Jahre 1950 jetzt auf 4,24 Tonnen stieg. (K. P.)

Abb. 259: **Grube Lindenberg,** um 1966

Ebenso wie der »Rucksacklader« in Abb. 258 gehörte auch der hier im Bild gezeigte Dreitrommel-*Elektroschrapper* zu den Investitions- und Rationalisierungsmaßnahmen auf Grube Lindenberg am Anfang der sechziger Jahre. Die hier im Abbau am einfallenden Erzlager aufgestellte Maschine arbeitete mit drei unabhängig voneinander zu betreibenden Seiltrommeln; dabei diente eines der Seile nur zum Auswerfen des Schrappgefäßes, während die beiden anderen Seile rechts und links zum Zurückholen bzw. Heranziehen des Erzes an die *Sturzrolle* dienten – dabei erlaubten die beiden Seile einen gewissen Spielraum des Gerätes nach beiden Seiten hin (ein Zweitrommel-Schrapper kann ja nur immer in einer unveränderlichen Ebene fördern).

Der Einsatz derartiger Elektrogeräte, von Rucksackladern, billigerem Sprengstoff (z. B. »Andex«, an sich ein Düngemittel!) usw. sicherte der Grube Lindenberg trotz Lohnerhöhungen, erheblicher Materialpreis-Steigerungen und von den deutschen Hüttenwerken durchgesetzten Preissenkungen für Inlandserze noch ein paar Jahre Lebensdauer. Eine erneute radikale Preissenkung für inländisches Eisenerz zu Anfang 1969 zwang die Grubenverwaltung dann zur Umstellung vom Zweischicht- auf den Einschichtbetrieb – die Belegschaft mußte gleichzeitig reduziert werden auf insgesamt 82 Bergleute. Fehlende Investitionstätigkeit – dabei Einstellung der Aufschlußarbeiten – führten alsbald zum Rückgang des Fe-Gehaltes der Erze; dadurch ging der Erlös weiter zurück, und das Ende der Grube kam schnell: Nachdem noch am 5. Februar 1970 die zweimillionste Tonne Eisenerz auf Grube Lindenberg gefördert worden war (diese befindet sich heute im Heimat- und Bergbaumuseum Weilburg), wurde der Betrieb am 30. Juni 1970 endgültig eingestellt. (K. P.)

Abb. 260: **Grube Lindenberg,** um 1950

Diese schöne Aufnahme zeigt die *Schlepperförderung,* welche zu der Zeit in den Abbaubereichen der Grube Lindenberg immer noch in der althergebrachten Art und Weise durchgeführt wurde. Die gefüllten Förderwagen wurden so jeweils per Hand zur *Sammelrolle* geschoben, wo das Erz abgekippt wurde auf die jeweilige Fördersohle; dort erfolgte dann der Abtransport mit Akku-Lokomotiven zum Maschinenschacht. Die Förderwagen wurden gehoben auf die 120 m-Sohle (»Richtstrecke Lindenberg«) und dort abgefahren.

Die in den fünfziger Jahren einsetzende Forderung der Abnehmerhütten, das Erz in bestimmten Korngrößen zu liefern (siehe auch Grube Ottilie in Abb. 148) zwang die Grubenverwaltung zum Bau einer Aufbereitung. Diese Anlage wurde unter Tage errichtet, und zwar von der 60 m-Sohle über mehrere Ebenen hinab bis zur 120 m-Sohle – dabei mit Brecher, Leseband und Vibrationssieb sowie fünf untertägigen Roherzbunkern für die verschiedenen Erzkorngrößen; der Transport der Großanlage des »Krupp«-Erzbrechers zu den untertägigen Anlagen erforderte hierbei eine spektakuläre bergmännische Maßnahme: Da die Großteile nicht im Förderschacht transportiert werden konnten, mußte extra ein Stollen von unter Tage nach oben an den Zufahrtsweg zur Grube aufgefahren werden! Dieses geschah, indem man von der 60 m-Sohle ein 45°-*Überhauen* (*seigere* Höhe etwa 10 m), und dann den horizontalen Stollen trieb – den späteren »Aufbereitungs-Stollen«. Die Anlage wurde im Jahre 1956 in Betrieb genommen. In der Art der hier im Bild gezeigten Förderstrecke waren bis zur Stillegung des Betriebes im Jahre 1970 insgesamt 14 Kilometer im Nebengestein aufgefahren worden. (K. P.)

Abb. 261: **Grube Lindenberg,** um 1966

Wir sehen hier das *Füllort* auf der 250 m-Sohle der Grube Lindenberg – dabei links im Bild den Fahrsteiger Erich Weil und rechts den Maschinensteiger Helmut Hahn. Nachdem bereits während des Krieges der Schacht auf die 60 m-, 120 m- und 170 m-Sohlen niedergebracht worden war, wurden in den fünfziger Jahren die 210 m- und 250 m-Sohlen aufgefahren. Das geförderte Eisenerz wurde jeweils im Schacht bis zur 120 m-Sohle – der »Münster-Stollnsohle« – hochgezogen und dort zu Zügen mit je 35 Wagen zusammengestellt. Von hier wurde das Erz dann mit Diesselloks durch den ca. 3 km langen Stollen, und anschließend mit einer ebenfalls 3 km langen Feldbahn zur Verladeanlage an der Bundesbahn bei Aumenau gefahren (siehe auch Abb. 254).

Das untertägige Füllort ist der Umschlagplatz der geförderten Erze zur Hebung im Förderkorb des Maschinenschachtes. Da hier sowohl die gefüllten Förderwagen auf den Korb als auch die leeren Wagen vom Korb gezogen werden müssen, ist dieser Platz gleichzeitig Rangieranlage; das geschah zumeist bestenfalls dadurch, daß der Schacht von zwei Seiten angefahren werden konnte (dabei gab es dann von der Hauptstrecke aus jeweils eine kurze *Schachtumfahrung* zur anderen Seite hin), so wie hier mit einem *Gegenort.* Gleichzeitig münden hier natürlich alle Versorgungsleitungen wie Elektrokabel, Preßluftrohre und auch die Steigleitungen der untertägigen Wasserpumpen.

Da der Betrieb im Schacht von über Tage her durch den Fördermaschinisten erledigt wird – dieser aber natürlich den gefahrvollen Untertagebetrieb nicht einsehen konnte – stand an jedem Füllort ein *Anschläger*; dieser hatte sowohl Telefonverbindung zum Maschinenhaus als auch die Möglichkeit (und Vorschrift!), dem Maschinisten über eine mechanische Glockenanlage ganz bestimmte Glockenzeichen mit verschiedener Bedeutung zu geben (er mußte also die Glocke »anschlagen« = »Anschläger«). Bei der Seilfahrt (also Personenbeförderung) galten dabei ausführlichere Signale, als wenn nur Erz befördert wurde. Fuhr ein Bergmann ohne Anschläger (also als sog. »Selbstfahrer«), so wurde das Zeichen noch erweitert, und der Fördermaschinist durfte erst mit 30 Sekunden Verzögerung fahren. (K. P.)

Abb. 262: **Grube Zollhaus,** 1920

Die Tagesanlagen der Krupp'schen Rot- und Brauneisensteingrube, etwa 4 km südwestlich Hahnstätten am Taunus gelegen. Diese südwestlichste der Krupp-Gruben an der Lahn lag noch auf derselben Erzlagerstätte wie die Gruben um Wetzlar und Weilburg und wurde – nach bereits lange vorher umgegangenem *Schürfbetrieb* im Aartal – erstmals am 25. Mai 1839 *verliehen* an die »Herzoglich Nassauische Domänen-Direction«, welche den Betrieb am 1. April 1897 veräußerte an die Firma Friedrich Krupp zu Essen. Bis zum Jahre 1895 hatte der Betrieb auf dieser aus damals 14 *Einzelfeldern konsolidierten* Grube in mehreren Schächten und Stolln stattgefunden. Nachdem 1897 noch weitere 13 Grubenfelder in der Nachbarschaft durch Krupp aufgekauft worden waren, erfolgte am 6. September 1905 eine letzte Konsolidierung von insgesamt 19 Grubenfeldern unter dem gemeinsamen Namen »Zollhaus«.

Bereits im Jahre 1904 war vom Einzelfeld »Tiefegräben« bei Mudershausen aus der »Tiefe Stolln« nach Südwesten *aufgefahren,* welcher später den größten Teil des Feldergebietes *aufschließen* sollte.

Hier im Bild sehen wir links das Zechenhaus mit der das ganze Bild ausfüllenden Erzhalde; recht gut ist hier die alte Technik erkennbar, das geförderte Eisenerz auf Höhe der Stollnsohle (auf der Halde, mit dem Erzzug) über einen *Haldensturz* (rechts im Bild) sowie mit Abzug von der Erzhalde durch *Unterschrämen* für die Abförderung auf die Talsohle zu bringen – von wo aus dann der Transport mit der Grubenbahn zur »Verladestelle Zollhaus« der »Nassauischen Kleinbahn« erfolgte (siehe Abb. 264). Ganz deutlich sieht man links im Bild die drohend überhängenden Wächten am Fuße der Erzhalde, deren Nachstürzen oft zu schweren Unfällen führte (siehe auch Abb. 213 und 230). (K. P.)

Abb. 262: Grube Zollhaus, 1920

Abb. 263: **Grube Zollhaus,** 1957
Wir sehen hier die Tagesanlagen, aufgenommen kurz vor der endgültigen Schließung des Betriebes. Besonders interessant ist hier der Umstand, daß dieses Foto aus nahezu der gleichen Richtung aufgenommen wurde wie das vorhergehende Bild aus dem Jahre 1920; zwar zeigt diese Aufnahme nicht mehr den gesamten Komplex – dafür aber deutlich die historische Veränderung der Anlage: Das alte Zechenhaus steht noch unverändert, während daneben inzwischen ein Transformatorhaus errichtet war.

Sowohl bei Abb. 263 als auch in diesem Bild ist die Situation gut erkennbar, bei welcher die Tagesanlagen der hier im Lahn- und Dillgebiet zwischen verschiedenen Hügeln fast immer am oberen Ende eines Tales angelegt wurden. Man erreichte so den tiefstmöglichen Punkt für die Entwässerung der Gruben – gleichzeitig aber kam man auf diese Weise dem gesuchten Erzlager ohne untertägige Arbeiten am nächsten; darüber hinaus konnten die Höhenunterschiede im Talbogen jeweils noch für die Anlage von Erzaufbereitungen in mehreren Ebenen ausgenutzt werden (siehe auch Abb 84, 92, 166, 209, 227, 230 usw.).

Nachdem die Grube 1930 schon geschlossen war, wurde sie jedoch ab dem 26. August 1935 wieder *aufgewältigt*. Der Stollen wurde weiter vorgetrieben und erreichte im Jahre 1944 eine Gesamtlänge von 3156 Metern. Nach dem Weltkrieg arbeitete das Bergwerk noch (mit Verlusten) weiter bis zur endgültigen Schließung am 13. Oktober 1960. In den Jahren 1905 bis 1957 wurden hier 730 825 t Brauneisenstein und 77 292 t Roteisenstein gefördert. (K. P.)

Abb. 264: **Grube Zollhaus,** um 1957

Eisenerzumschlag an der Verladerampe aus den Förderwagen des Bergwerkes (auf der oberen Ebene links) in Waggons der »Nassauischen Kleinbahn«.

Diese im Jahre 1900 gegründete Kleinbahn verdankte ihre Entstehung den vielen Eisenerz-, Kalk- und Basaltvorkommen im nordwestlichen Taunusgebiet zwischen Rhein, Ahr und Lahn; auch die Holzabfuhr zum Rhein spielte eine Rolle, während die Personenbeförderung praktisch bedeutungslos war. Die Bahnanlage wurde am 18. 10. 1903 vollendet, als das Streckennetz von Zollhaus über Nastätten nach St. Goarshausen am Rhein führte bzw. in Nastätten abzweigte in nordwestliche Richtung über Braubach am Rhein nach Oberlahnstein. Die malerische Streckenführung zeichnete sich aus durch starke Steigungen, krümmungsreiche Trassen, kleine Tunnel und hohe Brücken. Interessant ist auch die Tatsache, daß noch in den dreißiger Jahren auf dieser Bahn ein Kesselwagen der »Deutsch-Amerikanischen-Petroleum-Gesellschaft« lief, mit welchem die anliegenden Ortschaften mit Petroleum versorgt wurden. Hier im Bild sehen wir die Lok »Dn2t Nr. 13«, welche die Erze der Gruben Lohrheim und Zollhaus zur Verladestelle Mudershausen beförderte. Nach Einstellung dieser Erzgruben wurde die »Nassauische Kleinbahn« zu Beginn der 60er Jahre schließlich abgebrochen (ein 2 km langes Reststück bei der Blei- und Silberhütte Braubach/Rhein wurde noch bis zum 30. September 1977 weiterbetrieben). (K. P.)

Abb. 265: **Der Erzhafen Oberlahnstein/Rhein,** 1920

Nach dem Erwerb zahlreicher Eisensteingruben an der Lahn stellte sich für Krupp das Problem, die Frachtkosten für den Erztransport zur eigenen »Hütte Rheinhausen« in Duisburg so gering als möglich zu halten; daraufhin wurde im Jahre 1905 diese Erzverladestelle am Rhein gebaut, wo man das Eisenerz der Krupp'schen Lahngruben aus Staatsbahnwaggons in Schleppkähne umlud. Im Bild erkennbar ist das Entleeren eines ganzen Eisenbahnwaggons, welcher in der Längsachse über die Rampe abgekippt wurde.

Die Umschlag-Anlage Oberlahnstein unterstand der *Bergverwaltung* in Weilburg und verarbeitete praktisch die gesamte Krupp'sche Erzförderung an der Lahn; der Bahntransport nach Oberlahnstein mit anschließender Beförderung durch Binnenschiffe war schon damals erheblich billiger als der Eisenbahntransport ins Ruhrgebiet. (K. P.)

Abb. 265: **Der Erzhafen Oberlahnstein,** 1920

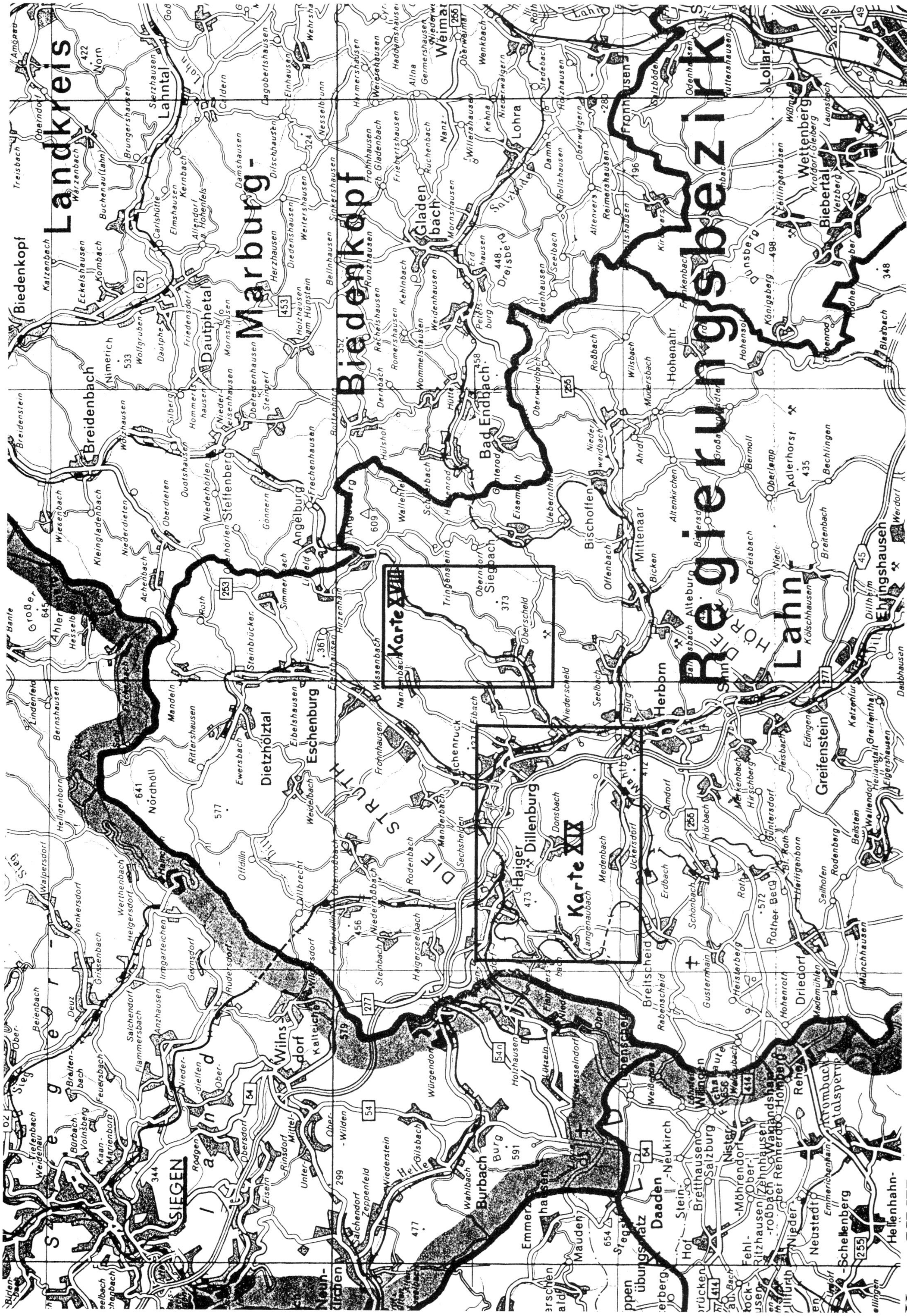

Karte XVII Dillrevier

Maßstab: 1 : 200 000

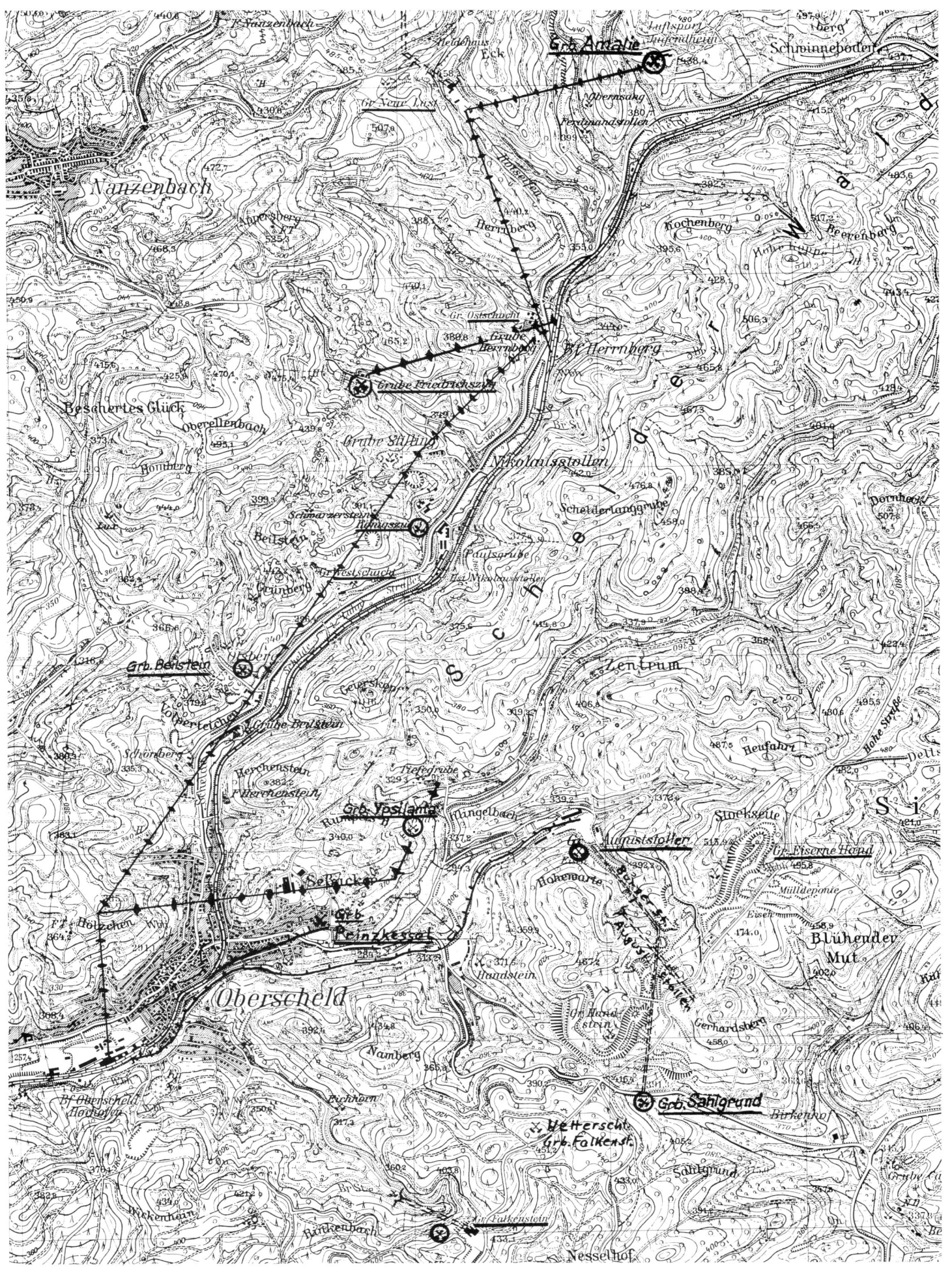

Karte XVIII Gruben: **Königszug, Neue Lust, Amalie, Aufbereitung Herrnberg, Friedrichszug, Stillingseisenzug, Beilstein, Falkenstein, Auguststollen, Ypsilanda, Sahlgrund, Prinzkessel**

Maßstab: 1 : 25 000

Abb. 266: **Grube Amalie,** etwa 1952

Das Gebiet an der Dill bildete schon kurz nach der Zeitenwende einen relativ geschlossenen Siedlungs- und Wirtschaftsraum. Ausgrabungen bei Rittershausen, Manderbach, auf der Eschenburg und der Angelburg belegen bereits für diese Zeit die Anwendung des Eisens durch den germanischen Stamm der Chatten, es ist sogar wahrscheinlich, daß die vorher dort lebenden Kelten auf den Höhenzügen Eisenerz gewonnen und verschmolzen haben. Bis ins hohe Mittelalter hinein beschränkte sich die Gewinnung des Eisensteins auf den Abbau oberflächennaher Lagerteile. Der mit zunächst einfachen Mitteln betriebene Tiefbau setzte ein, nachdem diese leicht gewinnbaren Vorräte erschöpft waren und die Herstellung immer neuer Produkte aus Eisen die Nachfrage nach Eisenerz steigerte.

Von den sieben Roteisensteinlagerzügen des Dillreviers ist der sogenannte »Eibacher« oder mittlere *Lagerzug* nach Ausdehnung und Erzinhalt der mächtigste. An seinem nordöstlichen Rand, im Grenzgebiet des Schelderwaldes, lag die Roteisensteingrube Amalie. Die erste *Verleihung* erfolgte 1821 an Peter Klaas aus Nanzenbach, der im Auftrag des Hütteninspektors Jung aus Steinbrücken um die *Belehnung* mit der Grube auf dem »Kohlstrauch« ersucht hatte. Das in dieser Angelegenheit von Bergmeister Giebeler aus Dillenburg an die Herzogliche Landesregierung in Wiesbaden verfaßte Schreiben enthält interessante Hinweise auf die frühere Geschichte der Grube. Er schreibt mit Datum vom 14. November 1821: »*Die Fundgrube, in welcher mittels einem zweiten tiefen Schächtchen eine Eisensteinbergefeste erteuft wurde, liegt im Dominial-Buchenhochwald..., auf welchem Punkte in gedachtem Wiesengrunde in alten Zeiten ein Stollen angesetzt und nach der gedachten Zeche hin aufgefahren worden sei. Der Sage nach soll dieser Stollen, welcher 45 Lachter* (etwa 90 m, R. G.) *lang und 10 Lachter Tiefe einbringt, bis auf etliche Lachter das Lager erreicht haben, zu welcher Zeit aber das ganze Werk durch schweres Verunglücken einiger Arbeiter verlassen worden sei.«* Bergmannsglück war den Betreibern der Grube Amalie bis zum Ende des 19. Jahrhunderts selten beschieden, denn die Betriebsabrechnungen sprechen oft von *Zubußen*. 1882 kam der Betrieb zum Erliegen, weil der letzte trockene Eisenstein (entspricht der Sorte *Rot I*) abgebaut und das Lager zur *Teufe* hin ganz in rauhen, kieseligen und damals wenig gefragten *Flußeisenstein* übergegangen war. Erst die Einführung des Kokshochofens und der Wunsch des Hessen-Nassauischen Hüttenvereins nach einer eigenen Roheisenerzeugung gaben der Grube wieder eine wirtschaftliche Bedeutung. Nachdem die Firma 1905 ihren Hochofen in Oberscheld angeblasen hatte (siehe Abb. 416), nahm man die Förderung 1906 wieder auf. Das Erz enthielt im Mittel 36–38 Prozent Eisen und 12–13 Prozent Kalk. 1907 bekam die Grube elektrischen Strom von der Überlandzentrale Oberscheld und führte Preßluftbohrhämmer ein. Dadurch stieg die Leistung pro Mann und Schicht von 578 kg auf 984 kg zu Beginn des Weltkrieges.

Unsere nach Südwesten fotografierte Aufnahme zeigt die Tagesanlagen der Grube mit dem Fördergerüst des Hauptschachtes, Trafostation und Maschinenhaus (rechts) sowie Werkstattgebäude (im Vordergrund) und Aufbereitung mit seitlichem Aufzug (links). (R. G.)

Abb. 267: **Grube Amalie,** 1935

In das Jahr 1917 fällt der Übergang vom Stollenbetrieb zum Tiefbau. Die nach Kriegsende einsetzende Krise im Bergbau an der Dill traf Gruben mit geringerwertigen Erzsorten wie Amalie besonders hart. So wechselten von 1918 bis 1933 Phasen des Betriebs und Phasen der *Stundung* ab, und es ist erstaunlich, daß der Hessen-Nassauische Hüttenverein die Grube nie vollständig aufgab. Als sie am 1. April 1933 an die Buderus'schen Eisenwerke überging, war sie im Unterschied zu vielen anderen Gruben *aufgeschlossen*. Bereits 1933 lief die Förderung wieder voll an und konnte von 53 070 t im Jahre 1935 auf 63 504 t im Jahre 1937 gesteigert werden – die höchste Jahresförderung der Grube überhaupt. Nahezu zwei Drittel des Erzes war *Flußeisenstein* und diente zur Versorgung des Hochofenwerkes Oberscheld. Typisch für den Betrieb waren die geringmächtigen Erzlager, welche ein schnelles *Ausrichten* der Grube in die *Teufe* notwendig machten. So hatte man auf der Ferdinand-Stollen-Sohle einen *Blindschacht* angesetzt, der bis 1939 eine *Teufe* von 270 m erreichte. 110 m vom Schachtansatzpunkt entfernt lag das *Füllort* des 60 m tiefen Maschinenschachtes. Die Förderung zwischen beiden Schächten besorgte bis 1935 eine Benzollokomotive, danach eine Diesellok. Zum *Grubenfeld* »Schöne Hoffnung« und auf der Rimberger *Richtstrecke* waren Pferde eingesetzt.

Unser Bild zeigt eine Fördersohle, die durch Holzausbau gegen herabbrechendes Gestein aus der *Firste* gesichert ist. Links neben dem Gleis fließt das Grubenwasser in der *Rösche*, rechts steht Reviersteiger Hugo Schwarz (Eiershausen), nach 1942 Betriebsführer von Grube Neue Lust.

(R. G.)

Abb. 267: **Grube Amalie,** um 1937

Abb. 268: **Grube Amalie,** um 1940

Abb. 268: **Grube Amalie,** um 1940

Eine Gruppe von Werksgeologen bei einer *Befahrung;* aus der Gruppe sind bekannt der Vermessungsgehilfe Peter aus Frohnhausen (links mit Stativ), der Bergmann Fritz Busch aus Hirzenhain (2. von rechts) sowie ganz rechts der langjährige Leiter der geologischen Abteilung, Hans Joachim Lippert. Die 1939 gebildete geologische Abteilung der Buderus'schen Eisenwerke (siehe auch Abb. 309) kam bei ihren Untersuchungsarbeiten auf Amalie zu ernüchternden Ergebnissen, vor allem, weil das Lager zur *Teufe* hin auskeilte. Deshalb wurden 1940 die Vortriebsarbeiten auf der 210 m-Sohle eingestellt, und der Betriebsplan 1942 sah bis zum Abschluß der laufenden Bohrungen keine *Aufschlußarbeiten* mehr vor. Auch den 1941 gefaßten Entschluß, den *Blindschacht* bis auf 330 m *weiterzuteufen,* gab man auf (statt dessen *Gesenk* von 270 m auf 300 m). Zusätzliche Probleme entstanden durch starke Verdrückungen des Ausbaus auf der 150 m-, der 100 m- und der 50 m-Sohle; letztere mußte ganz aufgegeben werden. 1948 entschloß sich die »Treuhandverwaltung der Buderus'schen Erzgruben, Hochofen- und Elektrizitätsbetriebe in Gemeineigentum« zur Wiederaufnahme des Betriebes, um die noch anstehenden Erzvorräte abzubauen. Dank der Lagerverhältnisse auf der 300 m-Sohle konnte man dort den kostengünstigen *Magazinbau* durchführen. 1950 förderten 49 Beschäftigte immerhin noch 25 636 t Roherz. Am 30. September 1951 wurde Grube Amalie endgültig stillgelegt.

Die Gebäude der Tagesanlagen gingen in den Besitz des Deutschen Aeroclubs, der dort eine zentrale Schulungs- und Erholungsstätte für die Luftsportjugend einrichtete. 1955 wurde das noch heute bestehende »Fritz-Stamer-Haus« eingeweiht.
(R. G.)

Abb. 269: **Grube Neue Lust,** um 1914

Die Belegschaft der Roteisensteingrube Neue Lust bei Nanzenbach, vermutlich kurz vor Beginn des Ersten Weltkrieges. Aus der vorderen Reihe sind bekannt der damalige Betriebsführer Louis Peter aus Niederscheld (rechts) und Aufseher Adolf Nickel (Nanzenbach, links). Im Hintergrund sieht man die Tagesanlagen: Maschinenhaus, Zechenhaus und Scheidehalle mit vorgebauter Verladestelle. Die erste Erwähnung der Grube findet sich in einem Pachtvertrag mit Johannes Thomas aus Nanzenbach vom 14. November 1822. 1835 ging sie in den Besitz von Julius Kilian über, Betreiber der bei Biedenkopf gelegenen »Kilianshütte«. In diesen Jahren beschränkte sich die Gewinnung des Eisensteins meist auf die Wintermonate und erfolgte – wie damals auf fast allen Gruben der Umgebung – mit sehr kleinen Belegschaften, bestehend aus einem Steiger, zwei oder drei Hauern und einem Karrenläufer. Erst nachdem der Hessen-Nassauische Hüttenverein das Bergwerk als *konsolidierte* Grube am 16. Februar 1893 erworben hatte, stieg seine Bedeutung. 1893 lag die Förderung bei 13 092 Tonnen. Der »Tiefe Stollen« wurde 600 Meter *aufgefahren* und diente bis zur Schließung der Grube als Förderstollen. Er durchquerte die Lager »Heide«, »Neue Lust«, »Mittellage« und »Rothenstein«. 1911 wurden Kompressor und Bohrhämmer angeschafft, und seit 1914 war der Betrieb an die allgemeine Stromversorgung angeschlossen. Größtes Problem blieben vorläufig die Kosten für den Erztransport mit Pferde- und Ochsenfuhrwerken zur Bahnstation Nikolausstollen; die Achsenfracht lag bei 10,50 Mark für

10 Tonnen (1912), und im zweiten Kriegsjahr – 1915 – vermerkt der Betriebsbericht, daß der Versand wegen Mangel an Fuhrwerken ins Stocken geraten sei. Die noch verbliebenen schweren Grubenpferde – unsere Aufnahme zeigt zwei von ihnen in »besseren Tagen« – hätten infolge Haferknappheit so sehr an Leistung verloren, daß der Fuhrlohn auf 13 Mark erhöht werden mußte. Diese Entwicklung gab sicherlich den Anstoß zum Bau einer Drahtseilbahn, die 1916 begonnen wurde und im Frühjahr 1917 bis zur Bahnstation Herrnberg fertiggestellt war. (R. G.)

Abb. 270: **Grube Neue Lust,** um 1950

Eine Deutz-Diesellokomotive beim Rangieren von Förderwagen auf dem Zechengelände. Im Hintergrund sind (von rechts nach links) das 1923 fertiggestellte Zechenhaus mit Steigerwohnung, das Kauengebäude und die Trafostation zu erkennen.

Ihre »Blütezeit« hatte die Grube Neue Lust unmittelbar vor und während des Ersten Weltkrieges, als etwa 110 bis 130 Bergleute zwischen 14 000 und 20 000 Tonnen Erz pro Jahr förderten. Ausbau und Technisierung der Grube gingen weiterhin zügig voran. So konnte der 1908 auf der Förderstollensohle angesetzte *Blindschacht* bis 1918 auf 120 Meter *geteuft* werden; im Abstand von jeweils 30 Metern wurden die Sohlen *aufgefahren*. Bereits 1915/16 hatte man den Förderstollen nachgerissen, um die bisherige *Schlepperförderung* durch den Einsatz von Pferden oder einer Benzollokomotive (seit 1921) abzulösen. Durch die Seilbahn war die Handscheidung ganz weggefallen. Die Absatzkrise in den zwanziger Jahren traf den Betrieb dann hart: Seit 1924 gab es nur noch eine Restbelegschaft von etwa 20 Mann, die mit Unterhaltungsarbeiten beschäftigt war. Nach einem bescheidenen Aufschwung zwischen 1927 und 1930 wurde das Bergwerk am 31. Mai 1931 ganz stillgelegt und das Material ausgebaut. Im Jahre 1933 übernahmen die Buderus'schen Eisenwerke alle Gruben des Hessen-Nassauischen Hüttenvereins. Zwei Jahre später wurde der verbrochene Stollen wieder aufgewältigt und neue Gleise verlegt; die Wiederaufnahme des Betriebs erfolgte Mitte 1937. (R. G.)

Abb. 271:

Grube Neue Lust, um 1955

Die Hauer Friedrich Schneider (links, Hirzenhain) und Alfred Klingelhöfer (Eiershausen) bei der Bohrarbeit. Damit die Bohrstange nicht abrutscht, wurde sie zunächst bei kleiner Umdrehungszahl mit der Hand gehalten; der hier eingesetzte Schneckenbohrer lief noch ohne Wasserspülung (siehe Abb. 285).

Seit den vierziger Jahren arbeitete die Grube mit etwa 40 Arbeitern und 2 Angestellten (Betriebsführer und Steiger), wobei die durchschnittliche Fördermenge von 15 000 auf 18 000 Tonnen in den letzten Betriebsjahren gesteigert werden konnte; die höchste Förderung mit 22 297 Tonnen fällt in das Jahr 1956. 1952/53 erhielt der Betrieb noch eine kleine Aufbereitungsanlage, weil die Zentralaufbereitung Herrnberg vor der Schließung stand. Die *Ausrichtung* der *Grubenbaue* zur *Teufe* vollzog sich relativ langsam. Durch Spezialfaltungen des Lagers war es immer wieder möglich, auf den oberen Sohlen neue Erzvorräte *aufzuschließen*. Erst 1959 wurde über ein *Gesenk* die Förderung auf der 180 m-Sohle aufgenommen. In den drei Jahren bis zur Stillegung ging der Abbau auf sämtlichen sechs Tiefbausohlen sowie auf und über der Stollensohle um. 1961 kam zwischen der 150 m- und der 180 m-Sohle noch der *Schwebende Örterbau* zum Einsatz. Die Schließung der Grube am 30. September 1962 erfolgte wegen Erschöpfung der hochwertigen Lagerteile.

Insgesamt hatten die Bergleute der Grube Neue Lust seit 1884 1,1 Millionen Tonnen Roteisenstein gefördert; die Gesamtförderung während der 140 Jahre ihres Bestehens dürfte bei knapp 1,5 Millionen Tonnen liegen. (R. G.)

Abb. 272: **Zentralaufbereitung Herrnberg,** 1935

Auch der Hessen-Nassauische Hüttenverein ging nach dem Ersten Weltkrieg dazu über, die Aufbereitung des Erzes nicht mehr auf dem jeweiligen Grubengelände, sondern in einer eigens dafür gebauten zentralen Anlage vorzunehmen (siehe Abb. 315). 1920 nahm die im Bildhintergrund sichtbare Zentralaufbereitung Herrnberg ihren Betrieb auf. In unmittelbarer Nähe des mehrstöckigen Gebäudes befanden sich verschiedene Werkstätten und die Bergverwaltung (im Bild verdeckt). Der Standort an der Schelde-Lahn-Straße zwischen Oberscheld und Hirzenhain war auch wegen des Anschlusses an die Scheldetalbahn günstig (links am Bildrand Rangiergleise, dahinter der Bahnhof Herrnberg und die Seilbahnverladestation).

Die traditionelle Aufbereitung in Form der Handscheidung (s. Abb. 95) war lohnintensiv und erbrachte nur eine Anreicherung des Eisengehaltes von etwa 2 Prozent; in den Wintermonaten gingen Leistungen und Gehalte weiter zurück. Bei der maschinellen Aufbereitung konnte eine Anreicherung von 5,5 Prozent bei *Roteisenstein I* bzw. 3,4 Prozent bei *Flußeisenstein* sowie eine Verminderung des Rückstandes um 8 – 10 Prozent erzielt werden. Kostenmäßig ausgedrückt: Einer Wertsteigerung des Eisensteins um 3,56 bzw. 2,83 RM je Tonne standen maschinelle Aufbereitungskosten von 0,55 – 0,75 RM je Tonne gegenüber.

Von größter Bedeutung für das Dill-Schelde-Gebiet waren diese Verbesserungen, weil sie eine Erweiterung der *Bauwürdigkeitsgrenze* von Erzlagerstätten erlaubten. Dies wiederum erhöhte die Wirtschaftlichkeit der Gruben und verlängerte ihre Lebensdauer. Das aufbereitete Erz wurde überwiegend per Seilbahn dem Hochofenwerk in Oberscheld zugeführt, zum geringeren Teil gelangte es mit der Bahn an fremde Abnehmer. 1955 wurde die Anlage – sie war 1936 von Buderus übernommen worden – stillgelegt, nachdem von den ehemals angeschlossenen Gruben lediglich Grube Neue Lust noch in Förderung stand und auf Grube Königszug eine moderne *Sinkschwimmaufbereitung* in Betrieb gegangen war.

(R. G.)

Abb. 273: **Zentralaufbereitung Herrnberg,** um 1950

Ein Arbeiter entleert einen Seilbahnkorb in einen Roherzbunker der Aufbereitungsanlage. Vier Eisenerzgruben der Umgebung – Stillingseisenzug, Neue Lust, Amalie und (vorübergehend) Weidmannsglück – transportierten ihr Erz per Seilbahn hierher. Bis 1933 waren sie alle im Besitz des Hessen-Nassauischen Hüttenvereins, später gehörten sie den Buderus'schen Eisenwerken.

Die Auslastung der Anlage war abhängig von den Verkaufsmöglichkeiten der Fertigerze. Während 1926 12 Beschäftigte 27 482 t *Roteisenstein* und 4227 t *Tempererz* aufbereiteten, konnten 1927 von 17 Arbeitern 67 124 t bzw. 10 025 t verarbeitet werden. In den dreißiger Jahren gelangte nur noch ein Teil der Amalieförderung (0 – 20 mm) zur Aufbereitung, dafür lieferte seit 1940 Grube Friedrichszug Hüttenroherz. Unterhalb des Bunkers wurde auf einem Schüttelsieb zunächst das Feinerz abgesiebt, das gröbere Material gelangte sodann auf einen Lesetisch – eine kreisförmige, langsam rotierende Plattform –, auf dem unhaltiges Gestein ausgelesen wurde. Nach der Zerkleinerung in einem Steinbrecher wurde das gröbere Material erneut auf ein Leseband aufgegeben.

(R. G.)

Abb. 274: **Zentralaufbereitung Herrnberg,** um 1950

Hier sehen wir Aufbereiter beim Sortieren am Leseband. Die am Anfang der Bandanlage sichtbare Berieselungsvorrichtung sollte besonders die optische Unterscheidung von Erz und Nebengestein erleichtern, denn der im Brecher freiwerdende Staub gab allem Gestein ein einheitliches Aussehen. Die bereits mehrfach abgesiebten feinen Körnungen wurden durch Waschen und Aufgeben in sogenannte *Setzkästen* ebenfalls in ihrem Eisengehalt angereichert. Grundsätzlich ist die Möglichkeit, Erz und Nebengestein mechanisch voneinander zu trennen, abhängig von deren physikalischen Eigenschaften, z. B. ihrem spezifischen Gewicht. Im Falle der Lahn-Dill-Roteisenerze ist das störendste Mineral der Quarz, Kalk nur gelegentlich, besonders beim *Tempererz*. Wenn auch die Unterschiede im spezifischen Gewicht nicht allzu groß sind, so reichen sie doch für die Trennung aus; hierauf beruhte etwa das Prinzip der Setzkästen (spezif. Gewicht Roteisenstein, je nach Sorte 3,1 – 4,9/Kalkstein 2,7/Quarz 2,6). Insgesamt hatte das Fertigerz neben dem höheren Eisengehalt eine gleichmäßige Stückigkeit, was den Schmelzvorgang im Hochofen günstig beeinflußte. Wie auf dem Bild erkennbar, wurden überwiegend Jugendliche, aber auch ältere, aus der Untertagearbeit ausgeschiedene Bergleute, für diese Tätigkeit eingesetzt. Dadurch ließen sich die Aufbereitungskosten nochmals senken, betrug doch der Durchschnittslohn für die Aufbereiter z. B. 1930 4,71 RM pro Schicht, während der Gesamtdurchschnittslohn bei 6,11 RM lag. (R. G.)

Abb. 275: **Grube Friedrichszug,** 1912

Erst in den dreißiger Jahren unseres Jahrhunderts konnte Buderus durch die Übernahme fremder Gruben eine wichtige Stellung im Eisenerzbergbau des Scheldegebietes errin-

Abb. 273: **Zentralaufbereitung Herrnberg,** um 1950

gen. Unter den bis dahin betriebenen Bergwerken war die *Roteisensteingrube* Friedrichszug bei Nanzenbach die bedeutendste. Sie war am 1. Juli 1883 aus dem Grubenbesitz des Freiherrn zu Wittgenstein für den Betrag von 575 000 Mark an Buderus übergegangen. Ebenso wie die benachbarte Grube Königszug *baute* sie auf dem »Eibacher Lagerzug«, und zwar in den *Feldern* »Blinkertshecke«, »Friedrichszug« und »Eisernekrone« auf einer *streichenden* Länge von 1400 m und etwa 60 m tief (soviel brachte der »Tretenbacher Stollen« ein). 1884 konnten bei einer Belegschaft von 74 Mann 11 605 t *Roteisenstein* gefördert werden. Fuhrwerke transportierten das Erz zur Bahnstation Niko-

Abb. 274: **Zentralaufbereitung Herrnberg,** um 1950

Abb. 275: **Grube Friedrichszug**, 1912

lausstollen. Frohwein schreibt 1885 über den Abbau: »... *es ist jedoch hiervon* (dem aufgeschlossenen Lagerteil, R. G.) *nur der kleinere Theil und in oberer Teufe abgebaut worden, da ein grosser Theil wegen überwiegenden Eisenkiesels auf dem Lager stehen geblieben ist.*« (S. 96) Zwischen 1897 und 1900 erfolgte der Übergang zum Tiefbau. Im Jahre 1908 wurden erstmals preßluftbetriebene Bohrhämmer eingesetzt und Versuche unternommen, das stark verkieselte Erz aufzubereiten – vorläufig ohne Erfolg. Entsprechend der damaligen Unternehmenspolitik (siehe Abb. 179) erhielt die Grube 1910/11 eine neue Tiefbauanlage, ergänzt um eine kleine elektrische Zentrale zur Erzeugung von Strom. Das Erz gelangte nunmehr über eine ungefähr 1 km lange Seilbahn zur Bahnstation Herrnberg. Dadurch konnten die Beförderungskosten von durchschnittlich 1,0 auf 0,35 RM je Tonnenkilometer gesenkt werden. 1912 erreichte der Maschinenschacht 70 m, später wurde er noch bis zur 120 m-Sohle *abgeteuft*.

Während des Ersten Weltkrieges fand ein ausgedehnter Abbau statt: über den Stollensohlen des »Tretenbacher Stollen«, des »Eichelhecker Stollen« und des *aufgewältigten* »Rösche-Stollen«, im Tiefbau und schließlich in einem Tagebau – hier konnte auch zusätzlich benötigtes *Bergematerial* hereingewonnen werden. Die Förderung erreichte bei 81 Belegschaftsmitgliedern 37 048 t (1916).

Unsere Aufnahme zeigt die Belegschaft vor dem 14 m hohen Fördergerüst des Maschinenschachtes; gut zu erkennen sind die verkleidete Erzabzugsbühne und der unterhalb montierte Steinbrecher. (R. G.)

Abb. 276: **Grube Friedrichszug,** 1937

So sah der Betrachter die Tagesanlagen der Grube in Richtung Scheldetal. Ganz rechts liegt das Fördermaschinenhaus, vor dem Förderturm sehen wir die neue Aufbereitungsanlage, an die zur Seite die Seilbahnstation angebaut ist. Der Fotograf hatte seinen Standpunkt über dem Eingang des »Tretenbacher Stollen«; vor ihm steht das Kompressorgebäude, es folgen Zechenhaus und Steigerwohnhaus.

Absatzprobleme nach dem Krieg führten 1921 zunächst zur Einstellung der Förderung und am 27. Februar 1924 zur Stillegung des Betriebs. Erst nach Verabschiedung der 1. Staatsbeihilfe im Juni 1926 konnte die Grube mit einem Jahr Verzögerung wieder *gesümpft* werden und in Förderung gehen. Seit 1929 folgte man durch einen auf der 120 m-Sohle angesetzten *Blindschacht* dem Lager zur *Teufe* hin (Sohlen bei 160, 200, 245 und 300 Meter).

Im Oktober 1930 wurde eine neue Aufbereitungsanlage in Betrieb genommen, die mit mechanischer *Klauberei* und *Setzkästen* das Fördergut zu brauchbarem Hüttenerz und Qualitäts*tempererz* aufbereitete. Letzteres wurde vorwiegend aus früher stehengelassenen Pfeilern über der Stollensohle gewonnen. Der Betriebsbericht von 1936 kündigt vorsichtig das Ende der Grube an, wenn es dort heißt: »*Die Abbauverhältnisse haben sich infolge der ungünstigen Aufschlüsse auf der 300 m-Sohle wesentlich verschlechtert. Wie in den vergangenen Jahren erschweren die unregelmäßig auftretenden kieselhaltigen Partien den planmäßigen Abbau und erhöhen die Gewinnungskosten erheblich.*« Die verstärkte Erznachfrage vor und während des Zweiten Weltkrieges schob dieses Ende aber noch hinaus (Förderung 1939: 26 102 t). 1941 wurde die alte Seilbahn niedergelegt und durch eine neue ersetzt, welche über die Verladestation Stillingseisenzug nach Herrnberg führte. Nach Kriegsende war eine Restbelegschaft mit Unterhaltungsarbeiten und Haldenrückgewinnung beschäftigt. Am 1. September 1948 wurde Grube Friedrichszug als selbständiger Betrieb aufgelöst. (R. G.)

Abb. 276: **Grube Friedrichszug**, 1937

Abb. 277: **Grube Königszug**, 1887

Abb. 277: **Grube Königszug,** 1887

Die Belegschaft der Roteisensteingrube Königszug bei Oberscheld im Jahre 1887 vor dem damaligen Zechenhaus. Diese Grube lag im Zentrum des »Eibacher Lagerzuges«, der sich von Grube Laufenderstein im Westen (siehe Abb. 333) bis zur Grube Amalie im Nordosten (siehe Abb. 266) erstreckt. Zahlreiche Pingen, besonders in dem nach Süden geneigten Hang des Scheldetals zwischen »Beilstein« und »Nikolausstollen«, weisen darauf hin, daß hier bereits seit Jahrhunderten Bergbau auf Eisenstein umgegangen ist.

Als Geburtsstunde der Grube Königszug kann der 30. Juni 1819 gelten; unter diesem Datum legte eine Urkunde fest, daß die vier im *Bergfreien* liegenden Gruben »Stollenhekke«, »Königstein«, »Kohlengrube« und »Schlitz« in den Gemarkungen Eibach und Nanzenbach dem nassauischen Fiskus als *konsolidierte* Grube »Königszug« *verliehen* werden.

In einer wechselvollen Geschichte entwickelte sich dieses Bergwerk zur größten Eisenerzgrube in Hessen. Seine höchste Jahresförderung erreichte es 1957 mit 142 249 t. Nach der Annexion des Herzogtums Nassau durch Preußen im Jahre 1866 wurde die Grube von der preußischen Berginspektion Dillenburg verwaltet.

Die tief eingeschnittenen Täler der Landschaft an Dill und Schelde zögerten den Übergang zum Tiefbau hinaus, denn lange Zeit war es möglich, das Lager durch Stollen *aufzuschließen,* die am Hang angesetzt waren und auch die Grubenwässer lösten. Erst wenn das Lager über dem auf der Talsohle angesetzten »Tiefen Stollen« abgebaut war – auf Grube Königszug war diese Situation auf der Nikolausstollensohle zwischen 1885 und 1890 eingetreten – wurde die Erweiterung zum Schachtbetrieb unumgänglich.

Bis dahin erwiesen sich eher die schlechten Transportverhältnisse als Hemmnis für eine Produktionssteigerung; als im Jahre 1871 die Scheldetalbahn bis zur Station Nikolausstollen eröffnet worden war, stieg die Fördermenge stark an (1867 bis 1872: von 36 000 auf 60 000 t), denn nun war erstmals die Möglichkeit gegeben, in größerem Umfang Erz an die Hüttenwerke des Ruhrgebietes zu verkaufen.

Der gutgehende Grubenbetrieb erforderte von 1866 bis zur Jahrhundertwende lediglich in drei Jahren einen Zuschuß, in den übrigen Jahren warf er immer Gewinne ab. Drastisch verschlechterte sich die Situation erst in den wirtschaftlich schwierigen zwanziger Jahren unseres Jahrhunderts. Zweimal, 1926 und 1932, mußte der Betrieb *gestundet* und die Mehrzahl der Arbeiter entlassen werden. Erst die politisch motivierte Unterstützung des Eisenerzbergbaus durch die nationalsozialistische Regierung ab 1933 führte zu einem Aufschwung des Betriebes. 1937 gelang es den Buderusschen Eisenwerken, das Bergwerk gegen die Konkurrenz der Montanunternehmen Gutehoffnungshütte und Mannesmann für eine Summe von 2,5 Millionen RM zu erwerben; in den folgenden zwei Jahrzehnten entwickelte sich der Betrieb zum größten und technisch modernsten des umfangreichen Grubenbesitzes von Buderus.

(R. G.)

Abb. 278: **Grube Königszug,** um 1905

Kurz nach der Jahrhundertwende bestimmten nach wie vor die langgestreckten *Scheidehallen* und der großflächige Holzplatz das Bild der Tagesanlagen. Die wenigen und im Vergleich mit späteren Ausbaustufen (siehe Abb. 279 und 280) kleinen Gebäude vermitteln noch den Eindruck eines traditionellen Grubenbetriebes.

Dabei sind die ersten wichtigen Schritte zur Technisierung bereits vollzogen. Die Aufnahme zeigt eine 380 Meter lange Seilschwebebahn, die das Erz seit etwa 1903 aus den neu errichteten Aufbereitungsgebäuden am Hang oberhalb der Schelde-Lahn-Straße zur Bahnverladestation (links) transportierte; die Aufbereitung erfolgte noch durch Handschei-

Abb. 279: **Grube Königszug,** um 1950

Die Tagesanlagen der Grube in der Zeit vor 1950. Links im Vordergrund sehen wir Zechenhaus und Verwaltungsgebäude (rechtwinklig angebaut), rechts vorne das Forsthaus »Paulsgrube«. Oberhalb der Schelde-Lahn-Straße, etwa 40 Meter höher gelegen, die eigentlichen Bergwerksanlagen. Vor dem Schornstein erkennt man den Förderturm des alten, 1901/02 in Betrieb genommenen Schachtes. Dahinter (von links gesehen): Kesselhaus, Maschinenhaus, Kompressorenstation, Kühlturm und Trafostation. Wegen des hohen Kalkgehaltes von Leitungs- und Quellwasser hatte man diesen Kühlturm gebaut; er diente der Rückgewinnung kalkfreien Brauchwassers. Nach Verlassen des Schachtes wurde das Erz in der links davor angebauten Aufbereitungsanlage gebrochen und auf Lesetische und Lesebänder gegeben. Dort sortierten aus der Untertagearbeit ausgeschiedene ältere Bergleute, Berglehrlinge und (während des Krieges) Frauen (»Erzengel« genannt) das unhaltige, taube Gestein aus. Danach fiel es in unterirdische Bunker und konnte (ab 1943) im Verladestollen (s. Abb. 280 und 302) in Eisenbahnwaggons abgezapft werden.

(R. G.)

dung. Der 45,45 Meter über der Nikolausstollensohle (Niveau des Holzplatzes) angesetzte Maschinenschacht hatte ebenfalls in dieser Zeit seinen Betrieb aufgenommen und schloß die Lagerstätte zunächst auf der 90 m-Sohle auf; 1906 erreichte er die 150 m- und zwei Jahre später die 200 m-Sohle (den Standort des Förderturms kann man rechts neben der Rauchfahne des Kesselhauses annehmen). Vorgänger dieser Schachtanlage war seit 1890 ein auf der Nikolausstollensohle angesetzter Blindschacht mit Sohlen bei 30, 60 und 90 Meter. Damals wurde das Erz aus dem »Nikolausstollen« (1867 mit 335 Meter Länge fertiggestellt) abgefördert und in den unterhalb der Landstraße zu sehenden Aufbereitungshallen *geklaubt.* Vor allem die Beseitigung des ausgelesenen tauben Gesteins und die Bahnverladung des aufbereiteten Erzes waren hierbei arbeitsaufwendiger. In den Jahren vor dem Ersten Weltkrieg beschäftigte der Betrieb ungefähr 400 Mann. Im Kriegsjahr 1916 förderten die Bergleute 77 872 t Erz, die Gesamtlänge aller Grundstrecken, *Querschläge, Überhauen* und *Gesenke* – also der untertägigen Grubenanlage – betrug 1120 Meter.

Auf dem Bild sehen wir links, in Fachwerkbauweise, das alte Zechenhaus, rechts an der Straße die Schmiede und oberhalb am Berg die Aufbereitung. Im Vordergrund erkennt man Staatsbahnwagen und Fuhrwerke an der verschiedentlich erwähnten Bahnverladestelle Nikolausstollen; hier wurden bis zur Errichtung von Seilbahnen die Erze der Gruben Friedrichszug, Stillingseisenzug, Amalie und Neue Lust verladen. Die in der Ecke abgebildete Gastwirtschaft »Nikolausstollen« liegt etwa 200 Meter talaufwärts direkt an der Straße (siehe Abb. 458). (R. G.)

Abb. 280: **Grube Königszug,** 1959

Abb. 280: **Grube Königszug,** 1959

Diese Luftaufnahme zeigt Grube Königszug auf dem Stand ihrer letzten technischen Ausbaustufe. West- und Ostschachtanlage sind nicht abgebildet. Hinter dem Bergrücken erkennt man schemenhaft die Tagesanlagen von Grube Friedrichszug (s. Abb. 275) und am rechten Bildrand Wohngebäude der Grube Stillingseisenzug. Links oben sehen wir einen von zwei *Berge*steinbrüchen, die zusätzlich benötigtes *Versatz*material lieferten und über *Rollen* mit der 350 m-Sohle verbunden waren.

Gegenüber der alten Anlage fallen besonders das neue Zechenhaus und die neue Aufbereitungsanlage oberhalb am Berg auf. Nachdem sich das *Sinkscheideverfahren* im Eisenerzbergbau bewährt hatte, baute man 1954 eine Schwimm- und Sinkaufbereitung in Verbindung mit einer *Klassieranlage*. Auf einem Transportband gelangte das Erz vom Schacht durch einen Stollen in den Roherzbunker (Betonpfeilerkonstruktion); von dort wurde es mit einem Greifer wieder auf ein Band gegeben und der Aufbereitung zugeführt. Darüber, unscheinbar im Wald gelegen, erkennt man die Überdachung des neuen Schrägschachtes; hier befand sich nur die Seilscheibe, die übrigen Einrichtungen waren untertage (s. Abb. 299).

Die seit 1939 systematisch durchgeführten Tiefbohrungen in der Umgebung der Grube erbrachten ein genaueres Bild von den noch anstehenden Erzvorräten, als dies früher möglich war. Auf einer Länge von 3200 Metern im *Streichen* und bis zu 900 Meter in der *Teufe* standen mindestens 5,5 Millionen Tonnen bauwürdiges Erz an. Hierauf fußte das Ausbauprogramm nach dem Kriege. Mit fortschreitender Lebensdauer jeder Grube sind ein Vordringen in der Teufe wie eine Ausdehnung des untertägigen Streckennetzes verbunden. Die hiermit einhergehende Kostensteigerung sollte durch die genannten Investitionen in Millionenhöhe aufgefangen werden (Rationalisierungseffekt). Konstante Jahresförderungen bei verringerter Belegschaft sowie vorausschauende *Aus- und Vorrichtungsarbeiten* sollten die Existenz der Grube für Jahrzehnte sichern. (R. G.)

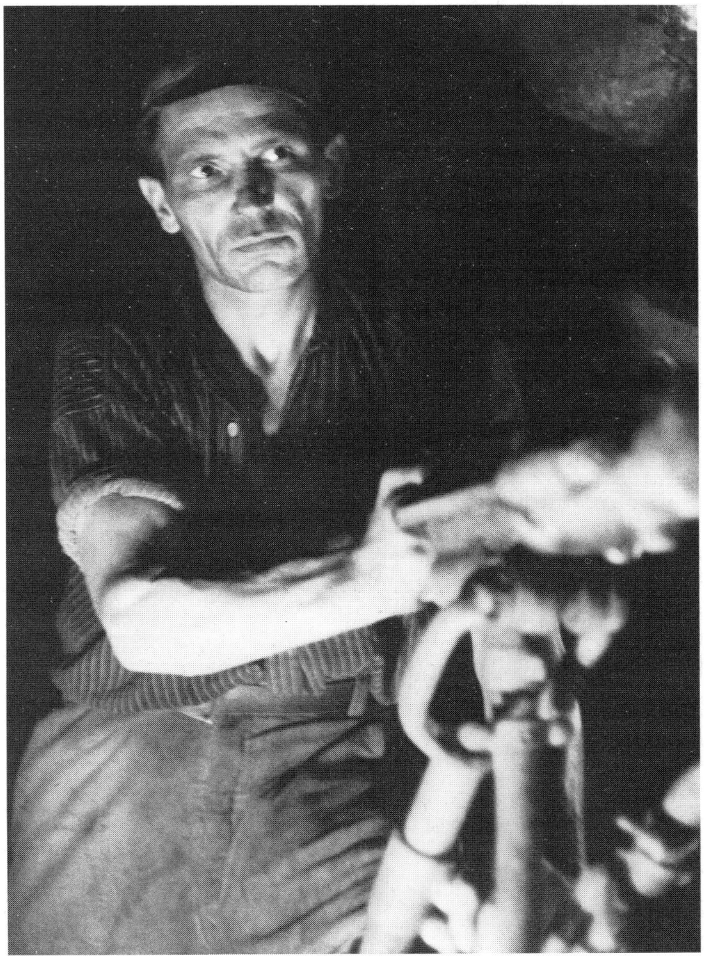

Abb. 281: **Grube Königszug,** um 1950

Stolz und Ausdauer – zwei Eigenschaften der heimischen Bergleute – spiegeln sich im Gesicht des Hauers Heinrich Emmerich aus Hirzenhain vor Ort. Der Bergbau hat die in ihm tätigen Menschen seit jeher wesentlich geprägt. Wagnis und Bergmannsglück, die Möglichkeit, sich unter schwierigsten Arbeitsbedingungen zu bewähren, Bodenschätze aus dem Schoß der Erde zutage zu fördern, wo noch kein Mensch war und wo wieder ewige Nacht einkehren wird, bestimmten das besondere Ethos des Bergmannsberufs. Das Aufeinanderangewiesensein, das Ineinandergreifen der verschiedensten Arbeitsgänge förderten nicht nur Vielseitigkeit und Wendigkeit, sondern auch Gemeinsinn und Kooperation.

Zugleich vermittelt die Aufnahme auch einen Eindruck von der körperlichen Belastung, der die Bergleute stärker als die Angehörigen anderer Berufe ausgesetzt waren und die ihr Leben oft mit Krankheit und Beschwerden belastete.

(R. G.)

Abb. 282: **Grube Königszug**, um 1906

Abb. 282: **Grube Königszug,** um 1906
»*Gesteinsbohrmaschine im Streckenvortrieb des Königlichen Roteisenstein-Bergwerks ›Königszug‹...*« lautet der Text unter diesem Werbefoto der Firma Flottmann aus Herne. Es handelt sich vermutlich um die älteste Untertageaufnahme aus dem Lahn-Dill-Revier, die in das Jahr 1906 oder die Zeit unmittelbar danach einzuordnen ist; damals wurden die größeren Gruben des Scheldetals mit elektrischem Strom aus dem Kraftwerk des neu errichteten Hochofenwerks Oberscheld (siehe Abb. 416) versorgt. Das ermöglichte die Aufstellung von Kompressoranlagen, welche die erzeugte Druckluft auch in weit entfernte Abbaue liefern konnten. An der Säulenbohrmaschine steht der Hauer Wilhelm Kunz aus Frohnhausen bei Dillenburg, der zweite Bergmann spritzt Wasser an das Bohrloch. Damit sollte die lästige und gefährliche Staubbildung eingeschränkt und die Bohrstange zusätzlich gekühlt werden. In der Praxis ist das Naßbohren – hierbei wird Wasser durch die Bohrstange ins Bohrlochtiefste geführt – erst zwischen 1946 und 1954 allgemein eingeführt worden. Bis dahin bildeten sich bei den *vor Ort* tätigen Bergleuten Staubablagerungen in der Lunge, die oft zum vorzeitigen Ausscheiden aus der Arbeit unter Tage oder zur Frühinvalidität führten – so auch bei dem Bergmann Kunz. Das medizinische Krankheitsbild der Gesteinsstaublunge (Silikose) trat im Lahn-Dill-Revier im Unterschied etwa zum Siegerland wegen des geringeren Quarzanteils im Nebengestein selten auf. (R. G.)

Abb. 283: **Grube Königszug,** um 1952
Ein Blick in das Fördermaschinenhaus des alten Maschinenschachtes. Die 1902/03 in Betrieb genommene Anlage lief mit Dampfkraft und erreichte eine Fördergeschwindigkeit von 14 m/Sek. Dennoch konnte sie im Zweischichtenbetrieb bestenfalls 12 000 t Roherz im Monat zutage fördern; die Nachtschicht reichte kaum für Material- und *Berge*transport aus. In bezug auf den neuen Schrägschacht (s. Bild 299) bestand deshalb die Vorgabe, im Zehnstundenbetrieb aus 700 m *Teufe* 15 000 t Erz zu heben. Im Blickfeld des Fördermaschinisten Ewald Gräb aus Eibach links der Teufenzeiger und rechts die Armaturen, die den Kesseldruck anzeigen. Hinter der Seiltrommel erkennt man die Wandöffnung, durch welche die Seile direkt auf die Seilscheiben des Förderturms und von dort in den Schacht liefen. (R. G.)

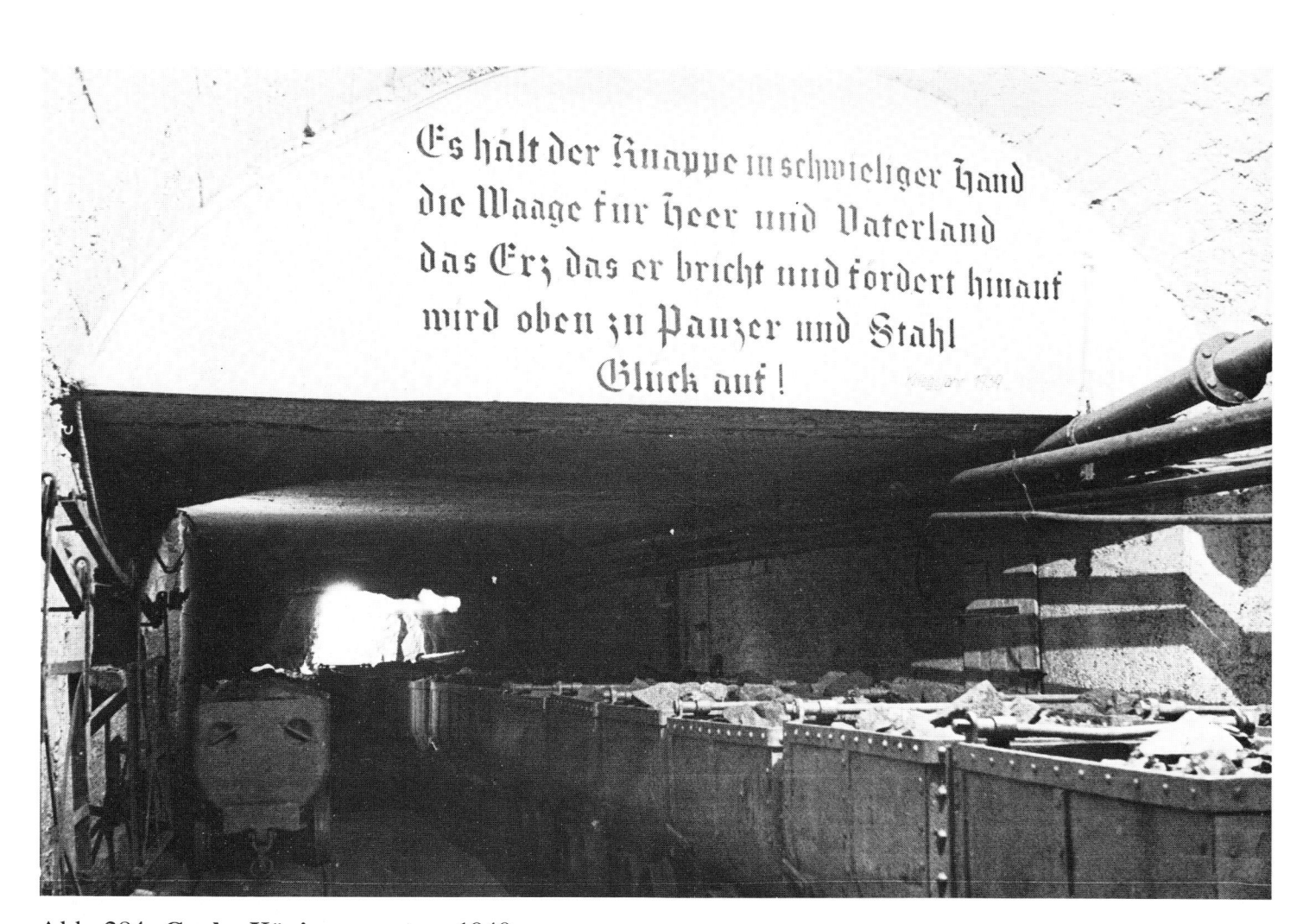

> Es hält der Knappe in schwieliger Hand
> die Waage für Heer und Vaterland
> das Erz, das er bricht und fördert hinauf
> wird oben zu Panzer und Stahl
> Glück auf!

Abb. 284: Grube Königszug, etwa 1940
Diese Inschrift über dem Füllort der 400 m-Sohle des alten Schachtes ist datiert mit »Kriegsjahr 1939«. Sie zeigt die Allgegenwart der damaligen Propaganda und verdeutlicht den hohen Stellenwert des Eisenerzbergbaus für die Kriegswirtschaft, deren wichtigster Zweig damals noch die Eisen- und Stahlindustrie war. Die auf Selbstversorgung, Aufrüstung und Krieg ausgerichtete Politik des »Dritten Reiches« wurde von den meisten Menschen zu lange verdrängt, und so erschien vielen alleine die Tatsache des Produktionsaufschwungs seit 1933 (1932: 8234 t/1939: 126 263 t) als Beleg für eine bessere Zukunft. Die folgenden Jahre haben das Gegenteil bewiesen. 1945 wurde die Losung durch die Änderung von zwei Wörtern – aus »Heer« wurde »Volk« und aus »Panzer« wurde »Eisen« – in ihrem Aussagegehalt den Nachkriegsverhältnissen angepaßt. (R. G.)

Abb. 285: Grube Königszug, etwa 1955
Bohrarbeit in einem Abbau. Der Bohrhammer und die Vorschubsäule, auch »Bohrknecht« genannt, werden mit Druckluft betrieben. Für den Bergmann bedeutete dies eine große Erleichterung gegenüber der ersten Generation dieser Geräte, mußte er doch dabei den Bohrhammer noch auf dem Knie, in den Armen oder auf der Schulter gegen das *Gebirge* drücken. Hinzu kam, daß die anfangs benutzten Schlangenbohrer trocken bohrten, wobei die austretende Preßluft das Bohrmehl in die Luft wirbelte (siehe auch Abb. 282). Aus Berichten alter Bergleute geht hervor, daß sie diese Phase – zeitlich gesehen in den Jahren vor und nach dem Ersten Weltkrieg – als die beschwerlichste in ihrem Arbeitsleben empfunden haben. Noch bis ins erste Jahrzehnt unseres Jahrhunderts hinein wurden die Bohrlöcher mit Fäustel und Bohreisen getrieben. Ein guter Hauer konnte auf diese Weise zwei Löcher von 30 bis 40 cm Tiefe am Tag herstellen. Umgerechnet auf den Fortgang beim Vortrieb eines Stollens bedeutete das eine Leistung zwischen einem und zwei Zentimeter pro Mann und Schicht. Auf dem Bild gut zu erkennen ist das *Einfallen* des Erzlagers, das *Hangende* ist im oberen Bereich mit einem sogenannten Anker gegen Herabbrechen gesichert. (R. G.)

Abb. 285: **Grube Königszug,** etwa 1955

Abb. 286: **Grube Königszug,** um 1955
Die Steiger Günther Geibel und Adolf Kimmel betrachten eine in dieser Größe seltene Pilzfamilie auf der 200 m-Sohle, welche in den fünfziger Jahren bereits abgebaut war. Nahezu konstante Temperaturen, hohe Luftfeuchtigkeit, Dunkelheit und zahlreiche faulige Holzausbauten in alten Grubenbauten bieten Wachstumsvoraussetzungen für viele Pilzarten in manchmal phantastischen Formen und Größen.
(R. G.)

Abb. 287: **Grube Königszug,** 1960
Die Hauer Herbert Luy (Lixfeld), Adam Weiß (Eisemroth) und Karl Schneider (Oberscheld – von links nach rechts) bei der Ladearbeit auf der 500 m-Sohle des Zentralfeldes. Das Bild zeigt die einzelnen Arbeitsvorgänge: Aufsetzen des Fülltrogs am Boden, mit der Kratze wird losgesprengtes Haufwerk in den Trog gezogen; der gefüllte Trog wird angehoben und in den Förderwagen gekippt. Die ständige Wiederholung des Vorgangs belastete bei dem hohen Gewicht des Eisensteins besonders Muskeln, Bänder und Gelenke und führte oft zu Beschwerden oder Erkrankungen. Diese kräftezehrende Form der Ladearbeit wurde seit den fünfziger Jahren allmählich durch Maschinen ersetzt. Interessant sind die verschiedenen Kopfbedeckungen. Vermochte der früher übliche Filzhut allenfalls gegen Nässe und Kälte, vielleicht auch gegen leichtes Anstoßen des Kopfes an der *Firste* zu schützen, so bot der Lederhelm (links) erstmals einen gewissen Schutz gegen herabfallendes Gestein; er wurde zunächst vom Aufsichtspersonal getragen (seit den dreißiger Jahren), seit Beginn der fünfziger Jahre auch von den Bergleuten. Ende der fünfziger Jahre setzte sich der Kunststoffhelm als Kopfschutz allgemein durch (Mitte), während der Aluminiumhelm überwiegend beim Schachtabteufen getragen wurde.
(R. G.)

Abb. 288: **Grube Königszug,** etwa 1950
Zwei Bergleute schieben einen beladenen Förderwagen auf der 150 m-Sohle des Westfeldes zum *Füllort.* Links die zweigleisige Förderstrecke in Betonausbau, nach rechts abbiegend ein *Querschlag* in Holzausbau. An der Druckluftleitung oben hängt die Karbidlampe und spendet spärliches Licht, oft wurde diese auch vorne an den Wagen gehängt. Welchen Fortschritt diese Art der Abförderung darstellte, mag ein Blick in alte Zeiten erhellen. In der frühen Phase des Tiefbaus benutzte man als Beförderungsmittel den einrädrigen Holzschubkarren (siehe Abb. 90). In besonders engen und niedrigen Stollen legte sich der Karrenläufer, nach vorne gebeugt und ein wenig in die Knie gehend, einen Traggurt quer über den Rücken und befestigte diesen dann an beiden Holmen. Das Fahrzeug balancierte er durch Festhalten am vorderen Kistbrett während der Fahrt. In der Mitte der Stollensohle lag ein Laufbrett, rechts und links flossen die Grubenwasser zu Tage aus.
(R. G.)

Abb. 287: **Grube Königszug,** 1960

Abb. 288: **Grube Königszug,** etwa 1950

Abb. 289: **Grube Königszug,** um 1955

Pferdeführer Günter Jacobi (Hirzenhain) mit einem Grubenpferd im *Westfeld* der Grube Königszug. Während die allgemein übliche Verwendung von Pferden und Ochsen übertage mit der Einführung von Benzol- und Diesellokomotiven seit den zwanziger Jahren immer stärker zurückging, sind Pferde auf einigen Gruben des Lahn-Dill-Gebietes aus wirtschaftlichen Gründen bis in die sechziger Jahre hinein untertage eingesetzt worden. Vor allem die Grube Georg-Joseph bei Gräveneck (siehe Abb. 239) war durch ihre bis zur Stillegung 1966 bewährten Pferde bekannt. Im Westrevier von Grube Königszug waren noch in den fünfziger Jahren bis zu 5 Pferde in der Streckenförderung im Einsatz; vor allem, weil dort das Streckennetz aus Kostengründen weitgehend im Lager *aufgefahren* und deshalb relativ eng und verwinkelt war. Die Tiere zogen bis zu 9 Förderwagen zum *Füllort* der Tiefbausohlen (80, 120, 150 Meter); von dort wurde das Fördergut bis zur Annastollensohle (etwa bei 40 Meter) gehoben und anschließend in großen Zügen von einer Fahrdrahtlokomotive zum »Witteschacht« gefahren.

Nach ihrem Arbeitseinsatz blieben die Pferde während der Woche in den untertägigen Stallungen, nur das Wochenende verbrachten sie übertage, wo sie einen geräumigen Stall und Auslaufmöglichkeiten hatten. Zuletzt brachte man auf bergbehördliche Anordnung alle Pferde täglich im Förderkorb nach draußen. (R. G.)

Abb. 290: **Grube Königszug,** 1943
Bergleute beim Betonausbau der 150 m-Sohle des Westfeldes; die Streckenbreite läßt vermuten, daß hier ein *Füllort* ausgebaut wurde. Führte eine Strecke durch nicht standfestes *Gebirge,* mußte sie gesichert werden. Traditionell geschah dies durch Holzausbau (siehe Abb. 216), in unserem Jahrhundert zunehmend auch durch Betonieren. Holzstempel und -kappen mußten nach einigen Jahren – je nach Holzart und Gebirgsdruck – ausgewechselt werden, Strekken in Betonausbau hielten im allgemeinen zeitlich fast unbegrenzt, waren aber dem Gebirgsdruck gegenüber nicht so elastisch. Deshalb wurde in vielen Fällen der Holzausbau beibehalten. Das Holz wurde vorher in einer auf dem Zechenplatz der Grube Königszug eingerichteten Imprägnieranlage gegen Fäulnis behandelt. (R. G.)

Abb. 291: **Grube Königszug,** um 1960

Abb. 291: **Grube Königszug,** um 1960
Einsatz eines Elektroschrappers in einem Abbau auf der 450 m-Sohle des Hauptlagers. Man erkennt gut das *Hangende* (Deckdiabas) und das *Liegende* (vulkanische Tuffe, Schalstein) als Begrenzung des hier etwa vier Meter mächtigen und mit 60 Grad *einfallenden* Lagers. Im Bildvordergrund sehen wir das Schrappgefäß, dahinter die Schrapperbahn sowie Seiltrommel, Steuerpult und Motor. Oben rechts ist die Schrapperlampe am Holzstempel befestigt; sie beleuchtete den gesamten Arbeitsbereich. Der Schrapper zog das losgesprengte *Haufwerk* in ein *Rolloch* und ersetzte damit die mühevolle und zeitaufwendige Füllarbeit von Hand. War das Lager im erreichbaren Bereich ausgeerzt, wurde die gesamte Anlage an anderer Stelle neu aufgebaut. Die Leistungssteigerung untertage von 3,3 auf 6,1 Tonnen pro Mann und Schicht (1950 und 1962) ist hauptsächlich auf den systematischen Einsatz von Zwei- und Drei-Trommel-Elektroschrappern zurückzuführen. Auch zur Verfüllung der Abbauhohlräume beim *Firstenstoßbau* setzte man sie verstärkt ein.
(R. G.)

Abb. 292: **Grube Königszug,** etwa 1958
Im Streckenvortrieb brachten seit den fünfziger Jahren druckluftbetriebene Wurfschaufellader (Typ Atlas Copco LM 30) eine erhebliche Produktivitätssteigerung. Die Lademaschinen standen auf einem Hilfsgleis und warfen den Schaufelinhalt nach hinten in den angehängten Förderwagen – daher auch die Bezeichnung »Überkopflader«. Da dieses Gerät an ein Gleis gebunden war, war sein Einsatz bei der Wegfüllarbeit im Abbau nur ausnahmsweise möglich. Die Situation auf dem Bild zeigt den Vortrieb einer Lagerstrecke auf der 500 m-Sohle. Am Bohrgerät Hauer Willi Peter aus Oberndorf, die Lademaschine bedient Hauer Alfred Scheld aus Oberscheld.
(R. G.)

Abb. 293: **Grube Königszug,** um 1960

Die Hauer Karl Lotz (Eisemroth, links) und Hermann Pfeifer (Tringenstein, rechts) beim Einbringen von *Versatzmaterial* in einen ausgeerzten Abbau auf der 450 m-Sohle. Sie benutzen dazu einen einfachen Druckluft*haspel* mit Schrappgefäß. Um das Lager nach oben hin weiter abbauen zu können, ist es notwendig, den entstandenen Hohlraum bis möglichst dicht unter die *Firste* mit *Bergematerial* (taubem Gestein) zu verfüllen. Damit der Abbau für Bergleute und Aufsichtspersonal zugänglich bleibt und das Erz abgefördert werden kann, mußten die *Erz- und Fahrrollen* im *Versatz* jeweils mit hochgezogen werden. Neben den in Holz gefertigten *Rollen* baute man auch solche in Basaltmauerung. Probleme gab es, wenn sich Erz in der Rolle verklemmte und auf der tiefer gelegenen Fördersohle nicht gezapft werden konnte. Dann versuchte man, von oben mit Stahlstangen und eingeleitetem Wasser das Gestein zu lockern, blieb dies erfolglos, mußte ein kleiner Sprengschuß gesetzt werden; dabei kam es oft zu Beschädigungen der Rolle. Wir sehen auf dem Bild, wie Reviersteiger Adolf Kimmel den Abbau durch das *Fahrtrum* der noch nicht verfüllten Erzrolle erreicht. Hier ist das mit mehr als 45 Grad *einfallende* Lager im *Firstenstoßbau* abgebaut worden. Während dieses Verfahren den Bergleuten ein hohes Maß an Sicherheit bot, verursachte es andererseits durch das immer erneute Verfüllen des ausgeerzten Raumes und den Bau bzw. die Unterhaltung der Rollen hohe Kosten.

Der Anteil dieser Arbeiten an der Gesamtschichtzeit lag bei etwa 40 Prozent. Wo immer die Beschaffenheit von Erzlager und Nebengestein es zuließen, bevorzugte man deshalb Abbaumethoden ohne Versatz. Auf Grube Königszug kamen wegen der stark wechselnden Verhältnisse unterschiedliche, zum Teil kombinierte Abbauverfahren zum Einsatz: Neben dem vorherrschenden Firstenstoßbau waren dies der *Firstenschrägbau,* der *Magazinbau* und im Westfeld auch der *Schwebende Örterbau* (siehe Abb. 327). (R. G.)

Abb. 294: **Grube Königszug,** um 1958
Die Bergleute Luy, Schneider und Weiß (von links nach rechts, siehe auch Abb. 287) bei der »Brotschicht«. Die halbstündige Frühstückspause lag normalerweise in der Schichtmitte und wurde untertage verbracht. Solange die Versorgung der Grubenbaue mit Frischluft unzureichend war, kämpften Bergleute um das Recht, ihre Pause übertage verbringen zu können (siehe Abb. 80). Die Forderung wird verständlich, wenn man bedenkt, daß die bisweilen giftigen und immer lästigen *Schießschwaden* erst nach Stunden abgezogen waren. Nach dem Ersten Weltkrieg halfen die gewachsenen technischen Möglichkeiten bei der Verbesserung der natürlichen (Schießen von *Überhauen, Querschlägen* usw.) wie auch der künstlichen *Bewetterung* (Ventilatoren und *Luttenrohre*); der Pausenaufenthalt untertage wurde zur Regel.

Wenn das Pausenbrot nicht direkt am Arbeitsplatz in der Grube verzehrt wurde, benutzte man einen durch Bretterverschlag abgetrennten »Raum« in einer Nebenstrecke – wie auf unserem Bild. Das lange Zeit benutzte »Kaffeeblech« (eine Blechkanne, die auf einem klappbaren Seitenbügel über der Karbidlampe erwärmt wurde) kam seit der Verbreitung von Thermosflaschen außer Gebrauch. (R. G.)

Abb. 294: **Grube Königszug,** um 1958

Abb. 295: **Grube Königszug,** um 1955
Die Bergleute Arhelger und Eckhard (beide Nanzenbach) waschen sich nach der Schicht in der neuen Kaue. Außer den vier runden Gemeinschaftswaschtischen gab es noch Einzelduschen und eine Gemeinschaftsdusche. Jugendliche hatten eine eigene Kaue. Bis in die dreißiger Jahre fehlte auf den Gruben des Lahn-Dill-Reviers eine Waschkaue, die Bergleute gingen in ihrer verschmutzten Arbeitskleidung nach Hause. Die erste Waschkaue wurde 1937 auf Grube Laufenderstein bei Dillenburg eingerichtet (siehe Abb. 333). War dann die Feldarbeit erledigt – meist betrieb man eine kleine Landwirtschaft im Nebenerwerb –, ging der Bergmann in die häusliche Waschküche und stieg dort in einen Bottich mit warmem Wasser. Den Frauen blieb die schwerere, unangenehme Arbeit, den besonders intensiv färbenden Eisenstein aus den Kleidern zu waschen. (R. G.)

Abb. 295: **Grube Königszug,** um 1955

Abb. 296: **Grube Königszug,** um 1955

Blick in den Umkleideraum der Rot-Weiß-Kaue bei Schichtwechsel; nach der Ausfahrt legten die Bergleute ihre Grubenkleidung im Umkleideraum ab und gingen dann in die Waschkaue. Anschließend zogen sie im Umkleideraum ihre Tageskleidung an und zogen die Grubenkleider, die an ein Hakenkörbchen gehängt wurden, mit einem Kettenaufzug unter die Kauendecke; dort konnten sie bis zur nächsten Schicht austrocknen. Eine zusätzliche Erleichterung brachte die Einrichtung einer grubeneigenen Wäscherei. Hier wurde übers Wochenende die verschmutzte Arbeitskleidung gewaschen, der Bergmann nahm sie montags an der Magazinausgabe wieder sauber in Empfang. (R. G.)

Abb. 297: **Grube Königszug,** 1951

Abb. 297: **Grube Königszug,** 1951

In den Jahren 1951/52 wurde das Zechenhaus neu errichtet (Architekt Prof. J. H. Pinand, Darmstadt). Trotz der Verlegung des gesamten Westreviers an den Westschacht genügten die *Kauenanlagen* nicht mehr den hygienischen Ansprüchen der Nachkriegszeit; darüber hinaus waren die Büroräume unzureichend.

Wir sehen im Bild links den bereits fertiggestellten Verwaltungsteil, während im Hintergrund noch ein Teil des alten Zechenhauses steht. Nach der Einweihung waren in dem U-förmigen Komplex Büroräume für das Aufsichtspersonal und die Verwaltung, Wasch- und Kleiderkaue, Lampenstube, Verbandszimmer, eine Werksarztpraxis, das Magazin sowie ein Sitzungsraum untergebracht.

Die architektonische Ausführung reihte sich in den Versuch der frühen fünfziger Jahre ein, sich von der Gestaltung der NS-Zeit zu lösen und Elemente einer quasi-funktionalen Bauweise aufzunehmen. Abmessungen wie Ausführung des Zechengebäudes waren für eine Eisenerzgrube im Lahn-Dill-Gebiet durchaus ungewöhnlich. Sie verdeutlichen einerseits die Vorrangstellung der Grube Königszug unter den Gruben der Hessischen Berg- und Hüttenwerke AG, andererseits sind sie symbolhafter Ausdruck eines noch ungebrochenen Zukunftsoptimismus. (R. G.)

Abb. 298: **Grube Königszug,** 1952

Der Haushaltsausschuß des hessischen Landtages auf Grube Königszug am 30. Oktober 1952. Aus der Gruppe seien genannt der damalige Ministerpräsident des Landes Hessen, Georg August Zinn (vordere Reihe mit dunklem Anzug, Brille und angewinkeltem Arm), Betriebsführer Ernst Wiederstein (links hinter Zinn), Bergwerksdirektor Dr. Witte (5. von links) und der damalige Betriebsratsvorsitzende Paul Nickel (ganz rechts).

Der Ausschuß wollte sich mit diesem Besuch »vor Ort« über die Betriebe der Hessischen Berg- und Hüttenwerke AG informieren, die am 4. Juni 1952 aus der »Treuhandverwaltung der Buderus'schen Erzgruben, Hochöfen- und Elektrizitätsbetriebe in Gemeineigentum« hervorgegangen waren und deren Aktien zu 74 Prozent dem Land Hessen gehörten (1965 ging das Unternehmen wieder mit 100 Prozent an Buderus). Diese Veränderung in den Eigentumsverhältnissen stützte sich auf die Artikel 39 und 41 der hessischen Verfassung von 1946, wonach der Bergbau, die Betriebe der Eisen- und Stahlindustrie, der Energiewirtschaft und Teile des Verkehrswesens (in Hessen) in Gemeineigentum überführt werden können, um den Mißbrauch wirtschaftlicher Macht zu verhindern; Hintergrund dieser Maßnahme war die teilweise enge Zusammenarbeit zwischen diesen Industrien und dem NS-Staat.

Da die *Befahrung* in eine Zeit umfangreicher Modernisierungs- und Erweiterungsbauten fiel, ist sie sicherlich auch in einem Zusammenhang mit der Frage staatlicher Hilfen für den Bergbau zu sehen. Seit 1926 gewährte der Staat Subventionen in unterschiedlicher Höhe, um die Weiterführung der unter schwierigsten Lagerverhältnissen arbeitenden Grubenbetriebe zu ermöglichen. Zuletzt gab es aus Bundes- und Landesmitteln für die *Aufschließung* neuer Erzvorräte 50 DM pro Meter Streckenvortrieb und 90 DM pro Meter Versuchsschacht. Alle diese Maßnahmen haben freilich das Ende des hessischen Eisenerzbergbaus nur verzögern, nicht aber abwenden können. (R. G.)

Abb. 299: **Grube Königszug,** um 1955

Ende 1955 wurde nach sechsjähriger Bauzeit ein Schrägschacht – zu Ehren von Bergwerksdirektor Wilhelm Witte erhielt er den Namen »Witte-Schacht« – als neuer Zentralschacht in Betrieb genommen. Er paßte sich mit seiner Neigung von 67 Grad dem *Einfallen* und *Einschieben* der Erzlagerstätte an. Damit löste man das Problem, daß mit zunehmender *Teufe* der Abstand zwischen Erzlager und einem senkrechten Schacht wächst, mithin die Gewinnungskosten steigen. Bergbautechnisch gesehen handelte es sich um eine Meisterleistung von Bergleuten, Markscheidern, Ingenieuren und Handwerkern, die in dieser Form kein Vorbild in Deutschland hatte. Lediglich an zwei Stellen mußte der Schacht *geteuft* werden. Ansonsten waren aus den vorhandenen *Grubenbauen* genügend Angriffspunkte gegeben oder einfach herzustellen, um *Überhauen* zu schießen. Diese wurden dann von oben nach unten auf den vollen Schachtquerschnitt nachgerissen. Bei den schwierigen und auch gefährlichen Arbeiten verloren drei Bergleute und ein Monteur ihr Leben.

Der Schacht sollte die Existenz der Grube Königszug auf Jahrzehnte sichern. Er wurde zunächst 500 Meter *abgeteuft,* war aber auf eine *Endteufe* von 700 Meter ausgelegt. Die Aufnahme zeigt den »Witte-Schacht« von der Nikolausstollensohle nach übertage. Auf den Schienenpaaren liefen links ein Fördergefäß von 5 Tonnen Inhalt und rechts ein dreistöckiger Förderkorb für Personen- und Materialtransport. (R. G.)

Abb. 300: **Grube Königszug,** etwa 1958
Ein Blick in den Fördermaschinenraum des Schrägschachtes auf der Nikolausstollensohle (niveaugleich mit dem großen Verladestollen – siehe Abb. 302). Maschinist Hermann Baum aus Hirzenhain fährt die verschiedenen Sohlen entsprechend den ihm übermittelten Signalen an. Dabei orientiert er sich an der Skala des in der Bildmitte sichtbaren Teufenzeigers, auf dem Pfeile den jeweiligen Standort des Füllgefäßes bzw. Förderkorbes anzeigen. Aus Rentabilitätsgründen hatte der Schacht nur zwei *Füllörter* mit Roherzbunkern (250- und 500 m-Sohle).
Auffällig ist das Fehlen einer Seiltrommel; hier arbeitete – wie später auch auf Grube Falkenstein (siehe Abb. 324) – eine Fördermaschine mit Koepescheibe: Ein einziges Seil läuft mit einem Umschlingungswinkel von etwa 180 Grad über die Scheibe senkrecht nach oben zur Schachtöffnung. Im Schacht diente ein unten an das Fördergefäß angeschlagenes Unterseil dem Gewichtsausgleich, da die Reibung des Oberseiles auf der Koepescheibe allein nicht ausreichte, um ein beladenes Fördergefäß nach oben zu ziehen. (R. G.)

Abb. 301:
Grube Königszug,
etwa 1960

Grubenelektriker Karl Hermann (Hirzenhain) repariert eine Akku-Lok auf der 450 m-Sohle des Zentralfeldes; links hinter der *Rollenschnauze* (Siegerländer Ausführung) steht Lokfahrer Lothar Schneider aus Endbach. Akku-Loks boten gegenüber Diesellokomotiven einen abgasfreien und geräuscharmen Betrieb. Relativ begrenzt war die Fahrdauer dieser Maschinen; die Akkus reichten in der Regel für den Betrieb einer Achtstundenschicht. Deshalb waren auf verschiedenen Sohlen eigens Stationen zum Nachladen bzw. Austauschen leerer Akkus eingerichtet. Aufgabe der Loks war es, einen Leerzug etappenweise aus den *Sturzrollen* zu beladen (diese waren mit einem Abbau verbunden) und zu einer Sammelrolle zu fahren. Dort wurde das Erz zur Hauptfördersohle des Schrägschachtes, der 500 m-Sohle, abgekippt. (R. G.)

Abb. 302: **Grube Königszug,** etwa 1960

Eine werkseigene Diesellokomotive (Gmeinder) zieht Erzwagen aus dem Verladestollen zur Scheldetalbahn. Vorgänger dieser Ende der fünfziger Jahre angeschafften Lok waren seit 1943 eine Dampfspeicherlok und kurze Zeit später eine Fahrdrahtlokomotive (wegen der Abgasproblematik – es handelte sich hierbei vermutlich um eine umgebaute Diesellokomotive von Orenstein & Koppel, Baujahr 1920). Der großdimensionierte Stollen ersetzte die Seilbahn zwischen Aufbereitung und Bahnverladestelle (siehe Abb. 278). Er ermöglichte die Beladung von bis zu sieben Eisenbahnwaggons. Die tausend Tonnen Erz fassenden Bunker waren durch Fertigerz*rollen* mit der am Hang oberhalb stehenden Aufbereitungsanlage verbunden (siehe Abb. 280). Der 1943 fertiggestellte Stollen sparte 20 Arbeitskräfte ein und vermochte durch die Größe der Fertigerzbunker, Versandstockungen aufzufangen – im Kriegsjahr 1943 wichtige Ziele.

Der Stolleneingang befindet sich direkt unterhalb der Schelde-Lahn-Straße rechts neben dem Zechenhaus. Er wird heute von einer Firma benutzt, die nichtverschweißbare Metalle (z. B. Titan und Eisen bzw. Stahl) durch »Spreng-Schweißen« miteinander verbindet. Einige Meter weiter links steht das Mundloch des 1869 fertiggestellten Nikolausstollens, der mit dem alten Zentralschacht verbunden war.

(R. G.)

Abb. 303: **Grube Königszug,** um 1950
Blick auf Zechenhaus und Förderturm des Westschachtes der Grube Königszug. Dieser 800 Meter westlich vom Hauptschacht direkt oberhalb der Schelde-Lahn-Straße gelegene Nebenschacht wurde gegen Kriegsende zunächst bis zur 150 m-Sohle *abgeteuft* und 1947 in Betrieb genommen. Die vergleichsweise geringe *Teufe* erklärt sich mit dem hier anstehenden *Flußeisenstein*. Wegen der hohen Bahnfrachtbelastung je Prozent Eisenanteil konnte dieser Erztyp nur in Zeiten guter Konjunktur mit Gewinn an die Hüttenwerke des Ruhrgebiets verkauft werden. Für den Versand an Rhein und Ruhr wurde bevorzugt *Roteisenstein* aus dem Zentral- und Ostfeld gewählt, und so baute man hier bereits vor 1937 auf der 400 m-Sohle ab, und die 500 m-Sohle stand über ein *Gesenk* in der *Ausrichtung*. Nach Übernahme der Grube durch Buderus im Jahre 1937 ging die *Flußeisensteinförderung* des Westfeldes vor allem an die eigenen Hochöfen in Wetzlar und Oberscheld (siehe Abb. 415 und 416). Mitte der sechziger Jahre wurde der Schacht um weitere 50 Meter *abgeteuft* und mit dem *Auffahren* der 200 m-Sohle begonnen. (R. G.)

Abb. 304: **Grube Königszug,**
um 1955

Eine Besonderheit des Lahn-Dill-Gebietes stellte der gemauerte Förderturm des Westschachtes dar. Er war in das Zechengebäude integriert und diente der Personen- und Materialförderung. Die rund 100 Bergleute des Westfeldes fuhren über diesen Schacht ein und aus, ebenso wie die Belegschaft des Ostschachtes hatten sie eine Rot-Weiß-Kaue. Wir sehen vor dem Förderturm in der Mitte Fördermaschinist Reinhard Seibert (Dillenburg), rechts neben ihm steht Reviersteiger Otto Reeh (Nanzenbach) mit Messingkarbidlampe und Steigerhäckel. (R. G.).

Abb. 305: **Grube Königszug**, um 1956

Als letzter von drei Schächten – rechnet man den alten Förderschacht hinzu, sind es vier – wurde der Ostschacht oberhalb des Bahnhofs Herrnberg *abgeteuft*. Die beim Bau des Schrägschachtes hervorragend bewährte Mannschaft begann ihre Arbeit Ende 1954 und erreichte im März 1957 die End*teufe* von 548 Meter. Durch diesen Schacht sollten das mächtige »Frohsinn-Herrnberger-Lager« und das weniger mächtige »Simon-Johanna-Lager« untersucht und *aufgeschlossen* werden; zudem verbesserte der Schacht die *Bewetterung* der *Grubenbaue* des Ost*feldes*. Am 20. Dezember 1958 wurde die 500 m-Sohle mit der entsprechenden Sohle des Zentral*feldes durchschlägig,* so daß das Fördergut über den »Witte-Schacht« gehoben werden konnte (siehe Abb. 299).

Auf dem Bild erkennt man im Vordergrund die über ein Förderband beschickte Abraumhalde; bei einer gewissen Festigkeit wurde das Material zu Split gebrochen und für den Betonausbau der Schachtröhre verwendet. Nach der Fertigstellung des Schachtes wurde das Fördergerüst noch um 90 Grad gedreht. Ebenso wie am Westschacht gab es auch hier eine eigene Wasch- und Kleiderkaue für die einfahrenden Bergleute.

Mit diesem Ausbauschritt hatte sich die Grube Königszug zu einer echten Verbundgrube entwickelt (hierbei *schließen* mehrere Schächte die Lagerstätte *auf* und *bewettern* die *Grubenbaue*, aber nur ein Schacht übernimmt zentral die Förderung). Zwangsläufig verursachte das ausgedehnte Streckennetz – das größte des Lahn-Dill-Reviers überhaupt – hohe Unterhaltungskosten. Auch die *Wasserhaltung* war mit 6 Kubikmetern pro Minute sehr teuer (Falkenstein 0,4). Es waren aber vor allem internationale Entwicklungen, die das Ende der Grube herbeiführten. Die dramatische Verbilligung der Auslandserze zwischen 1957 und 1962 traf zwar die nichthüttengebundenen Bergbauunternehmen zuerst, führte aber mit einer zeitlichen Verzögerung von maximal zehn Jahren (Grube Falkenstein, 1973) auch zum Erliegen der Eisenerzgruben der Hessischen Berg- und Hüttenwerke AG. Im Geschäftsbericht für das Jahr 1961/62 heißt es: *»Die Preissenkung für Auslandserze führte zur Senkung des Einsatzes eigener Erze. Die Kostenentwicklung im Hochofenbereich verbietet den Einsatz dieser Erze über eine Grundmenge hinaus immer mehr.«* – Da unterhalb der 500 m-Sohle des Zentralfeldes nur noch wenig gefragtes kieseliges Erz anstand, welches man zudem billiger auf Grube Falkenstein fördern konnte, entschloß man sich 1966, die unteren Sohlen *abzuwerfen*. Danach wurde im Westfeld noch bis 1967 und im Ostfeld bis zur endgültigen Stillegung der Grube am 30. März 1968 kalkhaltiger *Flußeisenstein* abgebaut. Vom Ostschacht wurde das Erz – die 500 m-Sohle des »Witteschachtes« als frühere Hauptfördersohle stand bereits unter Wasser – mit Lkws zur Aufbereitung gefahren. Die Fördermenge der Grube Königszug war 1965 erstmals unter 100 000 Tonnen gesunken (89 590), und in den letzten *drei* Betriebsmonaten förderten die verbliebenen 120 Belegschaftsmitglieder noch 17 427 Tonnen. Die Gesamtleistung der Grube betrug seit 1884 8,3 Millionen Tonnen Roteisenstein.

(R. G.)

Abb. 306: **Grube Königszug,** etwa 1956

Körperliche Schwerstarbeit beim *Abteufen* des Ostschachtes vollbrachten die *Schachthauer*. Beim Niederbringen der Bohrlöcher stellten sie sich zunächst auf *Fahrten,* die an die Wand angelehnt waren. Schrittweise folgten sie dann dem niedergehenden Bohrer – ein respektgebietendes Zusammenspiel von technischem Geschick und körperlicher Gewandtheit. War die *Schachtsohle* abgebohrt, wurde die Sprengung vorbereitet, und die Bergleute verließen mit Hilfe des *Abteufkübels* den Schacht. (R. G.)

Abb. 307: **Grube Königszug,** etwa 1956

Abb. 307: **Grube Königszug,** etwa 1956
Im Unterschied zum Schrägschacht wurde das losgesprengte Gestein nicht mehr in Handarbeit, sondern mit einem hydraulischen Polypgreifer in den *Abteufkübel* geladen; die Bedienung des Greifers erfolgte an der *Schachtsohle.* Die Tatsache, daß der Fördermaschinist übertage die Arbeitsabläufe im Schacht nicht sehen konnte, machte eine Verständigung über Signale notwendig und erforderte höchste Vorsicht und Konzentration von allen Beteiligten. (R. G.)

Abb. 308: **Grube Königszug,** etwa 1956
Jedesmal, wenn die Schachtröhre einige Meter weiter *abgeteuft* war, wurde eine Schalung eingesetzt und der Zwischenraum zur Wand ausbetoniert. Wegen des unangenehmen »Dauerregens« im Schacht trugen die Hauer einen Aluminiumhelm (siehe Abb. 287) und wetterfeste Ölkleidung – sie erinnern in ihrem äußeren Erscheinungsbild an Hochseefischer. An der dünnen Schnur hinter dem Bergmann hängt ein Lot; es zeigte stets an, ob die Schachtröhre auch genau senkrecht stand. (R. G.)

Abb. 308: **Grube Königszug,** etwa 1956

Abb. 309: **Bohrturm** im Schelderwald, etwa 1955

Ein Bohrturm im Schelderwald Mitte der fünfziger Jahre. Die komplizierten Lagerverhältnisse der Lahn-Dill-Mulde, hier verändert das Erzlager oft seinen Einfallswinkel, seine Mächtigkeit und seine Zusammensetzung oder reißt plötzlich ab, veranlaßten die Buderus'sche Bergverwaltung 1935 zur Gründung eines eigenen Bohrbetriebes. 1939 wurde dieser um eine werkseigene geologische Abteilung unter Leitung von Prof. Hans Joachim Lippert ergänzt.
Nach der Zusammenfassung des früher stark zersplitterten *Grubenfeldbesitzes* war es möglich, auch die weitere Umgebung von bereits bestehenden Gruben systematisch abzubohren, ein genaues Bild über die noch anstehenden Vorräte zu gewinnen und die Wirtschaftlichkeit ihres Abbaus zu kalkulieren. Letztlich sollten diese Abteilungen eine langfristige Versorgung der Hochöfen in Wetzlar und Oberscheld (s. Abb. 415 und 416) mit eigenem Erz sicherstellen. Die fachmännische Arbeit der Bohrmannschaft hat entscheidend zur Lebensverlängerung der Gruben Königszug, Neue Lust, Auguststollen, Georg Joseph und Richardszeche beigetragen, ebenso zu dem Entschluß, Ende der fünfziger Jahre auf dem Lagerzug »Eiserne Hand« eine neue Grube mit dem Namen »Falkenstein« zu errichten. 1939 hatte der Bohrbetrieb 31 Beschäftigte. (R. G.)

Abb. 310: **Bohrturm** im Schelderwald, etwa 1955

Abb. 310: **Bohrturm** im Schelderwald, etwa 1955
Blick in das Innere einer Bohrhütte. Im Dreischichtbetrieb fraßen sich die mit Industriediamanten besetzten Bohrkronen langsam in den Fels. Ein 9 Meter langes, 5 cm dickes Hohlrohr wurde jeweils wieder oben angesetzt. Um 500 m tief zu bohren, mußte das Gerät rund um die Uhr 4 Monate lang laufen. Die an sich eintönige Überwachungsarbeit wurde nur manchmal unterbrochen durch technische Probleme wie z. B. den Bruch des Gestänges in der Tiefe, ein andermal drohte das Bohrloch durch nachrutschendes Gestein einzufallen. Im Winter war der stundenlange Aufenthalt in der Holzhütte unangenehm, und die Versorgung mit Wasser (für Kühlung des Bohrgestänges) und Dieselkraftstoff bereitete Schwierigkeiten; meist standen die Bohrhütten in unwegsamem Gelände.
In der Zentrale des Bohrbetriebes, am »Beilstein« bei Oberscheld, wurden die Bohrkerne, schmale Gesteinssäulen von phantastisch bunter Beschaffenheit, einer ersten Prüfung unterzogen, bevor sie in die Geolog. Abteilung des Hauptwerkes Wetzlar gelangten. Die endgültige Auswertung gab wertvolle Hinweise zur Bestimmung günstiger »Bauplätze« für Schächte und Stollen. (R. G.)

Abb. 311: **Bergmännische Ausbildung,** etwa 1941
Vielfältig waren die Anforderungen an die zukünftigen Hauer. Sie mußten neben bergbaulichen Kenntnissen Qualifikationen mehrerer handwerklicher Berufe erwerben, in erster Linie das Arbeiten mit Metall (Schlosser) und mit Holz (Zimmermann). Hier sehen wir Lehrlinge in der Holzwerkstatt der Buderus'schen Bergverwaltung am Herrnberg.
Eine planmäßig organisierte und durch Gesetz festgelegte bergmännische Berufsausbildung entwickelte sich erst langsam in den zwanziger Jahren. Die nach dem Ersten Weltkrieg rasch fortschreitende Mechanisierung und Rationalisierung zwangen auch im Bergbau zur Heranbildung von »Facharbeitern«. So wurde 1942 das Berufsbild »Knappe im Erzbergbau« geschaffen und der Abschluß eines Lehrvertrages für Berglehrlinge Vorschrift. Bereits ein Jahr früher führten die Buderus'schen Eisenwerke die Pionierarbeit der Preußag fort und gründeten neben der bereits auf Grube Königszug bestehenden Lehrwerkstatt »Eisen« eine weitere für Holzbearbeitung auf dem Gelände der Aufbereitungsanlage Herrnberg. Weiterhin wurde eine Lehrgrube für die Ausbildung unter Tage in der stillgelegten Grube Beilstein eingerichtet. 1948 wurde diese aus betrieblichen Gründen wieder aufgelöst und seitdem einheitlich auf Grube Königszug ausgebildet.
Auf den Lahngruben erfolgte die Ausbildung des bergmännischen Nachwuchses durch planmäßigen Einsatz in allen Betriebsabteilungen ohne eigene Lehrwerkstätten oder Lehrreviere. Die beiden bergmännischen Berufsschulen »Scheldetal« bei Oberscheld und »Weilburg« leisteten die theoretische Unterbauung der praktischen Erkenntnisse. (R. G.)

Abb. 312: **Bergmännische Ausbildung,** 1952
Die Absolventen der Hauerprüfung der Hessischen Berg- und Hüttenwerke AG mit ihren Ausbildern im Jahre 1952. Nach bestandener Prüfung erhielt der Knappe in einem zwei- bis dreijährigen Lehrhauerkurs die spezielle Ausbildung zum Hauer. Hier wurde er mit der Bohr- und Schießarbeit, der Abbauführung, dem Streckenvortrieb, dem Grubenausbau und anderen Tätigkeiten, nicht zu vergessen die Belange der Sicherheit, vertraut gemacht.
Die theoretische Ausbildung zum Hauer umfaßte je nach Einstiegsqualifikation 24 bis 48 Stunden, verteilt auf ein halbes Jahr. Nach § 1 der Prüfungsbestimmungen für Hauer müssen diese befähigt sein, »... *die im Grubenbetrieb vorkommenden bergmännischen Arbeiten vorschriftsmäßig, selbständig und fachgerecht auszuführen*«. Nach Durchlaufen der beiden großen Stufen »Grundausbildung« und »Spezielle Ausbildung« (Hauer) war die bergmännische Berufsausbildung an sich abgeschlossen. Für die besten Kräfte bestand noch die Möglichkeit, in späteren Jahren als Fahrhauer (entspricht etwa einem Meister) in den Aufsichtsdienst zu kommen. Ansonsten war ein beruflicher Aufstieg nur über den Besuch einer Bergschule (siehe Abb. 449 bis 451) möglich. (R. G.)

Abb. 311: **Bergmännische Ausbildung,** etwa 1941

Abb. 312 **Bergmännische Ausbildung,** 1952

Abb. 313: **Grube Prinzkessel,** etwa 1905

Blick auf die Tagesanlagen der *fiskalischen* Roteisensteingrube Prinzkessel bei Oberscheld kurz nach der Jahrhundertwende (linke Bildhälfte – rechts sieht man Zechenhaus und Aufbereitungshalle der Grube Gründchesseite, welche von der Firma Gebr. Treupel, Herborn, verwaltet wurde; die Strecken dieses Betriebes hatten ihren Ansitz im Schacht Prinzkessel).

Die Grube Prinzkessel wurde dem preußischen Bergfiskus am 19. Juni 1872 als *konsolidierter* Betrieb *verliehen*. Ein Grubenbild aus dem Jahre 1819 und eine bedeutende *Pinge* von 150 Meter Länge sind Beleg für den Abbau von Roteisenstein lange vor diesem Datum. Bis in eine Tiefe von etwa 60 Meter ist das Lager außerordentlich stark zerstückelt, und dies mag der Grund gewesen sein, warum der 1873 angesetzte Maschinenschacht wieder *aufgelassen* wurde; erst 1886 wältigte man den Schacht auf, *teufte* ihn in den folgenden Jahren weiter ab und traf um die Jahrhundertwende 18 Meter unterhalb der 60 m-Sohle ein neues, sehr reiches Lager an, welches flach einfiel und bis zur 130 m-Sohle reichte.

Das Bergwerk baute auf dem sogenannten »*Oberschelder Lagerzug*« und hatte stets Probleme mit starken Wasserzuflüssen. 1904 erhielt der Betrieb als einer der ersten im Dillgebiet die *Seilfahrt*genehmigung bis zur 130 m-Sohle, eine bedeutende Erleichterung für die Bergleute, die vorher auf *Fahrten* ihren Arbeitsplatz erreichen und nach Schichtende wieder verlassen mußten. Aus der Aufbereitungshalle führte ein Sturzgerüst über das Bahnanschlußgleis. Seit 1895 besorgte eine 569 m lange Pferdebahn den Transport des Erzes zum Bahnhof Oberscheld. Das Pferd zog 4 Wagen zu je 2 Tonnen. Kurz nach 1900 ersetzte eine vollspurige Dampfeisenbahn diese Anlage.

Wegen Erschöpfung der Vorräte wurde die Grube im Frühjahr 1914 stillgelegt und die Belegschaft größtenteils auf die Gruben Rinkenbach, Königszug und Rinzenberg verlegt.

Die Aufnahme verdeutlicht fast symbolhaft das für den Bergmann des Lahn-Dill-Gebietes existenzwichtige Nebeneinander von Bergbau und Landwirtschaft. Der Stellenwert der Landwirtschaft erklärt sich zum einen aus den vergleichsweise niedrigen Revierlöhnen; andererseits ermöglichte die seit etwa 1890 geltende 8-Stunden-Schicht für Untertagearbeit dem Bergmann – damals im Unterschied zu den Hüttenarbeitern, deren Arbeitszeit noch 12 Stunden ausmachte – den Betrieb einer kaum mechanisierten und deshalb arbeitsintensiven Nebenerwerbslandwirtschaft.

(R. G.)

Abb. 314: **Grube Ypsilanda,** um 1908

Die Belegschaft der Grube Ypsilanda bei Oberscheld, etwa im Jahre 1908. Das *Grubenfeld* Ypsilanda wurde 1839 an Ludwig Seibel aus Oberscheld *verliehen* und gelangte später in den Besitz der »Gewerkschaft des Schelder Eisenwerkes«. Am 31. März 1873 wurde die *konsolidierte* Grube dann auf die Firma J. C. Grün eingetragen. Schon vor der ersten Verleihung war im Grubenfeld Ypsilanda Bergbau auf Roteisenstein umgegangen. Infolge schwankender Absatzmöglichkeiten und Problemen mit starkem Wasserzufluß wurde der Betrieb 1874 und 1887 eingestellt. Nachdem 1898 der letzte eigene Holzkohlehochofen stillgelegt worden war, trennte die Firma Grün ihren Grubenbesitz von den reinen Eisengießereien. Der nunmehr gegebene Absatzzwang an fremde Hochofenwerke sowie der fortschreitende Tiefbau machten eine Modernisierung der Grubenanlagen notwendig. Im Rahmen dieser Maßnahmen begann man 1904 mit dem *Abteufen* eines neuen Maschinenschachtes auf Grube Ypsilanda. Ein Jahr später wurden Maschinen- und Kesselhaus errichtet und die Fördermaschine installiert. Im Juli 1906 war der Schacht 146 m tief. Zur Hebung der Grubenwasser diente eine Dampfpumpe mit einer Leistung von 1000 l/Minute sowie als Reserve eine elektrisch betriebene Zentrifugalpumpe. Bereits 1907 bestanden beide Pumpen ihre Bewährungsprobe bei einem Wasserdurchbruch.

Niedrige Erzpreise und Absatzmangel führten 1909 erneut zur Einstellung des Betriebes, die Belegschaft wurde auf die firmeneigenen Gruben Sahlgrund, Caroline und Wilhelmine verteilt. Der Betrieb und die Förderung in *Strecken,* Abbauen und *Vorrichtungen* bis zur 150 m-Sohle war später noch bis 1934 im Gange. (R. G.)

Abb. 315: **Auguststollen**, etwa 1905

Abb. 315: **Auguststollen,** etwa 1905

Der zwischen Oberscheid und Eisemroth auf der Höhe gelegene *Lagerzug* »Eiserne Hand« teilte sich ursprünglich in 32 *Grubenfelder* auf, darunter die Einzelfelder »Adelheid«, »Bettazeche«, »Caroline«, »Handstein«, »Wilhelmine«, »Eisenzeche«, »Friedrichsgrube«, »Henriette«, »Steinberg« und »Wilhelmsthal«; in den fünf letztgenannten Feldern fand bis 1959 Abbau statt. Entsprechend vielfältig waren im 19. und zu Beginn des 20. Jahrhunderts die Besitzverhältnisse. Aus der Reihe der damaligen Grubenbesitzer seien genannt die Firmen Johann Carl Grün, Burger Eisenwerke, Gebrüder Treupel, Franksche Eisenwerke, Haas und der preußische Berg*fiskus.* 1912 erwarb die Firma Grün den größten Teil der genannten Grubenfelder und dominierte bis zur Verpachtung an die Firma Buderus im Jahre 1936 den umfangreichen Komplex aus Tagebau, Tiefbau, Fördereinrichtungen und Aufbereitung (die Firma J. C. Grün wurde 1920 als selbständiger Betriebszweig aufgelöst und den Burger Eisenwerken zugeordnet). Bereits 1892 hatte die Grünsche Bergverwaltung in der Nähe des kurz zuvor fertiggestellten »Burgerstollen« (s. Abb. 317) eine zentrale Aufbereitungsanlage für ihre Gruben Anna, Caroline und Wilhelmine errichtet; diese arbeitete damals noch mit Handscheidung, verfügte aber über beheizte Sturzrollen für witterungsunabhängigen Erzversand und eine Schwebebahn – eine Seilbahn, deren Kästen von jugendlichen Arbeitern geschoben wurden. Der Standort für diese Anlage vermittelte zwischen dem Wunsch nach einem Gleisanschluß zur Scheldetalbahn (siehe Karte XVIII) und der Notwendigkeit, die Kosten für die Abförderung des in verschiedenen Lagerbereichen abgebauten Erzes möglichst gering zu halten.

Unsere Aufnahme – 1905 oder kurz danach entstanden – vermittelt einen Eindruck von den Ausmaßen und der Vielfalt des Roteisensteinbergbaus auf der »Eisernen Hand«. Zunächst fallen links am Hang die zahlreichen hölzernen Hallen auf, in denen die einzelnen Grubenbetriebe ihr Erz per Handscheidung aufbereiten ließen. Über Holzrutschen gelangte das Fertigerz zu den Wiegehäuschen und von dort in Bahnwaggons; das Bahngleis verlief unter der in Bildmitte sichtbaren Stützmauer. In dem großen Gebäude am Ende der Anlage – es gehörte der Firma Grün – wurde seit 1905 mit Hilfe von Klopfmaschinen, Separationstrommeln und *Setzkästen Tempererz* erzeugt. (R. G.)

Abb. 316: **Auguststollen,** 1930

Im Laufe ihres 83jährigen Bestehens wurde die Aufbereitungsanlage »Auguststollen« mehrmals erweitert und modernisiert.

Eine solche Maßnahme führten die Burger Eisenwerke (Nachfolger der Firma J. C. Grün) in den Jahren 1921/22 durch: Die Tempererzanlage wurde wesentlich vergrößert und für die übrigen Roteisensteinsorten ebenfalls eine mechanische Aufbereitungsanlage errichtet. Deshalb und weil im Jahre 1912 eine Konzentration des zerstreuten Felderbesitzes zugunsten der Firma Grün durchgeführt worden war, sind die zahlreichen Aufbereitungshallen bereits abgerissen. Unsere Aufnahme zeigt diese Ausbaustufe. Im einzelnen sieht man im Vordergrund die Verladebrücken, dahinter (von rechts nach links) die Aufbereitungsanlagen mit seitlichen Aufzügen, Zechenhaus, Magazin mit Garagen sowie das Verwaltungsgebäude (Walmdach). Zwischen den Aufbereitungsgebäuden im Hintergrund die Schlosserei mit Schmiede und ein Sägewerk (nicht sichtbar); ganz oben am Waldrand erkennt man das Obersteigerwohnhaus (mit Türmchen), das heute als einziges Gebäude des Ensembles noch steht.

Der unter dem Namen »Auguststollen« geführte Betrieb umfaßte schon vor 1900 sowohl einen Tagebau mit Stollenbetrieb auf der »Eisernen Hand« als auch die zentrale Aufbereitungsanlage gleichen Namens. Bis zum Jahre 1936 war es üblich, die früheren Grubennamen zu verwenden; danach dienten diese allenfalls noch zur Bezeichnung von Betriebspunkten; generell vereinheitlichte Buderus den Bergbau der östlichen »Eisernen Hand« unter dem Namen »Auguststollen«.

Seinen Ursprung hatte der Betrieb in einer am 30. September 1820 gebildeten Stollengewerkschaft »Auguststollen«. Dieser Zusammenschluß der vier *Grubenfeld*besitzer Göbel & Haas/Burg, Ludwig Haas/Dillenburg, Gebrüder Treupel/ Herborn und preußischer Berg*fiskus* verfolgte den Zweck, die mit größerer Abbautiefe wachsenden Stollenvortriebskosten durch Aufteilung zu senken. Nach Fertigstellung des »Oberen Auguststollen« begannen 1831 unter derselben rechtlichen Konstruktion die Arbeiten am »Tiefen Auguststollen«.

Der Vortrieb mußte jedoch wegen innerer Streitigkeiten und schlechter *Wetter vor Ort* im Jahre 1847 bei 400 Metern Länge eingestellt werden. Erst in den 1860er Jahren wurde der Stollen um weitere 250 Meter verlängert und erreichte das Lager (unter der Bezeichnung »Alter Auguststollen« wurde er bis zur Einstellung der Förderung 1959 in Betrieb gehalten). Ebenso wie der 48 Meter tiefer auf dem Niveau der Aufbereitungsanlage angesetzte »Burgerstollen« diente er der Erzabförderung aus verschiedenen Gruben wie Eisenzeche, Friedrichsgrube oder Wilhelmsthal sowie dem Tagebau. Einige Gruben wie Anna, Bettazeche, Steinberg und Henriette (dieser Betrieb nahm 1885 auf der Auguststollensohle die erste untertägige Dampfmaschine des Reviers in Betrieb) waren auf den oberen Sohlen mit dem »Auguststollen« und zur *Teufe* hin mit dem »Burgerstollen« verbunden. Den Höhenunterschied zwischen »Auguststollen« und Aufbereitungsanlage überbrückte – ähnlich wie später im Tagebau – ein sogenannter *Bremsberg*. (R. G.)

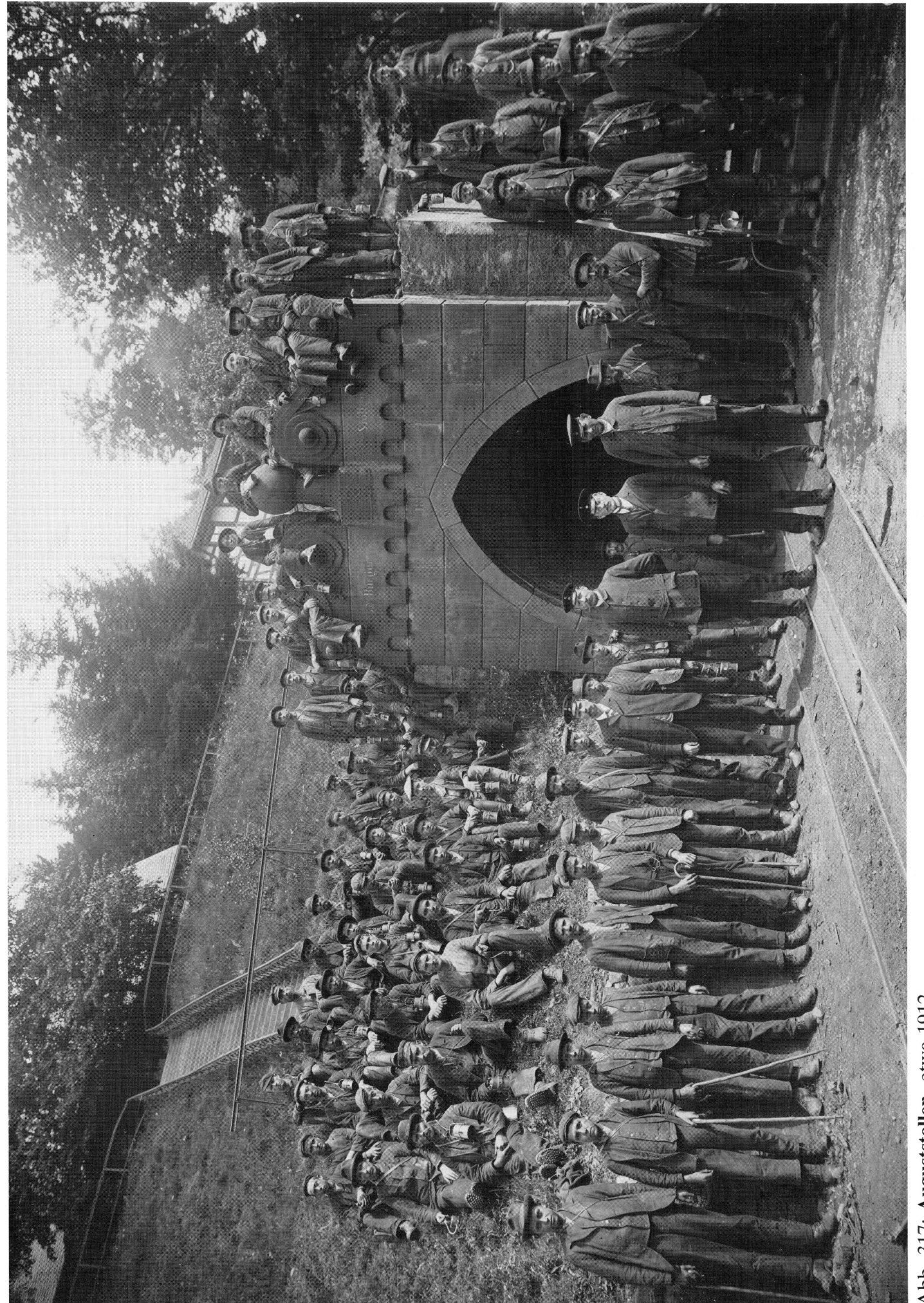

Abb. 317: **Auguststollen**, etwa 1912

Abb. 317: **Auguststollen,** etwa 1912

Vor dem Sandsteinportal des »Burgerstollen« haben sich die Bergleute der Grube Steinberg aufgestellt, welche seit 1765 im Besitz des *Fiskus* war und 1912 von der Firma J. C. Grün aufgekauft wurde. Die Karbidlampen mit der Verstärkung in der Mitte haben einen Schraubenring-Verschluß und stammen von der Firma Hermann Hesse aus Nürnberg. Bei dem oberhalb erkennbaren Gebäude handelte es sich um ein Schlafhaus, eine Einrichtung, über die damals viele größere Grubenbetriebe verfügten. Bergleute mit sehr weitem Anmarschweg wohnten und schliefen hier von Montag bis Samstag. Ebenso wie der »Obere Auguststollen« und der »Tiefe Auguststollen« wurde dieser Stollen als Gemeinschaftsprojekt mehrerer Grubeneigner hergestellt. Der quer zum Lager ausgerichtete Stollen wurde seit 1889 im dreischichtigen Betrieb zunächst 580 m vorgetrieben. Dabei erreichten die Hauer trotz Anfertigung der Bohrlöcher von Hand eine durchschnittliche Monatsleistung von 12 Metern, eine im Vergleich zur Vortriebsleistung von 2 Metern im »Tiefen Auguststollen« beachtliche Steigerung. Sie ist vor allem zurückzuführen auf die zwischenzeitliche Erfindung von Dynamit und Sprengkapsel sowie auf die Ablösung der zwölfstündigen durch die achtstündige Schichtarbeit. Von den Betrieben, die durch *Querschläge,* Schächte oder *Bremsberge* im Laufe der Zeit an den »Burgerstollen« angeschlossen worden sind, seien genannt Steinberg (preuß. Fiskus), Anna und Caroline (J. C. Grün), Bettazeche (Firma Treupel) und ab 1910 Grube Sahlgrund (s. Abb. 323).

Der »Burgerstollen« diente jahrzehntelang als Hauptförderstollen. Wegen der vielen Grubeneigner, die ihre Erze aus dem Stollen abfördern wollten, hatte man eine »Förderkompanie« gebildet, in welche die einzelnen Unternehmer je nach Nutzung des Stollens Jungbergleute einzustellen hatten. Seit 1910 waren Benzollokomotiven der Motorenfabrik Oberursel AG (»Universal-Locomotive«) im Einsatz. Das Stollenmundloch lag etwa 50 Meter von der Aufbereitungsanlage entfernt und ist noch heute relativ gut erhalten.

(R. G.)

Abb. 318: **Auguststollen,** um 1940

Abb. 318: **Auguststollen,** um 1940

Ein Dampflöffelbagger der Firma »Menk und Hambrock«/ Altona, Baujahr 1908, Ende der 30er Jahre im Tagebau auf der »Eisernen Hand« – dem größten Betrieb seiner Art im Dillrevier. Schon weit vor 1800 baute man hier das an der Erdoberfläche *ausbeißende* mulmige Eisenerzvorkommen in *Pingen* ab. Entsprechend dem Verlauf der Lagerstätte wurden diese oft in Zügen angeordnet und sind in unseren Wäldern teilweise heute noch gut zu erkennen. Mächtigkeit und Einfallswinkel des Lagers, die primitive Technik und das abzuräumende Deckgebirge setzten dieser alten Form des Tagebaus indessen enge Grenzen und zwangen seit den 80er Jahren des vorigen Jahrhunderts zum Tiefbau. Um so erstaunlicher ist es, daß 1915 dieser Tagebau wieder in Betrieb genommen wurde und – mit kleinen Unterbrechungen – bis 1956 arbeitete. Grund hierfür war die enorme Mächtigkeit des Lagers (bis 20 m) sowie die Tatsache, daß man im Untertagebau früher die rauhen, *kieseligen* Lagerteile mitsamt den eingeschlossenen hochwertigen Roteisensteinbanken stehengelassen hatte, weil die damalige Hüttentechnik (Holzkohlehochöfen) ihre Verwertung nicht erlaubte. Erst die Kokshochöfen, die Nachfrage nach *Tempererz* und die besondere Rohstoffsituation während des Ersten Weltkrieges ließen das Vorhaben lohnend erscheinen. Aufgabe des abgebildeten Dampfbaggers war die Beseitigung des zuvor durch Sprengungen aufgerissenen 40 bis 50 m starken Diabasdeckgebirges. Er war seit 1920 im Einsatz, hatte einen Löffelinhalt von 2 cbm und leistete 70 PS. Da der Bagger keine Ketten hatte, sondern auf Rädern lief, nahm er jeweils ein Reck Schienen hinter sich weg und baute es vorne wieder an. (R. G.)

Abb. 319: **Auguststollen,** um 1945

Die Abraummassen aus dem Tagebau wurden in Zügen von 12 hölzernen Kippwagen mit aufklappbaren Seitenwänden zu der etwa 600 Meter entfernten Kippe gefahren. Die Ladekapazität eines Wagens war mit 2 cbm dem Löffelinhalt des Dampfbaggers angepaßt. Der Schürflöffel des in der Abbildung gezeigten Elektrobaggers faßte dreiviertel Kubikmeter. Dieser Bagger war 1940 von der »Simmeringer Maschinen- und Waggonbau AG«/Wien als Dieselbagger gekauft und vermutlich erst später auf elektrischen Antrieb umgebaut worden. Er war weitaus beweglicher als der Dampfbagger und diente deshalb zur Freilegung einzelner Lagerschollen – also zur »Feinarbeit«. 1952 wurden im Tagebau 177 540 Kubikmeter Abraum gebaggert und abgefahren – diese Menge entspricht 7397 Zügen. (R. G.)

Abb. 320: **Auguststollen,** 1959

Diese Luftaufnahme aus dem Jahre 1959 – seit drei Jahren war der Tagebau eingestellt – vermittelt noch einen Eindruck von der Ausdehnung und Beschaffenheit dieses Betriebszweiges. Man erkennt rechts am Waldrand den *Bremsberg* zur Seilbahnstation; die oberen Abschnitte sind bereits bewachsen, ein Hinweis darauf, daß der Bremsberg mit zunehmender *Teufe* des Tagebaus im oberen Teil *abgeworfen* wurde. Ein Kübelwagen entleerte das bereits im Tagebau nach Sorten verladene Erz am unteren Ende des Bremsberges in die zugehörigen Bunker (insgesamt sechs), aus denen es in die Seilbahnkästen gezapft werden konnte. Direkt neben den oberen Bunkern liegt das Stollenmundloch des »Ludwigstollen« (im Bildmaßstab etwa 0,5 cm links), davor erscheint das Dach der Seilbahnstation als weiße Fläche. In dem größeren Gebäude rechts war eine Kompressorenstation untergebracht. Links steht der Dampfbagger, von zwei Reihen Kippwagen umgeben. Das Gebäude auf gleicher Höhe in der Mitte des Tagebaus war ein Dampflokomotivschuppen. Oberhalb sieht man das winklig gebaute Zechenhaus und, nochmals höher gelegen, einen Schuppen für Benzol- und Dieselloks. Am oberen Rand der nach Nordosten fotografierten Aufnahme ist schemenhaft das Dorf Tringenstein zu erkennen.

Die große Böschungslinie läßt auf die Verlaufsrichtung der Lagerstätte schließen. Zur Abbautechnik sei gesagt, daß man das Lager jeweils 3 bis 7 Meter zur *Teufe* freilegte und dann horizontal abbohrte; die Bohrlöcher waren 48 mm stark und meist 1,5 Meter tief. Wenn das Lager besonders mächtig war (ab 6 Meter), wendete man auch die *Kammersprengung* an.
Die Fördermenge des Auguststollen (einschließlich Tiefbau) erreichte 1938 bei 199 Beschäftigten 73 787 Tonnen, fiel gegen Kriegsende stark ab und stieg von 12 250 Tonnen (1946) wieder auf durchschnittlich 20 000 Tonnen (relativ starke Schwankungen wegen labiler *Tempererz*nachfrage). Seit 1972 wurde der im November 1956 stillgelegte Tagebau als zentrale Mülldeponie des nördlichen Lahn-Dill-Kreises genutzt, eine Maßnahme, die damals wirtschaftlich sinnvoll erschien, mittlerweile aber auf wachsende Kritik stößt. Vor allem deshalb, weil der Untergrund der Deponie zerklüftet und von einer Vielzahl von Bergwerksstrecken unterfahren ist. Dieser Umstand könnte längerfristig die bisherige Trinkwasserversorgung der unterhalb liegenden Gemeinden gefährden.
(R. G.)

Abb. 321: **Auguststollen,** 1957

Bis zur Einstellung des untertägigen Betriebes am 1. April 1959 waren im »Ludwigstollen« und auf der Auguststollensohle Pferde eingesetzt (»Steinbergstollen« und »Burgerstollen« waren bereits *abgelegt*). Hier sehen wir, wie Grubenpferd »Meta« unter Aufsicht von Pferdeführer Bernhard Schmidt (Oberscheld) Förderwagen aus dem »Ludwigstollen« zur etwa 10 Meter entfernten Seilbahnstation zieht; diese transportierte das Erz 800 Meter hangabwärts zur Aufbereitungsanlage. Nach über 200 Jahren Bergbau auf Roteisenstein und infolge der Vielzahl der Betriebe war das Vorkommen seit den vierziger Jahren restlos abgebaut. Der seitdem geführte Untertagebetrieb beruhte also auf der Durcharbeitung des *Alten Mannes* bzw. dem Abbau einiger Pfeiler mit geringerwertigen Erzen. Im Grunde wurde *Versatz*material aus früheren Zeiten – ehemals wenig gefragtes rauhes, kieseliges Material – hereingewonnen und zu *Tempererz* verarbeitet. Dieser Untertagebau war wohl der schwierigste, der je im Lahn-Dill-Gebiet geführt wurde und setzte dementsprechend gute bergmännische Kenntnisse voraus; durch den aufwendigen und arbeitsintensiven Holzausbau in *Getriebezimmerung* waren der Förderleistung enge Grenzen gesetzt.

In den letzten Betriebsjahren hatte der »Auguststollen« durchschnittlich 165 Beschäftigte, von denen 65 im Tiefbau, 70 im Tagebau und etwa 30 im übrigen Tagesbetrieb (vor allem in der Aufbereitung) eingesetzt waren. (R. G.)

Abb. 322: **Auguststollen,** 1967

Eine Güterzugtenderlokomotive (BR 094-pr T 16[1]) verläßt das Verladegleis der Aufbereitungsanlage. Dieser mit einer Riggenbach-Gegendruckbremse ausgestattete und so speziell für die Steigungsabschnitte der Scheldetalbahn geeignete Lokomotivtyp war von 1923 bis zur Einstellung des Dampfbetriebs am 1. April 1972 im Einsatz. Die Lok brachte das Fertigerz zum Hochofenwerk Oberscheld oder nach Dillenburg, von wo aus es den Weg zu weiter entfernten Abnehmern antrat. Die ehemals zahlreichen Grubenbetriebe im Bereich des »Auguststollen« erhielten bereits 1889 über ein Stichbahngleis Anschluß an die Scheldetalbahn. Der *Lagerzug* »Eiserne Hand« lieferte mehrere Erzsorten: neben *Roteisenstein I und II* auch die Sorte III mit hohem Kieselsäuregehalt (Zuschlagsstoff im Hochofen), Stahlwerkstein und nahezu kalkfreies, *temper*fähiges Erz. In den fünfziger Jahren hatte die Anlage ein *Ausbringen* von etwa 30 Prozent Erz der Sorte Rot I mit einem Eisengehalt von 45 Prozent sowie 70 Prozent *Tempererz* unterschiedlicher Korngröße und Gehalte (39 bis 41 Prozent Eisen). Der damalige *Tempererz*bedarf der Bundesrepublik in Höhe von monatlich 2000 Tonnen wurde durch die Produktion dieser Anlage (1200 Tonnen) und die 800 Tonnen von Grube Waldhausen (siehe Abb. 217) gedeckt. Für die vier Korngrößen gab es jeweils Bunkerkapazitäten von 3500 Tonnen. Die Temperaufbereitungsanlage verarbeitete neben der eigenen Förderung auch entsprechende Erze der Gruben Königszug und Falkenstein sowie Fremderze; nach Stillegung der genannten Gruben (1968 und 1973) lief die Anlage mit 5 Beschäftigten noch bis zum 31. Dezember 1975; zuletzt wurden ausschließlich Auslandserze zu Tempererz aufbereitet. (R. G.)

Abb. 323: **Grube Sahlgrund,** etwa 1920

Die Tagesanlagen der Grube »Sahlgrund« bei Eisemroth, etwa im Jahre 1920. Die *Verleihung* erfolgte am 11. Januar 1874 an Kommerzienrat J. C. Grün zu Dillenburg sowie dessen Ehefrau Marie, geb. Bücking. Nachdem das Lager vor der Jahrhundertwende entweder verfehlt oder nur in schlechteren Partien angefahren werden konnte, traf man es 1906 durch einen 627 m langen Lösungsstollen in guter Qualität und Mächtigkeit. Ein Jahr später wurde mit dem *Abteufen* eines neuen Maschinenschachtes begonnen, gegen Ende des Jahres 1908 hatte er eine Teufe von 130 m erreicht. 1909 konnte der neue Schacht über eine 900 m lange Strecke mit dem »Burger Stollen« (Bild 317) verbunden werden, die Förderung erfolgte seitdem mit Benzollokomotiven. Ein Blick auf die technischen Neuerungen nach 1905 zeigt, daß dieses Bergwerk eines der bedeutendsten im Grubenbesitz der Firma Grün war. Bereits 1905 hatte man den maschinellen Bohrbetrieb eingeführt, den Transport der Förderwagen im damals 670 m langen Lösungsstollen besorgte eine Streckenfördermaschine: ein Seil ohne Ende hatte im Abstand von 35 m einen Knoten, der die Wagen an den aufgesteckten Gabeln mitzog. Im selben Jahr ging übertage eine *Tempererz*aufbereitungsanlage in Betrieb. Der Hauptschacht wurde 1921 bis zur 370 m-Sohle niedergebracht, ein dort angesetzter Blindschacht erreichte 470 m, und ein Gesenk ging von hier aus zur 520 m-Sohle; dies war die größte Tiefe, in der je eine Grube auf dem *Lagerzug* »Eiserne Hand« abgebaut hat. Die Fördermenge bewegte sich bis zum Krisenjahr 1923 meist zwischen 40 und 50 000 Jahrestonnen. Nach mehreren Betriebseinstellungen konnten 1928 mit 200 Beschäftigten sogar 68 000 t Eisenerz gefördert werden. Am 30. Juni 1934 wurde die Grube stillgelegt und 1973 der Schacht verfüllt.

Auf dem Bild erkennen wir links neben dem 15 m hohen Förderturm das 1908 errichtete Zechenhaus mit Wohnung im zweiten Stock, rechts das Kessel- und Maschinenhaus. Hier trieben 2 Siederohrkessel mit je 200 qm Heizfläche die 200 PS starke Fördermaschine an. Außer den hier abgebildeten Gebäuden gehörten noch ein Sägewerk, eine Reparatur- sowie eine Elektrowerkstätte zur Grube Sahlgrund. Die Verladung des Erzes in Eisenbahnwaggons erfolgte am Bahnhof Auguststollen. (R. G.)

Abb. 324: **Grube Falkenstein,** etwa 1963

Abb. 324: **Grube Falkenstein,** etwa 1963

Auf dem südwestlichen Teil des *Lagerzuges* der »Eisernen Hand« zwischen Oberscheld und Eisemroth errichtete die »Hessische Berg- und Hüttenwerke AG« ab 1957 am oberen Ende des Rinkenbachtales die Eisenerzgrube Falkenstein, die letzte und modernste ihrer Art in Hessen. Erwähnt sei, daß bereits am 28. August 1865 das *Grubenfeld* Falkenstein im Distrikt »Reiseheck« – in unmittelbarer Nähe des alten Handelsweges »Hohe Straße« gelegen – an den Dortmunder Kaufmann Bennekemper *verliehen* worden war und im Jahre 1938 an die Firma Buderus überging. Doch begann nennenswerter Bergbau, wahrscheinlich wegen des tief ansitzenden Lagers, erst 1957.

Im Unterschied zu allen anderen Gruben stand diese Anlage von Beginn an unter dem Konkurrenzdruck billiger Auslandserze und wurde dementsprechend – angepaßt an die Gegebenheiten des Lagers – in sämtlichen Betriebsabschnitten mit moderner Technik ausgerüstet. Mit 151 620 t erzielte Falkenstein im Jahre 1970 bei einer Belegschaft von 140 Mann ihr bestes Ergebnis. Entscheidend für die Errichtung dieser 5,2 Millionen DM teuren Anlage in einer Zeit, da sich die Krise des deutschen Eisenerzbergbaus schon deutlich abzeichnete, war zum einen die Tatsache, daß die meisten 1957 noch in Betrieb stehenden Gruben der Berghütte fast erschöpft waren oder zu teuer produzierten, zum anderen der Wunsch, die eigenen Hochöfen in Wetzlar und Oberscheld (s. Abb. 415 und 416) auch zukünftig wenigstens teilweise mit eigenem Erz zu versorgen.

(R. G.)

Abb. 325: **Grube Falkenstein,** etwa 1960

In der zweiten Etage der Schachthalle, der *Hängebank,* war ein Wagenumlauf errichtet, eine Art »Kreisverkehr auf Schienen«: Wenn ein leerer Förderwagen mittels Druckluft auf den Förderkorb geschoben wurde, lief der dort stehende volle nach der anderen Seite ab bis zu einem Kreiselwipper, einer Vorrichtung, die den beladenen Wagen aufnimmt, dreht und dabei gänzlich entleert, so daß dieser, nachdem er auf einer nachfolgenden Hebebühne um 1 Meter angehoben worden war, wieder vor den Schacht rollte. Das Erz fiel zunächst in Roherzbunker und gelangte von dort in die Aufbereitung. Als Fertigerz wurde es danach je nach Korngröße in 10 verschiedene *Rollen,* welche als Fertigerzbunker z. T. in Basaltmauerwerk ausgebaut waren, abgestützt und anschließend in einem 150 m langen Förderstollen über ein Fließband zur Lkw-Verladestelle abgezogen. Der Förderstollen mündete im Rinkenbachtal und war in 40 m Tiefe mit dem Hauptschacht verbunden. Eine ursprünglich vorgesehene Seilbahn zum Hochofenwerk Oberscheld wurde nicht realisiert, da der Abtransport durch Lastwagen rentabler erschien.

(R. G.)

Abb. 326: **Grube Falkenstein,** 1971

Lokomotivführer Horst Müller kommt mit einem Erzzug aus dem *Feld* und begehrt »Einfahrt« zum *Füllort* der 350 m-Sohle. Das Grubentelefon war seit den fünfziger Jahren allgemein verbreitet und ermöglichte neben dem Signalsystem am Schacht eine direkte Verständigung und Koordination mit dem Fördermaschinisten oder dem Aufsichtspersonal der Grube. Der Vorläufer des Grubentelefons, das Sprachrohr, gestattete zwar ebenfalls eine deutliche Sprechverbindung zwischen Fördermaschinist und Bergleuten unter Tage, allerdings nur bis etwa 100 Meter Entfernung bzw. *Teufe*.

Da das Erzlager erst in einer *Teufe* von ca. 250 m ansetzte, wurde es durch zwei Hauptsohlen erschlossen, die 300 m- und die 350 m-Sohle. Die 350 m-Sohle war Hauptfördersohle, hier wurde der Förderkorb mit vollen Erzwagen beschickt. Das oberhalb der 300 m-Sohle anfallende Erz wurde restlos über zwei *Sturzrollen* zur 350 m-Sohle abgestürzt, dort erneut in Förderwagen geladen und dem Schacht zugeführt. Diese Sturzrollen wurden auch als »Sammelrollen« bezeichnet, weil mehrere Abbaue in diese Rollen förderten und sie durch ihr großes Volumen von mehr als 150 t eine gewisse Vorratshaltung ermöglichten. (R. G.)

Abb. 327: **Grube Falkenstein,** um 1970

Ein vergleichsweise flaches *Einfallen* des Lagers von 25 bis 35 Grad sowie festes Deckgebirge aus Diabas ermöglichten auf Grube Falkenstein überwiegend den »*Schwebenden Örterbau*«. In der Fachsprache des Bergmanns sind »Örter« unter Tage ausgeschossene Kammern; die Aufnahme zeigt eine solche etwa 5 m breite und 40 bis 50 m lange Kammer.

Abb. 326: **Grube Falkenstein,** 1971

Abb. 327: **Grube Falkenstein,** um 1970

Eine Abstützung des *Hangenden* erfolgte lediglich durch 2 bis 3 m starke stehengebliebene Erzpfeiler, wie sie als seitliche Begrenzung der Kammer auf dem Bild gut zu sehen sind. Die hierdurch bedingten Abbauverluste von 15 bis 20 Prozent waren im Vergleich zu den Kostennachteilen des bei steiler Lagerung angewendeten *Firstenstoßbaus* (s. Abb. 290) gering. Ein Verfüllen der Hohlräume war auch deshalb überflüssig, weil das standfeste Deckgebirge über dem Lager 250 bis 300 m mächtig war, mithin *Bergschäden* an der Tagesoberfläche durch nachbrechendes Gestein nicht auftreten konnten.

Eine Folge der ziemlich flachen Lagerung war die große Abbaulänge zwischen den beiden Hauptsohlen (300 m- u. 350 m-Sohle) von weit über 100 Metern. Sowohl sicherheitliche Überlegungen als auch die wirtschaftliche Länge eines Schrapperzuges verlangten kleinere Abbaulängen. Dies wurde erreicht, indem in der Regel zwei Teilsohlen, die nicht an den Schacht angeschlossen waren, im Lager *aufgefahren* wurden und damit eine optimale Schrapperbetriebslänge vorgaben.

Nach jedem *Abschlag* wurde das *Haufwerk* mit Schrappern zur unteren Fördersohle gezogen, da es bei dem geringen Einfallwinkel nicht von allein rutschte. Diese Situation ist in der Bildmitte zu sehen. (R. G.)

Abb. 328: **Grube Falkenstein,** um 1970

Die Aufnahme zeigt die Fortsetzung des Geschehens von Abb. 327. Das Schrappgefäß belädt einen Muldenkippwagen, anschließend wird das Fördergut in die nächste *Rolle* abgestürzt. Zur besseren Füllung beim Beladen der Förderwagen diente ein an den Seiten angewinkeltes Blech, der sogenannte Schrappertisch, unter dessen Vorderkante die Wagen geschoben wurden. Die beiden auf Trommeln gewickelten Stahlseile ermöglichten das Vor- und Zurückziehen des Schrappgefäßes. Für das Unternehmen bedeutete der Einsatz von Schrappern eine Produktivitätssteigerung, für die Bergleute eine Entlastung von der kräftezehrenden Wegfüllarbeit mit der Hand (s. Abb. 286). Durch die Mechanisierung und ihre immer rationellere Anwendung konnte die Leistung pro Mann und Schicht von 5,58 t im Jahre 1968 auf 7,05 t 1972 gesteigert werden. Weitere Steigerungen wären durch den Einsatz leistungsfähiger Bohr- und Lademaschinen – ähnlich wie auf Grube Fortuna seit 1971 (siehe Abb. 126 und 129) – durchaus möglich gewesen.

(R. G.)

Abb. 329: **Grube Falkenstein,** 1971

Zwei Akku-Lokomotiven im *Füllort* der 350 m-Sohle. Rechts liefen die vollen Züge über eine kleine Rampe mit natürlichem Gefälle zum Schacht, links wurden die Leerzüge zusammengestellt und ins *Feld* gefahren. Die 350 m-Sohle wurde 1961 mit dem zweiten Schacht, dem »Wetterschacht«, verbunden. Dieser zwischen 1959 und 1961 *abgeteufte* Nebenschacht war 750 m vom Hauptschacht entfernt, und der Schachtansatzpunkt lag 25 m höher. Auf diese Weise sorgte er für eine natürliche *Bewetterung* der untertägigen Gruben*baue* und versah die Grube mit dem bergbehördlich vorgeschriebenen zweiten Ausgang nach über Tage. Er war nicht, obwohl prinzipiell möglich, mit einem Förderkorb ausgerüstet. Man hatte dort lediglich den Kübel vom Schachtabteufen, in dem 3 Mann gleichzeitig fahren durften, als *Notfahrung* belassen. Durch ein flaches *Gesenk* wurde seit 1970 von der 350 m-Sohle aus die 385 m-Sohle nach Westen und Osten angesetzt; damit wären 1,5 Millionen t Erz aufgeschlossen worden. Aber bereits ein Jahr später sah sich das Unternehmen zu einer Drosselung der monatlichen Förderung auf 5000 t gezwungen, nachdem ein Hochofenwerk im Ruhrgebiet seinen Bezug von Falkensteinerz einstellte. Selbst der erneute Übergang auf einschichtigen Betrieb – nach Stillegung der Grube Königszug 1968 (siehe Abb. 280) arbeitete Falkenstein in zwei Schichten – konnte das Problem sinkender Erlöse und Absatzchancen nicht beseitigen. Seit Jahren schon war der Eigenerzanteil im *Möller* der firmeneigenen Hochöfen praktisch bedeutungslos. Er hatte sich von 18,6 Prozent 1964 auf 2,4 Prozent im Jahre 1972 verringert. (R. G.)

Abb. 330: Grube Falkenstein, um 1963

Der 24 m hohe Förderturm über dem Hauptschacht bildete die optische Krönung der Tagesanlage. Eine Fördermaschine mit »Koepescheibe« und einer Antriebsleistung von 160 kW betrieb die Förderanlage (siehe Abb. 300). Sie hatte eine stündliche Kapazität von ungefähr 45 t. Der Schachtansatzpunkt auf der Höhe war auch deshalb so gewählt worden, damit sich die Gebäude der Aufbereitungsanlage stufenförmig an das Zechenhaus anschlossen und das natürliche Gefälle des Geländes den Transport des Erzes durch die Aufbereitung wirkungsvoll unterstützte. Zu Beginn der siebziger Jahre war die eigene Eisenerzförderung ihrem Anteil am Umsatz wie auch der Weiterverarbeitung in anderen Werksabteilungen nach hoffnungslos in eine Randposition gerutscht.
Der weitreichende Beschluß, dieses moderne Bergwerk mit Vorräten von mehreren Millionen Tonnen zum 31. August 1973 stillzulegen, war die Konsequenz dieser betriebsinternen Stellung und des chronischen Absatzmangels: Nicht nur die Hüttenwerke im Ruhrgebiet und im Siegerland, auch die süddeutsche Zementindustrie, die das Erz als Zuschlagstoff einsetzte, verringerten ihren Bezug immer stärker. Die Gesamtförderung der Grube betrug in den 13 Betriebsjahren 1 120 000 t. Mit Schließung dieser Grube endete auch der über 2000 Jahre alte Eisenerzbergbau im Dillgebiet. Der Förderturm wurde verschrottet, die Fördermaschine konnte in ein Entwicklungsland verkauft werden, und in den neuwertigen Gebäuden der Tagesanlagen hat heute eine Firma für Müllbeseitigung ihren Sitz.   (R. G.)

Abb. 331: **Grube Rothland,** 1918

Bergleute der Roteisensteingrube Rothland bei Offenbach/ Dillkreis an der Abraumhalde unterhalb des Zechenplatzes. Die Grube baute auf dem »Offenbacher *Lagerzug*«, dem südlichsten des Dillgebietes. Es muß ein hochwertiges Erzlager gewesen sein, denn im Jahre 1776 verfaßte das Amt Herborn ein Schreiben an die Herzogliche Landesregierung, worin die folgende Bitte vorgetragen wird: »*Bei Offenbach stehet der gefundene Eisenstein, der, nach der auf der Heierhütte* (Haigerhütte) *gemachten Probe, der Beste im Lande ist, so mächtig, daß davon mit wenigem Zuschlag von denen in der Gegend bei Oberscheld her nahe gelegenen Grube, eine Eisenschmelzhütte gar wohl betrieben werden könne... Bei einem Hüttenwerk kann fast jeder Geld verdienen; und das für Roheisen in großen Summen eingehende Geld... belebt zugleich alle andern Gewerbe.*« Zum Bau einer Hütte ist es unterdessen nie gekommen. Am 18. Januar 1817 hatte Johannes Thomas aus Nanzenbach die *Belehnung* auf die *Grubenfelder* »Rothland«, »Pfaffendelle«, »Nonnendelle« und »Ellersbeul« beantragt. Zehn Jahre später gehörte das Bergwerk nur noch zur Hälfte dem Hüttenpächter Thomas, die andere Hälfte war im Besitz der Neuhoffnungshütte zu Sinn, welche die Verwaltung der Firma Treupel übertragen hatte. In den dreißiger Jahren – hinzugekommen war das Grubenfeld »Leingruben« – erfolgte der Vortrieb eines »Tiefen Stollens« im »Flachsgarten«. Die Belegschaft bestand damals aus 10 Hauern und zwei Karrenläufern und förderte durchschnittlich 900 Pferdewagen Erz aus dem Feld »Pfaffendelle« sowie 750 Wagen aus den übrigen Feldern (eine Fuhre wog etwa 45 Zentner). Als man 1870 etwa 33 Meter unter dem Niveau des alten einen neuen Stollen ansetzte, geschah dies gegen den heftigen Protest des Bürgermeisters von Offenbach, welcher die Trinkwasserversorgung der Gemeinde gefährdet sah; sicher spielte auch eine Rolle, daß viele Einwohner eine Ausdehnung des bereits lästigen Fuhrverkehrs ablehnten. 1871 beschäftigte die Grube 38 Bergleute. Einen bedeutenden Aufschwung verzeichnete der Betrieb dann nach der Eröffnung der Eisenbahnstrecke von Herborn nach Niederwalgern im Jahre 1902; die dadurch mögliche Frachtersparnis verbesserte die Absatzchancen. Vor und während des Ersten Weltkrieges arbeiteten mehr als 100 Mann auf der Grube. Nach dem Kriegsende sank die Förderung wie auf anderen Gruben der Umgebung auch zunächst stark ab (1920 noch 6000 t).

(R. G.)

Abb. 332: **Grube Rothland,** 1924

Ein Bulldog der Marke Lanz auf dem Weg von der Grube Rothland/Leingrube – so die genaue Bezeichnung – zum Bahnhof Bischoffen.

Das vollgummibereifte Gefährt zog jeweils zwei mit Erz beladene Holzwagen und gehörte dem Fuhrunternehmer Gustav Gass aus Offenbach. Auf unserem Bild, aufgenommen in der Ortsmitte von Offenbach, fährt dessen Sohn Karl den Traktor. Vorher besorgten Pferde- und Ochsenfuhrwerke den Transport zur Bahn.

Seit 1924 ging es wieder aufwärts mit dem Grubenbetrieb; in diesem Jahr förderten 129 Bergleute 18 000 t Erz von durchschnittlich 45 Prozent Eisengehalt. Am 1. Februar 1922 hatte die Firma Haas & Sohn, Sinn (Neuhoffnungshütte) – sie war bereits seit Jahrzehnten alleiniger Besitzer – das Bergwerk an die Gutehoffnungshütte in Oberhausen verpachtet. Als zu Beginn der Weltwirtschaftskrise mehrere Untersuchungsstrecken auf taubes Gestein stießen, stellte die Gesellschaft im März 1929 die Förderung ein; 120 Bergleute verloren ihren Arbeitsplatz. Das an einigen Stellen stark verworfene Lager war keineswegs erschöpft, und so dürfte auch eher das ungünstige Kosten-Lohn-Verhältnis für die Schließung maßgebend gewesen sein. Im Zweiten Weltkrieg diente der Eingangsstollen als Luftschutzbunker, und seit 1947 nutzt die Gemeinde Offenbach die Grube als Wasserreservoir. (R. G.)

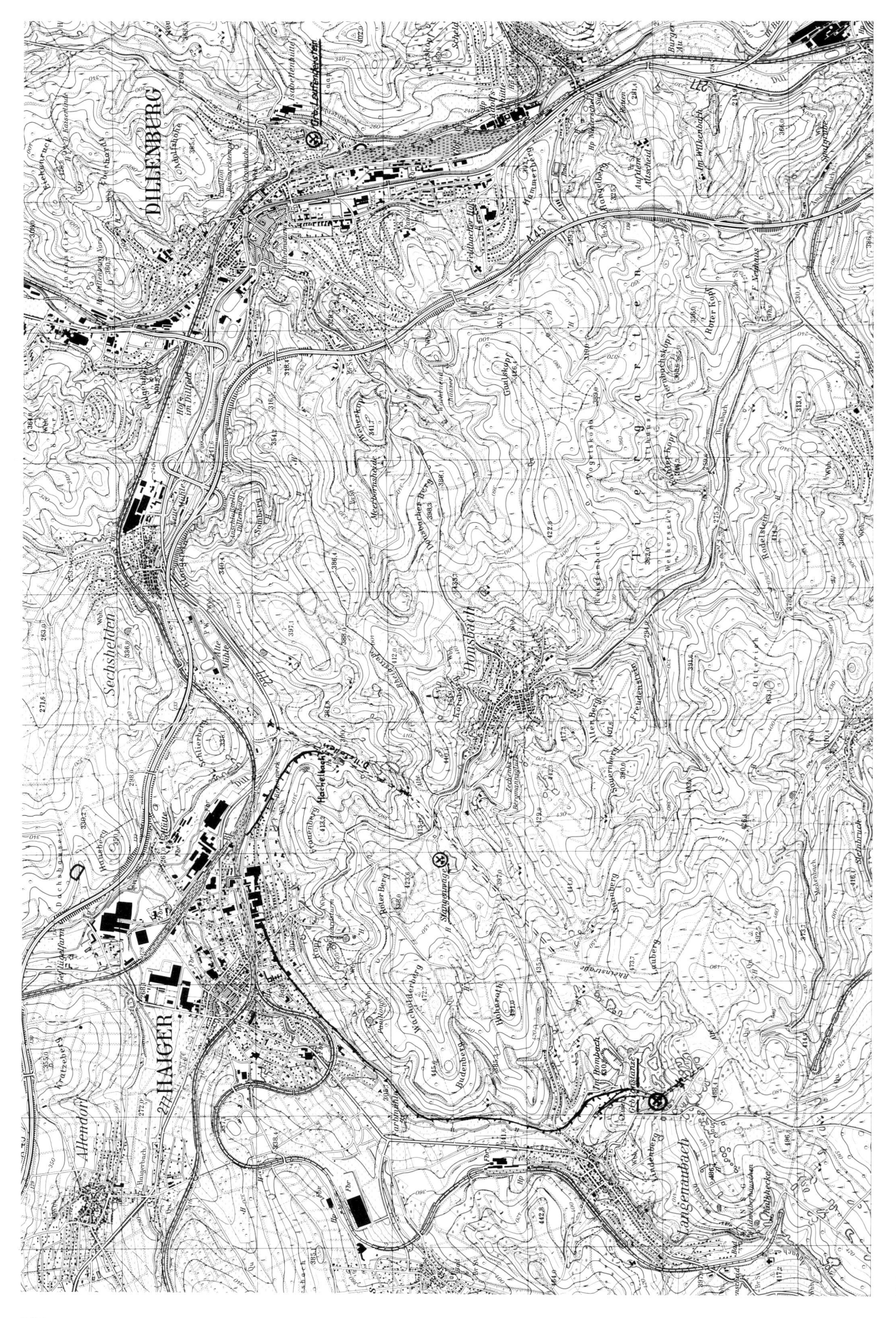

Karte XIX Gruben: **Constanze, Stangenwage, Laufenderstein** Maßstab: 1 : 35 000

Abb. 333: **Grube Laufenderstein,** 1937

Die Tagesanlagen der Grube Laufenderstein bei Dillenburg, gesehen aus südlicher Richtung. Diese Roteisensteingrube *baute* zwischen dem Bahnhof der Stadt und der Isabellenhütte auf dem Gebiet des früheren, erstmals 1454 erwähnten Dorfes »Lauffeld«, und ihr Name dürfte hiervon abgeleitet sein. Die Lagerstätte war Bestandteil des sogenannten »Donsbacher *Lagerzuges*« und trat an mehreren Stellen zutage (ein Erzgang ist in der Felswand hinter dem Bahnhof gut erkennbar). Folglich wurde der Eisenstein, nachdem das Bergwerk am 16. April 1823 an die Burger Eisenwerke verliehen worden war, zunächst über mehrere Jahrzehnte im Tagebau gewonnen. Zur *Teufe* schlossen zwei größere Stollen das Erzlager auf: der 1834 verliehene »Paulinenerbstollen«, dessen Zweck eigentlich in der Erschließung von Kupfererzvorkommen lag, und ein »Tiefer Stollen«. Zwischen 1886 und 1914 ruhte der Grubenbetrieb, und erst die steigende Nachfrage nach Eisenerz während des Ersten Weltkrieges führte zur Wiederaufnahme der Förderung und einer Modernisierung der Anlagen.

Bereits 1914 hatte man mit dem *Abteufen* eines neuen Maschinenschachtes auf der Bergspitze begonnen, den Förderstollen weiter aufgefahren und im Juli 1918 einen privaten Gleisanschluß zum Güterbahnhof Dillenburg fertiggestellt. Die Einstellung des Tagebaus im Jahre 1917 deutete darauf hin, daß die oberen Lagerteile vollständig abgebaut waren. Zur Teufe hin war die Qualität des Erzes wechselhaft, wobei *kieseliges* Material überwog. Zu Beginn der wirtschaftlich schwierigen zwanziger Jahre sank die Jahresförderung auf weniger als 6000 Tonnen. Als man 1924 beim Ausbau der 50 m-Sohle eine Wasserkluft anfuhr – der Zufluß lag bei 1,5 cbm pro Minute – entschloß sich das Unternehmen, den Betrieb einzustellen. Die vier Jahre bis 1928 waren geprägt vom Wechsel zwischen Betrieb und *Stundung*. Dennoch wurde in jenen Jahren ein größeres Zechenhaus erstellt (1925 transloziert von Grube Wohlfahrt), die bisherige Aufbereitung (Handscheidung) überdacht und 1927 eine neue naßmechanische Aufbereitung errichtet (Fachwerkbau rechts unterhalb des Förderturms); diese Maßnahme war wegen des stetig wachsenden Anteils kieseliger Erze unumgänglich geworden. Am 31. Dezember 1928 wurde die als Tiefbauanlage noch im Aufschluß stehende Grube wegen Unrentabilität wiederum stillgelegt.

Unsere Aufnahme zeigt auf dem Berg (von links nach rechts) das Fördermaschinenhaus, Fördergerüst mit Schachthalle, dahinter das Zechenhaus von 1925, Aufbereitungsanlage und altes Zechengebäude. Im Vordergrund sieht man das Anschlußgleis zur Staatsbahn und den Rohbau des von Buderus gebauten neuen Zechenhauses. (R. G.)

Abb. 334: **Grube Laufenderstein**, etwa 1940

Abb. 334: **Grube Laufenderstein,** etwa 1940

Zwei Bergleute schieben einen Förderwagen mit *Berge*material zu einem der nordöstlich gelegenen alten Tagebaue. Nachdem Buderus im Oktober 1936 den gesamten Bergwerksbesitz der Burger Eisenwerke angepachtet hatte, nahm auch die Grube Laufenderstein im Rahmen der Vierjahresplanmaßnahmen am 1. Februar 1937 die Förderung wieder auf. Um die *Bauwürdigkeitsgrenze* der Lagerstätte zur *Teufe* hin zu untersuchen, wurde der Schacht bis zur 50 m-Sohle *gesümpft* und bis 1938 um weitere 100 Meter abgeteuft. Dabei erwiesen sich optimistische Erwartungen als unbegründet, denn das Erz war überwiegend *verkieselt,* die Lagerstätte selbst stark gestört, und schließlich bereiteten die Wasserzuflüsse Probleme. Ein von der 150 m-Sohle niedergebrachter *Blindschacht* (200 m- und 250 m-Sohle) wurde im Juni 1945 wegen der geringen Ergiebigkeit des Lagers wieder aufgegeben.

In einem gewissen Gegensatz zu den mageren Neuaufschlüssen untertage stand der für die damalige Zeit richtungsweisende Zechenhausneubau. Als das Gebäude im Rahmen eines Betriebsappells am 26. November 1938 feierlich eingeweiht wurde, verwies Buderus stolz darauf, daß es sich um die erste Rot-Weiß-Kaue im deutschen Eisenerzbergbau handle; das Unternehmen erhielt dafür später ein Gaudiplom. Der Bau kam freilich nicht nur den Bergleuten zugute, sondern bildete objektiv auch eine Unterstützung der Politik der Deutschen Arbeitsfront, welche damals Maßnahmen zur »Verschönerung der Arbeitswelt« propagierte.

Seit November 1944 dienten der »Paulinenstollen« und der »Tiefe Stollen« als Luftschutzbunker für die Belegschaft, Bahnreisende und in der Nähe wohnende Bürger. Im Februar 1945 verursachte ein Luftangriff geringe Sachschäden, und der 1946 gefaßte Beschluß zur endgültigen Stillegung der Grube gründete ausschließlich auf der Tatsache, daß keine hüttenfähigen Erze mehr *aufgeschlossen* werden konnten. In diesem Jahr betrug die Förderung bei einer Belegschaft von 60 Mann noch 11 069 t Roteisenstein. Zwischen 1920 und 1928 sowie 1937 und 1947 hatte die Grube rund 130 000 t Eisenerz gefördert. Anfang 1947 führte eine Restbelegschaft noch Rückbauarbeiten durch.

Das markante Fördergerüst wurde Ende 1955 abgerissen, die verbliebenen Gebäude der Tagesanlage oberhalb des Bahnhofs Dillenburg werden heute gewerblich oder zu Wohnzwecken genutzt. (R. G.)

Abb. 335: **Grube Stangenwage,** 1856

Als im Jahre 1851 die auf Kupfer- und auf Eisenerz *verliehene* Grube Stangenwage bei Donsbach zum Tiefbau überging, erregte die zu diesem Zweck gebaute Maschinenanlage großes Aufsehen. Das Bergwerk, bis in unser Jahrhundert hinein das bedeutendste in der näheren Umgebung von Dillenburg, förderte bereits seit 1751 Kupfererz; der Bergbau auf Eisenstein dürfte noch älter sein. Im Zentrum der Anlage stand ein großes Schachtgebäude mit Kesselhaus und Schornstein. Links davon lag die Aufbereitung mit Verladestelle, rechts auf der Halde standen Zechenhaus und Schmiede.

Der Abtransport der Erze zur Haigerer Hütte (Eisenerz) und zur Isabellenhütte (Kupfererz) erfolgte – wie unsere Aufnahme zeigt – zunächst noch mit traditionellen Pferde-

fuhrwerken. Dies änderte sich, nachdem 1854 eine untertägige Verbindung mit der *markscheidenden* Grube Gnade Gottes in der Hachelbach hergestellt worden war. 1865 nahm die erste Pferdebahn des Dillgebietes von dort zum Bahnhof Haiger ihren Betrieb auf. Sie hatte 800 mm Spurweite und war 1395 Meter lang. Ein Zug umfaßte jeweils 8 Wagen mit einem Ladegewicht von 2,5 t.
Der nassauische Oberbergrat Ludwig Wilhelm Cramer hat die frühe Geschichte der Grube wie folgt beschrieben: *»Diese ist im Anfang auf Eisenstein gebaut worden, der auch noch vielfältig darin zu sehen ist. In neuerer Zeit sind jedoch die mit jenem Bau erreichten Kupfererze der Hauptgegenstand des Betriebes gewesen und geblieben, da der zugleich brechende Roteisenstein natürlich sehr unrein und unbrauchbar geworden und man diesen weit besser und häufiger an anderen Orten der Gegend findet, dagegen Kupfererze viel weniger hatte.«* Frohwein (1885) beschreibt die Kupfererzgänge der Stangenwage als bis zu 3 Meter mächtige und 40 Meter lange Erzmittel. 1844 und 1845 hatten sie bei der Verhüttung auf der 1723 neuerbauten Isabellen-Kupferhütte bei Dillenburg ein *Ausbringen* von 25,4 Prozent Kupfer. Um die Mitte des 19. Jahrhunderts gehörten beide Gruben den Inhabern dieser Kupferhütte, der Familie Heusler, die sie als Garanten zur Deckung ihres Rohstoffbedarfs betrachteten. (R. G.)

Abb. 336: **Grube Stangenwage,** etwa 1926

1857 mußte die Firma Heusler ihre Kuxanteile (siehe Abb. 419) verkaufen, um genügend Betriebskapital für ihren Hüttenbetrieb zu haben. Nach mehreren Besitzerwechseln erwarb 1870 die »Friedrich-Wilhelm-Hütte« in Mülheim/Ruhr das Bergwerkseigentum. Damals waren auch die Kupfervorkommen der Grube weitgehend erschöpft, und der Abbau von Roteisenstein trat wieder in den Vordergrund. Das steil einfallende Lager (50 bis 60 Grad) hatte mehrere Sattel und Mulden gebildet und war 4 bis 6 Meter mächtig. Es führte teils kieseligen, teils kalkhaltigen Eisenstein und war in den 1880er Jahren bis zur Sohle des »Donsbacher Stollen«, welcher am Maschinenschacht 64 Meter *Teufe* einbrachte, erschlossen und teilweise abgebaut. Später wurde das Lager durch den tiefer gelegenen »Dill-Stollen« *aufgeschlossen*. Im Jahre 1903 wurde die frühere Kupfererzaufbereitung in der Hachelbach auf Eisenerz umgestellt und begehrtes *Tempererz* erzeugt. Die Anlage blieb bis 1924 in Betrieb, danach wurde sie durch einen Neubau ersetzt, eine kaum lohnende Investition, denn 1928 wurde die *konsolidierte* Grube Stangenwage stillgelegt. In den letzten Betriebsjahren bewegte sich die Förderung zwischen 12 548 t (1924) und 29 000 t (1926); 30 Mann zählte die Belegschaft. Kurz nach der Stillegung wurden die Gebäude der Tagesanlagen abgerissen.
Ein letzter Versuch zur Wiederaufnahme des Eisensteinbergbaus erfolgte 1936, als die Mannesmann AG ihre Grubenfelder Karoline im Siegerland gegen den Grubenfeldkomplex Stangenwage tauschte. Das Unternehmen leitete umfangreiche Untersuchungsarbeiten, insbesondere in die Richtung der Grube Bergmannsglück, ein. Zwischen den Maschinenschächten Stangenwage und Constanze wurde eine 4 km lange Verbindungsstrecke *aufgefahren*. Nachdem 1941 die geologische Situation geklärt war, brach die Firma ihre Aufschlußarbeiten ab.
Unsere Aufnahme zeigt die Belegschaft, überwiegend sind es Bergleute aus Donsbach, wenige Jahre vor der Schließung am Betriebspunkt Hachelbach. (R. G.)

Abb. 337: **Grube Constanze,** 1908

In der Nähe des Bergmannsdorfes Langenaubach, wo sich die Höhenzüge des Westerwaldes zum Dilltale neigen, baute auf dem sogenannten »Langenaubacher *Lagerzug*« die westlichste Eisenerzgrube der Dillmulde. Oberhalb des Dorfes in Richtung Breitscheid muß am *Ausbiß* des Lagers bereits sehr früh Eisenstein gewonnen worden sein. In seinem Buch »Bergmännische Beschreibung der nassauischen Lande« aus dem Jahre 1789 erwähnt der Nassauische Bergrat Becher bereits diesen Bergbau auf Roteisenstein: *»Der an die kalkichte Gegend des Kahns stoßende Hirzberg liefert thonischten Eisenstein, dessen Lager im Kalkstein streichen.«* Als Geburtsstunde der Grube Constanze kann der 24. August 1836 angesehen werden; damals *belehnte* Herzog Wilhelm zu Nassau den Dillenburger Hüttenpächter Peter Odersheimer mit dem Eisensteinlager im Distrikt »Koweg« und gab ihm das Recht, die anzusetzende Grube »Constanze« zu nennen.

In seiner Geschichte durchlief der Grubenbetrieb die typischen Entwicklungsschritte vom Tagebau über stets tiefer am Hang angesetzte Stollen zum Tiefbau. In den 80 Jahren nach der *Verleihung* hatte das Bergwerk mehrere Besitzer: nach dem Hüttenpächter Odersheimer die Gewerkschaft Germania, den Hessen-Nassauischen Hüttenverein, die Gewerkschaft Constanze und schließlich – von 1917 bis zur Stillegung 1963 – die Mannesmannröhren-Werke AG, Düsseldorf. Am 22. März 1898 wurde die Grube mit den Feldern »Heibel«, »Vesuv«, »Emilie«, »Wildweiberhäuschen«, »Korund«, »Elise«, »Aetna«, »Ludovica«, »Clara«, »Wilhelms-Eisenzeche« und »Alkershain« *konsolidiert* und trug fortan den Namen »Vereinigte Constanze«. Eine weitere Ausdehnung erfuhr der Betrieb nach 1917, als Mannesmann durch umfangreichen Kauf angrenzender *Grubenfelder* – zuletzt waren es 50 Einzelfelder – die Grube beträchtlich vergrößerte.

Der Bergmannsspruch »Vor der Hacke ist es duster« war selten so sprichwörtlich zu verstehen wie im Falle dieser Eisensteinzeche, denn durch *Überschiebungen* und *Verwerfungen* des Lagers galt sie geologisch als die interessanteste, aber auch schwierigste Roteisensteingrube in Deutschland. Folglich erlebte der Betrieb manche Krisenzeit, und nur der unermüdlichen Initiative von Bergleuten und Bergwerkseignern ist es zu danken, daß immer wieder neue ergiebige Lager aufgeschlossen wurden.

Unsere Abbildung zeigt die Grubenbelegschaft im Jahre 1908, vermutlich vor dem Zechenhaus. (R. G.)

Abb. 338: **Grube Constanze,** etwa 1928

Die Tagesanlagen der Grube Ende der zwanziger Jahre, vom Ketzenberg aus gesehen. Am linken Bildrand zeigt die Aufnahme das Steigerwohnhaus, weiter im Hintergrund, zur Mitte hin, den eigentlichen Zechenplatz mit Zechenhaus, Werkstätten und Kompressorgebäude. Rechts, näher zum Dorf hin gelegen, stehen die Gebäude der im Jahre 1904 errichteten naßmechanischen Aufbereitungsanlage. Da das hier benutzte Wasser ohne vorherige Klärung in Setzteichen in den Aubach eingeleitet wurde, nahm dieser eine intensive rote Färbung an, und die Anrainer begrüßten es wohl, als von 1926 ab das Erz nur mehr trocken aufbereitet wurde. Dicht hinter dem Werkstattgebäude war der Stollen Nr. III angesetzt, welcher um die Jahrhundertwende zur *Aufschließung* des Lagers vorgetrieben worden war und später bis zur Stillegung 1963 als Einfahr- und Förderstollen diente. Auf der Trasse über der Abraumhalde (zwischen Zechenplatz und Aufbereitung) erkennt man eine Fahrdrahtlokomotive mit 7 Förderwagen – von den Bergleuten »Esel« genannt –, die das Erz von der *Rasenhängebank* des

Blindschachtes durch diesen Stollen zur Aufbereitung zog. Neben der Förderbahn der Gießener Braunsteinbergwerke (siehe Abb. 46) und der zeitweise auf Grube Königszug eingesetzten Lokomotive (siehe Abb. 302) war dies die einzige Grubenbahn des Lahn-Dill-Gebietes mit elektrischer Oberleitung.
1910 war von der *Stollensohle* ein *Blindschacht abgeteuft* worden, dessen Fördermaschine zunächst noch mit einer untertage installierten Dampfmaschine betrieben wurde; zwischen Weihnachten und Neujahr 1916 erfolgte dann die Umstellung auf elektrischen Antrieb. Den Strom lieferte die Überlandzentrale der Oberscheider Hochofens. Probleme des Hochofenwerkes führten 1919 zu einem längeren Stromausfall, so daß ein Ersaufen der Grube nicht zu verhindern war. Nach dieser Erfahrung setzte die Grubenverwaltung auf unabhängige Stromgewinnung und stellte zu diesem Zweck eine Wolfsche Heißdampflokomobile auf. Das 300 PS starke Aggregat erzeugte über einen Generator 75 kW und trieb außerdem einen Kompressor von 11 cbm Leistung in der Minute an. Erst als sich die Versorgung der Überlandzentrale 1924 stabilisiert hatte, setzte man die Lokomobile wieder außer Betrieb. Mit der jetzt wieder verfügbaren Stromleistung konnte der seit mehreren Jahren unter Wasser stehende Schacht endlich *gesümpft* werden. Die Aufnahme zeigt auch recht anschaulich die Trassenführung der 1898 in Betrieb genommenen Kleinbahn auf dem Zechengelände: Aus dem Rombachtal kommend (rechte untere Bildecke), führten die Gleise bis zum Plateau des Zechenplatzes; von dort lief ein Stichgleis zur Aufbereitungsanlage. (R. G.)

Abb. 338: **Grube Constanze**, etwa 1928

Abb. 339: **Grube Constanze,** 1928

Im April 1928 entstand diese Aufnahme der Untertagebelegschaft. Sie zeigt größtenteils Langenaubacher Bergleute in ihrer damaligen Arbeitskleidung, ausgestattet mit Karbidlampen, aber noch ohne Helm. Wie kaum eine andere Grube des Dillgebietes war die Grube Constanze mit ihrer Heimatgemeinde, dem Dorf und den Bewohnern von Langenaubach verbunden. Der Grubenbetrieb lag in unmittelbarer Nähe der Ortschaft und war über Jahrzehnte größter Arbeitgeber der Gemeinde. Grubengebäude, Halden, Gleise und später der oben am Hirzenberg aufragende stattliche Förderturm bildeten eine Bergbaulandschaft, die untrennbar zum Erscheinungsbild des Dorfes gehörte.

Den bedeutendsten Einschnitt in der Grubengeschichte markierte die Übernahme durch die Mannesmannröhren-Werke AG im Jahre 1917. Die bereits erwähnten außerordentlich starken Störungen der Lagerstätte hatten die Ausbildung von insgesamt 5 Einzellagern bewirkt: das zuerst abgebaute Clara-Lager, die Lager Constanze, Säcke (benannt nach seiner Form) und Theodor sowie das in die Richtung von Grube Stangenwage *streichende* Wilhelms-Eisenzeche-Lager. In allen Lagern stand überwiegend hochwertiger *Flußeisenstein* an mit einem Eisengehalt von 34 bis 35 Prozent, 18 bis 22 Prozent Kalk und 8 bis 10 Prozent Kieselsäure. Aber erst seit den dreißiger Jahren ermöglichten systematische Versuchsbohrungen das zuverlässige Auffinden der zerrissenen Lagerteile. Bis dahin blieb die Suche mühsam, kostspielig und manchmal ohne Erfolg.

Während des Ersten Weltkrieges bereiteten die Wasserzuflüsse auf der 80 m-Sohle große Probleme, und das Constanze-Lager erwies sich zur *Teufe* hin weniger mächtig und gut. Dennoch wurde der Schacht gegen Kriegsende um weitere 30 Meter abgeteuft, eine Maßnahme, die sich auch auf das Bestreben der Grubeneignerin gründete, die eigene Erzbasis im Deutschen Reich zu verbreitern. (R. G.)

Abb. 340: **Grube Constanze**, etwa 1958

1934/35 wurde der bisherige *Blindschacht* 47 Meter nach übertage hochgebrochen und in den folgenden Jahren die gesamte Grubenanlage erweitert und modernisiert. Über dem Schacht errichtete man einen stählernen Förderturm. Neue Gebäude wie das Fördermaschinenhaus und die 1938 am Abhang des Hirzenberges fertiggestellte Aufbereitungsanlage mit Kreiselwipper, Steinbrecher, Schüttelsieben sowie Lesetischen und -bändern kamen hinzu. Die alte Anlage im unteren Rombachtal wurde stillgelegt und 1940 abgerissen.

Die Förderwagen wurden jetzt im Schacht bis zur *Hängebank* gehoben und von *Schleppern* zur Aufbereitung gefahren; das aufbereitete Erz fiel anschließend durch einen Trichter in Fertigerzbunker, die zwischen Aufbereitung und Förderstollen in das Gebirge geschossen worden waren. Im Förderstollen wurde es dann aus *Rollen* in Muldenkippwagen abgezapft.

Die auf dem Bild zu sehende obere Halde ist durch aufgeschüttetes *Berge*material aus der Grube entstanden, die untere Halde besteht aus unhaltigem Gestein, welches an den Lesebändern und -tischen aussortiert wurde.

Einen starken Auftrieb erhielt der Betrieb durch die verstärkte Erznachfrage in den dreißiger Jahren. Die Belegschaftsstärke kletterte von etwa 50 auf fast 130 Beschäftigte, und die Fördermenge konnte von 12 944 t im Jahre 1934 auf 36 812 t im Kriegsjahr 1940 gesteigert werden. Angesichts dieser beachtlichen Fördersteigerung muß erwähnt werden, daß sie keineswegs nur auf einer größeren Beschäftigtenzahl beruhte, sondern auch auf extensiver Ausnutzung der Arbeitskraft des einzelnen Bergmannes. So wurde bereits am Himmelfahrtstag 1940 gearbeitet, und ab Dezember 1943 mußten zwei volle Sonntagsschichten im Monat verfahren werden. Von 1943 bis Kriegsende arbeiteten außerdem zwischen 30 und 42 Ostarbeiter und -arbeiterinnen auf der Grube.

Durch einen zwölfstündigen Stromausfall am 14. Februar 1945 kam die 200 m-Sohle zum Ersaufen, womit die Hälfte der Gewinnungs-Betriebspunkte verlorengegangen war. Fliegerangriffe, niedrige Stromspannung und nochmaliger Stromausfall führten dann im April zum völligen Zusammenbruch der *Wasserhaltung*. Die Grubenwässer flossen bald durch den »Dillstollen«, das war die bis zum Betriebspunkt Hachelbach der Grube Stangenwage verlängerte 110 m-Sohle (siehe Abb. 336), in die Dill ab. (R. G.)

Abb. 341: **Grube Constanze,** etwa 1957

Die bereits in den zwanziger Jahren angeschaffte elektrische Fahrdrahtlokomotive auf der Brücke zum Verladebunker, gefahren von Jungbergmann Hans Joachim Rompf (Langenaubach). Der Standort dieser in Holz gezimmerten Verladestelle mit einem Fassungsvermögen von 350 Tonnen lag zwischen alter Aufbereitung und Zechenhaus. Anders als die untertage verwendeten Förderwagen (600 l) faßten diese Muldenkippwagen 1,5 t und wurden in Zügen von 8 bis 10 Wagen aus dem Förderstollen hierhin gefahren. In ihrer über 30 Jahre dauernden Betriebszeit lief die Lokomotive ohne größere Probleme. Zur Sicherheit der Bergleute wurde seit 1937 der Strom bei der Ein- und Ausfahrt abgeschaltet, denn der Abstand zwischen Leitung und *Stollensohle* betrug an einigen Stellen nur 1,60 bis 1,70 Meter.
Die Wiederaufnahme der Förderung nach dem Krieg war infolge der entstandenen Schäden und der desolaten Versorgungssituation zunächst nicht möglich. Zwar hatten Bergleute unter großem Einsatz einige Pumpen und elektrische Anlagenteile vor dem ansteigenden Wasser retten können, aber erst am 9. Oktober 1948 war die 200 m-Sohle nach 58tägiger Pumparbeit wieder frei. 1949 förderten 85 Bergleute 17 757 t Flußeisenstein, der an die »Heinrich-Bierwes-Hütte« in Huckingen sowie an die Friedrichshütte in Herdorf/Sieg geliefert wurde. (R. G.)

Abb. 342: **Grube Constanze,** etwa 1923

1898 wurde zwischen der Grube und dem Bahnhof Haiger eine 4,3 km lange meterspurige Bahnstrecke gebaut und am 17. Dezember des Jahres in Betrieb genommen. Als Zugmaschinen dienten zwei dreiachsige Borsig-Lokomotiven von je 50 PS Leistung und 60 Tonnen Zugkraft. Die eisernen Kippwagen hatten eine Nutzlast von 7,5 bis 8 Tonnen. Die Strecke führte zunächst von der Grube durch das Rombachtal zum Dorfrand und von dort in einem Bogen (Ecke Waldstraße/Rombachstraße) am Aubach entlang bis nach Haiger (heutiger Randwanderweg). Laut Polizei-Verordnung vom 9. Januar 1899 durften maximal 10 Wagen angehängt werden. In diesem Falle waren 3 Wagen mit Bremsern zu besetzen. Grundsätzlich mußte bei jeder Fahrt auf dem vordersten Wagen ein Bediensteter stehen, *»welcher vor Wegeübergängen oder wo sonst das Bedürfnis eintritt, ein weithin hörbares Warnsignal mittels Glocke, Horn oder drgl. abzugeben hat«*. Eine weitere Sicherheitsmaßnahme war die Begrenzung der Fahrgeschwindigkeit auf 15 Stundenkilometer. Dennoch entgleiste im Jahre 1907 ein Zug auf der Strecke, wobei ein Arbeiter tödlich verletzt wurde.

Unsere Aufnahme aus den frühen zwanziger Jahren zeigt eine der Lokomotiven unter Dampf auf dem Stichgleis zur alten Aufbereitungsanlage (siehe Abb. 338). Vor der Lok stehen der Bremser Hermann Stalp aus Flammersbach (links) und Lademeister Siegfried Peter aus Langenaubach. Auf dem Führerstand sehen wir Lokführer Adolf Schmitt und Heizer Alfred Peter (rechts), beide aus Langenaubach.

(R. G.)

Abb. 343: **Grube Constanze,** 1951

Ein Zug mit 5 Wagen geht unterhalb des Steigerwohnhauses auf die Strecke. Bei den Wagen handelt es sich um 1951 angeschaffte Kastenselbstkipper von 10 t Nutzinhalt. Bis in die fünfziger Jahre hinein transportierte die Grubenbahn außer Eisenerz auch Kalkstein, Rotschiefer und Schwarzschiefer ab, Rohstoffe, die ebenfalls auf dem Grubengelände im Tagebau oder untertage abgebaut wurden.
Nach dem 3. Mai 1954 kam der Dampfbetrieb zur Einstellung, nur eine Maschine wurde noch als Reservelok gehalten. Die Züge wurden nunmehr von einer 70 PS starken Diesellokomotive der Firma Orenstein & Koppel gezogen (Nr. 21388, Type 3 D, Baujahr 1940 – 1963 wurde diese Lok zur Mannesmanngrube Dr. Geier bei Waldalgesheim verlegt). Wegen der erheblichen Unterhaltskosten für die Strecke plante die Grubenverwaltung Ende der fünfziger Jahre die Einstellung des Bahnbetriebs. Stattdessen sollte das Erz mit Lastkraftwagen zum Bahnhof Langenaubach gebracht und dort von einer zu bauenden Rampe in Waggons der Bundesbahn gestürzt werden. Durch die schnelle Stillegung ist es hierzu nicht mehr gekommen.
Auf unserer Aufnahme sehen wir wiederum Lokomotivführer Adolf Schmitt im Führerstand der mittlerweile mit einer Sicherheitsvorkehrung gegen Funkenflug versehenen Borsig-Lok. An der Bremse des ersten Wagens steht Heinz Fehling aus Donsbach. (R. G.)

Abb. 344: **Grube Constanze,** 1961

Mitte der fünfziger Jahre brachten Flach- und Tiefbohrungen vor allem auf der 230 m-Sohle gute *Aufschlüsse*. Verbesserte Bohr- und Fördertechniken sowie die Einführung von Lademaschinen im *Streckenvortrieb* ermöglichten ein schnelleres *Ausrichten* der Gruben*baue*. Das Lager hatte auf der 1957 *aufgefahrenen* 270 m-Sohle eine Mächtigkeit zwischen 3 und 5 Metern und enthielt gutes bis sehr gutes Erz. Etwa 110 Bergleute waren auf der Grube beschäftigt. Auch die Tagesanlage wurde in diesen Jahren vollständig erneuert: Eine gemauerte Schachthalle ersetzte die bisherige hölzerne (1953), durch verschiedene Umbaumaßnahmen konnte die Leistung der Fördermaschine wesentlich erhöht werden, und auf dem Zechenplatz entstanden 1954/55 ein neues Zechenhaus mit Jugendkaue sowie neue Werkstatt- und Maschinengebäude.

Die starken Wasserzuflüsse – im Winter waren es bis zu 4 cbm in der Minute – wurden durch 10 elektrische Zentrifugalpumpen zur 18 m-Sohle gehoben und flossen von dort in den Rombach.

Unsere Aufnahme zeigt einen Versuch, durch Anwendung neuer Techniken und Erkenntnisse bedeutende Leistungssteigerungen zu erzielen. Ein mit 35 Grad einfallender 75 Meter langer *Bremsberg* (Querschnitt 7,3 qm) von der 270 m-Sohle in das Niveau der 310 m-Sohle sollte in nur 8 Wochen *abgeteuft* werden. Da weder die körperlich schwere und langwierige Ladearbeit von Hand noch der Einsatz einer gleisgebundenen Lademaschine in Frage kam, entwickelte die Betriebsstudienabteilung des Mannesmann-Erzbergbaus eine neuartige Schrapperkonstruktion, deren Gefäß im Bild gerade hochgezogen wird. (R. G.)

Abb. 345: **Grube Constanze,** 1961

Die Aufnahme zeigt die Fortsetzung der Situation aus Abbildung 344 in entgegengesetzter Richtung (nach oben). Der Schrapperhaspel auf der 270 m-Sohle wird von Hauer Hermann Kaiser (Langenaubach) bedient. Im Zweischichtenbetrieb arbeiteten jeweils 3 Mann im *Bremsberg* und erzielten im oberen Bereich mit dem 230-l-Schrappgefäß einen *Abschlag* von 1,3 Meter je Schicht. Als zur *Teufe* hin die Schrappwege immer länger wurden und der Schalstein in härteren Schalmandelstein überging, konnte diese Leistung durch Erhöhung der Bohrlochzahl von 28 auf 38 sowie ein auf 330 l vergrößertes Schrappgefäß gehalten werden. Direkt unterhalb der Schrappertrommel erkennt man die mit Stahlschienen bewehrte Öffnung der Füllstelle, in die das Material hineingezogen wurde. (R. G.)

Abb. 346: **Grube Constanze,** 1961

Abb. 347: **Grube Constanze,** 1962

Wenige Monate vor Schließung der Grube passiert ein Erzzug die Straße »Am Hofacker« in Haiger (rechts liegt die Johann-Textor-Schule). Im Steigeranzug sehen wir den letzten und langjährigen Betriebsführer der Grube, Obersteiger Gustav Rompf, rechts neben ihm den Steiger Schneider in »Zivilkleidung« (beide Langenaubach). An der Lokomotive lehnt der frühere Hauer und zuletzt als Kauenwärter tätige Gustav Eisenkrämer aus Haiger, die Lok wird gefahren von Berthold Diehl aus Medenbach.

Trotz der guten *Aufschlüsse* auf den Tiefbausohlen und den erwähnten Leistungssteigerungen teilte die Mannesmann AG am 26. September 1962 dem Bergamt Dillenburg mit, daß die Grube zum 31. Dezember 1962 stillgelegt werden solle. 1961 hatte der Betrieb bei sinkender Belegschaftsstärke mit 38 660 t das beste Ergebnis in seiner 126jährigen Geschichte erzielt. Auch eine schriftliche Eingabe der Langenaubacher Gemeindevertretung bei der Unternehmensleitung, die Entscheidung zu überdenken bzw. zu revidieren, brachte keinen Erfolg. Am 31. Januar 1963 fuhren die verbliebenen 50 Belegschaftsmitglieder zur letzten Förderschicht ein.

Von 1917 bis zur Schließung hatten Bergleute der Grube Constanze 933 000 t *Flußeisenstein* gefördert, insgesamt dürfte die Förderung bei etwa 1,3 Millionen Tonnen gelegen haben.

Seit 1963 nutzt die Stadt Haiger die Grube als Wasserreservoir.

(R. G.)

Abb. 346: **Grube Constanze,** 1961

Hauer Erwin Sälzer aus Donsbach beim Beladen eines Förderwagens in der Füllstrecke. Zwei Schienen hinderten das Schrappgefäß am Herunterfallen. Die Füllstelle lag nur etwa einen Meter unterhalb der in Abbildung 345 sichtbaren Öffnung.

Am Ende des erfolgreichen Versuches hatte man bei 21 Arbeitstagen eine monatliche Leistung von 33 Metern erzielt.

Auch im Abbau kamen Anfang der sechziger Jahre verstärkt Schrapper für Erzgewinnung und *Versatz*wirtschaft zum Einsatz. Neben dem *Firstenstoßbau* wendete man auch rationellere Verfahren wie den *Magazinbau* und den *Örterbau* an, soweit die Lagerverhältnisse dies zuließen. (R. G.)

Karte XX   Oberhessisches Revier

Maßstab: 1 : 200 000

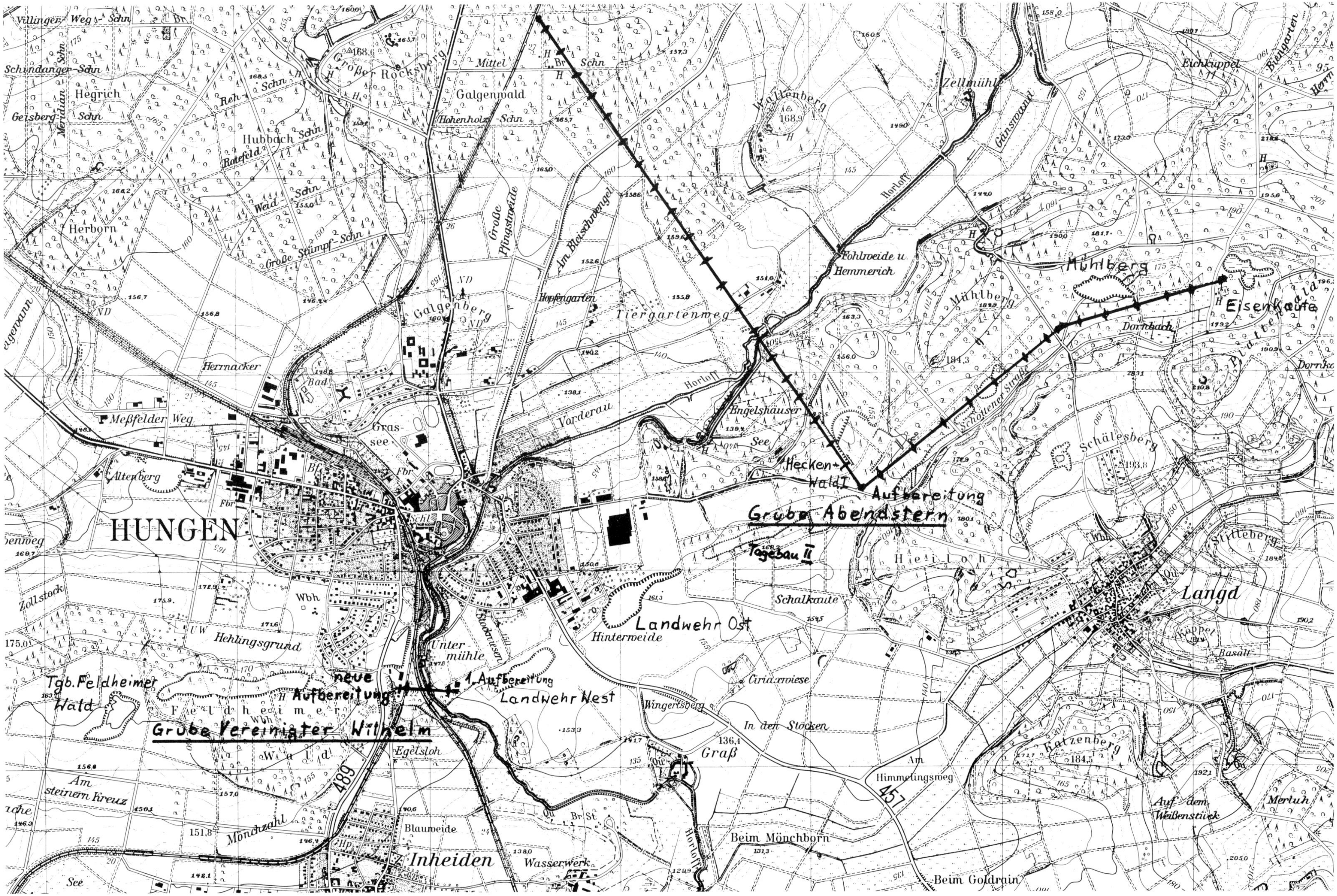

Karte XXI Gruben: **Vereinigter Wilhelm, Abendstern** Maßstab: 1 : 25 000

Hungen Gewerkschaft Elisenburg.

Abb. 348: **Grube Vereinigter Wilhelm,** 1910

Das *Grubenfeld* »Vereinigter Wilhelm« wurde am 10. November 1862 verliehen. Aus dem Namen geht hervor, daß zu diesem Zeitpunkt verschiedene Einzelfelder konsolidiert wurden, wobei das Einzelfeld »Wilhelm« der Gewerkschaft Kiessling und Comp. in Hungen als das bedeutendste angesehen werden dürfte. Im Jahre 1855 war in den Hungener Fluren 1 und 2 längs der Landwehr durch fünf Schürfschächte von 6 bis 26 Meter Teufe *Stückerz* mit einer Mächtigkeit von 60 bis 90 Zentimetern aufgeschlossen worden, bei dem es sich um die südwestliche Fortsetzung des Vorkommens der Grube Abendstern im Heckenwald handelte. Die Erzgewinnung kam im Jahr der Betriebsaufnahme (1863) bereits wieder zum Erliegen. Von 1869 bis 1891 wurde hier erneut Erz abgebaut. In der zweiten Hälfte der siebziger Jahre lag die durchschnittliche Jahresförderung bei 3750 Tonnen.

Im Jahre 1905 wurde das Grubenfeld Vereinigter Wilhelm von der Gewerkschaft Elisenburg in Gießen für einen geringen Betrag erworben. Köbrich schreibt hierzu: »*Der Erwerb... durch den Direktor Merle erregte Aufsehen wegen des Preises. Die Verkäufer hielten es für abgebaut und wenig wertvoll, aber die Gewerkschaft machte dort gute Aufschlüsse, und die Folge hat ihrer höheren Bewertung recht gegeben*« (Köbrich 1928, S. 24). Von 1905 bis 1907 fanden im mittleren Feldesteil Untersuchungsarbeiten mit insgesamt 28 Schürfschächten und einem Tagebaubetrieb statt, bei denen *Wascherz* mit einer Mächtigkeit von 1 bis 12 Metern nachgewiesen wurde, das eine maximale Überdeckung von 10 Metern hatte, die aus Lehm und Ton bestand.

Die abgebildete Eisensteinwäsche wurde 1906 in Stangenrod abgebaut und in Hungen hinter der Untermühle in Richtung Landwehr wieder aufgebaut und durch einen Weg mit der Stadt verbunden. Nach dem im selben Jahr erfolgten Ankauf größerer Ländereien in den Gemarkungen Hungen und Inheiden plante die Gewerkschaft die Aufnahme des Bergwerksbetriebes mit einer Belegschaft von etwa 150 Mann. Nach einer Pressemitteilung der Gewerkschaft Elisenburg im November 1906 waren ihr für die Tonne gewaschenes Erz mit einem Eisengehalt von 43 bis 45 Prozent 12 Mark ab Grube fest geboten worden. Gleichzeitig wurde mitgeteilt, daß die Betriebsaufnahme in einigen Wochen erfolgen würde. In dem Jahresbericht 1907 der Darmstädter Bergbehörden heißt es, daß die Erzwäsche »*bereits in flottem Betriebe steht*«. Zu Beginn des folgenden Jahres entstanden Schwierigkeiten mit Grundeigentümern und Behörden wegen des Umfangs und der Einrichtung der Schlammteiche. Nach der Überwindung dieser Hindernisse konnte die Erzgewinnung dennoch nicht wieder aufgenommen werden, da durch die konjunkturelle Lage im Jahre 1908 keine Absatzmöglichkeiten bestanden. Am linken Bildrand ist ein Schlammteich zu erkennen.

Die Eisenerz-Gesellschaft m. b. H. in Hungen, als Rechtsnachfolgerin der 1912 in Konkurs gegangenen Gewerkschaft Elisenburg, nahm 1913 die Erzgewinnung im Grubenfeld Vereinigter Wilhelm wieder auf. Zuvor war in der Wäsche ein Siebel-Freygang-Apparat (siehe Abb. 366) installiert worden. Durch den hohen Tongehalt des Roherzes war der Wasserverbrauch jedoch sehr hoch, und es kam oft zu Verstopfungen. Zu Beginn des Ersten Weltkrieges wurde die Erzgewinnung vorübergehend und die Eisensteinwäsche endgültig stillgelegt. (R. H.)

Abb. 349 u. 350: **Grube Vereinigter Wilhelm,** 1928

Bis zur Inbetriebnahme der abgebildeten Erzwäsche an der Bahnlinie Friedberg – Hungen im Jahre 1927 ruhte im Grubenfeld Vereinigter Wilhelm die Gewinnung von *Wascherz*. Die Förderung von *Stückerz* war 1916 wieder aufgenommen worden. Gegen Ende des selben Jahres wurde die Eisenerz-Gesellschaft m. b. H. von den Mannesmannröhren-Werken in Düsseldorf übernommen. Mit dem Ende des Ersten Weltkrieges wurde die Förderung, die 1917 bei 1735 Tonnen und 1918 bei 3169 Tonnen Stückerz gelegen hatte, zunächst eingestellt. 1922 wurden 19 Haspelschächte zur Stückerzgewinnung abgeteuft und bis zum Herbst 1922 betrieben. In diesen beiden Jahren wurden 4539 Tonnen bzw. 4793 Tonnen gefördert. Die Untersuchungsarbeiten wurden bis 1926 mit einer kleinen Belegschaft fortgesetzt, dabei förderte man insgesamt 562 Tonnen Stückerz.

Mit Wirkung vom 1. August 1926 pachtete Mannesmann das *Grubenfeld* »Redemta« im Feldheimer Wald von Theodor Petri in Gießen und begann anschließend mit der Aus- und Vorrichtung der Lagerstätte in den Grubenfeldern Vereinigter Wilhelm und Redemta durch einen Stollen, wobei nach den Worten von Köbrich »*ein prächtiges Vorkommen erschlossen*« wurde.

Im Herbst 1926 begann man mit dem Bau der neuen Erzwäsche, die mit einer Excelsior-Wäsche (siehe Abb. 356) ausgestattet und im Juli 1927 in Betrieb genommen wurde. Gleichzeitig hatte man einen Schlammteich eingerichtet, der, wie in Abb. 350 zu erkennen, schon teilweise gefüllt ist.

1934 wurde zwischen den Bahnstrecken Friedberg – Hungen und Gelnhausen – Hungen ein zweiter Schlammteich eingerichtet. Das aus dem »Feldheimer Stollen« kommende Roherz wurde durch einen Aufzug bis zur oberen Etage der Wäsche gehoben, nach dem Aufbereitungsprozeß gelangte es in die Bunkeranlage im linken Teil des Gebäudes, aus dem es über Schurren in die Waggons verladen wurde. Auf dem Anschlußgleis ist eine Lok des preußischen Typs T3 zu sehen. (R. H.)

Abb. 350: **Grube Vereinigter Wilhelm, 1928**

Drucklufthämmern und Druckluftspaten. Während des Jahres 1932 war die Grube lediglich vom 23. Mai bis 30. Juli in Betrieb. Die Wiederaufnahme der Förderung erfolgte am 20. März 1933.

Anfang 1934 wurde östlich der Horloff im Bezirk »Auf der Landwehr« ein Förderstollen zur Eröffnung eines Tagebaues aufgefahren. Die Erzgewinnung im Trichterrutschenbau (siehe Abb. 364) wurde hier noch im selben Jahr aufgenommen. Zuvor war eine 500 Meter lange Drahtseilbahn zur Erzwäsche westlich der Horloff errichtet worden. In der Zeit bis zum Beginn des Zweiten Weltkrieges erfolgte eine allmähliche Verlagerung des Schwerpunktes der Erzgewinnung vom Feldheimer Stollen zum Tagebau Landwehr. Im Jahre 1938 wurde mit 14 864 Tonnen von einer aus 55 Mann bestehenden Belegschaft die bis dahin höchste Leistung an versandfähigem Erz erbracht. Hierzu waren rund 80 000 Tonnen Roherz gefördert worden. Während des Zweiten Weltkrieges kam der Stollenbetrieb im Feldheimer Wald zum Erliegen.

Auf dem im Tagebau Landwehr-West entstandenen Foto ist ein Hochlöffel-Bagger der Weserhütte zu sehen, mit dem das Roherz in die Förderwagen geladen wurde. Die Erzmächtigkeit schwankte zwischen 2 und 20 Metern. Das Liegende des Lagers bildete blauschwarzer Basalt. Die erzführende Schicht war an ihrer rostbraunen Färbung erkennbar. Der darüber liegende Abraum aus Lehm- und Letten-Schichten hatte eine Mächtigkeit von 4 bis 10 Metern. Das abgebaute Roherz wurde mit Diesellokomotiven durch den 800 Meter langen »Landwehr Stollen« zur Aufgabestation der Seilbahn gefördert. Bei dem im Hintergrund sichtbaren Fachwerkgebäude handelt es sich um den Lokschuppen. Im dreischichtigen Betrieb waren in der Erzgewinnung und Förderung je acht Bergleute tätig. Insgesamt acht Mann waren im Förderstollen mit Reparaturen und Ausbauarbeiten beschäftigt. Für den Betrieb der Erzwäsche waren sechs Aufbereiter erforderlich. (R. H.)

Abb. 351 und 352: **Grube Vereinigter Wilhelm,** um 1955

Mit einer Belegschaft von 33 Mann wurde 1927 die Förderung wieder aufgenommen. Die unter starkem Gebirgsdruck leidende untertägige Erzgewinnung erfolgte mit

Abb. 352: **Grube Vereinigter Wilhelm,** um 1955

Abb. 353: **Grube Vereinigter Wilhelm,** 1959

Nach der Erschöpfung der Erzvorkommen »Auf der Landwehr« südöstlich von Hungen erfolgte die Erzgewinnung seit 1958 in dem neu angelegten Tagebau Feldheimer Wald etwa 1,3 Kilometer westlich der Aufbereitung. Hierbei diente der wiederaufgewältigte und verlängerte Feldheimer Stollen als Förderstollen. Mit der Umstellung des Abbaus auf das eisenärmere Erzvorkommen des Tagebaus Feldheimer Wald war eine Erweiterung der Aufbereitung und eine Steigerung der Förderung verbunden.

Der Aufbereitungsprozeß wurde durch den Einbau einer Prallmühle verbessert. Hierdurch wurden vor allem größere Tonbrocken, die sich in der Excelsior-Wäsche nur schwer auflösten, von vornherein zerschlagen, so daß das Fertigerz nun weniger Verunreinigungen als vorher aufwies. Des weiteren wurde eine zweite Excelsior-Wäsche aufgestellt, darüber hinaus verbesserte man die Arbeitsbedingungen der Aufbereiter durch geräumigere Stände, Neonbeleuchtung und Warmluftbeheizung.

Mit der Einführung von Großförderwagen konnte bereits die Baggerarbeit erleichtert werden, da der Baggerführer nun nicht mehr so genau »zielen« mußte und somit wesentlich zügiger arbeiten konnte. An der Aufbereitung wurden die Großraumwagen mechanisch gekippt. Auf dem Foto sind im Vordergrund (v. l. n. r.) die Bergleute Wilhelm Bekker und Ernst Spengel sowie Bergverwalter Adolf Esch, Bergassessor a. D. Hans J. Braune und Bergassessor a. D. Otto Kippenberger zu sehen. Adolf Esch, unter dessen Leitung die Modernisierung des Betriebes erfolgte, erläutert hier Hans J. Braune, der im Vorstand der Mannesmann AG für den Bergbau zuständig war, und dem ehemaligen Leiter der Bergverwaltung Gießen, Otto Kippenberger, die technischen Neuerungen. Die Förderung in die Aufbereitung erfolgte durch eine speziell für das klebrige Vogelsberger Erz entwickelte Bunkeranlage und ein Förderband. Aufgrund der Modernisierungs- und Erweiterungsmaßnahmen stieg die Roherzförderung bei gleichbleibender Belegschaft (etwa 45 Mann) von rund 450 Tonnen auf etwa 950 Tonnen pro Tag und die Fertigerzleistung von 1200 bis 1500 Tonnen auf 2300 bis 2500 Tonnen im Monat. Die Gesamtleistung pro Mann und Schicht erhöhte sich von 1,2 bis 1,6 Tonnen auf etwa 2,3 Tonnen Fertigerz, das einen Eisengehalt von 44 bis 48 Prozent hatte. Durch Sinterung auf den Mannesmann Hüttenwerken in Duisburg-Huckingen stieg der Eisengehalt des Erzes auf über 50 Prozent. Aufgrund ihres hochprozentigen Fertigerzes arbeitete die Grube Vereinigter Wilhelm mit gutem wirtschaftlichen Erfolg. Die rapide Verschlechterung der Lagerstätte führte am 15. März 1964 zur Einstellung der Erzgewinnung und zur Entlassung der 38 Belegschaftsangehörigen. Von 1863 bis 1964 erbrachten die Bergleute der Grube Vereinigter Wilhelm eine Fertigerzleistung von 1 059 331 Tonnen. (R. H.)

Abb. 354 und 355: **Grube Abendstern,** um 1930

Aufgrund der qualitativ und quantitativ ungenügenden Eisenerzversorgung der Friedrichshütte bei Laubach aus den Gruben der Grafschaft Laubach ließ Johann Wilhelm Buderus, der die Friedrichshütte seit 1731 gepachtet hatte, um das Jahr 1740 bergmännische Arbeiten im Heckenwald bei Hungen vornehmen. Diese führten 1741 zu einer Schadenersatzforderung von 300 Gulden durch den Rat der Stadt. Im Jahre 1749 wurde Buderus der Eisenerzbergbau im Hungener Heckenwald unter der Bedingung gestattet, daß er alle Schächte auf eigene Kosten wieder verfüllen lasse.

Das Spannungsverhältnis zwischen der Friedrichshütte und der Stadt Hungen war mit der Genehmigung zum Bergbau im Heckenwald nicht beendet. In dem Buch »1200 Jahre Hungen. 782 – 1982« zitiert Friedrich Prokosch die folgende Passage zu einer Auseinandersetzung im Jahre 1792: Es ». . . *ist dem Berg-Rath auf der Schmelz bey Laubach daß Eisenstein graben auf dem Heckenwald vom Stadtgericht untersagt worden«.* Damit war der Konflikt jedoch nicht beendet, denn 12 Jahre später ereignete sich folgendes: »*In dem neu angelegten Stück Wald des Heckenfeldes wollten die Bergwerker der Friedrichs Hütte einen neuen Versuch machen, sind mit Gewalt von der Bürgerey vertrieben worden.«* Der Eisenerzbergbau im Raum Hungen wurde jedoch nicht erst von Buderus aufgenommen, sondern ist wesentlich älter. So wurde im Jahre 1590 Gabriel Klinger aus Langd das Eisenerzbergwerk auf der Hecken für einen Zeitraum von drei Jahren übertragen. Hans Tasche schreibt 1856 in dem »Notizblatt des Vereins für Erdkunde«: »*In dem nahe gelegenen Heckenwalde ist schon seit Hunderten von Jahren Eisensteinbergbau im Schwunge, auch wird bis auf den heutigen Tag die Grube ›Abendstern‹ und eine Erzwasche von J. W. Buderus Söhne daselbst betrieben. Der Bergbau im Heckenwalde ist gewissermaßen die Norm für den Basalteisensteinbergbau unseres Landes. Man teuft ein oder zwei runde Schächte . . . auf das Eisensteinlager ab, verbaut dieselben schanzkorbartig mit buchenen Reifen und beutet den Eisenstein, so weit als es eben geht, ringsherum aus. Ist das Feld für diese Schachtvorrichtung abgebaut, so schlägt man neue Schächte nieder usw.«*

Nach einem Bericht der Bergmeisterei Gießen vom Juli 1980 lag die durchschnittliche Jahresförderung der Grube Abendstern in der zweiten Hälfte der siebziger Jahre bei 2950 Tonnen. Noch im Jahresbericht 1913 der Darmstädter Bergbehörden werden »*die zahlreichen alten Haspelschächte«* erwähnt, die bis dahin zur Erzförderung dienten. Nach dem Übergang der Eisenerzgruben des Fürsten zu Solms-Braunfels an Krupp im Jahre 1906 (siehe Abb. 107) wurde in den folgenden Jahren auf der Grube Abendstern »*erstmals im Basaltrevier eine großzügige bergmännische Ausrichtung mit gradlinigen Grundstrecken im liegenden Basalt vorgenommen und das überlagernde Erz durch Aufbrüche erschlossen«* (Köbrich 1928, S. 19). Die Förderung erfolgte durch Maschinenschächte von 25 Meter Teufe im Distrikt Heckenwald und von 50 Meter *Teufe* im Distrikt Mühlberg. Der Betriebspunkt Heckenwald I wurde 1913 durch eine drei Kilometer lange Drahtseilbahn mit der Bahnstrecke Hungen – Villingen verbunden.

Zu Beginn des Ersten Weltkrieges mußte die Erzgewinnung auf Grube Abendstern infolge des starken Belegschaftsrückganges eingestellt werden, doch konnte man durch die Zurückstellung von Bergleuten vom Kriegsdienst und den Einsatz von Kriegsgefangenen die Förderung 1915 wieder aufnehmen. Nachdem man bereits 1915 zum Tagebaubetrieb übergegangen war, wurde die unterirdische Erzgewinnung 1917 völlig eingestellt, und im selben Jahr wurden zwei neue Tagebaue eröffnet. Die Gewinnung von *Stückerz* auf der 50 m- und der 36 m-Sohle des Maschinenschachtes im Distrikt Mühlberg wurde jedoch spätestens 1920 wieder aufgenommen, 1921 erfolgte die endgültige Stillegung dieser Schachtanlage. Aufgrund von Absatzschwierigkeiten war die Grube Abendstern vom 18. Mai 1921 bis 31. Oktober 1922 außer Betrieb. Im Jahre 1925 wurde zwischen dem Tagebau II und der Aufbereitung eine aus einer umlaufenden Kette bestehende sogenannte Kettenbahn eingerichtet und damit die bisherige Lokomotivförderung ersetzt. Im Hinblick auf die geplante Inbetriebnahme des Tagebaus I installierte man 1927 eine zweite Kettenbahn. Hier wurde 1928 ein mit Dampf betriebener Raupenlöffelbagger erfolgreich in der Erzgewinnung eingesetzt, während einschlägige Versuche auf anderen Gruben im Vogelsberger Basalteisensteinbergbau bisher stets an der Klebrigkeit des Rohmaterials gescheitert waren.

Die Abbildung 354 zeigt den sogenannten Trichterrutschenbau, wobei die Bergleute das Erz mit einer Hacke lösten, das danach in den Trichter rutschte, unter dem die Förderstrecke verlief. Abbildung 355 vermittelt einen Blick in den fast ausgeerzten Tagebau II der Grube Abendstern (am rechten Bildrand ist im Hintergrund der Kirchturm von Hungen erkennbar). Die Rippen zwischen den ursprünglichen Trichtern sind bereits hereingewonnen, auch das Deckgebirge über der Förderstrecke ist abgeräumt, so daß die Kettenbahn zu sehen ist. Bei den hellen Partien handelt es sich um den erzfreien Basalttuff.   (R. H.)

Abb. 355: **Grube Abendstern**, um 1930

Abb. 356: **Grube Abendstern,** 1926

Das Bild zeigt die erste Excelsior-Wäsche im oberhessischen Erzbergbau, die im Herbst 1926 auf Grube Abendstern erprobt wurde. Das Wissen um die Bedeutung dieser Aufbereitungsanlage für den Vogelsberger Basalteisensteinbergbau dürfte der Grund für dieses Erinnerungsfoto gewesen sein. Zweiter von links ist Direktor Schneider von der Excelsior-Maschinenbau-Gesellschaft in Stuttgart, vierter von links Bergverwalter Heinrich Kirchhöfer, über ihm steht Berginspektor Wilhelm Witte, der kurze Zeit danach (am 1. Januar 1927) die Leitung der Buderus'schen Bergverwaltung übernahm.

Die Aufbereitungsversuche mit dem Excelsior-Waschapparat verliefen überaus erfolgreich, so daß sich Buderus zur sofortigen Einstellung der bisherigen naßmechanischen Aufbereitung mit Läutertrommeln und Setzmaschinen entschloß. Der Eisengehalt des Fertigerzes lag nunmehr bei 46,5 Prozent, während er bisher 43,5 Prozent betragen hatte, dagegen sank der Kieselsäuregehalt von 14,2 auf 11,0 Prozent, auch der Nässegehalt verminderte sich von 14 auf 9 Prozent. Die Aufbereitungskosten je Tonne Roherz fielen von 1,20 auf 0,37 Mark, während sich der Wert je Tonne Fertigerz von 11,71 auf 14,45 Mark erhöhte.

Die abgebildete Excelsior-Wäsche besteht aus zwei hintereinander angeordneten Schwerterstufen als Rührwerke zum Zerreiben der Tonknollen und zum Aufschlämmen der Tone und einer Becherwerksstufe zum Abspülen des Erzes. Auf den drei halbzylinderförmigen Läutertrögen lagern jeweils Wellen, die beiden linken bewegen die spiralförmig um die Wellen angeordneten Rührer, die sogenannten Schwerter. Beim Drehen der Wellen greifen die Schwerter in die Masse aus beigesetztem Sand und dem tonigen Roherz, dabei werden die tonigen Bestandteile aufgelöst und das stückige Material durch den Druck der Roherzaufgabe über Schlitze zwischen den Trögen der Becherwerksstufe zugeführt, hier wird das Gut von den noch anhaftenden Tonbestandteilen befreit. Das Waschwasser fließt im Gegenstrom durch die Wäsche, die einen Wasserbedarf von drei Kubikmetern pro Minute hat. Der aufgelöste Ton läuft zusammen mit dem Wasser als Schlamm ab und wird in ausgeerzte Tagebaue oder in eigens angelegte Schlammteiche geleitet (siehe Abb. 371). Bei der hier sichtbaren Anlage erfolgt die Erzaufgabe über die links oberhalb der Wäsche erkennbare hölzerne Rutsche. Anstelle des Förderwagens am Erzaustrag befand sich später das Leseband (siehe Abb. 440).

Am Betriebspunkt Heckenwald I war 1914 eine Versuchswäsche und das Zechenhaus fertiggestellt worden, das rechts im Bild zu sehen ist. Das Aufbereitungsgebäude hinter der Excelsior-Wäsche wurde 1916/17 errichtet. Neben der hier sichtbaren Maschine stellte man 1927 noch eine zweite Excelsior-Wäsche auf. Während in der naßmechanischen Aufbereitung 14 Mann gearbeitet hatten, waren nunmehr lediglich noch 9 Personen im Bereich der Erzaufbereitung tätig.

(R. H.)

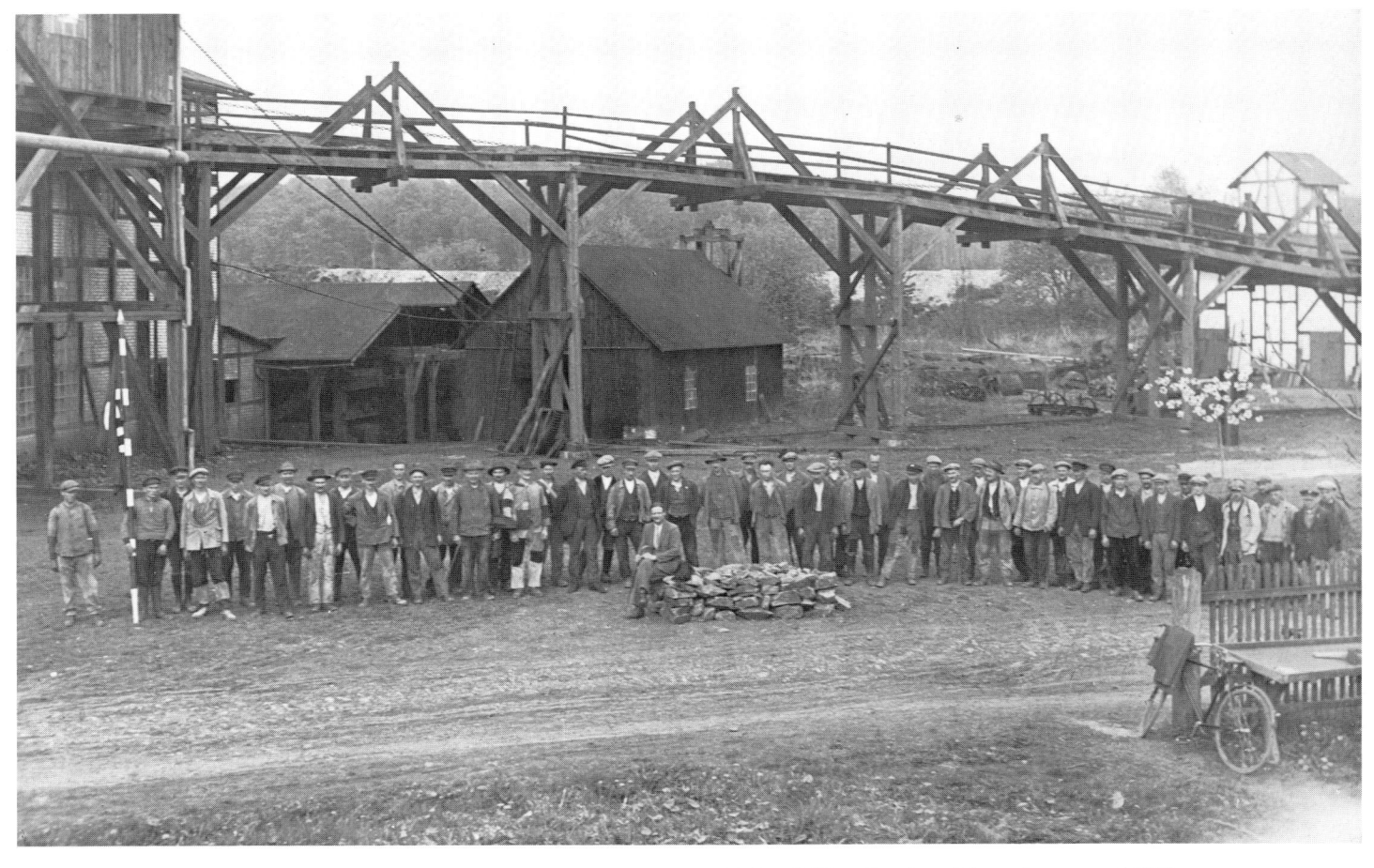

Abb. 357: **Grube Abendstern,** 1935

Das seit Beginn des NS-Regimes im Jahre 1933 in allen Bereichen von Staat und Wirtschaft geltende Führerprinzip kommt bei dieser am 1. Mai 1935 entstandenen Belegschaftsaufnahme deutlich zum Ausdruck. So stehen die 50 Bergleute und Handwerker der Grube Abendstern beinahe wie zum Appell angetreten in einer Reihe hinter dem im Vordergrund sitzenden Betriebsführer Heinrich Kirchhöfer. Dieser Eindruck wird noch durch die Hakenkreuzfahne verstärkt, die von dem zweiten Mann links im Bild gehalten wird. Ein Vergleich mit den Belegschaftsaufnahmen aus der Zeit vor dem Faschismus macht den Unterschied deutlich: Während sich insbesondere im 19. Jahrhundert die Belegschaften als in sich geschlossene Gruppen selbstbewußt und ungezwungen darstellten, ist hier eine fast militärische Ausrichtung in Reih und Glied zu erkennen. (R. H.)

Abb. 358: **Grube Abendstern,** um 1938

Nach der Einstellung der Förderung am 30. September 1931 ruhte der Betrieb der Grube Abendstern bis zum 1. April 1933. Im Jahre 1935 kam der Tagebau II zum Erliegen, und der Tagebau I näherte sich der Erschöpfung des Vorkommens. Als Ersatzbetrieb wurde der Tagebau »Heiloh« eröffnet. Im Frühjahr 1937 war schließlich auch der Tagebau I erschöpft, aus demselben Grund mußte im Dezember dieses Jahres der Tagebau Heiloh stillgelegt werden.

Zur Erschließung eines neuen Tagebaus im Distrikt »Eisenkaute« war 1936 mit dem Abteufen der abgebildeten Schachtanlage begonnen worden. Im folgenden Jahr wurde in Fachwerkbauweise das Zechenhaus errichtet, das Fördermaschinenhaus gebaut und im Anschluß an die Schachthalle eine 2,2 Kilometer lange Seilbahnverbindung mit der Aufbereitung hergestellt. Die Stromerzeugung erfolgte hier zunächst mit einem U-Boot-Dieselmotor aus dem Ersten Weltkrieg, da man sich mit der Überlandzentrale der Provinz Oberhessen (Kraftwerk Wölfersheim) nicht über den Strompreis einigen konnte.

Die Förderung im Betriebspunkt Eisenkaute wurde am 17. Januar 1938 aufgenommen. Die Erzgewinnung im Tagebau erfolgte zunächst im Handbetrieb, sie wurde aber noch im selben Jahr auf Baggerbetrieb umgestellt. Das Fördergut wurde über die 20 m-Sohle des Maschinenschachtes der Roherzseilbahn zugeführt. Im Jahre 1938 teufte man den Schacht weiter ab und setzte bei 40 Meter *Teufe* eine zweite Sohle an. Bis November 1940 wurde das über der 40 m-Sohle anstehende Erz restlos abgebaut. Seitdem erfolgte die Erzgewinnung wieder ausschließlich im Tagebau.

Sowohl die Belegschaft als auch die Förderung der Grube Abendstern erreichten in der zweiten Hälfte der zwanziger Jahre mit etwa 90 Mann und einer jährlichen Fertigerzleistung von rund 20 000 Tonnen ihren Höhepunkt. Von 1859 bis zur Einstellung der Erzgewinnung am 3. August 1957 wegen Erschöpfung des Vorkommens betrug der Fertigerzversand 923 640 Tonnen. (R. H.)

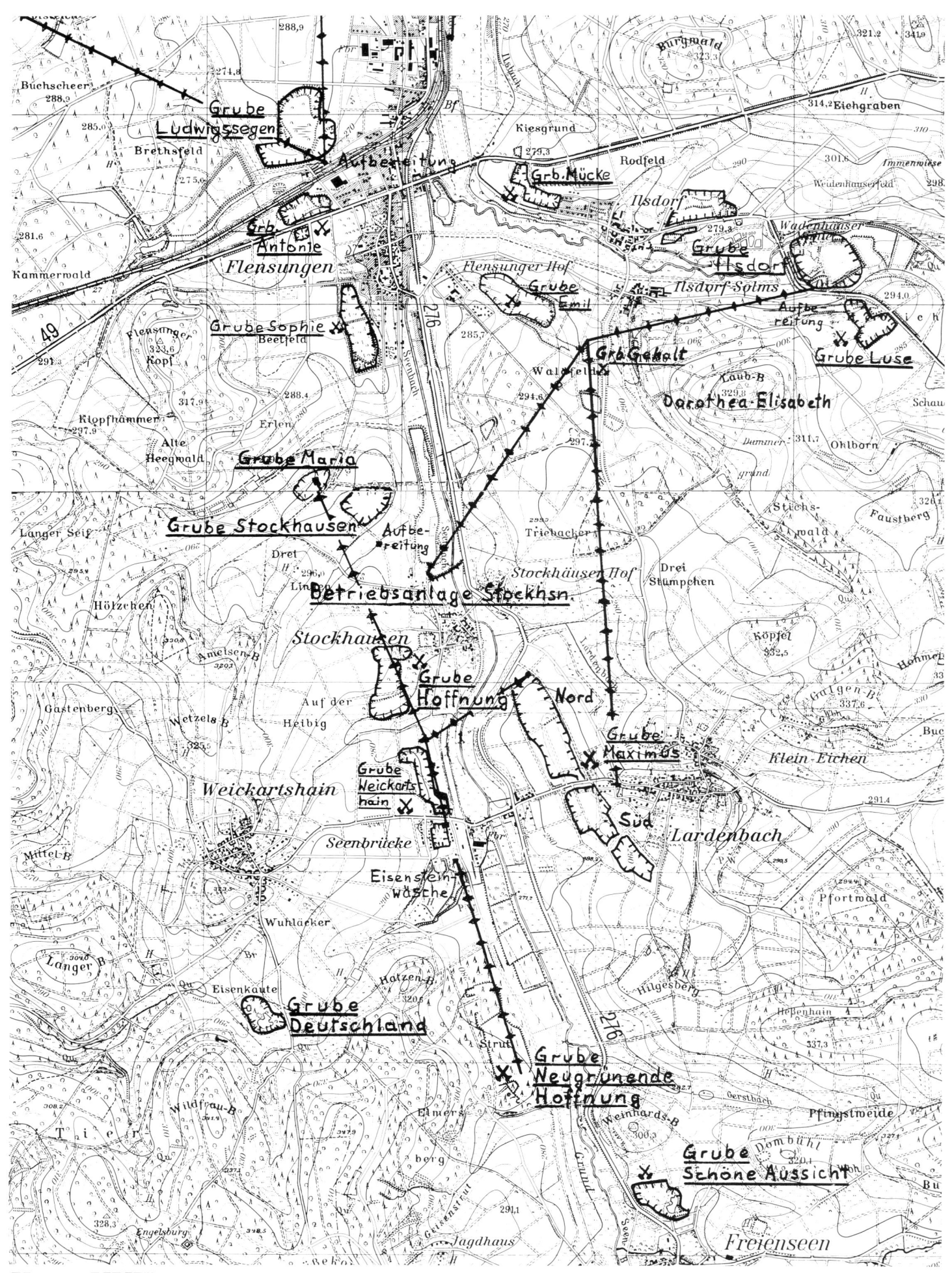

Karte XXII   Gruben: **Weickartshain, Maximus, Deutschland, Schöne Aussicht, Neugrünende Hoffnung, Hoffnung, Stockhausen, Maria, Sophie, Antonie, Emil, Gehalt, Dorothea-Elisabeth, Mücke, Ilsdorf, Luse**   Maßstab: 1 : 25 000

Abb. 359: Schürfschacht im Vogelsberg, um 1919

Das Foto zeigt den Bergmann Wilhelm Hess aus Merlau und den Bergverwalter Karl Schumann aus Flensungen an einem Untersuchungsschacht der Gewerkschaft Louise im Bereich des Vogelsberges.
Diese Haspelschächte dienten seit Jahrhunderten zur Förderung von *Stückerz*. Die Erzgewinnung endete gewöhnlich bei Erreichung des Grundwasserspiegels. Das von Hand mit Haspel und Kübel zutage geförderte Erz mit einem Eisengehalt von bis zu 50 Prozent und mehr war entweder sofort absatzfähig oder wurde durch einen einfachen Handwaschprozeß von dem tonigen Nebengestein befreit.
Ebenso wie im Lahn-Dill-Gebiet dürfte auch im Vogelsberg der Beginn des Berg- und Hüttenwesens auf die Epoche der keltischen Eisenkultur zurückgehen. Die ersten urkundlichen Hinweise finden sich zu Beginn des 9. Jahrhunderts in Grenzbeschreibungen im Raum nördlich von Birstein und in der Umgebung von Großenlüder, in denen die Bezeichnungen »Arcebach« und »Arezbach« sowie »Arzgrube« vorkommen. Im Jahre 1375 wird die erste Eisenhütte urkundlich erwähnt. Hierbei handelt es sich um die »Waldschmiedestatt zu Hirzenhain«, gleichzeitig werden auch die Erzgewinnungsstätten »Enkelries« bei Lißberg und das »Reymboldesholz« (heute: Reimertsholz) zwischen Hirzenhain und Gelnhaar genannt. Bedeutung und Umfang des Bergbaus werden auch durch ein aus dem 15. Jahrhundert überliefertes Grubenunglück offenbar, bei dem 13 Bergleute in der »Eisenkaute« zwischen Grebenhain und Bermuthshain verschüttet wurden.
Eine Besonderheit des Berg- und Hüttenwesens im Vogelsberg bildeten im Mittelalter die Waldschmiedegenossenschaften, die u. a. in Sichenhausen, Unter-Sorg, Billertshausen und Ermenrod bestanden. Die Mitglieder dieser Genossenschaften lebten und arbeiteten zusammen und betätigten sich gleichermaßen als Bergleute, Köhler, Schmelzer und Hammerschmiede.
Als eigentlichen Berufsstand gibt es Bergleute im Vogelsberger Eisenerzbergbau erst seit etwa Mitte des 16. Jahrhunderts. So haben im Jahre 1555 zünftige Bergleute im Niddertal für die Hirzenhainer Hütte gearbeitet. Vermutlich handelt es sich um aus dem Harz angeworbene Bergleute (die Hirzenhainer Hütte befand sich im Besitz der Grafen von Stolberg, die aus dem Harz stammten). Es ist anzunehmen, daß die Harzer Bergleute im Vogelsberg die ersten Erzwäschen errichtet haben, mit denen *Wascherze* aufbereitet wurden, während bisher ausschließlich Stückerz gefördert wurde. Das Wascherz blieb jedoch noch jahrhundertelang von untergeordneter Bedeutung, da die Hütten das hochwertigere Stückerz bevorzugten. Überregionales Interesse erlangten die Eisenerze des Vogelsberges erst nach dem Bau der Oberhessischen Eisenbahnen Gießen–Fulda und Gießen–Gelnhausen in den Jahren 1869 bis 1871. Die Fertigstellung dieser Bahnlinien fiel mit der Hochkonjunkturphase nach dem deutsch-französischen Krieg zusammen, die insbesondere im Berg- und Hüttenwesen zu zahlreichen Neugründungen und zu großen Kapazitätserweiterungen führte.

In einem 1891 in der Zeitschrift »Glückauf« erschienenen Artikel über den »Erzbergbau am Vogelsberg« finden sich die folgenden Ausführungen zur Entwicklung dieses Bergbaus in den siebziger und achtziger Jahren: »*Die großartige Ausdehnung der Eisenindustrie und das dadurch bedingte immense Bedürfnis an Eisenerzen veranlaßte die Industriellen Anfangs der 1870er Jahre, sich auch den Vogelsberg mal etwas näher anzusehen. Es wurden weitgehende Erwerbungen an Grubenfeldern gemacht, dabei aber von nur wenigen Gesellschaften zur sofortigen Ausbeutung der erschürften Lagerstätten geschritten. Die weitaus größte Zahl der Erwerber ließ es bei den zur Erlangung der Verleihung nötigen Aufschlußarbeiten bewenden. Durch letztere, mehr aber durch die Betriebe selbst wurde konstatiert, daß man es mit verschiedenartigen Ablagerungen zu thun habe und zwar mit dichten geschlossenen Massen, aber in größeren Teufen und mit Partieen loser Drusen und Krusten bis zum feinsten Korn in aschenartigen Tuffmassen liegend, direkt am Tage oder nur mit geringen Mächtigkeiten tauber Gebirgsarten überdeckt. Letztere zeigen durchweg größere Regelmäßigkeit, bei kolossalen Ausdehungen, können aber ohne Aufbereitung nicht zu gute gemacht werden; erstere dagegen sind sehr unregelmäßig gelagert, liefern aber eine marktfähige Ware ohne maschinelle Aufbereitung. Es ist daher auch erklärlich, daß die ersten Betriebe sich auf den Abbau dieser Lagerstätten richteten. Hierin aber lag auch schon der Grund zu einer großen Unstetigkeit der Betriebe. Die aufgeschlossenen Nester waren in rascher Folge aufgebaut und damit geriet auch der Absatz ins Stocken; kein Wunder, daß dadurch das Vertrauen der Hüttenleute in die Leistungsfähigkeit der hessischen Gruben nicht gefestigt werden konnte, welcher Umstand dann auch wieder nachteilig rückwirkend auf die Preise sein mußte. Im richtigen Erkennen dieser, dem Betriebe hinderlichen Verhältnisse, haben einige größere Gesellschaften bereits schon vor Jahren den mehr am Tage liegenden, mächtigen Wascherzablagerungen größere Aufmerksamkeit geschenkt und an Stellen, die eine günstige Situation boten, mehr oder weniger vollkommene Erzwäschen gebaut, die eine Tagesproduktion von 4–6 Doppelader (= 40–60 Tonnen, R. H.) reines Erz zu liefern imstande sind. Daß bei diesen Wäschen, die mehr versuchsweise gebaut worden sind, manches verbesserungsfähig blieb, ist begreiflich ...*«
Die erste maschinelle Erzwäsche im Vogelsberg wurde im Jahre 1874 vom Schalker Gruben- und Hüttenverein im Grubenfeld »Antonie« bei Flensungen errichtet. Die Anla-

ge war nach dem Muster der Steinkohlenwäschen konstruiert und bestand aus einer rotierenden zylindrischen Läutertrommel von vier Meter Länge und zwei Meter Durchmesser sowie einem rotierenden Lesetisch am Austrag der Trommel. Das eingebrachte Roherz wurde durch in der Trommel angebrachte Schaufeln zum Austrag hinbewegt, wo das von dort eingeleitete Klarwasser das Fördergut im Gegenstromprinzip umspülte. Der Wasserverbrauch lag bei 1,5 bis 2 Kubikmetern pro Minute. Die schlammigen Abwässer dieser Anlage führten zunächst zu Protesten aufgrund der Trübung der Ilsbach und Seenbach sowie der Ohm. Vermutlich wurden daraufhin Schlammteiche angelegt. Diese erste der *»mehr oder weniger vollkommenen Erzwäschen«* wurde im Jahre 1885 eingestellt. (R. H.)

Abb. 360 und 361: **Erzwäsche und Grube Weickartshain,** um 1908

Während der Hochkonjunktur des Jahres 1907 begann die 1889 gegründete Gewerkschaft Louise unter der Leitung des Bergwerksdirektors Carl Scheffzick mit dem Bau der abgebildeten Erzwäsche in Weickartshain, die Anfang 1908 in Betrieb genommen wurde. Zur Verladung des Fertigerzes errichtete man ein 490 Meter langes Anschlußgleis an der 1903 eröffneten Nebenstrecke Laubach – Mücke, das durch eine 50 Meter lange Laufbrücke mit der Erzwäsche verbunden wurde. Bei dieser Aufbereitungsanlage mit einer Tagesleistung von 150 Tonnen Fertigerz handelte es sich um die größte Erzwäsche des Vogelsberger Basalteisensteinreviers in der Zeit vor dem Ersten Weltkrieg.

Zur Erzversorgung der Wäsche wurde 1908 die Förderung in dem neuangelegten Tagebau des Grubenfeldes Weickartshain aufgenommen. Die Erzgewinnung begann in etwa 600 Meter Entfernung von der Wäsche. Der Erztransport erfolgte auf einer Schmalspurbahn durch Dampflokomotiven. Im Tagebau ist eine Orenstein & Koppel-Lok, Baujahr um 1905, zu sehen, die (dem Schild nach zu urteilen) der Baugesellschaft Lenz & Co. gehörte. Der 1916 wegen Erschöpfung des 3 bis 8 Meter mächtigen Wascherzvorkommens eingestellte Gewinnungsbetrieb im *Grubenfeld »Weickartshain«* erstreckte sich auch auf ein 1908 in unmittelbarer Nähe der Wäsche durch einen Haspelschacht erschlossenes Stückerzlager. Zur Erzversorgung der Aufbereitung Weickartshain diente seit 1908 auch der im selben Jahr neueröffnete Tagebaubetrieb im *Grubenfeld »Neugrünende Hoffnung«* bei Freien-Seen, der mit der Wäsche durch eine etwa 1200 Meter lange Drahtseilbahn verbunden war. Der aus einer Holzkonstruktion bestehende Seilbahneinlauf ist im rechten Teil des Gebäudes zu sehen.

Die von der Maschinenbauanstalt Humboldt in Köln errichtete Erzwäsche verfügte über eine Läutertrommel von sechs Meter Länge und 2,20 Meter Durchmesser. Die groben Stücke über 25 Millimeter Durchmesser gingen auf einen Klaubtisch, während das sogenannte Mittelkorn in zwei Siebtrommeln in Klassen von 25 – 15, 8, 4 und 2 Millimeter getrennt und danach Setzmaschinen zugeführt wurde. Im Jahre 1910 richtete man eine Nachwäsche ein, indem man die Anlage auf 11 Setzmaschinen erweiterte. Der auf dem unterschiedlichen spezifischen Gewicht beruhende Setzvorgang gestaltete sich jedoch außerordentlich schwierig, da nur ein minimaler Gewichtsunterschied zwischen den porösen Erzen, eisenreichen Tonen und dem unhaltigen Bergematerial bestand. Der Betrieb der Wäsche erfolgte mittels Riemenübertragung durch eine 260-PS-Badenia-Gleichstromlokomotive. Erst 1921 wurde die Aufbereitungsanlage an das Starkstromnetz der Provinz Oberhessen angeschlossen; im selben Jahr begann man mit der Aufstellung von drei Siebel-Freygang-Apparaten als Ersatz für die Setzmaschinen. Seit 1913 war die Erzwäsche durch eine zweite Drahtseilbahn mit den zu dieser Zeit neueröffneten Tagebauen in den *Grubenfeldern »Emil«* und *»Sophie-Antonie«* verbunden. (R. H.)

Abb. 361: **Grube Weickartshain**, um 1908

Abb. 362: **Grube Maximus,** 1912

In dem *Grubenfeld* »Maximus« bei Lardenbach der Gewerkschaft Luse und Ilsdorf fanden von 1906 bis 1910 Aufschlußarbeiten statt. Rückblickend kann dieses Grubenfeld als das ergiebigste des gesamten Vogelsberger Basalteisensteingebietes bezeichnet werden. Durch eine größere Zahl von Untersuchungsschächten wurde ein 1450 Meter langes und 150 Meter breites Wascherzlager nachgewiesen, das eine Mächtigkeit von 4 bis 9 Metern hatte. In einer *Teufe* von 13 bis 14 Metern konnte außerdem ein 1 bis 1,5 Meter mächtiges Stückerzvorkommen erschürft werden, das einen Eisengehalt von 44 bis 45 Prozent aufwies. Mit der Gewinnung von Stückerz wurde 1907 begonnen.
1911 wurde die Grube Maximus durch eine 2400 Meter lange Drahtseilbahn mit der Winkelstation bei Ilsdorf verbunden und damit der Roherztransport zur Wäsche in Groß-Eichen ermöglicht. Im selben Jahr erfolgte die Ausrichtung des Grubenfeldes durch 2 Hauptförderstollen. Das Foto entstand 1912 an der Aufgabestation der Drahtseilbahn. In dem Stollenmundloch steht die 1909 von Deutz gelieferte Benzollok des Typs XII (Fabrik-Nr. 741), mit der die Seilbahnkörbe auf Fahrgestellen bis hierher gefördert wurden. Die Erzgewinnung erfolgte hauptsächlich im Tagebau.
Die Gewerkschaft Luse und Ilsdorf in Gießen wurde im Frühjahr 1919 von der Sächsischen Gußstahlfabrik in Döhlen bei Dresden erworben. Im Jahre 1923 gingen die Gruben dieser Gesellschaft pachtweise an die Haigerer Hütte über, deren Aktienkapital sich seit Anfang 1917 nahezu vollständig in den Händen der Sächsischen Gußstahlfabrik befand. Mit der vorläufigen Stillegung der Haigerer Hütte am 6. Oktober 1923 kamen auch die Gruben der Gewerkschaft Luse und Ilsdorf zum Erliegen. Lediglich die Grube Hoffnung wurde Ende 1923 vorübergehend wieder in Betrieb genommen. Mit der Wiedereröffnung der Haigerer Hütte im Februar 1925 konnte auch die Grube Maximus die Förderung wieder aufnehmen, allerdings nur bis Ende Mai desselben Jahres. 1927 wurde mit der Vorrichtung des Tagebaues Maximus-Nord begonnen und gleichzeitig eine Drahtseilbahn zur Erzwäsche Hoffnung bei Stockhausen gebaut.

Mit der Übernahme der Gewerkschaft Luse und Ilsdorf durch die Gewerkschaft Louise am 10. August 1928 (die Haigerer Hütte war am 23. Dezember 1927 endgültig stillgelegt worden) war der Bau einer neuen Seilbahn vom Tagebau Maximus-Nord zur Aufbereitung Weickartshain verbunden, der 1929 erfolgte. Im Jahre 1930 wurde auch der Tagebau Maximus-Süd zur Gewinnung der hier noch anstehenden Restpartien wieder in Betrieb genommen.
Nach fast zweieinhalbjährigem Stillstand konnte die Betriebsgruppe Weickartshain mit den Gruben Maximus-Nord und -Süd sowie Deutschland bei Weickartshain am 1. Juni 1933 wieder eröffnet werden. Auf Grube Maximus wurden die Abraumarbeiten teilweise mit einem Raupenbagger durchgeführt. 1934 war der Tagebau Maximus-Süd erschöpft. Zu Beginn des Zweiten Weltkrieges mußte die Gewerkschaft Louise infolge der Einberufung eines Teils der Belegschaft zum Kriegsdienst die Erzgewinnung im Tagebau Deutschland einstellen und die Roherzförderung für die Aufbereitung Weickartshain auf die Tagebaue Maximus und Schöne Aussicht konzentrieren. Als Ersatz für die im Dezember 1939 und im März 1940 wegen Erschöpfung endgültig stillgelegten Tagebaue Schöne Aussicht und Deutschland wurde im Jahre 1940 ein Tagebau im *Grubenfeld* »Maria« bei Stockhausen in Betrieb genommen und eine Verbindung mit der Drahtseilbahn vom Tagebau Maximus-Nord zur Erzwäsche Weickartshain hergestellt. Nach der Einstellung der Erzgewinnung im Grubenfeld Maximus im Juli 1942 erhielt die Aufbereitung Weickartshain lediglich noch aus dem Tagebau Maria Roherz. 1943/44 erfolgte der Abbruch der Betriebsabteilung Weickartshain. (R. H.)

Abb. 363: **Benzollok,** um 1920

Im Jahre 1909 setzte die Gewerkschaft Luse und Ilsdorf die erste Benzollokomotive im oberhessischen Bergbau ein. Hierbei handelte es sich um eine Deutz-Lok des Typs V mit 8 PS und einer Spurweite von 500 Millimetern (Fabrik-Nr. 194). Anstelle der bisherigen Pferdeförderung wurde diese Lok auf der Grube Hoffnung bei Stockhausen eingesetzt. Die erste Benzollokomotive wurde am 23. Oktober 1909 geliefert. Bereits am 20. Dezember desselben Jahres wurde eine zweite Lok des Typs XII mit 12 PS geliefert (Fabrik-Nr. 741).

Auf der abgebildeten Lokomotive ist August Kauß zu sehen. Diese Lok des Typs XII hatte 16 PS und erreichte eine Höchstgeschwindigkeit von 10 Stundenkilometern, sie wurde am 8. Juli 1910 ausgeliefert (Fabrik-Nr. 808).

Seit der Lieferung der vierten Benzollokomotive von Deutz, Typ XIV mit 25 PS, am 18. Mai 1912 (Fabrik-Nr. 1039) erfolgte die Erzförderung in allen Betrieben der Gewerkschaft Luse und Ilsdorf durch Lokomotiven. Zu dieser Zeit standen die Gruben Ilsdorf bei Ilsdorf, Gehalt und Dorothea-Elisabeth bei Solms-Ilsdorf, Hoffnung bei Stockhausen und Maximus bei Lardenbach in Förderung. Die Gesamtbelegschaft von etwa 300 Mann erbrachte 1912 eine Fertigerzleistung von 68 430 Tonnen. (R. H.)

Abb. 364: **Grube Hoffnung,** 1932

Bei dieser Aufnahme der Grube Hoffnung bei Stockhausen handelt es sich um das wohl anschaulichste Foto aus dem Bereich des Vogelsberger Eisensteinbergbaus. Der hier praktizierte Trichterrutschenbau ist auf dem Bild deutlich erkennbar. Köbrich schreibt zu diesem Bergwerk: »*Im Tagebau der Grube Hoffnung bei Stockhausen beträgt z. B. die Höhe des Abraums 1 bis 5 m, die des Erzlagers 5 bis 10 m. Das Erz wird in höchstens zwei Etagen abgebaut, indem auf der Tagebausohle die Förderwagen unter schmale senkrechte Schlitze geschoben werden und diese Schlitze, von oben beginnend, trichterförmig erweitert werden, so daß das mit der Hacke losgewonnene Erz- und Tongemenge in den Wagen rollt. Grobe Basaltknollen werden gleich ausgelesen, größere arme oder taube Partien stehen gelassen. Das rohe Haufwerk hält etwa 35 bis 20 Prozent gewinnbaren Eisenstein. Bei großem Durchsetzen wird noch Waschgut von 18 Prozent Ausbringen mit verarbeitet. Der Gesamtdurchschnitt liegt zur Zeit bei etwa 27 Prozent*« (Köbrich 1914, S. 44).

Ein nachgewiesener Bergbau fand im Grubenfeld »Hoffnung« 1874/75 und von 1888 bis 1932 statt. Das Vorkommen war 600 Meter lang und 200 Meter breit. Neben dem Abbau des Wascherzes erfolgte noch Stückerzgewinnung im Schachtbetrieb. Im Jahre 1910 wurde hier anstelle der mühsamen Wasserförderung mit Haspel und Kübel aus dem Stückerzbetrieb unter Tage erstmals im oberhessischen Bergbau eine Zentrifugalpumpe mit direkt gekuppeltem Benzolmotor eingebaut (siehe Abb. 422). Mit dem Einsatz eines Heißdampflöffelbaggers zur Gewinnung von Wascherz wurde hier 1918 eine weitere Neuerung eingeführt, die sich aber nicht bewährte. Nach dem Übergang der Gewerkschaft Luse und Ilsdorf an die Gewerkschaft Louise im Jahre 1928 wurde auf der Grube Hoffnung ab 1929 ein Raupen-Löffelbagger im Abraumbetrieb eingesetzt; die von einer Borsig-Lok gezogenen Förderwagen dienten hierbei offenbar zum Abtransport. Ende 1932 wurde die Grube Hoffnung wegen Erschöpfung des Vorkommens stillgelegt.

(R. H.)

Abb. 364: **Grube Hoffnung**, 1932

Abb. 365: **Erzwäsche Hoffnung**, 1912

Abb. 365: **Erzwäsche Hoffnung,** 1912

Sowohl zum Anlernen des bergmännischen Nachwuchses als auch aus Kostengründen waren in den Erzaufbereitungen vorwiegend Jugendliche tätig. Unter der Anleitung von nicht mehr bergtauglichen älteren Bergleuten lernten hier die schulentlassenen Jungen, das Erz vom Nebengestein zu unterscheiden. Während die erwachsenen Arbeiter im Eisen- und Manganerzbergbau des Großherzogtums Hessen 1912 einen Durchschnittsverdienst von 3,30 Mark pro Schicht hatten, lag der durchschnittliche Schichtlohn der jugendlichen Arbeiter bei 1,60 Mark.

Während die Schichtzeiten (die je nach Auftragslage und Jahreszeit ausgedehnt oder verkürzt wurden) für Erwachsene und Jugendliche gleich waren, gab es hinsichtlich der Pausenzeiten gesetzliche Bestimmungen, die längere Pausen für die Jugendlichen vorsahen. Diese Regelung zum Schutz der Jugendlichen wurde mitunter von den Betrieben nicht eingehalten, um die zusätzliche Beschäftigung von erwachsenen Bergleuten in den Erzwäschen während der Pausenzeiten zu umgehen.

Die abgebildete Erzwäsche der Grube Hoffnung bei Stockhausen wurde im Jahre 1896 durch den Bergbauunternehmer H. L. Brügmann errichtet. Diese Aufbereitung war zunächst mit zwei, später drei nebeneinander angeordneten Läutertrommeln ausgestattet. Das kleinstückige Material wurde mittels zwei, später vier Siebtrommeln geschieden und anschließend Setzmaschinen zugeführt.

Im Jahre 1913 wurden die beiden Erzwäschen der Gewerkschaft Luse und Ilsdorf, Hoffnung bei Stockhausen und Luse bei Groß-Eichen, durch den Einbau von Siebel-Freygang-Apparaten grundlegend modernisiert, wobei in der Wäsche bei Stockhausen drei dieser Geräte installiert wurden.

(R. H.)

Abb. 366: **Erzwäsche Luse,** um 1905

Bei diesem Foto handelt es sich um die älteste Aufnahme einer Erzwäsche im Vogelsberg. Zu dieser Zeit wurde das Fertigerz noch über die an der Längsseite des Gebäudes sichtbaren Rutschen auf Fuhrwerke verladen und von hier zum Bahnhof Mücke transportiert. Im Jahre 1908 stellte die Gewerkschaft Luse und Ilsdorf eine Seilbahnverbindung zwischen ihren einzelnen Betrieben her. Seitdem erfolgte der Bahnversand über die Verladestation der Grube Hoffnung bei Stockhausen.

Die abgebildete Erzwäsche ist als Ersatz für die 1895 am selben Standort im Grubenfeld »Luse« bei Groß-Eichen abgebrannte Anlage erbaut worden. Die erste Anlage war durch H. Stahlschmidt errichtet worden, 1888 ging sie in den Besitz von H. L. Brügmann über und wurde 1898 von der Gewerkschaft Luse und Ilsdorf übernommen. Die Wäsche war mit einer Läutertrommel von acht Meter Länge und zwei Meter Durchmesser, einem Klaubtisch, einem Steinbrecher und Setzkästen ausgestattet. Von 1913 bis zur endgültigen Stillegung der Anlage Ende Mai 1925 erfolgte die Erzaufbereitung mit zwei Siebel-Freygang-Apparaten. Das System Siebel-Freygang bestand aus einem Nockenwalzwerk, einem Vorauflöser, dem eigentlichen Siebel-Freygang-Apparat, einer Klassiertrommel, einem Feinerzabscheider und einem Nachwaschgerät.

Zunächst wurde das Roherz in dem Nockenwalzgerät zerkleinert und gelangte danach in den Vorauflöser, in dem die Masse bis zur Auflösung der Tonklumpen umgerührt wur-

Abb. 367: **Grube Mücke,** 1905

Im Jahre 1902 begann die Gewerkschaft Louise mit Aufschlußarbeiten in ihrem *Grubenfeld* »Mücke« bei Ilsdorf. Durch 28 Schürfschächte von 5 bis 18 Meter Teufe im westlichen Feldesteil wurde ein 400 Meter langes und 150 Meter breites Wascherzvorkommen mit einer Mächtigkeit von 3 bis 8 Meter festgestellt, das von einem Deckgebirge von 0,5 Meter bis 4 Meter überlagert war.
Der Tagebaubetrieb wurde 1904 eröffnet und im selben Jahr eine Seilbahnverbindung zu der Erzwäsche Ernestine bei Nieder-Ohmen hergestellt. Die gradezu malerische Belegschaftsaufnahme entstand im folgenden Jahr. Bereits 1908 kam die Grube durch den starken Konjunkturrückgang wieder zum Erliegen.
Als Ersatzbetrieb für die ihrer Erschöpfung entgegengehenden Gruben Sophie-Antonie und Emil bei Flensungen sowie die Grube Neugrünende Hoffnung bei Freienseen wurde die Grube Mücke im Januar 1925 erneut in Betrieb genommen. Zuvor war eine Seilbahn zwischen der Grube Mücke und der Grube Emil gebaut und auf diese Weise eine Verbindung mit der Erzwäsche bei Weickartshain hergestellt worden. Wegen Absatzmangels mußte die Betriebsgruppe Weickartshain Ende September 1925 stillgelegt werden. Am 1. Februar 1927 wurde die Förderung der angeschlossenen Gruben und der Aufbereitungsbetrieb wieder aufgenommen. Für die Abraumarbeiten auf den Gruben Sophie-Antonie und Mücke wurde im selben Jahr ein neuer Dampf-Raupenbagger eingesetzt, der sich gut bewährte. Am 30. November 1928 wurde die Betriebsabteilung Weickartshain mit ihren Gruben Sophie-Antonie und Mücke wegen ungünstiger Abbauverhältnisse bis Anfang Mai 1929 eingestellt und dann mit den Tagebauen Maximus-Nord und Deutschland wieder eröffnet.

(R. H.)

de. Anschließend wurde das dickflüssige Material in den Siebel-Freygang-Apparat geleitet, wo es mittels einer Schnecke im Gegenstrom des eingeleiteten Wassers zerrieben, der Ton aufgeschlämmt und zum oberen Austrag hin transportiert wurde. Das grobstückige Gut wurde in der nachgeschalteten Klassiertrommel in verschiedene Körnungen separiert. Aus dem unteren Austrag des Siebel-Freygang-Apparates gelangte das Feinerz zusammen mit dem Schlammabfluß in eine Filtertrommel und einen Nachwaschapparat, wo auch das kleinstückige Material noch teilweise gewonnen werden konnte. Das Siebel-Freygang-Verfahren bewährte sich bei sandigem und grobstückigem Roherz, während bei stark tonigem Fördergut das Aufbereitungsergebnis unbefriedigend war.

(R. H.)

Karte XXIII Gruben: **Atzenhain, Ludwigssegen, Otto-Elisabeth, Ernestine, Eisen**

Maßstab: 1 : 30 000

Abb. 368: Erzwäsche Mücke, um 1950

Die im Oktober 1936 nach über einjähriger Bauzeit fertiggestellte Erzwäsche in der Nähe des Bahnhofes Mücke diente zunächst zur Aufbereitung der Erze aus den Grubenfeldern »Ludwigssegen« und »Eisen«. Die Belegschaft dieser neuen Betriebsabteilung der Gewerkschaft Louise umfaßte anfangs 80 Bergleute.

Bei dem Gebäude links im Bild handelt es sich um die Werkstatt der Zimmerleute, rechts daneben ist der Frischwasserteich für die Aufbereitung erkennbar. Zwischen der Bahnlinie und dem Teich befindet sich der dunkle Kohlenschuppen, dahinter ist ein aus Pferdestall, Scheune und Metallwerkstatt bestehender langgestreckter Bau zu sehen. An den Teich angrenzend erkennt man einen Teil des aus Büros und Waschkaue bestehenden Zechenhaustraktes.

Quer zu diesen Gebäuden ist die eigentliche Erzaufbereitung mit dem turmartigen Fertigerzbunker zu sehen. Unmittelbar daneben befinden sich die Wiegehäuschen und rechts davon die Trafostation. Dahinter ist Fertigerz aufgehaldet, das mit einer Schrapperanlage in die Waggons verladen wird. Bei der aus dem Fertigerzbunker führenden Holzkonstruktion im rechten Teil des Bildes handelt es sich nicht um eine Seilbahn, sondern um eine Schlammleitung, mit der im Laufe der Zeit die Tagebaue im Raum Flensungen-Stockhausen zugeschlämmt wurden. Links im Bildhintergrund ist ein Teil des Tagebaus Ludwigssegen abgebildet. Am rechten Rand des Tagebaus stellt eine 1,5 Kilometer lange Drahtseilbahn die Verbindung zwischen dem Tagebau Eisen bei Merlau (der Kirchturm dieser Gemeinde ist in einiger Entfernung zu erkennen) und der Aufbereitung Mücke her. Gerade im Bau befindet sich eine weitere Seilbahn, die am unteren Rand des Tagebaus Ludwigssegen vorbei zum Grubenfeld »Otto« führt, das sich zu dieser Zeit im Aufschluß befand.

Die Erzwäsche Mücke enthielt zwei von der Studiengesellschaft für Doggererze entwickelte und von der Gutehoffnungshütte gebaute Läutertröge, die von ihrer Grundkonstruktion her mit der Excelsior-Wäsche (siehe Abb. 356) vergleichbar waren. In den letzten Betriebsjahren vor der Stillegung der Anlage im November 1958 war hier noch ein Excelsior-Apparat aufgestellt, der als Nachwäsche diente.

(R. H.)

Abb. 369: **Grube Ludwigssegen,** 1938

Der abgebildete Löffelbagger wurde mit Dampf betrieben und war neben dem Baggerführer noch mit einem Heizer besetzt. Der Kohlen- und Wassertransport von der Erzwäsche Mücke zu dem Bagger erfolgte mit Pferden. Dieser Bagger (der vermutlich mit dem 1927 für die Gruben Sophie-Antonie und Mücke beschafften Dampf-Raupenbagger identisch ist) befand sich hier seit 1935 im Einsatz, zunächst im Abraumbetrieb, seit Anfang des Zweiten Weltkrieges auch in der Erzgewinnung, da von den rund 130 Beschäftigten der Betriebsabteilung Mücke bei Kriegsbeginn 72 Mann eingezogen worden waren (bis dahin erfolgte die Erzgewinnung hier ausschließlich per Hand).

Die ersten urkundlich belegten Untersuchungsarbeiten in dem Grubenfeld »Ludwigssegen« in der Gemarkung Merlau erfolgten im Jahre 1858 durch Schürfschächte und -stollen. Hierbei wurde ein Stückerzvorkommen mit einer Mächtigkeit von etwa 0,90 bis etwa 2,20 Meter nachgewiesen. In der Zeit von 1860 bis 1892 fand (mit großen Unterbrechungen) eine Erzgewinnung im Tagebau und im Tiefbau statt. Von 1901 an wurden hier erneut Aufschlußarbeiten vorgenommen, die bis 1927 zum Abteufen von insgesamt 135 Schächten führten.

Parallel mit den Vorarbeiten für den Neubau der Erzwäsche Mücke begann man seit Mitte 1935 mit der Vorrichtung eines Tagebaubetriebes Ludwigssegen, wobei mit dem Menck & Hambrock-Bagger zunächst ein etwa 200 Meter langer Tagebaueinschnitt hergestellt wurde. Die 1936 aufgenommene Erzgewinnung erfolgte bis 1939 im Trichterrutschenbau (siehe Abb. 364). Durch vom Tagebau vorgetriebene Stollen bestand die Möglichkeit, bei strengem Frost unter Tage Erz abzubauen und so einen Teil der Belegschaft in den Wintermonaten zu beschäftigen (dieses Verfahren wurde im Vogelsberger Eisenerzbergbau seit Jahrzehnten praktiziert). Die Erzgewinnung im Grubenfeld Ludwigssegen kam im Jahre 1957 zum Erliegen. Unmittelbar danach begann die Ausschlämmung des Tagebaus (siehe Abb. 371).

(R. H.)

Abb. 370: **Grube Eisen,** um 1960

Mitte der fünfziger Jahre begann in den Tagebauen der Gewerkschaft Louise der allmähliche Übergang zur Gleislosförderung. Zunächst wurden allradgetriebene Unimogs mit Anhänger in der Förderung eingesetzt, die jedoch bald wegen der größeren Wirtschaftlichkeit von Lastkraftwagen abgelöst wurden. Die links im Bild sichtbare Planierraupe diente neben der Beseitigung des Abraums dem Wegebau innerhalb des Tagebaus, der aus einer Ausschotterung der Fahrwege mit Basalt bestand. Ende 1958 – im selben Jahr begann der Preisverfall auf dem internationalen Eisenerzmarkt – war bei der Gewerkschaft Louise die Umstellung auf Gleislosförderung beendet. Für die Arbeiterbelegschaft hatte dies zur Folge, daß die Zahl der Beschäftigten von 121 Ende 1957 auf 85 Mann Ende 1958 vermindert wurde (die Zahl der Angestellten stieg dagegen in diesem Zeitraum von 17 auf 18 Personen).

Zur Verkürzung der Förderwege wurde im November 1958 die neuerbaute Aufbereitung Eisen im gleichnamigen Grubenfeld in Betrieb genommen, in der die maschinelle Anlage der Erzwäsche Mücke installiert war. Das Fertigerz wurde von hier mit Lastkraftwagen zum Ladegleis bei Mücke gefahren und dort nunmehr mittels eines Förderbandes verladen.

Der fast bis an den Ortsrand von Merlau reichende Tagebau Eisen mußte am 26. Oktober 1961 wegen Erschöpfung stillgelegt werden und wurde in den folgenden Jahren verschlämmt. Als Ersatzbetrieb kam 1961 ein neu angelegter Tagebau in dem Grubenfeld »Ernestine« bei Nieder-Ohmen (siehe Abb. 375) in Förderung. Dieser Tagebau befand sich in der Nähe der »Villa Louise«, die dem jeweiligen Bergwerksdirektor als Wohnsitz diente. Die seit 1961 noch aus der Grube Ernestine und der Aufbereitung Eisen bestehende Betriebsabteilung Mücke wurde am 30. April 1966 sowohl wegen Absatzmangels als auch wegen Erschöpfung des Vorkommens stillgelegt. (R. H.)

Abb. 371: **Schlammteich Eisen,** um 1965

Abb. 371: **Schlammteich Eisen,** um 1965

Die bei der Erzwäsche anfallenden Schlämme – bei der manuellen Erzgewinnung rund 80 Prozent und beim Baggerbetrieb bis zu 90 Prozent des eingesetzten Roherzes – wurden in frühere Tagebaue oder in eigens angelegte Schlammteiche geleitet.

Hierbei boten die ehemaligen Tagebaue wesentliche Vorteile: Zum einen war diese Art der Ablagerung kostengünstiger, da der Ankauf von Gelände entfiel, und zum anderen bestand hier nicht die Gefahr von Dammbrüchen. Deswegen scheute man nicht den Aufwand, z. T. kilometerlange, auf Gerüsten montierte Schlammleitungen zu errichten. In den letzten Jahrzehnten des Vogelsberger Eisenerzbergbaus wurden die Schlammleitungen unterirdisch frostfrei eingebaut und Pumpstationen angelegt. Bei der Rekultivierung der ausgeschlämmten Tagebaue erwies sich der karge Untergrund nur für wenige Pflanzenarten wie Huflattich sowie Kiefern und Pappeln als geeigneter Nährboden. Bereits vor dem Ersten Weltkrieg unternahm man Versuche, die getrockneten Schlämme durch Beimengung von Schlacke, Sand, Kalk und Düngemitteln fruchtbarer zu machen. Die durch Aufschüttung von Dämmen hergestellten Schlammteiche befanden sich meist in unmittelbarer Nähe der Erzwäschen. Der spektakulärste Dammbruch ereignete sich am 9. Dezember 1911. Zwischen Nieder-Ohmen und Bernsfeld rissen mehrere Meter hohe Schlammassen die 1904 errichtete frühere Erzwäsche hinweg und ergossen sich in die noch ungefüllten Schlammteiche im Alberttal. Herbert Kosog berichtet hierzu in seinem unveröffentlichten »Dorfbuch Bernsfeld«:

»In dem Augenblick, als oberhalb der Wäsche der Damm brach, lief ein im Bergwerk beschäftigter Jugendlicher über die Straße. Ehe er sich retten konnte, hatten ihn die Schlammassen erfaßt. Einem Balken, der heranschoß und dem Jungen von rückwärts zwischen die Beine fuhr, verdankte er sein Leben. Der Todesreiter wurde in die Seilbahnstation gestrudelt und konnte sich aufs Trockene retten. Am nächsten Tage, einem Sonntag, strömten Hunderte von Neugierigen herbei, um die Stätte der Zerstörung zu besichtigen.« (R. H.)

Abb. 372: **Erzverladung in Mücke,** 1966

Das Foto zeigt zwei Güterzugloks (50 465 und 50 2292) des Bahnbetriebswerkes Gießen bei der Abholung eines Erzzuges in Mücke am 24. Juni 1966. Die leeren Wagen wurden am Vorabend oder am frühen Morgen nach Mücke gebracht und über ein Förderband im Laufe des Tages beladen. Am Abend zogen die Lokomotiven den beladenen Erzzug aus dem Ladegleis über die Hauptstrecke Gießen – Fulda in den Bahnhof Mücke. Hier mußten die Loks vom Zugende auf den Zuganfang »umsetzen«. Kurz nach der Ausfahrt aus dem Bahnhof hatten die Lokomotiven schwer zu arbeiten, um den aus 20 Erzwagen (00t-Wagen) bestehenden Großraumzug mit einer Nutzlast von 1000 – 1200 Tonnen über die Steigung vor Lehnheim in Richtung Gießen zu ziehen. Das Vogelsberger Erz wurde zu dieser Zeit noch nach Oberhausen-West und Wetzlar versandt und in den Hüttenwerken Ruhrort der Phoenix-Rheinrohr AG sowie der Sophienhütte der Hessischen Berg- und Hüttenwerke AG gesintert (siehe Abb. 353). (R. H.)

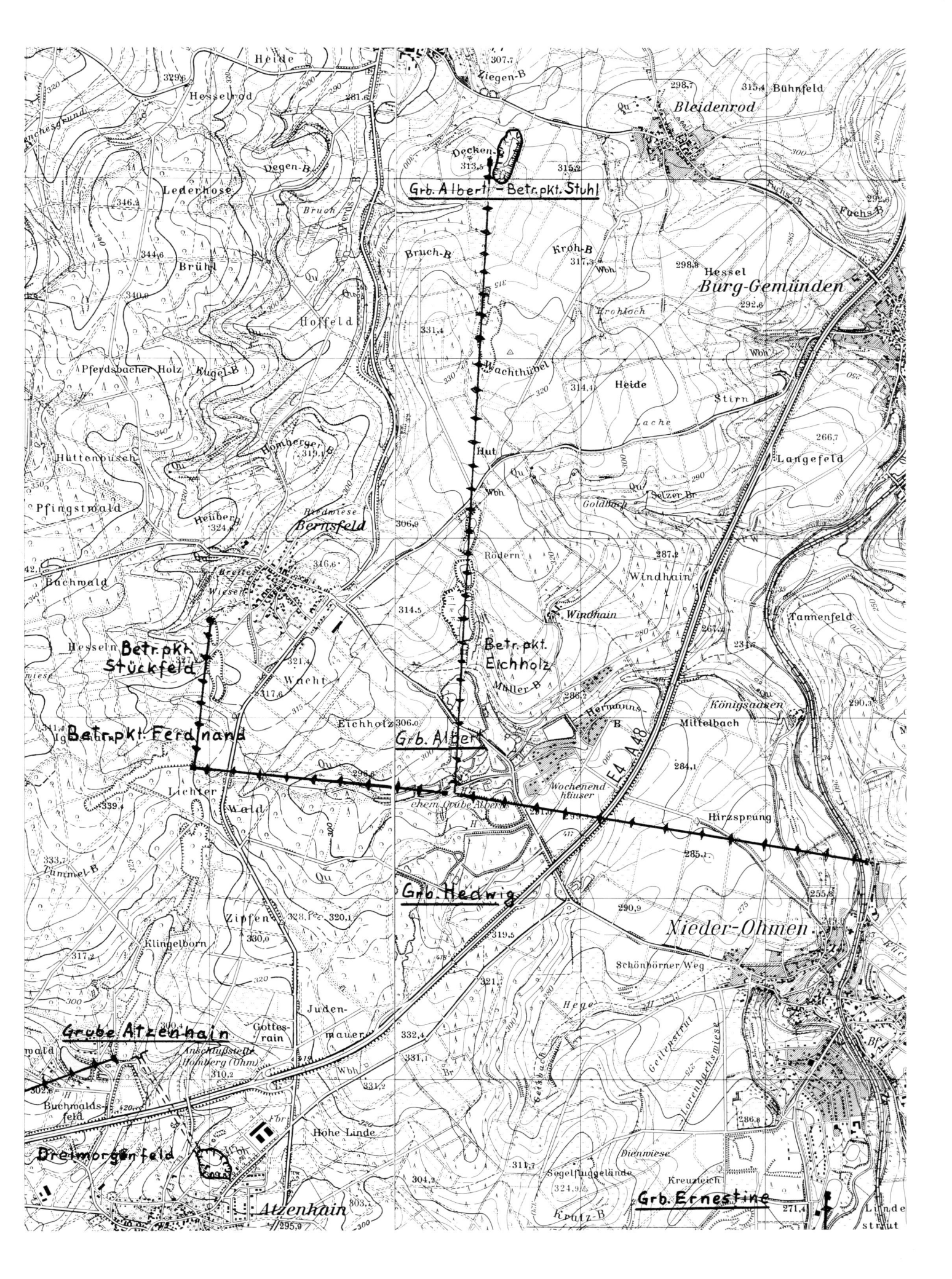

Karte XXIV   Gruben: **Albert, Hedwig**   Maßstab: 1 : 25 000

Abb. 373: **Erzwäsche Atzenhain, 1911**

Abb. 373: **Erzwäsche Atzenhain, 1911**

Das mit der Gemarkung Atzenhain identische gleichnamige Grubenfeld wurde im Jahre 1827 an Buderus verliehen. Bereits 1822 waren im nördlichen Feldesteil Aufschlußarbeiten vorgenommen und ein Erzlager mit einer Mächtigkeit von ein bis zwei Metern nachgewiesen worden. Seit 1869 wurde auch der östliche Feldesteil durch 10 bis 15 Meter tiefe Schürfschächte untersucht. Die Erzgewinnung im Grubenfeld Atzenhain kam im Jahre 1897 zum Erliegen. Der Erwerb der Eisenerzgruben des Fürsten zu Solms-Braunfels durch Krupp im Jahre 1906 (siehe Abb. 107) führte zu einer Intensivierung des Erzbergbaus der Buderus'schen Eisenwerke. In dem Geschäftsbericht 1906 dieser Gesellschaft werden in diesem Zusammenhang »*die großen Wascherzlager in der Provinz Oberhessen*« genannt, »*denen bisher nur geringe Beachtung geschenkt wurde*«. Im selben Jahresbericht wird der Bau einer Versuchsaufbereitung angekündigt und erwähnt, daß im Grubenfeld Atzenhain 47 Untersuchungsschächte abgeteuft worden seien. Durch 90 Schächte konnte 1906/07 im mittleren Feldesteil ein Wascherzvorkommen von nahezu zwei Millionen Tonnen festgestellt werden. Nachdem Aufbereitungsversuche mit Roherz aus dem Grubenfeld Atzenhain bei der Maschinenbauanstalt Humboldt in Köln zufriedenstellend ausgefallen waren, wurde 1907 eine Erzwäsche errichtet, die im folgenden Jahr eine Seilbahnverbindung mit der Bahnstation Lumda erhielt. Ebenfalls 1908 begann man mit dem Vortrieb eines Förderstollens.

Die regelmäßige Erzgewinnung wurde am 1. April 1910 mit einer Belegschaft von 21 Bergleuten und 2 Steigern aufgenommen. Der Abbau von *Wascherz* erfolgte im Tagebau, während das *Stückerz* unterirdisch gewonnen wurde. 1911 erbrachten 81 Bergleute eine Fertigerzleistung von 14 488 Tonnen. (R. H.)

Abb. 374: **Erzwäsche Atzenhain,** 1911

Die Erzaufbereitung bestand zunächst aus einer Läutertrommel, einem Spitzkasten, aus dem das kleinstückige Material in die Feinkornsetzmaschine gehoben wurde, Setzmaschinen für die mittleren Kornklassen und einem rotierenden Klaubtisch für den groben Austrag. Eine besondere Schwierigkeit bildete in Atzenhain der Basalt, dessen Trennung vom Erz eine aufwendige Brecharbeit erforderte. Zur Lösung dieses Problems installierte man 1909 einen Steinbrecher, ein Walzwerk und ein Becherwerk. 1910 wurde noch ein Becherwerk für das Bergematerial und eine Setzmaschine für das nachgewalzte Gut aufgestellt. Aufgrund dieser Erweiterung der maschinellen Anlage mußte 1910 eine stärkere Dampfmaschine mit einer Leistung von 50 PS installiert werden. Die Aggregate wurden von einer gemeinsamen Transmissionswelle über verschiedene Treibriemen angetrieben. In der Erzwäsche Atzenhain unternahm man auch Aufbereitungsversuche mit Lahn- und Dillerzen. Die mit Roherz gefüllten Förderwagen wurden über die rechts im Bild sichtbare schräge Ebene mit einem Seil in die Aufbereitung gezogen. Die waagrechte hölzerne Brücke diente zur Abförderung von Bergematerial. Das Fertigerz wurde im Untergeschoß der Erzwäsche in die Seilbahnkörbe gefüllt, die anschließend auf einer Schiene (siehe Abb. 138) bis zum Seilanschlag in der Antriebsstation der 3,2 Kilometer langen Drahtseilbahn geschoben wurden, welche links im Bild zu sehen ist.

Im Jahre 1911 stellte man die bisher durch Schlepper erfolgte Förderung in dem sogenannten Hauptstollen, der zu dieser Zeit bereits 935 Meter lang war, auf Benzinlokomotiven um. Im folgenden Jahr erreichte der Stollen eine Länge von 1200 Metern. Mit diesem Stollen und den oberhalb der Stollensohle angesetzten Tagebauen wurde ein 700 Meter langes und 200 Meter breites Wascherzlager erschlossen, das eine Mächtigkeit von 3 bis 15 Metern hatte. Nachdem der Betrieb der Erzwäsche 1912 wegen Wassermangels sechs Wochen ruhen mußte, legte man noch im selben Jahr einen Frischwasserteich mit einem Fassungsvermögen von 50 000 Kubikmetern an, der als Atzenhainer Teich noch heute vorhanden ist.

Bei einer Belegschaft von 109 Mann erreichte die Grube Atzenhain 1913 mit 32 333 Tonnen Fertigerz den höchsten Produktionsstand in ihrer Geschichte. Durch den Ausbruch des Ersten Weltkrieges ging die Zahl der Bergleute in der Zeit vom 1. August bis 1. September 1914 von 107 auf 74 Mann zurück. Im August 1915 wurde die aus 80 Personen bestehende Arbeiterbelegschaft durch 35 Kriegsgefangene verstärkt. Am 15. März 1916 waren auf Grube Atzenhain 60 Einheimische und 58 Kriegsgefangene tätig.
1916 baute man in der Erzwäsche Atzenhain eine neue Läutertrommel ein. Im folgenden Jahr wurde die Aufbereitung grundlegend umgebaut, elektrifiziert und um eine Nachwäsche vergrößert. Seitdem konnten in einer Schicht 120 bis 140 Tonnen Fertigerz produziert werden. Dies bedeutete eine Steigerung der Fertigerzleistung pro Mann und Schicht von 0,8 auf etwa 1 Tonne.
Infolge von Absatzschwierigkeiten mußte die Grube Atzenhain am 18. Mai 1921 stillgelegt werden. Mit einer Belegschaft von 40 Bergleuten (gegenüber 89 zum Zeitpunkt der Stillegung) wurde der Betrieb am 1. September 1922 wieder aufgenommen. Die Erzgewinnung erfolgte seit 1922 teilweise in dem seit 1919 erschlossenen neuen Betriebspunkt »Dreimorgenfeld«. Im Oktober 1923 kam es zu einer erneuten Betriebsunterbrechung durch einen Dammrutsch am Schlammteich, der zu einer Verschlämmung des oberen Tagebaus führte. Aufgrund der schlechten konjunkturellen Situation der damaligen Zeit konnte die Erzgewinnung erst im Dezember 1924 wieder aufgenommen werden.
Neben der 1907 erbauten Erzwäsche wurde 1927 ein neues Aufbereitungsgebäude errichtet (im Vordergrund des Bildes) und eine Excelsior-Wäsche (siehe Abb. 356) aufgestellt. Das letzte Wascherz wurde hier 1933 aufbereitet, dabei handelte es sich um Erz aus dem benachbarten Grubenfeld »Ferdinand«. Von 1859 bis 1933 wurde in Atzenhain eine Fertigerzleistung von insgesamt 481 000 Tonnen erbracht.

(R. H.)

Abb. 375: **Erzwäsche Hedwig**, um 1914

Dieses Bild zeigt einen Ausschnitt aus zwei Panoramadarstellungen der Erzwäschen Weickartshain und Hedwig mit den Tagebaubetrieben sowie der Seilbahn-Entladestation nördlich von Nieder-Ohmen und der »Villa Louise« südwestlich von Nieder-Ohmen. Die Bildtafel wurde vermutlich 1914 angefertigt und noch in den zwanziger Jahren den Arbeitsjubilaren dieser Gewerkschaft Louise am 13. März 1914 anläßlich des 25jährigen Bestehens der Gewerkschaft als Ehrenurkunde überreicht. Bei dem großen Gebäude im Zentrum der Darstellung handelt es sich um die dritte Erzwäsche der Gewerkschaft Louise im Raum Nieder-Ohmen, die im Jahre 1909 errichtet wurde.

Im *Grubenfeld* »Ernestine« hatte im Jahre 1883 der damalige Eigentümer und spätere Mitbegründer der Gewerkschaft Louise, der Düsseldorfer Kaufmann Louis Schülke, versuchsweise eine Handwäsche anlegen lassen. Der Bergbau in der Gemarkung Nieder-Ohmen kam 1885 zum Erliegen und wurde 1889 von der neugegründeten Gewerkschaft Louise in den benachbarten Grubenfeldern »Ernestine« und »Hedwig« wiederaufgenommen. Im Gründungsjahr betrug die Förderung 1881 Tonnen Stückerz. Nach einem 1891 in der Zeitschrift »Glückauf« erschienenen Artikel über den »Erzbergbau am Vogelsberg« handelte es sich bei der 1890 bei Nieder-Ohmen im Grubenfeld

Ernestine errichteten Erzwäsche um »*das Vollkommenste, was die heutige Entwicklung der Technik bietet. Es wird uns versichert, daß eine Dampfmaschine von 70 Pferdestärken zwei mächtige Waschtrommeln mit Separationen und Becherwerk treibt und daß eine Tagesproduktion bis zu 15 Doppelwaggon (150 Tonnen, R. H.) damit erreicht werden kann. Eine 2000 m lange Seilbahn verbindet die Wäsche mit der nächsten Versandstation und macht dieselbe unabhängig von allen Hindernissen und Störungen, denen der gewöhnliche Transport unterworfen ist... Das reingewaschene Erz soll einen Eisengehalt von 46 bis 48 pCt. haben und die Produktionskosten sich so gering stellen, daß auch bei niedrigsten Marktpreisen noch ein anständiger Überschuß bleiben muß*«.

In der Nähe der Erzwäsche Ernestine befand sich das Mundloch eines etwa 500 Meter langen Stollens, der zur Abförderung der im Grubenfeld Ernestine gewonnenen Erze diente. Aus 107 895 Tonnen Roherz wurden 1891 21 579 Tonnen Fertigerz hergestellt. Von 1889 bis 1895 arbeitete die Gewerkschaft Louise mit Verlust, der insgesamt 420 000 Mark betrug. 1896 konnte mit der Verteilung von *Ausbeute* begonnen werden, die bis 1914 einen Gesamtbetrag von 1 130 000 Mark erreichte. Die Erzversorgung der Aufbereitung südlich von Nieder-Ohmen erfolgte seit der Betriebsaufnahme sowohl aus dem Grubenfeld Ernestine als auch aus dem Grubenfeld Hedwig, 1897 kamen Erze aus dem Grubenfeld »Vulkan« bei Bleidenrod, 1899 Erze aus den Grubenfeldern »Antonie« und »Sophie« bei Flensungen noch hinzu.

Im Jahre 1904 errichtete die Gewerkschaft Louise eine neue Erzwäsche im Grubenfeld Hedwig zwischen Nieder-Ohmen und Bernsfeld. Zur selben Zeit eröffnete man im Grubenfeld Mücke bei Ilsdorf einen neuen Tagebau (siehe Abb. 367), der eine Seilbahnverbindung mit der Drahtseilbahn zwischen der Erzwäsche Ernestine und der Entladestation bei Mücke erhielt. 1905 wurden in der Erzwäsche Ernestine aus 121 690 Tonnen Roherz 33 712 Tonnen Fertigerz hergestellt, die entsprechenden Zahlen für die Erzwäsche Hedwig lauten 52 985 bzw. 15 057 Tonnen. 1906 wurde mit dem Bau einer Schmalspurbahn von der Erzwäsche Hedwig zum Abtransport des Fertigerzes begonnen, die im folgenden Jahr bis zur Buchwaldhöhe an der Straße nach Bernsfeld fertiggestellt wurde. Dort verlud man das Erz über eine Rampe auf Fuhrwerke, die es bis zur Bahnstation Nieder-Ohmen brachten.

Am 1. Januar 1908 bestand die Belegschaft der Gewerkschaft Louise aus 371 Arbeitern und Arbeiterinnen (siehe Abb. 440) und 12 Betriebsbeamten. In der Zeitschrift »Der Erz-Bergbau« wird am 1. April 1908 berichtet: »*Auf dem bedeutenden Eisenstein-Bergwerk Mücke-Ilsdorf hat die schlechte Lage der Eisenindustrie Veranlassung zu Arbeiterentlassungen und Lohnkürzungen gegeben.*« Der weitere Rückgang der Erzpreise und die sich verschärfenden Absatzprobleme im dritten Quartal 1908 führten zur Einstellung der Gruben Mücke und Sophie-Antonie sowie der Erzwäsche Ernestine.

Die abgebildete Erzwäsche wurde von März bis Oktober 1909 errichtet; sie diente als Ersatz für die sich gegenüber befindende Aufbereitung, die 1911 bei einem Schlammteichdurchbruch zerstört wurde (siehe Abb. 371), und auch als Nachfolgebetrieb für die Erzwäsche Ernestine. Bei einer Arbeitszeit von 10 Stunden konnten in der neuen Anlage täglich 120 Tonnen Fertigerz hergestellt werden. Die Versorgung mit Roherz erfolgte aus den Grubenfeldern Hedwig und Eichholz. Der am rechten Bildrand erkennbare Erzzug kommt aus dem Tagebau Hedwig, am linken Bildrand ist der Stollen zum Tagebau Eichholz zu sehen. Links neben dem Aufbereitungsgebäude befindet sich die Beladestation der 2,2 Kilometer langen Drahtseilbahn nach Nieder-Ohmen, die im Jahre 1910 erbaut wurde. Im Bildvordergrund sind Frischwasserteiche für den Betrieb der Erzwäsche angelegt, oberhalb davon befinden sich Schlammteiche, zu denen Schlammleitungen führen, rechts neben der Erzwäsche sind ebenfalls Schlammleitungen erkennbar.

Die Fertigerzleistung der Erzwäschen Weickartshain und Hedwig erreichte im Jahre 1912 mit 78 160 Tonnen ihren höchsten Stand vor dem Ersten Weltkrieg. Im selben Jahr bestand die Arbeiterbelegschaft der Gewerkschaft Louise aus 310 Erwachsenen und 22 Jugendlichen. Während des Ersten Weltkrieges erreichte der Erzversand dieser Gewerkschaft im Jahre 1917 mit 106 402 Tonnen seinen Höhepunkt. In dem Bericht der Darmstädter Bergbehörden für den Zeitraum 1914 – 1918 heißt es hierzu: »*Die Gewerkschaft hat also zur Versorgung der deutschen Kriegswirtschaft ganz außergewöhnlich beigetragen. Dieses Ergebnis ist in gleicher Weise dem unermüdlichen Eifer der Leitung und der Werksbeamten wie dem unverdrossenen Fleiß der Belegschaft zuzuschreiben und verdient rühmlichst anerkannt zu werden.*« Zur Erzielung dieser Förderleistung hatte die Belegschaft durchschnittlich jeden zweiten Sonntag arbeiten müssen. Ebenfalls 1917 waren sämtliche Kuxe der Gewerkschaft Louise von der Charlottenhütte AG in Siegen übernommen worden, deren kaufmännischer Direktor seit 1915 Friedrich Flick war. Hiermit verbunden wurde der Sitz der Gewerkschaft 1917 von Essen nach Nieder-Ohmen verlegt. Der Betrieb der 1920 elektrifizierten Erzwäsche Hedwig mußte ab September desselben Jahres wegen Wassermangels insgesamt 49 Tage ruhen. Im August 1921 war der Betrieb aus dem gleichen Grund erneut unterbrochen. Daraufhin wurde die Wasserversorgung durch eine Pumpanlage an der Ohm sichergestellt. Als sich 1921 die Erzgewinnung im Tagebau Eichholz ihrem Ende näherte, wurden in den Grubenfeldern »Emma« bei Bernsfeld und »Vulkan« bei Bleidenrod neue Betriebspunkte eingerichtet und diese durch eine drei Kilometer lange Drahtseilbahn mit der Erzwäsche Hedwig verbunden.

Die absehbare Erschöpfung des Erzvorkommens im Grubenfeld Hedwig im Jahre 1923 führte zur Aufnahme der Erzgewinnung in dem benachbarten Grubenfeld »Eisenkaute«. Ende 1923 kam die Erzwäsche Hedwig mit ihren Gruben wegen Absatzmangels zum Erliegen. Nach einem kurzen Betrieb im Jahre 1925 nahm man im Juni 1926 die Förderung erneut auf. Im folgenden Jahr wurde die Erzgewinnung auf das Grubenfeld »Stuhl« bei Büßfeld ausgedehnt.

1927 erwarben die Vereinigten Stahlwerke 993 der 1000 Kuxe der Gewerkschaft Louise. Am 10. August 1928 wurde die Gewerkschaft Luse und Ilsdorf von der Gewerkschaft Louise übernommen (siehe Abb. 362), die seitdem alle Gruben des Seentales besaß. Am 1. November desselben Jahres ging die Erzwäsche Hedwig mit ihren Grubenbetrieben Hedwig-Eisenkaute, Vulkan, Emma und Stuhl an die Buderus'schen Eisenwerke über. Buderus bildete aus 18 Einzelfeldern (Alt- und Neubesitz) das konsolidierte Grubenfeld »Albert«. Dieser Name wurde zu Ehren des Aufsichtsratsvorsitzenden Albert Katzenellenbogen gewählt. Zu Beginn des Jahres 1929 betrug die Belegschaft der Grube Albert 130 Mann. Ende 1929 mußte man die Erzgewinnung im Einzelfeld Eisenkaute wegen Erschöpfung des Vorkommens einstellen. Am 21. Januar 1930 wurde die Grube Albert stillgelegt und die Arbeiterbelegschaft von 94 Mann entlassen.

(R. H.)

Abb. 376: **Grube Albert,** 1935

Abb. 376: **Grube Albert,** 1935

Das Foto zeigt die 67 Mann starke Belegschaft der Grube Albert während der Feier zum 1. Mai 1935. Nach dem Umzug durch Bernsfeld fand ein Zusammensein in der Gastwirtschaft Schott statt, vor der das Foto entstanden ist. An der Feier nahm auch Bergwerksdirektor Wilhelm Witte teil (inmitten der Belegschaft mit Schachthut), links von ihm ist Bergverwalter Friedrich Knetsch zu sehen, der auch schon Betriebsführer der Grube Atzenhain gewesen war, rechts von ihm steht Steiger Friedrich Neu, ehemals Betriebsführer der Grube Rosbach (siehe Abb. 384).
Im rechten oberen Teil des Bildes ist ein Wimpel mit dem Hakenkreuz und der Aufschrift »Heil Hitler« erkennbar. Hier spiegelt sich das im heimischen Eisenerzbergbau zu dieser Zeit allgemein verbreitete Bewußtsein, den Wiederaufstieg seit 1933 dem NS-Staat zu verdanken. In einer vom Reichswirtschaftsministerium herbeigeführten Vereinbarung hatten sich die rheinisch-westfälischen Hüttenwerke am 5. Mai 1933 verpflichtet, in Zukunft jährlich 250 000 Tonnen Eisenerz aus dem Lahn-Dill-Gebiet und Oberhessen (ohne Fernie-Erz, siehe Abb. 52 und 53) abzunehmen, damit war insgesamt eine Jahresförderung von 475 000 Tonnen gesichert, gegenüber 175 000 Tonnen 1932. Das Bemühen des hiesigen Eisenerzbergbaus um eine Steigerung des Absatzes berührte sich mit dem auf Autarkie, Aufrüstung und Krieg ausgerichteten Interesse der nationalsozialistischen Machthaber. Ein Repräsentant des Dill-Bergbaus, Bergwerksdirektor Carl Schumann vom Hessen-Nassauischen Hüttenverein, schloß seine Rede vor dem Erzausschuß des Vereins deutscher Eisenhüttenleute bereits im Oktober 1931 mit den Worten: »*Man sollte nie vergessen, welch wichtige Rolle für die Eisenindustrie der Bergbau an der Dill in den Zeiten des letzten Krieges gespielt hat*« (Stahl und Eisen, 24. März 1932). (R. H.)

Abb. 377: **Grube Albert,** um 1939

Auf dem Foto ist ein Tagebau an der Grenze der Grubenfelder Atzenhain und Ferdinand am Tümmel-Berg zu sehen. Entsprechend dem Abbaufortschritt wurde das Gleis nachgerückt. Deutlich sind hier die im Vogelsberger Bergbau weitverbreiteten Spezialfahrgestelle zur Aufnahme von zwei Seilbahnkörben zu erkennen. Im linken Teil des Bildvordergrundes steht eine Fetteinfüllpresse für die Achslager der Laufräder. Die Deutz-Lok brachte das Fördergut durch den im Hintergrund sichtbaren Stollen zu der Beladestation der Seilbahn, die zur Erzwäsche Hedwig führte. Der Tagebau wird mit Abraummaterial bereits wieder verfüllt. Im Bereich dieses Tagebaues wurde 1930 erstmals in Oberhessen eine Schrapperanlage zur Abräumung des Deckgebirges installiert. Das im 2. Band des Werkes »Vom Ursprung und Werden der Buderus'schen Eisenwerke Wetzlar« abgebildete Foto dieses Schrappers ist fast aus derselben Perspektive wie dieses Bild aufgenommen worden.
Die Wiederinbetriebnahme der Grube Albert war im Mai 1934 durch die Aufnahme der Förderung in einem Tagebau des Einzelfeldes Eichholz erfolgt, der durch eine Kettenbahn mit der Erzwäsche Hedwig verbunden war. Abraumarbeiten und Erzgewinnung geschahen hier von Anfang an mit einem Dieselbagger. Ebenfalls 1934 wurde in der Erzwäsche der in der Aufbereitung Atzenhain ausgebaute Excelsior-Apparat montiert und noch im selben Jahr 6790 Tonnen Fertigerz hergestellt. Im folgenden Jahr wurde hier noch eine zweite Excelsior-Wäsche installiert, die sich bis dahin in der Aufbereitung der Grube Abendstern befunden hatte. Dieser Apparat war in erster Linie zum Waschen von Rohbauxit aus dem Tagebau Lichter Wald bei Bernsfeld vorgesehen, der 1935/36 durch eine 1450 Meter lange Drahtseilbahn mit der Erzwäsche Hedwig verbunden wurde, die später auch zum Transport von Eisenerz aus dem Grubenfeld Ferdinand diente.
In den Jahren 1937/38 wurde die zu dem alten Tagebau Vulkan führende Seilbahn instand gesetzt und bis zu dem Tagebau Stuhl bei Büßfeld auf eine Länge von insgesamt 3,5 Kilometer ausgebaut. Die Fertigerzseilbahn nach Nieder-Ohmen erhielt 1938 eine Unterführung unter die Reichsautobahn.
Während des Zweiten Weltkrieges wurde auf Grube Albert im Jahre 1942 mit 22 875 Tonnen die höchste Fertigerzleistung erbracht. Ende 1946 mußten die Betriebspunkte Stuhl und Ferdinand wegen Erschöpfung stillgelegt werden. Mit der Einstellung der Erzgewinnung in den Einzelfeldern Vulkan und Stückfeld im November und Dezember 1954 kam die Förderung der Grube Albert zum Erliegen. Im Stillegungsjahr hatte eine Belegschaft von 48 Mann noch eine Fertigerzleistung von 11 388 Tonnen erzielt. (R. H.)

Abb. 377: **Grube Albert**, um 1939

Abb. 378: **Grube Albert,** 1938

Auf dem Foto ist der Grubenschmied Karl Herrmann aus Nieder-Ohmen zu sehen. Obwohl die Schmiede bei der Erzwäsche Hedwig erst im Jahre 1936 erbaut wurde, wirkt die Einrichtung beinahe altertümlich. Erst bei genauerem Hinsehen ist am oberen Bildrand ein Ventilator erkennbar, der als Gebläse für die Esse diente.

Anfangs bestand die Aufgabe des Grubenschmiedes im wesentlichen in der Herstellung und Unterhaltung des *Gezähes,* das sich im oberhessischen Eisenerzbergbau von Buderus noch in der zweiten Hälfte der dreißiger Jahre im Eigentum der Bergleute befand. Für den Verschleiß der Werkzeuge wurde eine monatliche Vergütung gezahlt. Mit bescheidenen Hilfsmitteln hatte der Grubenschmied inzwischen eine Vielzahl von Aufgaben zu erfüllen. Zu den instand zu haltenden Anlagen und Maschinen gehörten der Dieselbagger, die Gruben- und Seilbahnen sowie die Erzwäsche. (R. H.)

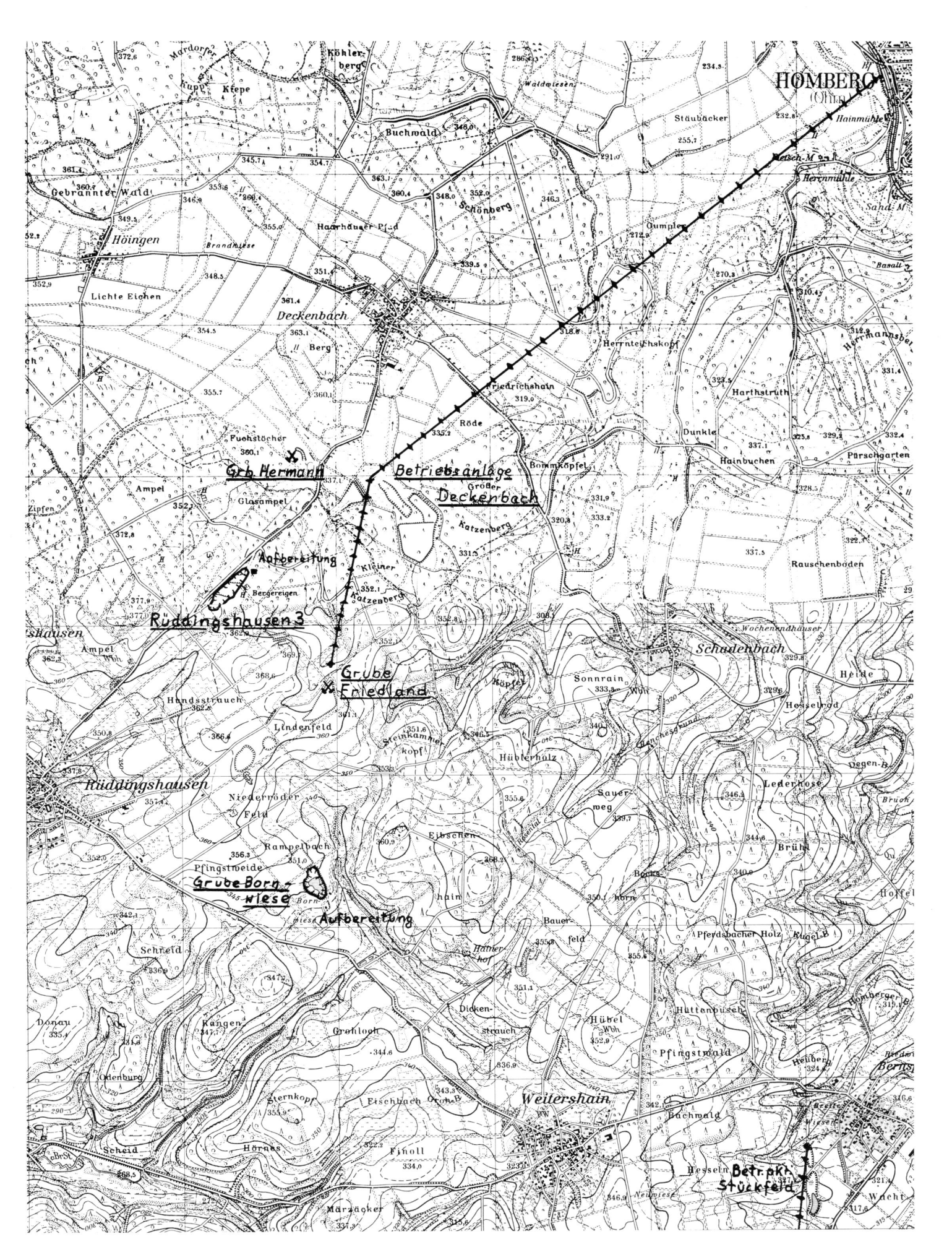

Karte XXV   Gruben: **Friedland, Bornwiese, Rüddingshausen 3, Hermann, Deckenbach**

Maßstab: 1 : 30 000

Abb. 379: **Grube Rüddingshausen III,** um 1958

In dem von 1953 bis Oktober 1958 in Betrieb befindlichen Tagebau im Grubenfeld »Rüddingshausen III« bei Rüddingshausen war ein Demag-Elektrobagger eingesetzt. Dieser Tagebau diente als Ersatz für die im Juli 1953 stillgelegte Grube Friedland bei Rüddingshausen. Während der zuletzt genannte Grubenbetrieb an die Aufbereitung Deckenbach angeschlossen war, verfügte der Tagebau Rüddingshausen III über eine in unmittelbarer Nähe errichtete Erzwäsche.

Die Betriebsabteilung Deckenbach der Gewerkschaft Louise war im Rahmen des Vierjahresplanes von 1936 zur Erschließung ärmerer Eisenerzvorkommen im Raum Deckenbach gebildet worden. Im Grubenfeld »Hermann« bei Deckenbach errichtete man 1937/38 eine Erzwäsche und baute von hier eine 4,2 Kilometer lange Fertigerzseilbahn zum Bahnhof Homberg a. d. Ohm, gleichzeitig wurden zwei Tagebaubetriebe eingerichtet, die durch je eine Seilbahn mit der Aufbereitung verbunden wurden. Die Aufnahme der Erzgewinnung in den beiden Tagebauen erfolgte am 15. September 1938. Im Geschäftsjahr 1939/40 wurden im Grubenfeld Hermann etwa 77 000 Tonnen Roherz gefördert, aus denen rund 8000 Tonnen Fertigerz mit einem Eisengehalt von 40 Prozent hergestellt wurden. Demgegenüber betrug die Roherzförderung der Betriebsabteilung Mücke rund 219 000 Tonnen und die Fertigerzleistung etwa 39 000 Tonnen, bei einem Eisengehalt von 43 Prozent. Wegen Erschöpfung des Erzvorkommens im Grubenfeld Hermann wurde die Betriebsabteilung Deckenbach im Jahre 1942 stillgelegt. Im Oktober 1946 nahm man die Erzgewinnung im Tagebau Friedland auf, mit dessen Aufschluß bereits 1941/42 begonnen worden war. (R. H.)

Abb. 380: **Erzwäsche Bornwiese,** 1959

Das abgebildete Aufbereitungsgebäude war 1958/59 vom Grubenfeld Rüddingshausen III in die Nähe des Tagebaus Bornwiese versetzt worden. Die eigentliche Erzwäsche bestand aus einem von der Studiengesellschaft für Doggererze entwickelten Läutertrog (siehe Abb. 368). Der rechte Erzbunker vor dem Gebäude diente zur Aufnahme des Vorkonzentrats, das in einem zweiten Durchgang zum Endkonzentrat nachgewaschen wurde. Das Fertigerz transportierte man von hier mit Lastkraftwagen bis 1959 nach Homberg a. d. Ohm, bis 1964 nach Londorf und bis 1968 zum Ladegleis bei der früheren Erzwäsche Mücke. (R. H.)

Abb. 380: **Erzwäsche Bornwiese,** 1959

Abb. 381 und 382: **Grube und Erzwäsche Bornwiese**, 1960

Das Erzvorkommen in der »Bornwiese« innerhalb des Grubenfeldes Friedland war 1938/39 erschürft worden. Ein Gewinnungsbetrieb bestand hier von Februar 1959 bis April 1964. Zunächst war ein Bagger im Einsatz, und Lastkraftwagen brachten das Roherz zur nahegelegenen Aufbereitung. Noch 1959 ging man dazu über, die Erzgewinnung und die Förderung mit einer Menck-Schürfkübelraupe des Typs SR 53 durchzuführen, die einen Kübelinhalt von 6,5 Kubikmetern hatte (= etwa 10 Tonnen Roherz). Dieses Gerät im Wert von 190 000 DM verfügte über einen Motor mit einer Leistung von 142 PS, ein Planierschild und eine Reißeinrichtung mit Hakenzähnen. Bei festem Gestein wurde während der Bergfahrt der Grabweg aufgerissen und bei der Talfahrt gegraben und der Kübel gefüllt, ansonsten wurde lediglich bei der Talfahrt geschürft. Die Schürfkübelraupe konnte bis zu einer Wassertiefe von 1,80 Meter eingesetzt werden, was in Regenperioden von großer Bedeutung war. Seit dem Jahre 1960 besaß die Gewerkschaft Louise zwei Schürfkübelraupen, die außer in der Erzgewinnung auch zu Abraum- und Rekultivierungsarbeiten eingesetzt wurden.

Die Schürfkübelraupe brachte in einer Schicht 400 bis 500 Tonnen Roherz zur Aufgabestation der Erzwäsche, der Kübel wurde hydraulisch angehoben und entleert. Anfang der sechziger Jahre arbeiteten im Bereich des Tagebaus Bornwiese und der Aufbereitung lediglich noch fünf bis sechs Mann. 1962 erreichte die Gewerkschaft Louise mit 448 685 Tonnen Roherz und 65 755 Tonnen Fertigerz ihre höchsten Förderzahlen seit den Jahren 1940 und 1941. Die Belegschaft betrug Ende 1962 noch 44 Arbeiter und 17 Angestellte (1952 waren noch insgesamt 166 Personen beschäftigt gewesen, die eine Fertigerzleistung von 44 784 Tonnen erbrachten).

Nach der Erschöpfung des Tagebaus Bornwiese wurde der Tagebau Friedland-Nord in Betrieb genommen, der etwa 1,2 Kilometer von der Erzwäsche Bornwiese entfernt lag. Da die Schürfkübelraupe nur bis zu einer Entfernung von 300 Meter wirtschaftlich arbeitete, wurde das Roherz nunmehr über eine Verladerampe in Schwerlastwagen umgeladen und von diesen zur Aufbereitung transportiert. (R. H.)

Abb. 382: **Erzwäsche Bornwiese**, 1960

Abb. 383: **Erzverladung Mücke,** 1968

Die letzte Förderschicht im Tagebau Friedland-Nord und damit überhaupt im Eisenerzbergbau des Vogelsberges wurde am 11. April 1968 verfahren. Nachdem im Jahre 1966 die Sophienhütte in Wetzlar den Bezug von oberhessischem Basalteisenstein eingestellt hatte, wurde das Erz seitdem ausschließlich von dem Hüttenwerk Ruhrort der Phoenix-Rheinrohr AG abgenommen, das ab 1. Oktober 1965 von der August-Thyssen-Hütte AG pachtweise übernommen worden war. Im Grunde war es lediglich der persönlichen Beziehung zwischen Bergassessor a. D. Hans-Günther Sohl, dem Vorstandsvorsitzenden der August-Thyssen-Hütte, und Bergassessor a. D. Karl Kaup, dem Vorsitzenden des Grubenvorstandes der Gewerkschaft Louise, zu verdanken, daß der Tagebau Friedland-Nord bis zur Erschöpfung des Vorkommens abgebaut werden konnte.

Aus 25 Grubenfeldern der Gewerkschaft Louise wurden von 1889 bis 1968 21 424 149 Tonnen Roherz gefördert und hieraus 3 790 650 Tonnen Fertigerz hergestellt. Diese Leistung erbrachte eine Belegschaft zwischen 450 Personen 1921/22 und 18 Personen 1967/68. Die Gewerkschaft Louise hatte seit dem 27. Mai 1938 ihren Sitz in Merlau. Im Zuge der Neuordnung der deutschen Eisen- und Stahlindustrie bildete sie seit 1952 eine hundertprozentige Tochtergesellschaft der Barbara Erzbergbau AG.

Die Aufnahme entstand anläßlich der Verladung des letzten Erzzuges am 3. Mai 1968. Vor dem Wiegehäuschen am Ladegleis in Mücke sind der Grubenschmied Heinrich Theiß mit Enkel, der kaufmännische Angestellte Kurt Ruhl und der Schlosser Robert Bott zu sehen. (R. H.)

Abb. 384: **Grube Rosbach,** am 18. Juli 1921

Grubenbeamte und Bergleute vor dem Förderturm der Buderus'schen Brauneisensteingrube Rosbach bei Friedberg in Hessen.

Das südwestlich der Gemeinde Ober-Rosbach (etwa auf halbem Wege zwischen Friedberg und Bad Homburg – nahe der heutigen Autobahn-Abfahrt »Friedberg«) angelegte Bergwerk gehörte – nach den Gruben »Fernie« in der »Lindener Mark« bei Gießen (Giessener Braunsteinbergwerke), »Doktor Geier« bei Waldalgesheim und »Eleonore« in Fellingshausen bei Bieber (siehe Abb. 23 ff. und 41 ff.) – zu den wichtigsten Erzgruben Deutschlands; so betrug die jährliche Erzproduktion im Jahre 1872 insgesamt 6500 Tonnen, und der damalige Eigentümer – die »Friedberger Bergbau-Gesellschaft« – präsentierte sich im Jahre 1873 auf der Wiener Weltausstellung (!) mit einem eigenen Stand, auf welchem »erlesene Erze und ein Grubenbild« gezeigt wurden.

Das Grubenfeld wurde zuerst *verliehen* im Mai des Jahres 1857 an die »Friedberger Bergbau-Gesellschaft«, welche die Erze mit Fuhrwerken zur Bahnstation in Friedberg bringen ließ; anschließend wurde das Erz nach England verschifft, wo es zur Herstellung von Chlor (dies wiederum zum Bleichen von Baumwolle) diente. Das Eigentum ging im Jahre 1865 über auf den Wiesbadener Bankier Carl Kalb. Der Betrieb kam schließlich – trotz neuer *Aufschlüsse* – im Jahre 1891 wegen fehlender Investitionstätigkeit zum Erliegen. Im Jahre 1899 jedoch übernahm die neugegründete »Eisen- und Manganerz-*Gewerkschaft* Ober-Rosbach« (mit 1000 *Kuxen*) den Betrieb und entdeckte neue Lagerpartien. Bereits im Jahre 1900 waren 4 Schächte bis auf 51 m *Teufe* eingerichtet. Nach mehreren weiteren Besitzwechseln – sogar bis in englische Hände – übernahmen schließlich 1920 die Buderus'schen Eisenwerke zu Wetzlar den Betrieb und führten einen verstärkten Abbau im Feld »Rosbach« durch. 1923 wurde der tiefste Förderschacht mit 153 Metern niedergebracht. Nach einigem Hin und Her wurde der Betrieb schließlich im Herbst 1925 endgültig stillgelegt wegen Absatzmangels.

Auf dem Foto sehen wir von rechts: Steiger Schollenberger, Steiger Knörr, Betriebsführer Neu, Berginspektor Dr. Witte von Buderus (ab 1927 Bergwerks-Direktor bei Buderus, auch der Initiator des »Witte-Schachtes« auf der Grube Königszug bei Oberscheld (siehe Abb. 299), Steiger Heinrich Kirchhöfer und einen Chauffeur. (K. P.)

Abb. 385: **Grube Rosbach,** 1902

Nach einem spektakulären Betriebsunfall auf der Brauneisensteingrube Rosbach.

Auf diesem – damals noch der »Friedberger Bergbau-Gesellschaft« gehörenden – Bergwerk hatte man immer mit starken Grundwasserzuflüssen zu kämpfen, so daß bereits sehr früh laufender Pumpenbetrieb erforderlich war. Auf dem hier im Bild gezeigten Schacht 51 im Nordfeld des *Lagers* (die Gemarkung heißt heute »die Nonn« und grenzt an die Taunusstraße bzw. den Butzbacher Pfad) ereignete sich im Jahre 1902 ein großer Wassereinbruch, bei welchem die untertage installierte Pumpe infolge Verstopfung versagte; daraufhin ersoff die Grube, und es wurde eine Tauchermannschaft zwecks Behebung des Schadens bestellt. Der erste eingefahrene Taucher verhedderte sich mit seinen Luftschläuchen an den Schachteinbauten und mußte qualvoll ersticken. Der im Bild gezeigte zweite Taucher – im Ölzeug, gestützt auf seinen Taucherhelm, stehend hinter der Sauerstoff-Handpumpe – barg anschließend seine Kameraden und reparierte die Pumpe.

Vor dem hölzernen Fördergerüst (siehe auch Abb. 384) fanden sich nach der Rettungsaktion die beteiligten Bergleute zu einem Foto zusammen; wir sehen rechts außen den Maschinisten Georg Klingel, links daneben den Bergmann Georg Grönninger, 3. von rechts den Bergmann Jakob Kopp sowie ganz links außen den Bergmann August Raab. Am Fördergerüst deutlich erkennbar ist der *Dampfhaspel,* mit welchem das Erz im Schacht gefördert wurde; rechts im Bildhintergrund steht das Dampfmaschinenhaus.

Dieser Förderturm wurde im Jahre 1923 ersetzt durch das 13 Meter hohe, stählerne Fördergerüst der Buderus'schen Grube Maria bei Leun (siehe Abb. 179), nachdem dort der Tiefbau aufgegeben worden war. (K. P.)

Abb. 386: **Die Schachtanlage »Webersfeld« der Bieberer Gruben (Kreis Gelnhausen), mit Blick nach Süden,** 1920

Wie auch in den verschiedensten anderen Eisenerzrevieren Deutschlands hatten hier bereits die Kelten die zutage *ausbeißenden* Brauneisensteinlager an verschiedenen Stellen abgebaut und das gewonnene Erz in *Rennöfen* verhüttet; im Gegensatz zu den meisten anderen hessischen Eisenerzrevieren stand der Bergbau bei Bieber bereits im frühen Mittelalter in großer Blüte – die erste Erwähnung datiert vom Jahre 1494 in einer Akte zwischen Kurmainz und dem Hause Hanau. Ein derartig früher Bergbau größeren Stils lag jedoch begründet in einer ganz anderen Tatsache – das Gebiet um Bieber im Spessart bot neben Eisenerzen die damals weitaus begehrteren Edelmetalle Silber, Kupfer, Kobalt und Blei (Silber war ja immerhin »Münzmetall«, d. h., der das *Bergregal* besitzende Landesfürst konnte mit dem gewonnenen Silber in beliebigem Umfange sein Geld vermehren!).

Dieser mittelalterliche Aufschwung in dem kleinen Tal zwischen Gelnhausen und Würzburg bewirkte, daß – unter Mitwirkung eines »Bergverständigen vom kurfürstlichen Hofe in Sachsen« (im dortigen Erzgebirge herrschte ja ein reger Bergbau auf Silber) – bereits im Jahre 1542 eine Bieberer »*Bergordnung*« erstellt wurde.

Im Jahre 1546 wurde dem Grafen von Hanau das alleinige Bergregal an den Bieberer Gruben *verliehen;* der Bergbau jedoch ruhte in der Folgezeit (auch wegen des Dreißigjährigen Krieges) länger. Erst im Jahre 1675 wird wieder von reger Tätigkeit berichtet. Wie erfolgreich der Bergbau – insbesondere natürlich auf Silber – hier später wieder werden sollte, zeigt die Tatsache, daß die Landgrafen Wilhelm VIII und Wilhelm IX in den Jahren von 1754 bis 1802 insgesamt 48 Ausbeutetaler (43 »Thaler«, 1 »Probethaler« und 4 »Halbthaler«) prägen ließen mit der Einprägung »BIEBERER SILBER« und »EX VISCERIBUS FODINAE BIEBER« (»Aus dem Innern der Bieberer Bergwerke«).

In Abbau und Verhüttung der Eisenerze geschah allerdings weit weniger Spektakuläres – ab 1702 wird von einem »Eisenwerk« berichtet, welches jedoch nur mit mäßigem Erfolg arbeitete; ab 1720 wurde dies von dem *Gewerken* Jüngst aus Dillenburg betrieben, welcher das Unternehmen aber alsbald wegen der »Kaltbrüchigkeit« der gegossenen Töpfe und Öfen (aufgrund zu hohen Arsengehaltes der Eisenerze) wieder aufgab. Erst 1741 scheint der Bergbau wieder anzulaufen, als verschiedene größere *Wasserlösungs-Stolln* aufgefahren wurden – insonders der »Roßbacher Stolln« (1741).

Nachdem bereits 1803 der Silber-, Kupfer- und Bleierzbergbau hier eingestellt worden war, folgte im Jahre 1867 die Aufgabe des Kobalt- und Nickelabbaus; fernerhin wurden nur mehr die hiesigen Brauneisensteine abgebaut und an der »Schmelz« im Hochofen verhüttet.

Die hier im Bild nach Süden hin gezeigte Bergwerksanlage – links das Dampfmaschinenhaus, davor das Kompressorhaus, in der Bildmitte der hölzerne Förderturm und rechts das Zechenhaus – war in dieser Form 1827 durch den Landgrafen von Hessen errichtet worden (über dem Kellereingang findet sich die Inschrift »W K ii 1827« = Wilhelm, Kurfürst, im Jahre 1827 – siehe die Kellertür am Hause links in Abb. 387). Der Schacht hatte zu der Zeit eine *Teufe* von 35 Metern. Schön erkennbar ist hier wieder die rein funktionale Befestigung der schmalen Schornsteine mit seitlichen Halteseilen (siehe auch Abb. 210). Im rechten Bildhintergrund erkennt man zwei Kirchen – davon links die ehemals lutherische und rechts die ehemals reformierte Kirche.

(K. P.)

Abb. 387: **Schachtanlage »Webersfeld«** der Bieberer Gruben **mit Blick nach Westen,** um 1920

Abb. 388: **Die Tagesanlagen des »Schachtes L« der Bieberer Gruben**
(Kreis Gelnhausen), 1920

Auf unserem nach Südosten hin fotografierten Bild sehen wir links neben der Schachthalle die Gebäude des *Dampfhaspels*, welcher die Abförderung der am »Schacht L« gewonnenen Eisenerze über einen zickzackförmigen *Bremsberg* hinab ins Tal zur Erzverladestelle »Lochborn« der Spessartbahn Gelnhausen – Bieber erledigte. Gut erkennbar ist hier im Bild die Seilanlage, welche offensichtlich zum Zeitpunkt der Aufnahme stillgelegen hatte (die Seile liegen auf den zwischen den Schienen angebrachten Rollen); desgleichen sieht man die einschwenkbaren Sperren, welche von einem eigens hierfür zuständigen Schienenwärter bedient wurden.

Nachdem das preußische Hüttenamt in Bieber im Jahre 1875 aufgelöst worden war, lag der Bergbau hier einige Jahre absolut still. Am 28. Juni 1882 wurden die alten Grubenbetriebe jedoch von Dr. Pfahl aus Bonn auf 20 Jahre angepachtet, welcher die Förderung mit 9000 Jahrestonnen in 1883 wieder einrichtete. Am 27. November 1893 schließlich wurde die »*Gewerkschaft* Bieberer Gruben« in Siegen/ Westfalen gegründet; diese erwarb unter dem Vorstand von Gustav Menne in Siegen die Bieberer Grubenfelder »Segen Gottes«, »Frohsinn« und »Gordon«, welche unter dem gemeinsamen Namen »Bieberer Gruben« *konsolidiert* wurden. Der hier erwähnte »Schacht L« wurde im Jahre 1897 auf 46 m *Teufe* eingerichtet und arbeitete fürderhin als einziger der Bieberer Schächte mit »Wasserkasten-Förderung« (siehe auch Abb. 399).

Im Jahre 1907 übernahm Fried. Krupp in Essen die Gruben, wonach umfangreiche Investitions- und Ausbaumaßnahmen vorgenommen wurden. Die in Bieber geförderten Eisenerze enthielten damals nach einer Durchschnittsprobe (bei 4000 Tonnen) ca. 35 Prozent Fe, 8 Prozent Mangan, 0,22 Prozent Arsen, 0,03 Prozent Kupfer und 0,13 Prozent Schwefel und 0,082 Prozent Phosphor. Bei den hier geförderten Brauneisensteinen lag der Mangangehalt teilweise bis zu 17 Prozent – allerdings erreichte der Arsengehalt gelegentlich auch 0,47 Prozent! Dies war für Krupp u. a. der Hauptgrund, die Bieberer Gruben gegen Ende Mai 1925 stillzulegen. (K. P.)

Abb. 389: **Der »Obere Maschinenschacht«
der Bieberer Gruben**
(Kreis Gelnhausen), 1920

Auf diesem Bild sieht man die geografisch höchstgelegene Schachtanlage der Bieberer Gruben, welche sich weiter oben im Schwarzbachtal – etwa 100 m über dem Orte Bieber gelegen – befand. Dieser Betrieb wurde durch den damaligen Eigentümer Gustav Menne in Siegen (»*Gewerkschaft* Bieberer Gruben«) im Jahre 1900 begonnen. Nach der Übernahme durch die Firma F. Krupp im Jahre 1907 war geplant, die gesamten Schachtanlagen um Bieber an den 1908 bei der »Schmelz« im Orte Bieber (siehe Abb. 390) angesetzten »Bertha-Stollen« anzuschließen; dies gelang aber bis zur endgültigen Stillegung der Bergwerke im Jahre 1925 nur bis zum »Unteren Maschinenschacht« – sowohl der »Schacht L« als auch der hier gezeigte »Obere Maschinenschacht« förderten zuletzt noch selbständig.

Unsere nach Süden hin aufgenommene Fotografie zeigt links das Zechenhaus, rechts daneben den (bei allen Bieberer Gruben generell hölzernen) Förderturm mit dem Dampfmaschinenhaus und ganz rechts die Schmiede. Auch hier sieht man wieder deutlich die »Kruppschen Fachwerkbauten«, welche damals auf zahlreichen Erzgruben der Firma Krupp – besonders ja im Lahn-Dill-Gebiet – verwendet wurden; derartige durchaus baukastenähnlich erscheinende Gebäude boten den großen Vorteil der Wiederverwendbarkeit, sobald die Anlagen bei Stillegungen versetzt werden mußten – was nachweislich sehr oft geschah! Vor der Schachtanlage stehen hier links der damalige Leiter der Kruppschen Bergverwaltung Weilburg (die Bieberer Gruben bei Gelnhausen wurden von Weilburg/Lahn aus verwaltet), Bergwerksdirektor Bergassessor a. D. Dr. Gustav Einecke; ihn (der uns das umfassendste Fachbuch über den Bergbau an Lahn und Dill geschrieben hat: »Der Bergbau und Hüttenbetrieb im Lahn- und Dillgebiet und in Oberhessen«, Wetzlar, 1932) sehen wir auch auf einigen anderen schönen Bildern – so bei der Grube Würgengel in Abb. 189 und Grube Anna in Abb. 194. Auf unserem Bild steht rechts neben Bergverwalter Einecke der Steiger Henß aus Flörsbach bei Bieber.

(K. P.)

Abb. 390: **Die Tagesanlagen des »Berthastollen« an der »Eisenschmelz« der Bieberer Gruben** (Krs. Gelnhausen), 1920

An dieser Stelle – welche noch heute »Die Schmelz« genannt wird – stand seit dem Beginn des 18. Jahrhunderts ein Hüttenwerk; die frühe Kleinhütte mit zwei Arbeitern wurde ab 1741 durch Johann Heinrich Cancrin (den Erfinder der »Kettenkunst«, einer der ersten Wasser-Hebemaschinen der damaligen Zeit) zusammen mit dem Bieberer Bergbau systematisch ausgebaut bis auf über 400 Beschäftigte. Der letzte hier arbeitende Hochofen wurde mit der Einstellung des staatlichen Bergbaus Ende März 1875 ausgeblasen. Nach der späteren Übernahme der Bergwerksanlagen durch die Firma Fried. Krupp setzte diese im Jahre 1908 an der hier gezeigten Stelle den »Bertha-Stollen« (benannt nach Bertha von Bohlen u. Halbach) an, welcher der Zusammenfassung aller Förderpunkte im gesamten Lochborner und Burgberger Revier dienen sollte – wobei sich die *Wasserlösung* und *Bewetterung* der einzelnen Schachtanlagen erheblich verbessern lassen sollte. In der darauffolgenden Zeit wurde der Stollen bis auf 2800 m Länge *aufgefahren* bis in den »Mittleren Lochborn«, wobei die Planung eine Gesamtlänge von ca. 4 km (bis zum Oberen Maschinenschacht) vorsah. Bei der Streckenförderung waren zu der Zeit im Stollen zwei 8-PS-Benzollokomotiven mit insgesamt 77 Förderwagen eingesetzt.

Der Bergbaubetrieb auf den Bieberer Gruben wurde schließlich wegen Absatzschwierigkeiten der hier geförderten Eisenerze – dabei insbesondere auch wegen des zu hohen Arsengehaltes mit seinen unangenehmen Eigenschaften beim Gußeisen – nach mehr als zwei Jahrzehnten *Zubußebetrieb* im Mai 1925 endgültig eingestellt.

Auf unserem nach Osten hin aufgenommenen Bild sieht man im Hintergrund – direkt links neben dem dunklen Holzhäuschen (siehe Pfeil) – das Mundloch des »Bertha-Stollens«; im Vordergrund links steht das hölzerne Erz-*Sturzgerüst*, über welches die Eisensteine von der oberen Stollenebene in die Güterwagen der Spessartbahn Gelnhausen – Bieber gekippt wurden. Die im Vordergrund unten sichtbaren Spessartbahn-Waggons wurden dann über ca. 20 km Entfernung an die Staatsbahn bei Gelnhausen gefahren. Heute befindet sich anstelle der Halde (links im Bild) der Festplatz von Bieber. (K. P.)

Abb. 391: **Bieberer Gruben bei Gelnhausen, um 1918**

Die beiden *Häuer* – links Peter Glück aus Bieber und rechts der Bergmann Senzel aus Roßbach – arbeiten hier *vor Ort* beim *Bohren von Hand*. Während der Brauneisenstein im Bieberer Bergbau an sich oft sogar mit der *Keilhaue* gewonnen werden konnte (die mulmigen Erzpartien sind ja sehr wasserhaltig, zersetzt und porös), stand hier der dolomitische Kalkstein an. Das Handbohren stellt die ursprüngliche bergmännische Abbauform dar; dabei wurden im Mittelalter *Schlägel* (der »Hammer«) *und Eisen* (das bearbeitete Spitzwerkzeug) zum direkten Hereingewinnen des Erzes verwendet. Später – nach Erfindung des Sprengstoffes – wurde das bergmännische »Eisen« (also der angespitzte Hammer) ersetzt durch den *Handbohrer;* fortan wurde mit »Schlägel und Bohrer« gearbeitet, wobei die mit laufendem Drehen des Bohrers getriebenen Löcher zur Aufnahme des Sprengstoffes dienten.

Gut erkennbar *bohrt* der Bergmann Glück (links) hier nach unten, während Senzel die oberen Schießlöcher mit Schlägen von unten nach oben treibt. In der Bildmitte stehen zwei der längeren Bohrer, welche jeweils zum Schluß für das längste Endstück der Bohrlöcher benutzt wurden; rechts unten im Bild lehnt ein *Schlangenbohrer* am *Stoß*, mit welchem das Bohrklein aus den Löchern gedreht wurde. Diese unsäglich harte Arbeit mußten Scharen von Bergleuten noch weit bis ins 20. Jahrhundert anwenden – insbesondere auf kleinen Grubenbetrieben setzte die Mechanisierung erst sehr spät ein; dann allerdings schaffte der druckluftbetriebene Abbauhammer ein Mehrfaches an Arbeitsleistung. Die Kehrseite war: Während die älteren Bergleute »nur« die »Schwefelkrankheit« kannten (bei zumeist fehlender *Bewetterung* mußte nach dem *Schießen* in den giftigen Nachschwaden sofort weitergearbeitet werden!), stellte sich mit dem mechanischen Bohren die Gesteinsstaublunge (Silikose) als Berufskrankheit im Erzbergbau ein. (K. P.)

Abb. 392: **Im »Schußrain-Stollen« der Bieberer Gruben** bei Gelnhausen, um 1915

Wir sehen hier den Bergmann Georg Henß aus Röhrig bei Bieber beim *Abziehen* des Brauneisensteines von einer *Rolle* in den Förderwagen auf der Sohle des »Schußrain-Stollen«, welcher wiederum angeschlossen war an die bis zur »Schmelz« in Bieber reichende Anlage des »Bertha-Stollen«; der Abbau am »Schußrain« befand sich in der Nähe der »Burgberg-Kapelle« bei Bieber.

Gut erkennbar ist hier der hölzerne Förderwagen, welcher in dieser Konstruktion eigentlich später durch die größeren Wagen der Spessartbahn abgelöst werden sollte – es war damals geplant, den »Bertha-Stollen« bis zum »Oberen Maschinenschacht« weiterzutreiben und *nachzuschießen* bis auf den erforderlichen Querschnitt für Waggons der Spessartbahn!

Im Bild links ist eine Konsole angebracht, auf welcher wohl normalerweise die *Karbidlampe* stand; rechts sieht man eine hölzerne *Fahrt,* welche offensichtlich in die über dem Stollen befindlichen Abbaue führte. Vorn am Förderwagen hängt die brennende Karbidlampe – hier ein Modell der Firma H. Hesse in Nürnberg.

Dieses Foto wurde – wie auch z. B. dasjenige in Abb. 391 – aufgenommen durch den Bergmann (und Fotografen) Krebs aus Bieber. Diesem verdanken wir heute eine Reihe schöner Untertageaufnahmen aus dem Bieberer Bergbau – ihm selbst wurde seine Leidenschaft jedoch unglücklicherweise zum Verhängnis: Als er mit zwei anderen Bergleuten um 1920 den Betrieb mit der Benzol-Lok im »Bertha-Stollen« aufnehmen wollte, wurden alle durch die CO-Abgase ohnmächtig (im 2,8 km langen Stollen war die *Bewetterung* absolut mangelhaft!); während einer der Bergleute gerettet werden konnte, starben Krebs und der dritte Bergmann an dieser Vergiftung. (K. P.)

Abb. 393: **Die Dampflok »Spessart I« vor dem Personenzug der Spessartbahn Gelnhausen – Bieber** im Gelnhausener Bahnhof, um 1896

Hier im Bild sehen wir die drei Jahre zuvor von der Fa. Jung in Jungenthal bei Kirchen/Sieg gebaute Dampflok, Modell »Cn2t«, am Haltepunkt im Bahnhof Gelnhausen. Wie die meisten anderen Kleinbahnen in Hessen (Ernstbahn Abb. 171 – 178, Kerkerbachbahn Abb. 244, Biebertalbahn Abb. 35 – 40, Lindenbachbahn Abb. 198 – 201 usw.) wurde auch die Spessartbahn ursprünglich allein zur Erzabfuhr der anliegenden Grubenbetriebe gebaut; im Gegensatz zu vielen anderen Bahnen allerdings wurde die Spessartbahn noch lange nach der Schließung der beteiligten Bergwerke (Ende Mai 1925) weiterbetrieben bis 1951.

Die Kleinbahn mit 900 mm Spurweite wurde im Jahre 1885 über 21,8 km von Gelnhausen bis zur Endstation Lochmühle im Biebertal gebaut durch die Firma Menne & Co. in Siegen – wobei interessanterweise Gustav Menne in Siegen ab dem 27. November 1893 Vorstand der neuen »*Gewerkschaft Bieberer Gruben*« mit Sitz in Siegen/Westfalen war! Da die Spessartbahn mehrere Ortschaften im dortigen Biebertal berührte, wurde ab dem 15. Dezember 1895 auch der Personenverkehr aufgenommen; die Personenzüge allerdings verkehrten normalerweise nur zwischen Gelnhausen und der Station Lochmühle – die noch höher im Biebertal gelegene Station Lochborn wurde nur bei Schichtwechsel der Gruben angefahren (Lochborn ist keine Ortschaft, sondern hier befanden sich nur Tagesanlagen der umliegenden Schächte). Dieses Endstück der Trasse wurde nach der Einstellung des Bergbaus im Biebertal am 7. Oktober 1928 aufgegeben.

Auf unserem Foto sehen wir links den Heizer Heinrich Merz jun., auf der Lok seinen Vater Heinrich Merz sen., auf der Plattform des Personenwagens den Schaffner Ivo Schäfer (alle aus Bieber) sowie einen weiteren Schaffner.

(K. P.)

Abb. 394: **Der Personenzug der Spessartbahn Gelnhausen – Bieber** an der Haltestelle Altenhaßlau bei Gelnhausen, um 1925

Mit Blick nach Norden sehen wir hier den offensichtlich von der Dampflok »Bieber« (Fabrikat Henschel, Typ Cn2t, gebaut 1887) gezogenen Personenzug mit einem Güterwagen, dem dahinter angekoppelten Packwagen mit Postabteil und einigen Personenwagen; links an der Verladerampe der Station steht ein weiterer Packwagen.

Im Jahre 1907 ging die Spessartbahn – zusammen mit den »Bieberer Gruben« – über in den Besitz der Firma Fried. Krupp in Essen. Im Jahre 1929 ging das Eigentum über auf den Kreis Gelnhausen, und 1937 wurden die »Gelnhäuser Kreisbahnen« gegründet. Die Bahn wurde am 23. Juli 1951 endgültig eingestellt und verschrottet.

Die Spessartbahn hatte bis zum Jahre 1908 insgesamt fünf Dampflokomotiven: »Spessart« (Cn2t Jung 1893/160), »Bieber« – hier im Bild (Cn2t Henschel 1887/2522), »Lochborn« (Cn2t Henschel 1901/5649) sowie zwei Dampfloks »Glückauf« (BBn2t Hagans 1892/257 und BBn2t Hagans 1893/272); die »Glückauf«-Lok 1892 (die erste Drehschemellok der Welt!) wurde schon vor 1904 wieder abgegeben und dieselbe vom Baujahr 1892 im Jahre 1908. Die drei Loks »Spessart«, »Bieber« und »Lochborn« liefen noch bis zur Betriebseinstellung im Jahre 1951! Im Jahre 1908 hatte die Spessartbahn insgesamt 51 Güterwagen (darunter 45 zum Teil in eigener Werkstatt erbaute, hölzerne Erzwagen wie in Abb. 395), 5 Personenwagen und zwei Packwagen mit Postabteil, wie hier im Bild.

An der Dampflok sehen wir von links: den Reichswehrsoldaten Willi Martin, 2. v. l. den Sohn des Bieberer Steigers, Hugo Gaul, 3. v. l. unbekannt, 3. v. r. den Zugführer Albus, 2. v. r. den Zugführer Grob, rechts den Bahnbetriebsleiter Radon und auf der Maschine den Lokführer Heinrich Schaub – alle aus Bieber. (K. P.)

Abb. 395: **Das Ende der Spessartbahn Gelnhausen – Bieber,** im Sommer 1951

Mit Blick nach Norden – auf den Bahnhof und die Güterabfertigung rechts im Hintergrund – sehen wir hier links die Lok »Spessart I« und rechts hinten die Lok »Bieber«; links auf der Lokomotive steht der Heizer Karl Staab aus Bieber. Dieses Bild aus den letzten Tagen der hübschen Schmalspurbahn zeigt bereits recht deutlich die schon recht desolate Anlage des Bahnkörpers – dabei in der Mitte einen der auf den Bieberer Gruben selbstgebauten Rungenwagen für Kurzholz (z. B. *Kappen*) sowie rechts außen den typischen Erzwaggon; diese allein für den Transport des Brauneisensteines der Bieberer Gruben gebauten Waggons hatten – neben der für alle Kleinbahnen typischen Einrichtung mit einem einzigen Puffer (siehe auch die Erläuterungen zur Biebertalbahn in Abb. 35 bis 40, Ernstbahn in Abb. 171 bis 178, Lindenbachbahn in Abb. 198 bis 201 sowie der Nassauischen Kleinbahn in Abb. 264) – die sinnvolle Besonderheit eines sogenannten »Eselsbodens«. Es handelte sich dabei durchweg um Bahnwaggons mit einem in der Mitte spitz nach oben zu verlaufenden Boden, welcher das Erz beim Öffnen der Seitenklappen sofort hinausrutschen ließ. Wenige Tage nach dieser Aufnahme wurden die gezeigten Lokomotiven bereits im Bahnhof Gelnhausen auf Bundesbahnwaggons verladen und zum Verschrotten ins Ruhrgebiet transportiert – ein Schicksal, das auch den verbliebenen Waggons und Gleisanlagen alsbald zuteil wurde. (K. P.)

Abb. 395: **Das Ende der Spessartbahn Gelnhausen – Bieber**, im Sommer 1951

Abb. 396: Gesamtbelegschaft der Gruben bei Bockenrod, 1890

Abb. 396: **Gesamtbelegschaft der Gruben bei Bockenrod**, 1890

Der Bereich des vorderen Odenwaldes gehört ebenfalls zu den alten Montanrevieren. In der Beschreibung der Heppenheimer Mark wird 795 die »Arezgrefte« am Gumpener Kreuz erwähnt. Neben dem Weschnitztal war insbesondere der Zehntwald im Mittelalter ein Zentrum des Berg- und Hüttenwesens.

Die letzte Abbauperiode umfaßt den Zeitraum von 1885 bis 1924, in dem Zuschlagerz für Hüttenwerke in Lothringen und im Saargebiet gefördert wurde. Für die Erzeugung von Thomas-Roheisen benötigte man einen Mangangehalt von 1,8 bis 2 Prozent, der durch Zuschläge manganhaltiger Erze erreicht werden mußte, da die lothringisch-luxemburgische Minette kein Mangan enthält.

Der deutsch-französische Hüttenkonzern de Wendel förderte von 1885 bis 1900 oberhalb von Bockenrod an der Westseite des Morsberges mit einer Belegschaft von 130 bis 264 Mann täglich 100 bis 150 Tonnen *Brauneisenstein,* der mit einer Seilbahn nach Bockenrod transportiert wurde. Der Metallgehalt des Erzes lag durchschnittlich bei 13,27 Prozent Eisen und 19,97 Prozent Mangan.

Das Foto zeigt die in den *Grubenfeldern* »Silvan«, »Adolf« und »Gottfried« zwischen Vierstöck und der Grube Georg tätigen Bergleute von de Wendel im Jahre 1890. Bei dem Bild handelt es sich um eine aus verschiedenen Belegschaftsaufnahmen zusammengesetzte Abbildung der Gesamtbelegschaft.

Der Bergbau von de Wendel bei Bockenrod kam im Jahre 1900 wegen Erschöpfung des Vorkommens zum Erliegen. Von 1888 bis zur Stillegung sind 347 931 Tonnen Brauneisenstein gefördert worden. (R. H.)

Abb. 397: **Erztrockenanlage der Grube Aussicht,** um 1910

Nach kostspieligen Aufschlußarbeiten wurde im Jahre 1900 mit der Erzgewinnung im *Grubenfeld* »Aussicht« bei Wald-Michelbach begonnen, das de Wendel am 21. Juni 1895 verliehen worden war. Der Erztransport erfolgte zunächst mit Pferdefuhrwerken zu dem 17 Kilometer entfernten Bahnhof in Weinheim. Im Jahre 1902 erhielt das Bergwerk einen Gleisanschluß in der Nähe des Bahnhofs Unter-Wald-Michelbach der 1901 eröffneten Bahnlinie Mörlenbach-–Wahlen. Hier wurde 1903 eine mit einem Drehrohofen ausgerüstete Anlage zur Trocknung des grubenfeuchten Erzes errichtet. Zwischen dem unteren Förderstollen der Grube Aussicht, dem Stollen A (darüber befanden sich noch fünf weitere Stollen) und der Trockenanlage bestand eine Seilbahnverbindung. Seileinlauf und Entladestation sind auf dem Foto deutlich zu erkennen.

Die bei dem Trocknungsprozeß nicht völlig vermeidbare Staubentwicklung veranlaßte die Bergbehörden in Darmstadt in den Jahren 1903 und 1904 mehrmals zur Prüfung der Frage, ob die in der Erztrockenanlage tätigen Belegschaftsangehörigen der Gefahr der »Braunsteinmüllerkrankheit« ausgesetzt seien. In dem Jahresbericht 1904 der Darmstädter Bergbehörden heißt es hierzu: »*Fälle dieser Krankheit sind jedoch bisher von dort nicht bekannt geworden und auch wohl kaum wahrscheinlich, da das hier vorkommende Erz kein reines, sondern ein eisenhaltiges Manganerz ist und demgemäß die Wirkungen des reinen Manganstaubs nicht zu erwarten sind.*« (R. H.)

Abb. 398: **Grube Aussicht**, um 1909

Abb. 398: **Grube Aussicht,** um 1909

Dieses Belegschaftsfoto der Grube Aussicht muß zwischen 1907 und dem Stillegungsjahr 1911 aufgenommen worden sein. Hierauf lassen die Karbidlampen schließen, die im Erzbergbau des Großherzogtums Hessen erst ab 1907 eingeführt wurden. Der sonst unübliche Blechschutz über der Flamme weist auf starke Feuchtigkeit unter Tage hin. Über die Höhe der Belegschaft liegt lediglich aus dem Jahre 1906 eine gesicherte Angabe vor, da es in jenem Jahr zu einem Streik kam. Im Mai traten 86 der insgesamt 112 Arbeiter in einen Ausstand, darunter 26 der 27 Minderjährigen. Die Streikenden erklärten, ein Lohn von 3 bis 4 Mark pro Tag sei für einen Bergmann zu wenig und verlangten eine gleichmäßige Lohnerhöhung von 75 Pfennig täglich. Außerdem forderten sie die Auflistung des jeweiligen Tageslohnes, der Schichtenzahl und der Strafen auf dem Lohnzettel sowie die Verlegung der Zahltage auf den 1. und 15. jeden Monats. Nach vier Tagen wurde der Streik beigelegt, indem die Grubenleitung Lohnerhöhungen von 10 Prozent für 14 bis 16jährige, von 12 Prozent für bis zu 20jährige, von 14 Prozent für Lehrhauer und von 15 Prozent für *Hauer* bewilligte und eine Änderung des Lohnzettels zusagte. Der durchschnittliche Verdienst beim *Gedinge* betrug im Erzbergbau des Odenwaldes im Jahre 1906 3,60 Mark und bei den im Schichtlohn tätigen volljährigen Arbeitern 3 Mark. Die Minderjährigen im Erzbergbau des Großherzogtums (für den Odenwald liegen diese Zahlen nicht vor) erhielten im Durchschnitt 1,55 Mark pro Schicht, wobei der Höchstlohn bei 2,40 Mark lag. (R. H.)

Abb. 399: **Grube Aussicht,** um 1910

Bei der Inbetriebnahme der Grube Aussicht im Jahre 1900 war die Lebensdauer des Bergwerkes auf 18 bis 20 Jahre berechnet worden. Nach dreijähriger Erzgewinnung mußte man jedoch davon ausgehen, daß die Lagerstätte schon 1906 oder 1907 erschöpft sein würde. Technische Probleme in der Erztrockenanlage bedingten indessen eine mehrjährige Begrenzung der Förderung. Erst im Jahre 1906 konnte eine annähernde Auslastung der Kapazität des Betriebes erreicht werden. Im Oktober des Jahres wird der tägliche Versand mit 80 bis 100 Tonnen getrocknetes Erz angegeben.
1907 im Niveau des Wasserstollens durchgeführte Untersuchungsarbeiten ergaben, daß sich die Lagerstätte nach der Teufe fortsetzte. Noch im selben Jahr wurde hier mit der Erzgewinnung begonnen. Die Förderung aus dem Wasserstollen erfolgte mit einem Wasserkastenaufzug bis auf die Höhe des Stollens A, von dort wurde das Erz der Seilbahn zugeführt. Der Wasserkasten diente offenbar nicht nur als Gegengewicht für den Förderkorb, sondern wurde auch zur Wasserhaltung benutzt. In diesem Zusammenhang wird in dem Jahresbericht 1907 der Darmstädter Bergbehörden ausgeführt: »*Hierdurch wird das bisher so lästige Grubenwasser gleichzeitig ohne Pumparbeit entfernt und nutzbar gemacht.*«
Die Aufnahme zeigt das hölzerne Fördergerüst des Wasserkastenaufzuges. Offensichtlich sind die Förderwagen nicht mit Erz, sondern mit hellem Bergematerial beladen, das möglicherweise als Gegengewicht für den auf der Sohle des Wasserstollens gefüllten Wasserkasten eingesetzt wurde.
(R. H.)

Abb. 400: **Grube Aussicht**, um 1910

Abb. 400: **Grube Aussicht,** um 1910

Das Foto zeigt Bergleute vor dem Stollen A. Bei dem 4. und 5. von links und dem 2. und 4. Bergmann von rechts handelt es sich um aus Italien stammende Männer. Der Abschnitt »Arbeitslosigkeit und Arbeitermangel« in dem Jahresbericht 1903 der Darmstädter Bergbehörden beginnt mit folgenden Ausführungen: »*Die Arbeiter der hessischen Bergwerksbetriebe setzen sich zum größten Teil aus einem einheimischen ansässigen Stamm und dessen Nachwuchs zusammen. Bei regerem Betrieb reicht derselbe nicht mehr aus und läßt einen Mangel an gelernten Bergarbeitern hervortreten, zu dessen Beseitigung das Land selbst nicht imstande ist. Denn die Seßhaftigkeit der hessischen Bergleute, welche großenteils Kleinbauern und Landwirte sind, verhindert einen Ausgleich über gewisse Entfernungen hinaus. Beispiele hierfür sind die Gegenden von Münster bei Grünberg und von Bockenrod i. O., in welchen nach Erliegen des früheren Bergbaus eine Anzahl Bergleute zurückgeblieben ist, die ihren Verdienst jetzt in anderen Erwerbszweigen suchen, obwohl in mäßiger Entfernung (Hungen, Waldmichelbach) bedeutende Bergbaubetriebe bestehen, bei denen sie in ihrem alten Beruf lohnende Beschäftigung finden könnten. Der ältere verheiratete Bergmann wird durch seinen Besitz von Haus und Acker oder Garten am Ort festgehalten und verhindert, dem Bergbaubetrieb auf größere Entfernungen nachzugehen. Selbst durch einen regelmäßigen höheren Lohn, den er auswärts verdienen und zum Teil für seine alleinige Verköstigung und Unterkunft ausgeben muß, ist er nicht zur Annahme von Bergarbeit in ferneren Orten zu veranlassen. Die jüngeren, unverheirateten Leute dagegen ziehen der Industrie frühzeitig nach, bevorzugen aber hierbei die Nähe größerer Städte oder die Industriegebiete mit hohen Löhnen. So wandern sie aus dem Vogelsberg und Odenwald nach den großen chemischen Fabriken am Rhein und Main oder in die Gruben- und Hüttenbezirke in Westfalen oder Lothringen*«. Diese Lebens- und Erwerbsbedingungen führten dazu, daß im Bergbau des Großherzogtums Hessen schon 1903 Italiener, Russen, Österreicher, Nassauer, Schlesier und Ostpreußen arbeiteten. (R. H.)

Abb. 401: **Grube Aussicht,** um 1908

Diese Aufnahme entstand vor der Schmiede der Grube Aussicht, die sich neben dem Verwaltungsgebäude befand. Das Foto zeigt v. l. n. r.: den Bürodiener, Büroleiter Pelt, Pferdepfleger Johann Riebel, Schmiedemeister Heiß (der später als Förster tätig war), Schlosser Christian Kling, einen Steiger und Schreiner Falter. Die Erklärung für die im Erzbergbau völlig ungebräuchliche Wetterlampe von Büroleiter Pelt dürfte darin zu sehen sein, daß sich 1907 in einer hessischen Erzgrube eine leichte Schlagwetterexplosion beim Anfahren eines Hohlraumes mit Bergeversatz ereignet hatte, bei der jedoch niemand verletzt worden war. Gasentzündungen in hiesigen Braunkohlengruben – bei denen Bergleute mehrmals schwere Verbrennungen erlitten – hatten 1906 dazu geführt, daß die Verwaltungen dieser Werke die Absicht bekundeten, in Zukunft beim Anfahren alter Grubenbaue neben anderen Vorsichtsmaßnahmen Sicherheitslampen zu verwenden (siehe Abb. 433).
Nachdem es bereits seit 1909 zu Betriebseinschränkungen gekommen war, wurde die Grube Aussicht im Herbst 1911 wegen Erschöpfung der Lagerstätte stillgelegt. (R. H.)

403

Abb. 402: **Grube Mardorf,** um 1950

Das bedeutendste Eisenerzvorkommen in der niederhessischen Senke bilden die Bohnerze bei Mardorf. Auf Muschelkalk liegt hier ein plastischer Ton, in dem Brauneisenerz eingelagert ist. Die Erzkügelchen erreichen meist Erbsengröße, in den besseren Lagerteilen liegen sie so dicht gedrängt, daß sie sich gegenseitig berühren. Die Mächtigkeit der erzführenden Schicht beträgt im Durchschnitt 1,2 Meter. Das Vorkommen wird von einer weiteren Tonschicht überdeckt, die wiederum von Schwimmsand überlagert wird.

Mit dem Abbau dieser Lagerstätte wurde spätestens im 17. Jahrhundert begonnen. Das im Schachtbetrieb gewonnene Erz diente hauptsächlich zur Versorgung des landgräflichen Hüttenwerkes in Holzhausen und darüber hinaus der Eisenwerke in Densberg und Veckerhagen. Der Eisengehalt des gewaschenen Erzes wird 1856 mit 48,48 Prozent angegeben. Mit der Einstellung des Holzkohlen-Hochofens in Holzhausen durch die Warsteiner- und Herzoglich Schleswig-Holsteinschen Eisenwerke im Jahre 1881 kam auch die Grube Mardorf zum Erliegen.

Im Rahmen des Vierjahresplanes von 1936 nahm Warstein 1937 Untersuchungsarbeiten in Mardorf auf. Im folgenden Jahr begann man mit dem Abteufen des abgebildeten Schachtes 3 im Efzetal an der Straße Homberg – Hebel, der eine *Teufe* von 14,5 Metern erreichte. 1939 wurden 1091 Tonnen Bohnerz gefördert, das mit Traktoren zum Bahnhof Wabern gefahren und von dort unaufbereitet ins Ruhrgebiet versandt wurde.

In den Jahren 1940 und 1941 erhöhte sich die Förderung von 26 883 auf 58 061 Tonnen, obwohl der Betrieb durch Wasser- und Schwimmsandeinbrüche stark beeinträchtigt wurde. Auf Veranlassung des Oberbergamtes Clausthal-Zellerfeld mußte die Grube 1941 25 Bergleute an den Braunkohlenbergbau abgeben.

Die Grube Mardorf wurde am 1. Oktober 1942 von den Buderus'schen Eisenwerken erworben. Die spezifische Zusammensetzung des Bohnerzes hatte diesen risikoreichen Kauf bestimmt. Ebenso wie der oberhessische Basalteisenstein verfügt auch das Mardorfer Erz über einen hohen Tonerdegehalt und gestattet somit eine für die Zementherstellung geeignete Schlackenführung. Hinzu kam, daß man in dem phosphorarmen Bohnerz ein geeignetes Zuschlagerz bei der Produktion von Hämatiteisen sah.

Buderus setzte die Erzgewinnung im Efzetal fort. Nach einer weiteren Untersuchung der Lagerstätte durch Tiefbohrungen begann man 960 Meter östlich des Schachtes 3 am Mosenberg 1944 mit dem Abteufen des Falkenberg-Schachtes. Das Gelände am Mosenberg war als Schachtansatzpunkt gewählt worden, da es sich zum einen im Zentrum des Erzvorkommens befand und zum anderen hier der Boden nur geringwertig war, so daß man über billiges Land zur Anlage eines Schlammteiches verfügte, der im Hinblick auf die vorgesehene Aufstellung einer Excelsior-Wäsche geplant war (siehe Abb. 356).

Das Abteufen des Falkenberg-Schachtes gestaltete sich äußerst schwierig, da es zu zahlreichen Schwimmsandeinbrüchen kam. Infolgedessen blieb dieser Schacht ebenso unvollendet wie die hier errichteten Tagesanlagen. (R. H.)

Abb. 403: **Grube Mardorf,** um 1950

Das Foto zeigt die unvollendeten Tagesanlagen am Mosenberg, die von dem Darmstädter Architekten Pinand (siehe Abb. 20, 241 und 297) entworfen worden waren. Aufgrund der ungewissen Zukunftsaussichten des Bergwerksbetriebes waren die 1947 begonnenen Bauarbeiten 1949 eingestellt worden.

Dieses Bauwerk, dessen Grundkonzeption bereits Mitte 1944 existierte, ist insofern bemerkenswert, als sich der Vergleich mit den sogenannten Ordensburgen des »Dritten Reiches« geradezu aufdrängt. Die schießschartenartige Aufreihung der Fenster und das flache Walmdach der insgesamt niedrigen Baumasse wirken bedrohlich und unpassend zur Funktion der Tagesanlagen eines Bergwerkes.

Im linken Bereich des Gebäudes war das Sägewerk untergebracht, der Mittelteil war als Seilbahnbeladestation vorgesehen, rechts davon befanden sich zwei Garagen, die Schmiede und die Schlosserei.

Im Frühjahr 1949 kam der Versand von Mardorfer Roherz an Hüttenwerke im Ruhrgebiet wegen der tonigen Beschaffenheit des Erzes zum Erliegen. Im November desselben Jahres wurde am Schacht 3 eine Excelsior-Wäsche in Betrieb genommen und hiermit der Eisengehalt des Erzes von etwa 34 auf rund 46 Prozent erhöht.

Infolge der überaus schwierigen Abbauverhältnisse stellte man die Förderung Ende 1951 ein und erprobte bis zur Wiederaufnahme der Erzgewinnung im April 1952 neue Abbaumethoden. Nachdem auch in den folgenden Jahren die Abbauprobleme einen rentablen Betrieb nicht ermöglichten, wurde die Grube Mardorf am 31. Januar 1954 endgültig stillgelegt. Die Belegschaft des Bergwerkes betrug zu diesem Zeitpunkt 90 Mann. Seit November 1949 waren 110 000 Tonnen Roherz gefördert und 57 199 Tonnen Fertigerz hergestellt worden. In den abgebildeten Tagesanlagen befindet sich seit Juli 1959 die Jugendherberge »Am Mosenberg«.

(R. H.)

Abb. 404: **Grube Mardorf,** um 1950

Bei der abgebildeten Seilbahnentladestation am Haltepunkt Singlis bei Wabern handelt es sich zweifellos um die architektonisch interessanteste Erzverladeanlage in Hessen. Ebenso wie die Tagesanlagen am Mosenberg wurde auch dieses Gebäude von Pinand entworfen.

Das Bauwerk demonstriert den Versuch, Stahlbeton als konstruktives und die Sichtbetonflächen als ästhetisches Element in die Bergbauarchitektur einzubringen. In Nordfrankreich, Belgien und den Niederlanden waren schon vor dem Ersten Weltkrieg Tagesanlagen bis hin zu Fördertürmen in Stahlbeton errichtet worden. Die erste derartige Gestaltung in Deutschland war der 1921 auf der Zeche Hannibal in Bochum erbaute Kohlenturm des Architekten Kreis. In der Bergbauarchitektur des Ruhrgebietes gehörte das deutliche Hervorziehen von Stützkonstruktionen und die starke Profilierung des Attikagesimses zur Trennung in dach- und wandbildende Bauelemente (wie hier sichtbar) jedoch schon Ende der zwanziger Jahre der Vergangenheit an.

Die Seilbahnentladestation am Haltepunkt Singlis wurde 1946/47 errichtet. In dem linken Teil des Gebäudes befanden sich die Erzbunker, aus denen in die Waggons verladen wurde. Der rechte Teil der Anlage bildete den Seilbahneinlauf.

(R. H.)

Abb. 405: Grube Martenberg, um 1910

Die Eisenerzvorkommen im Raum Adorf werden im Jahre 1273 erstmals urkundlich erwähnt. Ebenso wie in den anderen Eisenerzrevieren im heutigen Bundesland Hessen dürfte auch hier schon in der Epoche der keltischen Eisenkultur Erz gewonnen und verschmolzen worden sein.

Seit dem Hochmittelalter gab es Konflikte um die Abbaurechte zwischen dem Kloster Bredelar, das dem Erzbischof von Köln unterstand, und den örtlichen Adelsgeschlechtern, insbesondere den Grafen von Waldeck. Nach der Beilegung der Grenzstreitigkeiten im Jahre 1663 bildete der Martenberg bei Adorf das bedeutendste Eisenerzabbaugebiet des Fürstentums Waldeck. Der Bergbau war hier während des Dreißigjährigen Krieges weitgehend zum Erliegen gekommen. Zur Belebung der Erzgewinnung warb Graf Heinrich Wolrad von Waldeck seit 1658 auswärtige Bergleute an und leitete damit eine Intensivierung des Bergbaus ein.

Im Revier des von den Waldecker Grafen spätestens 1652 errichteten Bergamtes Adorf waren jahrhundertelang zahlreiche Kleinbetriebe vorhanden, davon über 100 allein am Martenberg. Zur Wasserlösung wurde hier 1835 oberhalb der Rhenegger Mühle mit dem Auffahren eines Stollens begonnen. Für dieses Projekt waren von dem Fürsten Georg Friedrich Heinrich 15 000 Reichstaler aus der Staatskasse des Fürstentums Waldeck zur Verfügung gestellt worden. 1853 wurden die Gruben am Martenberg und Semmet zu einem Betrieb vereinigt. An der aus 128 Kuxen bestehenden Gewerkschaft war das fürstliche Haus noch mit 12,29 Kuxen beteiligt. Dieser Besitzanteil ging 1866 an die Aplerbecker Hütte bei Dortmund über, die sich seit 1879 zusammen mit der Aktiengesellschaft für Bergbau, Eisen- und Stahlfabrikation Union in Dortmund im Besitz der Bergwerke Martenberg, Semmet, Winsenberg, Webel, Koppen, Woordt, Tingerloh, Frauenrath und Heinrich befand.

Unter der Regie der Aplerbecker Hütte erfolgte in den siebziger Jahren ein Aus- und Neubau der Fördereinrichtungen. So wurden die Stollen für den Einsatz von Pferden erweitert und die Rhene-Diemeltalbahn Bredelar-Martenberg erbaut.

Im Zuge der Modernisierung des Betriebes wurden auch die abgebildeten Tagesanlagen in den siebziger Jahren errichtet. Im Bildvordergrund sind die Gleise und der Güterschuppen der Rhene-Diemeltalbahn zu sehen. Links im Bild ist oberhalb der Straße das Mundloch des Pferdestollens erkennbar. Im Zentrum des Fotos befindet sich das Verwaltungsgebäude mit der Wohnung des Obersteigers, im rückwärtigen Teil dieses Hauses war 1881 das Schlafhaus für auswärtige Bergleute angebaut worden. Links davor ist das Maschinenhaus mit der Schmiede zu sehen, dahinter befand sich ein 18 Meter tiefer Förderschacht. Bei der langgestreckten großen Halle handelt es sich um die Erzaufbereitung. Weiter hinten sind das Dach des sogenannten Pulverhauses und ein weiteres zur Grube gehörendes Gebäude erkennbar. Links im Bildhintergrund erhebt sich der Martenberg, an dessen Rückseite sich der ehemalige Tagebau mit der heute unter Naturschutz stehenden »Adorfer Klippe« befindet.

Der durchschnittliche Eisengehalt des Erzes der Grube Martenberg wird 1911 mit 23 bis 24 Prozent angegeben, bei ebenso hohem Kalkanteil. Die Förderung betrug im Geschäftsjahr 1909/10 20 196 Tonnen Erz, die Selbstkosten pro Tonne lagen bei 5,25 Mark. Einschließlich der Frachtkosten für die 126 Kilometer lange Bahnstrecke (Gruben- und Staatsbahn) konnte die Aplerbecker Hütte das Martenberger Erz für 7,65 Mark pro Tonne beziehen. Im August 1917 wurde die Grube Martenberg wegen Erschöpfung der aufgeschlossenen Erzvorräte stillgelegt.

(R. H.)

Abb. 406: **Rhene-Diemeltalbahn Bredelar – Martenberg, um 1900**

Das zwischen den Tagesanlagen der Grube Martenberg und der im Hintergrund sichtbaren Rhenegger Mühle aufgenommene Foto zeigt einen Zug der Rhene-Diemeltalbahn. Rechts im Bild haben sich (v. l. n. r.) der Kornhausverwalter Armbrecht, Stationsvorsteher Rode und Obersteiger Richter aufgestellt. Bei der Lokomotive handelt es sich um eine Lok mit der Achsfolge Bn2t von Krauss aus dem Jahre 1873 (Fabriknummer 288 oder 289). Der Wagen davor diente nach mündlicher Überlieferung der Personenbeförderung.

Die »Rhene-Diemel-Tal-Grubeneisenbahn« mit Sitz in Siegen wurde 1873/74 von der Aktien-Kommanditgesellschaft Brügmann, Weyland & Comp. in Aplerbeck und der Aktiengesellschaft für Bergbau, Eisen- und Stahlfabrikation Union in Dortmund als Grubenbahn gebaut. Die Streckenlänge zwischen der Bahnstation Bredelar und der Grube Martenberg betrug 11,2 Kilometer. An der meterspurigen Bahn lagen: Grube Reinhard (km 5,1), Grube Christiane (km 8,2), Grube Giershagen (km 9,1), Grube Eckefeld (km 9,4) und als Endstation Grube Martenberg (km 11,2). Die Teilstrecke Bredelar – Grube Eckefeld wurde am 28. März 1874, die Gesamtstrecke am 23. Mai 1875 eröffnet. Die Konzessionierung als Nebenbahn erfolgte am 16. August 1882. Der Wagenladungsverkehr wurde am 15. Dezember 1882 aufgenommen, seit dem 15. September 1885 beförderte die Bahn auch Stückgut zwischen den Stationen Bredelar und Martenberg. Die Personenbeförderung blieb vorerst noch ausgeschlossen, wurde jedoch spätestens seit der Jahrhundertwende durchgeführt. Für den Personenverkehr waren außer in Bredelar und Martenberg die Haltestellen Reinhard und Eckefeld vorhanden. An der Station Martenberg wurde um 1900 das Adorfer Kornhaus errichtet, das als Lagerhaus für Güter diente, die mit der Bahn befördert wurden.

Mit der Stillegung der Grube Martenberg im Jahre 1917 verlor die Rhene-Diemeltalbahn ihren vorletzten Großverfrachter. Als zu Beginn der zwanziger Jahre auch die Grube Christiane stillgelegt wurde, entfiel die letzte Existenzbasis der Bahn. Daraufhin erfolgte Ende 1923 die Einstellung des Betriebes. (R. H.)

Abb. 407: **Grube Christiane,** um 1938

Die gegenüber den anderen Ruhrkonzernen nur über eine vergleichsweise geringe inländische Eisenerzgrundlage verfügenden Mannesmannröhren-Werke bemühten sich seit 1935 um eine Verstärkung ihrer Erzbasis. Da das heimische Eisenerz zu dieser Zeit einen begehrten Rohstoff bildete, war der Erwerb von abbauwürdigen Vorkommen jedoch sehr schwierig. Unter Vermittlung des Amtes für deutsche Roh- und Werkstoffe pachtete Mannesmann die Grubenfelder der Gewerkschaft Christiane im Juli 1936 auf die Dauer von 25 Jahren und führte den Betrieb unter dem Grubennamen »Christiane«.

Die Gewerkschaft Christiane hatte ihren Sitz ursprünglich in Giershagen. Im Jahre 1919 wurden die Kuxe dieser Gewerkschaft von J. W. Jaimann in Münster erworben. Ende 1923 ging das Unternehmen an die zum Stumm-Konzern gehörenden Westfälischen Eisen- und Drahtwerke in Werne bei Langendreer über. Der Repräsentant der Gewerkschaft Christiane, Bergwerksdirektor W. Weber in Siegen, der mit dem Abbruch der Betriebsanlagen der Grube Martenberg beauftragt worden war, erwarb am 3. September 1924 die Grubenfelder Martenberg, Martenberg Fortsetzung, Winsenberg, Webel, Koppen, Frauenrath, Semmet, Tingerloh, Woort, Heinrich, Eschenstein und Eckefeld Fortsetzung, darüber hinaus 70, 1675 Kuxe der Gewerkschaft Halle sowie 70, 1675 Kuxe des Karl-Ludwig-Erbstollens im Martenberg. Die Gewerkschaft Christiane ging später in den Besitz des Bergwerksdirektors Weber über. Dessen Erben bzw. Rechtsnachfolger erhielten bis zur Stillegung im Jahre 1963 von Mannesmann eine Förderabgabe.

Mit einer Belegschaft von sieben Mann begannen im August 1936 die Aufschlußarbeiten am Martenberg, die neben den bergmännischen Arbeiten auch ein Bohrprogramm umfaßten. Im Juli 1938 konnte die Erzgewinnung aufgenommen werden. Als Förderschacht diente zunächst der wiederaufgewältigte und mit einem hölzernen Fördergerüst versehene Maschinenschacht im Bereich der ehemaligen Tagesanlagen. Die 1938 abgebauten 5260 Tonnen Erz wurden mit Lastkraftwagen zur Bahnstation Bredelar transportiert. Ebenfalls 1938 begann des Abteufen eines Schachtes im Grubenfeld Webel. Im folgenden Jahr wurde bei der etwa 120 Meter nordwestlich des abgebildeten Schachtes neu abgeteuften Schachtanlage Martenberg mit dem Bau einer Aufbereitung und der Errichtung einer Seilbahn nach dem Webel begonnen. Mitte August 1939 wurden die Arbeiten unter Tage vorübergehend eingestellt und die Bergleute zum Bau der Grubenbahn zum Bahnhof Bredelar eingesetzt. Im Jahre 1940 wurde sowohl die Aufbereitung fertiggestellt als auch die Gruben- und Seilbahn in Betrieb genommen. Die Förderung stieg von 9317 Tonnen Erz 1940 auf 32 870 Tonnen 1941.

(R. H.)

Abb. 408: **Grube Christiane,** 1948

Die neuen Maschinenschächte Martenberg und Webel waren bis Mai 1943 jeweils 100 Meter abgeteuft. Die neugebildete 150 m-Sohle der Schachtanlage Webel ersoff im April 1945 wegen Stromausfalls und konnte erst im Juli und August desselben Jahres wieder gesümpft werden.
In den Jahren 1943 und 1944 erreichte die Förderung der Grube Christiane 43 900 und 42 245 Tonnen Eisenerz. Anfang 1945 bestand die Belegschaft aus 58 einheimischen Arbeitern, 97 sowjetischen Kriegsgefangenen und 8 Angestellten. Die Erzgewinnung kam am 29. März 1945 zum Erliegen. Nach der Inbetriebnahme des Mannesmann-Hüttenwerkes in Duisburg-Huckingen im Spätsommer 1945 konnte der Abbau auf der Schachtanlage Webel im Herbst des Jahres wieder aufgenommen werden.
Aufgrund der sehr starken Regenfälle und eines siebenstündigen Stromausfalls kam es am 9. Februar 1946 zum Ersaufen der 100 m- und 50 m-Sohle des Schachtes Martenberg. Gleichzeitig wurde der Damm der Grubenbahn im Hoppekke- und Diemeltal durch die talwärts fließenden Wassermengen an mehreren Stellen stark beschädigt. Während die 50 m-Sohle der Schachtanlage Martenberg bereits Ende 1946 wieder zugänglich war, konnte die 100 m-Sohle infolge der anhaltenden Stromeinschränkungsmaßnahmen erst 1948 gesümpft werden. Der Kohlenmangel in den Nachkriegsjahren führte dazu, daß 1947 die Kauen nicht geheizt werden konnten. Dies hatte einen hohen Krankenstand zur Folge, da die Grubenkleidung der Bergleute nicht mehr trocken wurde.
Im Jahre 1948 wurden die hölzernen Fördergerüste auf den Schächten Webel und Hartenberg durch eiserne Gerüste ersetzt. Das im Oktober 1948 aufgenommene Foto zeigt die im Rohbau fertiggestellte Eisenkonstruktion der Schachtanlage Webel. Links im Bild ist das mit Wellblech ummantelte hölzerne Fördermaschinenhaus zu sehen. Auf halber Höhe der Schachthalle ist die Erzabzugsbühne erkennbar. Die Wagen wurden von hier in den Erzbunker am linken Bildrand geschoben, unter dem sich die Beladestation der Seilbahn zur Aufbereitung am Martenberg befand. (R. H.)

Abb. 409: **Grube Christiane,** 1951

Das Foto zeigt die Schachtanlage Martenberg mit der Seilbahn vom Schacht Webel und die Aufbereitung der Grube Christiane. Das Erz aus dem Revier Martenberg gelangte über einen Förderstollen einige Meter unterhalb der Rasenhängebank in die Aufbereitung. Bei der Drahtseilbahn von 2,6 Kilometer Länge handelte es sich um eine Einseilbahn, die nur ein umlaufendes Seil hatte, das gleichzeitig als Zug- und Tragseil diente (siehe Abb. 138).

Im Aufnahmejahr entfielen 15 194 Tonnen Erz auf den Bereich Martenberg und 54 684 Tonnen Erz auf den Schacht Webel. Die Gesamtförderleistung in Höhe von 69 878 Tonnen wurde von einer Belegschaft von 259 Personen erbracht. Schon im Jahre 1944 wurde auf der 100 m-Sohle der Schachtanlage Martenberg mit dem Vortrieb einer Richtstrecke zum Schacht Webel begonnen, die bis zum Ersaufen der erstgenannten Anlage im Februar 1946 eine Länge von 436 Metern erreichte.

Nachdem mit Untersuchungsbohrungen in den Grubenfeldern Hubertus, Huxhohl und Eckefeld 1950 noch größere Erzvorräte nachgewiesen werden konnten, faßte Mannesmann im selben Jahr den Plan, die ehemaligen Gruben Eckefeld, Ferdinand und Hubertus vom Schacht Webel aus durch Strecken aufzuschließen und die Schachtanlage Martenberg als zentralen Förderschacht einzurichten. Hiermit verbunden wurde erneut beschlossen, eine Förderstrecke zwischen den beiden Schächten Martenberg und Webel herzustellen.

Mit dem Streckenvortrieb begann man von beiden Seiten im *Gegenortbetrieb.* Zuvor war im Bereich Webel ein *Gesenk* bis auf das Niveau der 180 m-Sohle hergestellt worden (durch den Höhenunterschied entsprach die 100 m-Sohle des Schachtes Martenberg der 180 m-Sohle des Schachtes Webel). Der Gegenortbetrieb mußte jedoch wieder aufgegeben werden, da sich im Bereich Webel starke Wasserzuflüsse einstellten. Am 25. März 1952 wurde die aus Richtung Martenberg vorgetriebene Strecke mit der vom Webel begonnenen Strecke durchschlägig. Seitdem erfolgte die Wasserhaltung ausschließlich im Schacht Martenberg, wobei eine Pumphöhe von 80 Metern eingespart und somit die Stromkosten erheblich vermindert wurden. (R. H.)

Abb. 410: **Grube Christiane**, 1954

Abb. 410: **Grube Christiane**, 1954

Mit dem Ausbau der Grube Christiane war eine Monatsförderung von 10 000 Tonnen geplant. Die 1939/40 am Schacht Martenberg errichtete Aufbereitung verfügte jedoch nur über eine Kapazität von maximal 5000 Tonnen im Monat. Die Anlage wurde daher 1953 erweitert, den Roherzbunker vergrößerte man für einen Inhalt von 1000 Tonnen, und den Fertigerzbunker richtete man für 400 Tonnen ein. Der Erzabzug wurde auf die Rasenhängebank verlegt und hier eine Schachthalle gebaut, die über eine Brücke mit dem turmartigen Roherzbunker verbunden wurde. Im Obergeschoß dieses Bunkers stellte man zunächst einen fahrbaren und später zwei stationäre Kreiselwipper auf. Unter dem Bunker war ein Zubringerplattenband für das Schüttelsieb montiert. Das hier abgesiebte Feinerz unter 70 mm gelangte über ein Förderband zum Fertigerzbunker (das darunter am Hang gelegene Gebäude aus Beton), während das stückige Fördergut zunächst auf einen Klaubtisch, dann in einen Steinbrecher und anschließend auf ein Leseband im Obergeschoß des Fertigerzbunkers kam, wo das unhaltige Gestein von Hand ausgelesen wurde.

Ebenfalls im Jahre 1953 wurde eine zweite Fahrdrahtlokomotive für die Förderung unter Tage eingesetzt (die Fahrdrahtlokförderung war im Oktober 1951 aufgenommen worden) und eine zweite »Herkules«-Diesel-Lokomotive für die Grubenbahn in Dienst gestellt. Anfang 1954 errichtete man neben der Aufbereitung einen Lokomotivschuppen für die »Herkules«-Lokomotiven. Auf dem Bild ist eine dieser Loks gegenüber dem Lokomotivschuppen abgestellt. Die Seilbahn zwischen den Schachtanlagen Webel und Martenberg war zum Zeitpunkt der Aufnahme bereits demontiert. Im linken Teil des Bildes ist das Zechenhaus mit den Werkstätten zu sehen. Die am Martenberg einfahrenden Bergleute benutzten den Anfahrstollen zwischen dem Fertigerzbunker und dem Lokomotivschuppen. Das Stollenmundloch ist links hinter der Lok zu erkennen. Während die Belegschaft der Grube Christiane von 312 Mann Ende 1953 bis Ende 1954 lediglich um 8 Personen anstieg, erhöhte sich die Förderung von 88 339 Tonnen 1953 auf 106 635 Tonnen 1954. Gegenüber einem Verlust in Höhe von 436 461 DM im Jahre 1953 wurde 1954 ein Betriebsgewinn von 50 180 DM erzielt. (R. H.)

Abb. 411: **Grube Christiane**, 1960

Auf diesem Foto ist das Schienen-Fahrrad des Fahrsteigers und stellvertretenden Betriebsführers Erhard Wiederer zu sehen, der hier mit dem Reviersteiger Willi Stich als Sozius unterwegs ist. Mit Hilfe des Schienenfahrrades konnten die Reviere Hubertus, Ferdinand, Eckefeld, Webel und Martenberg-Südflügel wesentlich schneller als zu Fuß erreicht werden.

Aufgrund der großen Entfernungen unter Tage – zwischen dem Schacht Martenberg und dem Revier Hubertus waren es maximal 5,5 bis 6 Kilometer – hatte man das vorwiegend aus Aluminium bestehende Schienen-Fahrrad Mitte der fünfziger Jahre angeschafft. Der hinten Sitzende betätigte die Pedalen, der Antrieb erfolgte über eine hier nicht sichtbare Kette. Bei entgegenkommenden Zügen konnte das Schienen-Fahrrad zusammengeklappt und an die Seite gestellt werden. (R. H.)

Abb. 412: **Grube Christiane,** 1960

Das Foto zeigt die Hauer Mette (links) und Reiter sowie Fahrsteiger Wiederer bei der Kontrolle der Firste in einem Abbau im Revier Martenberg unterhalb der 50 m-Sohle. Bei einer Gesamtbelegschaft von 260 Personen (davon etwa 180 Mann unter Tage) wurden im Aufnahmejahr 155 784 Tonnen Erz mit einem durchschnittlichen Eisengehalt von 30,35 Prozent gefördert. Hierbei handelt es sich um die höchste Jahresförderung eines Grubenbetriebes im hessischen Eisenerzbergbau seit 1918, die auch in der Folgezeit nicht mehr übertroffen wurde. Der durchschnittliche Schichtlohn der Arbeiterbelegschaft betrug 1960 21,21 DM. Bis zum Jahre 1958 erfolgte die Ladearbeit in der Erzgewinnung mit Kratze und Fülltrog (im Streckenvortrieb waren bereits seit 1951 gleisgebundene Wurfschaufellader eingesetzt). Seit November 1958 arbeitete man im Revier Hubertus mit einem gummibereiften Wurfschaufellader des Typs T2G (siehe Abb. 17), hiermit konnte die Abbauleistung gegenüber dem bisherigen Handbetrieb um rund 300 Prozent gesteigert werden. Die Abbaukosten verringerten sich dagegen lediglich um etwa 20 Prozent, da neben Maschinenkosten auch höhere Energie- und Sprengstoffkosten entstanden. Anfang 1961 waren auf Grube Christiane drei T2G-Lader im Einsatz, mit denen etwa 40 Prozent der Erzförderung erbracht wurde. Darüber hinaus waren noch Schrapper (siehe Abb. 291) eingesetzt.

Trotz Leistungssteigerung und Selbstkostensenkung mußte die Erzgewinnung eingestellt werden in den Revieren Eckefeld (30. August 1960), Ferdinand (30. Juni 1961), Webel (31. Dezember 1961) und Hubertus (31. Januar 1962), da das hier noch anstehende Erz einen zu hohen Kieselsäuregehalt hatte.

Im Rahmen der Stillegung des gesamten inländischen Eisenerzbergbaus von Mannesmann wurde im Revier Martenberg am 16. April 1963 die letzte Förderschicht verfahren. Von 1938 bis 1963 förderten die Bergleute der Grube Christiane insgesamt 1 720 996 Tonnen Erz. Zum Zeitpunkt der Betriebseinstellung betrugen die sicheren Vorräte 180 000 Tonnen, die wahrscheinlichen Vorräte 500 000 Tonnen und die möglichen Vorräte 200 000 Tonnen. (R. H.)

Abb. 413: **Grubenbahn Bredelar-Martenberg,** um 1963

Abb. 413: **Grubenbahn Bredelar-Martenberg,** um 1963

Das Foto vermittelt einen Blick vom Führerstand einer Deutz-Diesellok des Typs Herkules im Bereich der Kreuzung der Grubenbahn mit der Straße Giershagen – Bredelar im Hoppecketal.
Die von den Bergleuten der Grube Christiane in knapp einjähriger Bauzeit erstellte Bahn mit einer Spurweite von 900 Millimeter wurde am 11. Juli 1940 durch eine aus Vertretern der Bergbehörde und des Regierungspräsidenten in Kassel bestehende Kommission abgenommen und für den Erztransport freigegeben.
Da sich die Auslieferung einer bei Orenstein & Koppel bestellten 70-PS-Dieselokomotive aufgrund der Kriegsverhältnisse verzögerte, wurde der Betrieb mit einer Dampflok von Orenstein & Koppel aus dem Jahre 1905 (Fabrik-Nr. 1534) aufgenommen. Noch 1947 erfolgte der Erztransport ganz oder teilweise mit der Dampflokomotive. Seit 1953 verfügte die Grubenbahn über zwei Dieselloks des Typs Herkules mit 165 PS und eine Diesellok von Orenstein & Koppel mit 70 PS. Die Zuglänge betrug bis zu 15 Wagen mit einer Nutzlast von 6 Tonnen pro Wagen, wobei jeweils zwei Bremswagen eingestellt wurden. Mit dem Abschluß der Rückbauarbeiten erfolgte die endgültige Einstellung des Bahnbetriebes im März 1964. (R. H.)

Abb. 414: **Georgshütte,** etwa 1882

In den Jahren 1873/74 ließ Fürst Georg zu Solms-Braunfels in Burgsolms unter dem Namen »Georgshütte« ein Hochofenwerk errichten, welches die Verhüttung von Eisenerz aus den nahegelegenen fürstlichen Gruben übernehmen sollte.
Sowohl der Entschluß zum Bau der Anlage als auch die Ausführung lassen das Projekt als ein »typisches Kind der Gründerzeit« (Einecke) erscheinen (nach dem militärischen Sieg über Frankreich 1871 flossen etwa 5 Milliarden Goldmark Kriegsentschädigung nach Deutschland; dieses Geld löste eine wirtschaftliche Scheinblüte mit einem Boom von Investitionen aus).
Gemäß den Wünschen des Auftraggebers entwarf der Bonner Zivilingenieur Gregor das 2,75 Millionen Mark teure Hüttenwerk im Burgstil und gab auch Nebengebäuden wie dem Direktorenwohnhaus und den Bürogebäuden ein repräsentatives Aussehen.
Am 26. Januar 1875 wurde der erste Ofen mit einer Kapazität von 60 – 65 t am Tag angeblasen. Bei einer Höhe von 18,8 m und einem Rauminhalt von 250 cbm war er damals der größte des Lahngebiets. Der Standort des Hochofens war ausgesprochen günstig, lag er doch im Zentrum des fürstlichen Grubenbesitzes unmittelbar an der Bahnstrecke Gießen – Koblenz. Nur wenige hundert Meter entfernt wurde der für den Verhüttungsvorgang notwendige Kalk abgebaut. Die Anlieferung des Erzes erfolgte teilweise durch Fuhrwerke und Eisenbahn (aus dem Vogelsberg), überwiegend aber durch eine 1876/77 gebaute Pferdeförderbahn von Grube Alexander (siehe Abb. 90) sowie eine Drahtseilbahn von Grube Fortuna bei Oberbiel (in Betrieb von 1879 bis 1919 – siehe Abb. 102). Nachdem 1882 der zweite Ofen in Betrieb gegangen war, erreichte das Werk im selben Jahr mit 26 976 t Roheisen seine höchste Produktion. Dennoch bedeutete die Hütte für die fürstliche Finanzverwaltung eine Belastung, hatte diese sich doch durch den Bau mit 1,74 Millionen Mark verschuldet. Aus diesem Grund wurde die Anlage 1883 zum Kauf angeboten und am 16. Juli des Jahres für einen Kaufpreis von 1,8 Millionen Mark von Buderus erworben – eine Transaktion, die in der Buderus'schen Unternehmensleitung auch Gegner hatte.
Im Unterschied zur Sophienhütte in Wetzlar und dem Hochofenwerk Oberscheid, welche eine konsequente Verwertung aller Nebenprodukte anstrebten, blieb die Georgshütte auf die Erschmelzung von Roheisen beschränkt (sieht man einmal von der Schlackensteinherstellung ab). Damit mußte sich ihre Position im Konkurrenzkampf mit größeren Hochöfen an günstigeren Standorten (Steinkohlereviere an Ruhr und Saar) schnell verschlechtern. Trotz verschiedener Investitionen zur Steigerung von Rentabilität und Leistung konnte das Werk die wirtschaftliche Krisenzeit nach dem Ersten Weltkrieg nicht überstehen. 1925 wurden die Öfen ausgeblasen und 1930 die gesamte Anlage niedergelegt.
Eine ähnliche Entwicklung nahmen die vergleichbaren Hochofenwerke in Haiger (Agnesienhütte † 1927) und in Lollar (Main-Weser-Hütte, † 1899). Abnehmer des Roheisens waren hauptsächlich *Puddel*walzwerke an der Dill und in Westfalen, an erster Stelle standen die Walzwerke Ernst Haas & Sohn, Sinn, und August Herwig in Dillenburg. Unsere aus Süden ins Lahntal fotografierte Aufnahme zeigt das Werk wenige Jahre nach der Betriebsaufnahme. Im Vordergrund sieht man links Gleise und Sturzrampe aus dem Kalkbruch, rechts die Pferdebahn von Grube Alexander. Im Zentrum der Anlage standen die beiden turmartig gemauerten *Gichtaufzüge*; sie beschickten die schottischen Öfen mit Erz, Koks und Kalk – dem *Möller*. Der von der Planung her vorgesehene dritte Ofen (sein Standort wäre rechts hinter dem Kamin gewesen) ist nie gebaut worden. Noch heute erinnert ein Schlackenberg von 250 000 t an den früheren Betrieb des Hochofens; auf dem Gelände stellt Buderus seit 1945 Betonrohre her. (R. G.)

Abb. 414: **Georgshütte**, etwa 1882

Abb. 415: **Sophienhütte Wetzlar,** etwa 1970

Noch in den siebziger Jahren gehörten die Anlagen des größten hessischen Hochofenwerkes zum Stadtbild von Wetzlar.

Unsere Aufnahme zeigt (von links nach rechts) die überdachten Erzbunker, den Lagerplatz für die übrigen Einsatzstoffe, die Gasreinigungsanlage mit Kühlturm und, umgeben von Winderhitzern (Cowpern), die Hochöfen II (vorne) und III). Hinter dem Ofen III erkennt man den sogenannten *Gichtaufzug*, über den Erz, Koks, Kalk und Schrott in die Öfen gebracht wurde. Rechts daneben sieht man die Gießhalle – hier wurde das flüssige Roheisen früher in Sandformen (die Kokillen) eingeleitet –, während die seit 1955 eingesetzte Masselgießmaschine dahinter stand.

Bevor nun auf die Geschichte dieses bedeutendsten Hochofenwerkes in Hessen eingegangen wird, soll der Entwicklungsprozeß dorthin kurz nachgezeichnet werden.
Die Gewinnung von Eisenstein und seine Weiterverarbeitung zu Eisen waren stets eng verbunden, denn nur in der metallischen Form des Eisens ist der Rohstoff dem Menschen nützlich. Die älteste, schon von den Kelten angewendete Gewinnungsmethode bildeten die sogenannten Rennöfen oder -feuer auf den Anhöhen der Berge. In die einfach gebauten Herdöfen wurde ein Gemisch von Holzkohle und Erz gegeben und entzündet; die notwendige Verbrennungsluft lieferten handbetriebene Blasebälge aus Tierhäuten. Das auf diese Weise von den Waldschmieden erzeugte Roheisen – Eisenbrocken von 5 bis 20 Kilogramm Gewicht, Luppe genannt – war noch stark verunreinigt und daher für die Weiterverarbeitung zu Werkzeugen, Waffen u. ä. nicht geeignet. Diese Qualität bekam es erst durch erneutes Glühen und Schmieden, das sogenannte »Frischen«.

Im späten Mittelalter verlagerten sich die Verhüttungsplätze von den Bergen in die Täler; dies ermöglichte zum einen den Bau größerer und besser durchkonstruierter Öfen – der sogenannten Schachtöfen –, zum anderen konnte die Wasserkraft zum Betrieb von Gebläsen und Hammerwerken genutzt werden. Die jetzt erzielbaren Temperaturen von über 1400 Grad erbrachten ein flüssiges Roheisen, welches weiterhin durch die Technik des Frischens gereinigt wurde, aber auch erstmals die Eigenschaft hatte, gießfähig zu sein. Damit schlug die Geburtsstunde der Eisengießereien, die bald gesonderte Abteilungen der Hütten bildeten.
Seit jener Zeit wurden die vorher nicht genehmigungspflichtigen Hüttenbetriebe ebenso wie die Bergwerke durch die Landesherren *verliehen* – vor allem, um den stetig ansteigenden Holzbedarf unter Kontrolle zu haben.

Im 17. Jahrhundert hatten dann Holzkohlehochöfen (eine Weiterentwicklung der Schachtöfen) und Hammerwerke die alten Rennfeuer ganz verdrängt. Nach einer Phase des Stillstandes gelangte die Erzeugung von hochwertigem Holzkohleroheisen in der ersten Hälfte des 19. Jahrhunderts zu neuer Blüte. Im Gebiet des Herzogtums Nassau konnte die Produktion von 11 887 t im Jahre 1828 auf 25 314 t im Jahre 1855 gesteigert werden. Spätestens jetzt wurde deutlich, daß der gewaltige Holzkohlebedarf längerfristig nicht zu decken war, zumal Eisenbahnbau und Bergbau (Ausdehnung des Tiefbaus) eine zusätzliche Holznachfrage ausgelöst hatten.

Diese Entwicklung hatte die Gebrüder Buderus schon bald veranlaßt, Erfahrungen mit den neuen Kokshochöfen zu sammeln. Auf der Main-Weser-Hütte (heute Werk Lollar) wurden 1864 und 1866 die ersten Öfen dieser Art im Lahngebiet in Betrieb genommen. Durch die Deutz-Gießener Bahn (1862) und die Lahntalbahn (1863) war auch das Kerngebiet des Lahnerzbergbaus an die übrigen Rohstoff- und Industriezentren Deutschlands angeschlossen worden. Es lag daher nahe, an einem geeigneten Standort ein großes Hüttenwerk auf Koksbasis zu errichten. Die neugegründete »Offene Handelsgesellschaft Gebr. Buderus« (Sitz Lollar) wählte für diesen Zweck ein 4,5 ha großes Areal zwischen dem Bahnhof von Wetzlar und der Dill aus. Parallel zu diesen Aktivitäten vergrößerte die Firma durch Ankauf von Bergwerkseigentum ihren eigenen Grubenbesitz im Lahngebiet; dadurch sollte eine kontinuierliche Versorgung des zu bauenden Hochofens gesichert werden. Das Hüttenwerk erhielt den Namen »Sophienhütte« (nach der Mutter von Georg und Richard Buderus) und blies nach zweijähriger Bauzeit am 1. August 1872 den ersten Ofen an. Ihm folgte am 9. Juni 1873 Ofen II, ebenfalls 17 Meter hoch und mit einer Tageskapazität von 40 t. 1875 erschmolzen die beiden Öfen etwa 30 000 t Roheisen. Nach der Umwandlung des Werkes in eine Aktiengesellschaft im Jahre 1884 wurden beide Öfen vergrößert und steinerne Winderhitzer (Cowper) aufgestellt.

Die wohl größte Herausforderung für die gesamte heimische Hüttenindustrie bedeutete damals die Erfindung des Thomasverfahrens zur Stahlerzeugung (1878), weil diese Technologie dem an Lahn und Dill verbreiteten *Puddelverfahren* überlegen war. Die Sophienhütte gab die Produktion von *Puddelroheisen* ganz auf (1886) und orientierte sich auf ein neues, wettbewerbsfähiges Roheisen. Mit der Entwicklung des »Nassauischen Qualitäts-Gießereiroheisens« war schließlich ein Produkt gefunden, welches die Existenz der Hütte für die kommenden Jahrzehnte sichern sollte; qualitativ war dieses Roheisen den bisher führenden schottischen Marken ebenbürtig.

Der seit 1890 auftretenden verschärften Konkurrenz durch die rheinisch-westfälischen Hüttenwerke, die einen Standortvorteil hatten und billige, hochwertige Auslandserze einsetzten, begegnete Buderus durch zwei Maßnahmen: Erstens wurde die Weiterverarbeitung des erzeugten Roheisens im eigenen Werk ausgebaut oder neu aufgenommen (seit 1911 Produktion von Rohren, Formstücken, Bergbauschachtsegmenten und Maschinenguß), darüber hinaus strebte man eine Verwertung aller Nebenprodukte an. Hier sind vor allem die Kraft- und Wärmegewinnung aus Gichtgas (seit 1903/04), die Herstellung von Schlackensteinen (bis 1924) und der Einsatz von Schlacke für die Zementherstellung zu nennen.

Der 1908 angeblasene Ofen III stand nur kurze Zeit unter Feuer, denn nach dem Ersten Weltkrieg ging der Absatz bis in die dreißiger Jahre zurück; nur ein Ofen war in Betrieb. Während der nationalsozialistischen Herrschaft erfolgte bei voller Ausnutzung der Hochofenanlage die Umstellung eines Teils der Weiterverarbeitung auf Geschützrohre und Granaten. Bombenangriffe brachten im September 1944 die Roheisenerzeugung ganz zum Erliegen.

Nach dem Krieg wurde der Grundstoffbereich gemäß der Verfassung des Landes Hessen vom 1. Dezember 1946 ausgegliedert und zusammen mit dem Kraftwerk bis 1966 als eigenständiges Unternehmen mit staatlicher Mehrheitsbeteiligung weitergeführt (Hessische Berg- und Hüttenwerke AG). Das umfangreiche Modernisierungsprogramm in den fünfziger Jahren konzentrierte sich auf eine neue *Sinteranlage* (1953), eine Masselgießmaschine (1955) und den Neubau des Hochofens III (1956). Auf dieser Basis produzierte das Werk 1961 201 400 t Roheisen, allerdings bei wachsendem Einsatz von Auslandserzen. Während 1953 noch 54 Prozent Erze aus eigener Förderung eingesetzt wurden, waren es 1961 noch 26 Prozent und 1968 nur noch 5,3 Prozent. Der Niedergang des heimischen Eisenerzbergbaus und die Errichtung immer größerer Hochöfen an günstigeren Standorten (Küstennähe) führte nach fast 110jähriger Betriebszeit zur Stillegung dieses größten und letzten hessischen Hochofenwerkes.
Am 31. Oktober 1981 wurde der Hochofen II ausgeblasen. Die Erzeugung von Gießereiroheisen übernimmt seitdem ein Kupolofen (elektrischer Schmelzofen). (R. G.)

Abb. 416: **Hochofenwerk Oberscheld,** etwa 1955

Nachdem 1898 der letzte Holzkohlehochofen des Lahn-Dill-Gebietes bei den Burger Eisenwerken erloschen war, stand das damals bedeutendste Bergbauunternehmen des Schelderwaldes – der Hessen-Nassauische Hüttenverein – vor der Situation, das aus den eigenen Gruben geförderte Erz an fremde Abnehmer verkaufen zu müssen. Der bisherige Unternehmensaufbau mit eigener Eisenerzförderung, Verhüttung und Weiterverarbeitung in Gießereibetrieben war zerbrochen. Hinzu kam, daß der zwar gut schmelzbare, aber niedrigprozentige *Flußeisenstein*, welcher einen hohen Anteil an der Gesamtförderung der Gruben hatte, wegen der Transportkosten je Prozent Eisenanteil an entfernte Abnehmer kaum abgesetzt werden konnte.

Es war deshalb nur konsequent, die Errichtung eines eigenen Hochofenwerkes auf Koksbasis ins Auge zu fassen. Das Unternehmen unter Leitung von Kommerzienrat Gustav Jung entschied sich für den Standort Oberscheld und begann im Frühjahr 1904 mit dem Bau.

Bereits ein Jahr später, am 11. Juli 1905, wurde der erste Ofen angeblasen. Der Bedarf an gutem Gießereiroheisen stieg in jenen Jahren so stark an, daß ein zweiter Ofen errichtet wurde. Die beiden Hochöfen schottischer Bauart (Ofen I lief von 1905 bis 1917 und erschmolz 261 476 t Roheisen, Ofen II lief von 1910 bis 1926 und erbrachte 288 553 t) waren in ihrer Kapazität von zusammen 160 t am Tag auf eine langfristige Verhüttung der in der näheren Umgebung noch anstehenden Vorräte an Flußeisenstein und *kieselsäurereichen* Erzen ausgerichtet.

Nach dem Ersten Weltkrieg stagnierte der Betrieb für mehrere Jahre, weil die Versorgung mit Kokskohle mangelhaft war und die Nachfrage nach Roheisen zurückging. Erst 1925/26 begann ein neuer Abschnitt mit dem neuerrichteten Ofen I und zahlreichen technischen Verbesserungen, deren volle Ausnutzung aber erst in den dreißiger Jahren gelang. Nach dem Zweiten Weltkrieg stellte sich die Frage (im Dezember 1944 mußte die Anlage stillgelegt werden), ob im

Zeitalter großer Hochofeneinheiten mit monatlichen Kapazitäten von 20000 t und mehr das Werk Oberscheld mit seinen 4000 t pro Monat noch eine Existenzberechtigung habe. Die Entscheidung fiel zugunsten einer Erhaltung des Werkes, einmal, weil die zahlreichen Sonderwünsche kleinerer Gießereien nach Spezialroheisensorten nur mit kleineren Ofeneinheiten zu erfüllen waren, zum anderen wegen der nach wie vor günstigen Frachtkosten für das Erz aus den Scheldegruben.

Der Schacht (der obere Teil) des 1937 angeblasenen Ofens II wurde 1945 völlig erneuert; dieser Ofen erreichte 1955 die beachtliche Leistung von 700000 t Roheisen und war bis zur Schließung 1968 in Betrieb. Auch die übrigen Anlagenteile wurden in den fünfziger Jahren überholt und erweitert, so daß die Tagesleistung mit einem Ofen bei etwa 140 t lag. In der Anfangszeit kam das Erz noch teilweise mit Fuhrwerken; neben der Bahn transportierten später zwei Seilbahnen das Erz: Eine führte über 4 km von den Gruben Amalie und Neue Lust zur Aufbereitungsanlage Herrnberg (siehe Abb. 272) und von dort über die Winkelstation am »Hölzchen« zum Werk, eine zweite (in den zwanziger Jahren eingestellte) kam aus östlicher Richtung von den Betrieben Tiefe Grube und Neueberg. Nach der Übernahme des Werkes durch Buderus im Jahre 1935 wurden vor allem Erze der Gruben Königszug, Neue Lust, Abendstern (bei Hungen), Georg Joseph (Gräveneck) und Erz*sinter* aus Watenstedt verhüttet. Den Koks lieferte Zeche Dorstfeld bei Dortmund und den Kalk ein Steinbruch in der Nähe von Erdbach (Dillkreis).

Von großer Bedeutung waren die dem Hochofenwerk angegliederten Betriebe zur Verwertung der Nebenprodukte Schlacke und *Gicht*gas. Die Produktion von Schlackensand und Schlackensteinen – Hauptabnehmer war die Bauindustrie – wurde bereits 1906 aufgenommen und erfuhr zwischen 1926 und 1928 eine wesentliche Aufwertung durch die patentierte Erfindung des Schlackenrades – eines Verfahrens zur Erzeugung von bimsähnlicher Schaumschlacke (Erfinder waren die im Werk beschäftigten Herren Reiche und Giersbach). Der unter dem Namen »Thermosit« hergestellte Sand hatte gute Wärmedämmeigenschaften, und die monatlich anfallende Menge von etwa 10000 cbm konnte als Sand oder in Form von Schwemmsteinen immer abgesetzt werden.

Ebenfalls im Jahre 1906 begann man mit der Erzeugung elektrischen Stromes aus dem anfallenden Gas. Die beiden ersten Generatoren deckten nur den Bedarf des Werkes und der umliegenden Grubenbetriebe. Aber als vor dem Ersten Weltkrieg der Strombedarf allgemein stark anstieg, unterstellte man die Kraftwerksanlage einer eigenen Firma, der »Hessen-Nassauischen Überlandzentrale GmbH, Oberscheld« und baute sie in den kommenden Jahrzehnten stufenweise aus. Nach dem Zweiten Weltkrieg leistete die Überlandzentrale mit durchschnittlich 30 Millionen Kilowattstunden im Jahr einen bedeutenden Beitrag zur Stromversorgung im Dillkreis und Teilen des Kreises Biedenkopf. Als Ende der fünfziger Jahre die Preise für hochprozentige Auslandserze stark absanken, wurde der Abbau heimischer Erze unrentabel, und die noch in Förderung stehenden Gruben kamen in den nächsten Jahren zum Erliegen. Diese Entwicklung entzog dem »auf dem Erz« gebauten Hochofen Oberscheld seine Existenzgrundlage; die Schließung des Werkes zum 30. April 1968 ist in einem direkten Zusammenhang mit der Stillegung von Grube Königszug am 31. März desselben Jahres zu sehen. Zuletzt beschäftigte das Werk einschließlich seiner Nebenbetriebe circa 220 Arbeiter und Angestellte.

Unsere Aufnahme zeigt die Gesamtanlage am Ortseingang von Oberscheld. Links im Vordergrund sieht man das Umspannwerk und auf der anderen Seite der Schelde-Lahn-Straße einen Setzteich. Rechts davon befinden sich Halden und Betriebsgebäude der Schlackenverwertung sowie der Lagerplatz für Koks, Erz, Kalk und Schrott mit einem Elektrokran. Dahinter sehen wir die eigentliche Hochofenanlage mit Kesselhaus, Gießhalle (beide rechts), Kühltürmen, Winderhitzern, Gichtgasreinigung und Kaminen.

(R. G.)

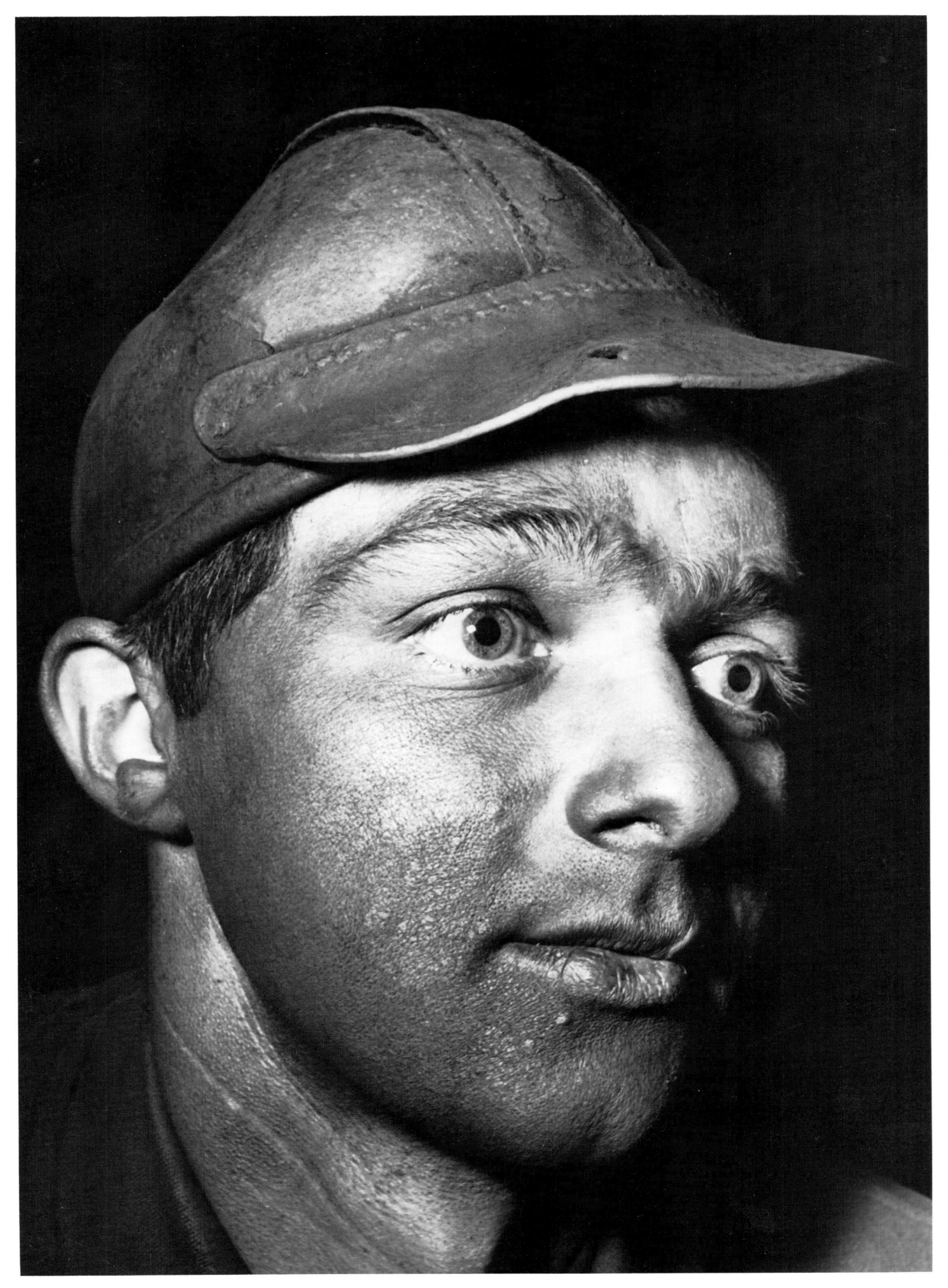

Abb 417: **Bergmann im hessischen Eisenerzbergbau;** Grube Christiane, 1957

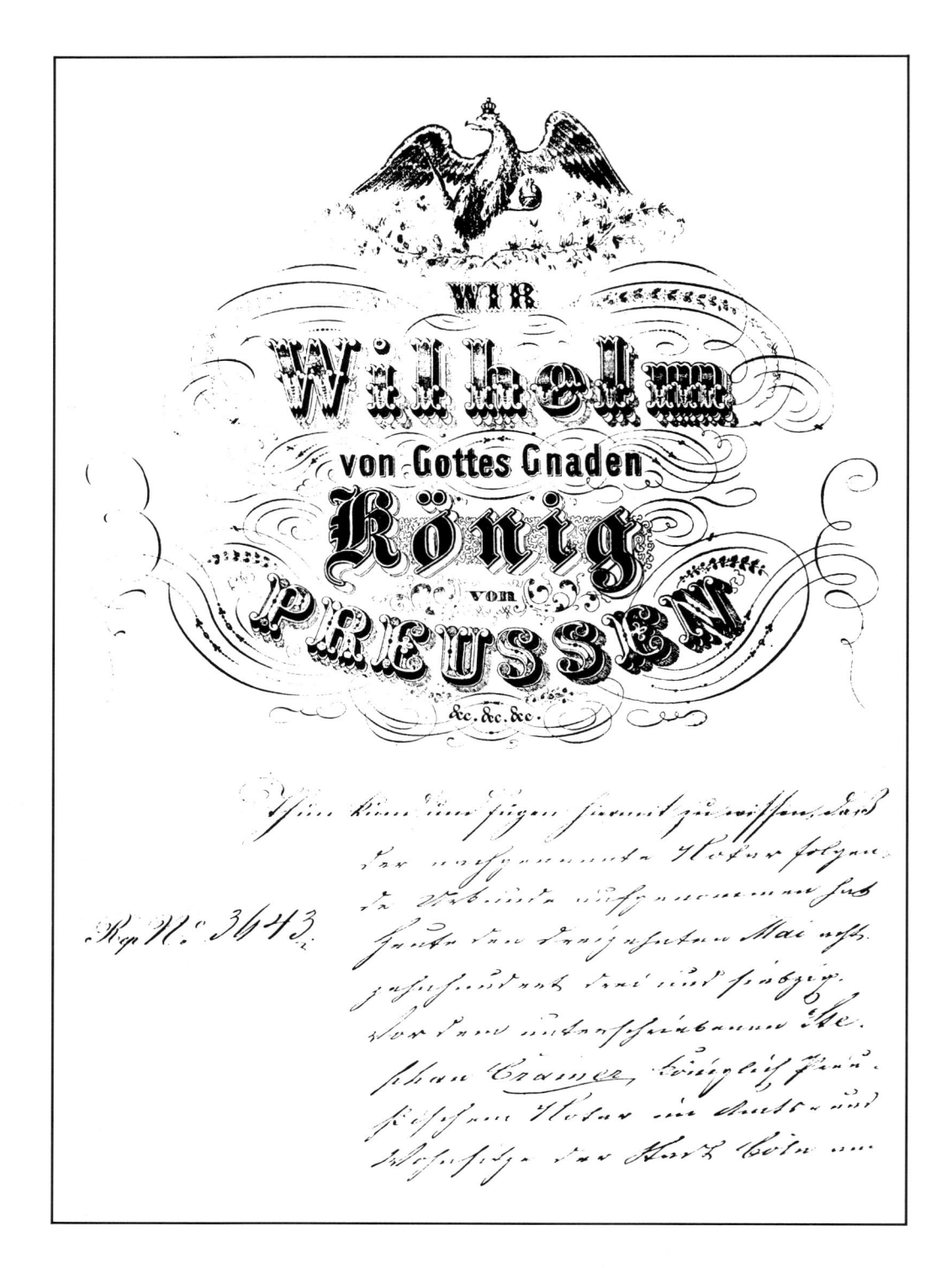

Abb. 418: **Gründungsurkunde einer Bergrechtlichen Gewerkschaft,** 13. Mai 1873

Diese vom »Königlich Preußischen Notar Stephan Cramer zu Cöln« ausgestellte Urkunde bescheinigt, daß sich hier mehrere Personen zur Gründung von Grubenbetrieben an dem Tage zusammengefunden hatten.

Eine solche »*Bergrechtliche Gewerkschaft*« wurde nach dem Preußischen Bergrecht von 1865 begründet, sobald zwei oder mehr Personen ein Bergwerk errichten wollten. Die Gründung mußte notariell beglaubigt sein, und das zuständige Oberbergamt war davon zu unterrichten. Die Gründer einer solchen Gewerkschaft hießen *Gewerken* – die Summe der Gewerken ergab also eine *Gewerkschaft.* Die Gewerken wählten unter sich einen Grubenvorstand, zumeist »Repräsentant« genannt; dieser vertrat das Unternehmen nach außen hin in bezug auf alle geschäftlichen Interessen. Derartige Gewerkschaften finanzierten sich durch bestimmte Besitzanteile – die *Kuxe* (siehe Abb. 419 – 421); ein solches Unternehmen glich im Grunde also unseren heutigen Kapitalgesellschaften. Seit Einführung des Bundes-Berggesetzes vom Jahre 1981 gibt es die »Bergrechtliche Gewerkschaft« nicht mehr.

(K. P.)

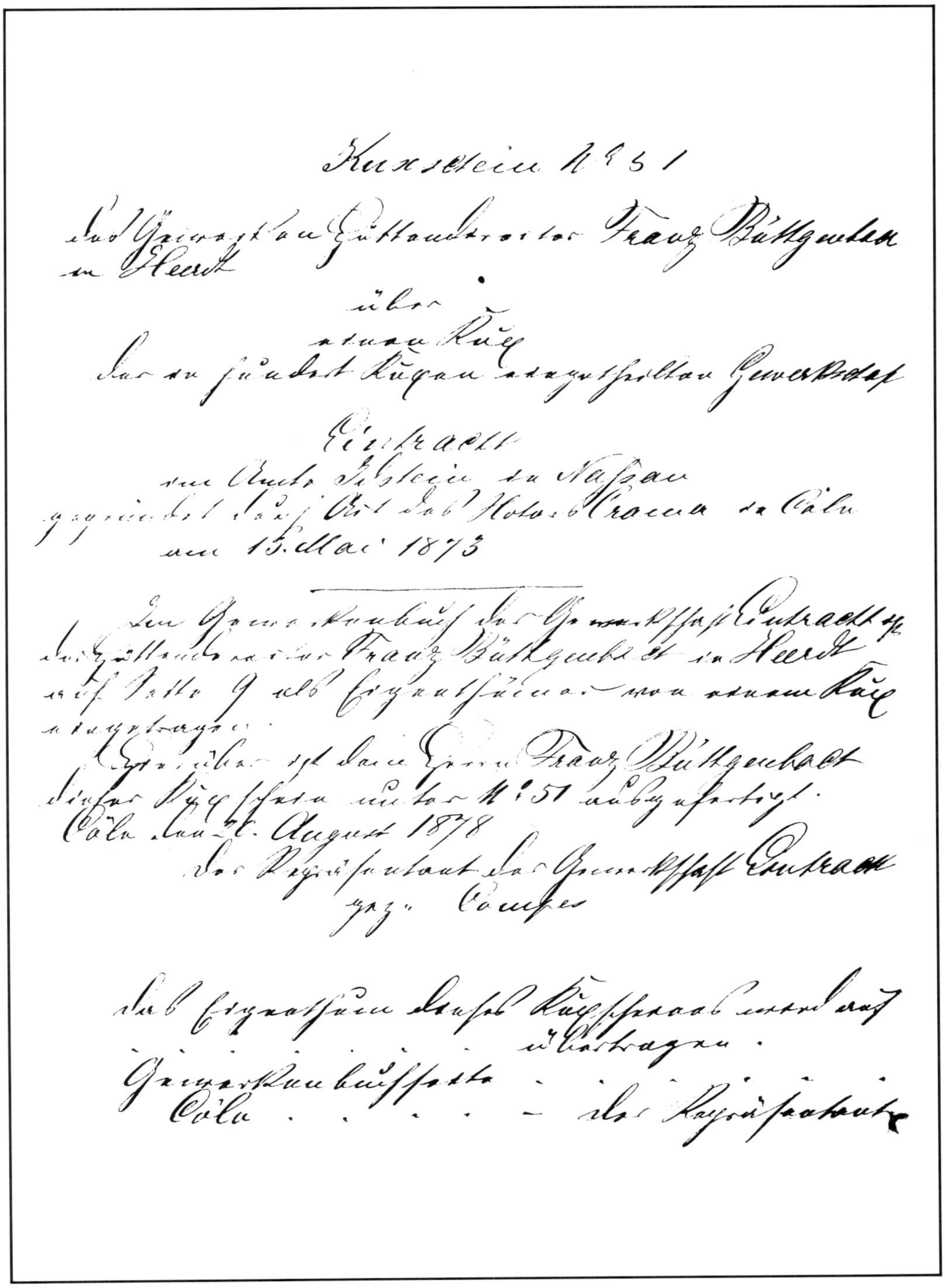

Abb. 419: Ein besonders früher Kux-Schein aus dem Jahre 1878

Dies war ein *Kux*-Schein in der frühesten bekannten Form, vom beglaubigenden Notar handschriftlich ausgestellt am 20. August 1878 auf den Hüttendirektor Franz Büttgenbach zu Hardt. Die hier genannte »*Gewerkschaft* Eintracht« besaß an der unteren Lahn verschiedene Grubenbetriebe; dem *Gewerken* Franz Büttgenbach wurde hiermit ein Anteil an der in 100 Kuxe aufgeteilten Gewerkschaft beurkundet (Bergrechtliche Gewerkschaften waren oft auch eingeteilt in 1000 Kuxe).

Ein derartiger Kux war der heutigen Aktie im Grunde recht ähnlich; während letztere aber ein reiner Gewinn-Anteil ist (schlechtestenfalls keine Dividende und Kursverlust), war ein jeder Kux leider im Ernstfalle auch ein »Verlust-Anteil«. Sofern nämlich ein Bergwerk mit Verlust arbeitete, mußte der Kuxen-Inhaber entsprechend seines Besitzanteiles den Verlust ausgleichen *(Zubuße)*; konnte er dies nicht, so »fiel sein Kux frei«, d. h. die Anteile wurden dem Gewerken aberkannt und konnten wieder frei verkauft werden!

Auf diese Art und Weise wurde manch minderbegüterter Gewerke arm – und die Kapitalkräftigen relativ leicht reicher...

(K. P.)

Hier können wir den späteren Weg dieses Kux-Scheines lückenlos verfolgen: Am 6. April 1903 verkaufte Otto Lüders den Kux an die »*Gewerkschaft* Käfernburg zu Nassau«. Am 11. Februar 1904 wiederum gaben diese den Kux weiter an die Firma Hirsch & Co. in Frankfurt, welche ihn schließlich am 19. Mai 1906 an die Firma Friedrich Krupp in Essen veräußerten. Weitere Eintragungen fehlen, da die Grube Eisensegen durch Krupp am 31. Mai 1906 offiziell stillgelegt wurde.

Dennoch blieb Krupp natürlich auch weiterhin der *Feldes-Eigentümer;* nur so ist dann auch erklärlich, daß in der Kruppschen Jubiläumsschrift im Juni 1937 das Eisensteinbergwerk Eisensegen (nicht zu verwechseln mit dem weiter östlich gelegenen Eisensteinbergwerk Neuer Eisensegen – siehe Abb. 245 – 247) wieder als tätige Grube erscheint. Im Jahre 1936 wurde nämlich oberhalb von Eschenau im Kerkerbachtal ein Stollen angesetzt und bis zum Jahre 1939 auf insgesamt 764 m Länge vorgetrieben in das alte Feld »Eisensegen« – also in südöstlicher Richtung. Das im Durchschnitt etwa 40prozentige Eisenerz wurde mit einer Brücke über den Kerkerbach durch eine Verladerampe mit *Haspel* in die Kerkerbachbahn verladen. Der Betrieb in dem stark zerrissenen *Lager* von geringer *Mächtigkeit* wurde schließlich am 20. Oktober 1940 wegen Erschöpfung des Vorkommens *aufgelassen.*

(K. P.)

Abb. 420: **Die Vorderseite eines Kux-Scheines, am 15. Mai 1902**

Wir sehen hier den Kux-Schein Nummer 11 des »Eisen- und Manganerz-Bergwerkes **Eisensegen** bei Eschenau« (südwestlich Weilburg gelegen, etwa 1 km östlich der Gemeinde Eschenau – dabei in gleicher Entfernung westlich der Grube Magnet, siehe Abb. 243 und 244). Das Bergwerk befand sich damals im Eigentum der »*Gewerkschaft* Adolf zu Limburg«, welche den *Kux* am 15. Mai 1902 ausgestellt hatte auf den *Gewerken* Otto Lüders zu Koblenz.

Im Gegensatz zu dem in Abb. 419 gezeigten *Kuxschein* ist dies die spätere, meist in besserer (oft auch prunkvoll aufwendiger) Art gebräuchliche Version, welche rein optisch den damaligen Aktien sehr ähneln konnte; das abgebildete Exemplar allerdings war eine der zahlreichen Urkunden für Kleinbetriebe, welche praktisch auf einer Art Vordruck handschriftlich ausgefüllt wurde (die frühesten Kux-Scheine waren ja viel einfacher gehalten).

(K. P.)

Abb. 421: **Die Rückseite eines Kux-Scheines**

Die Rückseite des Kux-Scheines Nr. 11 der Grube **Eisensegen** bei Eschenau, aus dem Jahre 1902. Hier ist deutlich zu sehen, daß der *Kux* selbst gleichzeitig auch immer den jeweiligen Eigentümer anzeigte; während der Anteilschein zuerst ausgestellt war auf den *Gewerken* Otto Lüders zu Koblenz (siehe Vorderseite des Kux-Scheines), wurde in der Folge jeder Eigentumswechsel pflichtgemäß auf der Rückseite per *Indossierung* vermerkt.

Abb. 422: **Gewerbeausstellung Gießen,** 1914

Das Foto zeigt den Stand der Gewerkschaft Luse und Ilsdorf in der Bergbauhalle der Gewerbeausstellung in Gießen, die am 16. Mai 1914 eröffnet wurde. Am linken Bildrand ist eine Zentrifugalpumpe mit direkt gekuppeltem Benzolmotor zu sehen. Dieses Ausstellungsstück wurde wohl deshalb gewählt, weil die Gewerkschaft bei der Einführung der Benzollokomotive (siehe Abb. 363) und des Benzolmotors zur Wasser- und Schlammhebung 1909 und 1910 eine Vorreiterrolle im oberhessischen Bergbau gespielt hatte. Umgeben von Betriebsansichten, Zeichnungen und Brauneisenstein-Stufen bildete ein nachgestalteter Stollen der Grube Hoffnung bei Stockhausen (siehe Abb. 364) den Mittelpunkt des Standes.

Die Gießener Gewerbeausstellung 1914 fand in der Alten Klinik in der Liebigstraße (im Bereich des heutigen Fernmeldeamtes) und auf dem angrenzenden Gelände statt. In der Bergbauhalle waren neben allen Bergbauunternehmen im Großherzogtum Hessen auch die Bergbehörden in Darmstadt (Obere Bergbehörde und Bergmeisterei Darmstadt), die Geologische Landesanstalt in Darmstadt sowie das Mineralogische Institut der Landesuniversität Gießen vertreten.

Der Eisenerzbergbau im Großherzogtum Hessen war durch die hier tätigen sechs Gesellschaften repräsentiert: die Gewerkschaft Gießener Braunsteinbergwerke, vormals Fernie zu Gießen, die Gewerkschaft Luse und Ilsdorf in Gießen, die Eisenerz-Gesellschaft m. b. H. in Hungen, die Buderus-'schen Eisenwerke in Wetzlar, die Bartlingschen Gruben Roßbach und Oberrosbach und die Gewerkschaft Louise in Essen. Die Gesamtzahl der im Eisenerzbergbau beschäftigten Arbeiter wird von Carl Köbrich in seiner Ausstellungsschrift »*Der Bergbau des Großherzogtums Hessen*« mit etwa 1830 angegeben, wobei allein auf den Gießener Braunsteinbergwerken rund 750 Mann tätig waren.

Obwohl die Bergmeisterei für Oberhessen in Gießen im Jahre 1898 aufgelöst und die Bergbehörden in der Landeshauptstadt Darmstadt zentralisiert worden waren, behielt die Universitätsstadt ihre Mittelpunktfunktion für den gesamten Bergbau im Großherzogtum Hessen. Bezeichnend hierfür ist, daß die von der Bergmeisterei Darmstadt bzw. deren Leiter, Bergmeister Köbrich, angeregten Betriebsleiterkonferenzen mit einer Versammlung in Gießen am 21. März 1908 eröffnet wurden und auch in der Folgezeit am häufigsten dort stattfanden. In einem 1919 erschienenen »Rückblick auf die Entwicklung der Betriebsleiterkonferenzen in Hessen« schreibt Köbrich: »*Die Bergbauausstellung war ein schöner, wohl überhaupt der bisher schönste Erfolg des Zusammenschlusses der Betriebsleiter.*« (R. H.)

Arbeits-Ordnung

für das

Bergwerk Raab
bei Wetzlar.

I. Abschluß und Auflösung des Arbeitsvertrags.

§ 1.

Die Annahme, Kündigung und Entlassung der Arbeiter erfolgt durch den Betriebsführer. Jeder Arbeiter hat bei der Annahme seine Ausweispapiere dem Betriebsführer vorzulegen.

§ 2.

Der Arbeitsvertrag ist abgeschlossen, wenn der Arbeiter von dem Betriebsführer die Arbeitsordnung empfangen und dieselbe durch Namensunterschrift als für ihn verbindlich anerkannt hat.

Tritt der Arbeiter aus dem Vertragsverhältnis aus, so hat er das ihm übergebene Exemplar der Arbeitsordnung wieder abzugeben.

§ 3.

Der Arbeitsvertrag kann von jedem Teile nach vorgängiger 14tägiger Kündigung aufgehoben werden.

Abb. 423: **Arbeitsordnung im Bergbau,** 1900

Wir sehen hier das Titelblatt dieser Bestimmung in der seit dem Berggesetz vom 1. April 1894 allgemein gültigen Fassung – hier für das Eisenerzbergwerk »Raab« in Wetzlar, aus dem Jahre 1900 (siehe auch Abb. 73 bis 76).

Das »Kaiserliche Arbeiterschutzgesetz« aus dem Jahre 1891 schrieb erstmalig den Erlaß solcher Arbeitsordnungen vor, nachdem früher jeder Bergwerkseigentümer absolut nach eigenem Ermessen handeln konnte; dennoch hat es gerade auch im Wetzlarer Revier schon sehr früh solche Arbeitsordnungen gegeben – eine generell gültige für alle dem hiesigen »Berg- und Hüttenmännischen Verein« angeschlossenen Gruben (und das war die absolute Mehrzahl!) sowie eine zweite für die Kruppschen Gruben. Neu war hier lediglich, daß seit dem Jahre 1892 diese »Normal-Arbeitsordnung« von dem *Revierbeamten* (also dem Leiter der zuständigen Bergrevierbehörde – in Wetzlar damals der »Geheime Bergrath Wilhelm Riemann«) genehmigt werden mußte. Dennoch barg auch diese an sich schon recht fortschrittliche Arbeitsbestimmung noch zahlreiche – heute abenteuerlich anmutende – »Willkür-Paragraphen«. Andererseits jedoch darf nicht verkannt werden, daß der Bergbau schon seit dem Preußischen Berggesetz vom Jahre 1854 (!) über geradezu hervorragende Versorgungseinrichtungen verfügte (Krankenversorgung, Invalidenkasse, Konsumläden, Bergarbeitersiedlungen usw.) – die deutsche Sozialversicherung hat ihren Ursprung im Bergbau! (K. P.)

Abb. 424: **Arbeitsordnung,** 1900

Dieses ist ein Auszug aus der seit dem 1. April 1892 allgemein gültigen »Normal-Arbeitsordnung für den Bergbau« – hier für die Eisenerzgrube »Raab« in Wetzlar, aus dem Jahre 1900. Die abgebildete Heftseite beschreibt den Schluß des § 5: **Straf-Bestimmungen** sowie den Beginn des § 6: »Grubenordnung«.

Bis in unser Jahrhundert hinein gab es im Bergbau zahlreiche Bestimmungen, welche den einfachen Bergmann praktisch unter Druck setzten. Eine davon war z. B. der sog. »Abkehr-Schein« (siehe Abb. 426); wollte ein Bergmann auf einer anderen Grube arbeiten, so mußte er dort dieses schriftliche Zeugnis des bisherigen Arbeitgebers über seine Arbeitsweise (und sein Benehmen!) vorlegen.

Eine andere weit verbreitete Art der Pression war das hier im Bild – im zweiten Absatz von oben – näher beschriebene »Wagen-Nullen«. Es war jedem Vorgesetzten praktisch frei überlassen, Erz-Förderwagen mit (oft auch nur angeblich) zu viel *taubem* Gestein von der Lohnberechnung einfach abzusetzen; es ist bekannt, daß sehr häufig so gehandelt wurde – das »Nullen« von Förderwagen erhöhte natürlich die Effektivität des dem Steiger unterstellten Betriebsbereiches ebenso, wie den gesamten Grubengewinn. Erst die Novelle des Berggesetzes vom 14. Juli 1905 brachte in vielen Punkten eine merkliche Besserung unter diesen Vorschriften. (K. P.)

---

strafe wird durch etwaige Entlassung nicht aufgehoben.

Unsauber beladene sowie ungenügend gefüllte Förderwagen werden der betreffenden Kameradschaft nicht angerechnet. Den beteiligten Arbeitern ist hiervon nach Beendigung der Schicht Kenntnis zu geben.

Die Festsetzung der Strafen erfolgt durch den Betriebsführer und ist dem Betroffenen sofort davon Mitteilung zu machen.

Beschwerden dagegen sind innerhalb acht Tagen nach erfolgter Mitteilung in dem im § 32 angegebenen Instanzenzuge vorzubringen.

Die Geldstrafen werden durch Lohnabzug eingezogen und fließen in die Knappschaftskrankenkasse der Gewerkschaft.

VI. Grubenordnung.

§ 31.

Den Arbeitern gegenüber wird die Grube durch den Betriebsführer vertreten, welcher alle Betriebsanordnungen zu treffen, die Arbeiterlisten zu führen, die Arbeiterzeugnisse auszustellen und die Arbeitsbücher auszufertigen, die Löhne und Gedinge festzusetzen und angemessene Geldstrafen zu verhängen hat.

Die Befugnisse des Betriebsführers kann dauernd oder zeitweise ein Stellvertreter für alle oder einzelne Betriebszweige oder auch für besondere Geschäfte wahrnehmen, sobald dieses durch Anschlag zur Kenntnis der Belegschaft gebracht ist.

REGLEMENT
für die Bergleute!

Das unterzeichnete Königl. Bergamt hat leider wahrnehmen müssen, daß ein großer Theil der Bergleute nach abgehaltener Auslohnung in die Wirthshäuser geht, um dort das erhaltene Geld zu vertrinken oder zu verspielen, während ihren Familien zu Hause das Nothwendigste fehlt.

Solche Leute sind in der Regel schlechte Arbeiter, und das Königl. Bergamt hat die Absicht sich ihrer ganz zu entledigen, so fern sie das unordentliche Leben nicht aufgeben, und sich bessern.

Es bestimmt daher als Nachtrag zum Strafreglement vom 20. März 1820 Folgendes:

1.) Jeder Bergmann soll nach beendigter Auslohnung entweder auf seine Arbeit fahren, oder nach Hause gehen.

2.) Wer am Lohntage in einem Wirthshause getroffen wird, soll das erstemal auf eine entfernte Grube, das zweitemal in ein anderes Revier und das drittemal auf 8 Wochen ganz abgelegt werden.

3.) Wer nach dreimaliger Strafe wieder am Lohntage in einem Wirthshause getroffen wird, von dem muß angenommen werden, daß er nicht zu bessern sei; dieser soll gänzlich abgelegt und aus der Knappschaftsrolle gestrichen werden.

4.) Die Grubenbeamten sollen für die Ausführung dieser Bestimmungen sorgen, und die Revierbeamten die Vollziehung der festgesetzten Strafen anordnen: Letztere werden beim Königl. Bergamte Anzeige machen, wenn ein Bergmann zum drittenmale bestraft werden muß.

Königl. Preuß. Berg-Amt, den 8. Juni 1825

Abb. 425: **Preußische Strafverordnung,** 1825

Ein solcher Erlaß läßt uns heute schmunzeln – vor eineinhalb Jahrhunderten jedoch hatten die königlich preußischen Bergämter nahezu polizeiähnliche Funktion und konnten jedes Zuwiderhandeln mit empfindlichen Strafen – bis an die Existenzgrundlage des Betroffenen – belegen. Derartige »Straf-Reglements« hatten in allen preußischen Bergrevieren Gültigkeit – also auch im Bergrevier Wetzlar, einem der südlichsten Zipfel des preußischen Königreiches. Dennoch ist die Notwendigkeit einer solchen Verordnung mit Sicherheit nicht im Eisenerzbergbau an der Lahn entstanden, sondern in den erheblich »reicheren« nördlichen Bergrevieren in Preußen – ganz abgesehen davon, daß es zur Zeit dieser Verordnung – also im Jahre 1825 – im Lahnrevier Bergbau in derart großem Stile noch gar nicht gab!

Der Grund hierfür lag in zweierlei Tatsachen: erstens war der Bergmann des Lahn-Dill-Gebietes gleichzeitig auch immer Kleinbauer, d. h., er mußte nach seiner Bergmanns-Schicht eilends heim, um Feld und Hof zu bestellen. Zweitens lag die Entlohnung im Lahnbergbau weit unter dem Niveau z. B. des Ruhrkohlenbergbaus – im Normfalle etwa bei einem Drittel der Ruhrlöhne! Zahlreiche Vorgänge in der Geschichte belegen, daß der Lahnbergmann allein wegen seiner Kleinlandwirtschaft existieren konnte; nur in Ausnahmefällen wird er daher die Existenz seiner »Bergmannskuh« (Ziege) durch den hier zitierten regelmäßigen »Wirthshausbesuch« gefährdet haben!

Andererseits wurden gelegentliche Ausschweifungen allein schon dadurch von den Grubeneignern provoziert, daß Sprengstoff, Lampenöl usw. – aber auch alle Lebensmittel – von den Bergleuten oft in einer ganz bestimmten Gastwirtschaft zu beziehen waren! (Im absoluten Gegensatz zu dem Wirtshausverbot in unserem Bild!!) Und – da obendrein auch noch die Entlohnung dort geschah – so wundert man sich nicht über folgenden Bericht des Geheimen Bergrathes Wilhelm Riemann (»Jahresbericht des Bergrevieres Wetzlar pro 1864«):

Die Auslöhnung erfolgt in der Regel monatlich, und zwar meistens in Wirthshäusern. Die Arbeiter haben leider bisweilen hierbei sich Ausschweifungen zu Schulden kommen lassen, welche in letzterer Zeit sogar einmal zu einer Schlägerei mit dem Militär ausgeartet sind, bei welcher von den blanken Waffen Gebrauch gemacht worden sein soll und einige nicht unerhebliche Beschädigungen davongetragen worden sind.

(K. P.)

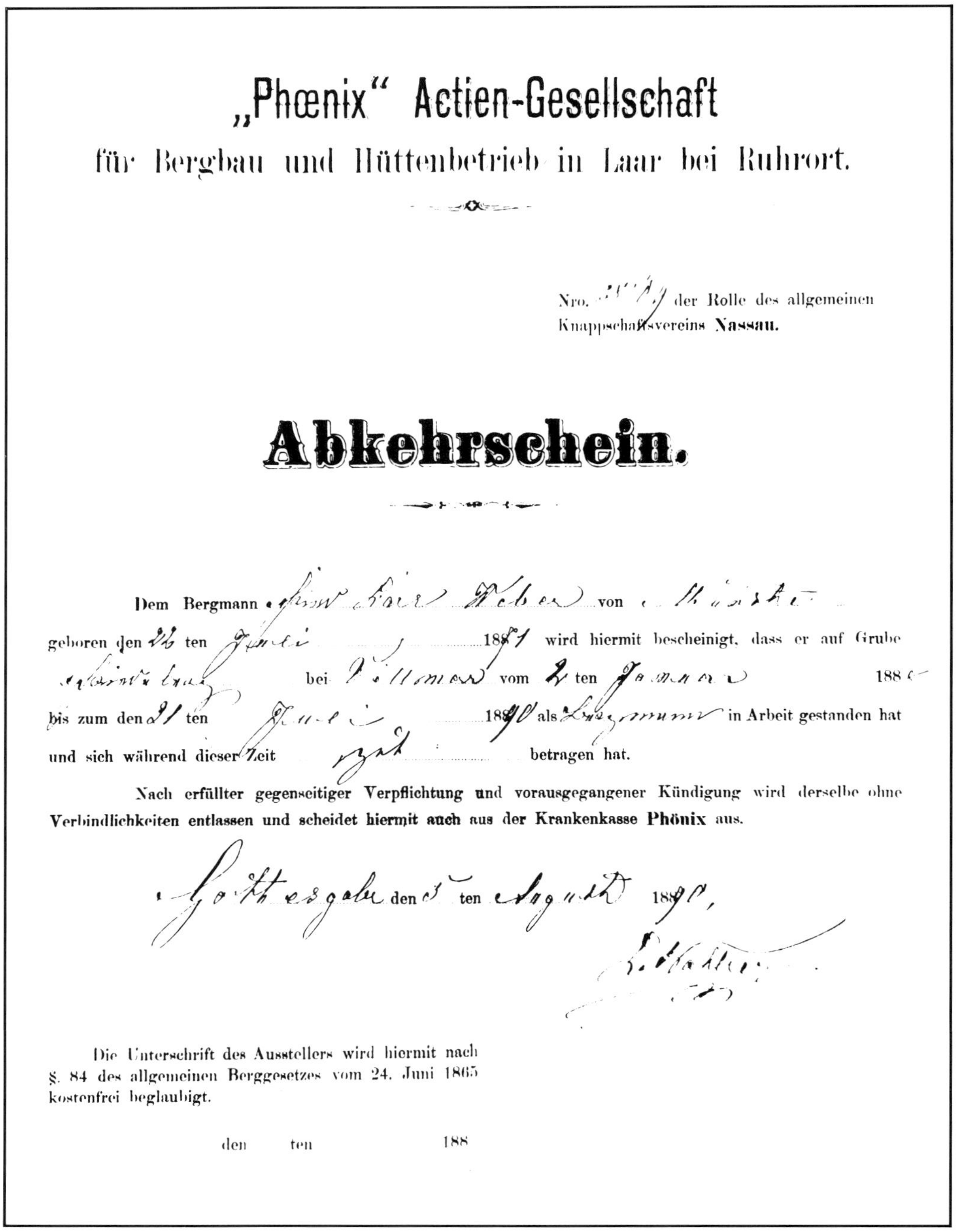

„Phœnix" Actien-Gesellschaft
für Bergbau und Hüttenbetrieb in Laar bei Ruhrort.

Nro. ... der Rolle des allgemeinen Knappschaftsvereins Nassau.

Abkehrschein.

Dem Bergmann ... von ...
geboren den ... ten ... 18.. wird hiermit bescheinigt, dass er auf Grube ... bei ... vom ... ten ... 188..
bis zum den ... ten ... 18.. als ... in Arbeit gestanden hat
und sich während dieser Zeit ... betragen hat.

Nach erfüllter gegenseitiger Verpflichtung und vorausgegangener Kündigung wird derselbe ohne Verbindlichkeiten entlassen und scheidet hiermit auch aus der Krankenkasse Phönix aus.

... den ... ten ... 18..

Die Unterschrift des Ausstellers wird hiermit nach §. 84 des allgemeinen Berggesetzes vom 24. Juni 1865 kostenfrei beglaubigt.

den ten 188

Abb. 426: **Bergmännischer Abkehrschein,** 1890

Das Dokument wurde ausgestellt auf der Roteisensteingrube **Gottesgabe** bei Villmar. Dieses Bergwerk wurde zuerst im Jahre 1751 durch den Kurfürsten von Trier *verliehen* an die »Langhecker *Hüttengewerkschaft*« und ging später über auf ein holländisches Unternehmerkonsortium. Am 20. Dezember 1844 wurde es erneut der »Langhecker Hüttengewerkschaft« verliehen durch die Herzoglich-Nassauische Regierung. Die hier im Bild genannte »Phoenix Actien-Gesellschaft« – zuerst in Köln, hier aber schon in Laar bei Ruhrort – erwarb die Grube am 6. Januar 1855 und verkaufte sie im Jahre 1907 an die Firma Friedr. Krupp in Essen. Der Betrieb wurde im Jahre 1923 endgültig aufgegeben, nachdem allein zwischen 1827 und dem Stillegungsjahr ca. 640000 Tonnen Eisenstein gewonnen worden waren. Derartige Abkehrscheine wurden damals im Bergbau jedem ordentlich ausscheidenden Bergmann ausgestellt und waren beim nächsten Arbeitgeber vorzulegen; dabei erscheint uns ein solches Schriftstück heute in dreierlei Hinsicht als bemerkenswert:

1) Während z. B. heutige Arbeitszeugnisse in erster Linie die Arbeitsleistung eines Beschäftigten zu beurteilen haben, bestätigte ein Abkehrschein nur das Betragen des Bergmannes – d. h., ob er sich gegenüber seinen Vorgesetzten »angemessen« verhielt. Allein hierdurch ist ein solches Papier als Pression zu bezeichnen!

2) Darüber hinaus zeigt uns dieser Abkehrschein, daß – zumindest in diesem Falle – der ausstellende Grubenbeamte selbst auch noch einige Schwierigkeiten hatte; der dem Friedrich Karl Weber aus Münster (bei Weilburg) für seine Tätigkeit als Bergmann auf der Grube Friedeberg (offensichtlich ein Teilbetrieb von Gottesgabe) ausgestellte Abkehrschein ist geschrieben in einer Mischung aus Deutscher Schrift, »Sütterlin« und lateinischer Schrift.

3) Ebenso interessant ist allerdings auch die Tatsache, daß bereits zu dieser Zeit die Bergleute in einer firmeneigenen Krankenkasse waren. Es ist bekannt, daß alle großen Sozialeinrichtungen in Deutschland zuerst im Bergbau praktiziert wurden – und zwar schon durch das Preußische Berggesetz vom Jahre 1854! (K. P.)

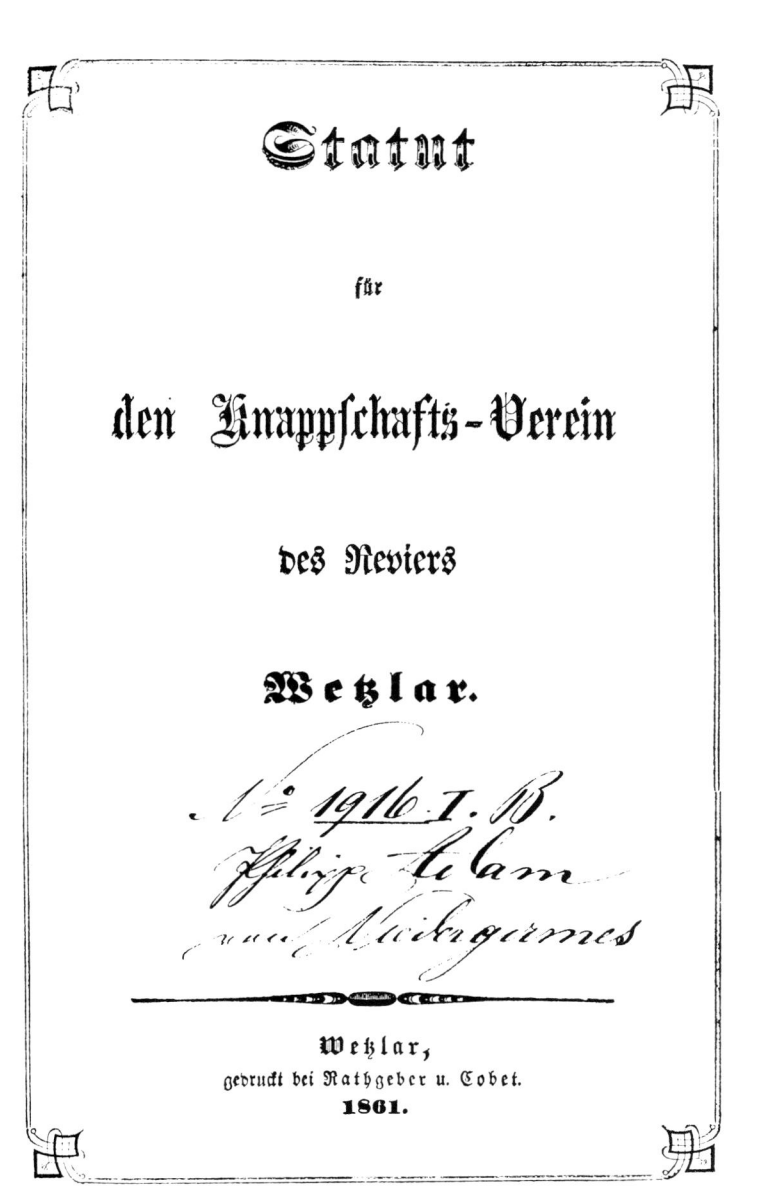

Abb. 427: Wetzlarer Knappschaftsverein, am 12. Mai 1857

Ohne jeden Zweifel hatte der Bergmann früherer Zeiten einen der schwersten, gefährlichsten und verantwortungsvollsten Berufe – bei einer Tätigkeit, welche nicht nur ständigen Veränderungen unterlag, sondern auch die größte Zeit im Dunkeln verrichtet werden mußte! Dabei darf allerdings nicht verkannt werden, daß der Bergmannsberuf schon im Mittelalter mit hohen Privilegien versehen war (Militärfreiheit, Stadt- und Marktrechte, Braurechte usw.) und bereits zur Mitte des 19. Jahrhunderts über eine – selbst für heutige Ansprüche verblüffend umfassende – sozialversicherungsähnliche Einrichtung verfügte: die Knappschaftsvereine. Darüber hinaus sind Institutionen wie der *Konsumverein* (siehe Abb. 441 – entstanden aus der »Bruderlade«), Bergmannssiedlungen usw. Vorreiter gewesen für manche noch heute geltende Marktfunktion.

Trotz aller großen Beschwernisse des Bergmannsberufes – oder vielleicht gerade deswegen – nahm unsere heute so selbstverständliche Sozialversorgung ihren Beginn im Bergbau. Derartige Statute von Knappschaftsvereinen wurden in Preußen vorgeschrieben lt. § 2 des Berggesetzes vom 10. April 1854! (K. P.)

Abb. 428: Wetzlarer Knappschaftsverein, am 22. Dezember 1864

Wir sehen hier die Bescheinigung der Eintragung in die *Knappschaftsrolle* für das »Unständige Mitglied« Philipp Adam aus Niedergirmes (bei Wetzlar).

Die Knappschaftsvereine boten bereits seit der Mitte des 19. Jahrhunderts für ihre Mitglieder eine absolut umfassende Sozialversorgung, nämlich die Übernahme von Arzt- und Krankenhauskosten, Arzneien und Hilfsmitteln (Bandagen u. ä.), Kuren und Verdienstausfall (im Jahre 1854!!) sowie Invaliden-, Witwen- und Waisenrenten.

Die Vereine finanzierten sich aus Beiträgen der Mitglieder (im Lohnabzugsverfahren bei Berg- und Hüttenleuten sowie auf den Werken angestellten Arbeitern), der Werksbesitzer und »sonstigen Einnahmen« (Spenden, Geldstrafen etc.). Dabei waren die Mitglieder eingeteilt in »Ständige Mitglieder« – nämlich wirkliche Berg- und Hüttenleute, welche wiederum untereinander gruppiert waren in die Klassen I (Obersteiger, Oberschmelzer usw.) bis V (Schlepper, Kohlenfüller, Lehrhäuer, Scheidarbeiter etc.), und die auch entsprechend unterschiedliche Beiträge zu leisten hatten – und »Unständige Mitglieder« (wie hier im Bild), nämlich auf den Berg- und Hüttenwerken angestellte Arbeiter anderer Berufe; diese waren lediglich eingeteilt in zwei Klassen, nämlich in jugendliche und erwachsene Arbeiter, mit jeweils verschiedenen Beiträgen.

Die »Ständigen Mitglieder« – also Berg- und Hüttenleute – waren verpflichtet, dem Knappschaftsverein beizutreten, die »Unständigen Mitglieder« hatten das Recht, diesem unter bestimmten Voraussetzungen anzugehören. (K. P.)

Abb. 429: Die **Knappschaftsfahne von Bieber** (Krs. Gelnhausen), im September 1889

In Preußen wurden schon durch das Berggesetz von 1854 für die einzelnen Bergreviere die sog. »Knappschaften« zwingend vorgeschrieben. Andere deutsche Königreiche und Fürstentümer – hier das Haus Hanau – folgten alsbald. Danach hatten die »Ständigen« und »Unständigen Mitglieder« ihrer Dienststellung entsprechende Beiträge zu entrichten, welche ihnen im Ernstfalle Krankheitskosten, Verdienstausfall und unterschiedliche Rentenformen garantierten. Die Knappschaften waren also Vorgänger der deutschen Sozialversicherung – insbesondere auch der späteren »Gesetzlichen Krankenversicherungen« (siehe auch Abb. 427 u. 428).

Unser hübsches Bild wurde von Dr. med. Damm aus Bieber am 15. September des Jahres 1889 an der »Schmelz« in Bieber bei Gelnhausen aufgenommen, als die Knappschaftsfahne durch den damaligen Eigentümer der Bieberer Bergwerke – Dr. Pfahl aus Bonn – dem Knappschaftsverein gespendet wurde. Zu diesem Anlaß waren der Regierungspräsident und andere hohe Persönlichkeiten eigens angereist, um dem historischen Moment die nötige Würde und angemessene Ehrerbietung zu erweisen. Der Festzug ging von der »Schmelz« durch den Ort Bieber bis zum Gasthof »Hirschen«, wo ein fröhliches Fest bis zum anderen Morgen gefeiert wurde.

Hier im Bild sehen wir – von links – die Bergleute August Lückel, Eduard Koch (Fahnenträger) und August Meister. Sie alle tragen die preußische *Knappentracht* mit dem *Schachthut* – dabei die *Knappenjacke* mit dem »Chinesenkragen« und das Emblem der »Königlich Preußischen Bergleute« (*Schlägel und Eisen* mit Krone) am Hute; während über der Brust jeweils eine Schärpe in den Landesfarben der Grafschaft Hanau-Rieneck – rot/gold – getragen wurde, zeigt die Farbe der *Federstutze* auf den Schachthüten bereits die preußischen Farben schwarz/weiß (seit der Mitte der 1860er Jahre gehörte die ehemalige Grafschaft Hanau zu Preußen). (K. P.)

Abb. 430: **Belegschaft der Gießener Knappschaft in Weilburg**, 1926

Die Gießener Knappschaft in Weilburg wurde mit Wirkung vom 1. Januar 1924 aufgrund des Reichsknappschaftsgesetzes vom 23. Juni 1923 gebildet. Seit dem 1. Januar 1912 hatte in Weilburg bereits der Lahn-Knappschaftsverein seinen Verwaltungssitz, der durch Verschmelzung des Wetzlarer Knappschaftsvereins, des Emser Knappschaftsvereins, des Holzappeler Knappschaftsvereins und des Allgemeinen Knappschaftsvereins Nassau in Diez (seit 1. Oktober 1907 in Weilburg) entstanden war. Hierbei handelte es sich um preußische Knappschaftsvereine.

Im Volksstaat Hessen war mit Wirkung vom 1. Januar 1920 durch Verschmelzung des Allgemeinen Knappschaftsvereins Hessen in Gießen, des Fürstlich Solms-Braunfels'schen Knappschaftsvereins zu Weckesheim und des Knappschaftsvereins Bad Nauheim der Allgemeine Knappschaftsverein Hessen in Gießen gegründet worden. Der Knappschaftsverein der Gießener Braunsteinbergwerke (siehe Abb. 48) und der Saline Ludwigshalle zu Wimpfen blieben bis zur Bildung der Gießener Knappschaft in Weilburg selbständig.

Die bisherigen Bezirksknappschaften der Reichsknappschaft wurden 1945 auf Anordnung der Besatzungsbehörden in selbständige Knappschaften umgewandelt. Im Jahre 1946 erfolgte der Zusammenschluß der Gießener Knappschaft in Weilburg mit der Hessisch-Thüringischen Knappschaft in Kassel zur Hessischen Knappschaft mit Sitz in Weilburg.

Am 3. August 1962 beschloß der Vorstand der Hessischen Knappschaft, den Verwaltungssitz von Weilburg nach Kassel zu verlegen. In Weilburg bestand seitdem lediglich noch eine Bezirksverwaltung. Dieser Bedeutungsverlust ist vor dem Hintergrund der weitgehenden Stillegung des Eisenerzbergbaus in Mittelhessen zu sehen, in dem 1956 noch rund 2700 Menschen beschäftigt waren. Zur selben Zeit waren in der Verwaltung der Hessischen Knappschaft in Weilburg rund 120 Angestellte und Beamte tätig. Im Jahre 1985 arbeiten in der Geschäftsstelle Weilburg der Verwaltungsstelle Siegen der Bundesknappschaft noch 51 Personen, die 1050 aktive Mitglieder und etwa 21 000 Rentner und Rentnerinnen betreuen. (R. H.)

Abb. 431:
Bergbehörde vor Ort, 1959

Das Foto zeigt den Bergrevierinspektor Alfred Hofmann aus Weilburg bei der Befahrung des mit eisernen Fahrten versehenen Großbohrloches auf Grube Königsberg (siehe Abb. 16), das neben der Verbesserung der Wetterführung zugleich als zweiter Ausgang diente und somit einen Sicherheitsweg darstellte. Diese Kontrollbefahrungen gehören zum Aufgabenbereich der Bergrevierinspektoren, die Absolventen einer Bergschule und der Oberklasse dieser Schule sein müssen (Befähigung zum Betriebsführer und zur Tätigkeit im gehobenen Dienst in der Bergbehörde).

Es würde über den hier vorgegebenen Rahmen hinausgehen, wollte man die Entwicklung der Bergbehörden in Hessen darstellen. Es soll deshalb im wesentlichen nur auf die Grundzüge der Geschichte des Bergamtes in Weilburg eingegangen werden.

Die Bergmeisterei Weilburg wurde am 21. November 1842 durch Erlaß des Herzoglich-Nassauischen Staatsministeriums in Wiesbaden als dritte nassauische Bergmeisterei (neben Dillenburg und Diez) ins Leben gerufen. Mit der Leitung des neugeschaffenen Inspektions-Distriktes, der für die Ämter Weilburg, Hadamar, Runkel, Usingen und Reichelsheim zuständig war, wurde der bereits einige Jahre als Berggeschworener der Bergmeisterei Dillenburg in Weilburg tätig gewesene Ludwig Winter betraut.

Die Amtsräume der Bergbehörde in Weilburg befanden sich von 1842 bis 1964 in dem »alten Bergamt« in der Mauerstraße. Neben der bergpolizeilichen Beaufsichtigung der staatlichen und privaten Bergwerksbetriebe gehörte zu dem Aufgabenbereich der Bergmeisterei auch die Einnahme des sogenannten Bergzehnten, der von den privaten Bergbauunternehmen zu entrichtenden Steuer. Die Bergzehntenkasse war in einem geheimen Kellerraum untergebracht, der nur über eine besonders gesicherte Falltür im Amtszimmer des Bergmeisters erreichbar war.

Im Inspektionsbezirk waren 1854 290 Gruben in Betrieb und 608 Gruben vorübergehend stillgelegt, die jedoch auch weiterhin der bergpolizeilichen Überwachung unterlagen. Das Personal der Bergmeisterei bestand zu dieser Zeit aus dem Bergmeister, einem Berggeschworenen und einem Assistenten.

Der Untergang des Herzogtums Nassau hatte für die Bergmeisterei Weilburg zur Folge, daß sie 1867 in eine Königlich-Preußische Bergmeisterei umgewandelt und das Personal auf insgesamt neun Personen erhöht wurde. In seinen ursprünglichen Grenzen bestand das Bergrevier Weilburg bis 1930. Durch die preußische Verwaltungsreform wurde das benachbarte Bergrevier Wetzlar aufgelöst und der Kreis Wetzlar und der südliche Teil des Kreises Biedenkopf (dessen bergbaulicher Schwerpunkt im Biebertal lag) dem Bergrevier Weilburg zugeschlagen.

Die Neuregelung des Bergwesens in Hessen durch die Verordnung über die Zuständigkeit der Bergbehörden vom 10. Januar 1946 bedeutete für den Bergamtsbezirk Weilburg eine Ausdehnung auf den ganzen Kreis Limburg, den Obertaunuskreis, den Untertaunuskreis, den Main-Taunus-Kreis, den Rheingaukreis, den Stadtkreis Wiesbaden und den Stadtkreis Groß-Frankfurt. Zu dieser Zeit unterstanden der Bergaufsicht in diesem Bezirk 24 Eisenerzgruben. Im Juni 1953 wurde das Bergrevier Weilburg noch um die Stadt- und Landkreise Gießen sowie den Kreis Alsfeld erweitert. Mit Wirkung vom 1. Januar 1965 gehörte zum Bergrevier Weilburg auch der größte Teil der Bezirke der zum selben Zeitpunkt aufgelösten Bergämter in Dillenburg und Darmstadt.

Während die Verantwortlichkeit für alles, was im Bergbau betrieblich vor sich ging, nach dem Allgemeinen Berggesetz bei der Bergbehörde und den von ihr anerkannten Aufsichtspersonen lag, trägt seit Inkrafttreten des Bundesberggesetzes vom 13. August 1980 der Bergbauunternehmer die Verantwortung für Sicherheit und Ordnung im Betrieb. Die Bergbehörde hat seitdem lediglich noch eine Aufsichtsfunktion.

(R. H.)

Abb. 432: **Grubenwehr**, 1924

Mitglieder der Weilburger *Grubenrettungsstelle* beim Anlegen der Sauerstoffgeräte mit Rauchhelmen während einer Rettungsübung auf Grube Erhaltung bei Odersbach/Lahn (siehe Abb. 229).

Zwar treten in den Ton-, Salz- und Erzgruben die *Schlagwetter* (auf Grund von Methangasen = CH_4) nur in Ausnahmefällen auf – der Einsatz in *Matten Wettern* oder Kohlensäure kam dagegen relativ oft vor. Auch die zu Anfang unseres Jahrhunderts auf den Gruben eingeführten Benzollokomotiven verursachten gelegentlich CO-Vergiftungen. Die ersten Anfänge der Bezirks-Grubenrettungsstelle des Lahn-Dill-Gebietes liegen nach dem Brand auf der Kruppschen Grube in Bieber (Kreis Gelnhausen) im Jahre 1920. Danach gab Krupp am 2. April 1921 einen Kredit für die Anschaffung dreier Garnituren von Sauerstoff-Schutzgeräten der Firma Dräger, Lübeck – Modell »SS 2 – 1919« mit Rauchhelmen. Im November 1922 wurden dann 4 elektrische *Alkali-Lampen* der Firma Friemann & Wolf in Zwickau gekauft, und im Herbst 1923 wurde die erste offizielle Grubenrettungsstelle in Weilburg etabliert.

Im Jahre 1936 wurde die Rettungsstelle übernommen durch den »Berg- und Hüttenmännischen Verein zu Wetzlar«, welcher die Geräte in einem ehemaligen Zechenhaus am Mundloch des »Adolf-Erbstolln« (siehe Abb. 227) in Weilburg unterbrachte. Ab 1946 wurde die Rettungsstelle durch die »Sielaberg« (Sieg-Lahn-Bergbau-GmbH) in deren Verwaltungsgebäude in Weilburg geführt.

Die Gruben des Scheldetales bei Dillenburg wurden bis 1936 ebenfalls durch die Weilburger Rettungsstelle betreut; von da ab war eine neue Rettungsstelle auf der Grube Königszug eingerichtet. Ab dem 1. Juli 1963 wurden diese beiden Einrichtungen nach zahlreichen Grubenstillegungen an der Lahn zusammengelegt zur »Grubenrettungsstelle Dillenburg (Königszug)«. Nachdem auch dort die letzte Grube – Falkenstein – im Jahre (1973) – aufgelassen worden war, versetzte man die Rettungsstelle auf die Barbara-Grube Waldhausen bei Weilburg. (K. P.)

Abb. 433: **Grubenwehr**, 1924

Szene bei einer Grubenwehr-Übung mit »Dräger-Sauerstoff-Schutzgeräten«, Modell 1924, auf Grube Erhaltung bei Weilburg. Ernstfall-Einsätze waren zwar bei der großen Zahl von Grubenbetrieben dieser Gebiete an sich recht selten; dennoch liest sich eine Chronik der frühen Jahre sehr interessant:

Im Herbst 1907 wurden im »Adolf-Erbstolln« der Kruppschen Grube Heide in Weilburg (siehe Abb. 228) mehrere Bergleute durch Lokomotiv-Abgase vergiftet und durch die örtliche Feuerwehr sowie »einige beherzte Laien mit Taschentüchern im Gesicht errettet«. Im Jahre 1920 ereignete sich auf der hier gezeigten Grube Erhaltung bei Odersbach (siehe auch Abb. 229) ein Grubenbrand. Am 9. April 1924 geriet auf der Blei- und Silbererzgrube Holzappel bei Diez der *Abbau* nach dem *Schießen* in Brand; dabei erstickten zwei Hauer sowie ein zu Hilfe eilender Steiger. Am 25. Oktober 1929 wurde auf der Kruppschen Grube Magnet (siehe Abb. 243 und 244) ein durch Lokomotiv-Abgase vergifteter Bergmann mit Sauerstoffgerät gerettet. Im November des gleichen Jahres brannte auf der Roteisensteingrube Fortuna bei Oberbiel das *Fahrtrum* eines *Überhauens* und wurde nach achtstündigem Einsatz mit Atemschutzgeräten gelöscht. Am 11. Juni 1934 erleiden vier Bergleute im »Otto-Stolln« der Buderus'schen Grube Allerheiligen (siehe Abb. 222 ff.) schwere CO-Vergiftungen durch eine Lokomotive.

Am 23. September 1936 brennt auf der Kruppschen Grube Strichen bei Münster/Lahn eine 50 m hohe *Sturzrolle* und wird nach zwei Stunden durch Einsatz einer Motorspritze und von vier Sauerstoffgeräten gelöscht. Am 15. März 1938 werden zwei Bergleute auf der Kruppschen Grube Schöne Anfang bei Breitenbach (siehe Abb. 61 u. 62) nach dem *Schießen* bewußtlos – ebenso wie fünf weitere Bergleute beim Rettungsversuch; alle werden jedoch durch Bewetterung mit Preßluft gerettet! Am 11. April desselben Jahres geschieht ein ähnlicher Fall auf Grube Georg-Joseph bei Gräveneck (siehe Abb. 235–242).

Am 28. Juli 1947 ereignete sich schließlich bei *Sümpfung* der Kruppschen Grube Erhaltung bei Odersbach (siehe Abb. 229) eine *Schlagwetter*-Explosion(!) durch CH_4-Gase (Methan) von faulendem Grubenholz im *Alten Mann*; dabei wurde ein Bergmann im Gesicht verbrannt. (K. P.)

Abb. 434: **Wohnhaus eines Bergmanns,** 1912

Im Laufe seiner Entwicklung war der hessische Eisenerzbergbau kaum auf den Zuzug fremder Arbeitskräfte angewiesen, vielmehr fand er diese unter den zahlreichen kleinen und mittleren Bauern in der Umgebung der jeweiligen Grubenbetriebe. Das bedeutete im Hinblick auf die Wohnverhältnisse, daß gewachsene dörfliche Wohnstrukturen weitgehend intakt blieben – im Unterschied zu anderen Bergbaurevieren wie etwa dem Ruhrgebiet, in denen der Zustrom fremder Arbeitskräfte eine Tendenz zur Verstädterung mit Arbeiterwohnsiedlungen usw. erzeugte und die traditionellen Wohn- und Siedlungsformen ganz verdrängte. Der Eisenerzbergmann in Hessen blieb bis in die Zeit nach dem Zweiten Weltkrieg Nebenerwerbslandwirt und verfügte deshalb meist über einen bescheidenen Wohn- und Grundbesitz. Um nicht allein von dem vergleichsweise niedrigen und in Krisenzeiten absolut unzureichenden Bergmannslohn abhängig zu sein (siehe auch Abb. 196 und 313), war er umgekehrt sogar auf diesen Besitz angewiesen. Wie beständig diese Struktur war, belegt eine Statistik aus dem Jahre 1929, nach der von 44 Bergmannsfamilien in Eibach bei Dillenburg 37 über eigenen Haus- und Bodenbesitz verfügten. In den insgesamt 10 untersuchten Bergmannsdörfern des Schelderwaldes waren nur 18,3 Prozent der entsprechenden Familien ohne diesen Besitz. Erst seit den fünfziger Jahren zerbrach diese traditionelle Verbindung.

Das abgebildete Haus einer Bergmannsfamilie aus Eibach weist auf diese Doppelexistenz hin. Der vordere, zur Hauptstraße gerichtete Teil des strohgedeckten Hauses war Wohnbereich, während der hintere, nicht verputzte Teil Stall und Scheune aufnahm. Der Wohnteil, hier waren auch die Gefache verputzt, ist über ein einfaches Natursteinpodest von der Seite zu erreichen. Er umfaßte im Erdgeschoß einen größeren Flur, den Ern, eine Wohnküche und die sogenannte »gute Stube« (auf der ganzen Querseite zur Straße). Im Obergeschoß waren die Schlafräume.
Die Mutter mit dem Kind (es handelt sich übrigens um den in Abb. 304 zu sehenden späteren Fördermaschinisten der Grube Königszug, Reinhard Seibert) erinnert an die vielfältigen Aufgaben der Bergmannsfrauen: Führung des Haushalts, Erziehung der Kinder und Versorgung der kleinen Landwirtschaft während der Abwesenheit des Mannes insgesamt eine große Belastung.

Unmittelbar vor dem Haus lag der kleine Hausgarten und am Hofeingang der Holzplatz; das Buchenreisig diente als Brennmaterial zum Backen des Brotes. Wie weit die Tendenz zur Selbstversorgung ging, mag man daraus ersehen, daß noch zu Beginn unseres Jahrhunderts viele Frauen die Waschlauge zum Reinigen der Grubenkleider aus Buchenasche selbst herstellten.

(R. G.)

Abb. 435: **Betriebsführerwohnhaus der Grube Fortuna,** um 1926

Fast alle Eisenerzgruben im Lahn-Dill-Gebiet und in Oberhessen hatten Betriebsführer- und Steigerwohnhäuser, um bei der abgelegenen Lage der Bergwerke eine ständige Aufsicht zu gewährleisten. Diese Häuser unterschieden sich im allgemeinen lediglich in der architektonischen Gestaltung, nicht aber in der Ausstattung von den Wohnhäusern der Landbevölkerung. Die Erklärung hierfür liegt sicher darin, daß die Steiger (bei kleineren und mittleren Gruben auch die Betriebsführer) zumeist aus Bergmannsfamilien stammten und deshalb auch keine wesentlich höheren Ansprüche hatten. Bezeichnenderweise wurde in dem Betriebsführerwohnhaus der Grube Fortuna erst nach dem Einzug eines Bergwerksdirektors im Jahre 1947 eine Zentralheizung eingebaut und ein Badezimmer eingerichtet. Links vor dem Hauseingang sitzt Betriebsführer Wilhelm Schleifer mit seiner Frau und seinen Kindern. Der als Stollenmundloch gestaltete Eingangsbereich verdeutlicht die Identifikation mit dem Bergbau und die Liebe zum Beruf.

Dieses 1956 abgebrochene Gebäude ist fast identisch mit einem von dem Kruppschen Baubüro unter der Leitung von Schmohl entworfenen Haus in Essershausen, das 1899 als Betriebsführerwohnhaus der Grube Fritz mit einem Kostenaufwand von 8200 Mark errichtet wurde und noch heute nahezu unverändert erhalten ist. (R. H.)

Abb. 436 und 437: **Direktorenvilla der Gießener Braunsteinbergwerke,** 1908

Im Jahre 1903 wurde die repräsentativste Direktorenvilla im Bereich des hessischen Erzbergbaus am Oberhof zwischen Gießen und Leihgestern errichtet. In dem entsprechenden Jahresbericht der Bergbehörden in Darmstadt wird dieses Gebäude als »*stattliches Wohnhaus für den technischen Direktor*« bezeichnet. Tatsächlich ist das noch heute unverändert erhaltene Bauwerk im Stil einer großbürgerlichen Villa erbaut.

Die abgebildeten Personen sind Kutscher Braun aus Leihgestern, Gärtner Dietrich, die Tochter des Gärtners, die Tochter des Bergwerksdirektors Esch und die Frau von Esch mit ihrem jüngsten Sohn.

Das Gebäude entspricht den in nahezu allen Montanrevieren üblichen Direktorenvillen, die in Anlehnung an englische Landhäuser entstanden, wobei man sich regionaler Formelemente bediente. Die gemauerten Fensterlaibungen in den verschiedensten Ausprägungen, die Läden im Obergeschoß, die Holzeinhausung der Terrasse, die Verwendung von Schiefer an den unterschiedlichen Giebelformen der vorgezogenen Gebäudeteile, das Glockendach auf dem Aussichtsturm und die Akzentuierung der Kamine sind die charakteristischen Merkmale dieser Architektur. (R. H.)

Abb. 438: **Heimkehrende Bergleute,** etwa 1951

Ein Omnibus der Buderus'schen Treuhandverwaltung (zu diesem Begriff siehe Abb. 298) bringt Bergleute nach der Schicht in ihren Heimatort. Hier sehen wir diese Situation in Eisemroth – einer typischen Bergmannsgemeinde des Schelderwaldes.

Das Gebundensein der Gruben an die Erzlagerstätte bedingte oft Standorte weitab von den Ortschaften und brachte für den Bergmann die Mühsal weiter Anmarsch- und Heimwege mit sich. Fußmärsche bis zu zwei Stunden – das bedeutete einen Aufbruch um etwa 4 Uhr morgens – waren noch um die Jahrhundertwende üblich; aus dieser Zeit stammen die heute vielfach schon zugewachsenen »Bergmannspfade«, schmale Fußwege durch die hügelige Landschaft des Schelderwaldes. Die Eröffnung von Nebenstrecken durch die Deutsche Reichsbahn vor und nach 1900 schaffte erstmals die Möglichkeit, diese weiten Wege zeitlich abzukürzen, jedoch hielten die niedrigen Löhne bzw. die relativ hohen Bahnpreise manchen Bergmann zunächst von der Eisenbahnfahrt ab. Zudem verknüpfte sich mit der Benutzung von Personenzügen ein weiteres Problem: Da es auf den Gruben damals keine Waschkauen, oft nicht einmal Waschgelegenheiten gab, hinterließ die Grubenkleidung der Bergleute intensiv rotfärbende Spuren in den Abteilen. Daß dies den Unmut der übrigen Bahnreisenden erregte, geht aus vielen Beschwerden an die der Bahnverwaltung hervor; so schrieb die Reichsbahn am 1. Dezember 1911 an die Neuhoffnungshütte in Sinn, daß Belegschaftsmitglieder der Grube Rothland (siehe Abb. 331) die Bahnabteile auf der Strecke Herborn – Niederwalgern verschmutzen würden. Die Grubenleitung verwies in ihrer Antwort auf die ungünstigen Abfahrtzeiten der Züge, welche den Bergleuten eine vorherige Reinigung an den Waschbecken der Grube nicht erlaubten. Grundsätzlich »löste« die Bahn dieses auf vielen Strecken des Lahn-Dill-Gebietes bestehende Problem, indem sie eigens für Bergleute reservierte Wagen in den Personenzügen auswies.

Das Fahrrad, welches unter der Arbeiterschaft erst in den zwanziger Jahren Verbreitung fand, kam nur dann als Verkehrsmittel in Frage, wenn Gelände und Wegeverhältnisse seine Benutzung ermöglichten.

Seit 1938 verkehrten Busse für die Belegschaften der Gruben Königszug und Georg-Joseph; vermutlich wollte man einer Tendenz zur Abwanderung in andere Berufe entgegenwirken, die sich nach dem Krieg eher noch verstärkte. Der Busverkehr wurde seitdem auf andere Grubenbetriebe ausgedehnt. Im Zuge der Motorisierungswelle, die sich in den fünfziger Jahren von Zweiradfahrzeugen über Kleinwagen zu größeren PKWs entwickelte, bevorzugten auch immer mehr im Bergbau Beschäftigte diese Verkehrsmittel.

(R. G.)

Abb. 439: **Bergbau und Landwirtschaft,** um 1960

Das Foto zeigt den Grubenschlosser und Landwirt Wilhelm Haus (siehe Abb. 7) aus Bieber mit Zwillingskälbern. Während seiner 45jährigen Tätigkeit im Königsberger Eisenerzbergbau bewirtschaftete er zusätzlich mit drei bis vier Fahrkühen eine bis zu vier Hektar umfassende Landwirtschaft. Die jahrhundertealte Verbindung zwischen Bergbau und Landwirtschaft im Gebiet des heutigen Bundeslandes Hessen beruhte auf der durch die Realerbteilung hervorgerufene Parzellierung der landwirtschaftlichen Nutzfläche. Durch diese Regelung der Erbfolge kam es zu einer Verkleinerung der von dem einzelnen Landwirt bebauten Fläche, und es entstand die Notwendigkeit eines zusätzlichen Erwerbs. Obwohl die Schichtdauer von acht Stunden für die eigentlichen Bergleute (die über Tage Beschäftigten hatten bis zur Einführung des 8-Stunden-Tages Ende 1918 eine 12stündige Schichtzeit) einen landwirtschaftlichen Nebenerwerb begünstigte, war es nicht selten, daß die Bergleute entweder lange Anmarschwege hatten oder aber während der Woche in den betriebseigenen »Schlafhäusern« übernachteten. So kamen beispielsweise die 15 bis 18 Königsberger Bergleute, die vor dem Ersten Weltkrieg auf den Gießener Braunsteinbergwerken arbeiteten, nur am Wochenende nach Hause. Unter diesen Umständen lag die Landwirtschaft weitgehend in den Händen der Frauen, die Mithilfe der schulpflichtigen Kinder war hierbei selbstverständlich.

Es muß allerdings auch gesehen werden, daß die eigene Landwirtschaft die Versorgung der Familie mit den Grundnahrungsmitteln sicherte, was insbesondere in den beiden Weltkriegen und während der Weltwirtschaftskrise von größter Bedeutung war. Andererseits verhinderte die Landwirtschaft oft berufliche Mobilität (siehe Abb. 400)

Das Leben der sogenannten Bergmannsbauern bestand über Jahrhunderte hinweg aus harter Arbeit. Der Anteil dieser Menschen am Aufbau der Industriegesellschaft und am Wiederaufbau nach den Weltkriegen ist für die jüngere Generation kaum noch zu ermessen. Die Bilder in diesem Buch können vielleicht eine Ahnung von der Schwere des Bergmannsdaseins vermitteln. (R. H.)

Abb. 440: **Frauenarbeit in der Erzaufbereitung,** um 1942

Bei der Frauen- und Kinderarbeit im hiesigen Bergbau handelt es sich um ein noch weitgehend unerforschtes Feld, wobei man allerdings sehen muß, daß die Quellenlage hier äußerst schwierig ist. Lediglich für den Bereich des oberhessischen Bergbaus finden sich in den seit 1903 veröffentlichten Jahresberichten der Bergbehörden in Darmstadt einige Angaben, die den wirtschaftlichen Hintergrund der Beschäftigung von Frauen und Mädchen bei der Erzaufbereitung beleuchten.

Abb. 440: **Frauenarbeit in der Erzaufbereitung,** um 1942

In dem Jahresbericht 1903 wird ausgeführt: »*Nach einem Erlaß der obersten Schulbehörde des Großherzogtums vom 5. Oktober 1900 ist der Fortbildungsschulunterricht auf die Vorabendstunden verlegt worden, so daß er in der Regel um 7 Uhr abends beendet sein soll. Zwar erstreckt sich die Geltung des § 120 G. O. nicht auf die hessischen Bergwerksbesitzer, doch sind sie auf Grund des Artikels 25 des Gesetzes vom 16. Juni 1874, das Volksschulwesen im Großherzogtum betreffend (Reg. Bl. S. 377 ff.) verpflichtet, ihren Arbeitern die zum Besuch der Fortbildungsschule nötige Zeit einzuräumen. In den ersten Jahren hatten sie häufiger darüber Klage geführt, daß ihnen durch die erwähnte Früherlegung der Fortbildungsschulstunden die jugendlichen Arbeiter schon von ½4 Uhr nachmittags an entzogen wurden. Dies wurde besonders bei den Erzwäschen als eine Betriebsstörung um so stärker empfunden, als die von den Jungen versehene Tätigkeit einerseits nicht vor Schluß des übrigen Aufbereitungsbetriebs unterbrochen, andererseits von erwachsenen Arbeitern nicht unter rationeller Ausnützung ihrer höheren Arbeitsfähigkeit ausgeübt werden kann ... Infolge der vorgenannten Beeinträchtigung in der Verwendung jugendlicher Arbeiter ist einer der größten Eisensteinwaschbetriebe zur Beschäftigung von Mädchen über 16 Jahre als Ausleserinnen übergegangen. Dieselben arbeiten sorgfältiger als die Jungen und verrichten die leichte Arbeit gern. Auch die Angehörigen sehen diese Beschäftigungsart gern und melden ihre Mädchen meist schon, ehe dieselben 16 Jahre alt sind, zum späteren Eintritt an. Beschäftigt wurden durchschnittlich 8 Mädchen, davon 4 unter 21 Jahren. Die Aufsicht führte ein Aufseher. Die Bestellung einer Aufseherin erwies sich nicht als erforderlich.*«

Im Jahre 1903 erhielten die in der Erzwäsche tätigen Arbeiterinnen einen Schichtlohn von 1,40 Mark bei einer Schichtdauer von 12 Stunden. Zur selben Zeit lag der Schichtlohn der erwachsenen männlichen Arbeiter im Raum Mücke bei etwa 2,30 Mark. Mit der Stillegung der Erzwäsche Ernestine bei Nieder-Ohmen im Jahre 1908 endete zunächst die Frauenarbeit im oberhessischen Erzbergbau, zu der es selbst während des Ersten Weltkrieges nicht mehr kam. In dem Bericht der Darmstädter Bergbehörden für den Zeitraum von 1914–1918 heißt es hierzu: »*Die wiederholten bergbehördlichen Anregungen, weibliche Arbeiter in den Erzwäschen und als Lokomotivführerinnen auf elektrischen und Benzollokomotiven zu verwenden, scheiterten am Mangel weiblichen Angebots. Auf dem Lande waren eben keine Frauen und Mädchen für Bergwerksarbeit zu gewinnen.*« Im selben Bericht heißt es im Zusammenhang mit Kinderarbeit im Bergbau: »*Vereinzelt wurden Jugendliche beobachtet, die das 14. Lebensjahr noch nicht vollendet hatten, also als Kinder anzusprechen waren. Hiergegen wurde eingeschritten, zumal bei diesen die nötige Einsicht zur Erkennung und Vermeidung von Betriebsgefahren nicht vorausgesetzt werden konnte.*«

Während des Zweiten Weltkrieges wurden erneut Frauen bei der Aufbereitung des oberhessischen Brauneisensteins beschäftigt. Neben Karl Krieger aus Nieder-Ohmen ist auf dem in der Aufbereitung der Grube Albert zwischen Nieder-Ohmen und Bernsfeld entstandenen Foto Alma Kreuscher aus Odenhausen zu sehen, die hier von 1941 bis 1943 mit noch zwei weiteren ienstverpflichteten Frauen gearbeitet hat.

(R. H.)

Abb. 441:

Filiale Bieber des Wetzlarer Konsumvereins, um 1910

Die 1873 einsetzende und bis 1896 anhaltende sogenannte Große Depression führte von 1873 bis Ende 1877 zu einem überdurchschnittlichen Preisverfall für Eisen- und Stahlprodukte und zu Lohnkürzungen im Berg- und Hüttenwesen. In einer öffentlichen Erklärung der Montanunternehmer im Bergrevier Wetzlar von 16. März 1875 wird u. a. ausgeführt: *»Die gegenwärtigen Preise der Producte lassen keinen Gewinn mehr und so ist es eine unumgängliche Notwendigkeit, daß der Berg- und Hüttenarbeiter sich bis auf bessere Zeit mit mäßigen Ansprüchen zufrieden gebe und durch doppelten Fleiß den Ausfall zu decken suche. Nur auf diese Weise lassen sich Betriebsreductionen und damit verbundene massenhafte Entlassungen von Arbeitern vermeiden. Die Unterzeichneten haben in Anbetracht dieser Verhältnisse beschlossen, ihre Gedinge vom 1. April d. J. an bis auf Weiteres um 20% zu reduciren. Um auf der anderen Seite den Arbeitern die Beschaffung billigerer Lebensmittel zu ermöglichen, wurde gleichzeitig die Bildung eines Consumvereins in Aussicht genommen«* (»Gießener Anzeiger«) vom 20. März 1875).

Vor diesem Hintergrund versuchten die Montanunternehmer, durch die Gründung des »Wetzlarer Consumverein« im Frühjahr 1875 den in ihren Werken Beschäftigten durch das Angebot von Lebensmitteln und Artikeln des täglichen Bedarfs wie Seife und Petroleum unter den Einzelhandelspreisen einen gewissen Ausgleich zu verschaffen.

»Anfangs bestand die Absicht, nur den Arbeitern und Beamten der Werke usw. die Vortheile dieses Vereins zukommen zu lassen und nur an Mitglieder desselben Consumartikel zu verkaufen. Aber bald stellte sich heraus, daß viele Arbeiter, weil sie den Kleinhändlern verschuldet waren und ihnen von diesen Credit bewilligt wurde, dem Vereine beizutreten, Bedenken trugen. Hierdurch wurde der Verein veranlaßt, den Verkauf auch an Nichtmitglieder zu gestatten und so durch Concurrenz die mit ihren Anhängern den Consumverein anfeindenden Kleinhändler zum Herabsetzen der Preise zu zwingen« (Riemann 1878, S. 99).

Ebenso wie die Verkaufsstellen in Burgsolms und Leun wurde auch die Filiale Bieber des Konsumvereins bereits kurz nach ihrer Eröffnung wieder aufgegeben. Der entscheidende Grund für die anfängliche Zurückhaltung der Arbeiter bestand in der gesetzlich vorgeschriebenen Solidarhaftung der Mitglieder des auf genossenschaftlicher Basis organisierten Konsumvereins. Seit November 1875 war daher auch der Verkauf an Nichtmitglieder gestattet.

Nachdem im Jahre 1880 ein eigenes Geschäftshaus mit Lagerräumen und einer Bäckerei in der Nähe des Wetzlarer Bahnhofs gebaut worden war, wurden im folgenden Jahr (neben den bisherigen Läden in der Wetzlarer Altstadt und in Braunfels) in Aumenau, Stockhausen und Bieber Verkaufsstellen eröffnet. Dem Geschäftsbericht für 1880/81 (1. Juli bis 30. Juni) zufolge waren die neuen Filialen im Mai 1881 eingerichtet worden.

Die »Hauptconsumartikel« kosteten im Geschäftsjahr 1880/81 pro Kilogramm:

Weizenmehl	0,51 Mark	Speiseöl	0,68 Mark
Roggenmehl	0,31 Mark	Petroleum	0,32 Mark
Hafer	0,15 Mark	Speck	1,16 Mark
Kartoffeln	0,05 Mark	Schmalz	1,19 Mark
Reis	0,37 Mark	Käse	0,97 Mark
Salz	0,48 Mark	Kaffee	3,40 Mark
Soda	0,17 Mark	Cichorien (Kaffee-Ersatz)	0,58 Mark
Seife	0,54 Mark	Brot	0,23 Mark

Der Durchschnittsverkaufspreis für Schuhe betrug 4,63 Mark. Während der Umsatzposten »Schuhe/Kleider« einen Bruttoüberschuß von 4987,82 Mark aufwies, erreichte der entsprechende Betrag des Kontos »Bäckerei« nur 176,57 Mark, da man »von vornherein kein Gewinn an Brod zu erzielen« beabsichtigte. Beim Verkauf von 2234 Zentnern Kartoffeln war sogar ein Verlust von 502,88 Mark entstanden, auch dieses Grundnahrungsmittel sollte zum Selbstkostenpreis abgegeben werden. Bei einem Umsatz von 249 287,71 Mark erzielte der Konsumverein 1880/81 einen Nettoüberschuß von 11 669,40 Mark.

Die neben aufgeführten Verkaufspreise wären wenig aussagekräftig, ohne ihnen die Löhne im Bergrevier Wetzlar zu dieser Zeit (1881) gegenüberzustellen: »*Die Arbeitslöhne gingen, der erhöhten Nachfrage nach Arbeitern entsprechend, etwas in die Höhe. Sie betrugen, abgesehen von den jugendlichen und weiblichen Arbeitern, welche nur die Hälfte bis drei Viertel des Lohns der erwachsenen männlichen Arbeiter verdienten, in der Umgebung von Wetzlar und Braunfels 1,6 – 2,25 Mk, im Dill- und Ulmthale 1,4 – 1,7 Mk, im Bieberthale 1,25 – 1,80 Mk . . . pro achtstündige Schicht*« (Hauptstaatsarchiv Wiesbaden, Abteilung 426/8, Nr. 3).

Die Filiale Bieber des Konsumvereins war rechts neben der Haustür des abgebildeten Gebäudes (heute Hauptstraße 44) untergebracht, auf der Tafel ist zu lesen: »Verkaufstelle Consumverein«. Von 1909 bis 1918 wurde die Konsumfiliale (zugleich örtliche Poststelle) von dem Schreiner Philipp Crombach (links) und seiner Frau Karoline (rechts) geleitet und danach selbständig geführt. (R. H.)

Abb. 442: **Interessenvertretungen der Arbeitgeber und Arbeitnehmer,** 1960

Abb. 442: **Interessenvertretungen der Arbeitgeber und Arbeitnehmer,** 1960

Das Besondere dieser Aufnahme besteht darin, daß hier der Betriebsratsvorsitzende eines Bergwerkes zusammen mit den Angehörigen der Unternehmensleitung zu sehen ist. Das Foto entstand anläßlich der Befahrung der Grube Königsberg durch den Vorstand der Mannesmann AG im Jahre 1960. Bei den drei Personen im Vordergrund des Bildes handelt es sich (v. l. n. r.) um den Betriebsratsvorsitzenden Heinz Wack, den Vorstandsvorsitzenden Bergassessor a. D. Hermann Winkhaus und den Leiter des Mannesmann-Erzbergbaus, Bergassessor a. D. Rudolf Stein.

Nahezu 100 Jahre vor der Entstehung dieser Aufnahme kam es zur Gründung der ersten Arbeitgeberorganisation im hiesigen Erzbergbau, während die Organisationen der Arbeiter noch zu Beginn des 20. Jahrhunderts unterdrückt wurden. Bei dem »Verein für die bergbaulichen Interessen im Revier Wetzlar« handelte es sich zunächst um einen losen Zusammenschluß der Bergbauunternehmer, der 20 Jahre später durch die Gründung des »Berg- und hüttenmännischen Vereins für die Lahn-Dill und benachbarten Gebiete« sowohl regional ausgedehnt als auch auf das Hüttenwesen erweitert und mit einer strafferen Organisationsform versehen wurde. 1881 gehörten dem Verein 29 Unternehmen mit insgesamt 6166 Arbeitern sowie 31 Einzelmitglieder an. Diese Organisation verstand sich in erster Linie als wirtschaftspolitische Interessenvertretung der Bergbau- und Hüttenunternehmer. Der erste große Erfolg bestand in der Durchsetzung des sogenannten Notstandstarifes vom 1. August 1886 für das Siegerland und das Lahn-Dill-Gebiet bei der preußischen Regierung, womit die Bahnfrachten für Eisenerz und Koks ermäßigt wurden. Als 1898 das preußische Handelsministerium den Verein zu einer Stellungnahme »in Sachen der Beteiligung von Arbeitervertretern bei der Beaufsichtigung der Grubenbetriebe« aufforderte, wurde dies abgelehnt und weiter erklärt, *vielmehr sei man allgemein von dem schädigenden Einfluß einer solchen Kontrolle auf den hiesigen Bergbau, welche nur geeignet sei, der sozialdemokratischen Agitation Tür und Tor zu öffnen, überzeugt«* (Einecke 1932, S. 721).

Erst jeweils nach den verlorenen Weltkriegen wurden der Arbeiterschaft auf nationaler Ebene bedeutsame Zugeständnisse gemacht. So erfolgte 1918 die Anerkennung der Gewerkschaften als Tarifvertragspartei und nach dem Zweiten Weltkrieg die Einführung der paritätischen Mitbestimmung in der Montanindustrie und hiermit verbunden die Bestellung von Arbeitsdirektoren, die in die Vorstände der Hessischen Berg- und Hüttenwerke AG, der Harz-Lahn Erzbergbau AG und der Gewerkschaft Mannesmann berufen wurden und hier die Interessen der Arbeitnehmer vertraten.

(R. H.)

Abb. 443: **Grube Reichsland in Lothringen,** um 1905

Abb. 443: **Grube Reichsland in Lothringen,** um 1905

Man sieht hier die Betriebsbeamten dieser Roteisenstein-Grube in Bollingen/Lothringen. Der Eisenerzbergbau im damals deutschen Lothringen hatte zahlreiche Bergleute – auch aus dem Lahn-Dill-Revier – angezogen. Die Grube lag im heutigen Frankreich (der Ort heißt nun »Boulange«) im Bezirk Fontoy, Kreis Diedenhofen (heute »Thionville«) – etwa 70 km nordwestlich von Saarbrücken – und gehörte der »*Gewerkschaft* Reichsland« (Majorität: Hoesch/Dortmund). Das Bergwerk war *durchschlägig* mit dem direkt angrenzenden Kruppschen Eisenstein-Bergwerk »Amalienzeche« in Aumetz, welches interessanterweise in den Jahren 1907 – 1915 – zusammen mit der Grube »Langenberg« bei Wollmeringen/Lothringen – der *Bergverwaltung* in Weilburg (!) unterstand (siehe Abb. 226).

Im Bild rechts außen sehen wir den damaligen Obersteiger Wilhelm Schermuly aus Hirschhausen bei Weilburg (mit *Karbidlampe, Steigerhäckel* und samtener Dienstmütze). Wie bodenständig die einheimischen Bergleute auch in der Entfernung noch waren, ist daran abzulesen, daß Wilhelm Schermuly im Jahre 1899 extra von Lothringen nach Hirschhausen kam, um dort zu heiraten; anschließend ging er mit seiner Familie wieder nach Bollingen.

Ebenso wie den meisten der in Lothringen arbeitenden deutschen Bergleute erging es ihm allerdings im Jahre 1919: Er hatte die Wahl zwischen der französischen Armee oder der Ausweisung als »Unerwünschter Ausländer«. So kam es, daß der Obersteiger Wilhelm Schermuly – neben vielen anderen Bergleuten des Lahn-Revieres – mit den zulässigen 30 kg Gepäck – und diesem Bild! – im Jahre 1919 wieder zurückkam nach Hirschhausen bei Weilburg. (K. P.)

Abb. 444: **Grube Reichsland in Lothringen,** 1907

Jetzt steht preußische Infanterie auf der lothringischen Eisenerzgrube Reichsland der Firma Hoesch bei einem Bergarbeiterstreik im Jahre 1907. Auf diesem exakt aus dem gleichen Gesichtswinkel aufgenommenen Foto wie in Abb. 443 sehen wir dieselben Grubenbeamten wieder, welche sich schon im Jahre 1905 dort aufgestellt hatten – dabei in der Bildmitte, stehend 7. von links der Obersteiger Wilhelm Schermuly aus Hirschhausen bei Weilburg.

Es war zu der Zeit in allen europäischen Ländern durchaus üblich, etwa streikende Bergleute entweder durch Waffengewalt zur Arbeit zu bewegen, oder aber sie mit Gewalt von der Grube fernzuhalten – die aufgepflanzten Bajonette der Soldaten jedenfalls ließen auch hier nichts Gutes ahnen! Meist aber regulierten sich derartige Reibereien alsbald wieder, da die Grubeneigner produzieren wollten und der Bergmann dringend Geld verdienen mußte.

Auch der hier beschriebene Arbeitskonflikt wurde alsbald wieder beigelegt. (K. P.)

Abb. 445: **Gastarbeiter im hessischen Eisenerzbergbau,** 1975

Das Foto zeigt drei türkische Bergleute nach der Ausfahrt auf Grube Fortuna. Auf dem im Mai 1975 entstandenen Bild sind (v. l. n. r.) zu sehen: Mehmet Solmaz, Nail Kandemir und Murat Yilmaz. Diese drei Männer gehörten zu der Arbeitsgruppe der Sachtleben GmbH, die 1974/75 auf der Grube Fortuna tätig war (siehe Abb. 129). Anfang der sechziger Jahre des 19. Jahrhunderts arbeiteten bereits italienische Bergleute in den Tunnels für die Lahnbahn. Diese in der Kunst des Stollenbaus den heimischen Bergleuten überlegenen Männer waren auch auf verschiedenen Eisenerzgruben des Lahngebietes im Stollenvortrieb tätig, so im Bergbau bei Königsberg, wo sie 1871 ein vor nahezu 100 Jahren begonnenes Stollenprojekt vollendeten (siehe Abb. 2 und 3).

In der Zeit der Bundesrepublik waren die ersten Gastarbeiter im hiesigen Eisenerzbergbau seit 1960 auf Grube Königsberg beschäftigt. Dieser damals noch im Aufbau befindliche Grubenbetrieb benötigte dringend Arbeitskräfte, während auf den übrigen Gruben die Zahl der Bergleute zu dieser Zeit bereits zurückging. Bis 1974 blieb die Grube Königsberg auch das einzige Eisenerzbergwerk in Hessen, auf dem Gastarbeiter beschäftigt gewesen waren. (R. H.)

Abb. 446: **Schulklasse auf Grube Königszug,**
etwa 1954

Schüler der Hofgartenschule Dillenburg während eines Besuchs der Grube Königszug bei Oberscheld. Die Klasse ist von Reviersteiger Otto Reeh (links) begrüßt worden und hat sich für ein Erinnerungsfoto vor dem Eingang der Westschachtanlage aufgestellt.

Dem natürlichen Interesse von Kindern und Jugendlichen, etwas zu entdecken, Geschehensabläufe zu erfassen oder gar zu verstehen, wie und warum Menschen so tief in der Erde arbeiten und Bodenschätze zutage fördern, kam der Besuch eines Bergwerks entgegen; die Lehrer konnten die vielfältigen Eindrücke und Fragen später unter verschiedenen Aspekten im Unterricht aufarbeiten.

Zu der Frage, ob der Bergbau und seine Geschichte einen berechtigten Platz im Schulunterricht haben kann, führt Hans-Otto Regenhardt in seinem Aufsatz »Geschichte des Bergbaus im historisch-politischen Unterricht« (Der Anschnitt, 5/1976) aus: »*Die Geschichte des Bergbaus hat für einen Berufsfremden etwas Faszinierendes. Nicht das Alter dieses Urproduktionszweiges, auch nicht allein die Bedeutung des Bergbaus für die Menschheit seit ›alten Zeiten‹ ist der Grund dafür, sondern das Eindringen des Menschen in die Erde, – vergleichbar eigentlich nur mit dem Vorstoß des Menschen in den Weltraum in unserer Zeit.*

Das magisch-mythische, sagenumwobene Dunkel der Erde, das den Bergmann nach vielfältigen Überlieferungen in seinen Vorstellungen bewegt haben dürfte, die umfangreichen kulturellen Traditionen, die entwickelt und weitergegeben wurden, aber auch – und das nicht zuletzt – die Arbeit im Bergbau und die technisch-wissenschaftlichen Leistungen in diesem Produktionsbereich beeindrucken den außenstehenden Betrachter.« (S. 169)

Während früher viele Lehrer dieser Thematik Beachtung schenkten und gelegentlich ganze Unterrichtseinheiten ausarbeiteten (etwa der Hauptlehrer Karl Löber aus Langenaubach mit seiner Schrift »Bergmannsarbeit – Bergmannsleben auf der Grube Vereinigte Constanze. Langenaubach – Ein Lese- und Arbeitsheft für die Langenaubacher Schulkinder, 1952), ist der Bergbau heute, wohl vor allem wegen seines faktischen Niedergangs in Hessen, zu einem nur gelegentlich und in Teilaspekten behandelten Stoff abgesunken.

Für die Grubenverwaltung waren Besichtigungen durch Schüler aller Altersstufen eine Gelegenheit, für den Beruf des Bergmanns zu werben, hatten doch alle Gruben des Schelderwaldes nach dem Zweiten Weltkrieg Nachwuchsprobleme bzw. überalterte Belegschaften.

Das Untertageerlebnis war diesem vierten Schuljahr allerdings nicht vergönnt, denn für die Einfahrt durch den Schacht mußten Schüler etwa 16 Jahre alt sein. (R. G.)

Abb. 447: **Grube Fortuna,** 1981

Seit 1978 finden an der Volkshochschule des Lahn-Dill-Kreises alljährlich Kurse über das heimische Berg- und Hüttenwesen statt. Ein wesentlicher Grund für das Interesse an diesen Veranstaltungen dürfte darin liegen, daß die Grube Fortuna – als letztes Eisenerzbergwerk im Lahn-Dill-Gebiet und in Oberhessen – von Anfang an fester Bestandteil des Exkursionsprogrammes war. Bis zum 2. Semester 1982 bildete die Befahrung der Grube Fortuna jeweils den Höhepunkt des Kurses.

Das Foto zeigt Kursteilnehmer im Abbau 6 auf der 150 m-Sohle. Die großen, von stehengelassenen Erzpfeilern gestützten hallenartigen Hohlräume in diesem Abbaubereich gehörten zu den faszinierendsten Eindrücken jeder Grubenfahrt.

Seit dem 2. Semester 1983 war lediglich noch eine Befahrung des Förderstollens möglich, da zu dieser Zeit bereits Demontagearbeiten im Schacht erfolgten. Den Stammteilnehmern an den montanhistorischen Kursen wurde auf diese Weise der Unterschied zwischen der Teilanlage und dem intakten Bergwerk mit Seilfahrt deutlich vor Augen geführt. Mit der Wiederaufnahme der Seilfahrt bis zur 150 m-Sohle wird der interessanteste Teil der Grube Fortuna künftig allen Besuchern zugänglich sein. (R. H.)

Abb. 448: **Die »Bergvor- und Steigerschule zu Wetzlar«,** 1898

Wir sehen hier die Jahrgangsklasse 1896 – 1898 der Wetzlarer Bergvor- und Steigerschule auf einem Erinnerungsfoto (vermutlich im Garten des Grundstückes Eselsberg Nr. 1 in Wetzlar) beim Lehrgangsabschluß im Jahre 1898. Diese bergmännische Lehranstalt wurde auf Veranlassung des »Vereins für die bergbaulichen Interessen des Bergrevieres Wetzlar« am 1. Oktober 1872 gegründet, »*um eine dauernde Abhülfe des Mangels an unteren Grubenbeamten durch Errichtung einer Steigerschule innerhalb des Revieres zu schaffen, welche jungen Bergleuten die erforderlichen Kenntnisse in den Elementarfächern beibringt, die ein guter Grubensteiger im Revier Wetzlar nothwendig besitzen muß. Zugleich sollen auch besonders befähigte junge Bergleute auf den Besuch der Hauptbergschule zu Siegen vorbereitet werden. Der Unterricht wird den Schülern unentgeltlich ertheilt.*« (Glückauf, Berg- und Hüttenmännische Zeitschrift, Essen, 1873.)

Die Schule fand bis 1882 statt in der Volksschule am Schillerplatz (ehemaliges Franziskanerkloster), bis 1889 in einem Zimmer bei *Markscheider* Feller in der Siechhofstraße, von 1889 bis 1896 im »Avemannschen Haus«, danach bis 1901 im »Gasthof zum Dom« (im Schulzimmer, »im Hofe links«) und zuletzt im 1. Stock des heutigen Hauses Eselsberg Nr. 1 in Wetzlar (in der kleinen Querstraße von der »Alten Lahnbrücke« zum sog. »Eselstreppchen«, über dem heutigen Herren-Bekleidungsgeschäft).

Die Wetzlarer Bergschule wurde aufgelöst mit Beendigung des Schuljahrganges 1913 – 1915, als alle Absolventen in den Krieg ziehen mußten; das recht stille Ende dieser Schule kam ohne besondere Ereignisse, nachdem nicht einmal ein Erinnerungsfoto gemacht wurde – auch die betreffenden Schulkameraden sahen sich nie direkt wieder. Nach dem 1. Weltkrieg war dann die Bergschule zu Dillenburg zuständig.

Der letzte Bergschul-Jahrgang umfaßte 21 Teilnehmer und wurde geleitet vom Wetzlarer Bergrat Hoechst, dem Markscheider Ketter (Buderus) und dem Lehrer Velten aus Wetzlar. Die abgebildete Bergschul-Klasse 1896 – 98 wurde geleitet von Bergrat Riemann (dem Verfasser eines der berühmtesten Bücher über unseren hiesigen Bergbau: »*Beschreibung des Bergrevieres Wetzlar, Bonn 1878*« – hier im Bild mit Bart, vorn links neben dem Tisch sitzend). Außer ihm ist heute nur noch der 7. Bergschüler von rechts namentlich bekannt; dies war der Bergmann Schleifer aus Werdorf, welcher später (in den Jahren 1920 – 1937) Betriebsführer auf der Grube Fortuna war. (K. P.)

Abb. 448: Die »Bergvor- und Steigerschule« zu Wetzlar, 1898

Abb. 449: Bergschule Dillenburg, 1922

Im Jahre 1858 konnte nach jahrzehntelangen vergeblichen Bemühungen eine »Herzogliche Bergschule« in Dillenburg gegründet werden. Damit erhielten die technischen Grubenbeamten des nassauischen Bergbaus – vornehmlich der Eisenerzgruben im Lahn- und Dillgebiet – eine eigene Ausbildungsstätte. Der Unterricht, an dem in den ersten Jahren jeweils nur etwa 20 Schüler teilnahmen, fand in einem Raum des Pädagogiums und späteren Gymnasium am Wicktor statt (Ecke Maibachstraße/Marktstraße – das Gebäude mußte 1971 einem Kaufhausneubau weichen); das Studienjahr teilte sich in eine neun Monate dauernde Schulzeit und einen dreimonatigen praktischen Kursus auf verschiedenen Gruben des damaligen Herzogtums Nassau. 1873 erhielt die Bergschule ihre erste Satzung, welche als Voraussetzung eine dreijährige praktische Tätigkeit im Bergbau verlangte und die Unterrichtung in den folgenden Fächern vorsah: Niedere Mathematik und Anfangsgründe der Trigonometrie, Markscheidekunde, Bau- und Maschinenzeichnen, Aufbereitungskunde, Maschinenkunde, Bergpolizeiliche Vorschriften und Kenntnis der Berggesetze. Vorausgegangen war diesem zukunftsweisenden Schritt ein jahrelanger Kampf um die Existenz der Schule. Zum einen hatte eine vorübergehende Krise im nassauischen Bergbau nach 1860 die Schülerzahl bis auf sechs im Schuljahr 1867/69 schrumpfen lassen, zum anderen änderte die Annexion des Herzogtums Nassau durch Preußen im Jahre 1866 die Bereitschaft der Regierung, weiterhin finanzielle Unterstützung zu gewähren; die Regierungspläne liefen darauf hinaus, die Anstalt mit der älteren, bereits 1818 gegründeten Siegener Bergschule zusammenzulegen. Vor allem dem Engagement verschiedener Industrieller aus dem Lahn-Dillgebiet ist es zu verdanken, daß diese Planungen aufgegeben wurden. Der Etat wurde nunmehr hauptsächlich von den privaten Hütten- und Grubenbesitzern bestritten, während der Staatsanteil zurückging. Der anhaltende Aufschwung des Bergbaus vor der Jahrhundertwende sowie chronische Raumnot – der Zeichenunterricht mußte zuletzt in einem Gasthaussaal erteilt werden, und die umfangreiche Sammlung stand auf einem offenen Flur – veranlaßten zum Bau eines eigenen, neuen Bergschulgebäudes in der Wilhelmstraße, welches im Frühjahr 1898 seinen Lehrbetrieb mit nochmals erweiterter Fächerzahl aufnehmen konnte (in dem Gebäude war außerdem bis 1937 das Bergamt untergebracht). Unsere Aufnahme aus dem Jahre 1922 zeigt den damaligen Schülerjahrgang mit Lehrpersonal und technischen Gerätschaften. In der ersten Reihe sitzen (von links nach rechts): Lehrer Brenner, Oberbergrat Kier, Bergassessor Schumann, Chemiker Hild, Bergrat Löcke (Leiter der Schule), Amtsarzt Dr. Schauß, Lehrer Dönges, Markscheider Lorenz und Oberbergrat Koppe. (R. G.)

Abb. 450: **Bergschule Dillenburg,** etwa 1890

Von 1873 bis 1892 stand die Bergschule Dillenburg unter der Leitung von Bergrat Ernst Frohwein – hier in bergmännischer Arbeitskleidung mit Harzer Mooskappe und Ölfroschlampe. Frohwein wurde 1816 in Holzappel/Lahn geboren und arbeitete nach 1844 in Herzoglich Nassauischen Diensten in den Bergmeistereien von Weilburg, Diez und ab 1856 in Dillenburg. Seine Vielseitigkeit fand neben seiner Lehrtätigkeit in den Fächern Bergbaukunde, Mineralogie, Chemie und Gesetzeskunde auch Ausdruck in seiner 1885 veröffentlichten Beschreibung des Bergreviers Dillenburg. Er ging 1892 in den Ruhestand und starb 1903 in Aachen.

Mit dem Bezug eines eigenen geräumigen Gebäudes verband sich auch das Bestreben, den Geltungsbereich der Schule zu erweitern. Aber erst seit 1924 war die Lehranstalt hinsichtlich der Ausbildung von Betriebsführern und Obersteigern den anderen deutschen Bergschulen, so auch der in Siegen, gleichgestellt. Bereits im Jahre 1908 hatte man für die Bewerber eine Bergvorschule eingerichtet, welche sich hauptsächlich um eine Vertiefung der Elementarkenntnisse bemühte, eine bessere Einschätzung der fachlichen und charakterlichen Eignung zum Aufsichtsbeamten ermöglichte und dem Hauptunterricht mehr Platz für technische Fächer verschaffte.

Während des Ersten Weltkrieges mußte der Unterricht zeitweise wegen Personalnot eingestellt werden. In den für den Eisenerzbergbau schwierigen zwanziger Jahren nahm auch die Zahl der Schüler stark ab, und es tauchte erneut die Forderung nach einer Zusammenlegung mit der Bergschule Siegen auf; mit dem Argument, daß es sich im Erzbergbau des Siegerlandes und der Lahn-Dill-Gegend um völlig verschiedene Lagerstättenverhältnisse und Abbauverfahren handle, konnten diese Pläne abgewendet werden. Als 1933 der Eisenerzbergbau durch staatliche Förderung einen neuen Aufschwung erlebte, verzeichnete auch die Bergschule eine stetig wachsende Zahl von Bewerbern. Erst der Zweite Weltkrieg führte zu einem Rückgang der Schülerzahlen, und gegen Kriegsende mußte der Lehrbetrieb ganz eingestellt werden. (R. G.)

Abb. 451: **Bergschule Dillenburg,** 1958
Höhepunkte in der Entwicklung der Bergschule bildeten die Feierlichkeiten zum 50jährigen, 80jährigen und 100jährigen Jubiläum der Anstalt (1908, 1939, 1958). Bergparaden unter Teilnahme von Bergleuten aus allen deutschen Bergrevieren, gemeinsame Befahrungen umliegender Gruben, Unterhaltungsprogramme, Aufspielen von Bergmannskapellen sowie Fackelzüge mit anschließendem Festkommerz bestimmten das mehrtägige Programm.
Unser Bild zeigt ein Platzkonzert der Bergmannskapelle der Siegerländer Erzbergbau AG auf dem Hüttenplatz.
1958 konnte aber nicht nur die Bergschule Dillenburg auf ihr hundertjähriges Jubiläum zurückblicken, es deutete sich damals auch bereits die Existenzkrise des deutschen Eisenerzbergbaus an. Hochprozentige ausländische Tagebauerze zu immer billigeren Frachttarifen führten in den sechziger Jahren zum Niedergang des hessischen Eisenerzbergbaus. Zwar hatte sich die Schule nach 1946 auf strukturelle und technische Änderungen im Bergbau allgemein eingestellt und Lehrgänge für den nordhessischen Kali- und Braunkohlebergbau, für Maschinensteiger (ab 1955) und in Steinbrüchen Beschäftigte angeboten, aber das Ende der Eisensteingruben an Lahn und Dill mußte die 1954 um einen großzügigen Anbau erweiterte Schule an ihrem Lebensnerv treffen. Im Jahre 1966 entließ diese südlichste Bergschule der Bundesrepublik Deutschland den letzten Bergschülerjahrgang und wurde danach aufgelöst. Damit war auch eine nunmehr neunzigjährige Tradition aus dem Straßenbild der Stadt verschwunden: Bergschüler in ihrer Tracht.
In dem Gebäude in der Wilhelmstraße (zwischen Hofgartenschule und Amtsgericht) ist heute die Technikerschule untergebracht. (R. G.)

Abb. 452: **Königlich Preußischer Bergschüler in Dienstuniform,** 1917

Hier im Bild sehen wir den Bergschüler Ernst Maxeiner, welcher später bis 1926 auf der Wetzlarer Eisenerzgrube Raab arbeitete (siehe auch Abb. 74). Maxeiner stammte aus einer alten hugenottischen Bergmannsfamilie; der am 24. April 1984 geborene spätere *Reviersteiger* repräsentiert heute für uns die typische Laufbahn eines preußischen Steigers – nach dem Besuch eines Gymnasiums einige Jahre bergmännisches Praktikum im Ruhrgebiet, Lothringen und Süddeutschland, mit anschließendem Besuch der Bergschule in Dillenburg. Nach dem Schulabschluß mit entsprechender Befähigung folgte dann die erste Anstellung als Steiger – hier auf der Grube Raab in Wetzlar (zu der Zeit allerdings auch noch unterbrochen vom Kriegsdienst in der kaiserlichen Wehrmacht!).

Auf diesem Erinnerungsfoto trägt Maxeiner die vorgeschriebene Uniform eines »Königlich Preußischen Bergbau-Beflissenen« mit einfachem Lorbeerzweig am Kragenspiegel (je höher der Rang, desto länger wurde der Zweig – der Bergschüler stand z. B. im Rang gleich mit einem Fahrsteiger und einem Bürovorsteher – ein *Oberbergrat* z. B. trug den gesamten Kragen in Gold gewirkt – siehe Abb. 456!); die Dienstmütze ist verziert mit dem bergmännischen Symbol »Schlägel und Eisen«, welches hier noch mit einer Krone versehen ist (dieses Zeichen eines »königlichen Bergmannes« gab es nach dem ersten Weltkrieg nur noch kurzzeitig während der Weimarer Republik).
Die unter den Messingknöpfen des preußischen Bergkittels eingesteckte Schlaufe des »EK II« verrät den Teilnehmer des Weltkrieges. (K. P.)

Abb. 453: **Herzoglich Nassauischer Obersteiger in Paradeuniform,** um 1890

Dieses Porträtfoto zeigt den Obersteiger Johann-Heinrich Böhm aus Drommershausen bei Weilburg, welcher damals Betriebsführer der Buderusschen Eisenerzgrube »Buderus« bei Weilburg war (siehe Karte XIII).
Wie viele andere spätere Grubenbeamte aus einfacheren Familien, besuchte auch Böhm zuerst die »Bergvor- und Steigerschule zu Wetzlar« (siehe Abb. 448); nach einer Praktikantenzeit ging er dann zur *Bergschule* in Dillenburg, welche er als Grubensteiger verließ. Danach wurde er Betriebsführer auf Grube Buderus, welche zu der Zeit noch aus zahlreichen kleineren Abbaupunkten bestand – der bei Ahausen im Jahre 1903 *angesetzte* »Otto-Stolln« *löste* diese (ebenfalls erst 1902 zur Grube »Buderus« *konsolidierten*) zahlreichen *Grubenfelder* später von Westen aus. Der im Jahre 1831 geborene Böhm war noch im Jahre 1901 – also mit 70 Jahren! – auf dieser Grube in Buderusschen Diensten; zudem war ein Verwandter von ihm – Obersteiger Heinrich Böhm – in den Jahren 1901 bis 1911 Betriebsführer auf der Buderusschen Grube Maria bei Leun (siehe Abb. 179 ff.), und ein weiterer Verwandter, der in Wetzlar geborene spätere Berghauptmann Albert Böhm, hat ebenfalls die Geschichte des hiesigen Bergbaues mitgeschrieben (siehe Abb. 75).
Obersteiger Böhm war streng, aber gerecht und meist herzlich. Seine hervorragende berufliche und gesellschaftliche Stellung (noch heute – nach fünf Generationen – werden seine Nachkommen in Drommershausen »Die Steigers« genannt!) verdankte er dem arbeitsamen und zielstrebigen Wesen eines einfachen Bergmannssohnes.
Wir sehen ihn hier in seiner Nassauischen Paradeuniform – dem *Bergfrack* mit *Schachthut;* zum schwarzen Bergfrack trugen die Grubenbeamten hier den Schachthut in den nassauischen Landesfarben, mit gelber Paspelierung und blauem *Federstutz*. (K. P.)

Abb. 454: **Preußischer Obersteiger in Paradetracht,** um 1932

Wir sehen hier den Obersteiger Wilhelm Schleifer aus Berghausen bei Wetzlar – einen jener zähen und willenstarken Bergleute, welche sich »von der Pike auf« hochgearbeitet hatten; im Jahre 1880 geboren, besuchte Schleifer als Sechzehnjähriger die »Bergvor- und Steigerschule zu Wetzlar« (siehe auch Abb. 448, als 7. von rechts) bis 1898 mit Erfolg. In den Jahren 1899 bis 1901 ging er auf die weiterführende Bergschule zu Dillenburg, welche er als Steiger verließ. Versehen mit derartiger Qualifikation wurde Schleifer bereits kurz nach seinem Bergschulabschluß übernommen in den Dienst beim Fürsten zu Solms-Braunfels, auf dessen verschiedenen Eisenerzgruben er bis zur Übergabe dieser an die Firma F. Krupp in Essen arbeitete – zuletzt ab 1905 auf Grube Schöne Anfang bei Breitenbach (siehe Abb. 61). Dort war er – ab 1906 in kruppschen Diensten – als Obersteiger tätig bis 1914; nach dem Krieg erfolgte ab 1920 der Einsatz als Betriebsführer auf Grube Fortuna bei Oberbiel (siehe Abb. 102 ff.). Wilhelm Schleifer, der 1937 aus gesundheitlichen Gründen pensioniert wurde, war nicht nur bekannt als starke und gerechte Persönlichkeit, sondern insbesondere auch für seine sprichwörtliche Güte gegenüber allen seinen Mitarbeitern – auch der klare Blick auf unserem Bild zeugt von hoher Redlichkeit.

Schleifer trägt hier den *Preußischen Bergfrack* mit Schulterklappen und Kragenspiegeln; dabei entsprach diese Tracht an sich weder der alten Preußischen Bergbeamten-Uniform noch der von der späteren Reichsregierung ab 1934 wieder neu erlassenen »Uniform-Verordnung«. Während der Weimarer Republik pflegten die Grubenbeamten verschiedenste Versionen der früheren Bergmannsuniform zu tragen (siehe z. B. Abb. 460), wohingegen nach 1934 wieder eine militante – aber einheitliche – Version vorgeschrieben war (siehe Abb. 456).　　　　　　　　　　　　　　　(K. P.)

Abb. 455: **Preußischer Bergverwalter** in Paradeuniform, um 1935

Hier im Bild sehen wir den Bergverwalter Heinrich Schlappig aus Frohnhausen bei Dillenburg, welcher den damals für höhere Bergleute bei Paraden vorgeschriebenen *Preußischen Bergfrack* mit *Schachthut* trägt. Am 11. April 1866 geboren, begann er seine bergmännische Laufbahn um 1880 als *Lesejunge* auf der Eisenerzgrube Königszug im Scheldetal bei Dillenburg. Etwa um 1890 besuchte er die Bergschule in Dillenburg, um danach wieder auf Grube Königszug zu arbeiten – nun nach bestandener Bergschulprüfung allerdings schon als Steiger. Ab 1906 war er für die Firma Thyssen tätig als Bergverwalter in Weilburg; dabei unterstanden ihm u. a. die Grube Gilsahaag bei Gräveneck und die Erz-Aufbereitungsanlagen der Grube Buchwald bei Löhnberg/Lahn. Später siedelte er über nach Limburg, von wo er nach seiner Pensionierung wieder zurückkehrte in seinen Heimatort Frohnhausen bei Dillenburg.

Wir sehen Schlappig hier in der (ab dem März 1934 in dieser Form wieder vorgeschriebenen) preußischen Uniform eines Obersteigers – erkennbar an dem zweifachen Eichenlaub am Stehkragen. Die dienstliche und wirtschaftliche Stellung des Bergverwalters ergab sich hierbei im Grunde allein aus dem Ermessen des Arbeitgebers. Grundvoraussetzung war zuerst einmal der erfolgreiche Abschluß der (in Form und Art vorgeschriebenen) Steigerprüfung; danach konnte durch den Bergwerkseigner die Ernennung zum Obersteiger (meist verbunden mit der Betriebsführung der Grube) erfolgen. Einem Bergverwalter wiederum unterstanden mehrere Obersteiger bzw. Betriebsführer – während der Bergverwalter selbst dem zuständigen Bergwerksdirektor – also dem Chef der gesamten Bergverwaltung – unterstand (siehe z. B. den Kruppschen Bergwerksdirektor Dr. Einecke in Abb. 226 und den Buderusschen Bergwerksdirektor Dr. Witte in Abb. 474). Alle diese »Dienstgrade« – Obersteiger, Bergverwalter und Bergwerksdirektor – gab es nur in der freien Wirtschaft außerhalb des Staatsdienstes. Da es die

Dienststellung des Bergverwalters vermutlich nur im Lahn-Dill-Bergbau gab, sah die Preußische Uniformverordnung einen solchen Rang nicht vor – Schlappig war zwar im Rang über dem Obersteiger, mußte jedoch die Uniform eines solchen tragen. Bergleute im Staatsdienst – vom *Referendar* bis hinauf zum *Oberberghauptmann* – hatten dienstliche Titel (siehe z. B. *Berghauptmann* Heyer in Abb. 456). Wechselte ein solcher »Bergbeamter« über vom Staatsdienst in die Wirtschaft, so durfte er seinen früheren Staatstitel mit dem Zusatz »a. D.« weiterführen (z. B. Bergwerksdirektor *Bergassessor* a. D., Dr. Einecke in Abb. 226).

(K. P.)

Abb. 456: **Aufstellung zur Bergparade, 6. Mai 1939**

Im Gegensatz zu den relativ häufigen Maifeiern, bei welchen auch meist Bergleute im Zug mitmarschierten, gab es wirkliche Bergparaden im Lahn-Dill-Gebiet nur sehr selten. Hier im Bild sehen wir links *Berghauptmann* Heyer vom Oberbergamt Bonn, rechts neben ihm *Bergwerksdirektor* Dr. Witte von Buderus sowie zahlreiche Bergleute im Bildhintergrund, welche sich kurz vor der Aufstellung zur Bergparade anläßlich der 80-Jahrfeier der Bergschule Dillenburg am 6. Mai 1939 befinden. Die beiden Bergbeamten tragen den *Preußischen Bergfrack mit Schachthut* – dabei der beamtete Berghauptmann ganz links den preußischen Adler als Emblem, während der Dr. Witte den Schachthut mit dem einfacheren bergmännischen Zeichen trug.

Dieser Bergaufzug verlief in den Abendstunden, indem alle Teilehmer von der Bergschule in der Wilhelmstraße zum »Saalbau Thier« in der Hauptstraße marschierten; dort fand ein Kameradschaftsabend statt, zu dem der Erste Bergrat Schwaneberg die Ansprache hielt. Am folgenden Tage marschierten die Teilnehmer mit Fahnen, Musik und Gesang zur Weihe eines Gedenksteines an der Bergschule; Bergwerksdirektor Dr. Witte hielt hier die Weiherede. Den Abschluß bildeten Fahrten zu verschiedenen Gruben des Dill-Revieres mit Besichtigung derselben.

Das früheste bekannte Bergmannsfest in Wetzlar fand am 30. September des Jahres 1865 statt; hier feierte der »Verein für die bergbaulichen Interessen im Bergrevier Wetzlar« anläßlich der Einführung des »Allgemeinen Preußischen Berggesetzes« unter Teilnahme der gesamten Belegschaften aller hiesigen Bergbau-Gewerkschaften (Gewerkschaften »Dietrich & Co«, »J. Haniel u. Huyssen«, »Buderus Söhne«, »Gebr. Stumm«, »Raab«, »I. C. Müller«, »Winter & Schneider«, »Schultz & Wehrenbold« sowie der »Gewerkschaft Phoenix«) – mit etwa 750 Bergleuten in ihren extra hierzu beschafften Trachten! – »ein großes und glänzend verlaufendes Bergfest mit Aufzug«.

»Am Morgen des Festtages um 10 Uhr versammelten sich die Teilnehmer auf der Straße am Bahnhofe, hier wurden dieselben durch schöne Bergmannslieder, welche das Musik-Corps des Rheinischen Jägerbataillons vortrug, in die fröhlichste Stimmung versetzt. Nachdem hierauf der Zug geordnet und die neue Knappschaftsfahne, die heute ihre Weihe erhalten sollte, durch das Pionier-Corps aus dem Knappschaftsvorstandslocale abgeholt worden war, setzte sich der Zug in Bewegung.

. . . So bewegte sich der Zug durch die Hauptstraßen der Stadt nach dem oberen Theile derselben. Vor der Wohnung des Herrn Berggeschwornen Riemann angekommen, machte man Halt und brachte ihm als dem Vertreter der Bergbehörde im Revier »Wetzlar« ein dreifaches »GLÜCK AUF!«, worauf Herr Riemann auf ergangene Einladung, von zwei Repräsentanten begleitet, sich dem Zuge anschloß, der in bester Ordnung den weithin schallenden Klängen schöner Märsche folgend, sich nach dem Festplatz bewegte« (aus Wetzlarer Kreisblatt, Samstag, den 7. Oktober 1865 – Anm.: Die Riemann'sche Wohnung befand sich in der Kleinen Pariser Gasse). Das anschließende Fest fand statt

im »Schützengarten« an der Solmser Straße (das im Krieg stark beschädigte Gebäude mit ehemals wertvoller Innenausstattung diente bis zu seinem Abriß im Jahre 1985 einem Großunternehmen als Kantinensaal).

Am 14. August 1881 fand dann in Albshausen ein großer Bergaufzug mit anschließender Feier statt, an welchem 450 Bergleute der »Fürstlich Solms-Braunfelsschen Gruben« teilnahmen. Anlaß war die Beschaffung der neuen Bergknappen-Trachten, welche Fürst Georg zu Solms hatte anfertigen lassen, »damit der bergmännische Gemeinsinn gehoben werde«; deutsche, Solms'sche und italienische Fahnen schmückten damals den Festplatz (die Gattin des Fürsten – Prinzessin Emanuela Tricase – stammte aus Neapel).

Am 21. Oktober des Jahres 1897 schließlich fand in Wetzlar zum fünfzigjährigen Berufsjubiläum des »Geheimen Bergrathes Wilhelm Riemann« eine große Bergparade statt; um 7 Uhr abends traten mehrere hundert Bergleute (34 Grubenbelegschaften!) in ihren Knappen-Trachten mit brennenden Grubenlampen unter Führung ihrer Steiger und Obersteiger einen Aufmarsch an, welcher mit der städtischen Kapelle vom Hausertor über die Schwarzadlergasse und den Domplatz zur Dienstwohnung des Bergrates in der Kleinen Pariser Gasse Nr. 3 führte; *»dort gab der Bergmann Lautz aus Garbenheim mit weithin hallender Stimme den Gefühlen der Verehrung und des Dankes der Bergleute des Wetzlarer Revieres für ihren hochgeschätzten Bergrath zum Ausdruck, und Geheimrath Riemann dankte ergriffen für die ihm zuteil gewordene große Ehrung«* (aus: Wetzlarer Anzeiger, Freitag, 22. Oktober 1897). Das bis heute letzte Bergmannsfest fand schließlich statt am 16. Juli 1906, und zwar mit den fürstlich Solms-Braunfels'schen Bergleuten in Ehringshausen.

(K. P.)

Abb. 457: **Landwirtschafts- und Gewerbeausstellung Dillenburg,** 1900

Anläßlich der 79. Generalversammlung des Vereins Nassauischer Land- und Forstwirte wurde am 4. September 1900 ein Festzug durch die Kreisstadt Dillenburg veranstaltet. Auf dem Foto sehen wir den geschmückten Wagen der Abteilung Bergbau, gezogen von 4 Pferden und gekrönt vom Modell eines hölzernen Förderturms. Hinter dem Wagen gehen Bergleute in Uniform. Hunderte von Schaulustigen drängten sich an den Straßen, um den in die Gruppen Industrie, Landwirtschaft und Gewerbe eingeteilten Zug zu sehen. Hier passiert dieser gerade die Reithalle des Landesgestütes in der Wilhelmstraße; im dahinter liegenden Gebäude war seit 1937 bis zur Schließung im Jahre 1965 das Bergamt Dillenburg untergebracht. Die Bergschule selbst lag etwa 200 Meter weiter stadteinwärts rechts und ist auf dem Bild nicht sichtbar.

Um 1900 fanden noch Tausende einen Arbeitsplatz im heimischen Eisenerzbergbau, und die nachgeschalteten Betriebe der Eisenverhüttung sowie die Eisengießereien stellten damals den bedeutendsten Wirtschaftszweig der Region dar. Nicht zuletzt fanden Handwerkersbetriebe und Fuhrleute Beschäftigung durch den Bergbau.

Diese weitreichende ökonomische Bedeutung dokumentiert symbolisch der abgebildete Festwagen.

(R. G.)

Abb. 458: **Gaststätte Nikolausstollen**, etwa 1900

Abb. 458: **Gaststätte Nikolausstollen,** etwa 1900

In die Gaststätte »Nikolausstollen« an der Schelde-Lahn-Straße, etwa 200 Meter oberhalb von Grube Königszug gelegen, kehrten jahrzehntelang hauptsächlich Gäste ein, die in irgendeiner Weise auf den Eisenerzgruben der Umgebung tätig waren. Ursprünglich stand nur der rechts sichtbare kleinere Teil des Hauses. Er dürfte mehr als 200 Jahre alt sein und diente sowohl als Postkutschenstation wie auch als Gasthaus. Der größere Anbau ist wohl vor 1900 errichtet worden, als der Bergbau einen rasanten Aufschwung nahm. Besonders hervorzuheben unter den Gästen ist die Gruppe der Fuhrleute, die Eisenstein von den Gruben Amalie, Neue Lust, Friedrichszug und Stillingseisenzug zur Bahnverladestelle Nikolausstollen transportierten. Dabei ist zu bedenken, daß die vergleichsweise schlechten Straßen, welche bei Regen und Schnee kaum zu befahren waren, und die starken Höhenunterschiede des Geländes den Fuhrleuten Geschick, Kraft, Geduld und Widerstandsfähigkeit gegen Nässe und Kälte abverlangten. Ein Besuch im Wirtshaus nach dem Tagewerk oder auch zwischen zwei Fuhren diente deshalb gleich mehreren Zwecken: ein paar Biere stillten den Durst, Schnaps und der nahe Ofen wärmten, und in den Gesprächen mit anderen Gästen konnten neueste Ereignisse und Geschichten ausgetauscht werden.

Nach dem Bau von kostengünstigeren und ganzjährig betriebenen Seilbahnen im Ersten Weltkrieg ging die Blütezeit der Pferde- und Ochsengespanne zu Ende, und die Anzahl der Gäste dürfte gesunken sein. Eine weitere Besuchergruppe bildeten die Steiger der umliegenden Gruben, welche ihre dienstlichen Besprechungen gelegentlich im Gasthaus Nikolausstollen abhielten. Den eigentlichen Bergleuten war die Einkehr in der Schenke wegen ihrer Doppelbelastung durch Bergmannsberuf und Nebenerwerbslandwirtschaft wohl nur ausnahmsweise möglich.

Anders als diejenigen, die körperliche Arbeit verrichteten, hatten die *Bergleute von der Feder* die Gaststätte Möbus in Oberscheld als Stammlokal. Die Verbundenheit dieses Gasthauses mit dem Bergbau des Scheldetales drückt sich aber auch darin aus, daß hier vor dem Zweiten Weltkrieg die Bergmannslöhne ausgezahlt und Sprengstofflieferungen weiterverteilt wurden. Schließlich diente die Gaststätte dem »Berg- und Hüttenmännischen Verein zu Oberscheld« als Vereinslokal.

Mit dem Ende des Bergbaus im Schelderwald – und diese Entwicklung gilt auch für andere hessische Reviere – verloren auch die ehemals vom Eisenerzbergbau lebenden und von ihm geprägten Gasthäuser ihren ursprünglichen Charakter oder mußten ganz schließen. Nur wenige, wie heute die Gaststätte »Nikolausstollen«, erinnern durch Namen und die Einrichtung an ihre frühere Bedeutung. (R. G.)

Abb. 459: **1000-Jahr-Feier der Stadt Leun,** 1912

Als die Stadt Leun 1912 den 1000. Jahrestag ihrer ersten urkundlichen Erwähnung feierte, bildeten die Bergleute der Gemeinde eine eigene Abteilung im Festzug. In Uniform, am Haken die Öllampe, sehen wir in der vorderen Reihe (von links nach rechts) Heinrich Schmidt, Wilhelm Heberling, Heinrich Deuster, den Bergmann Theis, Jakob Schmidt und – in der Verkleidung als Berggeist – Philipp Hofmann. Die meisten von ihnen waren auf Grube Maria beschäftigt (siehe Abb. 179). Der Eisenerzbergbau, vor 1850 noch von zahlreichen kleinen Gewerken innerhalb der Gemarkung betrieben, danach im wesentlichen auf die Grube Maria und Prinz Bernhard (siehe Abb. 205) konzentriert, gab etwa 80 Leuner Bergleuten Arbeit. Darüber hinaus wirkte er seit Jahrhunderten vielfältig in das Wirtschafts- und Sozialleben der Gemeinde hinein. So sind bis ins 18. Jahrhundert und teilweise länger die Hammerwerke an der alten Leuner Brücke und in Biskirchen sowie eine Eisenhütte im Ulmtal unterhalb Bissenberg mit der Erschmelzung bzw. Veredlung von Roh-Eisen beschäftigt gewesen; Hüttenarbeiter, Köhler, Fuhrleute und Handwerker fanden im Gefolge des Bergbaus Arbeit. Nach 1847 steigerten die Gruben ihre Förderung, weil durch die Lahnkanalisierung weiter entfernte Abnehmer beliefert werden konnten; in kleinen Hafenmolen am Lahnbahnhof und unterhalb des Dorfes Tiefenbach wurde das Erz in Kähne umgeschlagen.

In jenen Jahren wurden sogar am Sonntag Lahnkähne mit Erz beladen. Nur die Hälfte der Einwohner besuchte damals den Gottesdienst. Als dann im Herbst 1854 etwa 200 Bergleute einen Umzug mit Pferden und Musik veranstalteten und anschließend über mehrere Tage bei der alten Lahnbrücke ein Bergmannsfest feierten, protestierte die Kirchenleitung gegen solchen ausschweifenden Lebenswandel.

Von größerer Bedeutung waren nach Fertigstellung der Lahntalbahn die Erzverladestationen an den Bahnhöfen »Braunfels« und »Stockhausen« (siehe Abb. 173 und 198), zu denen Eisenstein nicht nur über die Kleinbahnen, sondern auch durch Fuhrwerke gebracht wurde. Schließlich befand sich bis 1897 die zentrale Bergverwaltung der Stummschen Lahngruben im Haus Nr. 43 der heutigen Limburger Straße, die Firma Buderus unterhielt hier noch bis 1906 eine Abteilung ihrer Bergverwaltung.

Bis zum Ersten Weltkrieg und in geringerem Maße in den folgenden Jahrzehnten prägte somit der Bergbau das Gemeindeleben im Alltag wie bei kulturellen Anlässen entscheidend mit – gab er doch vielen Einwohnern mittelbar oder unmittelbar Beschäftigung und Brot. (R. G.)

Abb. 460: **Bergleute in Parade,** 1930

Dieses beim »2. Braunfelser Tag« (die erste derartige Veranstaltung fand im Jahre 1925 statt und war insbesondere den Braunfelser Bürgern in Übersee gewidmet) an der Weilburger Straße in Braunfels aufgenommene Foto zeigt uns eine bergmännische Abordnung aus dem Wetzlarer Revier. Vorn in der Bildmitte – mit *Schachthut* und weißem *Federbusch* – geht der damalige Betriebsführer von Grube Fortuna, Obersteiger Schleifer aus Werdorf (siehe auch Abb. 454); an seiner Seite sieht man den ehemaligen Betriebsführer der Kruppschen Grube Heinrichssegen, Konrad Althof aus Ehringshausen.

Beide Betriebsbeamten tragen hier den Preußischen *Bergfrack* – dabei Althof die ältere Version mit dem preußischen Adler als Emblem am Schachthut und schwarz-weißem Federbusch. Die preußische Bergmannstracht unterlag in der Weimarer Republik keiner besonderen Ordnung, wodurch zu der Zeit die verschiedensten Versionen gleichzeitig beobachtet werden konnten. Erst ab 1934 führte die damalige Reichsregierung wieder eine einheitliche »Uniform-Verordnung für Bergleute« ein (siehe z. B. Abb. 456).

Unser Bild zeigt einen historischen Festzug, in welchen sich neben zahlreichen anderen Berufs- und Standesgruppen auch Bergleute eingereiht hatten. Wirkliche »Berg-Aufzüge« oder »Bergparaden« – wie man diese zahlreich aus den Silberbergbau-Revieren im Oberharz oder Erzgebirge kennt – gab es im Eisenerzbergbau an Lahn und Dill nur in wenigen Einzelfällen (siehe Abb. 451). (K. P.)

Abb. 461: **Eschenburg,** etwa 1936

Blick auf den Eschenburgturm oberhalb von Wissenbach im ehemaligen Dillkreis. Mit einer Höhe von 580 m üNN bildete das Massiv der Eschenburg die Verbindung zwischen Angelburg im Norden und Heunstein im Süden. Es mag neben dem hervorragenden Ausblick in die Umgebung die einstige Bedeutung des Heunstein und vermutlich auch der Angelburg als germanische Wehrburgen gewesen sein, die den damaligen Beauftragten der NSDAP am Himmelfahrtstag 1934 inspirierte, auf der Eschenburg einen Aussichtsturm zu errichten. Als »Ehrenmal des deutschen Bergmanns« deklariert, konnte die insgesamt 43 Meter hohe Konstruktion am 21. Juni 1936 eingeweiht werden. Der 6 Meter hohe und 20 Meter im Quadrat messende Sockel aus Diabas beherbergte ein Museum für Heimat- und Vorgeschichte, welches die besondere Bedeutung des Eisens und seiner Verarbeitung betonte und später um die Abteilung »Berg- und Hüttenmännisches Brauchtum« erweitert wurde. Auf dem Sockel erhob sich eine 37 Meter hohe Holzkonstruktion mit 12 Stockwerken, der eigentliche Aussichtsturm, in seiner Gestaltung an einen Förderturm erinnernd. Die Zweckbestimmung der Einrichtung, in erster Linie »dem deutschen Berg- und Hüttenmann eine Stätte des Genusses und der Erholung« zu werden, wurde durch den nachträglichen Bau einer Unterkunftsstätte für etwa 100 Personen am Rande des großen Platzes unterstrichen. Freilich standen Erholung und Genuß wie überall damals in Deutschland nicht außerhalb der allgemeinen propagandistischen Mobilisierung und Ausrichtung, gerade auch der Jugend. Am 23. März 1945 brannte der Turm nach einem Fliegerangriff nieder, der Sockel wurde nach Kriegsende gesprengt und die Steine für Bauzwecke verwendet. (R. G.)

Abb. 462: **Eschenburg,** 1937

Am 5. September 1937 fand auf der Eschenburg ein »Betriebsappell« von 14 Gruben-»Gefolgschaften« – so die damalige Bezeichnung für die Belegschaften – mit insgesamt 1600 Bergleuten des Lahn-Dill-Reviers statt. Ein Zeitungsbericht sah den Zweck der Veranstaltung darin, sich ». . . *hier oben an den Quellen des Lichtes . . . neue Kräfte zu holen für den opfervollen Kampf mit den dämonischen Mächten der Finsternis*«. Weiterhin unterstreiche das Treffen die Bestimmung der Eschenburg, »Sammel- und Thingplatz des schaffenden Volkes« zu werden. Musikalische Darbietungen der Werkskapelle der Sophienhütte und des Chores der Liedgemeinschaft Kalkbruch-Niedergirmes leiteten gegen Mittag den Betriebsappell ein. Anschließend begrüßte Dr. Witte von der Buderusschen Bergverwaltung die Anwesenden, unter ihnen den Gaubetriebsgemeinschaftsleiter Bergbau, Ahlhäuser, Landrat Dr. Heerdt sowie Bergrat Schwaneberg. Nach einem Abriß der geschichtlichen Entwicklung des Berg- und Hüttenwesens im heimischen Raum ging der Redner näher auf den 1937 erreichten Entwicklungsstand ein. Hervorstechende Merkmale seien die in den Jahren nach 1933 erfolgte Wiederinbetriebnahme zahlreicher stilliegender Gruben und die Zusammenfassung des teilweise stark zersplitterten Grubenfeldbesitzes bei einem Unternehmen – der Firma Buderus. Dies schaffe endlich die Möglichkeit einer nach den Lagerverhältnissen orientierten *Vorrichtungs-* und Abbauplanung und rechtfertige auch die Investitionen für die umfassende Modernisierung der Grubenanlagen. Auch die Staatsbeihilfen seien hierbei unverzichtbar. Daß die Versammelten sich von dem neuen »Aufschwung« im heimischen Eisenerzbergbau auch eine materielle Besserung erhofften, deutet die Aussage von Gaubetriebsgemeinschaftsleiter Ahlhäuser an, das Lohnniveau sei nach wie vor unbefriedigend und müsse zukünftig noch steigen. Die Veranstaltung sollte nicht nur Manifestation eines neuen Zukunftsoptimismus, sondern auch Generalprobe für das 1938 auf der Eschenburg abgehaltene deutsche Bergmannsfest mit Beteiligung aus allen deutschen Bergbaurevieren sein.

(R. G.)

Abb. 463: **Bergmannsfest,** etwa 1952

Bergmannsfeste gab es in fast allen Montanrevieren. Oft waren sie mit ihren Terminen fest in den Kalender eingebaut, ansonsten fanden sie z. B. aus Anlaß eines bestimmten Jubiläums statt.

Im Lebensrhythmus der Bergleute verkörperten solche Gemeinschaftsveranstaltungen den Gegenpol zu den sonst allgegenwärtigen Gefahren und Beschwernissen der Arbeit vor Ort und nahmen vielleicht gerade wegen dieses Gegensatzes vielfach einen ausgelassenen Verlauf. »Bergleute verstehen zu feiern!« heißt ein alter Spruch.

Im Gebiet des Schelderwaldes fanden Bergmannsfeste für die *fiskalischen* Gruben – an ihrer Spitze die Grube Königszug – bereits im 19. Jahrhundert, vielleicht auch schon früher statt. Traditionell wurde das Fest im Sommer nach Schichtende auf dem Gelände der Grube Beilstein (Nähe Königszug) begangen und dauerte bis in den späten Abend. Die Rede des Oberbergrates in seiner Eigenschaft als Leiter der preußischen Berginspektion Dillenburg gehörte ebenso zum Verlauf wie das von der Grubenverwaltung gestiftete Freibier und der Ring Fleischwurst, weshalb das Fest auch den volkstümlichen Namen »Worschtfest« erhielt. Das »Worschtfest« war ein Familienfest: für die Kinder gab es einen Kletterbaum, Eierlaufen, Sackhüpfen usw. und natürlich Belohnungen, während eine Bergmannskapelle für die musikalische Unterhaltung der Erwachsenen sorgte.

Nach dem Ausscheiden des Staates aus dem Eisenerzbergbau setzte Buderus diese Tradition fort. Bis in die frühen fünfziger Jahre fand das Fest meist auf dem Gelände der Zentralaufbereitung Herrnberg statt (siehe Abb. 272). Eine Abkehr von dieser Form schien sich anzubahnen, als nach

1953 über mehrere Jahre Ausflugsfahrten mit dem Omnibus das Fest ersetzten. Schließlich fand man in den sechziger Jahren wieder zurück zum altbewährten »Worschtfest«. Unsere Aufnahme zeigt eine Festszene aus den frühen fünfziger Jahren.

(R. G.)

Abb. 464: **Dankgottesdienst auf Grube Königsberg,** 1953

Nach altem Bergmannsbrauch hatte die Belegschaft der Grube Königsberg (siehe Abb. 6 bis 18) vor dem Beginn des Schachtabteufens gelobt, am Schacht einen Dankgottesdienst abzuhalten, wenn bei diesem gefährlichen Unternehmen kein Bergmann ums Leben komme. Nachdem der Schacht die 160 m-Sohle erreicht hatte, ohne daß es zu einem tödlichen Unfall gekommen war, fand am 13. September 1953 auf dem Zechenplatz der Grube ein Dankgottesdienst statt, der von Pfarrer Tschäschke von der evangelischen Kirchengemeinde Königsberg gehalten und von dem Posaunenchor Dorlar sowie dem Königsberger Gesangverein »Liederfreund« umrahmt wurde.

Bei Bergleuten besteht sicher in höherem Maße als bei den Angehörigen fast aller anderen Berufe das Bewußtsein, daß jeder Mensch und jedes Werk des göttlichen Segens bedarf. In seinem Buch »*Das Jahr bei den Unterirdischen*« geht Albert Boehm auch auf die christliche und weltliche Orientierung der Bergleute in seiner Kameradschaft auf Grube Amanda (siehe Abb. 80) ein, indem er zwei Bergleute beschreibt, die er als »Gegenpole« bezeichnet: »*Heinrich Kayser war einer von denen, die zu der religiösen Gemeinschaft des alten Obersteigers gehörten. Er war aber durchaus kein Kopfhänger und scheute sich nicht, gelegentlich den Kameraden derb die Wahrheit zu sagen. Sein Widersacher war Peter Heyland, der ihm stets mit einem überlegenen Lächeln begegnete und mit seinen spöttischen Redensarten nicht sparte. ›Du trägst deinen Namen zu Unrecht‹, pflegte dann Kayser zu sagen, ›dir werden aber auch noch mal die Augen aufgehen!‹ Der Peter lachte nur dazu und machte eine Miene wie Mephisto, wenn er sich am wohlsten fühlt. Ein Teil der Kameraden lachte mit, während andere sich ernst verhielten. Auf diesem weltanschaulichen Gebiet war die sonst so einige Kameradschaft anscheinend in zwei Parteien gespalten; bei anderen Arbeitskameradschaften stand es ähnlich*«.

In der Königsberger Fassung eines oberschlesischen Bergmannsliedes findet sich die Strophe: »*Und sollte einst im tiefen Schacht mein letztes Stündlein schlagen, wir alle stehen in Gottes Macht, er hilft uns alles tragen*«. (R. H.)

Abb. 465: **Ein Knappengrab,** 1833

Steininschrift eines Bergmanns-Grabes von der Eisenerzgrube **Ceres** bei Garbenheim (heute am Altar der Garbenheimer Kirche): »Hier ruht in Gott Johann Wilhelm Lautz, geb. am 7. Oktober 1818, gestorben am 10. September 1833 in der hiesigen Eisensteingrube.« Es handelte sich bei diesem Jungbergmann um einen der Söhne des aus Burbach-Wahlbach im Siegerland stammenden Grubensteigers Philipp Lautz, nach welchem die etwa 1 km nordwestlich von Grube Ceres gelegene Grube Philippswonne benannt war. Der junge Bergmann verfuhr auf Grube Ceres seine letzte Schicht als Pferdejunge und soll durch das Gestein einer niedergehenden *Firste* getötet worden sein – der Berg hatte ein kaum sechzehnjähriges, blühendes Leben als Tribut an die beginnende Industrialisierung gefordert! (K.P.)

Abb. 466: **Ein tödlicher Unfall** auf Grube Laubach, am 9. Februar 1950

Die großen Gefahren des Bergmannsberufes mögen hier exemplarisch anhand eines Unfalles mit einem »*Sargdeckel*« dargestellt werden, wozu uns die vom Betriebsführer Obersteiger Karl Schmidt aus Oberndorf für die untersuchende Bergbehörde angefertigte Unfallskizze dient.

Wie bereits bei Beschreibung des »Schachtes Margarethe« der Grube Laubach (siehe Abb. 97–99) näher erläutert, wurden dort je eine westliche und östliche *Richtstrecke aufgefahren;* auf diesen Strecken wurden dann etwa alle 30 Meter *Querschläge getrieben* zur Feststellung, ob und wo sich das *Erzlager* jeweils befand. Der hier beschriebene Unfall geschah im 10. nördlichen Querschlag der westlichen Richtstrecke (70 m-Sohle), in welchem nach etwa 11 Metern ein gutes Braunsteinlager *angefahren* worden war. Daraufhin hatten der *Schlepper* Reimann und der *Hauer* Wirsing – beide aus Niederwetz – ein *Überhauen* im Lager anlegen sollen, zu welchem Zwecke der *Deutsche Türstock* beseitigt werden mußte. Beim *Rauben* des Ausbauholzes lösten sich zwei schwere Erzbrocken aus der *Firste* und trafen den Bergmann Reimann so schwer, daß dieser noch an der Unfallstelle verstarb! Wir sehen hier links im Bild die Unfallstelle in Blickrichtung durch den Querschlag sowie rechts den Stollenquerschnitt; die Schichtungen des Erzlagers sind durch die von oben nach unten verlaufenden Striche bzw. gestrichelten Linien dargestellt. Das Kreuz markiert die Lage des getöteten Bergmannes nach dem Unfall. (K.P.)

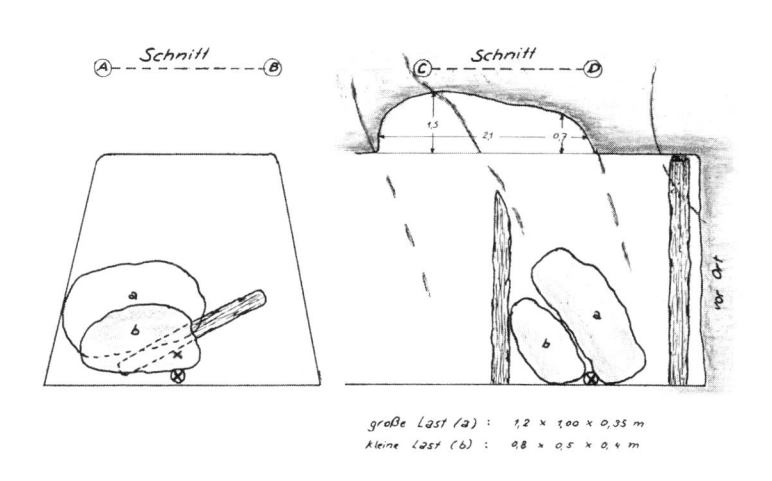

Abb. 467: **Bergmännisches Begräbnis,** 1955
Bergleute der Grube Königszug tragen einen verunglückten Kameraden zur letzten Ruhe auf den Friedhof von Hirzenhain (Lahn-Dill-Kreis). Besonders eindringlich bekundet sich die Verbundenheit der Bergleute im Ablauf bergmännischer Begräbnisse. Bergkittel und Grubenlampen am offenen Grab unterstreichen das in diesem Beruf stärker als in den meisten anderen Berufen gegebene Schicksal der Gefährdung. Der Hauer, eben noch in die Gemeinschaft der Untertagearbeit eingeschlossen, wurde plötzlich von einem herabfallenden Gesteinsbrocken erschlagen, ein Vorgang, der auch im Zeitalter der Technik nicht gänzlich ausgeschlossen werden kann. Die nicht bis ins Letzte beherrschbaren Gefahren des »Berges« erzeugen den Ernst und die Würde der Männer »*vor Ort*« angesichts des Todes, mit dem sie in besonderer Weise vertraut sind und den sie in ihre Berufswelt durch den Ausdruck »letzte Schicht« einbezogen haben. Auch die in manchen Bergbaurevieren stark ausgeprägte Religiosität sowie die Verehrung der Heiligen Barbara – der Schutzheiligen der Bergleute – können hieraus abgeleitet werden. (R. G.)

Abb. 468: **Ein feierliches Bergmannsbegräbnis,** 1954

Im Juni des Jahres 1954 verfuhr ein großer Wetzlarer Bergmann seine »Letzte Schicht« – der Bergwerksdirektor, Bergassessor a. D. Ferdinand Raab. Die Totenwache am Sarg des Wetzlarers in der Kapelle des »Alten Friedhofes« (an der Frankfurter Straße in Wetzlar) hielten zwei Bergstudenten vom »Corps Montania« in Clausthal/Oberharz (links außen der Student Grethe aus Wetzlar, daneben Ulrich Braun) sowie die Bergleute (von rechts): Heinrich Schmidt aus Leun, Glasenapp aus Niederbiel und Friedel Wagner aus Leun.

Nicht nur beim täglichen Gruß »Glück auf!« und bei ihren zahlreichen Standesbräuchen wie das *Barbara-Fest* usw. haben die Bergleute ihr ganz eigenes Zeremoniell – auch bei der »Letzten Schicht« des Bergmannes zeigt sich noch heute die festgefügte Ordnung des Bergmannsstandes, bei welcher immer zahlreiche Berufskollegen und Arbeitskameraden das letzte Geleit geben. Die Bergleute setzen so ein sichtbares Zeichen ihrer Verbundenheit zueinander bis in den Tod.

(K. P.)

Abb. 469: **Jubilarfeier der Harz-Lahn-Erzbergbau AG,** 1958

Jubilare der Harz-Lahn-Erzbergbau AG nach Überreichung der Urkunden für 25jährige bzw. 40jährige Arbeit im Bergbau. Die alljährlich in Weilburg begangene Feier fand 1958 am 8. März in der Turnhalle (Adolfstraße) statt.
Vor Eröffnung des Unterhaltungsprogrammes, welches von der Bergmannskapelle der Harz-Lahn sowie eingeladenen Akrobaten und Varietékünstlern gestaltet wurde, hielten der Vorsitzende des Gesamtbetriebsrats, Christian Hautzel, und Arbeitsdirektor Wiesener kurze Ansprachen. Beide Redner unterstrichen das für den Bestand und das Wohlergehen der menschlichen Gesellschaft unverzichtbare Schaffen der Bergleute, denn ohne ihre schwierige und gefahrvolle Arbeit könne es keinen technischen Fortschritt geben. Es war aber auch erstmals die Rede von »kleinen Gewitterwölkchen am Himmel des Bergbaus«; unter Hinweis auf die weitaus größeren Probleme nach dem Zweiten Weltkrieg, die schließlich auch gemeistert worden seien, deutete Direktor Wiesener die aktuellen Schwierigkeiten des heimischen Eisenerzbergbaus noch als vorübergehende Erscheinungen. Ein Jahr später waren aber bereits auf etlichen Gruben Bergleute entlassen worden und die »Gewitterwölkchen« hatten sich unübersehbar zur Krise ausgewachsen. Daß am 2. Juli 1960 die Jubilarfeier als großes Bergmannsfest auf dem Kirmesplatz arrangiert war und 2000 Besucher zählte, mochte bereits die Ahnung oder das Wissen der Verantwortlichen einschließen, daß der Eisenerzbergbau an Lahn und Dill unwiderruflich vor seinem Ende stand.
Aus der Gruppe sind bekannt der damalige Leiter der Harz-Lahn-Erzbergbau AG, Weilburg, Direktor Dr. Scheibe (rechts) sowie der Vorsitzende des Gesamtbetriebsrats, Christian Hautzel (6. v. l.) und Arbeitsdirektor Wiesener (7. v. l.). (R. G.)

Abb. 470: **Letzte Förderschicht auf Grube Fortuna,** 1983

Dieses Belegschaftsfoto wurde am 4. März 1983 aufgenommen, dem Tag der Einstellung der Erzgewinnung auf Grube Fortuna. Die letzte Eisenerzgrube in Hessen wurde nicht wegen Erschöpfung der Lagerstätte, sondern infolge von Absatzmangel stillgelegt. Mit ernsten Gesichtern und spürbarer Trauer um den Verlust ihres Arbeitsplatzes versammelten sich die Bergleute, Handwerker und Steiger zu dieser Gruppenaufnahme.

Vier Tage vorher, am Montag, dem 28. Februar, hatte die Geschäftsführung der Barbara Rohstoffbetriebe GmbH die Belegschaft über den am 25. Februar gefällten Stillegungsbeschluß des Beirates informiert. Nach den Worten des Betriebsratsvorsitzenden Rainer Klauer war diese Nachricht *»mit großer Bedrückung«* aufgenommen worden. Auf der anderen Seite zweifelte niemand an der von Bergwerksdirektor Jürgen Hennies abgegebenen Erklärung, daß man sich *»den Entschluß zur Stillegung nicht leichtgemacht«* habe. Hennies erinnerte in der Belegschaftsversammlung daran, daß zwischen Oktober 1981 und Februar 1983 insgesamt elf Monate kurzgearbeitet worden sei und betonte, daß jeder Monat Kurzarbeit einen Betriebsverlust von 170 000 DM verursacht habe (siehe Abb. 140).

Zum Zeitpunkt der Stillegung waren auf Grube Fortuna 43 Bergleute und Handwerker, 5 technische und 2 kaufmännische Angestellte beschäftigt, denen (bis auf den Betriebsführer) spätestens zum 30. Juni 1983 gekündigt wurde. Hiermit verbunden wurde zwischen Geschäftsführung und Betriebsrat ein Sozialplan vereinbart, der einen Gesamtumfang von rund einer Million DM hatte. Zur Abwicklung der noch nicht beendeten Stillegungsarbeiten und zur Durchführung des Erzversandes aus dem Haldenbestand von zunächst etwa 130 000 Tonnen wurden nach dem 30. Juni noch acht Arbeiter und Angestellte mit Zeitverträgen weiterbeschäftigt. Mit Wirkung vom 1. April 1985 wurden die noch verbliebenen drei Bergleute und Handwerker sowie der Betriebsführer vom Lahn-Dill-Kreis übernommen. Seitdem wird die Grube Fortuna verstärkt zu einem Besucherbergwerk ausgebaut.

(R. H.)

Sachwortverzeichnis

A

Abbauverfahren:

a) <u>Firstenstoßbau</u>: traditionelles Abbauverfahren im Roteisensteinbergbau, bei dem das Erzlager von der tieferen zur höheren Sohle in 2 bis 4 Meter mächtigen Streifen horizontal abgebaut wurde; anschließende Verfüllung des ausgeerzten Raumes mit Versatzmaterial, um eine neue Arbeitssohle zu haben und das Nebengestein abzustützen

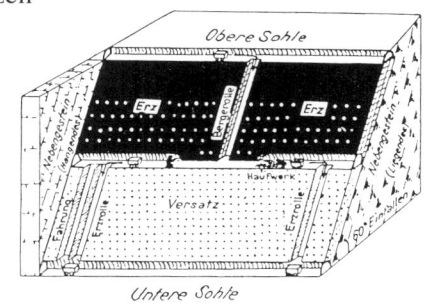

b) <u>Firstenschrägbau</u>: Abwandlung von a), bei dem die Abbauhöhe vergrößert und der Abbau selbst schräggestellt ist

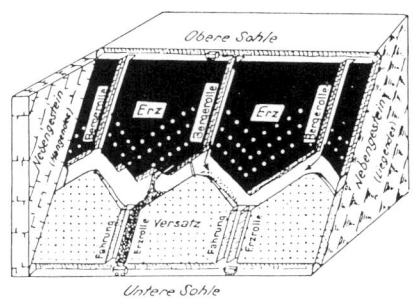

c) <u>Magazinbau</u>: ebenfalls aus a) entwickeltes Verfahren mit Speicherung des gewonnenen Erzes im Abbauhohlraum; dadurch Einsparung der Kosten für Versatzarbeit; nur möglich bei steilem Einfallen des Lagers, nicht zu großer Mächtigkeit und standfestem Nebengestein

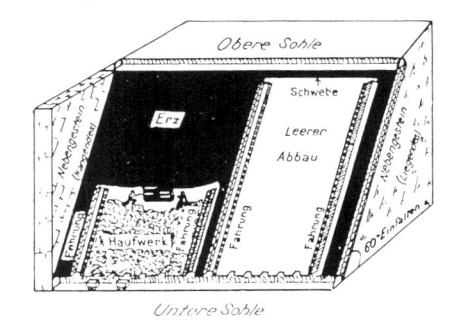

d) <u>Schwebender Örterbau</u>: Verfahren ohne Versatz, bei dem zur Abstützung des Hangenden 2 bis 3 Meter mächtige Erzpfeiler stehenbleiben; möglich bei flach bis halbsteil einfallenden Lagerteilen und standfestem Deckgebirge; sehr wirtschaftlich

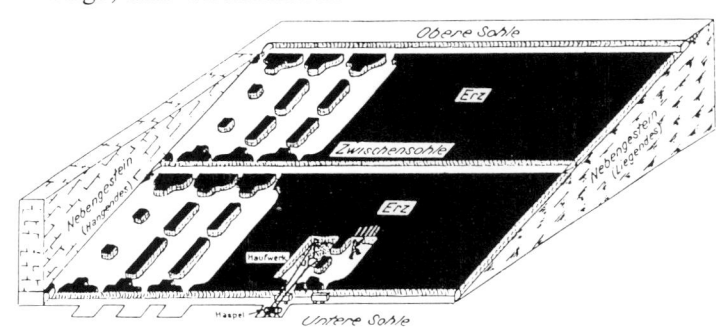

e) <u>Getriebezimmerung</u>: Holzausbau, der die Bruchmassen von oben und von der Seite abfängt und so das Auffahren eines Ortes in losem Gestein oder Sand ermöglicht; hauptsächlich für Nachlesebergbau angewendet

Abschlag: abgebohrter Teil eines Abbaus oder einer Strecke, der anschließend losgesprengt werden kann

abteufen, Abteufgerüst usw.: Herstellen eines senkrechten Grubenbaus wie Schacht, Bohrloch

abstürzen auf: abkippen, hinunterschütten

abwerfen: die Außerbetriebsetzung von Grubenbauen, welche nicht mehr benötigt werden (s. a »auflassen«)

abziehen: Entnehmen an Beladeeinrichtungen

Alkali-Lampe: Akkumulator-Bergmannslampe, elektr. Leuchte

Alter Mann: verlassener, abgesperrter oder zu Bruch gegangener Grubenbau

anfahren:

a) Anfahrt der Bergleute zur Schicht

b) Erreichen eines bestimmten Punktes, wie Anfahren eines Erzganges beim Abbau

ansetzen, Ansatzpunkt: mit dem Abbau bzw. der Auffahrung beginnen

Anschläger: Bergmann, welcher den Förderverkehr im Schacht regelt und die vorgeschriebenen Signale zum Betrieb des Förderkorbes gibt

auffahren: Herstellen einer Strecke oder eines Querschlages, auch Aufhauens

Aufhauen, das: flach geneigte, von unten nach oben im Erzlager aufgefahrene Strecke, bei deren Neigungswinkel das Erz abgefahren werden muß (s. a. »Überhauen«)

auflassen: abwerfen, verlassen bzw. stillegen alter Grubenbaue (s. a. »abwerfen«)

aufschließen, Aufschluß: Vorbereitungsmaßnahmen für den Abbau mineralischer Lagerstätten

aufsetzen: niederbringen, absetzen

aufwältigen: Zurückversetzen eines zusammengebrochenen Grubenbaues in den Zustand vor dem Bruch

Ausbau: Stützelemente aus Metall, Holz, Stein oder Beton zum Offenhalten bergmännischer Hohlräume

ausbeißen, Ausbiß: an der Tagesoberfläche ansetzende Lagerstätte bzw. Erzgang oder Kohlenflöz, welchem der frühzeitliche Bergbau nachging

ausbeuten, Ausbeute:
  a) generell: Abbau von Mineralien
  b) mit wirtschaftlichem Ertrag betreiben, Gewinn eines Grubenbetriebes

Ausbeute-Taler: mittelalterliche Silbertaler, geprägt von gewinnbringenden Silbergruben

Ausbringen, das: Verhältnis des eingesetzten zum erwirtschafteten Quantum – bei der Erzaufbereitung das Verhältnis von Roh- und Fertigerz

auserzen: abbauen, ausarbeiten

Ausgehendes, das: Endstück des Erz- oder Kohlenlagers

ausrichten, Ausrichtung: Herstellen von Grubenbauen zur Erschließung einer neuen Lagerstätte für späteren Abbau

ausschießen: Eröffnen, Erweitern von Grubenbauen

B

bauen, bauwürdig, Bauwürdigkeit, -sgrenze: bearbeiten, Ertragsaussicht, -sgrenze

befahren, Befahrung: Begehung von untertägigen Grubenräumen (s. a. »Fahrung«)

belehnen, Belehnung: für ein bergmännisches Eigentum in Aussicht stellen

Benzin-Förderhaspel: siehe Haspel

Bergamt: überprüfungs- und genehmigungspflichtige Aufsichtsbehörde eines Bergreviers

Bergassessor: unterer Titel eines beamteten Bergmannes

Berge, Bergehalde: bergmännischer Begriff für die bei der Mineralgewinnung anfallenden, nicht verwertbaren Gesteine

Bergfiskus: siehe Fiskus

Bergfrack, preußischer: bergmännische Galauniform für hohe Bergbeamte und Aufsichtspersonen, benutzt bis zum Ende des 2. Weltkrieges

Bergfreies, das: nicht mit Grubenfeldern belegtes Gebiet

Berghauptmann: hoher Staatsbeamter im Bergbau, heute meist Leiter eines Oberbergamtes

Bergjunge: Jugendlicher, welcher früher über Tage auf der Grube arbeitete

Bergkittel: Bergmannsjacke, Bergmannstracht

Bergmann »vom Leder«: wirklicher, gelernter Bergmann

Bergmann »von der Feder«: kaufmännischer bzw. in der Verwaltung einer Grube tätiger Angestellter

Bergordnung: frühere Amtsvorschrift für ein Bergrevier

Bergrechtliche Gewerkschaft: siehe Gewerkschaft

Bergregal: das Recht, Bergbau zu treiben (früher den Landesherren vorbehalten)

Bergschule: Ausbildungsstätte für bergmännische Aufsichtspersonen

Bergverwaltung, Bergverwalter: Bezirksleitung größerer Grubeneigner, z. B. bei Krupp, Mannesmann usw.

Bergvorschule: Vorbereitungslehranstalt für den Besuch der Bergschule

Bergwerksdirektor: Leiter eines oder mehrerer Grubenbetriebe bzw. Bergbauzweige bei Großunternehmen

Bewetterung: Belüftung von Grubenbauen – siehe auch »die Wetter«

Blindschacht: untertägige senkrechte Verbindung mehrerer verschiedener Sohlen, nicht zutage austretend

bohren, Bohrarbeit: Tätigkeit zur Herstellung von Bohr- oder Sprenglöchern

Bohren von Hand, das: alte bergmännische Bohrarbeit mit Schlägel und Eisen (Hammer und Meißel) bzw. Schlägel und Bohrer

Bohrer, Bohrhammer: maschineller Bohrmeißel bzw. Preßlufthammer für schlagendes Bohren

Brauneisenstein: siehe »Erzsorten«

Brecher: maschinelle Zerkleinerungsanlage für Erze oder Gestein

Bremsberg: schräge Ebene als Aufzug oder Niederbringung beladener Fördergefäße

Bruderlade, die: frühzeitlicher Vorläufer der späteren Unterstützungs- und Pensionskassen für Berg- und Hüttenleute

D

Dampf-Brecher: siehe Brecher

Dampf-Haspel: siehe Haspel

Deckgebirge: Überdeckung der die Lagerstätte führenden Gebirgsschichten

Deutscher Türstock: hölzerner Streckenausbau mit leicht nach innen geneigten Stempeln

Domäne: Liegenschaften in Staatsbesitz, z. B. Gebäude, Wald usw.

durchfahren: untertägig durchqueren

durchschlägig, Durchschlag: offen miteinander verbundene Grubenbaue

E

Einfallen, das: stärkste Neigung eines Erzlagers zur Horizontalen

Einschieben, das: Neigung von Erzmulden und -sätteln zur Horizontalen

Einzelfeld: einzelnes Grubenfeld innerhalb größerer Konsolidationsfelder

Eisen, das bergmännische: spitzer Handbohrer, auch Meißel

Elektrohaspel: siehe Haspel

Elektroschrapper: siehe Schrapper

Erbstollen: Entwässerungs- (Wasserlösungs-)Stollen für mehrere angeschlossene Grubenbetriebe

ersaufen: voll Wasser laufen

Erzbunker: Vorratsbunker für den Erzversand von der Grube

Erzlager: siehe Lager

Erzsorten:
  a) Roteisenstein: Erztyp, welcher an der Grenze vom Mittel- zum Oberdevon durch Zustrom von Eisenlösungen vom Erdinnern her – welche in einem flachen Meer oxydierten und abgelagert sind – entstand. Je nach Mischungsverhältnis mit anderen Verbindungen tritt er als »Blanker Roteisenstein« (Sorte I, hoher Fe-Gehalt von 45 % und mehr, dabei wenig Kieselsäure), Flußeisenstein (Kalkanteil mehr als 10 %) sowie als Tempererz (Kalkanteil geringer als 1,5 %) auf
  b) Brauneisenstein: gehört zu den Verwitterungserzen bzw. -lagerstätten; wurde am Rand und auf dem Rücken von Kalkzügen aus eisenhaltigen Lösungen ausgefällt. Brauneisenstein ist oft manganhaltig und enthält oft große Mengen chemisch gebundenes Wasser. Vorkommen in Nestern und Mulden
  c) Basalteisenstein: aus dem Basalt gelöste Eisenpartien, welche sich nachträglich abgelagert haben. Ärmere Partien mit starkem Anteil von taubem Material werden »Wascherz« genannt

F

Fahrte: aus Holz oder Stahl hergestellte Leiter im Grubenbetrieb, vornehmlich in Schächten usw.

Fahrsteiger: techn. Angestellter einer Grube, dem mehrere Reviere unterstehen

Fahrtrum: Teil eines Schachtes, der zur Personenfahrung dient, siehe auch »Trum« bzw. »Tramm«

fahren, Fahrung: Fortbewegung von Menschen unter Tage – sowohl zu Fuß als auch mit Bahnen. Im Bergbau gibt es kein »Gehen«! (s. a. »Befahrung«)

Federbusch: auf bergmännische Schachthüte aufgesteckter Schmuck mit langen, hängenden Federn (für höhere Dienststellungen)

Federstutz: auf bergmännische Schachthüte aufgesteckter Schmuck mit kurzen, stehenden Federn (für den einfachen Bergmann)

Feld, Grubenfeld: genau vermessener untertägiger Bereich eines Grubenbetriebes bzw. eines Teiles davon

Feldeseigentümer: Grubenbesitzer

Firste: obere Begrenzungsfläche einer Strecke (eines Stollens etc.)

Firstenschrägbau: siehe Abbauverfahren

Firstenstoßbau: siehe Abbauverfahren

fiskalisch, Fiskus: staatlich

Flügelort: von einer Hauptstrecke meist in rechtem Winkel abgehende Nebenstrecke

Flußeisenstein, -lager: siehe Erzsorten

Förderhaspel: siehe Haspel

Fördergerüst: Gerüst aus Holz, Stahl oder Stahlbeton zur Aufnahme der Seilscheiben über dem Schacht (bei neben dem Gerüst stehender Fördermaschine)

Förderturm: Fördergerüst mit innerhalb des Gerüstes angebrachter Fördermaschine (z. B. »Malakoffturm«)

Förderkorb: das am Förderseil hängende Gestell zur Beförderung von Personen und Material

Förderwagen: gleisgebundene Fördermittel zum Transport verschiedenster Gegenstände und Güter, insbesondere Erz und Berge – in einer bestimmten Bauform früher auch Grubenhund oder Hund genannt

Froschlampe: im Salz-, Ton- und Metallerzbergbau bis zum Beginn unseres Jahrhunderts verwendete bergmännische Handlampe für Öl- oder Fettbrand – gefertigt aus Eisen oder Messing

Füllort: Grubenbau im unmittelbaren Schachtbereich, dabei Knotenpunkt und Verschiebebahnhof von der Sohle zur Schachtförderung

fündig: das aufgesuchte Mineral ist vorhanden

Fundpunkt: der bei früheren Grubenfelder-Verleihungen nachzuweisende Bestimmungsort des tatsächlichen Mineralfundes, welcher in den Amtsakten festgehalten wurde

G

Gebirgsdruck: Lösung der Spannung im Gestein (»Gebirge«) oder in einem Grubenraum

Gedinge: den jeweiligen Gebirgsverhältnissen und Gewinnungs-Schwierigkeiten entsprechender, ständig neu zwischen dem Steiger und meist mehreren gemeinsam arbeitenden Bergleuten fixierter Vertragsabschluß zur Festsetzung des Lohnes

Gegenort: Grubenbau, welcher einem anderen bis zum Durchschlag entgegengefahren wird – siehe auch »das Ort«

Gesenk: schräge, nach unten gerichtete Verbindungsstrecke zwischen zwei Sohlen

Getriebezimmerung: siehe Abbauverfahren

Gewerke: frühere Bezeichnung für einen Anteilseigner (Kuxen-Inhaber) einer Grube oder Hütte

Gewerkschaft, bergrechtliche: die Summe der Anteilseigner (Gewerken) an einem Bergwerk oder Hüttenwerk

Gezähe: bergmännische Werkzeuge

Gichtaufzug, Gichtgas:
a) Ladung, die mit einem Vertikalaufzug (Gichtaufzug) hochgezogen und dann in den Hochofen hineingelassen wird
b) bei der Erzschmelze entstehen Gichtgase

Grubenbau: untertägige Räume eines Bergwerkes

Grubenfeld: siehe »Feld«

Grubenhund: siehe Förderwagen

Grubenrettungsstelle: Standort der Grubenwehr eines Bezirkes (s. »Grubenwehr«)

Grubensumpf: siehe Sumpf

Grubenwehr: speziell für die Menschenrettung, Brandbekämpfung und Arbeiten in unatembaren Gasen ausgebildete Gruppe von Bergleuten

H

Häckel, Häckchen: früherer, von bergmännischen Aufsichtsbeamten getragener 1 m langer hölzerner Stab mit angefügtem kleinem Schmuckbeil – dieserhalb auch »Meterlatte« genannt

Hängebank: übertägige Anlage am Schacht zum Güterumschlag bzw. Ein- und Ausstieg von Personen (s. a. »Rasenhängebank«)

Haldensturz: übertägige Kippstelle für Fördermaterialien auf eine tiefere Ebene

Handbohrer: siehe Bohrer

Hangendes, das: über dem Erzlager anstehende Gebirgsschichten

Haspel:
a) Winde über früheren Kleinschächten (Hand- oder Maschinenbetrieb)
b) kleinere Fördermaschine

Hauer, Häuer: qualifizierte bergmännische Fachkraft

Haufwerk: loses, aus dem Gebirgsverband gelöstes Gestein

Hauptquerschlag: siehe Querschlag

Hüttengewerkschaft: siehe Gewerkschaft

I

indossieren, Indossament: schriftliche Dokumentierung der beteiligten Parteien an einem Anteilsverkauf – zumeist auf der Rückseite einer Aktie bzw. eines Kux-Scheines

K

Kammersprengung: Anwendung im Tagebau zur Sprengstoffeinsparung; ein Erzblock wird durch einen Stollen unterfahren, an dessen Ende eine mit Sprengstoff gefüllte Kammer bei deren Explosion den ganzen Block zerfallen läßt

Kappe: am Hangenden anliegendes Ausbauteil, das durch Grubenstempel gestützt wird

Karbidlampe: überwiegend außerhalb des Kohlenbergbaues früher verwendete bergmännische Handlampe, an welcher das in der Lampe durch Zusammenführung von Karbid und Wasser erzeugte Acetylengas brannte

Kaue:
a) früher: Schutzgebäude über Kleinschächten
b) Gebäude in Schachtnähe, in welchem sich die Bergleute waschen und umziehen – siehe auch »Waschkaue«

Keilhaue: einseitige bergmännische Spitzhacke

Kieselsäure: etwa: Quarz, chem. SiO_2 (»Kieselstein«)

klassieren, Klassierung: sortieren in verschiedene Korngrößen

klauben, Klaubetisch: verlesen von unhaltigem Gestein, trennen, bzw. Vorrichtung dazu

Knappe: frühere Bezeichnung für den Bergmann schlechthin

Knappenjacke, -tracht: bergmännische Paradejacke in verschiedenen reviertypischen Ausführungen und nach Dienststellungen eingeteilten Schmuckformen oder Abzeichen

Knappschaft: durch das Preußische Berggesetz im Jahre 1854 eingeführte soziale Selbsthilfe-Einrichtung der Bergleute, Vorläufer der deutschen Sozialversicherung

Knappschaftsrolle: Liste der eingetragenen Mitglieder

Knappschaftsverein: frühere Bezeichnung der Knappschaft, auch örtliche Vereinigung

*konsolidieren, **Konsolidierung:*** Vereinigen, Zusammenfassen von zumeist kleineren Grubenfeldern oder -betrieben

Konsumverein: Genossenschaftliche Einkaufs-Organisation zur Versorgung der (als Mitglieder zahlenden) Bergleute.

Korb: siehe Förderkorb

Kux, Kux-Schein: früherer Besitzanteil an einem Grubenbetrieb – im Gegensatz zur heutigen Aktie (reiner Gewinnanteil) gleichzeitig auch »Verlustanteil«

L

Lachter, das: altes bergmännisches Längenmaß, etwa 2 Meter (siehe dazu die Tabelle auf Seite 476)

Lager, Lagerstätte, Lagerzug: Mineralvorkommen in der natürlichen Gebirgsablage

*lesen, **Lesejunge:*** sortieren, halbwüchsiger Sortierarbeiter früherer Zeiten

Liegendes, das: die unter dem Erzlager anstehenden Gebirgsschichten

lösen: entwässern, entsorgen

Lutte, Luttenrohr: Rohrleitung für die Bewetterung von Grubenbauen

M

Magazinbau: siehe Abbauverfahren

*mächtig, **Mächtigkeit:*** stark, voluminös bzw. Stärke – z. B. eines Erzganges

Markscheide, die: Grenze eines Grubenfeldes bzw. eines Grubenbetriebes

markscheiden: angrenzen

Markscheider: akademischer Vermessungsingenieur im Bergbau, mit staatlicher Ausbildung und Konzession

Maschinenschacht: senkrechter Schacht mit Maschinenförderung

Maschinensteiger: Aufsichtsperson, der die Verantwortung für die maschinelle Ausrüstung eines Bergwerks übertragen ist

Matte Wetter: sauerstoffarme bzw. an Kohlendioxyd reiche Luft in Grubenbauen, auch verbrauchte Luft

Methangas: siehe Schlagwetter

*möllern, **der Möller:*** mischen, vermengen – bzw. Einsatzstoffe für einen Hochofen (Erz, Koks, Kalk, Schrott)

Mulde:
a) Kippgefäß bzw. Fördergefäß an Grubenwagen und Seilbahnen
b) muldenförmiges Erzlager, besonders beim Brauneisenstein

*muten, **Mutung einlegen:*** nach früherem Bergrecht: Antrag auf Verleihung eines Grubenfeldes bzw. einer Grube

N

nachreißen: im Querschnitt Vergrößern von Grubenräumen oder Strecken mit Vortriebsmaschinen

nachschießen: desgl. mit Sprengwirkung

Nest: räumliche Anhäufung von Erzen

Neuaufschluß: siehe Aufschluß

Notfahrt: behördlich vorgeschriebene Sicherheitssteigleiter beim Abteufen von Schächten

O

Oberberghauptmann: Titel eines hohen bergmännischen Staatsbeamten

Oberbergamt: oberste Bergbehörde eines jeden Bundeslandes

Oberbergrat: Titel eines höheren bergmännischen Staatsbeamten (heute Bergoberrat)

Obersteiger: Titel eines Betriebsführers im Bergbau

Örterbau, schwebender: siehe Abbauverfahren

Ort, das: jede Stelle eines Bergwerkes mit bergbautechnischem Zweck, auch Abbaubereich einer Strecke (»vor Ort«)

Oxydationszone: mineralogischer Begriff für die oberflächennahen Bereiche einer Grube, in welchen eine chemische Umwandlung der Minerale durch Einwirkung von Sauerstoff erfolgen kann – z. B. Rot- oder Spateisenstein in »Glaskopf«

P

Pfeiler: zwischen Abbauräumen stehenbleibende Lagerstättenteile zum Abstützen der Grubenbaue

Pinge: trichterförmige Vertiefung im Gelände nach oberflächennahem Bergbau

Polnischer Türstock: hölzerner Streckenausbau mit rechtwinklig aufgelegter Kappe

Preußischer Bergfrack: siehe Bergfrack

Puddelverfahren: Verfahren zur Stahlerzeugung; Roheisen wird im Flammofen eingeschmolzen und durch den Luftüberschuß der Flamme bei 1480 Grad Celsius gefrischt. Der Frischvorgang wird durch Aufbrechen und Verteilen der Schmelzmasse mittels Stangen und Haken unterstützt

Q

Querschlag: quer zur Hauptrichtung des Erzlagers angelegte Strecke

R

Rasenhängebank: Schachtbereich auf dem Niveau der Erdoberfläche, siehe auch »Hängebank«

rauben: endgültiges Wegnehmen des Ausbaus im Untertagebetrieb

Referendar, Bergreferendar: untere Dienstbezeichnung eines bergmännischen Staatsbeamten

Rennofen: frühzeitlicher kleiner Eisenschmelzofen

Revierbeamter: früherer Vorsteher eines Bergreviers (z. B. »Berggeschworener« oder »Geheimer Bergrath«)

Reviersteiger: Aufsichtsperson, der mehrere zu einem Revier zusammengefaßte Betriebspunkte unterstehen

Richtstrecke: in Richtung des Erzlagers verlaufende Sammelstrecke für Förderung, Fahrung, Bewetterung und Transport im Nebengestein

Rolle (Erz-, Berge-, Fahr-, Sturz-, Sammelrolle usw.): kleiner untertägiger Schacht für die Beförderung von Erz oder Bergen zur nächstgelegenen (unteren) Sohle

Roteisenstein: siehe Erzsorten

Rot-Weiß-Kaue: siehe Kaue

Rucksacklader: gleisloser Wurfschauflader mit eigenem Fördergefäß

S

Sargdeckel: schweres Gesteinsstück, welches sich aus der Firste gelöst hat und hereingebrochen ist

Schachtbefahrung: siehe Befahrung

Schachthauer: erfahrener, zuverlässiger Hauer, der den besonderen Anforderungen beim Abteufen eines Schachtes gerecht wird

Schachthut: zylindrische Stoffkappe mit aufgestecktem Federbusch (für Paraden)

Schachtkaue: siehe Kaue

Schachtumfahrung: kurze Nebenstrecke zur Erreichung der Gegenseite einer Sohle am Schacht

schießen, Schießschwaden: sprengen, Nachschwaden

Schlagwetter: Grubenwetter mit einer Methangas (CH_4)-Anreicherung zwischen 5 und 14 %, welche durch Temperaturen über 600 °C – bei besonderen Druckverhältnissen – gezündet werden und explodieren können; derartige Explosionen kennt man insbesondere aus dem Steinkohlenbergbau

Schlägel: altes bergmännisches Gezähe: der »Hammer«

Schlägel und Eisen: das alte bergmännische Wahrzeichen: ein Hammer gekreuzt mit einem Handbohrer (Meißel); Symbol des Bergbaues

Schlangenbohrer: maschinelle Bohrstange mit rundumlaufenden Riefen für den Rücktransport des erarbeiteten Bohrkleins aus dem Bohrloch

Schlepper, Schlepperförderung: Förderläufer, mit dem Transport der gefüllten Förderwagen zum Schacht beschäftigter Bergmann

schrämen: Herstellen eines Schlitzes unterhalb des zu gewinnenden Minerales zwecks leichterer Gewinnung durch Hereinfallen

Schrapper: Lademaschine, welche das Material durch Anziehen der Seile in eine Rolle befördert (z. B. auch bei Kieswerken)

schürfen, Schürfbetrieb: das Aufsuchen von Mineralien auf ihrer natürlichen Lagerstätte

Schurre: kurze, geneigte Rinne zur Übergabe von Fördergut (z. B. in Eisenbahnwaggons)

seiger: senkrecht

Seigerriß: senkrechter zeichnerischer Schnitt durch einen Grubenbau im festgesetzten Maßstab

Setzkasten: Flüssigkeitsbottich zur Trennung von Erz und Nebengestein nach dem Eigengewicht im pulsierenden Wasserstrom

Sinkscheideverfahren: Aufbereitungsverfahren, bei dem das Erz in einer eingedickten Flüssigkeit wegen seines höheren spezifischen Gewichts nach unten fällt, während das leichtere unhaltige Gestein oben schwimmt und abgezogen werden kann

Sinteranlage: Vorrichtung, in der feinkörniges Erz erhitzt und so in ein stückiges, gasdurchlässiges Agglomerat umgewandelt wird

Sohle: Gesamtheit der etwa in gleichem Niveau aufgefahrenen Grubenbaue

Steiger: Aufsichtsperson im Bergbau

Steigerhäckel: siehe Häckel

Strecke, Streckennetz: horizontaler (söhliger) Grubenbau für Fahrung, Weiterführung, Förderung und Transport

Streckenvortrieb: Erweiterung bzw. Verlängerung des Streckennetzes

Streichen, das: Hauptrichtung des Erzlagers an der Tagesoberfläche

stürzen: abkippen

Sturzrolle: siehe Rolle

sümpfen, Grubensumpf: Wasserhebung aus überfluteten Teilen des Grubengebäudes, Raum zur Sammlung der zufließenden Grubenwässer

Sumpfstrecke: Strecke, die allein der Sammlung von Grubenwässern dient, als Erweiterung eines Grubensumpfes

T

taubes Gestein: Gestein ohne nutzbare Mineralien – siehe auch »Berge«

Tempererz: siehe Erzsorten

Teufe, abteufen: Tiefe, nach der Tiefe hin auffahren

Theodolit: bergmännisches Instrument zur Messung von Horizontalwinkeln

tonnlägig: nicht senkrechte Förderschächte

treiben: jedes Bewegen eines Fördermittels bis zur Stillsetzung

Trockenbohrung: Bohrverfahren mit Absaugung des Bohrkleins

Trum (auch Trumm): Aufteilung (eines Schachtes) in verschiedene Bereiche, auch auseinanderlaufende Teile eines Erzganges (»trümmig«, »abtrümmig«)

Türstock: Streckenausbau mit Stempeln und Kappen

U

Überhauen, das: steile, von unten nach oben aufgefahrene Strecke, bei deren starker Neigung (bis zur Senkrechten!) das Fördergut von selbst hinabfällt (s. a. »Aufhauen«)

Überkopflader: gleisgebundene Lademaschine, welche das abzufördernde Erz über sich hinweg in direkt hinten angeschlossene Förderwagen wirft

Überschiebung: Überlagerung zweier oder mehrerer Erzlager durch Gebirgsverschiebungen

unterfahren, Unterfahrung: unterqueren, Unterquerung

unterschrämen: siehe schrämen

V

verdrücken, Verdrückung: verschwinden, aufhören (»der Erzgang hat sich verdrückt«)

verleihen, Verleihung: amtlich zueignen

Versatz: Verfüllen der beim Abbau entstandenen Hohlräume

Verwerfung: Störung, geologische Veränderung durch Zerrungs- oder Pressungskräfte

Verzug: Auskleiden der Zwischenräume in den Ausbauten eines Grubenbaues

vor Ort: siehe das Ort

vorrichten, Vorrichtung: die Auffahrung der Grubenbaue, welche für den planmäßigen Abbau erforderlich sind

W

Waschkaue: siehe Kaue

Wasserbohren: Wasserbenetzung des Bohrhammers zur Unterbindung des anfallenden Gesteinsstaubes (Verhinderung der Silikose = Gesteinsstaublunge)

Wasserhaltung: Einrichtung zum Sammeln, Klären und Abpumpen der anfallenden Grubenwässer

Wasserlösung: Beseitigung von Wasseransammlungen – insbesondere durch »Wasserlösungs-Stollen«

Wetter, die: Luftströme in untertägigen Grubenbauen: dabei »Frische Wetter«, »Matte Wetter«, »Giftige Wetter«, »Schlagwetter« usw.

Wettersteiger: für die Grubenbewetterung zuständiger Steiger

Z

Zubuße: Verlustanteil eines jeden Anteilseigners am Grubenbetrieb, bzw. reiner Verlust

zusitzen: anfallen, zulaufen

Register der abgebildeten (fett gedruckt) bzw. erwähnten Gruben (normal gedruckt) = numerische Angabe der Abbildungen.

Abendstern bei Bieber: 28–32.
Abendstern bei Hungen: 354–358.
Adolf: 396.
Albert: 375, 376–378, 440.
Allerheiligen: 222-224, 218, 225, 433.
Amalie bei Cleeberg: 165
Amalie bei Hirzenhain: 266–268, 273, 416, 458.
Amalienzeche/Lothringen: 443.
Amanda: 77–82, 71, 75, 83, 88.
Anna bei Hirschhausen: 192–197, 158, 169, 198, 201, 209, 227, 228, 246, 389.
Anna bei Oberscheld: 316, 317.
Atzenhain: 373, 374.
Auguststollen: 315–322. 309.
Aussicht: 397–401.

Beate: 69.
Beilstein: 310, 463.
Bergmannsglück: 336.
Bertha: 207.
Bettazeche: 316, 317.
Bieber bei Gelnhausen: 386–395. 429, 432.
Bohnenberg: 149–151, 152, 155–157, 159, 160.
Bornwiese: 380, **381,** 382.
Braune Liesel: 69.
Buchwald: 221, 455.
Buderus: 222, 453.

Carlssegen: 225, 227.
Caroline: 314, 317.
Carolus: 81.
Carolus II: 81.
Ceres: 465, 70.
Christiane: 407–412, 413, 417.
Constanze: 337–347, 336.

Deutschland: 362
Diana: 225, 142, 227.
Dickenloh: 184–187, 200.
Dorothea-Elisabeth: 363

Eichholz: 375.
Eisen: 370–371
Eisenfeld: 152–159, 147, 149–151, 162, 173, 177, 200.
Eisenhardt: 70.
Eisenkaute: 376.
Eisensegen: 420, 421, 443.
Eisenzeche: 316.
Eleonore: 23–27, 100, 179.
Emil: 367.

Emma bei Allendorf: 207.
Emma bei Bernsfeld: 375.
Eppstein: 209–211, 84, 195, 207, 217.
Erhaltung: 229, 246, 433.
Ernestine: 370, 375
Erzengel: 232.

Falkenstein bei Aumenau: 248.
Falkenstein bei Oberscheld: 324–330, 255, 300, 309, 322, 432.
Falter: 207.
Ferdinand bei Bernsfeld: 377.
Ferdinand bei Oberndorf: 89, 83, 91.
Fernie: siehe Gießener Braunsteinbergwerke.
Florentine: 165–168, 98, 158, 164, 200.
Fortuna bei Oberbiel: 102–140, 61, 86, 92, 96, 158, 165, 209, 214, 223, 255, 328, 414, 433, 435, 445, 447, 448, 454, 460, 470.
Fortuna bei Philippstein: 152, 156, 173.
Franz: 211.
Franziska: 200.
Friedberg: 19–22.
Friedeberg: 426.
Friedland: 379, 383.
Friedrichsgrube: 316.
Friedrichszug: 275–276, 273, 280, 458.
Fritz: 230–234, 146, 185.

Gehalt: 363.
Georg-Joseph: 235–242, 251, 289, 309, 416, 433, 438.
Gießener Braunsteinbergwerke: 41–60, 100, 204, 234, **436–437.**
Gilsahaag: 455.
Gloria: 164, 165, 167, 168, 200.
Glückstern: 230, 232.
Gnade Gottes: 335.
Gottesgabe: 426.
Gottfried: 396.
Gründchesseite: 313.
Gustavszeche: 29.
Gutglück: 169, 170, 98, 101, 165, 173.

Hedwig bei Braunfels: 200.
Hedwig bei Nieder-Ohmen: 375.
Heide: 227, 228, 147, 195, 225, 227, 432, 433.
Heinrichssegen: 63–68, 61, 62, 83, 146, 214, 243, 460.
Helene: 185.
Henriette: 316.
Hermann: 379.
Hermannszeche: 73.

Hirschpark: 185.
Hoffnung: 363, 364, 365.
Holzappel: 80, 433.
Hopfenstück: 225, 227.

Ilsdorf: 363.

Jean: 81.
Johann-Heinrich: 78.
Juno: 84–87, 63, 70, 77, 83, 91, 92, 98, 209, 245.

Klöserweide: 161–163, 146, 152, 154, 160, 173, 245.
Königsberg: 6–18, 32, **431,** 439, **442, 464.**
Königsberger Gemarkung: 1–5, 7.
Königszug: 277–308, 241, 272, 309, 311, 313, 322, 329, 432, 434, 438, 446, 455, 463, 467.

Laetitia: 91–94.
Langenberg/Lothringen: 443.
Laubach: 91–99, 83, 84, 86, 87, 89, 90, 92, 93, 146, 244, 245, 466.
Laufenderstein: 333–334, 277.
Lindenberg: 256–261, 204, 253–255.
Lohrheim: 264.
Ludwigssegen: 368, 369.
Luse: 366.

Magnet: 243, 244, 146, 433.
Malapertus: 69.
Mardorf: 402–404.
Margarethe: 97–99, 93, 94, 245, 466.
Maria bei Leun: 179–183, 207, 248, 385, 453, 459.
Maria bei Stockhausen: 362.
Martenberg: 405, 406.
Martha bei Albshausen: 90, 83, 92, 200.
Martha bei Philippstein: 165.
Maximus: 362.
Morgenstern: 34, 31, 71.
Mücke: 367.

Neueberg: 416.
Neue Lust: 269–271, 272, 273, 309, 416, 458.
Neuer Eisensegen: 245–247, 84, 98, 146, 161, 199.
Neu-Tiefenbach: 81.

Oberndorfer Zug: 91, 92.
Ottilie: 145–148, 152, 155, 158, 165, 171, 173, 177, 228, 244, 260.
Otto: 368.

Philippswonne: 70–72, 77, 88, 465.
Prinz Alexander: 90, 83, 91, 92, 414.
Prinz Bernhard: 205–206, 158, 459.
Prinzkessel: 313.

Quäck: 169, 165, 166.

Raab: 73–76, 70, 88, 423, 424, 452.
Reichsland/Lothringen: 443, 444.
Reifenstein: 155.
Richardszeche: 142–144, 225, 309.
Rinkenbach: 313.
Rinzenberg: 313.
Rosbach: 384, 385.
Rothecke: 200.
Rothenberg: 84, 98, 245.
Rothland: 331–332, 438.
Rüddingshausen III: 379.

Sahlgrund: 323, 314, 317.
Schöne Anfang: 61, 62, 63, 64, 68, 433, 454.
Schöne Aussicht: 362.
Silbersegen: 165.
Silvan: 396.
Sophie-Antonie: 367, 375.
Stangenwage: 335, 336, 340.
Steinberg: 316, 317.
Stillingseisenzug: 276, 280, 458.
Strichen: 253–255, 256, 257, 433.
Stuhl: 375.

Tiefegruben: 416.
Theodor: 249–253.

Uranus: 83, 78, 90, 91, 97.

Vereinigter Wilhelm: 348–353.
Viktor: 208, 207.
Vulkan: 375.

Waldhausen: 212–220, 191, 209, 221, 243, 432.
Weickartshain: 360, 361, 367, 375.
Weidenstamm: 100, 101, 66, 75, 98.
Weidmannsglück: 273.
Weissholz: 185, 200.
Wetzlarburg: 164, 185.
Wilhelmine: 314.
Wilhelmsthal: 316.
Wohlfeil: 207.
Wrangel: 169.
Würgengel: 188–191, 75, 158, 169, 184, 186, 192, 198, 200, 201, 214, 245, 389.

Ypsilanda: 314.

Zollhaus: 262–264.

Maße, Gewichte und Währungen im 19. Jahrhundert (Hessen-Darmstadt, Nassau und Preußen, sowie eine Auswahl)

Die Maße

a) Raummaße:
1) Das FUDER in Nassau (Roteisenstein) = 1,62 m³
2) Der WAGEN in Nassau (Roteisenstein) = 10 Bütten = 10,4 m³ = 6,42 Fuder

b) Bergmännische Flächenmaße:
1) Das LACHTER:
(Das Lachter ist ein altes, an sich sächsisches bergmännisches Längenmaß – auch »Berglachter« genannt – und stellte ein Maß dar, »*welches ein erwachsener Mann mit beiden ausgestreckten Armen umklaftern kann*«. Es hatte sich im Bergbau durchgesetzt, weil man ursprünglich den Vortrieb eines Stollens mit den ausgebreiteten Armen abgegriffen hat.)
1 LACHTER
= 80 Zoll = 6⅔ Fuß (1 Zoll = 1/12 Fuß = 2,615 cm) (preuß. Fuß = 12 Zoll = 0,31385 m)
= in Braunschweig und Hannover: 1,9190 Meter
= in Annaberg/Sachsen: 1,9851 Meter
= in Clausthal/Oberharz: 1,9270 Meter
= in Joachimsthal/Böhmen: 1,9170 Meter
= im Großherzogtum Nassau: 2,0924 Meter
= in Österreich: 1,8967 Meter
= in Preußen (z. B. Wetzlar): 2,0924 Meter

2) Das MASS:
1 Maß = 14 x 14 Lachter = 196 Quadrat-Lachter = 858,08 m²

3) Die FUNDGRUBE:
1 Fundgrube = 4 Maß = 784 Quadrat-Lachter = 3.432,32 m²

Die Gewichte

a) Das FUDER:
(Das »Erzfuder« – auch »Bergfuder« – ist ein altes Erz- und Kohlengewichtsmaß, welches in den verschiedenen Bergrevieren von zum Teil erheblich differierender Größe war!)
1 FUDER
= in Preußen (z. B. Wetzlar) vor 1850: 8,50 Tonnen
= desgleichen nach 1850: 80 Centner
   dabei: 80 Centner = 9,501 t Roteisenstein (1865)
                    = 11,940 t Brauneisenstein (1865)

b) Die TONNE:
1 TONNE = in Preußen 1865: 8,42 Centner Roteisenstein, bzw. 6,70 Centner Brauneisenstein

c) Das SCHEFFEL:
1 SCHEFFEL = in Preußen (z. B. Wetzlar): 250 Pfund

d) Der ZENTNER
= im Großherzogtum Hessen: 100 Pfund = 50,000 kg
= in Braunschweig: 116 Pfund = 46,771 kg
= in Frankfurt: 108 Pfund = 50,513 kg
= in Nassau: 106 Pfund = 51,466 kg
= in Preußen: 110 Pfund = 51,448 kg

Die Währungen

a) Preußen:
bis 1918:
1 Thaler (3 Goldmark) = 360 Pfennige
1 Goldmark = 10 Silbergroschen = 120 Pfennige
daneben, ab 1867:
1 Gulden (1,71 Mark) = 60 Kreuzer = 240 Pfennige
1 Kreuzer = 4 Pfennige (24½ Guldenfuß-Währung)

b) Hessen-Darmstadt:
1753:
1 Gewichtsmark (234 g Feinsilber) = 10 Konventionsthaler
1 Konventionsthaler = 2 Gulden
1 Gulden = 60 Kreuzer
1 Kreuzer = 4 Pfennige bzw. Heller
ab 1857:
1 Kronenthaler = 2 Gulden, 42 Kreuzer
1 Konventionsthaler = 2 Gulden, 24 Kreuzer
1 Vereinsthaler = 1 Gulden, 45 Kreuzer
ab 1871:
1 Gulden = 1,71 Mark

c) Nassau:
ähnlich Preußen

Das Lohn-/Preis-Verhältnis

Um 1900 im Lahnbergbau:
Hauerlohn für eine achtstündige Arbeitsschicht: 1,80 Mark
1 kg Weizenmehl kostete 0,50 Mark

Literaturauswahl

Beck, L.: Die Geschichte des Eisens in technischer und kulturgeschichtlicher Beziehung, Bd. IV, Braunschweig 1899.

Becker, J.-P.: Mineralogische Beschreibung der Oranien-Nassauischen Lande, nebst einer Geschichte des Siegenschen Hütten- und Hammerwesens, Marburg 1789.

Boehm, A.: Das Jahr bei den Unterirdischen, Clausthal-Zellerfeld 1951.

Einecke, G. (Hrsg.): Der Bergbau und Hüttenbetrieb im Lahn- und Dillgebiet und in Oberhessen, Wetzlar 1932.

Frohwein, E.: Beschreibung des Bergreviers Dillenburg, Bonn 1885.

Griebl, H.: Romantische Kleinbahnen, in: Grube, F. und Richter, G. (Hrsg.): Das große Buch der Eisenbahn, Hamburg 1979.

Klipstein, P.-E.: Mineralogische Briefe, Bd. I, 4. Stück, Gießen 1781 – Bd. II, Heft I, Gießen 1781.

Köbrich, C.: Der Bergbau des Großherzogtums Hessen, Darmstadt 1914.

Köbrich, C.: Rückblick auf die Entwicklung des hessischen Bergbaus sowie auf die Betriebsleiterkonferenzen in Hessen, Darmstadt 1928.

Ludwig, R.: Geologische Specialkarte des Großherzogtums Hessen und der angrenzenden Gebiete. Section Gladenbach, Darmstadt 1870.

Riemann, W.: Beschreibung des Bergreviers Wetzlar, Bonn 1878.

Schubert, H., J. Ferfer u. G. Schache: Vom Ursprung und Werden der Buderus'schen Eisenwerke Wetzlar, Band I u. II, München 1938

Wenckenbach, Fr., Beschreibung des Bergreviers Weilburg, Bonn 1879

Besonderer Dank:

Neben zahlreichen geschichts- und bergbauinteressierten Bürgern – unter ihnen viele ehemalige Bergleute – sind wir insbesondere den nachstehend aufgeführten Archiven, Vereinen und Privatpersonen für deren Mithilfe zu Dank verpflichtet:

Herbert Binz, Dr. Wilhelm Busch. Bergwerksdirektor a. D. Joachim Dietrich, Alfred Emde, Ernst-Ludwig Hofmann, Dipl.-Berging. Adolf Kimmel, Professor Robert Knetsch, Dipl.-Berging. Herbert Konrad, Dipl.-Berging. Walter Oerter, Obersteiger a. D. Emil Pinstock, Obersteiger a. D. Hugo Schwarz, Dipl.-Berging. Helmut Stahl, Fahrsteiger a. D. Erhard Wiederer und Bergdirektor Karl-Dietrich Wolter.

Buderus-Archiv in Wetzlar, Fürstlich Solms-Braunfels'sches Archiv, Heimatkundliche Arbeitsgemeinschaft Braunfels, Krupp-Archiv in Essen (Abb. 103, 202, 227, 244, 256, 386, 388 – 90), Bergbau-Forschung in Essen, Mannesmann-Archiv in Düsseldof, Stadtarchiv Dillenburg, Stadtarchiv Wetzlar und Wirtschaftsmuseum in Dillenburg.

Anschriften der Verfasser:

Georg, Rolf: Am Mühlenküppel 12, 6337 Leun-Stockhausen (im Text »R. G.«)

Haus, Rainer: Hauptstraße 61, 6301 Biebertal (im Text »R. H.«)

Porezag, Karsten: Geiersberg 13, 6330 Wetzlar (im Text »K. P.«)

Notizen

Notizen

Notizen